D1722549

NIEDERDEUTSCHE STUDIEN

Schriftenreihe der Kommission für Mundart- und Namenforschung
des Landschaftsverbandes Westfalen-Lippe

HERAUSGEGEBEN VON JÜRGEN MACHA

SCHRIFTLEITUNG: MARKUS DENKLER

BAND 54,1

›VOCABULARIUS THEUTONICUS‹

Überlieferungsgeschichtliche Edition des mittelniederdeutsch-lateinischen Schulwörterbuchs

Band 1: Einleitung und Register

von

ROBERT DAMME

2011

BÖHLAU VERLAG KÖLN WEIMAR WIEN

Bibliografische Information der Deutschen Nationalbibliothek:

Die Deutsche Nationalbibliothek verzeichnet diese
Publikation in der Deutschen Nationalbibliografie;
detaillierte bibliografische Daten sind im Internet über
http://dnb.d-nb.de abrufbar.

Printed in Germany

Satz: Robert Damme, Nottuln

Druck und Herstellung: Hubert & Co., Göttingen

ISBN 978-3-412-20722-9

Inhalt

Vorwort

Die Erforschung der lexikografischen Werke des deutschen Spätmittelalters ist lange Zeit mit zwei unterschiedlichen Zielsetzungen betrieben worden: mit einer wortkundlich ausgerichteten in Münster beim „Lateinisch-mittelniederdeutschen Glossariencorpus" und einer überlieferungsgeschichtlich orientierten beim Würzburger DFG-Projekt „Spätmittelalterliche Prosaforschung".

Das in den 1950er Jahren von William Foerste gegründete Forschungsvorhaben „Lateinisch-mittelniederdeutsches Glossariencorpus" hatte zum Ziel, auf der Grundlage von Glossarhandschriften aus dem 14. und 15. Jahrhundert ein lateinisch-mittelniederdeutsches Wörterbuch nach dem Muster der beiden Glossarien von Lorenz Diefenbach zu erstellen. Dieses Glossenwörterbuch sollte eine Ergänzung zu den bislang vorhandenen Wörterbüchern des Mittelniederdeutschen sein, die vor allem aus juristischen oder literarischen Texten schöpften und daher bestimmte Wortschatzbereiche, etwa Tier- und Pflanzenbezeichnungen, nur unzureichend abdeckten; aufgrund der Materialfülle einerseits und mangelnder Personalmittel andererseits konnte es bislang aber nicht realisiert werden.

Die überlieferungsgeschichtliche Erforschung der lexikografischen Werke, die während des Spätmittelalters in Deutschland verbreitet waren, setzt 1963 mit dem Aufsatz „Zur Geschichte der Überlieferung des Engelhus-Glossars" von Gerhardt Powitz ein. Darin kann Powitz nachweisen, dass der deutsch-lateinische Teil des vierteiligen ›Vocabularius quadriidiomaticus‹ auf ein Wörterbuch zurückgeht, das seit etwa 1400 vor allem im niederdeutschen Sprachraum verbreitet war. 1967 veröffentlicht Klaus Grubmüller seine bahnbrechende überlieferungsgeschichtliche Arbeit über das bedeutendste spätmittelalterliche Vokabular auf deutschem Boden, den ›Vocabularius Ex quo‹. Diese Studien regen in den 1970er Jahren die Gründung eines DFG-Projekts in Würzburg an, das exemplarisch drei unterschiedliche Wörterbuchtypen in überlieferungsgeschichtlichen Ausgaben edieren soll: den ›Liber ordinis rerum‹ als Vertreter eines sachlich geordneten anonym verfassten Vokabulars, den ›Vocabularius Ex quo‹ als Vertreter eines alphabetisch geordneten, anonym verfassten Universalwörterbuchs und die Vokabulare von Fritsche Closener und Jakob Twinger von Königshofen als Vertreter eines autorgebundenen Nominalwörterbuchs. Diese Editionen werden ergänzt durch die Marburger Dissertation von Ernst Bremer über den ›Vocabularius optimus‹, ein autorgebundenes sachlich geordnetes Wörterbuch. – Die Palette dieser inzwischen ediert vorliegenden Wörterbücher erweist sich durchaus als repräsentativ. Andere, bislang nicht edierte Werke (etwa der ›Brevilogus‹) mögen sich im Einzelnen wohl von ihnen unterscheiden, im Allgemeinen aber lassen sich viele Gemeinsamkeiten feststellen. Anders verhält es sich mit dem Vokabular, das Powitz als Vorlage für den deutsch-lateinischen Teil des ›Engelhus-Glossars‹ nachgewiesen hat, dem später so genannten ›Vocabularius Theutonicus‹.

Die vorliegende Edition ergänzt und vervollständigt das Spektrum der bereits von der DFG geförderten Editionen: Erstens hat keins dieser Wörterbücher einen volkssprachigen Stichwortansatz; zweitens haben sie, obwohl z. T. in niederdeutschem Gebiet entstanden, ihr Hauptverbreitungsgebiet im mittel- und oberdeutschen Sprachraum; und drittens hat keine dieser Editionen eine niederdeutsche Leithandschrift.

Die ›Theutonicus‹-Edition hat die Vorgaben der Forschungseinrichtungen in Münster und Würzburg genutzt. Dem Glossarprojekt verdankt sie maschinell erfasste Transkripte von 16 der insgesamt 18 Textzeugen und damit einen wesentlichen Teil der Materialbasis. Sie ist ihm aber auch in der Ausrichtung verpflichtet. Denn das edierte Vokabular ist ein Wörterbuch, das in seiner Ausgangsfassung ostfälischen Wortschatz Einbecker Prägung aufzeichnet und in das im Laufe der Überlieferung vor allem zusätzliches westfälisches Wortgut einfließt. So erweist sich der Editionstext, der Ausgangsfassung und Überlieferung dokumentiert, als hervorragende Datenbasis für wortkundliche Studien des ost- und westfälischen Wortschatzes im Spätmittelalter. Den komfortablen Zugriff auf diesen Wortschatz ermöglichen zwei umfangreiche lemmatisierte Register. – Vom Würzburger DFG-Projekt übernimmt die ›Theutonicus‹-Edition die überlieferungsgeschichtliche Methodik. Nach dem Muster vor allem der Edition des ›Vocabularius Ex quo‹ dokumentiert die Ausgabe sowohl den wirkungsträchtigen Ausgangstext als auch die unterschiedlichen Bearbeitungen und gewährt damit Einblicke in ein wichtiges Stück niederdeutscher, aber auch deutscher Lexikografiegeschichte. Denn im ›Vocabularius Theutonicus‹, diesem zweisprachigen Schulwörterbuch aus dem Ende des 14. Jahrhunderts, liegen die Wurzeln der lexikografischen Beschreibung des deutschen Allgemeinwortschatzes.

Fast genau 500 Jahre, nachdem dieses Vokabular 1509/10 in Münster seine einzige bekannte Drucklegung erfuhr, ist das neben meiner Arbeit am Westfälischen Wörterbuch betriebene Editionsprojekt zu einem Abschluss gelangt. Am Zustandekommen des dreibändigen Werkes sind viele Personen und Institutionen beteiligt gewesen, denen Dank gebührt.

Nennen möchte ich zunächst meine Projekt-Mitarbeiterinnen:

- Corinna Greeske, die mit ihren profunden Lateinkenntnissen und ihrem editionsphilologischen Sachverstand zum Gelingen des Projekts beitrug;
- Anke Jarling, die die anstrengenden Bibliotheksreisen unternahm;
- Sabine Jordan, die fast den gesamten deutschen Wortschatz des Vokabulars lemmatisierte;
- Karen Mens, die ebenfalls lemmatisierte, vor allem aber Korrektur las und den Editionstext um überflüssige volkssprachige Varianten bereinigte;
- Dr. Annette Poppenborg, die das Projekt mit angeregt und den ersten DFG-Antrag mit formuliert hatte;
- Dorothea Raspe, die schon früh die Zahl der volkssprachigen Varianten reduzierte;

– Christiane Rosch und Verena Wickner, die die Vorarbeiten für die beiden Register erledigten und außerdem Examensarbeiten zum › Vocabularius Theutonicus‹ schrieben;
– Britta Schäfer, die akribisch Korrektur las.

Darüber hinaus bin ich weiteren Personen zu Dank verpflichtet:

– Prof. Dr. Volker Honemann, der das Projekt besonders in der Planungs- und Startphase mit Rat und Tat begleitete und auch so manches Problem organisatorischer Art aus dem Weg räumte;
– Dr. Herma Kliege-Biller, die mich in die Geheimnisse der Tustep-Programmierung einführte und ein Modell für eine Druckfassung erstellte;
– den Mitarbeitern der Bibliotheken in Berlin, Celle, Düsseldorf, Karlsruhe, Kassel, Mainz, Münster, Paderborn, Stuttgart und Wolfenbüttel; sie gewährten in vielerlei Hinsicht Unterstützung und machten so die mitunter intensiven Studien an den Originalen erst möglich;
– Dr. Robert Peters, der die Benutzung seines noch unveröffentlichten „Atlas der Schreibsprachen des niederdeutschen Altlandes und angrenzender Gebiete" (ASnA) erlaubte und auch bei der sprachgeografischen Zuordnung der Textzeugen wertvolle Hilfestellungen gab;
– meinen Kolleg(inn)en Dr. Markus Denkler, Dr. Friedel Helga Roolfs, Prof. Dr. Hans Taubken und Constanze Wellendorf, die mit kritischen Anmerkungen noch für manche Verbesserung in der Einleitung sorgten, sowie Alexandra Strauß für das Lesen der letzten Korrektur.

Mein Dank gilt auch einigen Institutionen, ohne deren Unterstützung das Werk nicht hätte realisiert werden können:

– an erster Stelle der DFG für die Gewährung einer Sachbeihilfe, mit der ich neben einem Teil der Druckkosten vier Jahre lang eine halbe wissenschaftliche Stelle sowie eine volle, später eine weitere halbe studentische Hilfskraftstelle finanzieren konnte;
– der Verwaltung der Westfälischen Wilhelms-Universität, die die Abwicklung der finanziellen Angelegenheiten übernahm und auch die nötigen Raum- und PC-Kapazitäten zur Verfügung stellte;
– der Niederdeutschen Abteilung des Germanistischen Instituts der Westfälischen Wilhelms-Universität für die Erlaubnis, die beim Projekt „Lateinisch-mittelniederdeutsches Glossariencorpus" vorhandenen maschinell erfassten Transkripte von 16 Textzeugen zu verwenden;
– der Kommission für Mundart- und Namenforschung Westfalens und ihrem Vorsitzenden Prof. Dr. Jürgen Macha für die Aufnahme des dreibändigen Werkes in die Buchreihe „Niederdeutsche Studien" sowie ihrem Geschäftsführer Dr. Markus Denkler für die reibungslose Abwicklung der Drucklegung.

Ein ganz besonderer Dank gebührt schließlich meiner lieben Frau Martina, die während der vergangenen sieben Jahre einen Ehemann erlebte, der jede freie Minute am Schreibtisch verbrachte, der sein Notebook mit in den Urlaub nahm, der beim Essen ständig auf die Uhr kuckte, der unruhig wurde, wenn ein Besuch anstand oder zu lange dauerte, der die Erledigung der häuslichen Pflichten auf das Nötigste beschränkte usw. Ohne ihre unerschöpfliche Geduld wäre die Edition nicht zustande gekommen.

Nottuln, im Januar 2011   Robert Damme

1. Einleitung

Die lexikografische Beschreibung des deutschen Wortschatzes, wie sie etwa im großen Deutschen Wörterbuch der Brüder Grimm oder in anderen Werken wie dem zehnbändigen Duden-Wörterbuch vorliegt, hat ihre Wurzeln in den zweisprachigen Wörterbüchern des Mittelalters. Erste Ansätze lassen sich bereits Ende des achten Jahrhunderts im ›Abrogans‹ erkennen, in dem ein vorhandenes einsprachig-lateinisches Synonymenwörterbuch mit volkssprachigen Glossierungen versehen worden ist. Von vornherein als zweisprachig konzipierte Wörterbücher (mit lateinischem Stichwort und deutschem Äquivalent) wie etwa der nach Sachgruppen geordnete ›Liber ordinis rerum‹ (entstanden Ende 14. Jahrhundert) oder der alphabetisch sortierte ›Vocabularius Ex quo‹ (entstanden Anfang 15. Jahrhundert, im Folgenden: ›Voc. Ex quo‹) dienen ausnahmslos der Erschließung des lateinischen Wortschatzes. Auch die Umkehrung der Reihenfolge im Wortartikel (also deutsches Stichwort – lateinisches Äquivalent) lässt noch nicht auf ein bewusstes Interesse am deutschen Wortschatz schließen: Das ›Abgründe profundum-Glossar‹[1] aus der zweiten Hälfte des 14. Jahrhunderts ist – wie das zugrunde liegende lateinisch-deutsche Vokabular von Fritsche Closener – auf das Lateinische ausgerichtet; lediglich die Art des Zugriffs hat sich verändert.[2]

Entscheidend Neues für die Beschreibung des deutschen Wortschatzes bringt der Ende des 14. Jahrhunderts allem Anschein nach von einem Magister Johannes Egberti aus Einbeck verfasste ›Vocabularius Theutonicus‹ (im Folgenden: ›Voc. Theut.‹). Bei diesem Vokabular handelt es sich – zumindest weitgehend – um die Umstrukturierung des eingangs genannten ›Liber ordinis rerum‹ zu einem alphabetisch sortierten, volkssprachig-lateinischen Wörterbuch. Einerseits also, ebenso wie das ›Abgründe profundum-Glossar‹ noch in der Tradition der zeitgenössischen zweisprachigen Lexikografie stehend, zielt auch der ›Voc. Theut.‹ auf die Vermittlung eines lateinischen Wortschatzes ab. Andererseits weist dieses Vokabular aber einige in anderen Werken fehlende lexikografische Elemente auf, die die Volkssprache als Objekt der Beschreibung erkennen lassen: a) Das Interpretament beschränkt sich in der Mehrzahl der Fälle nicht auf die Nennung lateinischer Äquivalente, sondern es enthält darüber hinaus volkssprachige Elemente wie Synonyme, mehr oder weniger ausführliche Definitionen, Verwendungsbeispiele u. Ä. – b) Diese Zusätze dienen zuweilen, aber bei weitem nicht ausschließlich der Differenzierung von gleich oder zumindest sehr ähnlich geschriebenen Stichwörtern. Die Beschreibung erfolgt also auch, ohne dass dazu im Hinblick auf die lateinische Glossierung eine lexikografische Notwendigkeit besteht. Entsprechendes gilt für die ausführlichen, zuweilen geradezu enzyklopädischen Erläuterungen besonders zu

---

1 Vgl. zu diesem Vokabular LEUTHARDT 1958, POWITZ 1964, FRIEDRICH / KIRCHERT 1983, Sp. 1226–1229, KIRCHERT / KLEIN 1995, Bd. 1, S. 79*–81*.

2 Zu einem knappen Vergleich mit dem ›Vocabularius Theutonicus‹ vgl. DAMME 1988, S. 3f.

Tier- und Pflanzenbezeichnungen oder zu geografischen Namen. – c) Darüber hinaus kommen – wenn auch nur vereinzelt – metasprachliche, einem einsprachigen Wörterbuch eignende lexikografische Elemente vor, wie z. B. diatopische Markierungen oder Hinweise zur Verwendung von Phraseologismen anstelle von Einzellexemen. Die hier vorgelegte überlieferungsgeschichtlich ausgerichtete Edition erschließt dieses für die deutsche Lexikografiegeschichte so bedeutende Sprachdenkmal, und zwar sowohl in der wirkungsträchtigen Ausgangsfassung als auch in den späteren Bearbeitungen. Der die Edition (2. und 3. Band) begleitende, hier vorliegende erste Band besteht aus zwei Teilen: einer ausführlichen Einleitung und zwei Registern. Die Einleitung hat vier Kapitel. Das erste Kapitel ist der lexikografiegeschichtlich bedeutenden Ausgangsfassung gewidmet; außerdem liefert es die wichtigsten Informationen zum Vokabular. Das zweite Kapitel beschreibt die Textzeugen, die den ›Voc. Theut.‹ überliefern und die Grundlage für die Edition bilden. Das dritte Kapitel behandelt die Überlieferungsgeschichte: Nach einem Überblick über die Gesamtüberlieferung erfährt jede einzelne Fassung eine ausführliche Darstellung. Das vierte Kapitel macht mit den Prinzipien der Edition vertraut. Den größten Teil des ersten Bandes nehmen zwei Register ein, die die Arbeit mit dem in der Edition zugänglich gemachten Wörterbuch erleichtern sollen. In Kombination mit der Edition erlangen sie den Charakter eines lateinisch-deutschen bzw. einsprachig mittelniederdeutschen Wörterbuchs. Den Abschluss des ersten Bandes bildet ein kurze Liste von Berichtigungen für die Edition.

Um das Verständnis zu erleichtern, werden in der Einleitung die der Edition entnommenen Wortartikel in vereinfachter Form zitiert: So entfallen etwa, soweit es der jeweilige Zusammenhang zulässt, alle textkritischen Auszeichnungen.

1.1 Die Ausgangsfassung des ›Vocabularius Theutonicus‹

Das erste Kapitel der Einleitung behandelt die innovative Ausgangsfassung des ›Voc. Theut.‹, die die erste lexikografische Beschreibung eines deutschen Allgemeinwortschatzes enthält. Die Beschreibung der lexikografischen Methoden, derer sich der spätmittelalterliche Lexikograf bedient, beschränkt sich im Rahmen dieser Einleitung auf die für die Überlieferungsgeschichte und damit auch für die Edition relevanten Aspekte. Eine auf einer eingehenden Untersuchung basierende, ausführlichere Darstellung kann später auf der Grundlage der vorliegenden Edition erfolgen.

1.1.1 Makrostruktur

Der ›Voc. Theut.‹ hat einen volkssprachigen Stichwortansatz und hebt sich damit von fast allen um 1400 gebräuchlichen zweisprachigen Wörterbüchern ab. Erwähnung verdienen in diesem Zusammenhang mehrere Punkte: die Zusammensetzung der Stichwortliste, die Anordnung und Schreibung der Stichwörter, die Bereitschaft, Redundanzen in der Stichwortliste nicht zu meiden, und die Differenzierung von Homonymen und Polysemen.

1.1.1.1 Die Zusammensetzung der Stichwortliste

Die Stichwortliste der Ausgangsfassung besteht aus 4.632 Einträgen und erreicht damit nicht einmal die Hälfte der Einträge im ›Liber ordinis rerum‹ (9.500) oder gar im ›Voc. Ex quo‹ (10.500). Das Wörterbuch ist also nicht auf Vollständigkeit hin angelegt, sondern erfasst lediglich einen Wortschatzausschnitt. Wie in diesen beiden Wörterbüchern beschränkt sich die Stichwortliste nicht – wie etwa im ›Abgründe profundum-Glossar‹ – auf Substantive und Adjektive, sondern berücksichtigt alle Wortarten. Darüber hinaus enthält sie auch Personennamen. Die einzelnen Kategorien verteilen sich wie folgt: Mehr als die Hälfte der Stichwörter sind Substantive (55 %), zusammen mit den Adjektiven (12 %) und Namen (3 %) erreichen die Nomina 70 %. Die Verben nehmen ungefähr ein Viertel ein (23 %), die übrigen Wortarten (Adverbien, Pronomina, Präpositionen, Konjunktionen und Interjektionen) 7 %. Aufgrund des Umstandes, dass alle Wortarten vorkommen, also auch Wortarten, die wie Pronomina und Konjunktionen zum sprachlichen Grundwissen gehören, kann die Ausgangsfassung den Wörterbüchern zugeordnet werden, die einen Allgemeinwortschatz aufnehmen und sich nicht auf einen speziellen oder seltenen und ungebräuchlichen Wortschatz beschränken.

Neben dem Sprachwissen vermittelt die Ausgangsfassung in geringem Ausmaß auch Sachwissen. Dafür stehen Einträge wie die folgenden aus dem Buchstabenabschnitt *A*-, die auch in einer Enzyklopädie vorkommen könnten:

A005 **Abraham** abraham; vnde ys eyn vader al des ioddeschen slechtes

A008 **Adam** adam; vnde ys de erste mynsche, den god scop

A046 **Aken** aquisgrani; vnde ys eyn stat by demme ryne, dar me den romeschen konnink kronet

1.1.1.2 Anordnung und Schreibung der Stichwörter

Die Stichwortliste hat eine alphabetische Anordnung, die zwar keine 100-prozentige, aber doch eine weitgehende Konsequenz erreicht.[3] Die Sortierung richtet sich also nach der Form des Stichworts. Zur Zeit der Entstehung des ›Voc. Theut.‹ existierte – anders als im Lateinischen – keine Norm für die Schreibung volkssprachiger Wörter, geschweige denn eine lexikografische Konvention bezüglich ihrer Alphabetisierung. Folglich gab es eine Fülle an Schreibvarianten. Der mit dieser Situation konfrontierte Verfasser des ›Voc. Theut.‹ wählt eine geschickte, weil differenzierte Lösung. Er unterscheidet zwischen Phänomenen, die eine Gruppe von Wörtern betreffen, und solchen,

---

3 Zuweilen greift die spätere Überlieferung bei nicht ganz konsequenter Sortierung verbessernd ein, wie es etwa bei der Voranstellung von *Adere* (A010, A011) vor *Adeke* (A012) und *Adel* (A013) in den Redaktionen D und W geschieht. Zu Beginn des Alphabets und auch nur dort wird die gutturale Spirans /ch/ als <h> geschrieben und entsprechend einsortiert. Diese unter *Ah*- stehenden Wortartikel erscheinen in einigen späteren Bearbeitungen wie b1 nach vorne zu *Ach*- verschoben (A005.01–A005.06).

die nur Einzelwörter betreffen. Die Schreibung des Anlauts hat Auswirkungen auf eine Vielzahl von Wörtern, die Schreibung im Wortinneren in der Regel nur für wenige Wörter. Für die Wortgruppen wählt er eine klare Lösung: Er ordnet alle Wörter der einen Variante zu und verweist von der anderen auf die favorisierte. Bei den Einzelwörtern verfährt er anders, indem er mehrere Varianten aufnimmt und damit ein hohes Maß an Redundanz zulässt. Im ersten Fall wird der Benutzer aufgrund der klaren Entscheidung fündig, im zweiten Fall, weil das gesuchte Wort an verschiedenen Stellen vorkommt. Das differenzierte Verfahren sei kurz erläutert.

1.1.1.2.1 Wortgruppen

Für die Schreibung einiger Laute und damit deren Einordnung in eine alphabetisch sortierte Stichwortliste gab es mehrere Möglichkeiten. Der stimmlose gutturale Verschlusslaut /k/ konnte entweder als <k> oder vor folgendem *a, o, u, r, l* auch als <c> geschrieben werden, der stimmlose labiale Reibelaut /f/ entweder als <f> oder als <v>.

Bei /k/ hat sich der Verfasser für die Grafie <c> entschieden, mit der Konsequenz allerdings, dass <c> vor den genannten Folgelauten ein /k/ wiedergibt, ansonsten ein stimmloses /s/. Unter *K*- finden sich folglich – in der Ausgangsfassung – nur die nicht unter *C*- einzuordnenden, mit *ke* oder *ki* anlautenden Wörter. Sammelverweise am Anfang und gelegentlich auch am Ende des jeweiligen Buchstabenabschnitts nennen alternative Einsortierungen:

Anfang C-:   Nota: Wat men nich en vindet in demme bokstaue »C«, dat soke me in demme bokstaue »K«

Anfang K-:   Nota: De word, de sek anheuet an »Ca-«, »Co-«, »Cu-«, de scastu soken in demme bookstaue »C«

Ende K-:   Nota: Dat men nicht en vindet in dussem bokstaue »K«, dat salman soken in demme bokstaue »C«

Bei /f/ hat der Verfasser den Großteil der Wörter unter *V*- einsortiert. Lediglich einige Fremdwörter und Namen finden sich unter *F*-. Auch bei diesen beiden Buchstaben gibt es Bemerkungen zur alternativen Einsortierung:

Anfang F-:   Nota: Alle de word, de me soket in dussem bokstaue »F« vnde de nicht darynne vindet, de soke me in demme bokstaue »V«, also: »Vresen – frigescere«

Anfang V-:   Nota: Al de wort, de men nicht en vint in dessem bokestaue »V«, de schal me soken in dem bokstaue »F«

Entsprechend verfährt der Verfasser bei der Einsortierung der mit dem <vv> beginnenden Wörter, die er entweder zu *Vu*- oder *W*- stellen konnte. Die *Nota*-Einträge befinden sich nach *Vtwendich* (V416) und vor *Vucht* (V417) sowie vor *Wul* (W259):

Anfang Vu-: Nota: Welk wort me nicht en vint in dessen twen »Vv«, dat soke men in
deme tweuoldigen »W«

Anfang Wl-: Nota: Welk wort men nicht en vint in desseme tweuelden »W«, dat schall
me soken, wor dar twe eyntvoldeghe »Vu« bi angan

1.1.1.2.2 Einzelwörter

Etliche Beispiele für unterschiedliche Schreibweisen eines Wortes finden sich im Buchstabenabschnitt *R*-. Der stimmlose gutturale Verschlusslaut /k/ kann als <c> oder <k>
geschrieben werden. Wörter mit auslautendem /k/ können also in beiden Formen
auftreten:

R091 **Ric** pertica, poruestus, phalanga
R107 **Rik** partica, poruestus, phalanga

R137 **Roc** tvnica; r. Cleyt
R153 **Rok** tvnica

Der stimmhafte dentale Verschlusslaut /d/ fällt im Auslaut mit dem stimmlosen dentalen
Verschlusslaut /t/ zusammen. <t> und <d> sind also im Auslaut austauschbar:

R138 **Rood** rubeus, rubicundus, ruffus
R177 **Rot** rubeus, rubicundus, ruffus

Varianz bei Fremdwörtern ergibt sich in der Regel aus unterschiedlichen Stadien der
Entlehnung. Neben bereits in das deutsche Lautsystem integrierten Formen stehen
solche, die den lateinischen Ursprung noch deutlich widerspiegeln:

A003 **Abeteken** apoteka; vnde ys eyn steyde, dar me arsedye to vorkopende plecht
A142 **Apoteke** eyn kram myt arsedye; apoteca

A004 **Abeteker** apotekarivs, herbularius; vnde ys eyn man, de arsedyghe to
vorkopende plecht
A143 **Apoteker** apotekarius

Beim folgenden Paar wird in einem Wortartikel die Variante genannt:

B135 **Beril** edelsteyn vnde ys gestalt also eyn ys; berillus
B363 **Bril** beril; berillus; eyn edelsteyn also eyn cristalle edder eyn ys

1.1.1.3 Redundanz

Die Redundanz beschränkt sich nicht allein auf den Bereich der Schreibweise.
Wortartikeldubletten basieren daneben auch auf unterschiedlicher Lautung, Flexion oder

Wortbildung des Stichworts. Der nicht mit einer volkssprachigen Stichwortliste ver-
traute mittelalterliche Leser trifft hier auf ein hohes Maß an Benutzerfreundlichkeit.

a) Varianz in Lautung bzw. Schreibung

A033	**Ager** pratum
A110	**Anger** pratum

H053	**Harte** cor
H143	**Herte** cor

N028	**Navwe** cvme, vilna; vix
N105	**Nowe** vix

R028	**Rasten** rawen; quiescere, requiescere
R085	**Resten** rowen; quiescere, requiescere

Die Variante wird z. T. im Interpretament als Stichwortvariante angegeben:

B063	**Bederue** probus; r. Vrome
B131	**Beyrue** bederue, vrome; probus, proficuus; r. Gut

B272	**Boghen** bughen; flectere, inclinare, declinare
B394	**Bughen** flectere, inclinare, declinare

D191	**Droge** siccus; r. Doer
D204	**Drughe** droghe; siccus; r. Doer

H054	**Hartege** dux
H146	**Herteghe** hertoghe; dux

Dubletten dieser Art, die im Alphabet direkt aufeinander folgen, erfahren in der Regel
eine andere Behandlung: Sie werden in einem Wortartikel zusammengefasst, wobei die
erste Variante das Stichwort bildet, die zweite wie ein Synonym dem paradigmatischen
Interpretamentsteil zuzurechnen ist. Eine Wortartikeldublette entsteht in diesen Fällen
nicht:[4]

A077	**Alter** altare; ara
A085	**Ammeth** ambeth; officium

b) Flektierte Formen neben der Grundform
– Verben:

D090	**Do** age, fac, facio
D113	**Doon** maken, schykken; facere, operari, agere

---

4 Vgl. Abschnitt 1.1.2.1.1.

C009 **Cam** quam; venit
C136 **Comen** venire, accedere; r. Nalen

G001 **Ga** vade, transi, transeas
G010 **Gan** ire, transire, meare, pergere; r. Wandern

L108 **Let** alse: „He let dat"; dimittit
L037 **Laten** nicht don; dimittere, sinere

Partizip Präteritum:

B147 **Besetten** possessus
B152 **Besitten** possidere; r. Hebben

B176 **Beuallen** also in eyner kulen; obrutus, collapsus
B175 **Beuallen** obruere

– Pronomina:
Demonstrativpronomina:

D030 **De** ille, ipse, iste, hic, is vel illa, ipsa, ista, hec, ea
D031 **De** illi, isti, hii; also: „De deden dat"
D025 **Dat** illud, ipsum, istud, hoc, id; also: „Lerne my dat!"

Personalpronomina:

E026 **Ek** ego
M065 **Mek** my; michi
D209 **Du** tu
I046 **Iok** iv; vos, uobis
H070 **He** de, ionne; ille, ipse, iste, hic, is
S214 **Se** illa, ipsa, ista, hec, ea; alse: „Se dedet"
S215 **Se** illi, ipsi, isti, hii; alse: „Se dedent"
O021 **Ome** demme; illi, ipsi, isti, huic, ei

c) Fälle unterschiedlicher Wortbildung
– Suffigierung:

Adjektiv neben Adverb auf -en:

B161 **Besunder** also: „besunderen vrunt"; specialis, singularis
B163 **Besundern** sunderliken; singulariter, specialiter

G125   **Gotlik** benignus, beniuolus, benefactiuus
G127   **Gotliken** benigniter, benigne, beniuole, benefactiue

H108   **Hemelik** secretus, occultus, clamdestinus, celatus, archanus
H109   **Hemeliken** secrete, occulte, clamdestine, celate, archane

V207   **Vntemelich** indecens, illicitus, inhonestus
V208   **Vntemeliken** indecenter, illicite, inhoneste

Adjektiv neben Adverb auf -*e*:

H039   **Hard** dat nicht wek en is; durus
H038   **Harde** alse: „He drucket harde"; dure

S002   **Sachte** alse eyn sachte dink; lentus, lenis
S003   **Sachte** schvt, dat nicht vnsachte schvt; leviter, lente

Adjektiv neben Adverb auf -*liken*:

B319   **Bose** snode, ouele, in allen dinghen, de dar leuen, also lude edder duuele; malus,
vilis, prauus, malignus, iniquus, maliciosus, reprobus, nequam, peruersus
B321   **Bosliken** male, maliciose, nequiter, maligne, inique, prauiter, reprobe, peruerse

O030   **Openbaer** puplicus, notorius, manifestus, propalatus, dewlgatus, declaratus
O032   **Openbarliken** manifeste, publice, notorie

S381   **Snel** tawelek; velox, celer, prepes, repentus, acceleratus, subitaneus
S382   **Snelliken** velociter; r. Drade

Diminutiv neben Grundform:

H191   **Hot** pileus
H194   **Hodeken** en kleyne hot; piliolus

W198   **Wiff** mulier, femina, virago
W258   **Wiueken** femella, muliercula

W300   **Worm** vermis
W301   **Wormeken** vermiculus

– Präfigierung mit *ge*-:

B051   **Bede** gebede, gerichte; districtus, iurisdiccio, territorium
G026   **Ghebede** gerichte; districtus, iurisdiccio

L125 **Lik** gelik; similis, equalis, equus
G038 **Ghelyik** similis, consimilis, conformis, equalis, coequalis, compar, parilis

N058 **Neten** geneten, bruken; fungi, frvi, vti
G047 **Gheneten** gebruken; vti, frui, fungi, eo melius habere

N089 **Noghen** genoghen; contentari, sufficere, habundare, pollere
G049 **Ghenoghen** contentari, sufficere, habundare

S677 **Sunt** ghesunt; sospes, sanus, compos, incolomis, validus, non insanus, non infirmus
G074 **Ghesunt** sunt; sanus, sospes, incolumis, validus, compos, non insanus, non infirmus

1.1.1.4 Synonyme

Synonyme werden nicht unter einem Stichwort zusammengefasst, sondern erhalten eigene Stichwortansätze, wodurch Redundanz auch im lexikalischen Bereich entsteht. Die Ausgangsfassung enthält zahlreiche bedeutungsgleiche oder -ähnliche Stichwörter, die sich in relativer Nähe zueinander befinden:

A082 **Ambegyn** principium, inicium, incepcio, inceptum, primordium, inchoamen, inchoacio
A114 **Anheuent** anbeghyn, anheueginghe; principium, inicium, inceptum, inchoamen, primordium

B308 **Borke** booste, rynde; cortex
B326 **Boste** borke, rynde; cortex

L121 **Liff** likam; corpus
L130 **Likham** liff; corpus

M081 **Menghen** miscere, permiscere
M152 **Misschen** mengen; miscere, permiscere

M163 **Moder** mome; mater, genitrix, parens
M176 **Mome** mater, parens, genitrix

R041 **Recke** rese, hvne; gigas
R081 **Rese** hvne; gygas

S507 **Stake** stange, prange; phalanga
S516 **Stange** prange; phalanga

1.1.1.5   Homonyme und Polyseme

a) Homonyme erhalten stets eigene Stichwörter:

A010   **Adere** vena, fleba, fibra
A011   **Adere** vippera; vnde ys eyn worm vilna also eyn slanghe edder eyn snake

A158   **Arm** an demme liue; brachium
A159   **Arm** de nicht rike en ys; pauper, egenus, inops, penuriosus

D146   **Dorstech** siciens, sitibundus
D147   **Dorstech** cone, driste; audax, animosus, intrepidus

b) Polyseme werden in der Regel nicht zusammengefasst, sondern erhalten ebenfalls eigene Stichwörter:

Substantive:

B211   **Bischopdom** dat ambet des bischoppes; episcopatus, presulatus, pontificatus
B212   **Biscopdôm** dat lant des biscopes; diocicis, episcopatus

B259   **Booc** liber; vnde ys merklik scrift van enerleye dinge
B260   **Booc** volumen, liber; vele scrift tosammene bunden

B263   **Bode** nuncius, lator
B264   **Bode** de eyn here siluen ys vnde eyns groten heren bode ys; ambasiator

D107   **Dook** laken; pannus
D108   **Dook** sleyger; peplum

H218   **Holt** also en wolt; silua
H219   **Holt** van eme bome; lignum

Adjektive:

G034   **Gheyl** lascivvs; r. Vnkvys
G035   **Gheyl** fertilis; also acker edder erde gar vruchtbar edder vet synt

G160   **Grone** viridis
G161   **Grone** also grone vleysch; recens

Verben:

D046   **Delen** also me allerleye dink delet; diuidere
D047   **Delen** also me eyne rede delt; diuidere, distinguere
D048   **Delen** also me wat vnder de luden delt; diuidere, distribuere, partire
D049   **Delen** also me eyn ordel delt edder scedet; ferre, proferre
D050   **Delen** also me lude delt edder scedet; diuidere, separare, segregare, disiungere

| G010 | **Gan** ire, transire, meare, pergere; r. Wandern |
| G011 | **Gan** also et eyme mynschen wal edder ouele gheyt; succedere, prosperari |

| G156 | **Gripen** volen; tangere, palpare |
| G157 | **Gripen** vangen; capere, captiuare |

| H029 | **Handelen** tractare |
| H030 | **Handelen** scikken, werven; negociari |

H210	**Holden** allerleye ding; tenere
H211	**Holden** also me truwe edder warheyt helt; seruare, conseruare, reseruare
H212	**Holden** beiden, wachten, elden, also de ridende lude holdet; expectare, pausare, morari

I004	**Iaghen** is voruolghen allerleye ding; fugare
I005	**Iaghen** na den wilden deren; venari
I006	**Iaghen** ylen, hastigen; agitare, festinare, accelerare

Adverbien:

| H037 | **Harde** gaar; valde; alse: „He heft ok harde gut gemak" |
| H038 | **Harde** alse: „He drucket harde"; dure |

Funktionswörter:

| A087 | **An** to; ad |
| A088 | **An** also: „De heft eynen rok an"; indutus |

B192	**By** also: „Ich was by mynen vrunden"; apud, iuxta, coram, circa, penes, erga, prope, cis
B193	**By** also: „He nam enne by der hant"; per, circa
B194	**By** hen, enwech, also: „Do dat by, enwech edder hen!"; vias

| D024 | **Dat** quod, ut, quatenus; also: „Ek bidde dy, dat du god biddest vor my" |
| D025 | **Dat** illud, ipsum, istud, hoc, id; also: „Lerne my dat!" |

1.1.1.6   Unterstichwörter

In seltenen Fällen enthält der Wortartikel ein zweites oder drittes Stichwort in Form eines Kompositums, in dem das eigentliche Stichwort das Grundwort bildet:[5]

---

5   In der Regel stammen die zusammengefassten Wortgleichungen aus im ›Liber ordinis rerum‹ benachbarten Wortartikeln: im Wortartikel B274 z. B. *antela* und *postela* aus dem 76. Kapitel, Wortartikel 25 und 26. Die Kapitel- und Ordnungsnummer des ›Liber ordinis rerum‹ ist hier und im Folgenden der Ausgabe von SCHMITT 1983 entnommen.

E152 **Eten** comedere, manducare; r. Vreten, Slinden. **Morgeneten** prandere. **Auenteten** cenare

Dabei kann für das eigentliche Stichwort das lateinische Äquivalent fehlen:

B274 **Boghe**: **Vorboghe** an demme perde edder sadele; antela. **Hinderboghe** postela
C137 **Cȏme** vnde ys twygerleyge: **Peperkome** het »ciminum«. **Gartkome** het »carue«

An die Stelle des Bestimmungsworts kann auch ein Adjektivattribut treten:

A045 **Akeleye** aquileya; eyn krut. **Wylt akeleye** ...
O018 **Oleybom** oliua. **Wilt oleybom** oliaster

Bei einem Kompositum kann auch das Bestimmungswort wechseln:

M217 **Mvseualle** muscipula. **Rattenualle** gliricipula
O005 **Ogenbran** supercilivm. **Wynbran** cilium

1.1.2 Mikrostruktur

Jeder Wortartikel lässt sich in die beiden Elemente Stichwort und Interpretament auf-
teilen. Das Stichwort ist in der Regel das erste Wort eines Wortartikels, das Interpretament der Rest, nämlich der Wortartikel ohne Stichwort. Das Interpretament enthält in
fast 100 % aller Fälle lateinische, in 60 % der Fälle darüber hinaus volkssprachige
Bestandteile. Der Wortartikel setzt sich also obligatorisch zusammen aus einem volkssprachigen Stichwort und mindestens einem lateinischen Äquivalent; ein volkssprachiges Interpretament kann fakultativ hinzutreten. Vor allem in den Wortartikeln
mit volkssprachigen Interpretamentsanteilen zeigen sich Ansätze zu einem Wörterbuch,
das der Beschreibung des deutschen Wortschatzes dient. Die Darstellung dieser Wort-
artikelelemente steht im Mittelpunkt der folgenden Ausführungen.

1.1.2.1 Das volkssprachige Interpretament

Das volkssprachige Interpretament besteht aus unterschiedlichen Elementen, die sich
in vier Gruppen einteilen lassen. Die erste Gruppe nennt Laut-, Schreib- oder Wort-
bildungsvarianten zum Stichwort, die zweite Gruppe beschreibt die Bedeutung, die
dritte Gruppe führt Beispiele der Verwendung an, und die vierte Gruppe verweist auf
das Stichwort eines anderen Wortartikels, das die gleiche oder eine ähnliche Bedeutung
hat. Die lexikografische Beschreibung des deutschen Stichworts erfolgt also auf unterschiedliche Weise.

1.1.2.1.1 Stichwortvarianten

Zuweilen tritt neben das Stichwort eine durch abweichende Schreibung, Lautung oder
Wortbildung bedingte Variante des Stichworts:

A077 **Alter** altare; ara
A085 **Ammeth** ambeth; officium
A089 **An** ane; preter, sine, absque
A127 **Ansichte** angesichte; intuitus, visonomia
A179 **Atem** adme; anhelitus, respiracio
A182 **Aue** af; de
A183 **Auelaten** aflaten; dimittere, desinere

Stichwortvarianten treten häufig bei Namen auf:

A058 **Alheyt** alke; alheydis
D076 **Diderik** tile, tileke, tileman; tidericus, theodericus
G058 **Gerdrût** ghese, gheseke, en wiuename; gertrudis
H118 **Henrich** hene, heneke, henke; henricus

Stichwortvarianten befinden sich nicht zwangsläufig unmittelbar im Anschluss an das Stichwort:

A022 **Aflaten** vortyghen, auelaten; dimittere, desinere, desistere
A041 **Ahten** ahter, ahtene, hinder, hindene; retro, post

1.1.2.1.2 Definition der Bedeutung

Bei der Definition unterscheide ich im Folgenden zwei Haupttypen: die Definition durch Angabe von Synonymen oder die durch Paraphrase (paraphrasierende Definition). Beide Typen erfahren in der Überlieferung eine differenzierte Behandlung.

1.1.2.1.2.1 Angabe von Synonymen

Nahezu die Hälfte aller volkssprachigen Interpretamente enthält eine Definition durch Angabe von Synonymen. Dabei ist unter Synonym nicht immer ein Wort mit identischer, sondern auch mit ähnlicher oder nur leicht abweichender Bedeutung zu verstehen. Es muss zum Stichwort in einem paradigmatischen Verhältnis stehen, dieses also ersetzen können. Diese paradigmatische Definition kann aus einem Synonym, aber auch aus einer Reihe von Synonymen bestehen.

Substantive:

A109 **Angest** vrochte; angustia, timor
A141 **Apostole** twelfbode; apostolus
A154 **Art** nature; compleccio, natura
A178 **Astrik** deel; pauimentum
A195 **Awise** dorheyt; mania, demensia, vesannia

A007 **Ackerman** buweman, bvr, buwer; agricola, ruricola
A157 **Arke** scryn, kaste, lade; archa, scrineum, scista, capsa

Adjektive:

A080 **Alwern** eynualdich; simplex
A083 **Amechtich** machteloys; amens

A122 **Anneme** wert, werdich; gratus, acceptus, dignus
A190 **Auenturlich** mislich, twiuelik; euentualis, fortuitum, dubiosum, contingens, accidentale

Verben:

A120 **Anmoden** ansynnen; insinuare
A128 **Ansinnen** anmoden; insinuare
A137 **Anverdigen** reyschen; inpetere, prouocare, inuadere, insurgere, infestare, irritare, exacerbare
A138 **Anwisen** leren; docere, informare, -buere, instrvere

A039 **Ahten** v̊teren, foyseren; taxare, sensere, reputare
A081 **Anbegynnen** anvanghen, angripen, beghynnen, anheuen, betenghen; incipere, inchoari, iniciari, principiari
A155 **Arden** dighen, bequinen; naturari, complexionari, prosperari

Adverbien:

A050 **Al** degher; omnino, omnimode, totum
A061 **Alnenden** alderweghen; vbique, vbilibet, vndique, vndiquaque
A076 **Altomale** medenander; totum, omne

A047 **Al** altomale, albedulle, mydenander; omnis, totus, vniuersus
A060 **Alnhant** vnder des, aldewile; interim, interea

Funktionswörter:

A015 **Af** van; inde
A087 **An** to; ad

A048 **Al** iowelk, itwelk; quilibet, vnusquisque, singulus, vniuersus
A105 **Ane** behaluer, sunder, besunder; absque, preter, sine

Eine besondere Art von Synonymen stellen die Heteronyme dar, es handelt sich um geografisch getrennte Synonyme. Diese sind im ›Voc. Theut.‹ in der Regel durch eine diatopische Markierung[6] gekennzeichnet und daher deutlich zu erkennen. Vier Markie-

---

6 Vgl. hierzu DAMME 1998.

rungen dieser Art kommen in der Ausgangsfassung vor. Nur jeweils einmal begegnen die Marker *in demme stichte to hildensem* und *in mysen*:

S060 **Scap** in demme stichte to hildensem, spisekaste; promptvarium; r. Caste
D141 **Dornse** estuarium, stuba; in mysen eyn stoue

Weit häufiger kommt der Marker *t.* (für *turingice*) vor, der einmal in plene-Schreibung begegnet, und zwar bei b2 im Wortartikel B375:

B375 **Bronige** wenneke, $^+$t.^{k2} kedel; tunica, linea
      K Bronige] + turingice *b2*

Zu Thüringen scheint eine besondere Affinität zu bestehen; denn dieses Land erhält im Gegensatz zu vielen anderen eine ausführlichere Beschreibung:

D137 **Doryngen** doryngenlant; turingia; vnde lit twisschen sassen, hessen, osterlant

Bis auf die plene-Schreibung in b2 sowie wenige Ausnahmen in den Textzeugen w2 und ka1 vereinigt die Leithandschrift k2 alle *t.*-Marker auf sich:

H155 **Hespe** $^+$t.$^{k2\ w2}$ angel; cardo, vertinellum
O024 **Onechte** $^+$t.^{k2} vnelich; illegitimus
O046 **Osten** origens; $^+$t.$^{k2\ kal}$ vpgank

In der Überlieferung ist das *t.* (*turingice*) versehentlich als *r.*, als abgekürztes *require*, gelesen worden. Einige wenige Wortartikel enthalten derartige Relikte:

B357 **Breken** spigen; vomere, vomitare; $^+$t.$^{k2\ dl}$ vorlaten
      P t.] r. *dl*
O046 **Osten** origens; t. vpgank
      K t.] r. *b2*

Es ist also nicht auszuschließen, dass es sich auch in k2 bei dem einen oder anderen *r.* (*require*) um ein missverstandenes *t.* (*turingice*) handelt. Verdächtig sind in diesem Zusammenhang vor allem die Fälle, bei denen einerseits der Verweis ins Leere geht und andererseits das Wort im Thüringischen bezeugt ist: Dies gilt etwa für die folgenden Wortartikel mit den Verweiswörtern *Greten*, *Gherte* und *Grint*:[7]

G129 **Grad** treppe, stich; gradus; r. Greten
R142 **Rode** virga; r. Gherte
S167 **Scorf** scabies, pruritus; r. Grint

---

7 Vgl. *Thüringisches Wörterbuch*, 6 Bde., Berlin 1966–2006, Bd.2,688: *Gräden*; 2,571: *Gerte*; 2,720: *Grind*.

Zahlreiche thüringische Heteronyme scheinen auch in k2 überhaupt keine Markierung mehr zu besitzen. Dies könnte auf das Wort *vrosch* zutreffen. Das Synonym zum Stichwort *Hvpper* (H285) kommt im Niederdeutschen nur mit *r*-Metathese vor, und zwar als *vorsch* in Westfalen. Die Variante ohne Metathese deutet auf die thüringische Form hin. Wenn in einigen wenigen Fällen ein thüringischer Ausdruck das Stichwort bildet, wird das niederdeutsche Wort als Heteronym durch den Marker *saxonia*, *saxonie* oder *saxonice* – in der Edition vereinheitlicht zu „*sax.*" – gekennzeichnet. Diese Marker sind nur noch in den Textzeugen w2, w1, d1, m1, und ka1 erhalten:

O051   **Ostren** Paschen *sax.*; pascha

1.1.2.1.2.2 Paraphrase

Unter dem Terminus „Paraphrase" fasse ich im Folgenden unterschiedliche Arten von Definitionen zusammen: die klassische Definition, die freie Paraphrase, die morpho-semantische Definition, die semantische Funktionsdefinition oder die Negations-definition.

Nach dem klassisches Definitionsmuster wird der nächste Oberbegriff (genus proximum) angegeben und durch spezifizierende Attribute auf den gegebenen Fall hin eingeengt (differentia specifica). Dabei gibt es Unterschiede in der Ausführlichkeit der Attribute. In der ausführlichen Form wird die differentia specifica in einem vollstän-digen Satz formuliert; in der Regel handelt es sich dabei um einen Relativsatz:

A003   **Abeteken** apoteka; vnde ys eyn steyde, dar me arsedye to vorkopende plecht
A004   **Abeteker** apotekarivs, herbularius; vnde ys eyn man, de arsedyghe to vorkopende plecht
A009   **Adamas** adamas; vnde ys eyn eydeylsteyn vnde ys dat allerhardeste dink, dat me vp ertrike wet vnde maket enne wek myt warmem blode
A014   **Advent** aduentus domini; vnde ys eyn tiid van demme ersten sundaghe na synte katherinen auende wente to winachten
A032   **Agetsteyn** bernsteen; agathes, gagates, bernix; vnde ys eddelsteen gestalt vnde bern ok also dat claar van den bomen

In der kürzeren Form bestehen die Paraphrasen aus einem durch Genitiv-, Adjektiv-oder Präpositionalattribut oder durch eine Apposition erweiterten Substantiv:

Adjektivattribut:

A055   **Alabaster** alabastrum; dat ys wyt mormelsteen
A117   **Annys** eyn sote krude; anniseum
A162   **Arras** ys dunne wllen want; arracium
A163   **Arn** ys eyn groyt vogel; aquila

Präpositionalattribut:

A142 **Apoteke** eyn kram myt arsedye; apoteca

Genitivattribut:

A194 **Auion** eyn stat des paweses in francrike; auiniona

Apposition:

A078 **Alûn** ys eyn <u>steyn</u> also eyn glas; alumen
A012 **Adeke** ebvlvs; eyn <u>krut</u> also iung elhorn
A011 **Adere** vippera; vnde ys eyn <u>worm</u> vilna also eyn slanghe edder eyn snake

In der kurzen Form gibt es keine differentia specifica. Die Definition besteht nur aus dem Oberbegriff. In der Regel wird das allein stehende Hyperonym durch den unbestimmten Artikel eingeleitet:

A035 **Ahorne** eyn boym; platanus
A054 **Alant** enula; eyn krut
A140 **Ape** eyn deer; symea

Auch der umgekehrte Fall kommt vor: Wenn es sich beim Stichwort um einen Oberbegriff handelt, wird es durch Anführung von Unterbegriffen definiert:

A167 **Arste** ys mengerleye wnden arste; medicus, phisicus

Die klassische Form lässt sich besonders bei Sach- und Begriffsdefinitionen, bei von Substantiven dominierten Bereichen, anwenden. Andere Wortarten erfordern andere Definitionsmuster. Bei Verben kommt es zur „freien" Paraphrase:

A130 **Antien** andoen de kledere; induere

Die Bildungsweise von Komposita wird in der morpho-semantischen Definition dargestellt:

A148 **Arsebiscop** eyn vorste der bischope; archiepiscopus, metropolitanus, primas, archipresul, archipontifex
A150 **Arseprester** archipresbiter; eyn vorweser edder eyn houetman veller prestere
A151 **Arceboue** de groteste boue vnder vellen bouen; archiscurro

Eine semantische Funktionsdefinition liegt im folgenden Fall vor. Die Genitivkonstruktion begegnet häufig bei der Differenzierung von Polysemen:

A052 **Alder** alles dinghes; antiquitas, vetustas
A053 **Alder** leuendeghes dinghes; seneum, senectus

Negationsdefinitionen, die das Stichwort durch Negation des Antonyms beschreiben, beschränken sich fast ausschließlich auf Adjektive:

A159   **Arm** de nicht rike en ys; pauper, egenus, inops, penuriosus
D074   **Dicke** also wat nicht dunne en ys; spissus
H039   **Hard** dat nicht wek en is; durus
N001   **Na** by, dat nicht verne is; prope, propinque
S290   **Syit** dat nicht ho is; ymvs, bassus
S429   **Spade** late, nicht vro; tarde, serotine
T076   **To** dat nicht apen is; clausus
V157   **Vlot** dat nicht dep en is; cliuus

Paare von Negationsdefinitionen kommen nur zweimal vor:

D070   **Dicht** compactus, densus; also brot, dat nicht los en ys
L175   **Los** dat nicht dicht en is also eyn swam; rarus

E155   **Euen** dat nicht vneuen is in demme tale; par
O023   **Oneuen** alse dat nicht like grot en is; inequalis

Eine besondere Konstellation liegt beim folgenden Wortartikel vor:

W262   **Wlak** also water, dat nicht warm edder colt en is; tepidus

1.1.2.1.3   Verwendungsbeispiele

Der dritte Typ eines deutschen Interpretaments ist der syntagmatische, der ein typisches Verwendungsbeispiel für das Stichwort anführt. Diese Belege werden in der Regel durch *alse* bzw. *also* eingeleitet, in seltenen Fällen durch *also me spreket*. Verschiedene Ausprägungen lassen sich unterscheiden: kurze Wortgruppen, Hauptsätze und Nebensätze:

H047   **Harl** alse: „en harle flasses"; rox
L036   **Laten** inlaten, also: „Du salt beer in de kannen laten!"; permittere, intromittere
A040   **Ahten** rôken, also eyn syner vrunt nicht en achtet; reputare, curare

Das syntagmatische Interpretament kommt bei den einzelnen Wortarten unterschiedlich häufig vor. Substantive und vor allem Namen sind in stark unterdurchschnittlicher, Adverbien und Funktionswörter in stark überdurchschnittlicher Frequenz vertreten. Verwendungsbeispiele kommen gehäuft bei Wörtern vor, die keine eigene Bedeutung haben und metasprachlich nur kompliziert zu beschreiben sind.

Substantive:

G002   **Gade** consors; also me spreket: „De vogel heft synen ghaden"
S298   **Syn** in ener lere, alse: „De lere heft groten syn"; sentencia
S667   **Summe** also: „eyn summe geldes"; summa

Flektierte Substantive:

M011   **Male** also me sprecket: „to demme ersten male", „to dem anderen male"; vice

Adjektive:

G032   **Ghel** hel; sonorosus, clangorosus; also: „De klocke ys ghel"

H092   **Heel** alse: „De wnde ys heil"; saluus, sanus

N110   **Nutlik** alse: „De spise ys nutlik"; deliccatus

W136   **Wert** also: „Dat ding is des geldes wall wert"; dignus, condignus

Verben:

L201   **Luden** sonare; alse: „De pipe wil nicht luden"

M059   **Meden** also: „Ek wil en hus meden"; conducere, conuenire

S102   **Scemen** alse: „Eme scemet vor den ogen"; caligare, vmbrare

S160   **Scolen** alse: „Dat mach eme scolen"; debere

W013   **Waghen** reghen, also: „De nagell waget"; mouere, voluere

W123   **Wenden** bliuen, alse me sprekt: „Lat dat wenden edder bliuen!"; subsistere, permanere, manere

Flektierte Verben:

L051   **Lecht** also: „Dat bok is dar gelecht"; positus, repositus

L108   **Let** alse: „He let dat"; dimittit

S053   **Scal** alse: „He scal dat doen"; debere

Adverbien:

H037   **Harde** gaar; valde; alse: „He heft ok harde gut gemak"

H038   **Harde** alse: „He drucket harde"; dure

H114   **Hen** by, enwech, alse: „Do dat hen edder by!"; vias

H152   **Herwile** nv, nigelken, also: „Herwile ginges du vppe demme markede"; nouiter, nuper

V335   **Vortmer** also: „Du salst dek vortmer betteren!"; ammodo, amplius

W074   **We** ouele, also: „Om is gar we"; male, penaliter

Adverbien in festen Wendungen:

A088   **An** also: „De heft eynen rok an"; indutus

N005   **Na** wal vele, alse: „He kofte dat na"; remisse, in bono foro

V362   **Vppe** up, also: „He heft upghegheten"; totum

Funktionswörter:

B192   **By** also: „Ich was by mynen vrunden"; apud, iuxta, coram, circa, penes, erga, prope, cis

B193   **By** also: „He nam enne by der hant"; per, circa

N003   **Na** nach, alse: „Make et na den anderen"; secundum

N004   **Na** nach, alse: „Ga na demme, dat he to vns kome!"; pro

D025   **Dat** illud, ipsum, istud, hoc, id; also: „Lerne my dat!"
W073   **We** also: „We is dat?"; quis, qui
W082   **We** de, also: „We gode denet, deme schut gud"; quisque, quicumque, quilibet, omnis qui

A069   **Also** also me sprecht: „Eyn ys also dat ander"; tamquam, sicud, uelud, vt, prout, uti, sicuti, ueluti, quemadmodum, utpote, adinstar, vtputa, seu
S400   **So** also; tam, ita; alse: „So lange, dat et better werde"

Partikel:
I045   **Io** also: „Dat ys io groyt!"; vtique

Interjektionen:
T143   **Tros** also men sprecht: „Troß in dinen hals – rach in collum tuum"

1.1.2.1.4 Verweise

Der Verweisteil eines Wortartikels beginnt mit dem Marker *require* (in den meisten Handschriften abgekürzt und in der Edition dargestellt als „r."). In der Regel folgt ein Verweiswort, das auf das Stichwort eines anderen Wortartikels referiert; es können aber auch mehrere sein. In der Ausgangsfassung haben etwa 5 % aller Wortartikel einen Verweisteil; aber niemals besteht ein Wortartikel nur aus Stichwort und Verweisteil.

Bis auf eine verschwindend geringe Menge an Ausnahmen, die man wohl als Versehen werten darf, stimmen Stich- und Verweiswort in Bezug auf die Wortart überein. Eine der wenigen Ausnahmen von dieser Regel liefert der folgende Wortartikel:

E077   **Enket** notabilis, apparens, euidens; r. Merken

In der Mehrheit der Fälle enthält ein Wortartikel nur ein Verweiswort, in etwa einem Viertel der Fälle aber auch mehr als eins:

B007   **Baden** balneari; r. Waschen, Reyneghen
R073   **Renegen** mvndare, pvrgare, mvndificare, purificare
W064   **Wasschen** mundare, lauare

B304   **Borghen** mutuare, accomodare; r. Lenen vel Ligen
L082   **Lenen** lighen; concedere
L124   **Lyen** lenen, borghen; mutuare, accomodare, concedere

Verwiesen wird in der Regel auf Wörter, die bezüglich der Bedeutung eine Ähnlichkeit, in seltenen Fällen auch Identität zum Stichwort des aktuellen Wortartikels aufweisen. Die Verweise dienen also der onomasiologischen Vernetzung zwischen Wortartikeln mit bedeutungsähnlichen oder zuweilen -gleichen Stichwörtern. Dies geschieht vor allem bei Adjektiven:

A019   **Afgunstech** vngunstech; infauorabilis; r. Hetesch, Nydesch
N074   **Nidich** nides; invidiosus, odiosus

A159   **Arm** de nicht rike en ys; pauper, egenus, inops, penuriosus
D135   **Dorftech** indigens; r. Arm

A153   **Arch** bose, snode in dingen, de de leuen; malignus, prauus, peruersus, maliciosus, iniquus, reprobus, nequam; r. Vnuerdich, Dorechtich, Vnrech
D131   **Dorechtech** vnwettende, vnwis, vnclok; stultus, fatuus, delirus
D220   **Dul** dum, grof; ebes, grossus; r. Dorechtich

B063   **Bederue** probus; r. Vrome
B131   **Beyrue** bederue, vrome; probus, proficuus; r. Gut
G107   **Good** bonus; r. Vrome
U397   **Vrom** bederue; probus, bonus; r. God

B066   **Bedreplik** wiis; sapiens; r. Wiis
B088   **Behende** subtilis, agilis; r. Klok, Wiis, Kunstech
C089   **Clook** wys, kundich, vornumftich; cautus, sagax, discretus, prouidus, prudens, sapiens
C242   **Cundich** snedich; cautelosus; r. Clok
W245   **Wis** vernuftich, vorstendich, klok, wittich, wetende, synnich, vorbedachtich; sapiens, prudens, discretus, sciens, prouidus, expertus, peritus, sensatus, consultus, perspicax, circumspectus, premeditans, sagax, gnarus, sollers

In einem eher kleinen Teil der Fälle lässt sich beim Ansetzen von Verweisen ein darstellungsökonomischer Zweck erkennen. Dies gilt vor allem für die Fälle, in denen ein Verweis von zwei oder drei verschiedenen Wortartikeln auf einen anderen erfolgt. Die verweisenden Wortartikel enthalten lediglich ein kurzes Interpretament, während der Wortartikel, auf den verwiesen wird, erheblich mehr Informationen bereit stellt:

B287   **Bolte** telum; r. Piil
S171   **Scot** sagitta; r. Pil
P051   **Pil** telum, sagitta, iaculum, spiculum, hastile, missile, catabulta, pilum

M125   **Myghe** vrina; r. Pisse
S217   **Seyge** vrina; r. Pisse
P063   **Pisse** mige; vrina, minctura

R003   **Rad** tovliken; celeriter, repente; r. Drade, Schere
S118   **Scere** sncl, tohant; cito, mox, statim; r. Drade
S382   **Snelliken** velociter; r. Drade
D159   **Drade** schere, tohant, altohant, snel, snelleken, von stunden an, votstaandes, vp demme vote, bolde, rat, endelken, iotto, alvotes, tauliken, cortliken, ilelken,

ylende, iaghende, ane vnderlat; cito, statim, mox, festine, festinanter, incontinenti, illico, repente, repentine, protinus, immediate, subito, confestim, precipitanter, agitanter, acceleranter, celere, celeranter, subitanie, velociter, propere, properanter, breuiter, absque mora, sine interuallo, prone, prompte, momentanee

I003 **Iacke** diplois; r. Iope
T142 **Troghe** dyploys; r. Iope
W028 **Wambos** bambosium; r. Iope
I057 **Iope** iacke, troye, wammesch; diplois, iopa, bombasium, iopula

P066 **Plaghen** martelen; plagare; r. Pinegen
Q013 **Quelen** marteren; pvnire; r. Pinegen
S365 **Smerten** dolere; r. Pineghen
P056 **Pinegen** pvnire, affligere, plagare, torqueri, tribulari, tormentare, martirisare

B045 **Becken** peluis, parapsis; r. Scottelle
C141 **Cop** nap; ciphus, parapsis; r. Schottele
N019 **Nap** beker; ciphus, parapsis, cathinus; r. Scotele
S175 **Scotele** scutella, parapsis, lanx, ciphus, cathinus

Die Verweise zeigen zuweilen kleinere Ungenauigkeiten. So kommt es vor, dass nicht auf das Stichwort, sondern ein Wort aus dem paradigmatischen Interpretamentsteil verwiesen wird:

H135 **Herlich** dominicalis, gloriosus; r. Ersam
E101 **Erbar** erlik, ersam; honorabilis, venerabilis, honorificus, honoratus, gloriosus
E120 **Erlik** erbar, ersam; honorabilis, venerabilis, aliquando dicitur eciam sollempnis, gloriosus

Oder es wird auf eine nicht aufgenommene Substantivableitung von einem vorhandenen Adjektiv verwiesen:

B132 **Beyruecheyt** probitas; r. Vrômecheyt
D106 **Doghet** virtus, probitas, bonitas; r. Vromecheyt
aber:
V397 **Vrom** bederue; probus, bonus; r. God

H136 **Herlicheyt** dominacio; r. Erbarcheyt
aber:
E101 **Erbar** erlik, ersam; honorabilis, venerabilis, honorificus, honoratus, gloriosus

Lässt man diese Fälle unberücksichtigt, überliefern nur elf Wortartikel (nicht einmal 5 %) einen Verweisteil, in dem kein Verweiswort ein Pendant in der Stichwortliste hat.

Während die Ausgangsfassung streng zwischen gewöhnlichen Synonymen und *require*-Verweisen unterschieden hat, vermischen sich in der Überlieferung die beiden Kategorien immer mehr. Bei einigen Textzeugen (w2, ms, m1[8]) geht *require* durchgängig verloren, bei anderen sporadisch, so dass die Verweiswörter nun zu paradigmatischen Interpretamenten werden, die am Ende des Wortartikels stehen; zum Teil werden sie nach vorne gezogen, so dass sie nun auch formal zum paradigmatischen Interpretament gehören.

1.1.2.1.5 Auswertung

Am volkssprachigen Interpretament haben die einzelnen Wortarten unterschiedlichen Anteil: Substantive 30 %, Namen 2 %, Adjektive 12 %, Verben 30 %, Adverbien und Funktionswörter 11 %. Vergleicht man diese Werte mit dem Anteil der unterschiedlichen Wortarten am Gesamtbestand des ›Voc. Theut.‹, so zeigt sich, dass die Wortart Einfluss auf die Art der gewählten Beschreibung hat. Während Namen und Adjektive in beiden Werten etwa übereinstimmen, verzeichnen die anderen Wortarten deutliche Abweichungen: Der Anteil der Substantive fällt niedriger (45 statt 55 %) aus, während Verben (30 statt 23 %) sowie Adverbien und Funktionswörter (11 statt 7 %) zulegen. Substantive werden also erheblich weniger oft beschrieben als Verben, Adverbien und Funktionswörter.

Die einzelnen Bestandteile des volkssprachigen Interpretaments haben eine unterschiedliche Frequenz: Die paradigmatische Definition steht an der Spitze mit 46 %, dicht gefolgt von der paraphrasierenden Definition mit 39 %. Zusammen machen diese beiden Typen von Definition also 85 % aller volkssprachigen Interpretamente aus. Die restlichen 15 % verteilen sich auf Verweise mit 7 %, Verwendungsbeispiele mit 5 % und Stichwortvarianten mit 3 %.

Korreliert man die Wortarten mit den verschiedenen Ausprägungen des volkssprachigen Interpretaments, so zeigen sich folgende Tendenzen:

Substantive werden vor allem durch Paraphrasierung definiert und kaum in Verwendungsbeispielen dargestellt. Bei Namen kommen keine Verwendungsbeispiele und Verweise vor, dafür häufen sich enzyklopädisch ausgerichtete paraphrasierende Definitionen und Stichwortvarianten. Adjektive werden nur selten paraphrasierend definiert, und wenn, dann mit Negationsdefinitionen. Hingegen bevorzugen Adjektive eindeutig Verweise als Interpretamentstyp. Verben verteilen sich recht gleichmäßig über alle Interpretamentstypen, allerdings mit Schwerpunkt bei der paradigmatischen Definition. Bei Adverbien und Funktionswörtern fehlen paraphrasierende Definitionen fast völlig, dafür sind hier die Verwendungsbeispiele überdurchschnittlich stark vertreten.

Die paradigmatische Definition kommt bei allen Wortarten vor, allerdings fällt auf, dass sie bei Substantiven nicht so stark vertreten ist wie bei den anderen Wortarten. Bei

---

8 m1 überliefert im Buchstabenabschnitt *B-* einige Wortartikel, in denen *eciam* an die Stelle von *require* getreten ist. Dieser Marker ist erhalten geblieben: B088, B106, B130.01.

der Paraphrase dominieren eindeutig Substantive und Namen. Verwendungsbeispiele kommen vor allem bei Adverbien und Funktionswörtern vor, wo sie fast die Hälfte aller Belege ausmachen, hingegen haben sie bei Substantiven und vor allem Namen einen nur verschwindend geringen Anteil. Verweise sind die Domäne der Adjektive; während sie bei Verben und vor allem Namen nur schwach vertreten sind.

Eine feste Position im mehrteiligen Interpretament haben – abgesehen von der Stichwortvariante – nur die Bedeutungsdefinition durch Synonym (an erster Stelle) und der Verweis (an letzter Stelle). Die Platzierung des lateinischen Interpretaments, der paraphrasierenden Definition und der Verwendungsbeispiele kann variieren. Bei Kombination mehrerer volkssprachiger Interpretamentstypen können sich diese an unterschiedlicher Position befinden:

A032   **Agetsteyn** bernsteen; agathes, gagates, bernix; vnde ys eddelsteen gestalt vnde bern ok also dat claar van den bomen

1.1.2.2   Das lateinische Interpretament

Der ›Voc. Theut.‹ ist ein deutsch-lateinisches Wörterbuch, das lateinische Interpretament ist daher ein obligatorischer Artikelbestandteil. Nur in einer verschwindend geringen Anzahl von Fällen enthält der Wortartikel im ›Voc. Theut.‹ kein lateinisches Äquivalent:

C058   **Clafter** eyn lenghe eynes mynschen edder wide, also en vtreken mach

G181   **Gul** gorre, en trach perd

K007   **Kellershals** is en heyt vrucht vilna gestalt alse pepper vnde syn vrucht vnde wortele ys heter wan pepper vnde wesset ok in dudeschem lande

L156   **Lowater** dar rinden edder bosten van bomen ynne gesodden synt, dar me dat ledder ynne weschet

M070   **Meldowe** sint svnderlike worme, de de vrucht vorderuen

R020   **Ramese** en crut to etende

R149   **Roff** dar men vnder badet

Ein Wortartikel enthält sogar eine Begründung für das Fehlen des lateinischen Äquivalents:

S270   **Serden** highen, is bose dŭdesch vnde nicht werd, dat et latyn hebbe

Zuweilen wird das lateinische Äquivalent durch *het* 'heißt' eingeleitet:

C137   **Cŏme** vnde ys twygerleyge: **Peperkome** het »ciminum«. **Gartkome** het »carue«

G133   **Grale** ys eyn gedichte edder eyn gelogen dink, dat eyn woninghe sy, dar dy lude leuen in vrolicheyt wente an den iungesten dach, vnde mach heten to latine »gralus«

Das lateinische Interpretament besteht fast ausschließlich aus Äquivalenten zum volkssprachigen Stichwort. Darüber hinausgehende Angaben begegnen nur in den folgenden vier Wortartikeln:

A001   **Abbet** abbas et dicitur ab abba grece, id est pater in latino

D244   **Duuel** diabolus, demon et propria nomina, que ponuntur pro diabolis, sathanas, bel, belial, belsebuc, astarot, lucifer

G033   **Gel** glaucus, gilvvs, croceus, ceruleus, sicud de croco et de sera sic de rebus glaucis inpropria similia derivari potest et similiter de omnibus coloribus

S736   **Swingebret** cifratrillum. Quis auctor huius sit, dubitatur

Von den vier Belegen stammen die ersten beiden aus lexikografischen Quellen: der erste Wortartikel aus einem griechischen Vokabular[9], wie es u. a. der ›Voc. quad.‹ enthält, und der zweite aus dem ›Liber ordinis rerum‹. Im dritten Wortartikel gibt der Verfasser eine Anweisung zur Bildung lateinischer Äquivalente.

In der Regel besteht das lateinische Interpretament aus mindestens einem Ein-Wort-Äquivalent. Zuweilen begegnen daneben auch (paraphrasierende) Syntagmata. In etwa 100 Wortartikeln enthält das lateinische Interpretament ausschließlich umschreibende Syntagmata. Bei diesem Typ der Bildung dominieren die Verben eindeutig; auf sie entfallen genau zwei Drittel aller Wortartikel:

C122   **Coken** tortas facere

C168   **Coue** stabulum porcorum

G164   **Groppen** olla fictilis, olla lutea

G175   **Grůnden** fundum pertingere, basim tangere

K051   **Kyilen** cuneo firmare

M181   **Morden** homicidivm facere

M223   **Mvten** alse sek de lude wasschen vnder den oghen; faciem lauare, vultum mundare

P004   **Palen** bepalen; sudibus firmare

P078   **Plengen** kif maken; iurgia seminare

R188   **Rvtze** en olt scomeker; scutor calciorum antiquorum

S610   **Strale** pijl mit wedderhaken; sagitta recurvata

S392   **Snok** en ivnk heket; luceus ivuenis

S482   **Spolen** also de weuere doet garen vp de spolen winden; fila voluere ad pennulam

R076   **Rennen** cvrsorie eqvitare

---

9   Das Wort *abba* stammt aus dem Hebräischen und gehört daher eigentlich nicht in ein griechisch-lateinisches Vokabular. Diesen Fehler übernimmt der Verfasser des ›Voc. Theut.‹.

Daneben gibt es einen zweiten Typ der Bildung: Substantivkomposita erhalten eine
Lehnübersetzung ins Lateinische

H020   **Hamerslach** bassatura ferri
H025   **Hantbecken** peluis lauatorigi
H199   **Hoofiseren** babati ferrum
L052   **Lechtstrime** radius lucis
L084   **Leenhere** eruehere; dominus feodi
L131   **Liksteyn** lapis funeris

1.1.3   Zusammenfassung

Die Ausgangsfassung des › Voc. Theut.‹ erweist sich als ein multifunktionales Wörterbuch, das im Rahmen eines zweisprachigen deutsch-lateinischen Vokabulars in An-
sätzen auch die Volkssprache beschreibt und darüber hinaus – vor allem in den ausführlicheren, geradezu enzyklopädischen Definitionen zu Tier- und Pflanzenbezeichnungen sowie zu geografischen Namen – Allgemeinwissen vermittelt. In diesem für das
Ende des 14. Jahrhunderts ungewöhnlichen Wörterbuch hat außerdem die Volkssprache
die Funktion der Metasprache vom Lateinischen übernommen. Lateinisch sind bis auf
wenige Ausnahmen nur noch die lexikografischen Marker *r(equire)*, *t(uringice)*,
sax(onice).

1.2   Der › Vocabularius Theutonicus‹ im Überblick

1.2.1   Der Titel

Der › Vocabularius Theutonicus‹ ist ohne einen Titel überliefert. Im Werkganzen des
› Vocabularius quadriidiomaticus‹ (im Folgenden: › Voc. quad.‹), in den der › Voc.
Theut.‹ als vierter Teil integriert worden ist, erhalten die einzelnen Teilwörterbücher zuweilen – z. B. in der Stuttgarter Handschrift s1 – ein Attribut, das sich nach der Sprache
des jeweiligen Stichwortansatzes richtet: Das lateinisch-deutsche Teilwörterbuch wird
Vocabularius latinus überschrieben, das griechisch-lateinische *Vocabularius grecus*,
das hebräisch-lateinische *Vocabularius hebraicus* und das deutsch-lateinische Wörterbuch *Vocabularius theutonicus*. Diese ursprünglich der Redaktion W eignende Über-
schrift habe ich – einer Anregung Gilbert de Smets folgend[10] – in meinem Aufsatz von
1983 auf die Ausgangsfassung und alle Folgebearbeitungen übertragen.[11] Inzwischen
hat sich dieser Titel in der Literatur durchgesetzt.[12] ˙

---

10 Vgl. DE SMET 1981, S. 73.

11 Vgl. DAMME 1983, S. 137, Anm. 1.

12 Vgl. etwa GRUBMÜLLER 1986, S. 152: „... Vokabular, das neuerdings als ‚Vocabularius
     theutonicus' in die Forschung eingeführt wurde."

1.2.2   Der Verfasser

Ein Hinweis auf einen Verfasser findet sich in der Wolfenbütteler Handschrift w2 in Form eines Urhebervermerks[13]: Nach dem üblichen *Et sic est finis vocabularii* folgt der Zusatz *Editus per Magistrum Johannem Egeberti de Embecke* (w2, Bl. 246ra). Johannes Egberti stammt nach dieser Notiz aus Einbeck, dem Zentrum des südniedersächsischen Raums. Anfang der 1410er Jahre wird er zweimal im Kämmereiregister aus Göttingen genannt: 1411/12[14] und 1413/14[15]. Im zweiten Eintrag geht es darum, dass Johannes Egberti ein Haus von Dietrich Engelhus, dem Verfasser des ›Voc. quad.‹, übernimmt.

Johannes Egberti ist wie Dietrich Engelhus Magister und soll nach STEENWEG mit diesem in den neunziger Jahren des 14. Jahrhunderts in Erfurt immatrikuliert gewesen sein.[16] In den Matrikellisten der Erfurter Universität kommt der Name *Johannes Egbert* bzw. *Egberti* nicht vor. Jedoch ist dort in den Jahren 1392/94 zusammen mit Engelhus ein gewisser (Egbertus) Egberti de Embek bezeugt,[17] der später Dekan der Fakultät wird und bald darauf stirbt.[18] Es kann sich also bei diesem Egberti nicht um den Johannes Egberti handeln, der Anfang der 1410er Jahre im Kämmereiregister genannt wird.

Ein Zusatz in einem lateinischen Interpretament, der ganz und gar nicht in den Rahmen des ›Voc. Theut.‹ passt,[19] könnte in diesem Zusammenhang an Relevanz gewinnen:

S736   **Swingebret** cifratrillum. Quis auctor huius sit, dubitatur

An keiner anderen Stelle im Wörterbuch wird die Autorschaft eines im Stichwort genannten Gegenstandes oder Werkes thematisiert. Wenn dies hier geschieht, so sicherlich nicht ohne Grund. Möglicherweise handelt es sich beim Stichwort *Swingebret* um

---

13   Vgl. STEENWEG 1991, S. 28.

14   Stadtarchiv Göttingen, Kämmereiregister 1411/12, Bl. 23[v].

15   Stadtarchiv Göttingen, Kämmereiregister 1413/14, Bl. 18[r].

16   Vgl. STEENWEG 1991, S. 27, Anm. 92. – Der Studienaufenthalt in Erfurt könnte zudem der Grund dafür sein, dass im Vokabular zahlreiche thüringische Heteronyme aufgenommen worden sind.

17   Um 1392/94 ist noch eine weitere Person mit dem Immatrikulationsgrad „Magister artium" eingeschrieben, die in der Überlieferung des ›Voc. Theut.‹ eine Rolle spielt: Heinrich Grebenstein. Dieser Name findet sich wiederholt in den Randeinträgen eines späteren Benutzers des frühen Textzeugen k2. – Vgl. bezüglich der Personendaten: *Repertorium Academicum Germanicum. Die graduierten Gelehrten des Alten Reiches zwischen 1250 und 1550* (2001ff.), geleitet von R. C. SCHWINGES / P. MORAW, unter Mitarbeit von S. ANDRESEN / D. DOSSENBACH / T. MAURER / W. C. KÄNDLER / F. WAGNER / U. KAMMER. Bern Gießen. URL: <http://www.rag-online.org/>.

18   Vgl. hierzu E. KLEINEIDAM, *Universitas studii erffordensis. Überblick über die Geschichte der Universität Erfurt im Mittelalter 1392–1521, Teil 1: 1392–1460*, Leipzig 1964, S. 235.

19   Vgl. Abschnitt 1.1.2.3.

ein Anagramm, in dem der Autor seinen Namen in verschlüsselter Form nennt: Die
Buchstaben des Stichworts ergeben nämlich umgestellt die Lesung *egbertinws* 'kleiner
Egbert'. Berücksichtigt man außerdem das lateinische Wort *cifratrillum*, so fällt die
Buchstabenfolge *-frat-* auf, die auf *frater* 'Bruder' hindeuten könnte. Wäre diese Deu-
tung intendiert, so wäre der Autor der kleinere Bruder einer möglicherweise bekann-
teren Person mit dem Familiennamen *Egbert*, vielleicht sogar der Bruder des zusammen
mit Engelhus in Erfurt immatrikulierten Egbertus. Da dieser Egbertus zuvor in Prag an
der juristischen Fakultät eingeschrieben war, könnte sich auch die Kenntnis der Rechtsliteratur erklären, zu der das vom Verfasser genutzte Rechtsglossar gehört.[20]

1.2.3   Die Sprache

Der folgenden geografischen Zuordnung der im ›Voc. Theut.‹ überlieferten Sprache
liegen die bislang noch unveröffentlichten, aber mir freundlicherweise von Dr. Robert
Peters zur Verfügung gestellten Daten und Karten des ‚Atlas der Schreibsprachen des
niederdeutschen Altlandes und angrenzender Gebiete' (im Folgenden: ASnA), zugrunde.[21] Aus der großen Zahl der in Frage kommenden Variablen scheiden zunächst
all die aus, die im größten Teil des mittelniederdeutschen Sprachraums dominieren und
von daher wenig Aussagekraft besitzen, etwa *dusse* 'diese(r)', *nen* 'kein', *schal* 'soll'
usw. Außerdem kommen nur die Variablen in Frage, deren im ›Voc. Theut.‹ überlieferte
Variante ohne jeden Zweifel auf die Ausgangsfassung zurückgeht. Dies trifft fast
ausschließlich auf Wörter in der Stichwortliste zu, deren unterscheidendes Merkmal sich
möglichst unter den ersten Buchstaben befindet und deren Änderung eine Störung in der
alphabetischen Reihenfolge verursacht hätte. Folgende Variablen erfüllen diese genannten Kriterien:

---

20 Vgl. Abschnitt 1.2.4.2.

21 Vgl. hierzu C. FISCHER / R. PETERS, *Vom 'Atlas frühmittelniederdeutscher Schreibsprachen'*
    zum 'Atlas spätmittelalterlicher Schreibsprachen des niederdeutschen Altlandes und
    angrenzender Gebiete' (ASnA). Entstehungsgeschichte, Bearbeitungsstand, erste Ergebnisse
    und Perspektiven, in: F. PATOCKA / P. WIESINGER (Hrsgg.): *Morphologie und Syntax*
    deutscher Dialekte und Historische Dialektologie des Deutschen. Beiträge zum 1. Kongress
    der Internationalen Gesellschaft für Dialektologie des Deutschen, Marburg/Lahn, 5.–8. März
    2003, Wien 2004, S. 406–428. – DIES., *Der ‚Atlas spätmittelalterlicher Schreibsprachen des*
    niederdeutschen Altlandes und angrenzender Gebiete' (ASnA). Die Vorzüge kommentierter
    Punkt-Symbol-Karten mit differenzierten komplexen Symbolen, in: Korrespondenzblatt des
    Vereins für niederdeutsche Sprachforschung 113 (2006) 32–35. – DIES., *Der ‚Atlas spät-*
    mittelalterlicher Schreibsprachen des niederdeutschen Altlandes und angrenzender Gebiete'
    (ASnA), in: L. CZAJKOWSKI / C. HOFFMANN / H. U. SCHMID (Hrsgg.), *Ostmitteldeutsche*
    Schreibsprachen im Spätmittelalter (Studia Linguistica Germanica 89), Berlin New York
    2007, S. 23–33.

'Frau': *vruwe* vs. *vro(u)we*
'dritte(r)': *dridde* vs. *drudde* vs. *dredde* vs. *derde*
'dreißig': *drittich* vs. *druttich* vs. *dertich*
'irgend-': *ittes-* vs. *ichtes-*
'ich': *ek* vs. *ik*
'mich': *mek* vs. *mik* vs. *mi*
'ihm': *ome* vs. *eme*
'jede(r)': *iowelik* vs. *iewelik* vs. *iuwelik*
'jene(r)': *ionne* vs. *ienne*

Da der mutmaßliche Verfasser aus Einbeck stammt, ist anzunehmen, dass die im Vokabular verwendete Volkssprache sich dem Ort oder zumindest dem Raum Einbeck zuordnen lässt. Aus diesem Grunde wird ergänzend zum ASnA, dessen Daten auf der Auswertung der spätmittelalterlichen Urkundensprache basieren, das Wörterbuch von Georg SCHAMBACH zum Vergleich herangezogen, das den mundartlichen Wortschatz Südniedersachsens und speziell Einbecks aus der Mitte des 19. Jahrhunderts verzeichnet.[22]

1. 'Frau': *vruwe* (V408, V409, V410)
Die Variante *vruwe* kommt nach dem ASnA im letzten Viertel des 14. Jahrhunderts fast ausschließlich im westlichen Ostfalen und östlichen Westfalen vor. Mehr als einen Beleg melden Göttingen (7), Einbeck (5), Goslar (3), Hameln (2) sowie Lemgo (3) und Osnabrück (2). – Die Mundart hat *frûe* (SCHAMBACH 281).

2. 'dritte': *dridde* (D179)
Der ASnA bezeugt *dridde* im letzten Jahrzehnt des 14. Jahrhunderts als ausschließliche Variante aus Braunschweig und Hildesheim. – Die Mundart hat *dridde, dredde* (SCHAMBACH 48).

3. 'dreißig': *drittich* (D187)
Der ASnA bezeugt *drittich* im letzten Jahrzehnt des 14. Jahrhunderts (dominant oder) ausschließlich aus Goslar, Hameln, Hannover und Hildesheim. – Die Mundart hat *drittig, dertig* (SCHAMBACH 48).

4. 'irgend-': *ittes-* (I069, I070)
Der ASnA bezeugt *ittes-* im 14. Jahrhundert allein oder dominant nur aus Goslar; Göttingen meldet gegen Ende des 14. Jahrhunderts (1370–1400) *ittes-* neben dominantem *ichtes-*, das in der Ausgangsfassung ebenfalls vorkommt (I015, I016).

---

22 G. SCHAMBACH, *Wörterbuch der niederdeutschen Mundart der Fürstenthümer Göttingen und Grubenhagen oder Göttingisch-Grubenhagen'sches Idiotikon*, Einbeck 1858.

5. 'ich': *ek* (E026)

Der ASnA bezeugt *ek* im letzten Jahrzehnt des 14. Jahrhunderts dominant oder ausschließlich aus Braunschweig, Einbeck, Goslar, Göttingen, Hameln und Hildesheim. – Die Mundart hat ebenfalls *ek* (SCHAMBACH 55).

6. 'mich': *mek* (M065)

Der ASnA bezeugt *mek* im letzten Jahrzehnt des 14. Jahrhunderts dominant oder ausschließlich aus Braunschweig, Göttingen und Hildesheim. – Die Mundart hat *mek* (SCHAMBACH 55).

7. 'ihm': *ome* (O021)

Der ASnA bezeugt *ome* im letzten Jahrzehnt des 14. Jahrhunderts dominant oder ausschließlich aus Einbeck, Goslar, Göttingen und Hildesheim. – Die Mundart meidet den alten Dativ und hat *ône* (SCHAMBACH 76).

8. 'jede(r)': *iowelek* (I061)

Der ASnA bezeugt *iowelek* im letzten Jahrzehnt des 14. Jahrhunderts dominant oder ausschließlich aus Braunschweig, Goslar, Göttingen und Hannover.

9. 'jene(r)': *ionne* (I055)

Der ASnA bezeugt die gerundete und vermutlich mundartnahe Variante *ionne* im letzten Jahrzehnt des 14. Jahrhunderts nur aus Braunschweig; Göttingen meldet eine gerundete Form aus dem letzten Jahrzehnt des 15. Jahrhunderts. – Die Mundart hat *jöne* (SCHAMBACH 94).

Die zum Teil nur schwach bezeugten Variablen sind bis auf *vruwe* und *ek* für den besagten Zeitraum aus Einbeck nicht belegt. Dies kann nicht verwundern, da aus Einbeck erheblich weniger Urkundenmaterial als aus anderen Städten zur Verfügung steht. In sechs Fällen meldet aber zumindest eine Nachbarstadt die im ›Voc. Theut.‹ überlieferte Variante: *dridde* (Hildesheim), *drittich* (Goslar, Hildesheim), *ittes-* (Goslar, Göttingen), *mek* (Göttingen, Hildesheim), *ome* (Goslar, Göttingen, Hildesheim), *iowelek* (Goslar, Göttingen). Lediglich für *ionne* liefern auch die unmittelbaren Nachbarstädte keine zeitgenössischen Belege; der Beleg aus Göttingen ist 100 Jahre jünger. Das Problem bei dieser letzten Variable könnte in der Distanz der im ASnA verzeichneten mittelalterlichen Urkundensprache zur gesprochenen Sprache begründet liegen. Die bei SCHAMBACH aufgezeichnete Mundart hat bezeichnenderweise die Form mit gerundetem Vokal.

Aufgrund der untersuchten Variablen kann die in der Ausgangsfassung des ›Voc. Theut.‹ überlieferte Sprache einem dreieckigen Gebiet mit den Endpunkten Hildesheim (im Norden) – Goslar (im Osten) – Göttingen (im Süden) zugeordnet werden. Im Zentrum dieses Gebietes liegt Einbeck. Das Pronomen *jöck* 'euch' (I046), das mundartlich gegen Ende des 19. Jahrhunderts nach der DSA-Karte 21 vor allem im südlichen Südniedersachsen verbreitet ist, stützt diese Zuordnung.

Auf das Gebiet des heutigen südlichen Niedersachsen weisen darüber hinaus auch einige geografische Namen, die im ›Voc. Theut.‹ als Stichwörter aufgenommen sind. So kommt neben den allgemein bekannten Flüssen (wie Rhein, Tiber oder Jordan) auch die recht unbedeutende Leine vor, die durch Göttingen und an Einbeck vorbei fließt und schließlich in die Aller mündet; die Aller hingegen ist nicht verzeichnet.[23]

L081   **Lene** en water in sassenlande; leyna

Sein besonderes Interesse am süd(west)lichen *Sassenland*, dem südniedersächsischen Gebiet, offenbart der Verfasser in weiteren Wortartikeln:

D137   **Doryngen** doryngenlant; turingia; vnde lit twisschen sassen, hessen, osterlant
H042   **Hart** is eyn wolt twisschen sassenlande vnde doringenlande; harto
W170   **Wesere** eyn water twisschen sassenlande vnde westphalen; wesera

1.2.4   Die Quellen

Zwei lexikografische Werke lassen sich als Quellen ausfindig machen: der ›Liber ordinis rerum‹ und ein anonym und unikal überliefertes Rechtsglossar.[24]

1.2.4.1   Der ›Liber ordinis rerum‹

Der ›Liber ordinis rerum‹[25] ist ein kurz vor 1400 entstandenes, primär nach Wortarten (Substantive, Adjektive, Verben, Indeklinabilia) und sekundär nach Sachgruppen geordnetes, in 250 Kapitel aufgeteiltes Wörterbuch mit etwa 9.500 Wortartikeln, die nahezu durchgängig aus einfachen lateinisch-volkssprachigen Wortgleichungen bestehen. Der älteste Textzeuge datiert aus dem Jahr 1400 und hat niederdeutschen Lautstand; vermutlich ist die Heimat des Vokabulars im ostfälischen Sprachraum zu suchen. Das Wörterbuch überliefert einen umfangreichen Grundwortschatz, der in einigen Bereichen sogar fachsprachliche Differenzierungen bietet und in dem alle Wortarten, sogar Interjektionen, flektierte Verbformen und Pronomina, vorkommen. Aus dieser Quelle übernimmt der Verfasser des ›Voc. Theut.‹ das Gros seines Materials.

Eine eingehende Untersuchung über die Einarbeitung des ›Liber ordinis rerum‹ in den ›Voc. Theut.‹ steht noch aus. Auf der Grundlage bisher vorliegender Ergebnisse lassen sich dennoch einige Bearbeitungstendenzen erkennen. Auch wenn der Verfasser des ›Voc. Theut.‹ das Material des ›Liber ordinis rerum‹ in einigen Wortschatzbereichen (z. B. Tierwortschatz) wohl fast zu hundert Prozent übernommen hat, kann der ›Voc. Theut.‹ nicht einfach als Umstrukturierung eines nach Sachgruppen sortierten lateinisch-deutschen zu einem alphabetisch sortierten deutsch-lateinischen Wörterbuch

---

23 Vgl. die Karte 1 bei DAMME 2001a, S. 9.

24 Vgl. zu diesem Thema DAMME 2004d.

25 Die im Folgenden angeführten Beispiel sind zitiert nach der Ausgabe von SCHMITT 1983.

angesehen werden. Dies sei an wenigen Beispielen aus dem Bereich des volkssprachigen Wortschatzes verdeutlicht.

a) Der Verfasser beschränkt sich nicht auf das im ›Liber ordinis rerum‹ vorgegebene Material, sondern ergänzt es. Als solche Zusätze erweisen sich u. a. die Wortartikel, in denen das lateinische Interpretament ausschließlich aus einem Syntagma besteht[26] und damit in der Regel nicht einer lexikografischen Quelle entstammt. Darunter finden sich Wörter des Alltagswortschatzes, etwa:

M223   **Mvten** alse sek de lude wasschen vnder den oghen; faciem lauare, vultum mundare.

S398   **Snvven** mvndare nasum

T015   **Tarten** swellen, also de kindere spreket edder causen; lasciue loqui

W317   **Wrempen** scrempen, also wan men suren drank drinket; peruertere vultum

Erkennbar werden die Zusätze aber auch im Bereich der Namen. Neben den zum damaligen Kanon gehörenden und im ›Liber ordinis rerum‹ überlieferten biblischen (*Abraham* [A005], *Adam* [A008]) oder an Heilige und Märtyrer erinnernde Namen (*Agnese* [A034], *Anne* [A121], *Augustyn* [A191], *Bernt* [B128], *Clawes* [C068]) kommen auch heimische Namen vor: *Detmar* (D069), *Diderik* (D076), *Henning* (H121) usw. Außerdem werden Varianten der Namen genannt, z. B.:

D076   **Diderik** tile, tileke, tileman; tidericus, theodericus.

b) Der Verfasser ergänzt die volkssprachige Vorgabe seiner Quelle um lautliche und lexikalische Varianten, verstärkt auf diese Weise die Redundanz und erhöht damit die Benutzerfreundlichkeit.

›Liber ordinis rerum‹:

45,16   **Medicina, medela, medicamen, medicamentum, remedium** artzedige

›Voc. Theut.‹:

A168   **Arsedie** bote; medicina, medicamen, medicamentum, medela, remedium

B330   **Bote** arzedye, hulpe vor krancheyt; remedium, medela, medicamen, medicamentum, medicina

E133   **Ersedye** medicina, remedium, medicamen, medela, medicamentum

c) Der Verfasser kombiniert bedeutungsähnliche Wörter, indem er Wortgleichungen aus dem ›Liber ordinis rerum‹ miteinander verschränkt. Das erste lateinische Wort entspricht dem ersten deutschen Wort, das zweite lateinische dem zweiten deutschen usw.:

---

26   Vgl. hierzu Kap. 1.1.2.3.

›Liber ordinis rerum‹:
53,1   **Rusticus** ghebur
53,2   **Ruricola** bugman
53,3   **Agricola, agrestis** ackerman
53,4   **Uillanus, uillicus** dorpman

›Voc. Theut.‹:
A007   **Ackerman** buweman, bvr, buwer; agricola, ruricola
B402   **Buur** dorpman, bugher; rusticus, villanus
D143   **Dorpman** buur; villanus, rusticus

In manchen Fällen werden auch Wörter miteinander kombiniert, die sich nur in einem Teilaspekt ihrer Bedeutungen decken:

›Liber ordinis rerum‹:
113,25   **Lacrima** tren
10,11   **Gutta, stilla** drope

›Voc. Theut.‹:
T129   **Tran** drape; lacrima, gutta, stilla

Durch die häufig angewandte Verzahnung mehrerer Wortgleichungen aus dem ›Liber ordinis rerum‹ gelingt es dem Verfasser, bedeutungsgleiche und vor allem bedeutungsähnliche Wörter zusammenzustellen. Allerdings liegt nicht in allen Fällen wirkliche Synonymie vor.

d) Der Verfasser des ›Voc. Theut.‹ fasst lateinische Äquivalente aus verschiedenen, im ›Liber ordinis rerum‹ benachbarten Wortgleichungen mit durchaus differenzierter Bedeutung unter einem volkssprachigen Hyperonym zusammen.

›Liber ordinis rerum‹:
29,11   **Socius, sodalis** gheselle
29,12   **Consors** gheluckegheselle
29,13   **Collega** sendegheselle
29,14   **Comes** wandergheselle

›Voc. Theut.‹:
C238   **Cumpan** geselle; socius, sodalis, collega, consors, comes
G073   **Gheselle** cumpaan; socius, sodalis, collega, comes

Von dieser Vereinfachung im volkssprachigen Bereich betroffen sind auch Wörter, die als fachsprachlich genau definierte Termini nicht hätten zusammengefasst werden dürfen, wie das folgende Beispiel aus dem Bereich des Eherechts zeigt:[27]

›Liber ordinis rerum‹:
38,29   **Dos** brutgaue
38,30   **Dotalicium** morghengaue
38,31   **Arra** brutschat

›Voc. Theut.‹:
B378   **Brutscad** dotalicium, arra, dos

Die Vereinfachung auf ein Hyperonym bzw. einen Leitbegriff kommt der angestrebten Benutzerfreundlichkeit entgegen. Der Benutzer sucht beim Allgemeinen und nicht beim Besonderen. Dabei geht aber zuweilen die semantische Genauigkeit verloren. Diesen Nachteil scheint der Verfasser im Interesse des raschen Auffindens eines Begriffs in Kauf zu nehmen.

1.2.4.2   Das Rechtsglossar

Im Gegensatz zur allgemeinsprachlichen Lexikografie konnte die rechtssprachliche Lexikografie um 1400 in Deutschland schon auf eine längere volkssprachig dominierte Tradition zurückblicken. Spätestens seit Mitte des 14. Jahrhunderts sind die volkssprachigen Rechtsbücher durch Register und Nachschlagewerke erschlossen worden, die selbstverständlich einen volkssprachigen Lemmaansatz hatten: In den Wortartikeln werden Rechtstermini in ihrer Semantik beschrieben bzw. definiert; und in der Mehrheit der Fälle werden ihnen entsprechende lateinische Termini zugeordnet. Zuweilen enthalten die Einträge auch Hinweise auf Kapitel in den großen Rechtsbüchern, etwa dem Landrecht des Sachsenspiegels (*La*), den Glossen zum Sachsenspiegel (*Glo*), dem Kaiserrecht (*Ke*), dem Lehnrecht (*Le*), dem (Magdeburger) Weichbildrecht (*W*), dem Richtsteig (*Ry*) usw. Ein unikal in der Wolfenbütteler Handschrift HAB Cod. Guelf. 270 (Bl. 103ʳ–113ᵛ) überliefertes Rechtsglossar,[28] an dessen Niederschrift Conradus de Gandersen (Gandersheim) beteiligt war, das sich lange Zeit im St. Blasienkloster zu Northeim befunden hat und damit in der Umgebung von Einbeck verfügbar gewesen sein muss, beginnt mit den folgenden Einträgen:

Abbet abbas *La 1, Ke 1, W 2*
Achte dat is vorvestinge; proscripcio *La 6, Glo 8, Ke 25, W 3, Le 1, Ry 2*

---

27 Vgl. zu diesem Beispiel H. SPEER, *Das Deutsche Rechtswörterbuch. Historische Lexikographie einer Fachsprache*, in: Lexicographica 5 (1989) 85–128, hier S. 89.

28 Vgl. zu diesem Kodex U.-D. OPPITZ, *Deutsche Rechtsbücher des Mittelalters*, Bd. II: *Beschreibung der Handschriften*, Köln Wien 1990, S. 874f.: Nummer 1592. – Speziell zum Glossar vgl. DAMME 1996.

Achbar dat is edel; nobilis *Glo 2*
Acker ager *La 1, Glo 13, Ke 2*
Ackerwerk agricultura *W 1*
Adam aller lude erste vader *Glo 1*

Dieses Rechtsglossar hat der Verfasser des ›Voc. Theut.‹ vermutlich gekannt und ausgewertet. Darauf deutet u. a. ein fast identischer Wortartikel aus dem Rechtsbereich hin, der, mit einer genauen lateinischen Definition versehen, sich im ›Voc. Theut.‹ als ungewöhnlich erweist.

Rechtsglossar:

Orueide iuramentum de non vindicando; r. vindicare *La 2*

›Voc. Theut.‹:

O044 **Oruede** is en gelouede myt eden edder myt borgen, dat me ener schult nicht wreken en wille; iuramentum de non vindicando

Nur in wenigen Fällen hat der Verfasser des ›Voc. Theut.‹ das Rechtsglossar wie hier als Materialquelle verwendet. Vielmehr hat es ihm als methodische Vorlage gedient. Er übernimmt daraus (neben der alphabetischen Anordnung) die Idee für den volkssprachigen Stichwortansatz und die volkssprachige Definition.

1.2.5 Die lexikografische Leistung

Der Verfasser des ›Voc. Theut.‹ entnahm dem ›Liber ordinis rerum‹ den Großteil seines Materials (vor allem für die Grundwortschatzsammlung) und dem anonym überlieferten Rechtsglossar die Methode der lexikografischen Gestaltung. Die erste große Leistung des Verfassers besteht darin, dass er ein in der damaligen volkssprachig geprägten Rechtssprache gängiges lexikografisches Verfahren auf die allgemeinsprachliche Lexikografie übertragen hat. Die zweite große Leistung besteht in der Umstrukturierung eines sachlich geordneten Wörterbuchs in ein alphabetisch sortiertes mit volkssprachiger Stichwortliste. Die Umsetzung dieses Vorhabens führt zu erheblichen, zum Teil auch im Rechtsglossar nicht bezeugten Modifikationen in der Makro- und Mikrostruktur. Die alphabetische Anordnung erfordert, damit das Auffinden gelingt, entweder eine genormte und damit allen Benutzern bekannte Schreibung oder – bei Variation in der Schreibung – das mehrfache Einsetzen des Stichworts, also ein hohes Maß an Redundanz. Durch den Verlust der (im ›Liber ordinis rerum‹ vorhandenen) Einbettung in ein Wortfeld geht die Bedeutungsangabe für eine Wortgleichung verloren. Dem begegnet der Verfasser – vermutlich angeregt durch das Rechtsglossar – mit mehr oder weniger ausführlichen Definitionen. Da er den gesamten Wortschatz, also alle Wortarten und nicht nur Nomina übernimmt, muss er auch Adverbien und Funktionswörter definieren. Dies gelingt ihm durch den Einsatz von syntagmatischen Interpretamenten, eine Methode, die sich weder im ›Liber ordinis rerum‹ noch im Rechtsglossar findet. Zwar scheint der Verfasser des ›Voc. Theut.‹ in nur geringem Maße selbstständig gesammelt zu haben, doch hat er den ›Liber ordinis rerum‹ wie ein Archiv ausgewertet und für die Umgestaltung geschickte Lösungen gefunden.

1.3   Literatur[29]

1.3.1   Editionen und Wörterbücher

E. BREMER, *Vocabularius optimus*. Bd. I: *Werkentstehung und Textüberlieferung, Register*; Bd. II: *Edition*, Tübingen 1990. [BREMER 1990]

R. DAMME, *Das Stralsunder Vokabular. Edition und Untersuchung einer mittelniederdeutsch-lateinischen Vokabularhandschrift des 15. Jahrhunderts*, Köln Wien 1988. [DAMME 1988]

L. DIEFENBACH, *Glossarium Latino-Germanicum Mediae et Infimae Aetatis*, Frankfurt a. M. 1857; Nachdruck Darmstadt 1997. [DIEFENBACH 1857]

L. DIEFENBACH, *Novum Glossarium Latino-Germanicum Mediae et Infimae Aetatis*, Frankfurt a. M. 1867; Nachdruck Aalen 1964. [DIEFENBACH 1867]

K. KIRCHERT / D. KLEIN (Hrsgg.), *Die Vokabulare von Fritsche Closener und Jakob Twinger von Königshofen. Überlieferungsgeschichtliche Ausgabe*. Bd. I: *Einleitung, Text A–Im*; Bd. II: *Text In–Z*; Bd. III: *Register*, Tübingen 1995.

A. POPPENBORG, *Das deutsch-lateinische Vokabular des Johannes Harghe in der Handschrift Universitätsbibliothek Basel, Mscr. F IV 9. Edition und Untersuchung einer Vokabularhandschrift des 15. Jahrhunderts*, Münster 2008. – URN: urn:nbn:de:hbz:6-84519430213. – URL: <http://nbn-resolving.de/urn:nbn:de:hbz:6-84519430213>. Datum der Einsichtnahme: 10.01.2011. [POPPENBORG 2008]

P. SCHMITT (Hrsg.), ›*Liber ordinis rerum*‹ *(Esse-Essencia-Glossar)*. Bd. I: *Einleitung, Text*; Bd. II: *Apparat, Wortregister*, Tübingen 1983. [SCHMITT 1983]

›*Vocabularius Ex quo*‹. *Überlieferungsgeschichtliche Ausgabe*. Gemeinsam mit K. GRUBMÜLLER hrsg. von B. SCHNELL / H.-J. STAHL / E. AUER / R. PAWIS. Bd. I: *Einleitung*; Bd. II: *Text A–C*; Bd. III: *Text D–K*; Bd. IV: *Text L–P*; Bd. V: *Text Q–Z*; Tübingen 1988/89. Bd. VI: *Frühneuhochdeutsches Glossenwörterbuch. Index zum deutschen Wortgut des* ›*Vocabularius Ex quo*‹, auf Grund der Vorarbeiten von E. AUER, R. FRISCH, R. PAWIS u. H.-J. STAHL unter Mitwirkung von M. STOCK hrsg. v. K. GRUBMÜLLER, Tübingen 2001. [›*Voc. Ex quo*‹]

Vocabularius Teutonico-Latinus. Nachdruck der Ausgabe Nürnberg 1482, Hildesheim New York 1976. [›*Voc. Teutonico-Latinus*‹]

---

29 Die hier angeführten Titel betreffen den ›Voc. Theut.‹ und dessen Umfeld. In der Einleitung zitierte Einträge erhalten einen Kurztitel in eckigen Klammern.

1.3.2   Forschungsliteratur

D. BERG / F. J. WORSTBROCK, *Engelhus (-husen, -husius), Dietrich (Theodoricus)*, in: ²VL 2 (1980), Sp. 556–561.

R. DAMME, *Der ‚Vocabularius Theutonicus'. Versuch einer Überlieferungsgliederung*, Niederdeutsches Wort 23 (1983) 137–176. [DAMME 1983]

R. DAMME, *Überlegungen zu einer Wortgeographie des Mittelniederdeutschen auf der Materialgrundlage von Vokabularhandschriften*, Niederdeutsches Wort 27 (1987) 1–59. [DAMME 1987]

R. DAMME, *Zur Herkunft des volkssprachigen Wortguts in den deutsch-lateinischen Vokabularen des Spätmittelalters*, in: R. DAMME / L. GEERAEDTS / G. MÜLLER / R. PETERS (Redd.), *Franco-saxonica. Münstersche Studien zur niederländischen und niederdeutschen Philologie. Jan Goossens zum 60. Geburtstag*, Neumünster 1990, S. 29–48.

R. DAMME, *Zum Vokabular des Dietrich Engelhus*, in: V. HONEMANN (Hrsg.), *Dietrich Engelhus. Beiträge zu Leben und Werk*, Köln Weimar Wien 1991, S. 167–178.

R. DAMME, *Zur Sprache des ‚Vocabularius Ex quo'*, Niederdeutsches Wort 32 (1992) 77–99. [DAMME 1992]

R. DAMME, *Ansätze zu einem volkssprachigen Wörterbuch im ‚Stralsunder Vokabular'*, Niederdeutsches Wort 33 (1993) 95–101.

R. DAMME, *Studien zum Engelhus-Glossar I. Der deutsch-lateinische Teil des ‚Vocabularius quadriidiomaticus'*, Jahrbuch des Vereins für niederdeutsche Sprachforschung 117 (1994) 75–92. [DAMME 1994]

R. DAMME, *Die handschriftliche mittelniederdeutsche Sachglossartradition und die ‚Vocabula juvenibus multum necessaria'*, in: J. CAJOT / L. KREMER / H. NIEBAUM (Hrsgg.), *Lingua theodisca. Beiträge zur Sprach- und Literaturwissenschaft. Jan Goossens zum 65. Geburtstag*, Münster Hamburg 1995, Bd.1, S. 187–197. [DAMME 1995a]

R. DAMME, *Münsterländischer Wortschatz in einem Textzeugen des ‚Vocabularius Theutonicus'*, Niederdeutsches Wort 35 (1995) 45–62. [DAMME 1995b]

R. DAMME, *Ein bislang wenig beachtetes mittelniederdeutsch-lateinisches Vokabular*, in: H. HÖFINGHOFF / W. PETERS / W. SCHILD / T. SODMANN (Hrsgg.), *Alles was Recht war. Rechtsliteratur und literarisches Recht. Festschrift für Ruth Schmidt-Wiegand*, Essen 1996, S. 201–208. [DAMME 1996]

R. DAMME, *Diatopische Markierungen im ‚Vocabularius Theutonicus'*, Niederdeutsches Wort 38 (1998) 141–180. [DAMME 1998]

R. DAMME / T. HOFFMANN, *Fischnamen im 'Stralsunder Vokabular'*, Niederdeutsches Wort 39 (1999) 275–313.

R. DAMME, *Zur südniedersächsisch-thüringischen Dialektscheide um und seit 1400*, Jahrbuch des Vereins für niederdeutsche Sprachforschung 124 (2001) 7–66. [DAMME 2001a]

R. DAMME, *Zum mittelniederdeutsch-lateinischen Vokabular in der Kieler Handschrift „Cod. Bord. 111 quart. "*, in: R. PETERS / H. P. PÜTZ / U. WEBER (Hrsgg.), *Vulpis Adolatio. Festschrift für Hubertus Menke zum 60. Geburtstag*, Heidelberg 2001, S. 143–163. [DAMME 2001b]

R. DAMME, *Zur Entstehung des 'Vocabularius Theutonicus'*, Korrespondenzblatt des Vereins für niederdeutsche Sprachforschung 110 (2003) 34–36.

R. DAMME, *Der 'Vocabularius Theutonicus' als Quelle des 'Vocabularius Ex quo'? Ein 'merkwürdiger' Befund im Mainzer Codex I 594*, in: R. DAMME / N. NAGEL (Hrsgg.), *westfeles vnde sassesch. Festgabe für Robert Peters zum 60. Geburtstag*, Bielefeld 2004, S. 239–252. [DAMME 2004a]

R. DAMME, *Zur Frühüberlieferung des 'Vocabularius Theutonicus' – Die Position der Handschrift b1 im Stemma*, in: M. LEHMBERG (Hrsg.), *Sprache, Sprechen, Sprichwörter. Festschrift für Dieter Stellmacher zum 65. Geburtstag* (Zeitschrift für Dialektologie und Linguistik; Beihefte 126), Stuttgart 2004, S. 67–77. [DAMME 2004b]

R. DAMME, *Zur geplanten überlieferungsgeschichtlichen Ausgabe des 'Vocabularius Theutonicus'*, Niederdeutsches Wort 44 (2004) 29–44. [DAMME 2004c]

R. DAMME, *Zur Entstehung des 'Vocabularius Theutonicus'*, Jahrbuch des Vereins für niederdeutsche Sprachforschung 127 (2004) 45–63. [DAMME 2004d]

R. DAMME, *Zur Sonderstellung von w6 in der Überlieferung des 'Vocabularius Theutonicus'. Noch einmal zum münsterländischen Textzeugen HAB 960.2 Novi*, Niederdeutsches Wort 45 (2005) 41–63. [DAMME 2005]

R. DAMME, *Craam aus Antwerpen. Die ›Gemmen‹ als eine Quelle für den Zusatztext im münsterischen ›Vocabularius In quo‹*, Niederdeutsches Wort 47/48 (2007/08) 191–205. [DAMME 2007/2008]

R. DAMME, *Vocabularius In quo*, in: R. PETERS / F. H. ROOLFS (Hrsgg.), *Plattdeutsch macht Geschichte. Niederdeutsche Schriftlichkeit in Münster und im Münsterland im Wandel der Jahrhunderte*, Münster [2008], S. 124f. [DAMME 2008]

R. DAMME, *Historische Wortgeografie mit dem ›Vocabularius Theutonicus‹*, Niederdeutsches Wort 49 (2009) 179–194. [DAMME 2009]

H. EICKMANS, *Gerard van der Schueren: Teuthonista. Lexikographische und historisch-wortgeographische Untersuchungen*, Köln Wien 1986.

C. FISCHER, *Mittelniederdeutsch-lateinische Vokabulare in Münster. Bearbeitungsstand und Perspektiven eines Teilprojekts*, Niederdeutsches Wort 32 (1992) 13–28. [FISCHER 1992]

C. FISCHER, *Verweisstrukturen im mittelniederdeutsch-lateinischen Vokabular des Johannes Harghe*, in: E. BREMER / R. HILDEBRANDT (Hrsgg.), *Stand und Aufgaben der deutschen Dialektlexikographie. II. Brüder-Grimm-Symposion zur Historischen Wortforschung. Beiträge zu der Marburger Tagung vom Oktober 1992*, Berlin New York 1996, S. 111–127.

G. FRIEDRICH / K. KIRCHERT, *Klosener (Closener), Fritsche (Friedrich)*, in: ²VL 4 (1983), Sp. 1225–1235.

K. GRUBMÜLLER, *Vocabularius Ex quo. Untersuchungen zu lateinisch-deutschen Vokabularen des Spätmittelalters*, München 1967. [GRUBMÜLLER 1967]

K. GRUBMÜLLER, *Einleitung*, in: ›*Voc. Teutonico-Latinus*‹, S. V–XXXIV.

K. GRUBMÜLLER, *teutonicum subiungitur. Zum Erkenntniswert der Vokabularien für die Literatursituation des 15. Jahrhunderts*, in: K. RUH (Hrsg.), *Überlieferungsgeschichtliche Prosaforschung. Beiträge der Würzburger Forschergruppe zur Methode und Auswertung*, Tübingen 1985, S. 246–261.

K. GRUBMÜLLER, *Vokabular und Wörterbuch. Zum Paradigmawechsel in der Frühgeschichte der deutschen Lexikographie*, in: R. HILDEBRANDT / U. KNOOP (Hrsgg.), *Brüder-Grimm-Symposion zur Historischen Wortforschung. Beiträge zu der Marburger Tagung vom Juni 1985*, Berlin New York 1986, S. 148–163. [GRUBMÜLLER 1986]

K. GRUBMÜLLER, *Wörterbücher aus Wörterbüchern. Methodisches zum Quellenwert von Vokabularien und Lexika des 15.–18. Jahrhunderts*, in: H. E. WIEGAND (Hrsg.), *Theorie und Praxis des lexikographischen Prozesses bei historischen Wörterbüchern. Akten der Internationalen Fachkonferenz Heidelberg, 3.6.–5.6. 1986*, Tübingen 1987, S. 173–189; Diskussion S. 188f.

K. GRUBMÜLLER, *Die deutsche Lexikographie von den Anfängen bis zum Beginn des 17. Jahrhunderts*, in: F. J. HAUSMANN / O. REICHMANN / H. E. WIEGAND / L. ZGUSTA (Hrsgg.), *Wörterbücher. Ein internationales Handbuch zur Lexikographie*, Teilbd. 2, Berlin New York 1990, S. 2037–2049.

K. GRUBMÜLLER, ‚*Vocabularius incipiens teutonicum ante latinum* ‘, in: ²VL 10 (1999), Sp. 473–475.

K. GRUBMÜLLER, ‚*Vocabularius teutonico-latinus* ‘ (‚*Rusticanus terminorum* ‘), in: ²VL 10 (1999), Sp. 482–484.

K. KIRCHERT, *Text und Kontext. Zu den ‚Wörterbüchern‘ von Fritsche Closener und Jakob Twinger von Königshofen*, in: R. HILDEBRANDT / U. KNOOP (Hrsgg.), *Brüder-*

Grimm-Symposion zur Historischen Wortforschung. Beiträge zu der Marburger Tagung vom Juni 1985, Berlin New York 1986, S. 222–241.

T. LEUTHARDT, *Closeners Vokabular*, Freiburg im Üchtland 1949.

P. O. MÜLLER, *Deutsche Lexikographie des 16. Jahrhunderts. Konzeptionen und Funktionen frühneuzeitlicher Wörterbücher*, Tübingen 2001.

A. POPPENBORG, *Ein bislang übersehenes Textzeugenfragment des , Vocabularius Theutonicus' in der Handschrift Wolfenbüttel, Herzog August Bibliothek, Cod. Guelf. 692 Helmst.*, in: R. DAMME / N. NAGEL (Hrsgg.), westfeles vnde sassesch. *Festgabe für Robert Peters zum 60. Geburtstag*, Bielefeld 2004, S. 223–238. [POPPENBORG 2004]

G. POWITZ, *Zur Geschichte der Überlieferung des Engelhus-Glossars*, Jahrbuch des Vereins für niederdeutsche Sprachforschung 86 (1963) 83–109. [POWITZ 1963]

G. POWITZ, *Zu dem Glossar des Straßburger Chronisten Fritsche Closener*, Zeitschrift für deutsche Philologie 83 (1964) 321–339. [POWITZ 1964]

G. POWITZ, *Harghe, Johannes*, in: ²VL 3 (1981), Sp. 474f.

G. A. R. de SMET, *Die gedruckte niederdeutsche Lexikographie bis 1650*, Jahrbuch des Vereins für niederdeutsche Sprachforschung 104 (1981) 70–81. [DE SMET 1981]

H. STEENWEG, *Zur Biographie des Dietrich Engelhus*, in: V. HONEMANN (Hrsg.), *Dietrich Engelhus. Beiträge zu Leben und Werk*, Köln Weimar Wien 1991, S. 11–29. [STEENWEG 1991]

G. STEIDLER-FRIBERG, *Das Mainzer Glossar 22ᵇ und sein Verhältnis zu anderen mittelniederdeutsch-lateinischen Glossaren*, Niederdeutsche Mitteilungen 26 (1970) 99–124. [STEIDLER-FRIBERG 1970]

²VL: *Die deutsche Literatur des Mittelalters. Verfasserlexikon*. Begründet von W. STAMMLER, fortgeführt von K. LANGOSCH. Zweite, völlig neu bearbeitete Auflage unter Mitarbeit zahlreicher Fachgelehrter hrsg. von K. RUH (Bd. 1–8) / B. WACHINGER (Bd. 9–14) zus. mit G. KEIL / K. RUH (Bd. 9–14) / W. SCHRÖDER / B. WACHINGER (Bd. 1–8) / F. J. WORSTBROCK, 14 Bde., Berlin New York 1978–2008.

V. WICKNER, *Die Gebrauchsfunktion des , Vocabularius Theutonicus'*, Niederdeutsches Wort 50 (2010) 89–104. [WICKNER 2010]

2. Die Textzeugen

2.1 Vorbemerkungen

2.1.1 Zur Auswahl der Textzeugen

Das im ersten Kapitel dieser Einleitung vorgestellte Wörterbuch des Johannes Egberti ist auf unterschiedliche Art rezipiert worden. Einerseits ist es vielfach kopiert und dabei nur unwesentlich, vor allem sprachlich, verändert worden. Andererseits hat es Bearbeitungen erfahren, die den Charakter des Wörterbuchs erheblich verändert haben und vor allem zwei Typen zuzuordnen sind. Beim ersten Typ wird das Wörterbuch des Johannes Egberti formal und zum Teil auch inhaltlich an ein anderes lexikografisches Werk angepasst und als zusätzliches Teilvokabular integriert. Dabei bleibt das Wörterbuch – wenn auch stark gekürzt – erhalten. Eine solche Symbiose gehen ein Textzeuge des ›Liber ordinis rerum‹ und die vierteilige Fassung des ›Voc. quad.‹ ein.[30] Beim zweiten Typ verhält es sich genau umgekehrt. Hier wird das Wörterbuch des Johannes Egberti durch Integration anderer lexikografischer Quellen erheblich erweitert. Dies gilt für vier der fünf großen deutsch-lateinischen Wörterbücher des 15. Jahrhunderts: für das ›Basler Vokabular‹ und das ›Stralsunder Vokabular‹, die beide handschriftlich überliefert sind, sowie für zwei Drucke, die in der Lexikografie des Deutschen als grundlegend, nämlich als Vorläufer eines einsprachigen Deutschen Wörterbuchs gelten, den ›Teuthonista‹ des Gerard van der Schueren und den Nürnberger ›Vocabularius Teutonico-Latinus‹.[31]

Bei der Auswahl der für die Edition herangezogenen Textzeugen wird folgende Regelung angewendet: Ein Exemplar eines spätmittelalterlichen deutsch-lateinischen Wörterbuchs gilt als Textzeuge des ›Voc. Theut.‹, wenn sich sein Text erstens unmittelbar aus dem Text ableiten lässt, wie er in den – dem Wörterbuch des Egberti sehr nahe kommenden – Textzeugen k2 und w2 überliefert ist, und zweitens den üblichen Umfang des ›Voc. Theut.‹-Textes nicht deutlich überschreitet. Mit dem ersten Kriterium werden Texte wie die Kieler Kurzfassung des ›Teuthonista‹ ausgeschlossen,[32] mit dem zweiten Kriterium die vier großen deutsch-lateinischen Wörterbücher.[33] Auch der Textzeuge w6 überschreitet den üblichen Umfang des ›Voc. Theut.‹-Textes, aber nicht erheblich,

---

30 Einen Sonderfall dieses Typs überliefert ein Mainzer Textzeuge des ›Voc. Ex quo‹, der in erheblichem Umfang lediglich einzelne Wortartikel integriert hat. Das zugrunde liegende Exemplar ist nicht überliefert und kann folglich nicht für die Edition berücksichtigt werden.

31 Lediglich für den ›Vocabularius incipiens teutonicum ante latinum‹ konnte eine Benutzung des ›Voc. Theut.‹ nicht nachgewiesen werden.

32 Vgl. hierzu DAMME 2001b.

33 Die Einbeziehung der großen Wörterbücher erweist sich auch deshalb nicht als unbedingt erforderlich, da drei von ihnen entweder ediert (POPPENBORG 2008, DAMME 1988) oder facsimiliert (›Voc. Teutonico-Latinus‹) vorliegen.

sondern um etwa 200 Wortartikel. Die bis 2004 bekannt gewordenen 18 Textzeugen, die diese Kriterien erfüllen, bilden die Grundlage für die Edition des ›Voc. Theut.‹.[34] Es sind dies die 17 Handschriften b1, b2, c1, d1, k1, k2, ka1, ka2, m1, p1, s1, w1, w2, w3, w4, w5, w6 sowie ms, der münsterische Druck von 1509/10.

2.1.2 Zu den Kodizes

Die kodikologischen Beschreibungen dienen dazu, die nötigsten Informationen zur Datierung, Provenienz, Mitüberlieferung und Forschungsliteratur zu liefern. Eine darüber hinausgehende ausführlichere Beschreibung ist nicht angestrebt. Wo sich eine Angabe nicht sicher ermitteln lässt, wird auf eine Erwähnung verzichtet.

Der Kodex kann aus mehr als nur einem Teil bestehen. Ein eigenständiger Teil ist immer dann angesetzt worden, wenn ein neuer Text auf einer neuen Lage mit neuem Papier oder wie etwa bei p1 mit neuer Schrift beginnt. – Für die Mitüberlieferung gilt: Nur die bislang identifizierten, umfangreicheren Texte (vor allem Vokabulartexte) werden explizit, die übrigen summarisch bzw. exemplarisch angeführt. Von jedem Kodexteil wird aber in jedem Fall der umfangreichste Text genannt. Genauere Angaben sind der Literatur unter „A" zu entnehmen.

Die Datierung der Exemplare des ›Voc. Theut.‹ beruht in einigen wenigen Fällen auf Angaben in der Handschrift, in allen anderen Fällen geht sie auf eine Wasserzeichenanalyse zurück. Als Datierung für den ›Voc. Theut.‹ werden auch solche Angaben gewertet, die sich wie etwa bei b1 im selben Teil (nach der obigen Definition) befinden. Nur sicher identifizierte Wasserzeichen werden mit Nachweis sowie Ort, wenn es sich um eine begrenzte Zahl handelt, und Zeit der Verwendung vermerkt. Lässt sich ein Wasserzeichen nicht eindeutig identifizieren, so wird der Zeitraum umrissen, in dem die Gruppe ähnlicher Wasserzeichen vorkommt.

Die Angaben zur Forschungsliteratur unterscheiden zwischen Veröffentlichungen zum Kodex (A), von denen nur die wichtigsten genannt werden, und solchen zum Textzeugen des ›Voc. Theut.‹ (B). Rubrik C nennt Titel, in denen der jeweilige Textzeuge des ›Voc. Theut.‹ zitiert wird; eine Nennung unter A entfällt für diese Titel. – Für die Kodizes aller handschriftlich überlieferten Textzeugen stehen auch Angaben im Handschriftencensus zur Verfügung, die aber nicht über die hier angeführten Daten hinausgehen.[35]

---

34 Um das DFG-Projekt in einer angemessenen Zeit realisieren zu können, wurde keine aufwendige Suche nach weiteren Textzeugen betrieben. Daher ist nicht ausgeschlossen, dass in Zukunft bislang unbekannte Textzeugen entdeckt werden, die das derzeitige Bild durchaus modifizieren können.

35 *Handschriftencensus – Eine Bestandsaufnahme der handschriftlichen Überlieferung deutschsprachiger Texte des Mittelalters* (2006ff.), betreut von R. Gamper / C. Glaßner, K. Klein / B. Wagner / J. Wolf / K. Zimmermann in Zusammenarbeit mit A. Breith / N. Busch / K. H. Keller / D. Könitz / T. Müllerleile. URL: <http://www.handschriftencensus.de/>.

2.1.3 Zur sprachgeografischen Einordnung

Die üblicherweise im Rahmen der Textzeugenbeschreibung knapp abgehandelte und sich in der Regel auf eine Kurzangabe beschränkende Sprachbestimmung nimmt hier einen breiteren Raum ein. Die Begründung der sprachgeografischen Zuordnung kann sich nämlich im Einzelfall als mehrschichtig und äußerst komplex erweisen. Eine ausführliche Darstellung soll diesem Umstand Rechnung tragen und zu einem höheren Maß an Transparenz führen.

Die kodikologische Analyse liefert für eine erste Gruppe von Textzeugen außersprachliche Anhaltspunkte für eine Lokalisierung. Zwei Handschriften enthalten Angaben zum jeweiligen Schreiber: Einer stammt aus Göttingen (b2), der andere aus Emmendingen (ka2). Andere Handschriften enthalten Angaben zur Provenienz: d1 steht in Zusammenhang mit dem Kreuzbrüderkonvent in Düsseldorf, ka1 mit dem Hildesheimer Benediktinerkloster von St. Michael, p1 mit dem Benediktinerkloster Abdinghof in Paderborn, w1 mit der Stiftsbibliothek von St. Blasius in Braunschweig, w3 mit dem Zisterzienserinnenkloster Wölteringerode bei Goslar. c1 enthält einen Besitzvermerk eines hannoverschen Bürgermeisters. Auf Bl. 186ʳ von k1 befindet sich eine Liste von Namen: *Hinricus monigh / Hinricus heruordie / Conradus hamelen / Hinricus maior heruordie* … . Die Herkunftsorte Herford (zweimal) und Hameln weisen ins nördliche Ostwestfalen und angrenzende Ostfalen. Der einzige Druck ist in Münster entstanden; es ist zumindest anzunehmen, dass dieser Druck für Münster und das Münsterland bestimmt war.

Die Textzeugen b1, k2, m1, s1, w2, w4, w5 und w6 bilden die zweite Gruppe. Ihnen fehlen entsprechende außersprachliche Hinweise. Hier kann eine geografische Zuordnung nur über die Sprache gelingen. Aber auch bei der ersten Gruppe kann man auf eine geografische Einordnung aufgrund sprachlicher Kriterien nicht verzichten. Es ist nämlich nicht auszuschließen, dass der Schreiber, der im Kolophon seinen Namen und seinen Herkunftsort nennt, ein reiner Kopist ist und die sprachlichen Änderungen eines früheren und evtl. aus einer ganz anderen Gegend stammenden Bearbeiters einfach abschreibt. Die sprachlichen Merkmale würden dann fälschlicherweise der Sprache des sich selbst nennenden Kopisten, nicht aber der des früheren anonymen Bearbeiters zugeschlagen. Selbst bei Vorhandensein guter außersprachlicher Hinweise für eine geografische Einordnung darf eine sprachliche Analyse also nicht unterbleiben.

Damit die Edition als Quelle für sprachgeografische Auswertungen überhaupt in Frage kommt, dürfen die Kriterien, aufgrund deren die Zuordnung erfolgt, nicht willkürlich gewählt werden. Wer die Zuordnung auf der Grundlage lexikalischer Kriterien vornimmt, setzt sich der Gefahr des Zirkelschlusses aus, wenn er die Edition später wortgeografisch auswertet. Wer also die Ausgangsfassung des ›Voc. Theut.‹ aufgrund des *Hüpper*-Belegs für 'Frosch' in das Weser-Leine-Gebiet lokalisiert, darf *Hüpper* nicht als regionalen Ausdruck eben dieses Gebiets heranziehen. – Um die Gefahr eines

---

Am 31.12.2010 war nur HAB Cod. Helmst. 395 nicht aufgeführt.

Zirkelschlusses zu reduzieren, muss die geografische Zuordnung aufgrund anderer sprachlicher Kriterien erfolgen. Man darf wohl davon ausgehen, dass ein Schreiber, der im Lexikon verändernd eingreift, sprachliche Spuren auch in anderen Bereichen hinterlässt: in der Lautung bzw. Schreibung, der Flexion und bei Funktionswörtern. Diese nicht dem lexikalischen Bereich entstammenden Spuren bilden im Folgenden die Grundlage für die sprachliche Zuordnung des jeweiligen Textzeugen. Sie sind die variabelsten Bestandteile des Vokabulartextes und damit die für eine Lokalisierung aufschlussreichsten sprachlichen Merkmale. Bei der Auswertung ergeben sich bezüglich der Gewichtung Unterschiede zwischen den Textzeugen mit niederdeutschem und denen mit oberdeutschem Lautstand.

Die Vergleichsgrundlage für die niederdeutschen Textzeugen bildet der ›Atlas der Schreibsprachen des niederdeutschen Altlandes und angrenzender Gebiete‹ (ASnA),[36] der vorwiegend Funktionswörter behandelt, während in der Vergleichsgrundlage für die oberdeutschen Textzeugen s1 und ka2, dem ›Historischen Südwestdeutschen Sprachatlas‹ (HSS), die Behandlung lautlicher bzw. grafemischer Kriterien dominiert. Entsprechend dieser Vorgabe erfolgt die Sprachbeschreibung der niederdeutschen Textzeugen vorwiegend auf der Grundlage von Funktionswörtern, die der oberdeutschen Textzeugen aufgrund lautlicher bzw. grafemischer Merkmale. Ergänzend sind für die Zuordnung der niederdeutschen Textzeugen auch Dokumentationen der mundartlichen Verhältnisse (Wörterbücher, Sprachatlanten) herangezogen worden. Die Sprache der Schreiberwortschätze[37] weicht nicht selten vom Niveau der Urkundensprache ab, nicht selten ist sie stark mundartlich gefärbt.

Für die Analyse werden nur die gegenüber der Vorstufe, dem anterioren Text (in der Edition: Bezugstext) veränderten oder hinzugefügten Sprachdaten herangezogen. Alle damit übereinstimmenden Formen bleiben hingegen unberücksichtigt, da sie nicht die Sprache des Bearbeiters widerspiegeln, sondern die Sprache der anterioren Fassung. Wie in der Edition werden also nur Abweichungen berücksichtigt, Identität hingegen nicht. Haben z. B. d1, m1 und p1 ein gemeinsames Merkmal, mit dem sie sich vom Leittext unterscheiden, so fällt dies nicht den einzelnen Textzeugen zu, sondern der Redaktion P. Weichen sechs oder sieben Textzeugen durch ein gemeinsames Merkmal vom Bezugstext ab, so ist nicht auszuschließen, dass die sprachliche Variante der Leithandschrift hier möglicherweise nicht ursprünglich ist. In diesen Fällen ist die Form der Leithandschrift als individuell und als sprachliches Merkmal der Leithandschrift zu werten, während die anderen Handschriften die zugrunde liegende Form überliefern. Dies kommt häufiger am Ende des Alphabets vor, wo – wegen des Ausfalls von k2 – w2 die Leithandschrift stellt und der Leittext von einer Vielzahl (süd)westfälischer Sprachmerkmale durchsetzt ist.

---

36 Vgl. hierzu Abschnitt 1.2.3.

37 Zur sprachgeografischen Auswertung von Vokabularhandschriften vgl. DAMME 1987.

Der Text jedes überlieferten Textzeugen ist das Ergebnis einer Vielzahl von Abschreibevorgängen. Meistens dürfte es sich bei diesen Abschreibevorgängen um rein mechanisches Kopieren gehandelt haben. In selteneren Fällen haben die Abschreiber verändernd in den Text eingegriffen, und dies vor allem dann, wenn die Regionalsprache der Vorlage nicht mit der Regionalsprache des Abschreibers übereinstimmt. Wechselte im Laufe der vielen Abschreibeprozesse die Regionalsprache häufig, so wird jeder Wechsel zu sprachlichen Eingriffen geführt haben, die sich mehr oder weniger zahlreich im überlieferten Textzeugen wiederfinden und die Sprache des Textzeugen recht uneinheitlich erscheinen lassen. Wenn der Einbecker Text von einem Westfalen mehr als nur rein mechanisch abgeschrieben worden ist, hat er westfälische Sprachmerkmale aufgenommen; wird dieser Text dann von einem Braunschweiger abgeschrieben, trägt auch dieser ihm gängige Sprachmerkmale ein. Es entsteht eine Sprachmischung. – Ist es hingegen nur zu wenigen Wechseln der Regionalsprache gekommen, wird sich die Sprache des Textzeugen recht homogen präsentieren: Wenn etwa ein Text immer wieder von Südwestfalen abgeschrieben wurde, lässt sich der Textzeuge vermutlich ohne Einschränkungen dieser Sprachregion zuordnen: „südl. Westfälisch". Dies gelingt aber nicht bei einem Textzeugen wie im ersten Fall: Hier sind die unterschiedlichen sprachlichen Schichten unbedingt zu benennen: „nördl. Ostfälisch (Braunschweig) und Westfälisch".

Geografische Zuordnungen aufgrund sprachlicher Kriterien gelingen nur bei einer sowohl quantitativ als auch qualitativ günstigen Beleglage. Je ungünstiger sich diese darstellt, desto ungenauer fällt die Zuordnung aus. Unterschiedliche Faktoren können die Beleglage negativ beeinflussen:
a) Zwischen der Sprache des Bearbeiters und der Sprache der Vorstufe besteht nur ein geringer Unterschied, etwa, weil der Bearbeiter aus dem Entstehungsgebiet der Vorstufe stammt. – Je stärker sich die Sprache des Textzeugen von der Sprache des Bezugstextes unterscheidet, desto größer fällt die Zahl der verwertbaren Sprachmerkmale aus, je näher der Textzeuge sprachlich dem Bezugstext kommt, umso geringer.
b) Der Textzeuge überliefert nur einen wenig umfangreichen volkssprachigen Text. Eine günstige Beleglage haben in der Regel die umfangreichen Textzeugen. Ein Textzeuge, der sowohl eine kurze Stichwortliste als auch ein nur kurzes oder gar kein volkssprachiges Interpretament hat (wie etwa b1 oder die Vertreter der Redaktion W), weicht, wenn seine Sprache derjenigen der Ausgangsfassung sehr nahekommt, kaum von dieser ab und liefert folglich kaum brauchbare Merkmale. Diese Problematik spitzt sich für die nur wenige Wortartikel umfassenden Fragmente zu. Daher wird bei w4 auf eine Lokalisierung verzichtet.

Um die Verfälschung des Ergebnisses durch die versehentliche Auswertung von fehlerhaften Formen zu mindern, bleiben im lautlichen bzw. grafemischen Bereich unikal vertretene Merkmale in der Regel unberücksichtigt. Funktionswörter, die meist nur einmal vorkommen, unterliegen dieser Einschränkung nicht in vollem Maße. Allgemein gilt aber, dass mehrfach bezeugte Merkmale in der Auswertung grundsätzlich stärker gewichtet werden als nur einfach bezeugte.

2.1.4 Abgekürzt zitierte Literatur

BURSILL-HALL: G. L. BURSILL-HALL, *A Census of medieval latin grammatical manuscripts*. Stuttgart/Bad-Cannstadt 1981 (Grammatica Speculativa, 4).

DIWA: *Digitaler Wenker-Atlas* (2001–2009), hrsg. von J. E. SCHMIDT / J. HERRGEN, bearb. von A. LAMELI / T. GIESSLER / R. KEHREIN / A. LENZ / K.-H. MÜLLER / J. NICKEL / C. PURSCHKE / S. RABANUS. Erste vollständige Ausgabe von Georg Wenkers „Sprachatlas des Deutschen Reichs". 1888–1923 handgezeichnet von E. MAURMANN / G. WENKER / F. WREDE. Marburg. URL: <http://www.diwa.info>.

DWA: *Deutscher Wortatlas*, von W. MITZKA und [ab Band 5] L. E. SCHMITT, [ab Band 18:] redigiert von R. HILDEBRANDT, 22 Bde., Gießen 1951–1980.

EDBD: *Einbanddatenbank. Digitalisierung der Durchreibungen von Bucheinbänden des 15. und 16. Jahrhunderts* (2001ff.), Ein Gemeinschaftsprojekt der STAATSBIBLIOTHEK ZU BERLIN – Preußischer Kulturbesitz –, der WÜRTTEMBERGISCHEN LANDESBIBLIOTHEK STUTTGART, der HERZOG AUGUST BIBLIOTHEK WOLFENBÜTTEL und (ab 2003) der BAYERISCHEN STAATSBIBLIOTHEK. URL: <http://www.histeinband.de/>.

GEOGEN [= Geographische Genealogie] (2005–2009), entwickelt von C. STÖPEL. URL: <http://christoph.stoepel.net/geogen/v3/>.

HONEMANN: V. HONEMANN, *Zur Überlieferung des 'Abstractum-Glossars'*, in: *Lingua Germanica. Studien zur deutschen Philologie. Jochen Splett zum 60. Geburtstag*, hg. von E. SCHMITSDORF / N. HARTL / B. MEURER, Münster New York München Berlin 1998, S. 117–127

HSS: W. KLEIBER / K. KUNZE / H. LÖFFLER, *Historischer Südwestdeutscher Sprachatlas. Aufgrund von Urbaren des 13. bis 15. Jahrhunderts*. Bd. I: *Text. Einleitung, Kommentare und Dokumentationen*; Bd. II: *Karten. Einführung, Haupttonvokalismus, Nebentonvokalismus, Konsonantismus*, Bern 1979.

NDSWB: *Niedersächsisches Wörterbuch*, Neumünster 1953 ff.

PETERS: R. PETERS, *Braunschweigisches und Lübisches in der Schreibsprache Hermann Botes*, in: *Hermann Bote. Städtisch-hansischer Autor in Braunschweig 1488–1988*. Beiträge zum Braunschweiger Bote-Kolloquium 1988, hrsg. v. H. BLUME / E. ROHSE (Frühe Neuzeit 4: Studien und Dokumente zur deutschen Literatur und Kultur im europäischen Kontext), Tübingen 1991, S. 295–308.

PICCARD: G. PICCARD, *Die Wasserzeichenkartei im Hauptstaatsarchiv Stuttgart*. 17 Bde., Stuttgart 1961–1997.

PICCARD-Online: *Digitale Publikation der Wasserzeichensammlung Piccard* (2002–2006), Projekt des Landesarchivs Baden-Württemberg, geleitet von P.

RÜCKERT / G. MAIER, unter Mitarbeit von S. LIMBECK / E. FRAUENKNECHT (Archiv) sowie J. GODAU / T. FRICKE / L. SIEMON / A. STEINERT (Internet-Präsentation). URL: <http://www.piccard-online.de>.

ROOTH: E. ROOTH, *Zu den Bezeichnungen für ‚Eiszapfen' in den germanischen Sprachen*, Stockholm 1961.

SCHOPHAUS: Renate SCHOPHAUS, *Zur Lautentwicklung im Hiat in den westfälischen Mundarten*. Unter Mitwirkung von R. DAMME / H. TAUBKEN bearb. u. hrsg. v. H. NIEBAUM, Köln Graz Wien 2003.

WESTFWB: *Westfälisches Wörterbuch*, Neumünster 1973 ff.

2.2 Die Handschriften

2.2.1 b1

Berlin, Staatsbibliothek – Preußischer Kulturbesitz – Ms. germ. quart. 610

Papier * 172 Bll. (+ 1 Bl. hinten) * 20,5 × 14 cm * 1 Teil

a) Provenienz

Die Einbandstempel (z. B. der Christuskopf 13 [EBDB: s004095]) sind der Werkstatt „Christuskopf – Hildesheim Christuskopf – Hildesheim Fraterherren im Lüchtenhof" (EBDB: w000207) zuzuordnen.

Der Kodex gelangte später in die Bibliothek des Karl Hartwig Gregor von Meusebach (1781–1847), die 1850 von der Königlichen Bibliothek Berlin erworben wurde.

b) Inhalt

– ›Voc. Theut.‹ (Bl. 1ra–29ra)
– Alphabetisches lat. Register zum ›Liber ordinis rerum‹ (Bl. 29va–81vb)
– ›Liber ordinis rerum‹ (Bl. 81vb–142rb)
– Vocabularius grecus (Bl. 142^{v}–145^{v})
– Regeln zur lateinischen Idiomatik und Grammatik (Bl. 145^{v}–171rb)

c) Textzeuge des ›Voc. Theut.‹ (Bl. 1ra–29ra)
Red. b1: einziger Vertreter dieser Fassung

1ra:
Abecete Alfabetum abecedarium
Abbet Abbas
Abraham abraham
Achte octo
...

29ra:
Wunden wlnerare
Wunderlik mirabilis
Wunsch optacio opcio
Wunschen optare

d) Datierung
Explicit des ›Liber ordinis rerum‹ (Bl. 142vb): 1400
Wasserzeichen (im für den ›Voc. Theut.‹ verwendeten Papier): Nürnberg 1398
(Ochsenkopf: PICCARD Abt. VII, Nr. 389 / PICCARD-online Nr. 67930)

e) Sprache
Es stehen zwar nur wenige aussagekräftige Varianten zur Verfügung, sie erlauben aber
eine recht sichere Zuordnung. Das Zahlwort *drichtich* 'dreißig' (D187) ist kurz vor
1400 nur in Paderborn und Höxter bezeugt. Das dreimal auftretende Suffix *-schap*
'-schaft' (C147, E022, R102) kommt um 1400 außer im Westen besonders in Paderborn
und Marsberg, aber auch in Höxter und Herford vor. Die Übertragung der Hiatschärfung
auf den Auslaut einer nicht flektierten Form wie in *Bigbot* (B195) und *Tweig* (T176.01)
tritt in der modernen Mundart im Ravensbergischen und Lippischen und den südlich
angrenzenden Gebieten auf, also auch in den Altkreisen Paderborn und Höxter (Frage
'Blei' aus dem Fragebogen 23 des WESTFWB)[38]. Im Inlaut ist die Hiattilgung mit <gg>
fast durchgängig erfolgt; der ASnA bezeugt die frühesten westfälischen Belege aus
Soest (1383), Paderborn (1447) und Höxter (1449). Das einmalige <a> vor *ld* in *Balde*
'bald' (B283) unterstützt die Zuordnung des Schreiberwortschatzes in den Umkreis der
Städte Paderborn und Höxter, also ins südliche Ostwestfalen (vgl. Karte I 4 im
WESTFWB 1,415).

Dass die Handschrift in Hildesheim eingebunden worden ist, widerspricht diesem
sprachlichen Befund nicht. Auch wenn die Handschrift in Ostfalen eingebunden und
vermutlich auch dort benutzt worden ist, kann ein Ostwestfale aus dem Raum Paderborn
– Höxter sie abgeschrieben haben.

A: H. DEGERING, *Kurzes Verzeichnis der germanischen Handschriften der Preußischen
Staatsbibliothek. II. Die Handschriften in Quartformat*, Leipzig 1926 (Nachdruck Graz
1970), S. 111. – L. DE MAN, *Middeleeuwse systematische Glossaria*, Brüssel 1964, S.
114–123. – SCHMITT 1983, Bd. 1, S. XIXf.

B: DAMME 1983, S. 143. – DAMME 1987, S. 32–34. – DAMME 2004b, S. 67–77. –
DAMME 2004c, S. 33. – FISCHER 1992, S. 19. – POWITZ 1963, S. 96f. – STEIDLER-
FRIBERG 1970, S. 101.

---

38 Vgl. auch SCHOPHAUS, Karte 1a im Kartenteil (auf CD).

2.2.2   b2

Berlin, Staatsbibliothek – Preußischer Kulturbesitz – Ms. theol. lat. qu. 347

Papier * 372 Bll. * 20,5 × 14 cm * 4 Teile

a) Provenienz

Die Handschrift gehörte im 16. Jahrhundert zum Bestand des Benediktinerklosters zu Reinhausen bei Göttingen (Bl. 1^v oben: *Reynhußen*) und gelangte wohl um die Mitte des 16. Jahrhunderts in die Benediktinerabtei zu Gerode. Nach der Säkularisation Gerodes (1803) wurde die Handschrift in der Bibliothek des katholischen Gymnasiums zu Heiligenstadt aufbewahrt (alte Signatur auf dem Buchrücken: *Z 4...*). 1907 gelangte sie in die Königliche Bibliothek zu Berlin.

b) Inhalt

Teil 1 (Bl. 1–14)
– Johannes Parisiensis, ›Liber de complexionibus‹

Teil 2 (Bl. 15–98)
– ›Voc. Theut.‹

Teil 3 (Bl. 99–350)
– ›Voc. Ex quo‹

Teil 4 (Bl. 351–372)
– Verbarius

c) Textzeuge des ›Voc. Theut.‹ (Bl. 15^r–96^v)
Ausgangsfassung: Erste Korrekturhandschrift dieser Fassung

15^r:

Abbet Abbas et dicitur ab abba grece quod est pater in latino
Abcete alphabetum Abcedarius
Abteke apoteca vnde is eyn stede dar me arczedie to uor kopende plecht
Abteker apotecarius herbularius vnde is eyn man de arczedie to uorkopende plecht
...

96^v:

Wunder merwunder monstrum marinum
Wunderlik mirabilis mirus miraculosus
Wunsch opcio optacio
Wunschen optare etc.

Anno domini M° cccclviij° feria quarta post anthoni / in carnis priuio finitus est iste vocabularius per / me Jhoannem Riuesolt ciuem in gottinghen / mediante gracia spiritus sancti

d) Schreiber
Als Schreiber des ›Voc. Theut.‹ nennt sich im Explicit der Göttinger Bürger Johannes Rivesolt (*finitus est iste vocabularius per me Johannem* [Hs.: Jhoannem] *Riuesolt ciuem in gotthingen* (Bl. 96ᵛ)). *Johannes Rivesolt* (1442/44–1504) wird genannt als Autor von Aufzeichnungen, die zu einer Göttinger Chronik ausgewertet werden. Er schreibt also im Alter von 14/16 Jahren den Text ab.

e) Datierung
Explicit (Bl. 96ᵛ): 1458
Wasserzeichen: 1457–1461 (Ochsenkopf: PICCARD Abt. VII, Nr. 321)

f) Sprache
Kleinräumig bezeugt ist das Zahlwort *dredde* 'dritte' (D179): Ende des 14. Jahrhunderts vor allem aus Göttingen; zudem als noch heute im südlichen Südniedersachsen (um Hann. Münden – Göttingen – Duderstadt – Osterode) gültige Mundartform (vgl. NDSWB 3,593, Lautteil 3,595). Ebenfalls gut für Göttingen bezeugt ist die Variante *met* 'mit', die in b2 immerhin 17-mal vorkommt; das gilt sowohl für die Urkundensprache aus der Mitte des 15. Jahrhunderts als auch für die moderne Mundart. Auch die seltene Form *dut* '(er) tut', die in b2 viermal vorkommt, ist für Göttingen aus dem 14. Jahrhundert bezeugt. Die zweimal (L012, L209) vorkommende Form *hilt* '(er) hält' verzeichnet SCHAMBACH (S. 72) für das Göttingisch-Grubenhagensche. Das achtmal in b2 begegnende Suffix *-schap* '-schaft' ist nach dem ASnA in der Urkundensprache aus der Mitte des 15. Jahrhunderts in Ostfalen allein oder dominant nur für Göttingen bezeugt; in den westfälischen Nachbarstädten herrscht entweder *-schop* deutlich vor (Paderborn), oder *-schap* kommt gar nicht vor (Höxter). Auf der Grundlage dieser Kriterien lässt sich der Schreiberwortschatz von b2 dem südlichen Südniedersachsen zuordnen. Drei weitere Varianten haben dort zwar nicht ihr Hauptvorkommen, sind aber in diesem Bereich bezeugt: Das zweimal in b2 vorhandene *wel* '(er) will' (L012, S683) ist für Braunschweig und Quedlinburg Mitte des 15. Jahrhunderts, für Hannover am Anfang und am Ende des 15. Jahrhunderts allein oder dominant bezeugt, in Göttingen nur einmal Ende des 14. Jahrhunderts. Ähnlich verhält es sich mit dem Indefinitpronomen *iuwelik* 'jeder' (A048), das zwar Ende des 14. Jahrhunderts in Göttingens Urkundensprache bezeugt ist, zur Mitte des 15. Jahrhunderts aber eher westlich im nördlichen Ostfalen und östlichen Westfalen: Es dominiert in Hameln, Lemgo, Soest, Arnsberg, und in Hannover setzt es sich nach 1450 durch. Das viermal begegnende *ik* 'ich' ist in der Urkundensprache Göttingens 23-mal im Gegensatz zu 54-mal *ek* bezeugt.

A: G. ACHTEN, *Die theologischen lateinischen Handschriften in Quarto der Staatsbibliothek Preussischer Kulturbesitz Berlin: Teil 2. Ms. theol. lat. qu. 267–378*, Wiesbaden 1984, S. 174–176. – ›*Voc. Ex quo*‹, Bd. 1, S. 57.

B: DAMME 1983, S. 143. – DAMME 1998, S. 145. – DAMME 2004c, S. 33. – FISCHER 1992, S. 18. – WICKNER 2010, S. 91–93.

2.2.3   c1

Celle, Bibliothek des Oberlandesgerichts – Cod. C 9

Papier (Pergament: Spiegel vorn und hinten) ✳ 244 Bll. ✳ 32 × 23 cm ✳ 2 Teile

a) Provenienz
Der Kodex stammt aus dem Nachlass des Bürgermeisters von Hannover, C. A. Grupen (gest. 1767).

b) Inhalt

Teil 1 (Bl. 1–230)
–   ›Voc. Ex quo‹

Teil 2 (Bl. 231–244)
–   ›Voc. Theut.‹

c) Textzeuge des ›Voc. Theut.‹ (Bl. 231^(ra)–244^(ra))
Red. W

231^(ra):
ABesete abecedarium uel alphabetum
Abeteken apotheka
Abetheker apotecarius
Acker ager
...
244^(ra):
Wundenarste cirologus
Wunder miraculum
Wunderlik mirabilis
Wunschen opptare

anno 1479 ipso die aprilis / dominica quasimodogeniti (?) hora terciarum (?) / uel quasi finitus est iste vocabularius / in vniuersitate lipzensi per me etc.

d) Datierung:
Explicit (Bl. 244ra): 1479

e) Sprache
Für c1 stehen nur wenige Kriterien zur Verfügung, sie erlauben aber eine weitgehend einheitliche Zuordnung. Relativ kleinräumig verbreitet ist Ende des 15. Jahrhunderts die Konjunktion *ifte* 'oder' (G011): Sie kommt nach dem ASnA nur in den Städten Einbeck (2), Hamburg (6), Hameln (2), Minden (3) und vor allem Uelzen (26) vor. Neben *edder* ist *ifte* in Uelzen die Hauptvariante; eine so starke Position hat *ifte* nur dort. Auch die Kombination der Varianten *wur* 'wo' (A099) und *ivwelk* 'jeder' (I061) deuten auf das nördliche Ostfalen. *wur* dominiert in der zweiten Jahrhunderthälfte in Braunschweig, Goslar, Hannover und Hildesheim, *ivwelk* in Hameln, Hildesheim, Uelzen; in Hannover setzt es sich gegen Ende des Jahrhunderts durch. Das dreimal vorkommende Suffix *-schup* '-schaft', das aus dem Ende des 15. Jahrhunderts außer in Bremen und Hamburg vor allem im östlichen Westfalen und westlichen Ostfalen begegnet, unterstützt diese Zuordnung. Es dominiert in Goslar, Göttingen und Hildesheim, im Norden u. a. in Hamburg. – Einige lautverschobene Formen wie etwa *Durtzeyd* (D234: Durtiid) sind möglicherweise dem Schreibort Leipzig geschuldet. – Nicht in dieses Bild fügt sich das immerhin dreimal in c1 begegnende <a> vor *ld* / *lt* in *halden* (D006, E090 und fälschlich/versehentlich in G110). Hier kommt unter Umständen eine frühe sprachliche Schicht zum Vorschein, die dem südlichen Westfalen zuzuordnen ist (Soest – Arnsberg – Dortmund) oder den westlichen Städten Essen und Duisburg.[39]

A: C. BORCHLING, *Mittelniederdeutsche Handschriften in Norddeutschland und den Niederlanden. Erster Reisebericht*, Göttingen 1898, S. 192. – GRUBMÜLLER 1967, S. 80. – G. ISING, *Zwei märkische Handschriften des Vokabulars „Ex quo" aus dem 15. Jahrhundert*, Beiträge zur Geschichte der deutschen Sprache und Literatur 90 (Halle 1968) 198–211, hier S. 200ff. – ROOTH 1961, S. 69f., Nr. 13. – ›*Voc. Ex quo*‹, Bd. 1, S. 60.

B: DAMME 1983, S. 143. – DAMME 1994, S. 78. – DAMME 2004c, S. 33. – FISCHER 1992, S. 21. – POWITZ 1963, S. 99. – STEIDLER-FRIBERG 1970, S. 104f.

2.2.4   d1

Düsseldorf, Universitäts- und Landesbibliothek – Ms. F 8

Papier (einige Bll. Pergament) * 224 Bll. (+ 1 Bl.) * 29,2 × 20,5 cm * 4 Teile

---

39 In einem dieser Fälle (E090) überliefert c1 den in Redaktion W ausgesonderten Wortartikel, was darauf hindeutet, dass das <ald> in diesem Wortartikel aus der Quelle stammt, aus der der Text von c1 ergänzt wurde. Vgl. hierzu Abschnitt 3.6.5.2.

a) Provenienz
Der Kodex stammt aus dem Kreuzbrüderkonvent Düsseldorf; in der oberen Querleiste
der Pressung des Einbandes befindet sich die Angabe *liber cruciferorum in duseldorp.*

b) Inhalt
Teil 1 (Bl. 1–112)
 – ›Frenswegener Vokabular‹

Teil 2 (Bl. 113–139)
 – ›Voc. Theut.‹

Teil 3 (Bl. 140–172)
 – Inkunabel: Hain-Copinger 11467

Teil 4 (Bl. 173–223)
 – Inkunabel: GW V Sp. 573

c) Textzeuge des ›Voc. Theut.‹ (Bl. 113ra–139va)
Red. P – Subred. P': Führungshandschrift der Redaktion P

113ra:
[A]*Bbat abbas et dicitur ab abba grece id est pater latine*
Abecete fibele alphabetum abcedarium
Apteke apotheca ende is eyne stede darmen artzedie plecht tho verkopenne
Apoteker apothecarius herbularius vnde is eyn man die artzedie verkopet
...
139va:
Wunder merwunder monstrum marinum
Wunderlich mirabilis mirus prodigiosus monstruosus
Wunsche optacio
Wunschen optare

Et sic est finis de quo sit gloria trinis

d) Datierung
Wasserzeichen: 1421–1423 [PICCARD-online verzeichnet 24 Wasserzeichen des Typs
„Buchstabe – A – Darüber Kreuz – Kleine Ausführung". Sie sind alle für den Zeitraum
zwischen 1418 und 1424 bezeugt. Der Schwerpunkt liegt mit 18 von 24 Wasserzeichen
in den Jahren 1421 bis 1423].

e) Sprache
Die Düsseldorfer Handschrift bietet eine Vielzahl an aussagekräftigen sprachlichen
Merkmalen. Ein wesentliches lautliches Merkmal von d1 ist die Differenzierung in der

Entwicklung von germ. /k/. Auslautend erscheint es sehr oft als <ch>, inlautend nur selten. Dies betrifft auch die Pronomina 'ich', 'mich', 'sich' und das Adverb 'auch'. Dies ist das typische Merkmal des südniederfränkischen Dialektraums, der am Rhein im Süden von der Benrather, im Norden von der Uerdinger Linie begrenzt wird. Aus diesem Gebiet ist keine Stadt für den ASnA ausgewertet worden. Dieser Umstand führt dazu, dass im Folgenden mit der nördlich gelegenen, dem Kleverländischen zuzurechnenden Stadt Duisburg argumentiert wird.

In Duisburg sind zwischen 1400 und etwa 1450 als alleinige oder dominante Varianten die folgenden Merkmale von d1 bezeugt: *vmmer* (A063) 'immer', *niet* 'nicht'; *ich* 'ich', *mich* 'mich', *selue* 'selb-', *itlic* (A048) 'jeder'; *dertich* 'dreißig', *derde* 'dritte', *yrste* (O043) 'erste'; häufiges <a> vor *ld* / *lt*, gelegentliches <ie> für mnd. /ê⁴/ bzw. <oe> für mnd. /ô¹/; das Suffix -*schap* '-schaft'; *sal* 'soll'. In anderen Fällen, in denen Duisburg überhaupt keine Belege liefert, kommen die von d1 überlieferten Merkmale im ASnA-Material von Köln vor: Dort sind *we* (R011) 'wie' und *wilt* '(er) will' bezeugt.

Uneinheitlich gestaltet sich die Situation bei der Konjunktion 'und'; es kommen drei Formen vor: *ende* (8x in *A*, 1x in *C*, 1x in *O*), *inde* (1x in *A*,1x in *I*) und *ind* (1x in *B*, 1x in *G* und 2x in *W*). Alle drei Formen sind nach dem Material des ASnA im Südniederfränkischen bezeugt. Duisburg überliefert bis 1400 *ende*, danach die südwestfälische Form *ind*. *inde* taucht erst gegen Ende des 15. Jahrhunderts massenhaft in Kleve und Duisburg auf. Nicht ins Südniederfränkische, aber ins Südwestfälische (zwischen 1400 und 1450 Paderborn, Arnsberg, Marsberg) passt auch die Variante *iene* 'jen(ig)e' (H070). Das in d1 dreimal vorkommende <a> für /o/ vor *r* plus Konsonant (z. B. G168: *karn*) ist zwar 1452 ausnahmsweise auch für Duisburg bezeugt; wegen der fehlenden Dominanz ist hier aber eher von einer Übernahme aus einer südwestfälischen Vorstufe (Soest, Arnsberg, Dortmund) auszugehen.

Darauf, dass die Bearbeitung von d1 außerhalb von Westfalen erfolgt ist, gibt es noch einen metasprachlichen Hinweis: Das Wort *schabben* (S076: *Scaven*) wird explizit als westfälische bzw. sassische[40] Variante markiert: *Scauen schabben sax. uel westphalice scalpere*.

A: C. BORCHLING, *Mittelniederdeutsche Handschriften in den Rheinlanden und in einigen anderen Sammlungen. Vierter Reisebericht*, Göttingen 1912, S. 109f. – G. GATTERMANN (Hrsg.), *Handschriftencensus Rheinland. Erfassung mittelalterlicher Handschriften im rheinischen Landesteil von Nordrhein-Westfalen mit einem Inventar.* Bearbeitet von H. FINGER / M. RIETHMÜLLER u. a., Wiesbaden 1993, S. 472, Nr. 811 [= Schriften der Universitäts- und Landesbibliothek Düsseldorf 18]. – G. GATTERMANN, *Inkunabelkatalog. Universitäts- und Landesbibliothek Düsseldorf*, Wiesbaden 1994, S. 23–25. – K. GRUBMÜLLER, *'Frenswegener Vokabular'*, in: ²VL 2 (1980), Sp. 910. – E. LILJEBÄCK, *Aus einem lateinisch-niederdeutschen Vokabular*, Lund 1931, S. 3–9. – A.

---

40 „Sassisch" hier im Sinne von 'niederdeutsch ohne westfälisch'.

VAN DE PASCH, *Bibliotheka manuscripta Fratrum Ord. Sanctae Crucis*, 2 Bde., Cuyk 1951.

B: DAMME 1983, S. 143. – DAMME 1998, S. 145. – DAMME 2004c, S. 33. – FISCHER 1992, S. 20. – POWITZ 1963, S. 99. – STEIDLER-FRIBERG 1970, S. 105.

2.2.5   k1

Kassel, Universitätsbibliothek – Landesbibliothek und Murhardsche Bibliothek der Stadt Kassel – 4° Ms. philol. 4

Papier * 259 Bll. * 21 × 14,5 * 2 Teile

a) Provenienz von k1

Auf Bl. 186ʳ befindet sich eine Liste von Namen: *Hinricus monigh / Hinricus heruordie / Conradus hamelen / Hinricus maior heruordie / Johannes decker / Hinricus vedeler / Johannes andree / Bartoldus de monte / Hermannus nitert / Johannes lade / Ludolphus fabri*. Auf Bl. 187ᵛ ist am Rand der Name *Greteke dedekynt* zu lesen. Die Herkunftsnamen Herford (2x) und Hameln weisen ins nördliche Ostwestfalen und das angrenzende Ostfalen.

b) Inhalt

Teil 1 (Bl. 2–187)
– ›Voc. quad.‹ (vierteilig: mit ›Voc. Theut.‹ k1)

Teil 2 (Bl. 188–259)
– ›Voc. Theut.‹ k2 (vgl. 2.2.6)

c) Textzeuge des ›Voc. Theut.‹ (k1: Bl. 186ʳ–187ᵛ)
Ausgangsfassung
Unvollständig: Vorhanden sind nur die Wortartikel von A024 bis A130.

186ʳ:
Afnomen deponere [danach gestrichen: *remouere*] *remouere*
Afnemen de bosen dåt absoluere [danach gestrichen: *absoluere*]
Afscheyden seperare distingwere
Afside alzo in der kerken is absida
...
187ᵛ:
Anseyn in spicere in tueri respicere
Angesicht intuitus phisonomia

Antal bescheden deyl porcio proporcio
Anteyn in duere

d) Datierung
Wasserzeichen: Aschaffenburg 1448 (Ochsenkopf: PICCARD Abt. VII, Nr. 847)

e) Sprache
Es steht mit *iuuelich* (A048) nur ein aussagekräftiges Merkmal zur Verfügung. Dieses bestätigt die Einträge am Rand (2x Herford, 1x Hameln), die auf das nördliche Ostwestfalen bzw. das angrenzende Ostfalen hindeuten. Die meisten beim ASnA bezeugten Belege für *iuuelich* stammen zur Mitte des 15. Jahrhunderts aus Hameln und Lemgo; in diesen beiden Städten dominiert *iuuelich* besonders deutlich.

A: DAMME 1987, S. 26–29. – HONEMANN 1998, S. 120 (Nr. 31). – E. ISING, *Die Herausbildung der Grammatik der Volkssprachen in Mittel- und Osteuropa. Studien über den Einfluß der lateinischen Elementargrammatik des Aelius Donatus De octo partibus orationis ars minor* (Deutsche Akademie der Wissenschaften zu Berlin. Veröffentlichungen des Instituts für deutsche Sprache und Literatur 47), Berlin 1970, S. 39f.

B: DAMME 1983, S. 144. – DAMME 1987, S. 35–36. – DAMME 1994, S. 77. – DAMME 2004c, S. 33. – FISCHER 1992, S. 18. – POWITZ 1963, S. 85–88 und S. 103. – STEIDLER-FRIBERG 1970, S. 101.

2.2.6   k2

Kassel, Universitätsbibliothek – Landesbibliothek und Murhardsche Bibliothek der Stadt Kassel – 4° Ms. philol. 4

Papier * 259 Bll. * 21 × 14,5 cm * 2 Teile

a) Provenienz von k2
Ein Benutzer, der Hermann heißt (Bl. 227ʳ linker Rand) und 1393 in einen Orden eingetreten ist (Bl. 248ʳ linker Rand), hat auf allen Seiten vor allem den freien Rand für Eintragungen genutzt. In den volkssprachigen Passagen verwendet er u. a. zwei für die Lokalisierung aussagekräftige Pronomina: *juk* (Bl. 206ʳ unten) ist nach der Wenker-Karte „euch" (DiWA 427) in einem ostwestfälischen Gebiet, das westlich der Weser von Rinteln im Norden und bis etwa Borgentreich im Süden reicht, bezeugt. – Das Pronomen *syluen* (Bl. 257ᵛ linker Rand) 'selbe' kommt nach dem ASnA um 1400 nur in Höxter, Paderborn und Marsberg vor. – Ergänzt wird dieser Befund durch die Nennung des in der Nähe von Höxter gelegenen Ortes bzw. Klosters Corvey (Bl. 214ᵛ unten): *De*

corbegia omni anno in cena domini (Donnerstag vor Ostern) *habuerunt vnum plaustrum feni* (ein Fuder Heu).
Die am Rand eingetragenen Zusätze weisen sprachlich und außersprachlich mit Höxter in dieselbe Gegend wie die Sprache von k2. Auch zeitlich passen die Zusätze zu k2. Der Ordenseintritt des späteren Benutzers im Jahre 1393 macht eine Niederschrift von k2 in der Zeit um 1400 sehr wahrscheinlich.
Darüber hinaus nennt Hermann (Bl. 252^v) den Magister Henricus de Grevenstein (Heinrich von Grebenstein), der 1392/94 zusammen mit Dietrich Engelhus und Egberti de Embek in Erfurt immatrikuliert war.[41]

b) Inhalt
(wie k1, vgl. 2.2.5)

c) Textzeuge des ›Voc. Theut.‹ (Bl.189^r–259^v)
Ausgangsfassung: Führungshandschrift dieser Fassung und damit Leithandschrift der Edition bis S565
Unvollständig: Es fehlen die Wortartikel ab S566.
In der letzten Lage (Bl. 248–259) sind die Blätter in ihrer Reihenfolge vertauscht. Die korrekte Reihenfolge der Blätter lautet: 248, 251–253, 249–250, 257–258, 254 –256, 259.

189^r:
[A]*bbet abbas et dicitur ab abba grece id est pater in latino*
Abbesete alphabetum abbecedarium
Abeteken apoteka vnde ys eyn steyde darme arsedye to vorkopende plecht
Abeteker apotekarivs herbularius vnde ys eyn man de arsedyghe to vorkopende plecht
...
259^v:
Stengel t. strunk also koelstrunk maguderis
Sterke kraft fortitudo robur vic vigor require macht
Sterken fortificare firmare roborare corroborare
Stern stella astrum sidus

d) Datierung
Wasserzeichen: vor 1405. – Mindestens zwei unterschiedliche Ochsenkopf-Wasserzeichen lassen sich ermitteln. Sie gehören zur Gruppe der Ochsenköpfe mit Augen und Maul, mit einkonturiger Stange mit Stern, die bei PICCARD-online mit 792 Belegen vertreten ist. 87 % von ihnen entfallen auf die Jahre 1391 bis 1420, 49 % auf das Jahrzehnt von 1396 bis 1405. Die Wahrscheinlichkeit, dass die Niederschrift von k2 zwischen

---

41   Vgl. Abschnitt 1.2.2.

1391 und 1420 erfolgte, liegt also bei fast 90 %, die, dass die Niederschrift in das Jahrzehnt zwischen 1391 und 1405 fällt, noch bei immerhin fast 50 %. 92 % der Belege entfallen auf die Jahre vor 1420, 65 % auf die Jahre vor 1405. Aufgrund dieser Zahlen darf also angenommen werden, dass k2 vor 1420, vermutlich sogar vor 1405 entstanden ist. Diese Daten bestätigen die 1962 von Gerhardt Powitz vorgenommene Datierung, der sich auf die wenigen bei BRIQUET[42] (14917–14935: Hauptvorkommen: zwischen 1390 und 1420) verzeichneten Belege stützte.

e) Sprache

Die Leithandschrift k2 bietet nur wenige, aber aussagekräftige Merkmale. Das mehrfach begegnende Adverb *wal* 'wohl' ist im ASnA um 1400 außer im Westen und Münsterland aus den zum Großraum „nördliches Ostwestfalen" zählenden Städten Osnabrück (3x), Minden (4x), Herford (2x), Hameln (5x) und Höxter (6x) bezeugt. Das Pronomen *siluen* (B264) 'selbe' kommt um 1400 nur in Höxter, Paderborn und Marsberg vor, also im südlichen Ostwestfalen. Die Schnittmenge beider Kriterien bildet Höxter.

Der *s*-Anlaut bei 'soll(st)' in *salt* (L036) spricht für eine Zuordnung zum Westfälischen. Im Osten Westfalens halten sich in Höxter *schal* und *sal* die Waage, während Paderborn um 1400 von *schal* zu *sal* wechselt.

In den modernen Mundarten bezeugte Merkmale unterstützen die Zuordnung in den Raum Höxter. Die Übertragung der Hiatschärfung auf den Auslaut einer nicht flektierten Form – wie in *Blig* (B239), *oleych* (C194), *Meyg* (M061), *Meych* (M060) – tritt auf im Ravensbergischen und Lippischen und den südlich angrenzenden Gebieten, also auch im Altkreis Höxter (Auswertung nach Frage 'Blei' aus dem Fragebogen 23 des WESTFWB). Nur in diesem Gebiet kommt auch die Form *rovwen* 'Roggen' (C066, P138, R194) vor, deren Verbreitung sich auf Ravensberg, Lippe und das südlich angrenzende Gebiet der Altkreise Wiedenbrück, Paderborn und Höxter beschränkt (DWA IV, SCHOPHAUS S. 73). – In der Substantivflexion haben die schwachen Feminina ein -*n* im Nominativ Singular: z. B. *Abeteken* (A003). Diese Erscheinung kommt mundartlich im nördlichen Ostwestfalen (einschließlich des nördlichen Altkreises Höxter) und den angrenzenden ostfälischen Gebieten vor. Ein auffälliges Merkmal von k2 ist die Ersetzung von *n* durch *l* in einer bestimmten lautlichen Umgebung: *Alul* statt *Alun* (A078) sowie *Bolen* (B292) statt *Bone* bzw. *Bonen* und *Quelen* (Q015) statt *Quene* bzw. *Quenen*. Die Assimilationen von *ln* zu *ll* lässt sich vor allem im südlichen Altkreis Detmold und im Norden des Altkreises Höxter beobachten (Sandebeck, Belle, Schlangen und Verl). Die damit in Zusammenhang stehende Dissimilation von *nn* bzw. *nen* zu *ln* bzw. *len* kommt genau in dem Gebiet vor, in dem bei Feminina im Singular das alte Flexions-*n* generalisiert wurde: im nördlichen Ostwestfalen mitsamt dem nördlichen Altkreis Höxter.

---

42 C. M. Briquet, *Les Filigranes. Dictionnaire historique des marques du papier dés leurs apparition vers jusqu'en 1600*, 4 Bde., Paris u. a. 1907, Leipzig ²1923.

Im Buchstabenabschnitt *K-* fallen mehrere Stichwörter durch hochdeutsche Formen auf: *Kirchof* (K026), *Ketser* (K043). Insgesamt halten sich die hochdeutschen Merkmale aber in Grenzen.

Literatur (wie k1) sowie außerdem
B: DAMME 1998, S. 145. – WICKNER 2010, S. 93f.

2.2.7   ka1

Karlsruhe, Badische Landesbibliothek – Cod. Donaueschingen A II 10

Papier (Pergament: Vorsatzblatt und hinten ein Doppelblatt als Spiegel und fliegendes Blatt [hinteres Vorsatzblatt]) * 323 Bll. (+ 1 Vorsatzblatt + 1 Bl. hinten) * 20,5 × 14,5 cm * 2 Teile

a) Provenienz
Die Handschrift befand sich spätestens seit der ersten Hälfte des 16. Jahrhunderts im Hildesheimer Benediktinerkloster von St. Michael. Auf Hildesheim weist das Vorsatzblatt aus Pergament mit der Auflistung von vier Urkunden (zwei davon auf 1392 datiert): Genannt werden Bischof Gerhard von Hildesheim (gest. 1398) und ein *Johannes de Alten notarius publicus*, der mit einem in Hildesheimer Urkunden aus dem letzten Viertel des 14. Jahrhunderts genannten *Johan van Alten* bzw. *Johannes de Althen* identisch sein könnte. Auf das Hildesheimer Benediktinerkloster weist das fliegende Blatt, auf dem sich der Besitzeintrag *monasterij s. michaelis hild* (15. Jahrhundert) befindet. Im 19. Jahrhundert kam die Handschrift aus der nachgelassenen Bibliothek des Kölner Erzbischofs Johannes von Geissel (1796–1864) nach Donaueschingen. 1994 wurde sie der Badischen Landesbibliothek übergeben.

b) Inhalt
Teil 1 (Bl. 1–240)
– ›Brevilogus‹ in einer erweiterten Bearbeitung[43] / Datierung (240ʳ): 1417

Teil 2 (Bl. 241–323)
– ›Voc. Theut.‹

c) Textzeuge des ›Voc. Theut.‹ (Bl. 241ʳ–320ᵛ)
Red. D: Führungshandschrift dieser Fassung

---

43 „Nach Ausweis der Vorrede sind die bislang als selbständig angesehenen Glossartexte auf Bl. 1ʳ–10ʳ und 12ʳ–240ʳ als zusammengehörige Bestandteile einer in vier Abschnitte gegliederten Kompilation anzusehen." (Handschriftenbeschreibung von Christoph MACKERT, vgl. die Angabe unter A).

24ʳ:

Incipit vocabularius deus assit in principio huius et in fine

[A]*bbet abbas latine pater monachorum*
[A]*becete alphabetum abecedarium*
[A]*beteke apoteca*
[A]*beteker apothecarius*

...

329ᵛ:

Wunderlick mirabilis miraculosus prodigiosus monstruosus
Wunsch optacio adoptacio
Wunschen optare adoptare
Wunscher adoptator optator

et sic est finis istius vocabularij

d) Datierung

Wasserzeichen: Göttingen 1427/28 (Krone: PICCARD Abt. I, Nr. 322), 1421–1429 (Ochsenkopf: PICCARD Abt. VII, Nr. 582), 1429/30 (Schlüssel: sehr ähnlich PICCARD Abt. III, Nr. 262 und 267)

e) Sprache

Der aufgrund des kodikologischen Befundes mit Hildesheim in Verbindung gebrachte Textzeuge ka1 überliefert nur wenige aussagekräftige Merkmale, die den Schreiberwortschatz von ka1 aber eindeutig als ostfälisch ausweisen. Das Adverb *wur* 'wo' (W307, W308) erreicht nach dem ASnA in der Mitte des 15. Jahrhunderts in Hildesheim und Goslar die größte Dominanz. Das Pronomen *iowelkt* (I068) kommt in allen ostfälischen Städten vor. Das fast durchgängige <ou> für wgerm. /ō/ wie etwa *schoup* (A008) spiegelt die mundartlich im gesamten ostfälischen Sprachraum verbreitete Diphthongierung wider, die sich in den anderen Textzeugen nicht niederschlägt. Mehrfaches *deyt* '(er) tut' (C075, S543, S544) ist ebenfalls in Ostfalen gut bezeugt.

Die Formen *haft* (A088, G002) und *hat* (B172) '(er) hat' lassen sich nur in geringer Anzahl nachweisen. PETERS (S. 300f.) weist die alte und vermutlich sprechsprachliche Form *haft* für Braunschweig nach. *hat* ist erst am Ende des 15. Jahrhunderts in Hildesheim und Hannover bezeugt. Die Form *wel* '(er) will' (U053) ist nach dem ASnA in der Mitte des 14. Jahrhunderts für Hildesheim reichlich bezeugt, jedoch nicht zur Zeit der Niederschrift. Auf der Wenker-Karte „[er] will" (DiWA 458) liegt Hildesheim genau am Rand des *wel*-Gebietes, zu dem Braunschweig und Hannover gehören. In jedem Fall weist *wel* aber auf eine Herkunft aus dem nördlichen Ostfalen. Es spricht nichts Wesentliches gegen eine Lokalisierung in den Raum Hildesheim, wenn man diese Zuordnung auf das nördliche Ostfalen ausweitet.

A: Damme 1995a, S. 189–192. – Grubmüller 1967, S. 37. – Unveröffentlichte, freundlicherweise zur Verfügung gestellte Beschreibung von C. Mackert. – Archivbeschreibung von H. Niewöhner (1936) 1 Blatt.

B: Damme 1983, S. 143, 165–168. – Damme 1998, S. 145. – Damme 2004c, S. 33. – Fischer 1992, S. 20. – Powitz 1963, S. 96f. – Rooth 1961, S. 66 Nr. 4. – Steidler-Friberg 1970, S. 101.

C: Diefenbach 1867, S. XIV, Nr. 38.

2.2.8   ka2
Karlsruhe, Badische Landesbibliothek – Cod. Th. 10

Papier * II + 180 Bll. * 21 × 14,5 cm * 1 Teil

a) Provenienz
Der Kodex stammt aus der Zisterzienserabtei Tennenbach (Schwarzwald). In den Säkularisationsakten ist die Handschrift als *(127.) Vocabularius Ms. 1462* erfasst. Auf einem Pergamentfragment findet sich der Übernahmevermerk *Thb.* – Als Schreiber des lateinischen Teilvokabulars des ›Voc. quad.‹ nennt sich ein *apte Hoffelich* (Bl. 112ᵛ).

b) Inhalt
– ›Voc. quad.‹ (vierteilig: mit ›Voc. Theut.‹) (Bl. 1–175) / Datierung (Bl. 112ᵛ): 1462

c) Textzeuge des ›Voc. Theut.‹ (Bl. 152ʳ–175ᵛ) [Bl. 176–180 leer]
Red. W

152ʳ:

[A]*Beze alphabetum eciam /* [A]*Becedarium*
[A]*Brech enunctorium ab emungere teutonice snitzen*
[A]*Bdun daz fie mactare*
[A]*B von Jnde*
...

175ᵛ:
Wunder monstrum prodigium potentum
Wnderlich mirabilis -e mirus miraculosus prodigiosus monstruosus
Wunsche opcio optacio Jnde wnschen optare
Wumpele uel sleyger fitta pepulum sponsatile

Expliciunt uocabulary uenerabilis / magistri engelhusen secunda feria post prandium / post dominicam Judica Per me petrum / Reyffsteck scholarim ibidem / videlicet Jn noua ciuitate Anno Mᵖ cccc lxij etc.

d) Schreiber

Als Schreiber nennt sich ein *Petrus Reyffsteck* (Bl. 175ᵛ). Der Familienname *Reifsteck* ist heutzutage nach GEOGEN vor allem aus dem Kreis Emmendingen in der Nähe des Klosters Tennenbach bezeugt. Als Herstellungsort wird *Nova ciuitas* (Bl. 175ᵛ) angegeben.

e) Datierung

Explicit (Bl. 175ᵛ): 1462

f) Sprache

Der Schreiber von ka2 dürfte nach Ausweis seines Familiennamens *Reifsteck* mit großer Wahrscheinlichkeit aus Emmendingen, einem größeren Ort in der Nähe des Klosters Tennenbach, stammen. Emmendingen gehört zum oberrheinalemannischen Sprachraum.

Für eine Einordnung des Schreiberwortschatzes ins (West-)Oberdeutsche sprechen die folgenden Merkmale: <pf> (z.B. P084) und <ph> (z.B. P085) für wgerm. /p/, <ou> (z.B. A145) für wgerm. /au/ (HSS 75), <dz> (L175) für 'das' (HSS 146), <t> bzw. <th> (z.B. C103 bzw. K062.02) für -*cht* (HSS 208) und *vusch* (U350) 'Fuchs' (HSS 206). Ins Oberrheinalemannische weisen <ei> (z.B. B234) für wgerm. /ai/ (HSS 56–62) und <o> (z.B. A051) für wgerm. /ā/ (HSS 38, 39, 40).

Neben diesen Merkmalen, die die Vorgabe Emmendingen bestätigen, hat der Schreiberwortschatz Merkmale, die nicht ins Oberrheinalemannische passen und auf eine zweite nördlichere Sprachschicht deuten: die teilweise durchgeführte neuhochdeutsche Diphthongierung (HSS 48–51) (z.B. -*huß* neben -*hauß*) und *vot* (U224) für 'Vogt' (HSS 196). Bei dem von Reyffsteck genannten Schreibort könnte es sich daher um das pfälzische Neustadt handeln.

A: K. HELM (Hrsg.), *Das Evangelium Nicodemi von Heinrich Hesler*, Tübingen 1902, S. XVIIIf. – A. SCHLECHTER / G. STAMM (Beschr.), *Die Handschriften der Badischen Landesbibliothek in Karlsruhe XIII: Die kleinen Provenienzen*, Wiesbaden 2000, S. 339–341.

B: DAMME 1983, S. 143. – DAMME 1994, S. 77. – DAMME 2004c, S. 33. – POWITZ 1963, S. 101, 104f.

C: DIEFENBACH 1857, S. XVII, Druck Nr. 49. – F. J. MONE, *Vocabularii magistri Engelhusen*, Anzeiger für Kunde der teutschen Vorzeit 7 (1838), Sp. 153–170, 297–308.

2.2.9   m1

Mainz, Stadtbibliothek – Hs. I 594

Papier (vorderes und hinteres Vorsatzblatt Pergament) * 204 Bll. (+ 13 separat gebundene Bll.) * 21 × 14,5 cm * 3 Teile

a) Provenienz

Der Kodex stammt aus der Mainzer Kartause (alte Signatur: 318); die Handschrift kam später in den Besitz der Mainzer Universitätsbibliothek und dann in die Mainzer Stadt-bibliothek (Signatur Ms I 594). – Als Vorsatzblatt dient das Bruchstück einer deutschen Pergamenturkunde aus dem Jahr 1407; Ausstellungsort der Urkunde ist Ilmenau in Thüringen.

b) Inhalt

Teil 1 (Bl. 1–96)
– ›Voc. Ex quo‹

Teil 2 (Bl. 97–120)
– ›Voc. Theut.‹

Teil 3 (Bl. 121–204)
– Kommentar zu Boethius, ›De consolatione philosophiae‹

c) Textzeuge des ›Voc. Theut.‹ (Bl. 97ra–120vb)
Red. P, Subred. P'

97ra:
Abbet Abbas et dicitur ab abba in greco id est pater in latino
Abacete alphabetum abecedarium
Abeteka vnde ys eyn stede dar men arzedie tho vor kopende plecht Apoteca
Abeteker vnde ys eyn man de arsedie tho vorkopene plecht Apotecarius herbularius
...

120vb:
Wnder merwunder monstrum marinum
Wnderlick mirabilis mirus miraculosus
Wnsch opcio optacio
Wnschen optare

Explicit vocabularius anno domini m^o ccc^{o}c^o xxv^o

d) Datierung
Explicit (Bl. 120vb): 1425

e) Sprache

Allein die Variante *mensche* 'Mensch' (G011, L063, T182) und das Adverb *war* 'wo' (A099, I070) weisen den Schreiberwortschatz von m1 dem westfälischen Sprachraum zu. Die Konjunktion *ofte* 'oder'(E013, E095) kommt in der ersten Jahrhunderthälfte als dominante oder zumindest nennenswerte Variante nur im nördlichen Westfalen vor: im Münsterland, im nördlichen Ostwestfalen und in Soest. Dem entspricht die Verbreitung des häufig auftretenden Adverbs *wal* 'wohl', das der ASnA in der ersten Jahrhunderthälfte als Mehrheitsvariante nur aus den münsterländischen Städten Bocholt, Coesfeld und Münster sowie aus Herford, Minden, Hameln und Höxter bezeugt. Das Pronomen *ghenne* 'jenige-' (H070) dominiert nach dem ASnA ebenfalls im Norden: um 1400 in Minden, um 1450 in Bocholt, Coesfeld und vor allem Münster, während z. B. in Osnabrück nur *gene* bezeugt ist. Als Heimat für den Schreiberwortschatz von m1 kommt also besonders das Münsterland in Frage. – Das zweifach bezeugte *iuwelik* (B366, S097, außerdem einmal zusammen mit d1 B202) kommt zwar auch einmal in Münster vor, weist aber eher nach Süden, wo es nach dem ASnA um 1400 in Lemgo, Lippstadt und Paderborn sowie ab 1450 in Arnsberg, Marsberg und Soest dominiert.

A: Grubmüller 1967, S. 87. – ›*Voc. Ex quo*‹, Bd. 1, S. 74.

B: Damme 1983, S. 144. – Damme 1998, S. 145. – Damme 2004a, S. 239–252. – Damme 2004c, S. 34. – Fischer 1992, S. 20. – Powitz 1963, S. 96, 98. – Rooth 1961, S. 67, Nr. 6. – Steidler-Friberg 1970, besonders S. 102–104.

C: Diefenbach 1857, S. XV, Nr. 22 und 22b.

2.2.10 p1

(ehemals) Paderborn, Erzbischöfliche Akademische Bibliothek – Cod. Sa 5[44]

Papier ∗ 150 Bll. ∗ 2 Teile

a) Provenienz

Benediktinerkloster Abdinghof in Paderborn. Bl.1[r]: *Liber monasterij Abdinghoff. ord. S. Benedicti Paderborn.*

b) Inhalt:

Teil 1 (Bl. 1–130)
– Deponentien (Bl. 2–4)

---

[44] Der Kodex ist bei einer Ausstellung im Jahre 1979 gestohlen worden. Es existiert jedoch ein Film am Germanistischen Institut der Westfälischen Wilhelms-Universität Münster. Dieser Film bildet die Grundlage für die Beschreibung.

- Indeclinabilia (Bl. 5–9)
- Pflanzenglossar (Bl. 10–14)
- ›Voc. quad.‹ (vierteilig: mit ›Voc. Theut.‹) (Bl. 15–130)

Teil 2 (Bl. 131–150)
- Verbalkomposita, Synonyma, Equivoca (Bl. 131–144)
- Lateinische Merkverse zu bestimmten Wortschatzbereichen (Körperteile, Nahrungsmittel, Pflanzen, Tiere, Geräte usw.) mit mnd. Interlinearglossen (Bl. 145–150)

c) Textzeuge des ›Voc. Theut.‹ (Bl. 103ra–130ra)
Red. P: Erste Korrekturhandschrift dieser Fassung

103ra:
ABbet abbas Et dicitur ab abba grece id est pater latine
ABezete fibel alphabetum abcdarium
Abeteke apoteca dar arczedie veyle is
Aboteker apotecarius herbularius
...
130ra:
Wunder vundermer monstrum marinum
Wunderlik mirus mirabilis miraculosus prodigiosus monstruosus
Wunsch optacio
Wunschen optare

Finitus anno domini 1448 ydibus / nouenbris

d) Datierung
Explicit (Bl.130ra): 1448

e) Sprache
Der aus dem Kloster Abdinghof bei Paderborn stammende Textzeuge p1 überliefert eine Vielzahl an Merkmalen. Sie erweisen sich nicht als homogen und lassen einen mehrschichtigen Schreiberwortschatz vermuten. Ins Westfälische weisen die Varianten *mensche* 'Mensch', das Adverb *war* 'wo' (A099) und *dot* '(er) tut' (B172, S686). Eine Zuordnung in den Raum Paderborn wird durch weitere Merkmale bestätigt: Um 1450 sind dort nach dem ASnA die Konjunktion *effte* 'oder' (C159) und die regelmäßige Hiattilgung durch <gg> gut bezeugt. Die modernen Mundarten bestätigen diesen Befund: Kombiniert man die Formen *juk* 'euch' (I047) und *mik* 'mir' (M065), so ergibt sich nach den Wenker-Karten „euch" (DIWA 427) und „mir" (DIWA 112, 287) nur ein kleines Gebiet, in dem beide Formen gelten: ein kleines Areal südlich von Brakel bei Höxter. Nach Höxter weist auch das Pronomen *iowelik* 'jeder' (B202), das nach dem ASnA sonst nur in ostfälischen Städten dominiert.

Eine zweite Schicht lässt sich mit den weiter westlich gelegenen Städten Soest und Arnsberg verknüpfen. Im 14. Jahrhundert ist *irste* 'erste' (M011, O043) u. a. für Paderborn, Soest und Arnsberg bezeugt, im 15. Jahrhundert nicht mehr. In einigen wenigen Fällen begegnet <a> vor *ld* / *lt* wie etwa in *saltich* (L013) oder *alt* (Q015); während Paderborn nach dem ASnA für dieses Phänomen nur eine geringe Anzahl von Belegen liefert, dominiert <a> gegenüber <o> in den westlich gelegenen Städten Soest und Arnsberg. Etliche Merkmale sind nur westlich von Paderborn bezeugt: *op* 'auf' (P133 sowie B302, H164, L100, S403) aus Lippstadt, Soest und Arnsberg (vgl. auch die beiden Wenker-Karten „auf [lokal]" [DIWA 447, 489]); das siebenmal auftretende <a> für /o/ vor *r* plus Konsonant wie in *barke* (B326) aus Soest, Arnsberg, Dortmund und vereinzelt aus Duisburg, den einzigen Städten mit diesem Phänomen im gesamten Bearbeitungsgebiet des ASnA.

Eine dritte Schicht offenbart sich in einigen Zusätzen und scheint ins Ostfälische zu weisen: So wird die Ruhme (R198.01) genannt, ein Fluss, der bei Northeim von Osten in die Leine mündet. Außerdem kommt für die Konjunktion 'aber' die Variante *sunder* (G133) vor, die vor allem aus dem Ostfälischen bezeugt ist.

A: DAMME 1987, S. 8–19, 26–29. – R. PETERS / T. SODMANN, *Niederdeutsche Handschriften und Drucke. Eine Ausstellung aus den Beständen der* Theodorianischen Bibliothek Paderborn *anläßlich der Pfingsttagung 1979 in der Sparkasse Paderborn*, Korrespondenzblatt des Vereins für niederdeutsche Sprachforschung 86 (1979), Sondernummer, S. 12–14, Nr. 11. – W. RICHTER, *Handschriften-Verzeichnis der Theodorianischen Bibliothek zu Paderborn. Zweiter Teil* (Beilage zum 73. Jahresbericht über das Königliche Gymnasium Theodorianum zu Paderborn, Ostern 1897), Paderborn 1897, S. 50. – ROOTH 1961, S. 69, Nr. 12.

B: DAMME 1983, S. 144. – DAMME 1987, S. 35–36. – DAMME 1994, S. 78. – DAMME 1998, S. 145. – DAMME 2004c, S. 34. – FISCHER 1992, S. 20. – POWITZ 1963, S. 103. – STEIDLER-FRIBERG 1970, S. 105.

C: F. J. BRAND, *Archiv-Wissenschaft oder Anleitung zum Lesen alter lateinischer und deutscher Handschriften und Urkunden nebst einem Wörterbuche der deutschen Urkundensprache*, Paderborn 1854, S. 43–79.

2.2.11   s1

Stuttgart, Württembergische Landesbibliothek – Cod. poet. et phil. 2° 30

Papier (Pergament: Spiegel vorn und hinten) * 201 Bll. * 30,5 × 21,5 cm * 3 Teile

a) Provenienz
Im Spiegel finden sich Reste zweier Pergamenturkunden (vorne: 1438, genannt sind die
zwei in der Nähe von Füssen [Allgäu] liegenden Orte Freyberg-Eisenberg und Schwangau; hinten: 1444).

b) Inhalt

Teil 1.1 (Bl. 1–62)
– Bibelglossar und andere kleinere Glossare

Teil 2.1 (Bl. 63–70)
– Vocabularius hebraicus / Datierung (Bl. 70rb): 1437.

Teil 1.2 (Bl. 71–142)
– ›Voc. quad.‹: Prolog sowie Vocabularius latinus, grecus (Bl. 72ra–139ra)
– Juristisches Glossar (Bl. 139va–142va)

Teil 2.2 (Bl. 143–188)
– ›Vocabularius optimus‹ (Bl. 143–151)
– Johannes Marchesinus, ›Mammotrectus super Bibliam‹ (Bl. 152–188)

Teil 3 (Bl. 189–200)
– ›Voc. Theut.‹

c) Textzeuge des ›Voc. Theut.‹ (Bl. 189ra–197vb)
Red. W

189ra
[Überschrift] *Vocabularius theutonicus vbi theuthunicum precedit*

ABece Alphabetum
Appenteker Appotecarius
Appentek Appotecha
Acker Ager
...
197vb:
Zwerg gnavus
Zwehel mappa
Zwingen cogere arcere
Zwikerin vestiplica

d) Datierung
Wasserzeichen: Konstanz 1433 (Ochsenkopf: Piccard Abt. V, Nr. 12 / Piccard-Online
Nr. 56699)

e) Sprache
Die Urkunden im Spiegel enthalten Hinweise auf zwei Orte in der Nähe der Stadt
Füssen: Freyberg-Eisenberg und Schwangau. (West-)Oberdeutsch sind die konsequent
durchgeführte Verschiebung von /p/ zu /pf/ (P011: *Pfanne*), das völlige Fehlen der nhd.
Diphthongierung von mhd. /î/, /û/ und /iu/ sowie <ou> (z. B. K062.19) oder <ŏ> (z. B.
B404) für wgerm. /au/ (HSS 75 u. 76) und das eingeschobene <n> vor *s* (HSS 125) wie
z. B. in *Ins* 'Eis' (I062). Ins Schwäbische weisen darüber hinaus <ai> (z. B. B099) für
wgerm. /ai/ (HSS 58–62), <å> (A011.02) bzw. <au> (z. B. A021) für mhd. /â/ (HSS
38–40) sowie das Fehlen von „Entrundungsgraphen" (HSS 85–87). Nach dem HSS sind
die meisten Merkmale auch in Füssen und/oder Kempten bezeugt.

A: E. BREMER, *Edition und Überlieferungsgeschichte eines spätmittelalterlichen Glossars. Der Vocabularius optimus des Johannes Kotman*, Diss. Marburg/Lahn 1982, S.
368f. – BREMER 1990, Bd. 1, S. 29f. – GRUBMÜLLER 1967, S. 301. – HONEMANN 1998,
S.124 (Nr. 92). – W. IRTENKAUF / I. KREKLER (mit Vorarbeiten von I. DUMKE), *Codices
poetici et philologici*, Wiesbaden 1981, S. 30f. – O. WEIJERS, *Dictionnaires et répertoires au moyen âge. Une étude du vocabulaire*, Turnhout (Belgien) 1991, S. 185f.

B: DAMME 1983, S. 144. – DAMME 1994, S. 78. – DAMME 2004c, S. 34. – POWITZ
1963, S. 105f.

C: DIEFENBACH 1857, S. XVI, Druck Nr. 7. – F. J. MONE, *Teutsche Glossare und
Glossen*, Anzeiger für Kunde der teutschen Vorzeit 6 (1837) 213f.

2.2.12   w1

Wolfenbüttel, Herzog August Bibliothek – Cod. 71.12 Aug. 2°

Papier (Pergament: Spiegel vorn) * 404 Bll. * 29 × 20,5 cm * 3 Teile

a) Provenienz
Einbandstempel aus der Werkstatt „Braunschweiger Dombuchbinder" (EBDB:
w000987). – Eine schlecht lesbare Notiz auf der Innenseite des Vorderdeckels deutet
VON HEINEMANN als *O. V. F. F. vonn Nortem*. BORCHLING S. 95 liest *noctem* statt
Nortem.

b) Inhalt

Teil 1 (Bl. 1–281)
– lateinisches Wortartenglossar ähnlich einem ›Brevilogus‹ / Anfang fehlt

Teil 2 (Bl. 282–379)
– ›Voc. quad.‹ (einteilig) (Bl. 282ra–372va)
– Regeln zur lateinischen Grammatik (Bl. 372vb–378va)

Teil 3 (Bl. 380–404)
– ›Voc. Theut.‹

c) Textzeuge des ›Voc. Theut.‹ (Bl. 380ra–404vb)
Ausgangsfassung
Unvollständig: Durch Blattverlust fehlen die Wortartikel von U382 bis W130.

380ra:
Abbed Abbas Et dicitur ab abba grece quod est pater latine
Abbeteke Apoteca vnde is eyn stede dar me arsedye vor kopende plecht
Abbeteker Apotecarius herbularius vnde is eyn man de arsedie vorkoft
Abraham Abraham quasi pater multarum gencium
...

404vb:
Wunder merwunder monstrum
Wunderlik mirabilis mirus miraculosus prodigiosus monstruosus
Wunsche optacio opcio
Wunschen optare etc.

[von anderer Hand, Rubrikator:] *Et sic est fins* (!) *post mortem su war / du blyuest*

d) Datierung
Wasserzeichen: Braunschweig 1475 (Ochsenkopf: PICCARD-Online Nr. 68961), Frankfurt, Köln, Rostock 1475–1477(Ochsenkopf: PICCARD Abt. VII, Nr. 481)

e) Sprache
Die aus der kodikologischen Beschreibung gewonnene Vorgabe Braunschweig lässt sich durch eine Vielzahl von sprachlichen Merkmalen verifizieren: *bouene* 'oben' (S474) gilt nach der Wenker-Karte „[konsonantischer Anlaut] oben" (DIWA 487) im nördlichen Ostfalen mit den Städten Hannover, Braunschweig, Hildesheim, Goslar. *wur* 'wo' (A099, I070) ist zwar gegen Ende des 15. Jahrhunderts in Braunschweig nicht so stark bezeugt wie in Hildesheim, überwiegt aber eindeutig gegenüber *wor*. Das siebenmal begegnende Personalpronomen *ot* 'es' kommt nach der Wenker-Karte „es [Nom.]" (DIWA 169) in zwei kleineren Gebieten vor: eines liegt nördlich von Braunschweig, das andere im Bereich Hildesheim. Das Personalpronomen *gik* 'euch' (I046) weist PETERS (S. 300) für Braunschweig nach. Auf der Wenker-Karte „[konsonantischer Anlaut] euch" (DIWA 396) gilt der *g*-Anlaut in einem Gebiet, das sich von Braunschweig bis nach Goslar erstreckt. Die Präposition *met* 'mit' (S495, S546) ist zwar Mitte des 15. Jahrhunderts für Braunschweig bezeugt, bildet aber eindeutig die Minderheitsvariante gegenüber *mit*. Im ostfälischen Raum verzeichnet nur Goslar ein weniger deutliches Übergewicht von *mit*. Hier stehen um 1450 12 *met*- lediglich 32 *mit*-Belegen gegenüber.

Die Wenker-Karte „mit" (DIWA 540) zeigt nördlich von Braunschweig und Peine innerhalb des großen *mit*-Areals ein kleines, geschlossenes *met*-Gebiet. Die Präposition 'auf' begegnet regelmäßig in der Variante *op* (z. B. A009). Im 15. Jahrhundert ist diese Variante im niederdeutschen Sprachraum vor allem aus Südwestfalen bezeugt; mundartlich gilt *op* aber auch in der unmittelbaren Umgebung von Braunschweig (vgl. die Wenker-Karte „auf [lokal]" (DIWA 447). Dreimaliges *wel* '(er) will' (z. B. L201) ist nach dem ASnA um 1450 im ostfälischen Bereich vor allem aus Braunschweig bezeugt. Viermaliges *het* '(er) hat' (C165 u. a.) ist nach dem ASnA für Braunschweig nur aus dem 14. Jahrhundert bezeugt, während Goslar Ende des 15. Jahrhunderts diese Form mehrfach schreibt. Die Wenker-Karte „hat" (DIWA 285) lässt im großen *hat*-Gebiet, in dem auch Braunschweig liegt, zwischen Braunschweig und Goslar etliche *het*-Belege erkennen. Die Konjunktion *effte* 'oder' (C054 u. a.) ist zwar für die zweite Hälfte des 15. Jahrhunderts für Braunschweig bezeugt, allerdings nur als Minderheitenvariante. Mehrheitsvariante ist *effte* hingegen in Hildesheim; in Goslar wird *effte* Ende des Jahrhunderts sehr stark. Auf eine westlichere Zuordnung deutet auch das fast regelmäßig begegnende Flexions-*n* im Nominativ Singular der schwachen Feminina hin. Nach der Wenker-Karte „[Seif]e" (DIWA 444) verläuft die Grenze in nord-südlicher Richtung zwischen Hannover im Westen (mit -*n*) und Peine im Osten (ohne -*n*). Braunschweig gehört eindeutig nicht zum Gebiet mit -*n* im Nominativ Singular der schwachen Feminina.[45]

Neben dieser geringen Abweichung von Braunschweig als Heimat des Schreiberwortschatzes macht sich eine zweite sprachliche Schicht bemerkbar, die eindeutig dem Westfälischen zuzuordnen ist. Ein wesentliches Merkmal ist das fast regelmäßige Auftreten der Variante *mensche*. Der westfälische Bereich lässt sich durch zwei lautliche Kriterien weiter einschränken. Recht regelmäßig erscheint <a> vor *ld* / *lt* (z. B. *kalden* in B129). Dieses Phänomen ist nach dem ASnA im niederdeutschen Sprachraum in Soest, Dortmund, Essen, Duisburg und schwächer Arnsberg bezeugt. Exklusiv in diesem Gebiet kommt <a> für /o/ vor *r* plus Konsonant vor (z. B. *haghedarn* in H005); wieder dominiert Soest hier mit den meisten Belegen vor Dortmund und Arnsberg; Duisburg bezeugt nur vereinzelte Formen.

Der Bereich Braunschweig (mit Ausweitung nach Westen) wird als Heimat des Schreiberwortschatzes verifiziert. Daneben tritt eine zweite sprachliche Ebene, die dem Südwestfälischen um Soest zuzuordnen ist, hervor. Da sich die Lautung im Gegensatz zu Funktionswörtern in der Regel als konservativer erweist, ist davon auszugehen, dass ein ostfälischer Schreiber eine Vorlage mit westfälischem Schreiberwortschatz sprachlich bearbeitet hat.

---

45 Möglicherweise gewinnt vor diesem Hintergrund der Eintrag im Einband an Bedeutung. Dort kann entweder *nortem* oder *noctem* gelesen werden. *nortem* könnte für die Stadt Northeim stehen.

Fragen wirft der (vermutlich von einer anderen Hand stammende) Eintrag am Ende des Vokabulars auf: *su war du blyuest*. Die Variante *war* ist nach dem ASnA für Braunschweig nicht bezeugt. Sie deutet vielmehr auf einen westfälischen Schreiber oder eine westfälische Vorlage. Die zweite Lösung würde dem eben dargelegten Befund entsprechen.

Es ergibt sich für die Nutzung von w1 für die historische Wortgeografie folgende Konsequenz: w1 kann nur unterstützend herangezogen werden, und zwar bei eindeutig ostfälischen Wörtern für den Bereich Braunschweig, bei eindeutig westfälischen Wörtern für den Bereich Soest.

A: C. BORCHLING, *Mittelniederdeutsche Handschriften in Wolfenbüttel und einigen benachbarten Bibliotheken. Dritter Reisebericht.* Göttingen 1902, S. 95. – BURSILL-HALL S. 283. – A. HAUCAP-NAß, *Die Stiftsbibliothek von St. Blasius in Braunschweig. Ein Überblick mit einer Handliste der nachweisbaren Handschriften und Drucke aus dem Blasiusstift,* in: *Die Welfen und ihr Braunschweiger Hof im hohen Mittelalter,* Wiesbaden 1995, S. 216, Nr. 39. – O. VON HEINEMANN, *Die Handschriften der Herzoglichen Bibliothek zu Wolfenbüttel. Zweite Abtheilung: Augusteische Handschriften III,* Wolfenbüttel 1898 (Nachdruck unter dem Titel: *Die Augusteischen Handschriften, Bd. 3: Codex Guelferbytanus 32.7 Augusteus 2 bis 77.3 Augusteus 2* [Kataloge der Herzog-August-Bibliothek Wolfenbüttel 6], Frankfurt a. M. 1966), S. 367 (Nr. 2691). – H. WISWE, *Ein mittelniederdeutsches Kochbuch des 15. Jahrhunderts,* Braunschweigisches Jahrbuch 37 (1956) 19–55, hier S. 23 Anm. 21, S. 28 Anm. 58. – H. WISWE, *Nachlese zum ältesten mittelniederdeutschen Kochbuch,* Braunschweigisches Jahrbuch 39 (1958) 103–121, hier S. 111 Anm. 62, S. 119 Anm. 134.

B: DAMME 1983, S. 144. – DAMME 1998, S. 145. – DAMME 2004c, S. 34. – FISCHER 1992, S. 18. – POWITZ 1963, S. 96ff. u. 106f. – STEIDLER-FRIBERG 1970, S. 101.

2.2.13   w2

Wolfenbüttel, Herzog August Bibliothek – Cod. Helmst. 395

Papier * 375 Bll. * 28,5 × 21 cm * mehrere Teile[46]

---

46 Diese Handschrift bedarf einer eingehenden Untersuchung, die im Rahmen des Editionsprojektes nicht geleistet werden konnte. Es handelt sich um eine Sammlung vor allem von Predigten. Diese scheinen aus unterschiedlichen Zeiten zu stammen. Papiere mit Wasserzeichen aus den Jahren um 1398 begegnen an mehreren Stellen des Kodex. Sie lösen sich u. a. ab mit Papieren, deren Wasserzeichen mit denen des für w2 verwendeten Papiers übereinstimmen.

a) Provenienz
Einbandstempel aus der Werkstatt: „Pelikan 50/51" (EBDB: w000255) zu Northeim.

b) Inhalt
– Sammlung von Predigten, u. a.
    – ›Peregrini sermones de tempore‹ (Bl. 14^r–81^r)
    – ›Prosperi sermones de tempore‹ (Bl. 85^r–119^v)
    – ›Peregrini sermones de sanctis per circulum anni‹ (Bl. 246va–370vb)
– ›Voc. Theut.‹ (Bl. 207ra–246ra): Lagenbeginn Bl. 206, Lagenende Bl. 251

c) Textzeuge des ›Voc. Theut.‹ (Bl. 207ra–246ra)
Ausgangsfassung: ab S566 Führungshandschrift dieser Fassung und damit Leithandschrift der Edition

207ra:
Abbet abbas et dicitur abba grece quod est pater latine
Abbesete alphabetum Abesedarium
Abbeteken apoteca vnde is eyn stede dar men arsedie to vorkopende plecht
Abeteker apotecarius herbarius vnde is eyn man de arsedie to vorkopende plecht
...
246ra:
Wunderlich mirabilis mirus miraculosus prodiosus (!) *monstruosus*
Wunder van gode miraculum prodigium portentum mirum
Wunsch optacio
Wunschen optare

[von anderer Hand in roter Tinte] *Et sic est finis vocabularij / Editus per Magistrum Johannem Egeberti de Embecke*

d) Kompilator / Verfasser
Im Kolophon (Bl. 246ra) wird Magister Johannes Egberti aus Einbeck als Editor genannt.

e) Datierung
Wasserzeichen: Basel 1431–1433 (Ochsenkopf: PICCARD Abt. VII, Nr. 579 = Nr. 598), Basel 1434/35 (Krone: PICCARD Abt. I, Nr. 322)

f) Sprache
Für den Textzeugen w2 existiert kein außersprachlicher Hinweis auf eine geografische Zuordnung; diese muss daher allein durch die sprachliche Analyse erfolgen. Hier erweist sich w2 eindeutig als westfälisch: w2 hat *mensche* (D213, P134, S357), zweimal *wo* 'wie' (W323, W324) im Stichwort, das so gegen die alphabetische Reihenfolge

verstößt, dreimal *dan* für komparativisches 'als' (K007, P006, S136) sowie *sall* '(er) soll' (T028, W124) bzw. *salst* 'sollst' (U335).

Einschränken lässt sich der westfälische Sprachraum durch zwei Pronomina: *iuwelich* 'jeder' (A048) ist in der ersten Hälfte des 15. Jahrhunderts nur in den südwestfälischen Städten Soest, Lippstadt, Arnsberg und Marsberg bezeugt, außerdem in Paderborn und Lemgo. Eine ähnliche Verteilung liefert *iene* 'jen(ig)e' (H070), das um diese Zeit in Lemgo, Paderborn, Marsberg und Arnsberg bezeugt ist.

In diesen geografischen Bereich fällt auch die Hiattilgung im Inlaut: *Liggen* (L124), *Sigge* (S295), *Siggen* (S296), *Twigge* (T188). Der ASnA bezeugt *gg*-Belege um 1450 aus Höxter, Paderborn und Soest. In Höxter (1449) und Paderborn (1446) ist zu dieser Zeit auch die Infinitivform *hauen* 'haben' (H071) bezeugt.

In den Bereich Soest weisen drei weitere Merkmale: Vor *ld* / *lt* erscheint häufig <a> wie etwa *alde* (C010). Dieses Phänomen ist in der ersten Jahrhunderthälfte in Westfalen vor allem aus Dortmund, Soest, Arnsberg und Marsberg bezeugt. <a> für *o* vor *r* plus Konsonant, das einmal im Stichwort *Dart* (D149) vorkommt und so die alphabetische Ordnung zerstört, kommt nur in den Städten Dortmund, Arnsberg und vor allem Soest vor. Für den Akkusativ des Personalpronomens der ersten Person Singular überliefert w2 *meck* (L108). Eine auf Akkusativ-Basis beruhende Form haben nach Wenker-Karte „mich" (DıWA 446) in Westfalen die Altkreise Brilon, Meschede, Olpe. Nördlich der Lautverschiebungsgrenze lautet die Form *mik* oder *miëk*, südlich *mech*. Eine Kontaminationsform *meck* ist in dieser Gegend sicherlich nicht auszuschließen.[47] – Ein weiterer lautlicher Befund weist in das kurkölnische Sauerland mit den Altkreisen Arnsberg, Meschede und Olpe. Dort lautet nach WESTFWB 2,704f. das Wort „Fisch" nicht auf *sch*, sondern auf *s* aus (*vis*: S583, S594, U297). – Es zeigt sich, dass vor allem lautliche Kriterien für Südwestfalen sprechen.

Neben diesen eindeutig südwestfälischen Formen überliefert w2 auch eindeutig nordwestfälische Merkmale. *wal* 'wohl', das in immerhin 15 Wortartikeln (zweimal H003 u. a.) begegnet, bezeugt der ASnA in der ersten Jahrhunderthälfte als Mehrheitsvariante nur aus den münsterländischen Städten Bocholt, Coesfeld und Münster sowie aus Herford, Minden, Hameln und Höxter (aus Lemgo erst ab 1450). Ähnliches gilt für *desse* 'diese', das siebenmal begegnet (D152 u. a.): Bis 1450 dominiert diese Variante im Münsterland und den Städten des nördlichen Ostwestfalens. Das von w2 fast durchgehend verwendete <a> für mnd. /ō/ bezeugt der ASnA in der ersten Jahrhunderthälfte in Westfalen nur für Bocholt, Coesfeld und Lemgo.

---

47 Ein weiteres Argument für das kurkölnische Sauerland (mit den Altkreisen Arnsberg, Brilon, Meschede, Olpe), wo dieses Phänomen nach Ausweis des Archivs des WESTFWB mundartlich bezeugt ist, könnte der Ausfall des auslautenden -*k* im Reflexivpronomen *se* 'sich' (S242) sein. Allerdings kann dieses Argument nicht voll überzeugen, da den Mundartformen nicht ein *sê*, sondern ein *sî* zugrunde liegt. Möglicherweise hat die Position im Stichwort aber eine Umwandlung in *Si* verhindert.

Die zweimal begegnende Diphthongierung von mnd. /ô²/ zu *au*: *Clauster* (C091), *haureken* (H244) passt ebenfalls nicht ins Südwestfälische, sondern ins Münsterland und (nördliche) Ostwestfalen. Entweder ins westliche Münsterland oder ins nördliche Ostwestfalen weist nach WESTFWB 2,698 auch die Mundartform *vast* 'First' (U022.02). In zwei Wörtern lässt sich die Übertragung der Hiatschärfung in den Auslaut einer nicht flektierten Form beobachten: *Bligg* (B239), *Eygg* (E024). Die Erscheinung tritt mundartlich vor allem im Ravensbergischen und Lippischen auf (Auswertung nach Frage 'Blei' aus dem Fragebogen 23 des Archivs des WESTFWB).

Zusammenfassend ist festzustellen, dass w2 mindestens zwei unterschiedliche westfälische Schreiberwortschätze überliefert: Der eine macht sich vor allem durch lautliche Merkmale bemerkbar und ist dem Südwestfälischen zuzuordnen, vor allem dem Bereich Soest, Arnsberg; der andere vor allem aufgrund der Funktionswörter dem nördlichen Westfalen, möglicherweise dem nördlichen Ostwestfalen. Da sich lautliche Phänomene in der Regel konservativ verhalten, ist davon auszugehen, dass die südwestfälische Schicht die ältere ist.

Für die Sprachgeografie bedeutet dieses Ergebnis, dass Belege aus w2 bei einem Vergleich zwischen Ostfalen und Westfalen ohne Einschränkung verwendet werden können. Bei einer Differenzierung zwischen Süd- und Nordwestfalen sollte auf sie jedoch verzichtet werden.

A: O. VON HEINEMANN, *Die Handschriften der Herzoglichen Bibliothek zu Wolfenbüttel. Die Helmstedter Handschriften*. Bd. 1, Frankfurt a. M. 1963, S. 315f.

B: DAMME 1998, S. 146. – DAMME 2004c, S. 34. – FISCHER 1992, S. 19. – STEENWEG 1991, S. 11–29, hier S. 27 Anm. 92, S. 28 Anm. 93.

2.2.14   w3

Wolfenbüttel, Herzog August Bibliothek – Cod. Helmst. 457

Papier * 146 Bll. * 28 × 20,5 cm * 2 Teile

a) Provenienz
Einbandstempel aus der Werkstatt: „G" (EBDB: w000216) zu Helmstedt.

Der Kodex stammt aus dem Zisterzienserinnenkloster Wöltingerode bei Goslar. Vorbesitzer und Donator war Johannes Hennehusen: *Liber Johannis Henenhusen* (Innendeckel); Bl. 1ʳ: *liber sancte Marie virginis in woltingerode, quem contulit nobis dominus et frater noster johannes hennehusen*. Darunter: *Ad abbaciam pertinet*. Darunter (von deutlich späterer Hand): *Aus Waltingenroda, den 14. Marcii anno 1572*.

Der Familienname „Hennehusen" existiert heute nicht mehr, jedoch ein aus ihm durch Kontraktion entstandener Familienname „Hennesen" (Typ „Seesen" aus „Seehusen"); dieser ist nach GEOGEN außer am Niederrhein, wo eine andere Bildung, nämlich ein Patronymikum, vorliegt, konzentriert aus dem Landkreis Göttingen bezeugt.

b) Inhalt

Teil 1 (Bl. 1–126)
- ›Voc. quad.‹ (vierteilig: mit ›Voc. Theut.‹) (Bl. 2ʳᵃ–124ʳᵇ)

Teil 2 (Bl. 127–146)
- Verbalkomposita, Deponentien, Synonyma, Equivoca

c) Textzeuge des ›Voc. Theut.‹ (Bl. 105ʳᵃ–124ʳᵇ)
Red. W: Führungshandschrift dieser Fassung

105ʳᵃ:
[A]*Becete alphabetum abecedarium*
[A]*Bbeteke apoteca*
Abbeteker apotecarius -a -vm
Acker ager
...
124ʳᵇ:
Wunderlick mirabilis -le mirus miraculosus prodigiosus monstruosus
Wunsche opcio optacio
Wunschen optare
Wumpele vitta pepulum sponsatile etc.

d) Datierung
Incipit (Bl. 1ʳ oben rechts): 1445.
Wasserzeichen: Einbeck 1445 (Ochsenkopf: PICCARD-Online Nr. 75905)

e) Sprache
Der aus dem Kloster Wölteringerode bei Goslar überlieferte Textzeuge verfügt nur über eine äußerst geringe Anzahl von aussagekräftigen Merkmalen: *dredde* 'dritte' (D179) ist nach dem ASnA in Göttingen Ende des 14. Jahrhunderts und mundartlich nach dem NDSWB (3,593, Lautteil 3,595) aus dem südlichen Südniedersachsen (mit den größeren Städten Göttingen und Duderstadt) bezeugt. In genau dieses Gebiet deutet auch die Diphthongierung von wgerm. /au/ bzw. mnd. /ô²/ in *Nortaust* (N095), *Nortaustnort* (N096), die im Ostfälischen so nur im Gebiet um Göttingen und Duderstadt erfolgt ist. Wie b2, dessen Schreiberwortschatz dieser Gegend zuzuordnen ist, hat w3 die Variante *iuwelk* 'jeder' (A048), die nach dem ASnA aus diesem Gebiet nicht bezeugt ist. Da die Belegdichte insgesamt aber recht gering ist, kann die Nichtbezeugung nur eingeschränkt als Gegenargument gelten. Der Schreiberwortschatz von w3 ist wie der von b2 dem

südlichen Südniedersachsen zuzuordnen. Dafür spricht auch der Name des ehemaligen Besitzers der Handschrift, der in die Region Göttingen weist.

A: DAMME 1987, S. 26–29. – GRUBMÜLLER 1967, S. 236 Anm. 3. – O. VON HEINEMANN, *Die Handschriften der Herzoglichen Bibliothek zu Wolfenbüttel. Abt. 1. Helmstedter Handschriften.* Bd. 1, Frankfurt a. M. 1963, S. 358f. – H. HERBST, *Neue Nachrichten zu den Schriften des Dietrich Engelhus*, Zeitschrift für deutsche Geistesgeschichte 1 (1935) 247–249. – U. KÜHNE, *Engelhus-Studien: Zur Göttinger Schulliteratur in der ersten Hälfte des 15. Jahrhunderts.* Freiburg/Schweiz 1999, S. 46. – ROOTH 1961, S. 68, Nr. 10. – H. RÜTHING, *Die mittelalterliche Bibliothek des Zisterzienserklosters Wöltingerode*, in: *Zisterziensische Spiritualität. Theologische Grundlagen, funktionale Voraussetzungen und bildhafte Ausprägungen im Mittelalter*, bearb. von Clemens Kasper OCist. / Klaus Schreiner, St. Ottilien 1994, S. 189-216, hier S. 212. – C. P. C. SCHÖNEMANN, *Zur Geschichte und Beschreibung der Herzoglichen Bibliothek zu Wolfenbüttel (Fortsetzung)*, Serapeum 5 (1857) 84.

B: DAMME 1983, S. 144. – DAMME 1994, S. 78. – DAMME 2004c, S. 34. – FISCHER 1992, S. 21. – POWITZ 1963, S. 102f. – STEIDLER-FRIBERG 1970, S. 101.

C: Abbildung des gesamten Kodex: <http://diglib.hab.de/mss/457-helmst/start.htm>. – J. G. L. KOSEGARTEN, *Wörterbuch der Niederdeutschen Sprache älterer und neuerer Zeit.* Greifswald 1855–1860, S. VIIf. – SCHILLER / LÜBBEN, *Mittelniederdeutsches Wörterbuch*, 6 Bde., Bremen 1875–1881; Bd. 5, S. XIX.

2.2.15   w4

Wolfenbüttel, Herzog August Bibliothek – Cod. Helmst. 692

Papier * 265 Bll. (+ 1 Blatt) * 22 × 16 cm * 8 Teile

a) Provenienz

Einbandstempel aus der Werkstatt: „Johanneskloster" (EBDB: w000268) zu Uelzen. Die Zuordnung ist laut EBDB aber nicht gesichert.

b) Inhalt

Teil 1 (Bl. 1–35):
– Johannes de Garlandia, ›Cornutus‹ (Bl. 13ʳ–25ᵛ, 27ʳ–29ʳ) / Datierung (Bl. 25ᵛ): 1462

Teil 2 (Bl. 36–53)
– Liber de arte rhetorica glossatus

Teil 3 (Bl. 54–89)
– Vocabularius grecus, hebraicus

Teil 4 (Bl. 90–165)
- Donatus, ›Expositio artis grammatice‹ (Bl. 90–135)
- Verbalkomposita, Deponentien, Synonyma, Equivoca (Bl. 142–161)

Teil 5 (Bl.166)
- ›Voc. Theut.‹: w4
[einzelnes Blatt; an Außenkante abgeschnitten, oberer Teil eines Ochsenkopfes ist noch zu erkennen, anderes Wasserzeichen als im Papier von w5]

Teil 6 (Bl. 167–189)
- ›Voc. Theut.‹ w5 (vgl. 2.2.16) / Datierung (Bl. 189ra): 1461

Teil 7 (Bl. 190–238)
- zwei lateinisch-mittelniederdeutsche Sachglossare (Bl. 196^r–201^v / Bl. 218^r–237^r)

Teil 8 (Bl. 239–265)
- Kommentar zu Boethius, ›De disciplina scholarium‹

c) Textzeuge des ›Voc. Theut.‹ (w4: Bl. 166^r)
Red. D
Unvollständig: Vorhanden sind nur die Wortartikel bis A058.

166ra:
Adamas eyn edelsteyn
Acker ager
Ackerman rusticus agricula
Adel edder edelicheyt nobilitas ghenerosus (!)
...
166rb:
Al altomale omnis penitus omnino vel al degher algans totus vniuersus
Alabaster wit marmelen steyn alabastrum
Alheyt alke alheydis
Al piscis angwilla

[anschließend der Hinweis] *hic nichil deficit*

Nota wat me nicht en vindet in dem bokstauen c dat scal me soken in dem bokstauen k vnde wedder vmme wat me nycht envynt in dem bokstauen k dat scal me soken in dem bokstauen C
Vnde welke worde de men socht in dem bokstauen f vnde dar nicht en vindet de soke me in dem bokstauen v alse vresen fresen vnde der ghelik

d) Sprache

Das Fragment w4 überliefert keine aussagekräftigen Merkmale. Eine sprachliche Zuordnung kann nicht erfolgen.

A: BURSILL-HALL S. 281. – G. L. BURSILL-HALL, *A Checklist of Incipits of Medieval Latin Grammatical Treatises: A – G*, in: Traditio. Studies in Ancient and Medieval History, Thought and Religion. Vol. XXXIV, S. 439–474, hier S. 467. – R. DAMME, *Westmünsterländischer Wortschatz in einer Sachglossarhandschrift des 15. Jahrhunderts*, Niederdeutsches Wort 32 (1992) 45–75. – R. DAMME, [Rez.] *E. Bremer, Vocabularius optimus*, Jahrbuch des Vereins für niederdeutsche Sprachforschung 115 (1992), 184–187. – DAMME 1995a, S. 187–197. – Jeannine FOHLEN, *Notes sur quelques manuscrits de textes classiques latins conservés à la Bibliothèque Vaticane*, Revue d'histoire des textes, Bd. 1, Paris 1971, S. 183–225, hier S. 203. – M. FOLKERTS, *Mittelalterliche mathematische Handschriften in westlichen Sprachen in der Herzog August Bibliothek Wolfenbüttel. Ein vorläufiges Verzeichnis*, Veröffentlichungen des Forschungsinstituts des Deutschen Museums für die Geschichte der Naturwissenschaften und der Technik: Reihe A, Nr. 231, 1981, S. 31. – O. von HEINEMANN, *Die Handschriften der Herzoglichen Bibliothek zu Wolfenbüttel. Abt. 1. Helmstedter Handschriften*, Bd. 2, Frankfurt a.M. 1965, S. 144–146. – E. HENRICI, *Funde in Braunschweigs Bibliotheken und Archiven II*, Braunschweigisches Magazin 6 (1907) 66–70, hier S. 68.

B: DAMME 2004c, S. 34. – FISCHER 1992, S. 21. – POPPENBORG 2004. – STEIDLER-FRIBERG 1970, S. 106.

2.2.16 w5

Wolfenbüttel, Herzog August Bibliothek – Cod. Helmst. 692

Papier * 265 Bll. (+ 1 Blatt) * 22 × 16 cm * 8 Teile

a) Provenienz
(wie w4, vgl. 2.2.15)

b) Inhalt
(wie w4, vgl. 2.2.15)

c) Textzeuge des ›Voc. Theut.‹ (Bl. 167ra–189ra)
Red. W: Erste Korrekturhandschrift der Redaktion W und Haupthandschrift des Astes W-X
Unvollständig: Es fehlen die Wortartikel bis A050.

167ra:

Alabastrum vit marmelensteyn Alabastrum [von anderer Hand]
Al picis est angwilla
Alant herba est enula
Alder antiquitas vetustas senectus senium
Alderdikkest uel vakenst sepissime continue
...
189ra:
Wunschen optare
Wunsche optacio opcio
Wumpel pepulum sponsale
Wunderlik mirus mirabilis -le
quod eciam est nomen omnipotentis dei qui nobis post hanc vitam concedere dignatur
nobis (?) *vitam eternam amen*

Finitum ad completum est / Jste liber verius / Anno domini m° cccc° se/xagesimo primo
Et sic est finis / Deo sit laus ad / gloria trins (!)

d) Datierung
Explicit (Bl. 189ra): 1461

e) Sprache
w5 verfügt nur über zwei mehrfach bezeugte Merkmale. Dreimal wird im Stichwort in
der Wortschatzstrecke *Wor-* die die alphabetische Ordnung störende Variante *Wur* 'wo'
(W297, W307, W308) eingesetzt, die als alleinige oder zumindest dominante Variante
nach dem ASnA vor allem aus Hildesheim, Braunschweig, Goslar und Hannover
bezeugt ist. Das durchgängig auftretende Suffix *-schup* ist als alleinige oder dominante
Variante aus Hildesheim und Goslar bezeugt. Aufgrund dieser Kriterien wäre der
Schreiberwortschatz von w5 dem Raum Hildesheim – Goslar zuzuordnen. Die geringe
Anzahl der Merkmale lässt jedoch keine verlässliche Festlegung zu.

Literatur (wie w4) sowie außerdem
B: DAMME 1983, S. 144. – DAMME 1994, S. 78.

2.2.17   w6
Wolfenbüttel, Herzog August Bibliothek – Cod. 960.2 Novi

Papier * 254 Bll. * 20,3 × 13,7 cm * 4 Teile

a) Provenienz

Der Kodex wurd 1907 im Antiquariat Schaper zu Hannover erworben.

b) Inhalt

Teil 1 (Bl. 2–197):
- ›Voc. quad.‹ (einteilig)[48]

Teil 2 (Bl. 198–234)
- ›Voc. Theut.‹

Teil 3 (Bl. 235–247)
- Johannes de Garlandia, ›Cornutus‹

Teil 4 (Bl. 248–254)
- Alexander de Villa Dei, ›Registrum bibliae‹

c) Textzeuge des ›Voc. Theut.‹ (Bl. 198ra–234vb)
Red. D: Erste Korrekturhandschrift dieser Fassung
Unvollständig: Durch Blattverlust fehlen die Wortartikel ab W303.
Zusatzquelle: ›Voc. Ex quo‹

198ra:
Abbet Abbas pater monachorum
Abecethe Alphabetum abc Abcdarium
Abeteke apoteca
Abeteker apotecarius
...
234vb:
Woert verbum
Worghen Jugulare strangulare
Worrem vermis vermiculus
Worp Jactus Jctus

d) Datierung
Wasserzeichen: Braunschweig 1452 bzw. 1455 (Ochsenkopf: PICCARD Abt. VII, Nr. 403)

---

48 Der Wortschatz ist dem (nord)westlichen Westfalen zuzuordnen: *gebowe, naffel, prume, enket, schraue, scure.*

e) Sprache

Allein durch die sechsmal und damit ausnahmslos auftretende Variante *mensche* 'Mensch' erweist sich der Schreiberwortschatz von w6 als westfälisch. Ebenfalls für fast ganz Westfalen ist *war* 'wo' (A099) bezeugt, wobei in Ostwestfalen *wor* überwiegt. Ähnliches gilt für *sal* 'soll' (S053); der *s*-Anlaut ist um 1450 aus ganz Westfalen bezeugt, nur noch die ostwestfälischen Städte Höxter und Minden bevorzugen den *sch*-Anlaut. Weiter eingrenzen lässt sich die Heimat des Schreiberwortschatzes durch drei weitere Kriterien: Die Konjunktion 'oder' kommt in w6 zweimal als *of* (B274, B280) und einmal als *ofte* (E013) vor. Die Kombination von *of* und *ofte* mit leichtem Übergewicht von *of* bezeugt der ASnA nur aus den Städten Bocholt, Dortmund, Essen, Münster, während z. B. in Coesfeld und Osnabrück *ofte* eindeutig vorherrscht. Die Form *nyn* für das Indefinitpronomen 'kein' (N047) weist der ASnA in Westfalen nur aus den Städten Coesfeld, Münster und Osnabrück nach, zu anderen Zeiten auch aus Bocholt und Herford sowie aus Bremen und Oldenburg. Das Suffix *-schap* '-schaft' (z. B. B001) dominiert um 1450 nur in Duisburg sowie den münsterländischen Städten Bocholt, Coesfeld und Münster. Allein die Stadt Münster erfüllt alle Kriterien. Nicht gegen Münster spricht auch das eher östlich dominante Demonstrativpronomen *dussen* (D031) für 'diese (Nom. Pl.)', da *dusse* in der Mitte des 15. Jahrhunderts das zuvor in Münster vorherrschende *desse* verdrängt hat.

Ein außersprachliches Merkmal in w6 unterstützt diese Zuordnung. w6 überliefert nämlich einen Zusatzwortartikel, der eindeutig ins Münsterland bzw. in die direkte Umgebung von Münster weist: *Telghet ciuitas quedam* (T034.06). Der Ort Telgte liegt etwa 15 km östlich von Münster an der Ems.

Überhaupt nicht in diesen münsterländischen Zusammenhang passen einige Merkmale, die auf eine frühere sprachliche Schicht in w6 hindeuten. *drudde* 'dritte' (D179) ist bis auf Höxter nur außerhalb Westfalens bezeugt, und zwar vor allem im Norden (Lübeck, Kiel, Bremen, Oldenburg, Lüneburg), aber auch um 1500 in Hildesheim und Göttingen. Die Diphthongierung von wgerm. /ō/ in *Blafaut* (B231) und *Bifaut* (B218.01) ist mundartlich fast überall (etwa in Ostfalen oder Südwestfalen) verbreitet, nur nicht im Münsterland. Für das Suffix '-schaft' begegnet neben dominantem *-schap* auch zweimal *-schup*: *Scheperschup* (S110.04), *Werschup* (W161): Diese Variante ist allein oder dominant nur aus den ostfälischen Städten Hildesheim und Goslar bezeugt. Alle drei nicht ins Münsterland passenden Merkmale vereinigt Hildesheim auf sich.

A: H. BUTZMANN, *Die mittelalterlichen Handschriften der Gruppe Extravagantes, Novi et Novissimi*, Frankfurt a. M. 1972, S. 405f. – E. HENRICI, *Funde in Braunschweigs Bibliotheken und Archiven II*, Braunschweigisches Magazin 6 (1907) 66–70, hier S. 68, S. 69f.

B: DAMME 1995b, S. 45–62. – DAMME 1998, S. 146. – DAMME 2004c, S. 34. – DAMME 2005, S. 41–63.

2.3 Der Druck ms

Münster: Laurentius Bornemann 1509/10
einziges Exemplar: Münster, Universitäts- und Landesbibliothek – 1E 1817

Papier * 84 Bll. * 20,2 × 13,8 cm * 2 Teile

a) Inhalt

Teil 1 (Bl. 1–64)
– ›Voc. Theut.

Teil 2 (Bl. 65–84)
– ›Vocabula juvenibus multum necessaria‹

b) Textzeuge des ›Voc. Theut.‹
Ausgangsfassung
Unvollständig: Es fehlen die Wortartikel U424 bis W026.
Zusatzquelle: ›Gemmen‹

Titelseite: *Uocabularius inquo. Jn dessen vocabulario sted dat dudessche voer. vnde ys seer nut all den ghenen de dudessche kunnen lesen. vnde begheren vocabula tho weten in latino de moghen se hyr ynne vinden.*

Bl. 2ra / S. 3^a:
ABbet abbas. vnd is de ouerste in eyn closter
Abdisse. abbatissa
Abdie. abbacia
Abbecete. abecedarium
...
Bl. 64vb / S. 128^b:
wunder meerwunder. monstrum
wunderlick mirabilis mirus miraculosus prodigiosus monstruosus
wunsche. optio adoptio
wunschen. optare adoptare

Et sic est finis deo laus et glo/ria trinis vocabularij huius. / pro quo deus gloriosus sit be/nedictus in secula seculorum / AMEN

c) Datierung
PRINZ ermittelt aufgrund der Schrifttype die Jahre 1509/10.

d) Sprache

Der münsterische Druck ms liefert eine Vielzahl an Merkmalen, die sich für eine geografische Zuordnung des Schreiberwortschatzes[49] eignen. Gut ins Münsterland (oder nach Münster) passen nach dem ASnA die sprachlichen Merkmale *war* 'wo' (I070, W297), *vake* 'oft' (D075, U004), *iewelk* 'jeder' (A048), wiederholtes *selue* 'selbe', *dertich* 'dreißig' (D187), mehrfaches *-maker* '-macher' (z.B. P074) und mehrfaches *sal* '(er) soll'. In der münsterländischen Mundart (vgl. Wenker-Karte „[konsonantischer Anlaut] oben" [DiWA 487]) bezeugt ist außerdem der *b*-Anlaut in *bouen* 'oben' (S474, U173).

In den Raum Bocholt – Wesel, wo auch die meisten münster(länd)ischen Merkmale zutreffen, weisen die folgenden Varianten: *darde* 'dritte' (D179), *wilt* '(er) will' (L012, S315) und die mehrfach auftretende Senkung von /u/ vor gedecktem Nasal wie etwa in *hont* (B097). Für wgerm. /ē/ bzw. wgerm. /eo/ begegnet recht häufig <i> oder <ie>. Das gegenüber dem in Bocholt zu erwartenden <oe> etwa doppelt so häufig auftretende <u> für mnd. /ô¹/ passt besser nach Wesel. Dort herrscht auch <a> vor *ld* / *lt* vor, das in ms wiederholt vorkommt, z. B. *alde* in C010. Niederländisch mutet *wel* 'wohl' (E015, H257, W136) an.

Nicht nach Münster passt *disse* 'diese' (S570), das einmal neben sonst überwiegendem (und wohl aus der Vorlage übernommenem) *dusse* steht. In der zweiten Hälfte des 15. Jahrhunderts kommt diese Form vor allem in Essen, aber auch in Arnsberg, Dortmund und Duisburg vor, jeweils mit abnehmender Tendenz. In der modernen Mundart ist *disse* aber auch aus dem Westmünsterland bezeugt.[50]

Für die Konjunktion 'oder' überliefert ms drei Varianten: Am häufigsten kommt *of(f)* vor, gefolgt von zweimaligem *of(f)te* (B203, P139) und einmaligem *ader* (D049). *of* und *ofte* kommen Ende des 15. Jahrhunderts in Münster vor, wobei *of* wie in ms deutlich gegenüber *ofte* dominiert. Diese Dominanz fällt in Bocholt und Wesel sogar noch deutlicher aus als in Münster. Nicht ins bisherige Bild passt das einmalige *ader*, das aus dem Mitteldeutschen stammt, nach dem ASnA vor allem aus dem Südwestfälischen bezeugt wird und in der zweiten Jahrhunderthälfte in Arnsberg nach *ofte* die meist verwendete Variante darstellt. Dieser Befund legt eine abweichende Interpretation nahe: Die *of*-Belege unterscheiden sich von den beiden anderen Formen dadurch, dass sie aus Zusatztext stammen, den nur ms überliefert. *ofte* und *ader* hingegen ersetzen das in den drei genannten Wortartikeln ursprünglich verwendete *edder*. Man kann also vermuten, dass *of* und *ofte* unabhängig voneinander in den von ms überlieferten Text gelangt sind. Die Kombination von *ofte* und *ader* ist nach dem ASnA besonders in Arnsberg bezeugt; alle anderen Städte mit dieser Kombination haben nur wenige Belege. Da Arnsberg auch

---

49 Es wird hier nicht zwischen Drucker- und Schreiberwortschatz differenziert.

50 Vgl. E. Piirainen / W. Elling, *Wörterbuch der westmünsterländischen Mundart*, Vreden 1992, S. 249.

disse und <a> vor *ld* / *lt* hat, ist eine frühe südwestfälische Vorstufe nicht auszuschließen.

Die meisten sprachlichen Merkmale des münsterischen Drucks weisen in einen Bereich, der das westliche Münsterland mit Bocholt und das angrenzende niederrheinische Gebiet mit Wesel umfasst; daneben gibt es aber auch Indizien dafür, eine frühe südwestfälische Vorstufe anzunehmen.

A: DAMME 1995a. – J. PRINZ, *Der Verleger und Buchdrucker Laurentius Bornemann in Münster, 1498 (?) bis 1511*, in: DERS. (Hrsg.), *Ex officina literaria. Beiträge zur Geschichte des westfälischen Buchwesens*, Münster 1968, S. 9–34, bes. S. 24–26.

B: DAMME 1983, S. 144. – DAMME 2004c, S. 34. – DAMME 2007/08, S. 191–205. – DAMME 2008. – FISCHER 1992, S. 20. – POWITZ 1963, S. 103. – DE SMET 1981, S 73f.

2.4　　　　Auswertung

Die 18 Textzeugen sind über einen Zeitraum von fast genau 110 Jahren entstanden. Der älteste Textzeuge, die Berliner Handschrift b1, datiert aus dem Jahre 1400, der jüngste Textzeuge, der münsterische Druck ms, aus den Jahren 1509/1510. Teilt man diesen Zeitraum in Dekaden, ergibt sich folgendes Bild:

1400–1410	b1 (1400), k2 (vor 1405)
1411–1420	–
1421–1430	d1 (um 1422), m1 (1425), ka1 (um 1429)
1431–1440	w2 (um 1432), s1 (um 1433)
1441–1450	w3 (1445), p1 (1448), k1 (1448)
1451–1460	w6 (um 1453), b2 (1458)
1461–1470	w5 (1461), w4 (1461 oder wenig später), ka2 (1462)
1471–1480	w1 (um 1476), c1 (1479)
1481–1490	–
1491–1500	–
1501–1510	ms (1509/10)

Die große Mehrheit, immerhin 15 von 18 Textzeugen, konzentriert sich auf die Jahre zwischen 1420 und 1480.

Im Gegensatz zu anderen zeitgenössischen, im ostfälischen Sprachraum entstandenen Wörterbüchern wie dem ›Voc. Ex quo‹ oder dem ›Liber ordinis rerum‹ ist die Überlieferung des ›Voc. Theut.‹ fast gänzlich auf den mittelniederdeutschen Sprachraum beschränkt. Lediglich zwei Textzeugen haben hochdeutschen Lautstand. Einer genaueren sprachlichen Zuordnung entzieht sich nur das Fragment w4. – Die Schreiberwortschätze der 15 verwertbaren Textzeugen mit nicht verschobenem Lautstand decken sprachlich das Gebiet zwischen dem Rhein im Westen und dem Harz im Osten ab.

Westliches Ostfälisch
b2 Raum Göttingen / südliches Niedersachsen
w1 Raum Braunschweig mit deutlichen südwestfälischen Sprachspuren
ka1 Raum Hildesheim
w3 südliches Südniedersachsen
w5 Raum Hildesheim – Goslar
c1 Raum Hannover – Celle – Uelzen
Sprachschicht in w6
Ostwestfälisch
k2 Raum Höxter
k1 Raum Herford – Lemgo – Hameln
p1 Raum Paderborn mit südwestfälischen Sprachspuren
b1 Raum Höxter
Nordwestfälisch (nördliches Ostwestfälisch und Münsterländisch)
w2 mit deutlichen südwestfälischen Sprachspuren
Münsterländisch
m1
ms Raum Bocholt – Wesel mit südwestfälischen Sprachspuren
w6 Münsterland mit Sprachspuren aus dem Raum Hildesheim
Südwestfälisch (Raum Soest – Arnsberg)
Sprachspuren in w2, w1, ms, d1, p1
Südniederfränkisch
d1 Raum Düsseldorf mit deutlichen südwestfälischen Sprachspuren

Nur auf eine Sprachlandschaft beschränken sich die Textzeugen der Redaktionen P (westfälisch) und W (ostfälisch). Die Ausgangsfassung hat ihren sprachlichen Schwerpunkt im Westfälischen, die einzige eindeutige Ausnahme bildet b2. w1 vereinigt Merkmale beider Sprachlandschaften in sich. Die Redaktion D hat ihren Schwerpunkt in Ostfalen, wenn man einräumt, dass der stark münsterländisch geprägte Textzeuge w6 auch Merkmale der Schreibsprache von Hildesheim aufweist.

Zwölf der 17 handschriftlichen Textzeugen scheinen ursprünglich in Form kleiner Vokabelhefte existiert zu haben, denn innerhalb der Kodizes erweisen sie sich als eigenständige Teile, die nachträglich mit den anderen Texten zusammengebunden worden sind. Dies gilt auch für w2, dessen ursprünglich leere Blätter erst sekundär mit Predigten beschrieben worden sind. Nur b1 (mit dem ›Liber ordinis rerum‹) sowie k1, ka2, p1 und w3 (mit dem ›Voc. quad.‹) bilden schon bei der Niederschrift eine Einheit mit anderen Texten.
Die 18 Textzeugen des ›Voc. Theut.‹ verteilen sich auf 16 Kodizes, da k1 und k2 sowie w4 und w5 jeweils in einem gemeinsamen Kodex überliefert sind. Bis auf eine Ausnahme (w2) enthalten diese Kodizes mindestens ein weiteres fremdsprachig-

deutsches Wörterbuch. Als „Sitz im Leben" ergibt sich für den ›Voc. Theut.‹ somit der Fremdsprachen-, speziell der Lateinunterricht.

Ein alphabetisch sortiertes lateinisch-deutsches Wörterbuch enthalten zwölf der 16 Kodizes: In fünf Fällen (k1/k2, ka2, p1, s1, w3) handelt es sich um den vierteiligen ›Voc. quad.‹ des Dietrich Engelhus, in zwei Fällen (w1, w6) um die einteilige Version, in drei Fällen um einen Textzeugen des ›Voc. Ex quo‹ (b2, c1, m1), in zwei Fällen um ein Wortartenglossar vom Typ ›Brevilogus‹ (ka1, w1) und in einem Fall um ein Exemplar des Frenswegener Vokabulars (d1). In fast der Hälfte der Fälle hat sich also ein Textzeuge des ›Voc. Theut.‹ mit einem Exemplar des ›Voc. quad.‹ verbunden. Dabei fällt auf, dass die vier westlichen Textzeugen w2, ms, d1, m1 keinen Kontakt zur Engelhus-Lexikografie haben. Im Westen verbindet sich der ›Voc. Theut.‹ mit anderen Vokabularen: mit dem ›Voc. Ex quo‹ (m1) oder dem Frenswegener Vokabular (d1).

Berücksichtigt man auch die Kontaminationen mit anderen Wörterbüchern, bestätigt sich dieser Eindruck: Der münsterische Druck enthält Text aus den ›Gemmen‹, einer niederländischen Weiterentwicklung der Inkunabelredaktion des ›Voc. Ex quo‹; w6 ist primär mit Material aus einem Exemplar des ›Voc. Ex quo‹ aufgefüllt und erst sekundär mit einem Exemplar des einteiligen ›Voc. quad.‹ zusammengebunden worden; schließlich ist Text eines d1 sehr nahestehenden Exemplars des ›Voc. Theut.‹ in einen münsterländischen Textzeugen des ›Voc. Ex quo‹ eingeflossen.

2.5   Siglensynopse

Die Textzeugen sind in der Vergangenheit oft nicht nach den Bibliothekssiglen, sondern nach einem anderen System benannt worden. FISCHER 1992 übernimmt die Siglen des Projekts „Mittelniederdeutsch-lateinisches Glossariencorpus". DAMME 1998, POPPEN-BORG 2004 und DAMME 2004c gehen auf das von DAMME 1983 eingeführte Siglensystem zurück, das sich durch neue Funde (w2, w4, w6), durch Bibliothekswechsel (ka1 und als Folge davon d1 und ka2) oder durch Indizierung aller handschriftlichen Textzeugen (c1, d1, m1, p1, s1) verändert hat.

Edition	STEIDLER-FRIBERG 1970	FISCHER 1992	DAMME 1983	DAMME 1998	POPPEN-BORG 2004	DAMME 2004c
b1		B 2.1	b_1			b1
b2		B 15.1	b_2			b2
c1	C9	C 1.2	c			c
d1	F8	D 1.2	df			d
k1		Ka 1.2	k_1			k1
k2		Ka 1.3	k_2			k2
ka1	38	Dn 1.4	d			ka1
ka2			ka			ka2
m1	22^b	Mz 1.2	m			m
ms			ms			ms
p1	Sa5	P 1.4	p			p
s1			s			s
w1		W 3.2	w_1			w1
w2		W 10.2		w_4		w2
w3		W 12.2	w_2			w3
w4					w_{3a}	w4
w5	W8	W 15.1	w_3		w_3	w5
w6		W 28.2		w_5		w6

3. Überlieferungsgeschichte

3.1 Vorbemerkungen

Eine Edition mit einer überlieferungsgeschichtlichen Ausrichtung bildet die Geschichte des Textes ab[51] und setzt daher die Einordnung aller Textzeugen in den Überlieferungszusammenhang voraus. Diese Voraussetzung lässt sich aber für den ›Voc. Theut.‹ nicht so einfach erfüllen. Das erste Problem für eine detaillierte Überlieferungsgliederung des ›Voc. Theut.‹ bildet die äußerst schmale und lückenhafte Überlieferung. Unter den 18 erhaltenen Exemplaren befinden sich zwei äußerst kurze Fragmente (k1 und w4). Andere Textzeugen weisen mehr oder weniger große, durch Blatt- oder Lagenverlust verursachte Textlücken auf, was u. a. dazu führt, dass ab dem Wortartikel S566 die Leithandschrift wechseln muss. Einzelne Exemplare bieten einen stark gekürzten oder auch stark erweiterten Text und überliefern den ›Voc. Theut.‹ so in einer sehr individuellen Ausprägung. Für starke Varianz sorgt auch die Volkssprache, die den Text des ›Voc. Theut.‹ dominiert. Im Gegensatz zu den lateinischen Äquivalenten ist gerade dieser Bestandteil des Wörterbuchs starken individuellen Einflüssen ausgesetzt. Als wenig konstant erweisen sich besonders die ausführlicheren volkssprachigen Definitionen. Das zweite Problem besteht in der Textsorte des ›Voc. Theut.‹: Als Wörterbuch stellt er einen Gebrauchstext par excellence dar, der durch Streichungen, Ersetzungen und Ergänzungen immer wieder verändert worden ist. Die Materialgrundlage für diese Veränderungen bildeten nicht nur andere Wörterbücher, sondern auch andere Exemplare des ›Voc. Theut.‹. Sie konnten derselben oder auch einer anderen Redaktion entstammen. Die Wahrscheinlichkeit einer Kontamination nimmt mit dem zeitlichem Abstand zur Kompilation durch Johannes Egberti zu und betrifft daher vor allem die späteren Textzeugen. Unglücklicherweise besteht die Überlieferung des ›Voc. Theut.‹ vorwiegend aus späten Textzeugen. Sehr unterschiedlich fallen die Arten der Kontamination aus: Zuweilen wurde abwechselnd aus verschiedenen Vorlagen kopiert (m1), zuweilen wurde ein vorhandenes Exemplar durchgängig auf der Grundlage eines anderen ergänzt oder bearbeitet (ms). Bis auf k2 weisen fast alle Textzeugen des ›Voc. Theut.‹ Kontaminationsspuren auf und bieten somit nicht immer fassungskonformen Text. Dieser Umstand hat Konsequenzen für die Überlieferungsgliederung.

Trotz der genannten Schwierigkeiten lassen sich fünf Redaktionen gut herausarbeiten: eine Ausgangsfassung und vier Folgefassungen. Die Ausgangsfassung zeichnet sich besonders dadurch aus, dass die Merkmale der anderen Redaktionen in ihr nicht

---

51 Gerade die individuellen Ausprägungen einzelner Textzeugen machen sie zu wertvollen Quellen etwa im Bereich der historischen Wortforschung. Nur mit der genauen Kenntnis der überlieferungsgeschichtlichen Stellung eines Textzeugen lässt sich das in ihm überlieferte Wortmaterial richtig deuten.

vorkommen. Die Folgefassungen lassen sich vor allem an Zusatzwortartikel, zusätzlichem Wortgut im Interpretament oder bestimmten Veränderungen erkennen. Auf eine qualitative Differenzierung der Fassungen (wie bei der Edition des ›Voc. Ex quo‹) in Redaktionen, Textstufen und freie Bearbeitungen wird verzichtet. Textstufen sind als Untergruppen einer Redaktion zu verstehen, die sich durch eine besondere Bearbeitungstendenz von den übrigen Textzeugen dieser Redaktion abheben, z. B. durch die Einarbeitung einer umfangreichen zusätzlichen Quelle. Da den ermittelten Redaktionen des ›Voc. Theut.‹ ohnehin nur jeweils wenige Textzeugen angehören, unterbleibt diese Differenzierung. Auch auf die Kategorie „Freie Bearbeitung", womit eine Fassung gemeint ist, die nur unikal oder in wenigen Textzeugen überliefert ist und daher keine Aufnahme in der Edition findet, wird verzichtet, da die Edition des ›Voc. Theut.‹ alle Textzeugen berücksichtigt.

Der Erstellung eines Stemmas stehen unter der Voraussetzung einer linearen Textentwicklung keine wesentlichen Probleme entgegen; anders verhält es sich beim Auftreten von Kontaminationen, vor allem, wenn sie so häufig wie beim ›Voc. Theut.‹ erfolgt sind. Verschärft wird dieses Problem durch die äußerst lückenhafte Überlieferung. Beide Faktoren verhindern genaue Angaben zur Filiation. Dies führt dazu, dass viele Fragen unbeantwortet bleiben müssen. Für die Binnengliederung der einzelnen Redaktionen konnte trotz der genannten Schwierigkeiten ein Stemma erstellt werden. Es dient der editorischen Darstellung und darf nicht als Abbild der tatsächlichen Verhältnisse missverstanden werden.

Problematisch bleibt unter den genannten Voraussetzungen die Ermittlung von Anknüpfungspunkten der einzelnen Redaktionen in der Ausgangsfassung und – damit zusammenhängend – von gemeinsamen Vorstufen der Folgeredaktionen.

Anknüpfungspunkte lassen sich nur dann ermitteln, wenn die Überlieferung eine Varianz aufweist, die mehrere Textzeugengruppen definiert, und eine Folgeredaktion die typischen Varianten einer dieser Textzeugengruppen ebenfalls überliefert. Genau diese Voraussetzung ist beim ›Voc. Theut.‹ nicht erfüllt: Weder lassen sich in der Ausgangsfassung Textzeugengruppen deutlich voneinander trennen, noch weisen die Folgeredaktionen typische Lesarten der einen oder anderen Gruppe in signifikanter Größenordnung auf.

Bei einer so stark lückenhaften Überlieferung ist es nicht ausgeschlossen, dass wesentliche Textstufen nicht tradiert sind. Etliche Gemeinsamkeiten zwischen den einzelnen Folgeredaktionen werfen Fragen auf, die sich auf der Grundlage der vorhandenen Textzeugen nicht beantworten lassen. Erschwerend kommt hinzu, dass der Text fast aller Folgeredaktionen, vor allem aber der von D und b1, sich nicht dazu eignet, Hypothesen über Vorstufen aufzustellen. Die Annahme einer nicht überlieferten Vorstufe birgt somit grundsätzliche Probleme in sich und sollte daher nur die ultima ratio sein. Sehr viel größere Wahrscheinlichkeit können Beeinflussungen und Vermischungen für sich beanspruchen. Für die Überlieferungsgeschichte des ›Voc. Theut.‹ stellt sich heraus, dass die Annahme von Kontaminationen völlig ausreicht, um die durchaus vorhandenen auffälligen Gemeinsamkeiten zu erklären.

Für die Argumentation wird Zusatztext nicht oder, wenn es an geeigneteren Kriterien mangelt, in eingeschränktem Maße berücksichtigt, da dieser (egal, ob als Zusatzwortartikel oder als zusätzliches Wort im Interpretament) seinen Grund auch in einer unabhängig voneinander genutzten, aber identischen Quelle haben kann. Zurückgegriffen wird auf andere gemeinsame Merkmale: auffällige Schreibungen und Fehler, Veränderungen im Interpretament sowie Wortartikelverschiebungen.

Die Fokussierung auf die relevanten Veränderungen hat zur Folge, dass die im Folgenden angeführten Zitate aus der Edition in der Regel nicht den gesamten Editionsartikel wiedergeben, sondern nur die betroffenen Textpassagen abbilden und zuweilen sogar die negative in eine lemmatisierte Darstellungsart wechselt.[52]

3.2 Gesamtfiliation

Die im Rahmen der Edition durchgeführte überlieferungsgeschichtliche Untersuchung bestätigt im Großen und Ganzen die Ergebnisse meines Aufsatzes von 1983, obwohl seit dieser Zeit drei weitere Textzeugen bekannt geworden sind: w2 in der Ausgangsfassung sowie w6 und w4 in der Folgeredaktion D. Es lassen sich – wie oben bereits angedeutet – fünf Fassungen deutlich voneinander unterscheiden: die Ausgangsfassung K sowie die Folgeredaktionen P, D, b1 und W. Die Redaktionssiglen habe ich gegenüber meinem Beitrag von 1983 nicht geändert. Der Grundsatz, die Fassung nach der jeweils ältesten Handschrift zu benennen, hätte die Umbenennung zweier Redaktionen erfordert.[53] Darauf wird aber im Interesse der Kontinuität und um Verwechslungen zu vermeiden verzichtet.

3.2.1 Priorität von K und b1

Eine wesentliche Frage bezog sich auf die Priorität der Fassungen K und b1. Inzwischen steht zweifelsfrei fest, dass b1 auf die Fassung K zurückgeht und nicht direkt aus dem ›Liber ordinis rerum‹ hervorgegangen ist.[54] Alle Folgeredaktionen lassen sich problemlos als Fortentwicklung der Redaktion K erklären, während dies für eine Ausgangsfassung b1 nicht zutrifft. b1 weist etliche individuelle Züge auf, die auf jeden Fall ein Zwischenglied wie die Redaktion K notwendig machten, von der dann alle übrigen Fassungen abhingen. Zu den individuellen Zügen gehören die Umalphabetisierungen

---

52 Vgl. hierzu Abschnitt 4.2.2.2.1.

53 Die Redaktion P hätte nach der Düsseldorfer Handschrift d1 benannt werden müssen, also D. Die alte Redaktion D hätte nach der Karlsruher Handschrift ka1 (ehemals d) benannt werden müssen. Da die Ausgangsfassung nach der Kasseler Handschrift k2 die Sigle „K" hat, hätte die Folgeredaktion die Sigle „Ka" erhalten.

54 Vgl. DAMME 2004b.

von *Ah-* nach *Ach-* und von *Cn-* nach *Kn-* sowie die von der übrigen Überlieferung oft abweichenden lateinischen Äquivalente. Außerdem überliefert b1 zahlreiche Relikte aus der Ausgangsfassung K, die sich in b1 als Fremdkörper erweisen, aber gut in den Zusammenhang der Ausgangsfassung K passen:

a) der Verweis auf den Buchstaben *C* am Ende der Buchstabenstrecke *K-*:

[Ende K] **Nota**: Dat men nicht en vindet in dusseme bokstaue »K«, dat salman soken in demme bokstaue »C«
Omnia alia vocabula hic non posita querantur in capitulo de c *b1*

b) eine Paraphrase durch Angabe eines Hyperonyms:

M177 **Mone** en grot water, dat vlut vor mentse yn den ryn; mogonus
dInt.] est aqua *b1* *W*

c) auf einen Bestandteil gekürzte Syntagmata, der allein keinen Sinn ergibt:

H064 **Haue** gut, neringhe; possessio, res bona; r. Erue
– possessio, res *b1*

d) aus dem Rechtsglossar und nicht aus dem ›Liber ordinis rerum‹ stammende Wortartikel:

O044 **Oruede** is en gelouede myt eden edder myt borgen, dat me ener schult nicht wreken en wille; iuramentum de non vindicando
– iuramentum non vindicandi *b1*

Zudem sind die zahlreichen Aufgliederungen, auf die ich im Abschnitt zu b1 genauer eingehe (3.5.2.1.3.2), nur denkbar, wenn man eine ausführlichere Fassung zugrunde legt. b1 kann unmöglich allein aus dem ›Liber ordinis rerum‹ hervorgegangen sein. Hingegen lässt sich b1 als Verkürzung der Ausgangsfassung K bestens erklären.

Damit ist nicht gesagt, dass die Urfassung des ›Voc. Theut.‹ nicht aus einer einfachen Wortliste bestanden haben kann. Vielmehr erscheint es durchaus denkbar, dass die Umsortierung des nach Sachgruppen angeordneten ›Liber ordinis rerum‹ in ein alphabetisch sortiertes Wörterbuch mit volkssprachiger Stichwortliste zunächst als Kurzfassung des überlieferten ›Voc. Theut.‹ existiert hat, also zunächst ohne Definitionen, die erst durch die alphabetische Anordnung notwendig wurden. Bei dieser möglichen Kurzfassung handelt es sich jedoch eindeutig nicht um die Fassung b1.

3.2.2   D

In meinem Aufsatz von 1983 habe ich Probleme bei der überlieferungsgeschichtlichen Einordnung der Redaktion D thematisiert. Die Redaktion, für deren Textkonstituierung damals neben ka1 nur das große ›Basler Vokabular‹ zur Verfügung stand, weist auffällige Gemeinsamkeiten sowohl mit der Subredaktion P' (damals M)[55] als auch mit der Redaktion W auf. Die Datenbasis hat sich trotz der zwei neu gefundenen Textzeugen w6 und w4 nicht wesentlich verändert, da es sich bei w6 um ein sehr individuell ausgeprägtes Exemplar und bei w4 um ein äußerst kurzes Fragment handelt.

Äußerst auffällige Gemeinsamkeiten zwischen P' und D bieten die folgenden Wortartikel:

R043 **Ret** eqvitatus, equitatura
Ret] Recht · eqvitatus] equitas *P' *D*

H060 **Hastich** stormich; vehemens, inpetuosus
stormich] °tornich*p1* *P D*
K stormich] storm *w1*; tornich *ms*
P Hastich] + snel *p1*
D + iracundus *w6*

Durch Verschreibung ist aus dem ursprünglichen *stormich* die Lesart *tornich* entstanden, die in w6 sogar noch durch ein entsprechendes lateinisches Äquivalent gestützt wird. p1 hat weder die eine noch die andere Variante, sondern überliefert mit *snel* eine Lesart, die zwar eher zu *stormich* passt, sich aber letztlich einer sicheren Zuordnung entzieht. – Die auffälligen Gemeinsamkeiten dieser Art fallen zahlenmäßig verschwindend gering aus und lassen daher allenfalls eine Kontamination als Erklärung zu.

Sehr viel mehr Bedeutung habe ich den Gemeinsamkeiten mit der Redaktion W zugemessen. Die Übereinstimmungen betreffen sowohl die geänderte Reihenfolge der Wortartikel in der Wortschatzstrecke *Ad-* bis *Am-* als auch Zusatzwortartikel und zusätzliche lateinische Äquivalente in etlichen Wortartikeln. Diese Gemeinsamkeiten habe ich damals mit einer Vorstufe D/W zu erklären versucht. Es stellt sich jedoch heraus, dass die Gemeinsamkeiten in den damals gewählten und der Analyse zugrunde liegenden Buchstabenabschnitten *A-* und *R-* überproportional zahlreich auftreten und ich sie daher in ihrer Bedeutung überbewertet habe.

Das Hauptargument für eine gemeinsame Vorstufe lieferte die (in der Edition nicht mehr zu erkennende) übereinstimmende vierfache Umsortierung im Bereich *Ab – Am*:
Adek- (A012) und *Adel-* (A013) nicht vor, sondern hinter *Ader-*
Alder (A052, A053) nicht vor, sondern hinter *Ala-* bzw. *Alb-*
Alto- (A068) nicht vor *Als-*, sondern vor *Alu-*
Ambegynnen (A081) nicht vor, sondern hinter *Ambegyn*

Die alphabetische Reihenfolge wird nun erheblich konsequenter als die Ausgangsfassung eingehalten. Selbst die hinteren Buchstaben gewinnen hier Relevanz für die Sortierung.

---

55 DAMME 1983, S. 175, Anm. 75.

Beträfe die Umsortierung nur eine Stelle, ließe sich das durch Zufall erklären. Bei vier Stellen in einem kleinen Wortschatzabschnitt entfällt diese Deutungsmöglichkeit. Zweifellos hat die eine Fassung die andere beeinflusst. Hier stellt sich die Frage, welche Fassung Spender und welche Empfänger ist. Für eine Beantwortung scheidet das frühere Überlieferungsdatum aus, da die ältesten Textzeugen beider Fassungen ungefähr aus derselben Zeit stammen (D: Ende der 1420-er Jahre, W: 1433). Für die Priorität von W lassen sich aber einige gewichtige Argumente inhaltlicher Art anführen:

1. Die meisten gemeinsamen Zusatzwortartikel (z. B. A011.01 *Aderlater*) und zusätzlichen lateinischen Äquivalente (z. B. R156 Rokelos: *diuaricosus*) lassen sich aus dem ›Voc. quad.‹ erklären, den der W-Redaktor neben dem ›Voc. Theut.‹ für seine Bearbeitung ausgewertet und aus dem er zahlreiche Ergänzungen in seinen Text eingefügt hat. Dass die aus dem ›Voc. quad.‹ stammenden Zusätze über den Text der Redaktion D in die W-Bearbeitung gelangt sind, erscheint eher unwahrscheinlich.
2. Die genannten Verschiebungen in der Stichwortliste passen viel besser zu W als zu D; vgl. hierzu Abschnitt 3.6.2.1.2.
3. In einem Fall ergänzen ka1 (zusammen mit dem ›Basler Vokabular‹) und die Redaktion W gegenüber der Ausgangsfassung einen Verweis im Wortartikel A062:

A062   **Allerleye** multifarium, varium, diuersum
– r. Mengherleye *W*
D Wa.] fehlt w6; – omnigenium r. Mannigherleye de m *ka1*
W Verweis] multi varium *w5 ·* r.] *fehlt c1 ·* mengherleye *c1]* meyngeleyg *w3;* + multis modis *ka2*

Zusätzliche Verweise kommen in D (bzw. ka1) nicht vor, während W gerade in den frühen Buchstabenabschnitten zahlreiche neue Verweise einfügt.

Aus den genannten Gründen ist also davon auszugehen, dass die Beeinflussung von W ausgeht. Der D-Redaktor scheint sich an der an den ›Voc. quad.‹ angepassten Fassung orientiert zu haben. Betrachtet man die Endprodukte der Vermischung, nämlich die Texte der Redaktionen D und W, so muss man feststellen, dass die Redaktion D einen Kompromiss zwischen der Ausgangsfassung und der Redaktion W darstellt. Die Wortartikel sind gegenüber der Ausgangsfassung deutlich geschrumpft, aber es sind vereinzelt auch noch ausführlichere paraphrasierende Definitionen vorhanden. Die Stichwortliste ist ebenfalls verkürzt, aber zugleich durch Zusätze erweitert worden. Hingegen eignet sich der Text der Redaktion W schlecht als Kompromisslösung zwischen Ausgangsfassung und Redaktion D.[56]

Die Annahme einer gemeinsamen Vorstufe lässt sich nicht mehr aufrecht erhalten. Dazu fällt die Zahl der gemeinsamen Abweichungen von der Ausgangsfassung zu gering aus. Eher ist – wie bei D und P' – mit einer Kontamination zu rechnen. Die Einfluss-

---

56 Einen Kompromiss zwischen der Ausgangsfassung und der Folgeredaktion W stellen übrigens auch die Textzeugen k1 und p1 dar. In allen drei Fällen kommt eine individuelle Ausprägung dieser Konstellation zustande.

nahme besteht vor allem in der Anregung, die Ausgangsfassung auf eine bestimmte Weise zu kürzen; ansonsten beschränkt sie sich auf wenige Zusätze an Wortartikeln und lateinischen Äquivalenten. – Letztlich ist nicht auszuschließen, dass sich die Textzeugen beider Redaktionen häufiger durchmischt haben. Beide Fassungen haben ihren Überlieferungsschwerpunkt in Ostfalen. So könnten – wie im Falle von w5 – sekundär einzelne Merkmale der einen Redaktion in einen Textzeugen der anderen gelangt sein.

Auch eine Verbindung zwischen D und b1 ist nicht ausgeschlossen. Bindefehler finden sich zwar nicht; doch stimmen beide Fassungen in etlichen zusätzlichen lateinischen Äquivalenten überein, die die übrige Überlieferung nicht kennt. Der mit dem Einband einer Hildesheimer Buchbinderei versehene Textzeuge b1 oder ein diesem nahe stehendes Exemplar könnte also der Redaktion D, deren Textzeugen alle eine Verbindung zum Raum Hildesheim haben, oder zumindest der Handschrift ka1 als Vorlage für einige Nachträge gedient haben.

Zusatzwortartikel:

G086.01 **Ghiricheit** auaricia, cupiditas *b1 D*

M093.01 **Merk** ⁺crut^D; apium *b1 D*

R058.01 **Reghen** pluuia, °imber^D *b1 D*

R154.01 **Rochol** fumigale *b1 D*

S019.01 **Saghenbom** sauinus *b1 D*

C173.01 **Crabbe** ⁺piscis^W polypus *b1 W D*

Das zusätzliche lateinische Äquivalent steht vor dem üblichen Interpretament direkt im Anschluss an das Stichwort:

R116 **Rynd** armentum; r. Ve
Rynd] + bos · *Verweis fehlt D b1*

S498 **Sprinkelechtich** punctuosus
Sprinkelechtich] + lentiginosus *b1*
D Sprinkelechtich] + lentiginosus *ka1*

Die Priorität von b1 gegenüber D bzw. ka1 ist z. B. daran zu erkennen, dass das mit dem Interpretament von b1 identische zusätzliche lateinische Äquivalent in ka1 bzw. D oft hinter den üblichen Äquivalenten am Ende des Wortartikels steht:

L009 **Ladeke** en krut; lapacium
– lactuka *b1*
D + lactuca *ka1*

M115   **Mettene** matutina
       + matutinum   *D*
       matutina] mattutinum   *b1*

R149   **Roff** dar men vnder badet
       – transtrum   *b1*
       D   Wa. fehlt   w6 · + dolitegha transtrum   *ka1*

Für alle Konstellationen, an denen die Redaktion D beteiligt ist, ergibt sich ein grundsätzliches Problem. Der Redaktionstext dieser Fassung lässt sich nicht in allen Fällen sicher konstituieren; denn es gibt mit ka1 nur einen Textzeugen, bei dem ein weitgehend fassungskonformer Text anzunehmen ist. Allein aus diesem Grund sind weitergehende Aussagen über die überlieferungsgeschichtliche Einordnung dieser Fassung zurzeit reine Spekulation.

3.2.3   b1 und W

Nicht in den Blick geraten ist in meinem Aufsatz von 1983 die Verbindung zwischen b1 und W, da Gemeinsamkeiten zwischen diesen beiden Fassungen in den damals der Untersuchung zugrunde gelegten Buchstabenabschnitten *A*- und *R*- fehlen.

Das Erkennen der Zusammenhänge zwischen beiden Fassungen wird zusätzlich dadurch erschwert, dass W nicht nur Material aus b1, sondern auch aus dem ›Voc. quad.‹ übernimmt. Daher muss offen bleiben, woher die Zusätze oder Modifikationen stammen, in denen b1 und W mit ›Voc. quad.‹ gegen die Ausgangsfassung des ›Voc. Theut.‹ übereinstimmen. Dieses Problem betrifft u. a. folgende Zusatzwortartikel:

C154.01   **Corhod** almucium   *b1*

K062.26   **Korhoyt** almucium   *W*
sowie

D197.01   **Droste** dapifer   *b1 W p1*

D248.01   **Dwer** °ventus est*^{b1}*, turbo   *b1 W*

G005.01   **Ghaleide** ⌐galeda   *b1* / galea, nauis   *W*

M065.01   **Mele** tinea   *b1 W*

M161.01   **Mode** limus   *b1 W*

S520.02   ⌐**Starblint** ...   *b1* / **Staer** uel blint; obtalmia   *W* / **Starblint** weme de huit vor dem ogen sittet; semicecus   *d1*

Ein entsprechendes Problem ergibt sich bei einigen gemeinsamen Modifikationen gegenüber der Ausgangsfassung. Wenn wie in den folgenden Beispielen b1 und ›Voc. quad.‹ identischen Text überliefern und W mit diesem Text gegen die Ausgangsfassung geht, besteht Unklarheit darüber, ob die Veränderung auf Text aus b1 oder auf Text aus dem ›Voc. quad.‹ zurückgeht:

B232 **Blek** also eyn dunne yseren; lamen
– lamina *bl*
– ferrum est, lamen, lamina. Item: *W*

R205 **Rvpe** ervgo
– eruca *bl W*

H272 **Hulde** gnade; gracia
– omagium *bl*
– °uel gnade*ˣ*; gracia. Item omagium. Inde -are, id est omagium prestare *W*

Andere Gemeinsamkeiten gehen zweifelsfrei auf bl zurück, da sie nicht im › Voc. quad.‹ angelegt sind:

a) Umsortierung einer bestimmten Wortschatzstrecke

K062.03 **Kne***(C104)* genu *bl W*

K062.04 **Kneden***(C105)* comprimere *bl W*

K062.10 **Knop***(C111)* nodus *bl W*

K062.13 **Knutte***(C112)* adula *bl W*

K062.14 **Knutten***(C113)* ⁺uel stricken*ᵂ*; nectere *bl W*

Der Umstand, dass nur *cn-*, nicht aber *ca-*, *co-* (W nur teilweise, *co-* ab *com-*), *cr-* und *cu-*, umsortiert worden sind, macht den Zusammenhang zwischen beiden Fassungen sehr wahrscheinlich.

b) Fehlendes lateinisches Interpretament in einem Zusatzwortartikel

K062.01 **Knaken** ... *bl W*
   W Wa. fehlt sl ka2 · Knaken] Knoken *w5 cl*; + crineum *w5*; + rumoren *cl*

Der Wortartikel steht in allen vier beteiligten Textzeugen (bl, w3, w5 und cl) zwischen K062 (*Kiwe*) und K062.03 (*Kne*): bei w3 nach K062.02 (*Knape*), bei w5, cl vor K062.02 (*Knape*); bl überliefert den Wortartikel K062.02 (*Knape*) nicht. Er befindet sich somit am Anfang der Wortschatzstrecke, die in bl und W von *Cn-* nach *Kn-* umsortiert worden ist. Dafür, dass das lateinische Interpretament nicht nur in w3, sondern in der gesamten Fassung – völlig untypisch für die Redaktion W – auch ursprünglich gefehlt hat, sprechen die unterschiedlichen lateinischen Interpretamente bei w5 und cl. Hier ist unabhängig voneinander der Versuch unternommen worden, den nur aus einem Stichwort bestehenden Wortartikel zu vervollständigen. Im Gegensatz dazu steht bl: Hier fehlt häufiger ein lateinisches Äquivalent: L054: Lecken (*Wa. fehlt W*), N095: Nordost, N096: Nordostnort, S346: Slv, S371: Smode, S520.02: Starblint. – Die gemeinsame Überlieferung dieses defekten, am Beginn der gemeinsam verschobenen Wortschatzstrecke befindlichen Wortartikels kann nicht auf einen Zufall zurückgehen.

Der Befund lässt die Möglichkeit zu, dass W den Text aus der Ausgangsfassung und b1 kombiniert hat: W übernimmt den Text aus b1, kann ihn aber aus der Ausgangsfassung nicht korrigieren, da die Ausgangsfassung keinen Text unter *Kn-* hat und das Wort unter *Cn-* fehlt.

c) Wechsel des lateinischen Äquivalents

B223 **Blank** scynende, glynsternde; candidus, splendidus
– fuluus *b1*
– uel gar wit; nitidus, fuluus,-a,-vm *W*

d) Wechsel beim Vergleich

D029 **Dauwen** also water, dat gevroren is; liquescere, dissoluere
dInt.] glacies *b1*
dInt.] sicut glacies *W*

e) Wechsel der Wortart

V174 **Vnderdenich sin** obedire
Vnderdenich obediens, subditus *b1 W*
W Wa.] Vnderdan obedire *w5* · subditus] *fehlt w3 c1*

Die Modifikation in b1 geht auf den ›Liber ordinis rerum‹ zurück, der neben dem Verb auch das Adjektiv überliefert. Der ›Voc. quad.‹ kennt nur das Verb.

f) Zusatzwortartikel

B382.01 **Bruvn** brunaticus *b1 W*

Diese im ›Liber ordinis rerum‹ bezeugte Wortgleichung (Kap. 148,08) wäre im Kontext des ›Voc. quad.‹ ein Fremdkörper, da das Vorwort die Aufnahme von lateinischen Äquivalenten ausschließt, deren volkssprachige Entsprechung auf das gleiche Etymon zurückgeht.

Die Frage der Priorität lässt sich eindeutig zugunsten von b1 beantworten. Die Redaktion W ist vermutlich in Zusammenhang mit der Neubearbeitung des ein- und/oder vierteiligen ›Voc. quad.‹ nach 1418 (Nennung dieser Jahreszahl s. v. *Scindere ... a quo Scisma* in beiden Bearbeitungen) entstanden. b1 liegt schon 1400 vor. Außerdem lässt z. B. der Wortartenwechsel in V174 nur b1 als zugrunde liegende Fassung zu.

Dass der W-Redaktor die Fassung b1 gekannt hat, dürfte als gesichert gelten. Er hat die Verschiebung von *Cn-* nach *Kn-*, einige Zusatzwortartikel, die nicht oder so nicht im ›Voc. quad.‹ vorkommen, sowie einige auffällige Modifikationen übernommen. Darüber hinaus hat b1 inhaltlich nicht stark auf W eingewirkt. Vermutlich hat die Symbiose des ›Liber ordinis rerum‹ mit dem ›Voc. Theut.‹ den Redaktor angeregt, den ›Voc. Theut.‹ als viertes Teilwörterbuch in den ›Voc. quad.‹ aufzunehmen.

3.2.4   Die Überlieferungsgeschichte im Überblick

Es liegt nahe, die Überlieferungsgeschichte des ›Voc. Theut.‹ als eine Geschichte von Kürzungen zu umreißen,[57] doch trifft diese Charakterisierung nicht uneingeschränkt zu. Sie gilt nur für einen Teil der Überlieferung bzw. für einen Teil des Überlieferungsgebietes. Die Überlieferungsgeschichte des ›Voc. Theut.‹ lässt sich auch charakterisieren als fortwährende Vermischung unterschiedlicher Fassungen.

Allein aufgrund einer quantitativen Analyse lassen sich drei Überlieferungstypen unterscheiden: erstens die Ausgangsfassung K und die nur unwesentlich davon abweichende Folgeredaktion P bzw. P', und zweitens b1 und W, Fassungen, die den Text der Ausgangsfassung erheblich kürzen (wobei b1 vor allem Wortartikelteile und W ganze Wortartikel ausscheidet), und umgestalten. Zwischen diesen beiden Gruppen steht drittens die Fassung D, dessen Redaktor einerseits noch zahlreiche umfangreiche Wortartikel übernimmt, andererseits aber auch erhebliche Kürzungen im volkssprachigen Bereich vornimmt. Diese Verteilung lässt sich in der Edition immer wieder beobachten. Exemplarisch sei hier folgender Wortartikel angeführt:

A009   **Adamas** adamas; vnde ys eyn eydeylsteyn vnde ys dat allerhardeste dink, dat
me vp ertrike wet vnde maket enne wek myt warmem blode
Adamas] Adamant *P*
vnde² ys² (...)] *fehlt D*
dInt. fehlt b1
Wa. fehlt W

Die Ambivalenz von D zwischen der Ausgangsfassung und P einerseits sowie b1 und W andererseits zeigt sich aber auch in folgendem Wortartikel:

V174   **Vnderdenich sin** obedire
+ *(neuer Wa.)* Vnderdenich obediens *D*
Vnderdenich obediens, subditus *b1 W*
K Wa.] Vnderdenich obediens *b2*
W Wa.] Vnderdan obedire *w5*

Ausgangsfassung und P haben das Verb, b1 und W das Adjektiv, und D hat beide Varianten.

Im folgenden Wortartikel zeigt sich die Ambivalenz der Redaktion D sogar im Befund der beiden Textzeugen: w6 hat die Form der Ausgangsfassung, ka1 die Form von b1 und W:

---

57 Vgl. etwa Abschnitt 3.3.3.1

R205   **Rvpe** ervgo
   – eruca *b1 W*
   D ervgo] eruca *ka1*

Legt man als Kriterien Kürzung und Modifikation an, so lassen sich die Fassungen b1, W und D eindeutig von der Ausgangsfassung und P abgrenzen. Während die Textzeugen der Ausgangsfassung und die Redaktion P sich weitgehend konservativ verhalten, spiegeln vor allem b1 und W starken Drang zur Veränderung in Verbindung mit anderen Vokabularen wider, den aber auch D zu erkennen gibt, indem D die Ausgangsfassung und die Folgeredaktion W kombiniert.

Abbildung 1 spiegelt diese Verhältnisse wider. Durchgezogene Linien stehen für eine materielle, unterbrochene für eine lediglich methodische Abhängigkeit; eine dicke durchgezogene Linie weist auf die Hauptquelle hin, eine dünne auf eine Zusatzquelle.

Zieht man als weiteres Kriterium die Sprache der Textzeugen heran, so erlangt diese Unterscheidung eine geografische Dimension.

In W e s t f a l e n befinden sich der Überlieferungsschwerpunkt der Ausgangsfassung und die Heimat der Redaktion P. In Südwestfalen (Raum Soest – Arnsberg) sind Sprachspuren aus drei der sechs Textzeugen der Ausgangsfassung zu lokalisieren; außerdem entsteht dort die Redaktion P. Die Subredaktion P', die noch erweitert werden könnte durch eine nicht tradierte Handschrift, deren Text in ein münsterländisches Exemplar des ›Voc. Ex quo‹ (Ma3)[58] eingearbeitet worden ist, weist nordwestfälische Merkmale auf. Die westfälischen Textzeugen und -fassungen weisen eine Reihe von sprachlichen Anpassungen auf. Die Redaktion P überliefert südwestfälischen, die Subredaktion P' eher nordwestfälischen und die Textzeugen ms und d1 westmünsterländischen bzw. südniederfränkischen Wortschatz.

O s t f a l e n ist die sprachliche Heimat der Ausgangsfassung sowie das Entstehungsgebiet und der Überlieferungsschwerpunkt der Redaktionen W und D. In der Redaktion W wird der ›Voc. Theut.‹ an die Konventionen des ›Voc. quad.‹ angepasst und als vierter Teil in diesen integriert. Alle drei niederdeutschen Textzeugen gehen auf ostfälische Schreiber zurück. – Eine interessante Konzentration gibt es bei der Redaktion D: Die beiden vollständigen Textzeugen stehen sprachlich mit der Region Hildesheim in Verbindung; außerdem stammt aus dieser Gegend auch der Schreiberwortschatz des Textzeugen w5.

---

58 Vgl. DAMME 1992. Ma3 enthält u. a. folgende münsterländische Merkmale: *derde* (S. 90), *solve, nin, jewelik, wal* (alle S. 91).

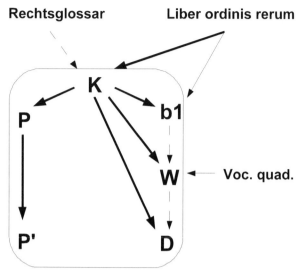

Abb. 1: Stemma der Redaktionen

Rechts und links der Weser kommt es bei der Vermischung von Textzeugen des ›Voc. Theut.‹ also zu durchaus unterschiedlichen Ergebnissen: In Westfalen lässt die Vermischung der Textzeugen der Ausgangsfassung und der Redaktion P die wenigen Unterschiede zwischen den beiden dort verbreiteten Fassungen mehr und mehr verblassen. In Ostfalen führt die Vermischung zum Entstehen von neuen Fassungen. Oder anders ausgedrückt: Jede neue Fassung ist als Vermischung aus anderen Fassungen zu verstehen: Der ›Voc. Theut.‹ erweist sich in seiner Ausgangsfassung als Um- und Ausgestaltung des ›Liber ordinis rerum‹ nach dem Muster eines juristischen Rechtsglossars. b1 ist das Ergebnis der Reduzierung des ›Voc. Theut.‹ auf eine Wortliste nach dem Vorbild des ›Liber ordinis rerum‹. Die Redaktion W greift die in b1 realisierte Idee von der Anpassung des ›Voc. Theut.‹ an ein lateinisch-deutsches Wörterbuch auf und wendet dies auf den ›Voc. quad.‹ an. Die Redaktion D wiederum vereinigt Ausgangsfassung und Redaktion W zu einer neuen Mischung.

Die Vermischung lässt sich auch an einzelnen Textzeugen beobachten. w1 enthält Zusätze aus dem Text der Redaktionen D und W. Und der zur Redaktion W zählende, ohne Anfang überlieferte Textzeuge w5 wird ergänzt durch Zusätze aus Redaktion D und am Beginn vervollständigt durch ein Zusatzblatt, das Text aus der Redaktion D enthält. Das w4 überliefernde Blatt hat das Wasserzeichen an der Schnitt- und nicht – wie üblich – an der Falzseite und erweist sich damit eindeutig als später hinzugefügtes Einzelblatt. Zudem bricht der auf diesem Einzelblatt überlieferte Text mit dem ersten

Wortartikel von w5 ab und dient somit nur zur Auffüllung der zu Beginn des Alphabets in w5 fehlenden Textstrecke.

S ü d d e u t s c h l a n d hat – im Gegensatz zu anderen im Ostfälischen entstandenen Vokabularen wie dem ›Voc. Ex quo‹ oder dem ›Liber ordinis rerum‹ – kaum Anteil an der Überlieferung des ›Voc. Theut.‹, und wenn, dann hauptsächlich mit Textzeugen der Redaktion W, also mit dem vierten Teil des vierteiligen ›Voc. quad.‹. Vorhanden sind zwei Textzeugen aus Karlsruhe und Stuttgart; ein weiterer Textzeuge des vierteiligen ›Voc. quad.‹ aus Mainz überliefert den deutsch-lateinischen Teil nicht. – Für die Verbreitung eines Exemplars der Ausgangsfassung in Süddeutschland spricht eigentlich nur die Auswertung des ›Voc. Theut.‹ im Nürnberger ›Vocabularius Teutonico-Latinus‹. Der Verbreitung nach Süden stand die volkssprachige Stichwortliste entgegen, die – wie die Textzeugen s1 und ka2 zeigen – erheblich hätte umgearbeitet werden müssen.

Im Verlauf der Überlieferung gehen diejenigen Elemente, durch die sich die Ausgangsfassung deutlich von der zeitgenössischen Lexikografie abhob und die nicht dem Erwerb der lateinischen Fremdsprache dienen, zunehmend verloren. Diese Entwicklung beginnt bereits um 1400, als der ›Voc. Theut.‹ in b1 einem Exemplar des ›Liber ordinis rerum‹ angeglichen und zu einer reinen Wortliste vereinfacht wird, und setzt sich in Redaktion W bei der Anpassung an das Vokabular des Dietrich Engelhus, den ›Voc. quad.‹, fort. Auch die großen deutsch-lateinischen Wörterbücher des 15. Jahrhunderts, die auf den ›Voc. Theut.‹ zurückgehen, übernehmen in erster Linie den methodischen Ansatz, den lateinischen Wortschatz vom Deutschen her aufzuschlüsseln. Die im ›Voc. Theut.‹ angelegte Beschreibung der Volkssprache spielt – wenn überhaupt – eine nur untergeordnete Rolle.

Der Umstand, dass sich der in der Ausgangsfassung realisierte neue lexikografische Ansatz im 15. Jahrhundert nicht durchsetzen konnte, steht vermutlich in Zusammenhang mit dem „Sitz im Leben" dieses Wörterbuchs. Der Fremdsprachenunterricht benötigt Wörterbücher, die das Erlernen des fremdsprachigen Wortschatzes fördern, und nicht solche, die den volkssprachigen Wortschatz beschreiben und darüber hinaus Sachwissen vermitteln.

3.2.5 Zur Hierarchie der Fassungen in der Edition

Zwei Alternativen kommen für die Hierarchie der Fassungen in der Edition in Frage: K – P – D – b1 – W und K – P – b1 – W – D. Der Unterschied zwischen beiden Alternativen liegt in der Position der Redaktion D. Für die erste Alternative spricht der Umstand, dass D zwischen K und P einerseits sowie b1 und W andererseits platziert wäre, was der indifferenten Position dieser Fassung entspricht und die ambivalente Vorgehensweise des D-Redaktors zum Ausdruck bringen würde. Außerdem rekrutiert sich der Text der Redaktion D zum allergrößten Teil aus dem Text der Ausgangsfassung; der materielle Anteil der Fassungen b1 und W fällt im Großen und Ganzen relativ gering aus und macht sich außer in einigen zusätzlichen lateinischen Äquivalenten fast ausschließlich in Zusatzwortartikeln bemerkbar. Für die zweite Alternative spricht die im Vorangegangenen skizzierte Überlieferungsgeschichte. In der Edition ist daher ein differenziertes Verfahren gewählt worden: Allgemein gilt als Abfolge die erste Alternative; lediglich Sekundärartikel, an denen nur die Fassungen b1, W und D beteiligt sind, folgen der überlieferungsgeschichtlich begründeten Abfolge b1 – W – D.

3.3   Ausgangsfassung K

3.3.1   Allgemeine Kennzeichen

Die Ausgangsfassung (Redaktion K) ist die mit sechs Textzeugen am besten bezeugte und – von den individuellen Kürzungen abgesehen – auch die homogenste Fassung. Sie ist vor allem dadurch gekennzeichnet, dass sie nicht an den Modifikationen und Kürzungen der anderen Redaktionen teilhat. Ihr frühester Textzeuge, k2, stammt vermutlich aus der Zeit vor 1405; der jüngste Textzeuge ist der münsterische Druck von 1509/10. Der Überlieferungsschwerpunkt liegt mit vier Textzeugen im Westfälischen; aus dem Ostfälischen stammen lediglich zwei Handschriften, eine davon mit deutlich südwestfälischen Sprachspuren. Nur in der Ausgangsfassung hat der ›Voc. Theut.‹ eine Drucklegung erfahren. Außerdem haben Textzeugen dieser Fassung drei der fünf großen deutsch-lateinischen Wörterbücher des 15. Jahrhunderts als Quelle gedient: dem ›Stralsunder Vokabular‹, dem ›Teuthonista‹ des Gerard van der Schueren und dem Nürnberger ›Vocabularius Teutonico-Latinus‹. – Das Fragment k1 stellt wie die Redaktion D einen Kompromiss zwischen dem Text der Ausgangsfassung und dem der Redaktion W dar; es überliefert einen stark gekürzten Text.

Textzeugen

b2:   südliches Ostfälisch (Raum Göttingen / südliches Südniedersachsen) – 1458
k1:   Ostwestfälisch (Raum Herford – Lemgo – Hameln) – 1448
k2:   Ostwestfälisch (Raum Höxter) – vermutlich vor 1405
ms: Raum Bocholt – Wesel (mit südwestfälischen Sprachspuren) – 1509/10
wl: Ostfälisch (Raum Braunschweig) mit deutlichen südwestfälischen Sprachspuren – um 1475
w2:   Nordwestfälisch mit deutlichen südwestfälischen Sprachspuren – 1430-1435

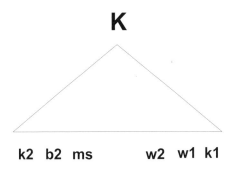

Abb. 2: Stemma der Ausgangsfassung K

3.3.2   Die Ausgangsfassung im Vergleich zu den Folgeredaktionen

Die in Kapitel 1.1 ausführlich besprochene Ausgangsfassung zeichnet sich im Bereich der Makrostruktur durch einen hohen Grad an Redundanz aus. Dies kommt dem Benutzer zugute, der die gesuchten lateinischen Äquivalente nicht nur an einer einzigen Stelle im Wörterbuch finden kann. Manche Wortartikeldublette begegnet nur in der Ausgangsfassung, vor allem solche mit nur leicht voneinander abweichenden, unmittelbar aufeinander folgenden Stichwörtern (P086, W298), die zudem als Synonym aufgenommen sind:

D151   **Doot** allerleye dinges; mortuus; also: „Dat der ys doyt"
P086   **Plucken** plocken; carpere
W298   **Wor** wore also: „Wor will he hen?"; vbi, quo

Auch wird nicht jedes Pronomen von den Folgeredaktionen überliefert:

I055   **Ionne** de, he; ille, ipse, iste, hic, is *K*

Im Bereich der Mikrostruktur hat die Ausgangsfassung einen hohen Anteil volkssprachiger Interpretamente, die aus paradigmatischen, paraphrasierenden und syntagmatischen Angaben bestehen. Manche davon kommen nur noch in der Ausgangsfassung vor. Die in den Folgefassungen entfallenen Wortartikelteile sind durch Unterstreichung gekennzeichnet.

a) Paradigmatische Definitionen
– Synonyme:

A047   **Al** altomale, albedulle, mydenander; omnis, totus, vniuersus
A113   **Anheuen** betengen, begynnen, anbegynnen, anvangen, angripen; inchoare, incipere, iniciari, principiare

A116 **Anhoren** tohoren, <u>anborn</u>; attinere, spectare, pertinere
A134 **Antworden** <u>wedersegen</u>, <u>weddderspreken</u>; respondere
A136 **Anuangen** begynnen, <u>anbegynnen</u>, anheuen, betengen, <u>angripen</u>; iniciare, inchoare, incipere
A184 **Auer** echt, <u>anderweyde</u>, anderwarue, <u>to demme ander male</u>, noch eyns; iterum, iterato, secundario, adhuc semel, altera vice
B222 **Blakhorn** <u>tynthorn</u>; inkausterium
D207 **Drupen** <u>dropen</u>; stillare
D237 **Duster** <u>vinster</u>; tenebrosus obscurus
M048 **Mavwe** <u>ermelen</u>; manica

– Heteronyme:

B400 **Bunghen** tympanum; t. <u>puche</u>
E023 **Egester** pica; t. <u>alster</u>
R126 **Ris** t. <u>gerte</u>; virga, virgula; r. Rode, Besme
R164 **Ropen** clamare, vociferare; t. <u>scrigen</u>

b) Paraphrasierende Definitionen
Vor allem die ausführlichen Definitionen fallen in der Ausgangsfassung zum Teil erheblich umfangreicher aus als in den Folgeredaktionen. Von der späteren Kürzung betroffen sind vor allem die Nebensätze, die die Bedeutung des Stichworts wesentlich genauer definieren als das meist verwendete Hyperonym:

A046 **Aken** aquisgrani; vnde ys eyn stat by demme ryne, <u>dar me den romeschen konnink kronet</u>
A106 **Aneboyt** eyn groyt <u>dicke</u> yseren, <u>dar de smedde ander yseren vppe smeddet</u>; incus
A118 **Anker** ys eyn groyt yseren yn demme sceppe, <u>wen me dat werpet in dat water, so hanget dat scep daran, dat et nicht en kan vort gan</u>; ankora
R018 **Ramme** en towe, <u>dar me de pele mede in de erden stot</u>; trvsorium
R090 **Ribiseren** en towe, <u>dar me dat vlas mede wrift</u>; tritorivm
R121 **Rynnen** alse melk rinnet, <u>dar me kese af maket</u>; coagulare

c) Verwendungsbeispiele:

A069 **Also** <u>also me sprecht: „Eyn ys also dat ander"</u>; tamquam, sicud, uelud, vt, prout, uti, sicuti, ueluti, quemadmodum, utpote, adinstar, vtputa, seu

3.3.3 Binnengliederung
Trotz der vergleichsweise guten Überlieferung bereitet die Binnengliederung der Ausgangsfassung Schwierigkeiten. Als Haupthindernis erweist sich gerade die – von

den individuellen Kürzungen abgesehen – relativ konstante und homogene Überlieferung. Zusätzlich erschwerend wirkt sich der Umstand aus, dass fast alle Textzeugen bis auf k2 Kontaminationen erfahren haben. Beweiskräftige Kriterien beschränken sich daher nicht auf eine deutliche Konstellation, sondern verteilen sich diffus über die gesamte Überlieferung.

3.3.3.1 Ältere vs. jüngere Überlieferung: k2 w2 vs. b2 w1 ms

Nimmt man das Alter der Textzeugen als Kriterium, so ergibt sich hingegen ein recht klares Bild: Die älteren Textzeugen k2 und w2 überliefern einen relativ vollständigen Text, während die jüngeren Textzeugen b2, w1 und ms den mutmaßlich ursprünglichen Text in deutlich gekürzter Form darbieten. In den meisten Fällen finden sich diese Kürzungen auch in mindestens einer Folgeredaktion. Die Kürzungen betreffen ganze Wortartikel oder nur Wortartikelteile. Die Verluste an Wortartikelteilen sind durch Unterstreichung gekennzeichnet. Im Folgenden sind nur Wortartikel angeführt, die in P und D fehlen.

a) gemeinsamer Verlust an Wortartikeln in b2, w1, ms:
– mit allen Folgeredaktionen:

D151 **Doot** allerleye dinges; mortuus; also: „Dat der ys doyt" *K*
P086 **Plucken** plocken; carpere *K*

– mit P D (und W)

A143 **Apoteker** apotekarius
S438 **Spasceren** spaciari

– mit P' D (z. T. auch b1 und/oder W)

A142 **Apoteke** eyn kram myt arsedye; apoteca
B365 **Britme** bratme; vapor, exalacio
I026 **Ienen** vpienen; hiare
L130 **Likham** liff; corpus
Q019 **Qvest** quast; perizoma
      (b1 und W tilgen die Variante Quast Q006)
Q020 **Queteren** quateren; quassare
      (b1 und W tilgen die Variante Quateren Q008)
S332 **Slegel** slage, en holten hamer; tigillus

– mit P'

D242 **Dufarnt** columbus
R034 **Rebok** capriolus
S531 **Steffen** eyn name eynes mannes; steffanus

[Ende K] **Nota**: Dat men nicht en vindet in dusseme bokstaue »K«, dat salman soken in demme bokstaue »C«

– mit D

N035   **Negel** clauus

In fast allen Fällen handelt es sich um Wortartikel, die mit nur leichten Veränderungen in einem überschaubaren Abstand ein zweites Mal vorkommen, also Redundanz erzeugen, und deren Relevanz für die Benutzerfreundlichkeit nicht erkannt wird. Übrigens zeigt sich deutlich, dass die Folgeredaktion P (im Gegensatz zu P' und D) so gut wie keine Wortartikel tilgt.

b) gemeinsamer Verlust im volkssprachigen Interpretament:
– mit allen Folgeredaktionen:

B400   **Bunghen** tympanum; t. <u>puche</u>

– mit P D:

C059   **Claffen** sneteren, <u>tzanneken</u>, keuelen, waschen; garrulare
C235   **Cule** eyn visch; capatenus; t. <u>culhobet</u>
G074   **Ghesunt** <u>sunt</u>; sanus, sospes, incolumis, validus, compos, non insanus, non infirmus
L115   **Leuerstok** en grot crut <u>vnde heft pipen, dat man lechte mach in geten</u>; libisticum
R088   **Reventer** <u>refecter</u>; refectorivm; eyn ghemak, kameere, dar ghestlicke lude to etende pleget

– mit P

E020   **Egel** eyn deyr myt <u>gar</u> scarpen haren; ericius, erinacius
S310   **Sisek** <u>sisex</u>, en grone sankvogelken; segex

– mit D

G111   **Godeshus** kerke, <u>tempel</u>; domus dei, ecclesia, templum, oratorium
N063   **Netele** vrtica; <u>netele, de en brent nicht van hitte weghen de lude, sunder se stecket, alse de emeten biten, wenne dat biten smertet ok, also et gebrant sy</u>
R198   **Rvm** wyt; spaciosus, amplus, latus, vastus; r. <u>Breyt</u>

Im Bereich der deutschen Interpretamente kürzt auch P, während sich P' hier zurückhält.

c) gemeinsamer Verlust im lateinischen Interpretament:
– mit D

C180   **Crank** vngesunt, also de lude edder deyr syn; infirmus, debilis, egrotus,
        langwidus, morbidus, insanus, <u>non fortis</u>, non sanus
S423   **Sondach** <u>dominica</u>, dominica dies, dies solis, feria prima

Im Text von k2 und w2 hat sich die ursprüngliche Gestalt des Wörterbuchs am besten
erhalten. Hier sind noch viele Stichwortdubletten und ausführliche volkssprachige Interpretamente erhalten, die in den meisten, zuweilen auch allen anderen Textzeugen fehlen.
Die Gruppe der jüngeren Textzeugen nimmt viele Kürzungen der Folgeredaktionen
bereits vorweg. So lässt sich die Überlieferungsgeschichte des ›Voc. Theut.‹ – zumindest zu einem nicht unbeträchtlichen Teil – als die Geschichte einer Kürzung
beschreiben. Diese beginnt bereits in der Ausgangsfassung und setzt sich in den
Folgeredaktionen fort.

Die relative Vollständigkeit im Text von k2 und w2 darf jedoch nicht dazu verleiten,
diese erste Textzeugengruppe als Einheit anzusehen. Denn es gibt zwischen beiden
Textzeugen merkliche Unterschiede. k2 und w2 gehen zweifellos auf eine gemeinsame
Vorstufe zurück, haben sich aber in der überlieferten Textgestalt schon deutlich voneinander entfernt. Dies zeigt sich allein in der Verwendung der diatopischen Markierungen. Während k2 nur die Markierung *t.* (*turingice*) kennt, ist dieses *t.* in w2 nur noch als
Relikt erhalten; w2 verwendet hingegen *sax.* zur Kennzeichnung niederdeutscher Wörter
bei einem nicht-niederdeutschen, in der Regel thüringischen Stichwort, eine Markierung, die in k2 gänzlich fehlt. In k2 und w2 hat sich die jeweilige Markierung am
besten erhalten. Es ist davon auszugehen, dass die gemeinsame Vorstufe von k2 und w2
über beide Arten diatopischer Markierung verfügte. Die anderen Textzeugen der Ausgangsfassung schließen sich dem einen oder anderen Typ an: b2 hat *t.* in plene-
Schreibung (B375: *turingice*) und auch ein *sax.*-Relikt, doch ist *saxo* hier als Äquivalent
aufgefasst worden (W168); w1 hat mehrfach *sax.*

Es stellt sich also heraus, dass das Fehlen oder Vorhandensein eines Wortartikels oder
eines volkssprachigen Interpretaments (ganz oder teilweise) für die Binnengliederung
zumindest der Ausgangsfassung keine Relevanz besitzt. Aber auch der Versuch, auf der
Grundlage fehlerhafter oder zumindest auffälliger Modifikationen eine Binnengliederung der Ausgangsfassung vorzunehmen, verspricht nicht viel Erfolg, da fast jeder Textzeuge mit fast jedem anderen Textzeugen Gemeinsamkeiten dieser Art aufweist, die nur
durch Kontaminationen zu erklären sind. Die überlieferten Textzeugen scheinen sich
einer gesicherten Filiation zu entziehen.

3.3.3.2   Konstellationen

Die folgende (nicht vollständige) Liste von mehr oder weniger signifikanten Merkmalen möge die vielfältige Verflechtung der einzelnen Textzeugen untereinander deutlich machen.

3.3.3.2.1   k2 und w2

Fehler:

A109   **Angest** vrochte; angustia, timor
         K angustia *b2*] angustio *k2 w2*

A151   **Arceboue** de groteste boue vnder vellen bouen; archiscurro
         K vnder *b2*] vnde *k2 w2*

Andere Varianten:

D245   **Dwan** wasschen, spolen; lauare
         K Dwan] Dwagen *b2 w1 ms*

H137   **Hermelen** en grawyt dereken; migalus
         K grawyt] *fehlt w1*; gar wit *b2 ms*

L086   **Lendener** lumbale
         K lumbale *b2*] lumbare *k2*; lumbare uel lumbale *w2*

S449   **Spelbret** worptafele; alea
         K worptafele *b2*] *fehlt ms*; worbelbret *k2*; worpelbret *w2*

3.3.3.2.2   k2 und b2

In meinem Aufsatz von 1983 habe ich eine große Anzahl von Gemeinsamkeiten zwischen k2 und b2 feststellen können, durch die sie sich von den anderen Textzeugen unterscheiden. Durch die Berücksichtigung der 1983 nicht zur Verfügung stehenden Handschrift w2 entfällt der größte Teil dieser exklusiven Merkmale für die Argumentation, da sie in w2 ebenfalls vorhanden sind. Es bleiben nur wenige Fehler übrig:

B216   **Byrreyt** byrreytum; eyn kleyne hudeken, dat der prestere settet vp de platten
         K dat *w2*] den *k2 b2*
sowie

A179   **Atem** adme; anhelitus, respiracio
         K respiracio *w2*] respiracium *k2 b2*

B014   **Balseme** ys de eddelste frucht, de de mynscheyt weyt; balsamus
         K balsamus *w2*] balsamum *k2 b2*

B239 **Blig** plumbum
K plumbum *w2*] blumbum *k2 b2*

H061 **Haat** nyit, vngunst; odium, invidia, infauorabilitas
K infauorabilitas *w1*] infauorabilis *k2 b2*

S040 **Sark** tvmba, sarcofagus
K sarcofagus *w1*] sarcogafus *k2 b2*; sachofagus *w2*

3.3.3.2.3 k2 und ms

k2 und ms haben nur wenige markante Gemeinsamkeiten, allerdings einen signifikanten gemeinsamen Fehler, die Verlesung von *erde* zu *deer de*:

G035 **Gheyl** fertilis; also acker edder erde gar vruchtbar edder vet synt
K edder erde (...)] iß *b2* · erde *w2*] deer de *k2 ms*

3.3.3.2.4 w2 und w1

w2 und w1 überliefern gemeinsam einige markante Abweichungen in den deutschen Paraphrasen:

P001 **Padavwe** en stat in wallande; illumbardia, padua
K illumbardia] in lumberdien *w2*; lumbardien *w1*

S315 **Slachten** wen me dat ve koken wil; mactare
K *dInt.*] also swyn *w2*; de swyn *w1*

V024 **Vast** stark in dem louen; firmus, ratus
K louen *b2*] leuende *w2 w1*

Auch einige deutsche Wortformen weisen markante Veränderungen auf:

A094 **Andacht** denkinge; intencio, attencio
K denkinge] *fehlt k1*; denknisse *w2*; dechnisse *w1*

A150 **Arseprester** archipresbiter; eyn vorweser edder eyn houetman veller prestere
K vorweser] vorwiser *w2 w1*

S389 **Snitten** sniden; sindere, sculpere
K Snitten] Snittiken *w2 w1*; Snicke *ms*

In einem Fall wird das Stichwort verändert:

H252 **Hosfetel** senkel, natelreme; liga
K Hosfetel] Hosreme *w2 w1*

Sehr viel auffälliger sind die Bindefehler im Deutschen:

G102 **Gnade** gracia, venia, clemencia, misericordia, miseracio, propiciacio; r. Barmherticheyt
   K barmherticheyt] barmhertich *w2*; bermhertich *w1*

S670 **Sunde** laster, schande, vndat, vndoget; peccatum, delictum, schelus, facinus, culpa, crimen, nephas; +r. Boshet
   K Sunde *b2*] Sunder *w2 w1*

W139 **Werde** hinder, also eyn den anderen wat wert, des he nicht don mot; impeditus
   K hinder *b2*] hindert *w2 w1*

Derartige Fehler begegnen auch im Lateinischen:

E106 **Erden** dat van erden is gemaket; fictilis; also en chachele
   K fictilis] fictibilis *w2 w1*

I071 **Iucken** prurire
   K prurire] purire *w2*; purrire *w1*

L066 **Ledighen** edder leddich sin; vacare
   K vacare] vacuare *w2 w1*

P093 **Pômes** pumex
   K Pômes] + humex *w2 ·* pumex] humex *w1*

P094 **Poppelcie** en crancheyt edder de slach; apopleccia
   K apopleccia] apolexia *w2 w1*

S454 **Spenneweuel** tela aranee
   K aranee] aranea *w2 w1*

Darüber hinaus ist noch folgende Modifikation zu nennen:

S342 **Slommen** en luttink slapen; soporare, dormitare
   K dormitare] dormire *w2 w1*

Die auffälligen Übereinstimmungen lassen den Schluss zu, dass w2 und w1 auf eine gemeinsame Vorstufe zurückgehen.

3.3.3.2.5   w2 und b2

w2 und b2 haben einige markante Fehler gemein:

O005 **Ogenbran** supercilivm. **Wynbran** cilium
   K Wynbran cilium] *fehlt w1*; vmbracilium *b2 w2*

T117 **Touerer** incantator, prestigiator
   K incantator *ms*] incantor *w2 b2*

V097 **Vikbone** lupinus; eyn frucht
K Vikbone *w1*] Vikbom *w2 b2*

3.3.3.2.6 w2 und ms

Die auffälligste Übereinstimmung zwischen w2 und ms besteht im fast völligen Fehlen des Verweismarkers *r.* bzw. *require.* Darüber hinaus überliefern beide Textzeugen einige wenige markante gemeinsame Abweichungen vom üblichen Text:

A004 **Abeteker** apotekarivs, herbularius; vnde ys eyn man, de arsedyghe to vorkopende plecht
K herbularius] herbarius *w2 ms*

A124 **Anrichtech** directiuus
K directiuus] directus *w2 ms*

B195 **Byboyt** eyn groyt krut to arsedye; artimesia
K groyt] gut *w2 ms*

C126 **Colt** frigidus, algidus; r. Frost
K frigidus] frigus *w2 ms*

D018 **Dare** also dar me dat molt vppe dart; aridarium
K dart] droget *w2 ms*

E124 **Ernen** messuere
K messuere] messare *w2 ms*

G148 **Greue** von smulteme vleysche; cremium
K smulteme] smalte *w2 ms*

H107 **Hemeke** en wormeken, dat scrighet, dar et stede warme is alse in demme stouen edder bachouen; cicada
K bachouen] bakhusen *w2*; bachhuse *ms*

I077 **Ivnghe** en, de noch nicht verteyn iaar olt is; iuuenis, puer
K verteyn] XII *w2 ms*

W139 **Werde** hinder, also eyn den anderen wat wert, des he nicht don mot; impeditus
K wert] weyt *w2 ms*

Es fällt auf, dass ein Teil der Gemeinsamkeiten zwischen w2 und ms auch in Redaktion P bezeugt ist, und zwar sowohl in P' als auch in p1:

E162 **Eweliken** perpetue, inperpetuum, eternaliter, ineternum, ineuum, sempiterne, perhenniter, semper, sine fine, sine termino
– perpetue, inperpetuum, eternaliter, ineternum, ineuum, ⌐sempiternum*P'* / sempiterne*p1*, perhenniter, sine fine, sine termino *P*
K sempiterne] semppiternum *w2 ms*

H107 **Hemeke** en wormeken, dat scrighet, dar et stede warme is alse in demme stouen
edder bachouen; cicada
K scrighet] singt *w2 ms*
P scrighet] singet gerne *p1*

Es ist nicht auszuschließen, dass die Gemeinsamkeiten von w2 und ms nicht (alle) auf
direkten Kontakt zwischen den Vorstufen der beiden Textzeugen zurückgehen, sondern
(auch) auf eine unabhängig voneinander genutzte gleiche Vorlage. Denn w2 und ms sind
unabhängig voneinander mit Textzeugen der Redaktion P kontaminiert.

3.3.3.2.7 w1 und ms

Die Gemeinsamkeiten zwischen w1 und ms sind bereits in meinem Aufsatz von 1983
angesprochen worden. Sie treten vor allem am Ende des Alphabets auf, fallen aber nicht
in signifikant hoher Anzahl an:

R188 **Rvtze** en olt scomeker; scutor calciorum antiquorum
K calciorum] calceatorum *w1 ms*

S097 **Scemede** hemelek let enes deres; genitalia, verenda, pvdibvnda
K hemelek let] hemelheyt *w1*; hemelicheit *ms*

V202 **Vnplichten** angariare
K Vnplichten] Vnplicten *w1 ms*

3.3.3.2.8 w1 und k1

Es gibt nur wenige signifikante Merkmale, die das kurze Fragment k1 mit einem
anderen Textzeugen verbinden. Als auffällig erweisen sich lediglich die Abweichungen
in den folgenden beiden Wortartikeln. In beiden Fällen ist eine Nähe zu w1 festzustellen:

A026 **Afscheden** sceden; separare, disiungere, segregare, disgregare
K disiungere] distingwere *w1 k1*

A029 **Afslan** afrekenen; deponere, defalcare
K afrekenen] afbreken *w1 k1*

3.3.3.2.9 b2 und ms

Zwischen b2 und ms gibt es eine Reihe auffälliger Gemeinsamkeiten.
Modifikationen:

B081 **Begiren** cupere
K Begiren] Begeren *b2 ms*

H195 **Hoden** bewaren; custodire, seruare, conseruare, reseruare
K reseruare] obseruare *b2 ms*

I051 **Iodescop** iodescheyt; iudaismus, hebraismus, israhelitas
 K israhelitas] israheliticus *b2 ms*

S331 **Sleyf** en grot lepel; cocula
 K cocula] coclear *b2 ms*

b2 und ms überliefern gemeinsam zwei aufeinander folgende Zusatzwortartikel, die sich eindeutig als sekundär erweisen:

K062.35 **Kabelou** eyn visch; bulcus *b2 ms*
 K Kabelou] Kabeliau *ms*

K062.36 **Kropel** contractus *b2 ms*
 K Kropel] + eyn de dar krupet *ms* · + attractus *ms*

In der Ausgangsfassung wären beide Wortartikel im Buchstabenabschnitt *C-* einsortiert worden.

b2 und ms überliefern gemeinsam mit d1 einen weiteren Zusatzwortartikel, der bei b2 und ms wie ein Fremdkörper wirkt, da er sich nicht in die alphabetische Reihenfolge der Stichwortliste einpasst.

G024.01 **Geuen** donare, dare *b2 ms d1*
 K D: G078 b2 ms · donare *ms] fehlt b2* · + largiri *ms*
 P Geuen] Gauen geuen *d1* · dare] dotare tribuere *d1*

Diese Zusatzwortartikel schließen jeden Zweifel an einer zufällig zustande gekommenen Übereinstimmung aus.

3.3.3.3 Auswertung

Trotz der beschriebenen Situation, die eine Binnengliederung deutlich erschwert und in jedem Fall Zurückhaltung bei der Festsetzung einer exakten Filiation gebietet, lassen sich einige vorsichtige Ergebnisse formulieren. Die Übereinstimmungen von w2 und w1 können nicht auf Zufall beruhen, sondern lassen sich nur durch eine gemeinsame Vorstufe erklären. Wenn man k1 überhaupt zuordnen kann, dann dieser Gruppe. Die drei übrigen Textzeugen k2, b2 und ms bilden keine Einheit. Die eindeutig sekundären Zusatzwortartikel verbinden b2 mit ms, doch haben k2 und ms nicht viele Gemeinsamkeiten. Als Gruppe definieren sich die Textzeugen k2, b2 und ms nur durch die Nichtzugehörigkeit zur Gruppe w2, w1 (und k1). Dieser Gegensatz zwischen w2, w1 und k1 einerseits sowie k2, b2 und ms andererseits zeigt sich in etlichen Wortartikeln deutlich:

D159 **Drade** schere, tohant, altohant, snel, snelleken, von stunden an, votstaandes, vp demme vote, bolde, rat, endelken, iotto, alvotes, tauliken, cortliken, ilelken, ylende, iaghende, ane vnderlat; cito, statim, mox, festine, festinanter, incontinenti, illico, repente, repentine, protinus, immediate, subito, confestim, precipitanter, agitanter, acceleranter, celere, celeranter, subitanie, velociter, propere, properanter, breuiter, absque mora, sine interuallo, prone, prompte, momentanee

K alvotes] also votes *w2*; also vartes *w1*

Das Synonym *alvotes* kommt nur in der Ausgangsfassung vor: k2 und ms haben *alvotes*, w2 und w1 *also* statt *al*; b2 hat das deutsche Interpretament gekürzt.

S262 **Senewolt** <u>runt</u> alse en appel; rotundus, orbicularis, circularis

   K runt *w2*] *fehlt* k2 b2 ms · appel] + is clot *w2*; + effte clot *w1*

Die Gruppe k2, b2, ms überliefert das Synonym *runt*, das auch in anderen Redaktionen vorkommt, nicht. Hingegen haben w2 und w1 einen Zusatz, den sonst kein weiterer Textzeuge bietet: *clot* als weiteres Beispiel neben *appel* für einen dreidimensional runden Gegenstand. Auch der nächste Wortartikel zeigt den Gegensatz zwischen beiden Gruppen:

R104 **Rife** Ripe sax.; prvwina

   K Rife Ripe sax. *w2*] Ripe k2 b2 ms

Während die Gruppe w2, w1 die hochdeutsche Form *rife* im Stichwort akzeptiert, indem die durch *sax.* explizit als niederdeutsch markierte Variante *ripe* direkt folgt, verzichtet die Gruppe k2, b2, ms auf die diatopische Markierung und führt nur die niederdeutsche Variante an, wodurch sich ein Verstoß gegen die alphabetische Reihenfolge in der Stichwortliste ergibt.

Die Ausgangsfassung K erweist sich als weitgehend homogen. w2 und w1 sowie k2, b2 und ms bilden Textzeugengruppen, die sich untereinander aber nur unwesentlich unterscheiden. Keine der beiden Gruppen lässt eine besondere Bearbeitungstendenz erkennen. Die Unterschiede gehen größtenteils auf Versehen zurück; als beabsichtigte Veränderungen können sie in der Regel nicht gelten. Die Folgeredaktionen lassen sich keiner der beiden Gruppen eindeutig zuordnen, da sie an den angeführten Merkmalen nicht oder mit unterschiedlicher Verteilung Anteil haben. Aus diesem Grunde wird davon abgesehen, für die Ausgangsfassung verschiedene Äste anzusetzen.

 Berücksichtigt man bei der Binnengliederung auch die Folgeredaktionen, so macht sich die eingangs vorgenommene Unterteilung nach dem Alter der Textzeugen dort sehr viel stärker bemerkbar als die sich nur unklar abzeichnende Unterteilung in die Gruppen w2, w1, k1 einerseits und k2, b2, ms andererseits. Die späteren Textzeugen der Ausgangsfassung weisen die gleichen Kürzungen wie die Folgefassungen auf.

3.3.4 Kontamination mit Textzeugen anderer Redaktionen

Neben den Verflechtungen unter den Textzeugen der Ausgangsfassung lassen sich auch Kontaminationen mit Exemplaren anderer Redaktionen beobachten.

3.3.4.1 w2 mit P

w2 und die Redaktion P weisen einige aussagekräftige Übereinstimmungen auf. Sie betreffen verschiedene Bereiche.

a) Zusatzwortartikel:

R116.01 **Rindeken** caneel, eyn edel kruid; cynamomum *P w2*

b) Zusätze im Interpretament:

A077   **Alter** altare; ara
       Alter] + altar *P*
       K + altare altar *w2*

G140   **Grawe** grisius
       + canus *P (außer m1)*
       K + canis *w2*

Während derartige Zusätze in einer Gruppe lateinischer Äquivalente oder volkssprachiger Synonyme kaum auffallen, erweisen sie sich, in die Syntax einer Paraphrase eingefügt, als Fremdkörper. Im folgenden Beispiel ist von den beiden Hyperonymen *vrucht* und *crut* eines überflüssig:

K007   **Kellershals** is en heyt vrucht vilna gestalt alse pepper vnde syn vrucht vnde
       wortele ys heter wan pepper vnde wesset ok in dudeschem lande
       heyt vrucht] cruid *P *D*
       – herba calida, laureola *W*
       K heyt] + crut *w2*

Durch den Zusatz *crut* folgen zwei Substantive unmittelbar aufeinander; nur eines von ihnen passt in die Syntax des Satzes. Während w2 hier neben der K-typischen Lesart auch die Lesart von P anführt, also die Lesarten beider Fassungen kombiniert, überliefert w2 in den folgenden Fällen ausschließlich die Lesart von P und schließt sich so der Redaktion P an.

Fehler:

M222   **Mvsschele** concha, testudo
       testudo] testitudo *P (außer m1)*
       K testudo *b2*] testitudo *w2*

R139   **Rod** de uon roeke wert; fuligo
       – suligo *P*
       K fuligo] suligo *w2*

Austausch von Wörtern:

O071 **Ouerste** supremus, svmmus, altissimus
supremus] superius *P '*
K supremus] superius *w2*

S671 **Sundersche** sunderinne; peccatrix, sceleratrix^*w2*
K sceleratrix] zelerata *b2 w1 ms*
P sceleratrix] fehlt *d1*

T119 **Tovoghen** tobringen; *ad*iungere, combinare
adiungere] + coniungere *P*
K adiungere b2] coniungere *w2*

Auch die Integration eines Wortartikels in einen anderen haben w2 und P gemein:

L178 **Losen** loes maken, helpen vt den noden; liberare, redimere, eruere, eripere
+ ⌐soluere relaxare_(aus L179) *P*
K + ⌐soluere relaxare upbinden_(aus L179) *w2*

L179 **Losen** vpbinden; soluere, relaxare

Bei diesen Gemeinsamkeiten stellt sich die Frage, ob w2 Spender oder Empfänger ist. Hat w2 Zusatz- und Ersatztext von einem Exemplar der Redaktion P übernommen, oder ist w2 der Anknüpfungspunkt für die Redaktion P in der Ausgangsfassung K?

Die schwierige Überlieferungssituation lässt abschließende sichere Aussagen zur Priorität nicht zu. Dennoch lassen sich einige Argumente anführen, die eher für eine Kontamination von w2 durch P sprechen als für die andere Variante. Erstens platziert w2 die Zusatz- und Ersatztexte am Ende des Wortartikels, während sie in P in ihn integriert sind (A077). Zweitens erweist sich der P-Zusatz *crut* in K007 bei w2 eindeutig als störend. Drittens überliefert w2 zahlreiche Wortdubletten, die aller Wahrscheinlichkeit nach auf Zusätze aus einem anderen Exemplar des ›Voc. Theut.‹ zurückgehen. Als Beispiel diene eine Liste von Einträgen, in denen ein Wort sowohl in einer fehlerhaften als auch in einer – wohl später nachgetragenen – korrekten Form erscheint:

A123 **Anrichten** dirigere
K dirigere] dirigare dirigere *w2*

E018 **Egede** eyn tovwe to demme ackere; erpica
K erpica] reripta orpica *w2*

O067 **Ouerwokede** epicolivm
K epicolivm] equicolium epicolium *w2*

S013 **Saffran** crocus
K crocus] cocus crocus *w2*

S691 **Swadem** britmen; vapor
K vapor] pauor vapor *w2*

w2 erweist sich als Textzeuge, der zusätzliche Einträge aus einem anderen Exemplar des ›Voc. Theut.‹ enthält. Dass dieses andere Exemplar der Redaktion P angehört, kann nicht verwundern. Denn sowohl w2 als auch die Redaktion P sind sprachlich dem Westfälischen zuzuordnen. Der Zusammenhang lässt sich sogar noch genauer beschreiben: w2 weist sprachliche Spuren aus dem Südwestfälischen auf, dem Gebiet, aus dem die Redaktion P vermutlich hervorgegangen ist.

3.3.4.2 w1 mit D (bzw. ka1)

In etlichen Änderungen gegenüber dem Leittext stimmt w1 mit der Redaktion D überein:

Fehler:

S226 **Sedich** morieratus, disciplinatus, compositus, honestus; r. Houesch, Tuchtich
   K morieratus] moderatus *w1*
   D morieratus] moderatus *ka1*

Vor allem etliche Zusätze hat w1 mit der Redaktion D gemein. Diese betreffen sowohl ganze Wortartikel als auch einzelne Wörter im deutschen und lateinischen Interpretament.

Zusatzwortartikel:

B007.01 **Badelaken** balniamen *D w1*

H088.01 **Hekele** ⌐instrvmentum mulierum purgandi linum, trucula *D /* is eyn toie, darmedde reyne maket; crinacula *w1*

H259.01 **Houetgat** ⁺an eynne klede^{w1}; capicium *D w1*

L115.01 **Librie** biblioteca *D w1*

R166.01 **Rodum** eyn uoghel; onocrotulus *D w1*

Zusatztext im Interpretament:

E111 **Eren** den acker; arare
   K Eren] + plogen *w1*
   D Eren] + plogen *ka1*

P130 **Prusten** nesen; oscitare
   nesen] *fehlt P D*
   K nesen] + myt der nasen *w1*
   D + mit der nese *ka1*

S166 **Scope** en tavwe to getende; fvndibulum
   K + cantibulum *w1*
   D + candibulum *ka1*

3.3.4.3 w1 mit W

w1 weist nicht nur Zusatztext aus der Redaktion D, sondern auch aus der Redaktion W auf. Auch hier sind sowohl ganze Wortartikel als auch einzelne Wörter, vor allem im lateinischen Interpretament, betroffen.

Zusatzwortartikel:

E088.01 **Entkomen** euadere *W w1*

V018.01 **Varn** herba est, filex *W w1*

Zusatztext im Interpretament:

C192 **Crengele** circulea, crustula
Crengele] + artocopus *W*
K + ortocopus *w1*

W158 **Wernen** premonere, munire
– monire, pre~, auisare *W*
K + auisare *w1*

W187 **Wikke** eyn vrucht; vicia
eyn vrucht] ligumen est citrulli *W*
K + citrulla *w1*

3.3.4.4 ms mit P' (d1)

ms weist Gemeinsamkeiten mit der Redaktion P bzw. P'

a) Modifikationen

C045 **Cas** eyn he vnder den katten; murilegus
Cas] Cater *P'*
K Cas] Cater *ms*

L004 **Lacricie** en soyte wortele; laquiricium
wortele] kruid *P*
K soyte *b2*] + crudt *ms*

O009 **Ok** vnde; eciam, et, que
que] ac *P*
K que] etque ac *ms*

R090 **Ribiseren** en towe, dar me dat vlas mede wrift[k2]; tritorivm
dar me (...) wrift] to dem vlasse *P*
K dar me (...) wrift] to dem vlasse *ms*

W108 **Weigerste** beste; optimum
beste] beterste *(außer m1)* · optimum] optimus *P*
K beste *b2*] beterste *ms*

W134 **Wert** huswert; hospes, patronus, pater familias, yconomus
huswert] °huishere*ᵖ¹* *P*
K huswert] hushere *ms*

b) Zusätze

B317 **Bort** rand, also vmme eyn water ys; ripa, littus, margo
rand] + ouer *P*
K + eyn ouer *ms*
P ouer *p1*] *fehlt dl*

C111 **Cnop** nodus
+ nectura *P'*
K + nectura *ms*

H074 **Hechte** manubrium
Hechte] + an den meste *P (außer m1)*
K Hechte] + in dem messe *ms*

Die Gemeinsamkeiten mit einem bestimmten Textzeugen der Redaktion P, nämlich der Düsseldorfer Handschrift d1, fallen erheblich umfangreicher aus.

a) Zusatzwortartikel

K046.01 **Ketelhake** cacabus *ms dl*

b) Modifikationen der volkssprachigen Teile

K013 **Kelueren** edder van eme calue alse kelueren ledder; vittulinus
dlnt.] ⌐eder van eme kalue *ᴾ'* / also keluern ledder*ᵖ¹* *P*
K edder] alse *ms*
P eder *m1*] alz *dl*

L014 **Laken** von wllen; pannus
K von wllen] wullen want *ms*
P von wllen] wullen want *dl*

M206 **Mvvl** ys geboren van eme perde vnde van eme esele; mvlus
ys] eyn deer *P*
K ys] eyn groth deer *ms*
P deer] groit deer *dl*

Q015 **Quene** en olt wif; vetula, anus
K Quene *w2*] Quelen *k2*; Qwere *ms*
P Quene] Quere *dl*

V122 **Vlak** edder vlot, also eyn schottelle, de nicht dep en is; cliuus
    K Vlak] Vlat *ms*
    P Vlak] Vlat *dl*

c) Modifikationen der lateinischen Äquivalente

C242 **Cundich** snedich; cautelosus; r. Clok
    K cautelosus] cautus astutus *ms*
    P cautelosus] cautus astutus *dl*

I020 **Idelcheyt** inania, vanitas, vacuitas
    K inania] inanitas *ms*
    P inania] inanitas *dl*

L106 **Leed** reych; cantilena, carmen, canticum, conducta
    K conducta] conductum *ms*
    P conducta] conductum *dl*

L149 **Liren** liricinere
    K liricinere] liricinare *ms*
    P liricinere] liricinare liricinere *dl*

R093 **Richte** dat me et; ferculum, epule; r. Spise
    K epule] epulum *ms*
    P epule] epulum *dl*

S029 **Salve** vngentvm, picmentum
    K vngentvm] vnguentum *ms*
    P vngentvm] vnguentum *dl*

d) Zusatztext im volkssprachigen Teil

A036 **Ahte** octo
    K + eyn tal *ms*
    P Ahte] + eyn tal *dl*

A177 **Ast** ramex
    K + groten telgen des bomes *ms*
    P Ast] + telghe ramus *dl*

D011 **Dam** agger
    K + off eyn dyck *ms*
    P Dam] + dick *dl*

D014 **Danne** abies
    K Danne] + is eyn boem *ms*
    P Danne] + eyn boem *dl*

G052 **Ghere** birrus
    Wa. fehlt D

K Ghere] + in deme cleyde *ms*
P Ghere] + in dem rocke *dl*

S057 **Scalcheyt** herensheyt; nequicia, malignitas
K herensheyt *w2*] bosheyt *ms*
P Scalcheyt] + boesheit *dl*

T125 **Trachtinge** bedenkinge; contemplacio, meditacio, cogitacio
K + Dancke *ms*
P cogitacio cogitatus *p1*] r. Danke *dl*

V172 **Vnde** et, etque, atque, ac, ast
K + eciam Ock *ms*
P + r. Ock *dl*

e) Zusatztext bei lateinischen Äquivalenten

G185 **Gulden** vorgulden; deaurare
K + aurare *ms*
P vorgulden] + aurare *dl*

K017 **Kemper** de myt eme stridet; duellator, pugil, pugillator
K + debellator *ms*
P + debellator *dl*

S716 **Swert** enssis, gladius, mucro, framea
K gladius] + spata *ms*
P mucro] + spata *dl*

T079 **Todon** claudere
K + serare *ms*
P + serare *dl*

W205 **Wile** mote, stade, stunde, eyn tijd; mora, pausa, interuallum, tempus. De
Corteste wile, de sin mach momentum, instans, mora curtissima, tempus
breuissimum
K + ictus oculi *ms*
P instans] + ictus oculi *dl*

Die Frage nach der Priorität lässt sich zugunsten von d1 beantworten. Dafür, dass ein
Textzeuge im Umfeld von d1 Spender und ms Empfänger ist, spricht allein der
Umstand, dass ms Gemeinsamkeiten nicht nur mit d1, sondern in nicht geringem Maße
auch mit P bzw. P' aufweist. Bei einer Beeinflussung von d1 durch ms wäre dies nicht
möglich gewesen. Formale Indizien unterstützen diese Einschätzung: In der Regel haben
die Zusätze bei d1 eine Position im Innern des Wortartikels, bei ms am Ende, was sie
als Nachträge ausweist. – Es darf also als sicher gelten, dass ein Exemplar aus dem
Umfeld von d1 dem münsterischen Druck als zusätzliche Vorlage gedient hat.

3.3.4.5   Fazit

Bei den angeführten Kontaminationen fällt die Bedeutung des geografischen Aspekts ins Auge. Die beiden westlichen Textzeugen der Ausgangsfassung, w2 und ms, kontaminieren mit Exemplaren der nur westlich der Weser überlieferten Redaktion P. In dieser Hinsicht verwundert es nicht, dass ausgerechnet zwischen den beiden westlichsten Textzeugen des ›Voc. Theut.‹ ein Abhängigkeitsverhältnis besteht. Der münsterische Druck ms ist sprachlich dem Raum Bocholt – Wesel zuzuordnen, d1 dem Raum Düsseldorf; die Entfernung zwischen beiden Bereichen ist nicht groß. Wie intensiv die Kontakte zwischen den westlichen Vertretern der Ausgangsfassung mit Exemplaren der Redaktion P bzw. der Subredaktion P' waren, manifestiert sich auch am Beispiel der in Abschnitt 3.4.4.2 ausführlich behandelten Mainzer Handschrift m1. – Auch bei den Ergänzungen von w1 durch Zusatztext aus den Redaktionen D und W spielt der geografische Aspekt eine Rolle. w1 hat zwar eine südwestfälische Grundschicht, scheint aber zuletzt von einem Ostfalen bearbeitend abgeschrieben worden zu sein. Und in Ostfalen dominieren die Redaktionen D und W.

3.3.5   Editorische Repräsentation

Aufgrund der Überlieferungsgliederung kommen als Führungshandschrift der Ausgangsfassung und damit als Leithandschrift der Edition des ›Voc. Theut.‹ nur k2 und w2 in Frage. Sie überliefern den ursprünglichen Text des ›Voc. Theut.‹ am authentischsten. Der Text der anderen Textzeugen müsste sowohl in der Makro- als auch in der Mikrostruktur häufig vervollständigt werden. Aus diesem Grund fällt vor allem die 1458 in Göttingen entstandene Handschrift b2 aus. w1 bietet zwar einen relativ unauffälligen Text, weist aber auch Textlücken und Kontaminationsspuren mit verschiedenen Textspendern auf und hat eine relativ große Textlücke am Ende von *U* und Anfang von *W*. Außerdem ist die Handschrift erst in den 1470er Jahren entstanden.

Von den beiden Textzeugen k2 und w2 bietet k2 erhebliche Vorteile. k2 ist der einzige Textzeuge, der sich weitgehend als fassungskonform erweist. Alle anderen Textzeugen lassen Spuren von Kontaminationen erkennen. Außerdem ist k2 der älteste Textzeuge und darüber hinaus weitgehend fehlerfrei. Zwar spricht die sprachliche Zuordnung gegen k2, doch gilt dies auch für w2. w2 bietet ebenfalls einen relativ alten und auch vollständigen Text; nicht zuletzt überliefert w2 als einziger Textzeuge überhaupt eine Autorennennung. Allerdings weist w2 auch Kontaminationsspuren und vor allem eine hohe Anzahl von Fehlern auf.

Ab dem Wortartikel S566 fällt k2 aus, und w2 wird von diesem Wortartikel an Leithandschrift. Die Kontamination mit der Redaktion P wirkt sich hier nicht störend aus, da sich die Modifikationen der Redaktion P hauptsächlich in der Buchstabenstrecke *A – C* bemerkbar machen und am Ende des Alphabets kaum noch ins Gewicht fallen.

Als erste Korrekturhandschrift sowohl für k2 als auch für w2 bietet sich b2 an, da diese Handschrift einen relativ fehlerfreien Text überliefert. Steht b2 nicht zur Verfügung, springen w2 (bis S565) und w1 ein. ms ist nur in Ausnahmefällen herangezogen worden, wenn alle anderen Textzeugen aus unterschiedlichen Gründen als Korrekturhandschrift ausfielen. Die Abfolge der Siglen im Textzeugenapparat lautet: k2 – b2 – w2 – w1 – k1 – ms (bis S565) bzw. w2 – b2 – w1 – ms (ab S566).

3.4   Redaktion P

3.4.1   Allgemeine Kennzeichen

Überliefert ist die Redaktion P in nur drei Textzeugen, die sich deutlich voneinander unterscheiden. Nur die Düsseldorfer Handschrift d1 bietet einen vollständigen Text; die Mainzer Handschrift m1 ist erstens fehlerhaft und verkürzt abgeschrieben und zweitens mit einem Exemplar der Ausgangsfassung kontaminiert; die Paderborner Handschrift p1 überliefert eine im Interpretament stark gekürzte Fassung. Sprachlich lassen sich alle drei Textzeugen westlich der Weser ansetzen.

Greifbar wird die Redaktion auch in einem münsterländischen Textzeugen des ›Voc. Ex quo‹. In die Handschrift Ma3 sind zahlreiche Wortartikel eines Exemplars aus dem Umfeld von d1 eingeflossen;[59] in der Edition des ›Voc. Ex quo‹ heben sich die aus dem ›Voc. Theut.‹ stammenden Belege deutlich ab und sind daher leicht zu erkennen. Die beiden Textzeugen d1 und m1 sowie Ma3 sind in der Zeit zwischen 1421 und 1425 niedergeschrieben worden, während p1 aus dem Jahr 1448 stammt. Älter als die frühen Textzeugen der Redaktion P ist in der Ausgangsfassung nur die Leithandschrift k2.

Textzeugen

d1:   Südniederfränkisch (Raum Düsseldorf) – 1421–1423

m1:   Münsterländisch – 1425

p1:   südl. Ostwestfälisch (Raum Paderborn) mit südwestfälischen Spuren (Soest, Arnsberg) – 1448

---

59 Vgl. hierzu DAMME 2004a.

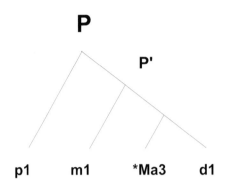

Abb. 3: Stemma der Redaktion P

3.4.2   Charakterisierung der Redaktion P

Von der Ausgangsfassung weicht die Folgeredaktion P bezüglich der Makro- und Mikrostruktur nur in wenigen Punkten ab.

3.4.2.1   Makrostruktur

Beim Wortartikelbestand verzeichnet P mit nicht einmal 1 % kaum Verluste gegenüber der Ausgangsfassung. Dem stehen 21 Zusatzwortartikel gegenüber. Diese kommen zur Hälfte in der Buchstabenstrecke $A - C$ vor.[60] Redaktion P verändert also den Wortartikelbestand vorwiegend am Beginn und fällt danach in dieser Hinsicht kaum noch auf.

A147.01 **Are** ⌐als dar eyne wunde gewest ys^{dl} cicatrix *P*

B077.01 **Begaen** doen; facere, agere *P*

B121.01 **Bergen** voden; nutrire, fouere, alere *P*

B130.01 **Bernsteyn** bernix P

---

60 Ähnlich verhält es sich mit der Redaktion M des ›Voc. Ex quo‹. Vgl. hierzu ›*Voc. Ex quo*‹, Bd. 1, S. 137.

3.4.2.2   Mikrostruktur

Im Interpretament hat der P-Text ebenfalls keine wesentlichen Verluste erlitten.
Erweiterungen bzw. Änderungen der volkssprachigen Definitionen kommen zwar vor,
halten sich aber in Grenzen:

A005   **Abraham** abraham; vnde ys eyn vader al des ioddeschen slechtes
        eyn vader] eynes mannes name ende vaders *P*

A027   **Afside** also an den kerken ys; absida
        an] + den husen eder *P*

A096   **Anders** alias, secus; also: „Do dat anders!"
        dat] + ich torne *P*

A147   **Aar** spica, arista
        Aar] + als vp den helmern °wassed*ᵖ¹* *P*

Stärkere Zuwächse verzeichnet der paradigmatische Interpretamentsteil:

A002   **Abbesete** alphabetum, abbecedarium
        Abbesete] + fibele *P (außer m1)*

A023   **Afneghen** declinare
        Afneghen] + °affbogen*ᵖ¹* affwiken *P*

A103   **Ant** anneta
        Ant] + ende *P*

A178   **Astrik** deel; pauimentum
        deel] + floir *P*

A185   **Auent** sero, uesper, tempus serotinum
        Auent] + spade · + crepusculum *P*

Am stärksten erweitert wurde die Kategorie der lateinischen Äquivalente, und dies
besonders am Anfang des Alphabets:

A006   **Acker** ager
        + rus *P*

A007   **Ackerman** buweman, bvr, buwer; agricola, ruricola
        + agrestis rusticus *P*

A015   **Af** van; inde
        + abhoc °de illo*ᵖ¹* *P*

A018   **Afgod** ydolum, symvlacrum
        + deus vanus *P*

A039 **Ahten** v̊teren, foyseren; taxare, sensere, reputare
+ pensare ponderare *P*

A040 **Ahten** rŏken, also eyn syner vrunt nicht en achtet; reputare, curare
+ aduertere *P*

A063 **Alleweghe** alletiid, althen, euenan, iummermer, ane vnderlat, stedes; semper, assidue, sedule, continue, omnitempore; r. Stedeliken
semper] + frequenter *P*

A089 **An** ane; preter, sine, absque
+ preterquam nisi *P*

A097 **Anders** nicht also; aliter, non sic
aliter] + secus *P*

A133 **Antworde** responsum
+ responsio *P*

A153 **Arch** bose, snode in dingen, de de leuen; malignus, prauus, peruersus, maliciosus, iniquus, reprobus, nequam; r. Vnuerdich, Dorechtich, Vnrech
maliciosus] + nequiciosus *P*

A182 **Aue** af; de
+ ab *P D*

A185 **Auent** sero, uesper, tempus serotinum
+ crepusculum *P*

A192 **Augustiner** dat synt brodere also baruoten, ane dat se swarte kappen dreget vnde wyt in der kerken vnderwilen; augustinensis
+ frater heremitarum *P*

Der entscheidende Unterschied zur Ausgangsfassung liegt in der rückläufigen Entwicklung der volkssprachigen Paraphrasen. In etwa 15 % der Fälle werden sie vereinfacht, allerdings nur äußerst selten getilgt. Die Kürzungen im paradigmatischen Teil fallen nicht ins Gewicht, so dass, abgesehen von den ausformulierten Passagen, der Text der Ausgangsfassung weitgehend erhalten bleibt. Dem steht als Zusätze – zu Beginn des Alphabets – vor allem die Erweiterung des lateinischen, aber auch des paradigmatischen deutschen Interpretaments gegenüber.

3.4.3   Binnengliederung

Die drei Textzeugen der Redaktion P lassen sich zwei Ästen zuordnen. Den ersten Ast repräsentiert die Handschrift p1, den zweiten die Subredaktion P', der die Handschriften d1 und m1 angehören. Die Subredaktion P' hebt sich durch eine Reihe von Zusätzen,

sprachlichen Veränderungen, etlichen Wortartikellücken und anderen Auffälligkeiten
von p1, aber auch von der Ausgangsfassung ab.

3.4.3.1   p1

p1 hat eine äußerst differenzierte Bearbeitung erfahren. Während der Wortartikelbestand
nur mit weniger als 1 % Verlust von der Ausgangsfassung abweicht, verzeichnet vor
allem das volkssprachige Interpretament massive Kürzungen. Demgegenüber bleibt der
lateinische Bestand im Großen und Ganzen erhalten. Bezüglich der deutschen Wortartikelbestandteile erweist sich p1 also als eine Kurzfassung von P. Dies hängt vermutlich damit zusammen, dass p1 als vierter Teil eines ›Voc. quad.‹ überliefert ist und
so einen Kompromiss zwischen einer von der Ausgangsfassung kaum abweichenden
Redaktion P einerseits und der stark reduzierten und modifizierten Redaktion W
andererseits darstellt.

A004   **Abeteker** apotekarivs, herbularius; vnde ys eyn man, de arsedyghe to
vorkopende plecht
– apotecarius,-a,-vm *W*
P   dInt. fehlt p1

A011   **Adere** vippera; vnde ys eyn worm vilna also eyn slanghe edder eyn snake
vilna (...)] *fehlt D W*
P   vilna (...)] fehlt p1

Die Anpassung an den ursprünglichen vierten Teil des ›Voc. quad.‹, die Redaktion W
des ›Voc. Theut.‹, erfolgte aber allenfalls nach formalen Kriterien. Nur wenige Wortartikel enthalten Merkmale, die auf eine inhaltliche Beeinflussung von p1 durch W hinweisen. Diese reichen nicht aus, eine mehr als formale Beeinflussung anzunehmen.

Modifikationen:

H198   **Hoof** is horn, alse an des perdes voten; babatum
P   Hoof is horn] Hoffysern p1

H199   **Hoofiseren** babati ferrum
– babbatum *W*
sowie:

S435   **Spange** perichelides, fibra
fibra] fibula *W*
P   fibra] fibula p1

Zusatztext:

D213   **Dudis** mensche teutunicus, almanus
– teutonicus, almanus, germanus *W*
P + germanus *p1*

V272   **Vore** als me ploget in deme ackere; lira
– °in agro, lira^X, sulcus *W*
P + sulcus *p1*

Da p1 eine Kurzfassung von P überliefert, in der zahlreiche bei P' vorhandene Zusätze im volkssprachigen Interpretament fehlen, muss offen bleiben, ob und in welchem Maße eine nicht gekürzte Vorstufe von p1 möglicherweise Anteil an diesen Zusätzen gehabt hat.

3.4.3.2   Subredaktion P'

Die Subredaktion P' besteht aus einem münsterländischen und einem südniederfränkischen Textzeugen. Vor allem Exemplare aus dem Umfeld von d1 haben in der Überlieferung Spuren hinterlassen: Betroffen sind der münsterische Druck ms, die Celler Handschrift c1 sowie das Exemplar, das in den Mainzer Textzeugen des ›Voc. Ex quo‹, Ma3, eingearbeitet worden ist.

Anders als in der Redaktion P verteilen sich die Abweichungen von P' gegenüber der Ausgangsfassung über das gesamte Alphabet, wobei es allerdings zwischen den einzelnen Kategorien zu unterscheiden gilt.

3.4.3.2.1   Makrostruktur

Im Gegensatz zum Text der Redaktion P, die in diesem Fall von p1 repräsentiert wird, verzeichnet der Text von P' eine dreimal so hohe Zahl an Wortartikelverlusten; trotzdem halten sich diese aber gegenüber den anderen Folgeredaktionen noch in Grenzen. Auffälligerweise beschränken sich von den 132 entfallenen Wortartikeln nur 21 auf P'; 111 Wortartikelverluste hat P' mit mindestens einer weiteren Folgeredaktion gemein. Dagegen hat P' nur vier Zusatzwortartikel und damit die bei weitem geringste Anzahl aller Folgeredaktionen. Zwei Zusatzwortartikel hat P' mit anderen Redaktionen bzw. Textzeugen gemein:

C088.01   **Clockhues** ⌜campanale *P'* / campanile *b1 W*

C206.01   **Crokelen** runselen; rugare *P' w6 c1*

Die beiden übrigen Zusatzwortartikel haben als Stichwort flektierte Formen vorhandener Stichwörter (S142, S256):

S105.01   **Sceen** splendebat, rutilabat *P'*

S212.01   **Seen** video; alz: „Ic zee dich wal" *P'*

Im zweiten Wortartikel enthält das Stichwort einen Fehler; es müsste *see* heißen und wäre damit die Entsprechung von lat. *video*. Dann würde es sich auch besser in die alphabetische Reihenfolge einpassen.

Durch die Aufnahme der flektierten Formen zeigt der Redaktor, dass er ähnlich wie der Verfasser des ›Voc. Theut.‹ im Interesse der Benutzerfreundlichkeit Redundanz nicht scheut.

Insgesamt also fügt P' fast keine neuen Wortartikel hinzu und beschränkt sich auf die Veränderung der vorhandenen.

3.4.3.2.2 Mikrostruktur

Die Veränderungen der Subredaktion P' gegenüber der Ausgangsfassung machen sich vor allem im Bereich der Mikrostruktur bemerkbar. Die Modifikationen erstrecken sich vom Stichwort über das volkssprachige bis hin zum lateinischen Interpretament.

3.4.3.2.2.1 Das Stichwort

Im Gegensatz zu den anderen Folgeredaktionen weist die Subredaktion P' etliche Modifikationen des Stichworts auf. Zum Teil ändert sich die Wortform, zum Teil wird das Wort gegen ein anderes, meist ähnliches ausgetauscht. In etlichen Fällen führt diese Änderung zu einem Verstoß gegen die alphabetische Reihenfolge der Stichwörter:

B097 **Bellen** also de hunde; latrare
Bellen] Blecken *P'*

B195 **Byboyt** eyn groyt krut to arsedye; artimesia
Byboyt] Biuoet *P'*

C045 **Cas** eyn he vnder den katten; murilegus
Cas] Cater *P'*

C059 **Claffen** sneteren, tzanneken, keuelen, waschen; garrulare
Claffen] Clappen *P'*

C210 **Cron** eyn groyt vogel; grus
Cron] Crane *P'*

D104 **Doghen** lyden, vordulden; pati, sustinere, pacienter ferre, tollerare
Doghen] Duldeghen *P'*

G135 **Gransen** grimmen, tornen; seuire, irasci
Gransen] Grammen *P'*

H184 **Hissen** prouocare, incitare, irritare
Hissen] Heten *P'*

M185 **Morgen** cras; sax. Morne
Morgen] Morne *P'*

O025 **Opper** oblacio, offertorium, sacrificium, victima, holocaustum, immolacio, hostia
Opper] Offer *P'*

O026 **Opperen** offerre, sacrificare, immolare
Opperen] Offeren *P'*

O027 **Oppersank** offertorium
Oppersank] Offersanck *P'*

O028 **Opperman** clokener, kerkener; campanator, ecclesiasticus
Opperman] Offerman *P'*

T055 **Tertelduue** turtur
Tertelduue] Tortelduue *P'*

V201 **Vnslet** Talch sax.; sepum
Vnslet] Vngel *P'*

W307 **Worvmme** quare, cur, propter quid, qua de causa, quamobrem
Worvmme] Warvmme *P'*

Dem Bearbeiter von P' scheinen die Abänderungen des Stichworts in diesen Fällen wichtiger gewesen zu sein als der damit verbundene Verstoß gegen die alphabetische Anordnung der Stichwörter. Ihm kommt es auf die sprachliche Richtigkeit an, die damit verbundenen lexikografischen Nachteile nimmt er in Kauf.

3.4.3.2.2.2 Das volkssprachige Interpretament

Verluste im deutschen Interpretament halten sich in Grenzen. Nur selten ist ein gesamtes deutsches Interpretament betroffen (etwa: D141, E004, T089), dann aber hat P' diesen Verlust mit anderen Folgeredaktionen gemein. Ausführliche Paraphrasen werden zuweilen vereinfacht, aber es fehlen auch Synonyme.

a) Vereinfachungen bei Paraphrasen

A032 **Agetsteyn** bernsteen; agathes, gagates, bernix; vnde ys eddelsteen gestalt vnde bern ok also dat claar van den bomen
vnde bern ok] *fehlt P'*

B286 **Bôlken** boare; also eyn osse bolket
bolket] *fehlt P*

B371 **Broden** also de henne de kukene brodet; cubare, excubare
brodet] *fehlt P'*

O010   **Olt** alse alle vorgenklike dink werden; antiquus, vetus, uetustus
       werden] *fehlt P'*

b) Verlusttext im paradigmatischen Teil

B221   **Blak** tyntte; inkaustum
       tyntte] *fehlt P' D b1 W*

C234   **Cule** groue, lok, hol, dar de deyr ynne lighet edder wonnet; spelunca, lacus,
       antrum, fouea, latebra
       lok] *fehlt P'*

D116   **Don** lued, galm, scal, wyse; sonus
       galm] *fehlt P'*

G121   **Gordeler** gordelmecker; cingulator
       Gordeler] *fehlt P'*

H174   **Hint** hinde, en moder vnder den herten; hinnulus
       Hint] *fehlt P'*

M104   **Mes** mest, messer; cultellus, cultrum, culter
       mest] *fehlt P'*

In der Regel handelt es sich bei diesen Kürzungen um Wörter, die in der Sprache des
Redaktors von P' nicht üblich sind: So kommt etwa der Ausdruck *gordelmecker* nach
Angaben von ÅSDAHL HOLMBERG in Westfalen nicht vor.[61]

c) Zusatztext im paradigmatischen Teil

Recht zahlreich fallen die Zusätze im paradigmatischen Interpretamentsteil aus. Die
Erweiterungen häufen sich in der Buchstabenstrecke *A – B*; ihre Zahl nimmt später ab:

A019   **Afgunstech** vngunstech; infauorabilis; r. Hetesch, Nydesch
       vngunstech] + ungewegen *P'*

A023   **Afneghen** declinare
       Afneghen] + affbogen *P'*

A048   **Al** iowelk, itwelk; quilibet, vnusquisque, singulus, vniuersus
       Al iowelk] + yslic *P'*

A064   **Almechtech** omnipotens, cunctipotens
       Almechtech] + alweldich *P'*

---

61 M. ÅSDAHL HOLMBERG, *Studien zu den niederdeutschen Handwerkerbezeichnungen des
   Mittelalters. Leder- und Holzhandwerker*, Lund 1950, S. 121f.

A075 **Althen** semper, omnitempore, sine interuallo
      + alwege *P'*

A082 **Ambegyn** principium, inicium, incepcio, inceptum, primordium, inchoamen,
      inchoacio
      Ambegyn] + betenginghe *P'*

A104 **Andrake** annetarius
      Andrake] + erpel *P'*

A111 **Anhanghen** adherere
      Anhanghen] + thohalden *P'*
      P thohalden] thohanghen *m1*

A138 **Anwisen** leren; docere, informare, -buere, instrvere
      leren] + underwisen **P*

A139 **Anwiser** doctor, magister, informator, instrvctor, imbutor
      Anwiser] + lerer *P'*

B233 **Blek** plas, plan, eyn stede; spacium, planicies, area
      stede] lanck bret stede *P'*

B272 **Boghen** bughen; flectere, inclinare, declinare
      bughen] + negen *P'*

B285 **Bolderen** stymen, ruschen; strepere, strepitum facere, susurrare
      ruschen] + cloppen *P'*

B309 **Borne** fons, puteus
      Borne] + putte *P'*

G030 **Gheden** dat vnnutte krut vvtteyn; euellere, eradicare
      Gheden] + weyden *P'*

Auch bei den ergänzten volkssprachigen Wörtern manifestiert sich ein deutlicher Unterschied zwischen P' und den übrigen Folgeredaktionen. Während ihre Zahl in den anderen Folgeredaktionen verschwindend gering ausfällt, darf die Ergänzung der volkssprachigen Interpretamente in der P'-Bearbeitung als besonderer Akzent angesehen
werden. Die Zusätze erweisen sich zum Teil als wortgeografisch relevant: Nach der
Karte im DWA[62] kommt *weyden* 'jäten' (G030) in Westfalen nur nördlich der Lippe vor.

---

62 Vgl. DWA 14, Karte 'jäten'.

d) Modifikationen
Wie das Stichwort werden auch Wörter des volkssprachigen Interpretaments modifiziert
oder ausgetauscht. Und wie dort handelt es sich weitgehend um sprachliche Anpassungen:

D018   **Dare** also dar me dat molt vppe dart; aridarium
      dart] droget *P'*

D035   **Dekkel** tectorium, coopertorium, cooperimentum
      Dekkel] Decker *P'*

D225   **Důngen** also me den acker dunget; rigare, irrigare
      acker] garden *P'*

E083   **Ensedel** clusener; heremita, anachorita
      Ensedel] Ensedeler *P'*

M110   **Messersmet** cultellifex, cultrifaber
      Messersmet] Mestmeker *P'*

P102   **Prange** stange; phalanga
      stange] stake *P'*

S033   **Sammen** colligere, congregare
      Sammen] Sammelen *P'*

S369   **Smyssen** besôlen; maculare, defedare
      Smyssen] Smitten *P'*

T182   **Tweseling** also twene mynschen, de to enem male boren werdet; gemelli
      Tweseling] Tweseken *P'*

V296   **Vormunde** tutor, procurator, prouisor
      Vormunde] Vormunder *P'*

Für eine auf die Bedeutungsverschiebung eines Wortes zurückzuführende Änderung in
einer Definition sei das folgende Beispiel angeführt:

R016   **Raken** alse me korne vmme wendet; tractulare
      dInt.] alz men de kolen vmme raket *P'*

Anders als bei den lateinischen Äquivalenten unterlaufen dem Redaktor nur wenige
Versehen im volkssprachigen Interpretamentsteil:

M045   **Mate** metecheyt; modus
      metecheyt] metich *P'*

3.4.3.2.2.3 Das lateinische Interpretament

Die lateinische Äquivalente sind von Kürzungen weitgehend verschont geblieben. Zusätze an lateinischen Äquivalenten kommen vor, fallen aber kaum ins Gewicht, z. B.:

A015   **Af** van; inde
+ abhoc °de illo^{pl} P

C220   **Crukke** traha
+ tractula P'

H129   **Herden** duren, stede bliuen; continuare, perdurare, perseuerare
continuare] + durare P'

H204   **Hoyke** mantel; palleum
+ toga P'

M066   **Meel** farina
+ far P'

Die Modifikationen an lateinischen Äquivalenten gehen zum Teil auf Versehen, zum Teil auf bewusstes Verändern zurück. Beispiele für Versehen sind etwa:

A021   **Aflat** vorlatinghe der sunde; indulgencia, venia, remissio peccatorum, relaxacio delictorum
relaxacio] relaxio P'

G054   **Gheren** also de wyn edder beer geret; blictrire
blictrire] blictere P'

H135   **Herlich** dominicalis, gloriosus; r. Ersam
dominicalis] dominalis P'

O047   **Ostenwind** subsolanus
subsolanus] subsalanus P'

P077   **Pleghen** warden; vacare, temptare
vacare] vocare P'

R007   **Radelwige** en vogel; cristula
cristula] critula P'

S128   **Scetele** vertex, glabra
glabra] glabia P'

S229   **Seddek** en edel vogel; psitacus
psitacus] phitacus P'

Versehen im Bereich des lateinischen Wortschatzes begegnen auch in Zusatzwortartikeln der Redaktion P:

A116.01 **Anhoren** also: „Dat dinck hort mich an"; spectare *P*
P an spectare *p1*] aspectare *d1 m1*

Statt der beiden ursprünglichen Wörter *an* (zum deutschen Interpretament gehörend) und *spectare* (erstes lateinisches Äquivalent) bieten d1 und m1 *aspectare*. Vermutlich ist die P'-Lesart durch das Überlesen eines Nasalstrichs über *a* entstanden. Abgesehen von der Bedeutung spricht gegen *aspectare*, dass das Stichwort *Anhoren* auch im Beispielsatz ein *an* verlangt.

Als bewusste Veränderungen können die folgenden gelten:

O071 **Ouerste** supremus, svmmus, altissimus
supremus] superius *P'*

P015 **Pape** clerus
clerus] clericus *P'*

S097 **Scemede** hemelek let enes deres; genitalia, verenda, pvdibvnda
genitalia] genitale *P'*

Ihre Zahl fällt aber erheblich geringer aus als die große Zahl der Versehen.

3.4.3.2.2.4 Auswertung

Die Neigung, den zugrunde liegenden Wortschatz zu modifizieren, könnte damit zusammenhängen, dass P' in einer großen geografischen Distanz zur Ausgangsfassung entstanden ist und der Redaktor bestimmte ostfälische Ausdrücke nicht akzeptieren konnte. *offer* 'Opfer', *biuoet* 'Beifuß', *morne* 'morgen', *blecken* 'bellen' und *war* 'wo' sind Beispiele für westfälische Wörter bzw. Wortformen sowie *raken* ein Beispiel für eine Änderung der Bedeutungsangabe.

3.4.4   Kontamination

Die beiden Textzeugen der Subredaktion P' weisen Gemeinsamkeiten mit einzelnen Textzeugen der Ausgangsfassung auf, die sich aus Kontaminationen erklären lassen.

3.4.4.1   d1 mit b2

d1 hat etliche Zusätze im Interpretament mit b2 gemein:

B337 **Botelink** castrinius
K Botelink] + hamel *b2*
P Botelink] + hamel *d1*

C074 **Clegen** crassen; scalpere
K crassen] + crymmen *b2*
P crassen] + crimmen *d1* · + vertere *d1*

D149 **Dort** dare, ionttelt; illic, istic
    K   illic] + ibi *b2*
    P   dare] + ibi *d1*

K038 **Kesen** eligere
    Kesen] + vetkesen *P'*
    K   Kesen] + utkeysen *b2*

M166 **Moghen** posse, valere, queo
    K   Moghen] + dogen *b2*
    P   Moghen] + dogen *d1*

M180 **Morder** homicida
    K   + latro *b2*
    P   + latro *d1*

M197 **Moys** pulmentvm
    K   Moys] + bry *b2*
    P   Moys] + brig *d1*

Wie oben aber angedeutet, reicht gemeinsamer Zusatztext allein nicht aus, um ein wie auch immer geartetes Abhängigkeitsverhältnis zwischen zwei Überlieferungsträgern zu postulieren. Beide Textzeugen vereinigt noch eine weitere Gemeinsamkeit, bei der sich wiederum b2 als Spender erweist:

C215 **Crosele** weke knoken in demme vlesche; cartilago
    K   Crosele *w2*] Croseke *k2*; Cnoster *b2*

C111.03 **Cnoster** eyn wech knoke in dem vleysche; kartilago *d1*

b2 ersetzt das Stichwort durch ein anderes Lexem. Diese Änderung überliefert auch d1, allerdings mit dem Unterschied, dass das modifizierte Stichwort nun an einer anderen Stelle im Alphabet, nämlich in der Wortschatzstrecke *Cn-* eingeordnet worden ist. Es ist also davon auszugehen, dass ein Teil des in d1 überlieferten zusätzlichen Wortmaterials einer Vorstufe von b2 entstammt.

3.4.4.2   m1 mit w2

m1 gehört nicht während des gesamten Alphabets zur Subredaktion P', sondern überliefert sporadisch den Text der Ausgangsfassung. Dass m1 nicht P' bzw. P folgt, lässt sich u. a. daran erkennen, dass m1 nur zwei Drittel der Zusatzwortartikel von P (16 von 24) überliefert. Es fehlen in m1 die folgenden Wortartikel:

B082 **Begripen** gripen also myt den henden; capere, apprehendere
    + *(neuer Wa.)* Begripen alz mit den danken; concipere, intelligere, comprehendere *P*
    (außer m1)

C150.01 **Copersmit** cuprifaber *P (außer m1)*

F015.01 **Fransiscus** eyn name; franciscus *P (außer m1)*

G139.01 **Grauen** alz de doden; sepilire *P (außer m1)*

G140.01 **Graheyt** canicies *P (außer m1)*

S012.01 **Sadelmaker** ᵣsellator *P* / sellarius *w6*
         P   Wa. fehlt m1

S110.01 **Sceploen** naulum *P (außer m1)*

S334.01 **Sling** margo *P D W w1 (außer m1)*

Auch bei von P zusätzlich eingeführten Interpretamentsteilen hat m1 Lücken. Im Folgenden werden nur diejenigen angeführt, die nicht am Ende eines Wortartikels stehen und damit eher anfällig für Streichungen sind:

A002 **Abbesete** alphabetum, abbecedarium
      Abbesete] + fibele *P (außer m1)*

A183 **Auelaten** aflaten; dimittere, desinere
      dimittere] + desistere *P *D (außer m1)*

C219 **Crukke** stelte, dar eyne lame mede gheyt; scaca
      gheyt] + gipsa *P (außer m1)*

D066 **Děren** dor maken; aridare, siccare
      maken] + dat molt *P (außer m1)*

D135 **Dorftech** indigens; r. Arm
      Dorftech] + noetraeftich *P (außer m1)*

H004 **Hagebutte** en vrucht; cornum
      vrucht] roet vrucht *P (außer m1)*

H074 **Hechte** manubrium
      Hechte] + an den meste *P (außer m1)*

H293 **Hutterok** eyn steyn; tucia
      Hutterok] + copperrock *P (außer m1)*

V234 **Volghe** crumenta
      Volghe] + vp eyn stande *P (außer m1)*

V359 **Vphoren** vorlaten; cessare, desinere, desistere, dimittere
      vorlaten] + sufficere *P (außer m1)*

Besonders deutliche Beispiele für den Zusammenhang von m1 mit der Ausgangsfassung liefern folgende Wortartikel:

T056 **Test** eyn erden degel; testa
      dInt.] dar men siluer in bernet *P (außer m1)*

T094   **Tomaken** stoppen, vorstoppen, dat upghebraken is; obstruere, obturare
       vorstoppen (...)] struere, obstruere *P (außer m1)*

In diesen Fällen folgt m1 dem Text der Ausgangsfassung. Es zeigt sich, dass fast jeder
Buchstabenabschnitt und also das gesamte Alphabet betroffen ist. Eine bestimmte
längere Wortschatzstrecke, in der m1 ausschließlich mit der Ausgangsfassung geht, lässt
sich nicht ermitteln. Vermutlich ist abwechselnd aus zwei unterschiedlichen Vorlagen
abgeschrieben worden.

Unter den Textzeugen der Ausgangsfassung hat w2 besonders große Gemeinsamkeiten mit dem Text von m1. Hierbei ist zu bedenken, dass die jüngere Sprachschicht
in w2 ins Nordwestfälische weist; m1 hat einen münsterländischen Schreiberwortschatz.
Zuweilen verstoßen beide Textzeugen durch Abänderung des Stichworts gegen die
alphabetische Reihenfolge:

G025   **Gheynen** vpgheynen; hyare
       K Gheynen] Ghewen *w2*
       P Gheynen] Geven *m1*

T003   **Tacken** roren, volen, tasten; tangere
       K Tacken] Tasten *w2*
       P Tacken] Tasten *m1*

V046   **Vefteyne** quindecim
       K Vefteyne] Vifteyne *w2*
       P Vefteyne] Vyfteyne *m1*

V047   **Veftich** quinquaginta
       K Veftich] Viftich *w2*
       P Veftich] Viftich *m1*

w2 und m1 weisen einige gemeinsame, sonst nicht bezeugte Zusätze auf:[63]

L181   **Lot** sors
       K + lucke *w2*
       P Lot] Lucke sors *(neuer Wa.)* Lot *m1*

V294   **Vormeten** dat gheschen is, beromen; iactare, iacticare
       K is] + edder *w2*
       P is] eder *m1*

W088   **Weddelich** schone, gheue, <houes, suuerlich; elegans>, pulcher, formosus,
       speciosus, curialis, benedispositus
       houes] *fehlt (außer m1)* P

---

63 Die Spitzklammern im dritten Beispiel deuten an, dass in der Ausgangsredaktion nur die
    Leithandschrift, hier w2, den eingeklammerten Text überliefert.

Etliche individuelle bzw. fehlerhafte Lesarten kommen nur bei w2 und m1 vor:

E149 **Eschen** fraccineus, de fraccino
K fraccino] fraxineo *w2*
P fraccino] fraxineo *m1*

M062 **Medeborch** en grot stat in sassen; magdeburga
K magdeburga] madeburga *w2*
P magdeburga] madeburga *m1*

R127 **Risch** seem; ivncus, cirpus
K cirpus] cirrus *w2*
P cirpus] cirrus *m1*

S662 **Sulueren** argenteus, de argento
K argento] argenteo *w2*
P argento] argenteo *m1*

V358 **Vpgan** also dat gras; succrescere, cressere
K succrescere] successere *w2*
P succrescere] successere *m1*

Auffällig ist auch das Fehlen des einzigen lateinischen Äquivalents (*cynamonium*) im nur von P und w2 überlieferten Zusatzwortartikel:

R116.01 **Rindeken** caneel, eyn edel kruid; °cynamomum$^{m1\ w2}$ P *w2*

Eine markante Gemeinsamkeit von m1 mit w2 zeigt der folgende Wortartikel:

A146 **Appril** eyn maantiid eynvndedrittech dage lank, in den daghen kumpt paschen edder oysteren; apprilis
K den daghen] <u>dem iare</u> dage *w2*
P *Wa.*] April vnde ys de twalfde mån in <u>dem iare</u> aprilis *m1*

Nur in w2 und m1 kommt *dem iare* vor. In m1 erscheint die Bedeutungsangabe schlüssiger, auch wenn der April nicht der 12. Monat des Jahres ist. In w2 erweist sich *iare* als störend.

w2 und die der Ausgangsfassung folgenden Teile von m1 scheinen also auf eine gemeinsame Vorstufe zurückzugehen, die im Falle von A146 sowohl vom K- als auch vom P-Text abweicht.

Der Textzeuge m1, dessen Schreiberwortschatz als münsterländisch bestimmt werden konnte, überliefert einen Text, der mit dem Text eines aus dem Umfeld von w2 stammenden Exemplars der Ausgangsfassung kontaminiert ist. Da sich die Redaktion P kaum von der Ausgangsfassung unterscheidet, ist nicht einmal auszuschließen, dass die Vorlagen von m1 aus Versehen vertauscht worden sind; denn für die Abschrift sind wohl abwechselnd – aber ohne nachvollziehbares Konzept – Exemplare aus beiden Redaktionen verwendet worden. Dass ein Exemplar aus dem Umfeld von w2 Spender

der K-Anteile des Textes ist, erklärt sich durch die geografische Nähe. w2 weist neben einer süd- auch eine nordwestfälische Sprachschicht auf. Ähnlich wie bei w2 selbst und ms findet eine Kontamination mit einem in Westfalen zugänglichen Exemplar der anderen Redaktion statt.

3.4.5 Zur sprachlichen Einordnung von P und P'

Die Textzeugen der Redaktion P' haben einen westlichen, nämlich entweder münsterländischen oder südniederfränkischen Schreiberwortschatz. Es liegt nahe, den Redaktor dieser Region zuzuweisen. Dafür spricht das Adverb 'wo': Zweimal kommt *war* vor: I070 und in *Warvmme* (W307): Im zweiten Fall verstößt das umgebildete Stichwort gegen das Alphabet, das *Wor*- verlangt. Zwar ist *war* sowohl in m1 als auch in d1 zu erwarten, doch steht *Warumme* in beiden Textzeugen in der Nähe anderer *wor*-Belege, die in allen Fällen nicht verändert worden sind. Die Variante *war* ist dominant im Münsterland und Südwestfalen, und damit auch in den Städten Soest, Arnsberg, Dortmund.

Für eine genauere Zuordnung des Schreiberwortschatzes ergibt sich jedoch kein klares Bild. Für das Pronomen 'jeder' finden sich beispielsweise zwei Varianten: *iewelic* (A048) und *iuweliken* (B202): Nach dem ASnA dominiert *iuwelik* um 1400 in Lemgo, Lippstadt und Paderborn sowie ab 1450 in Arnsberg, Marsberg und Soest; *iewelic* in Bremen, Groningen, Hamburg, Kiel, Lübeck, Lüneburg, Oldenburg, im ostfälischen Göttingen (ab 1450) sowie in Münster (1450) und Osnabrück. Beide Varianten schließen einander also aus.

Lautlich überwiegen südwestfälische Merkmale: P' überliefert <a> vor *ld* / *lt* (C010)[64]; diese Schreibweise dominiert nur in Südwestfalen (Arnsberg, Dortmund [um 1500], Soest, Essen), Rheinland (Duisburg, Köln, Kleve, Wesel) und Elbostfalen (Quedlinburg und Magdeburg jeweils bis 1400). Ins Südwestfälische weist auch <a> für /o/ vor *r* plus Konsonant: *bywart* (B214); diese Schreibung bezeugt der ASnA in hinreichender Anzahl nur aus den Orten Dortmund, Soest und Arnsberg.

Aber gerade in diesen Orten kommt das zweifach begegnende *wal* 'wohl' (S163, W144) eigentlich nicht vor. Dominantes bzw. alleiniges *wal* bezeugt der ASnA in der ersten Jahrhunderthälfte als Mehrheitsvariante aus Bocholt, Coesfeld, Münster, Osnabrück, Herford, Minden, Hameln und Höxter, außerdem aus Duisburg, Essen (1500), Lippstadt (1500), Paderborn (ab 1450), Lemgo (ab 1450). Die Kombination *iewelic* und *wal* ergibt Münster und Osnabrück als in Frage kommende Städte.

Die Merkmale lassen sich nicht vereinigen. Folglich ist ein mehr als einschichtiger Schreiberwortschatz anzunehmen. Der Vokalismus und ein Teil der Funktionswörter passen – wie es auch bei p1 und w2 der Fall ist – in den Bereich Soest – Arnsberg. Die anderen Funktionswörter weisen in den Bereich Münster – Osnabrück. Auch wenn die auf P' zurückgeführten Merkmale in den genannten Wortartikeln nicht auf p1 zutreffen,

---

64 Auffälligerweise haben w2 und ms hier ebenfalls <a>!

überliefert p1 genau diese Merkmale in anderen Wortartikeln. Da der Vokalismus sich in der Regel als konservativ und damit nicht so leicht austauschbar erweist, hat folgende Differenzierung hohe Wahrscheinlichkeit: Die Redaktion P ist – vor allem aufgrund des Vokalismus – dem südlichen Westfalen zuzuordnen und die Subredaktion P' dem nördlichen Westfalen mit den Städten Münster – Osnabrück.

Unterstützung erfährt diese Hypothese aufgrund der lautlichen Gestalt zweier zum Sondergut von P zählender Wörter: *ende* 'Ente' (A103) und *are* 'Narbe' (A147.01). Nach den Angaben im Westfälischen Wörterbuch (WESTFWB 1, 150) herrscht *And* im Norden bis südlich der Lippe vor, das umgelautete *E^{a}ne* südlich davon. Allein dies spricht für eine südwestfälische Zuordnung der Sprache von P. Eine noch genauere Zuordnung lässt möglicherweise die Form *are* zu: Das Westfälische Wörterbuch (WESTFWB 1,297) bezeugt sie in dieser Lautung und in der Bedeutung 'Narbe' nur zweimal aus dem Altkreis Meschede.

Der vermutlich nordwestfälische Redaktor von P' hat in seiner Bearbeitung besonderen Wert auf die sprachliche Anpassung gelegt. Typisch ostfälische Ausdrücke hat er entweder getilgt oder umgestaltet, außerdem hat er (nord)westfälische Wörter wie *weyden* hinzugefügt. Die Subredaktion P' erweist sich damit als eine nordwestfälische Version des ›Voc. Theut.‹.

Während die Folgeredaktionen D und W im Ostfälischen, also im Entstehungsgebiet des ›Voc. Theut.‹ beheimatet sind und daher kein Anlass für den Zusatz eines volkssprachigen Wortes besteht, ist die Subredaktion P' dem Nordwestfälischen zuzuordnen, dessen Wortschatz sich nicht unwesentlich vom ostfälischen unterscheidet. Die Subredaktion P' hebt sich durch die zahlreichen sprachlichen Anpassungen, die auf unterschiedlichen Ebenen erfolgen, deutlich von allen anderen Folgeredaktionen ab.

3.4.6 Editorische Repräsentation

p1 kommt wegen seiner Kürzungen als Führungshandschrift für P nicht in Frage. Von beiden Vertretern der Subredaktion P' fällt auch die Mainzer Handschrift m1 aus, da sie erstens häufig Verderbnisse und individuelle Veränderungen aufweist und zweitens nicht im gesamten Alphabet der Redaktion P folgt. Aber nicht nur aufgrund negativer Kriterien fällt die Wahl auf d1. Die Düsseldorfer Handschrift d1 liefert den vollständigsten Text und repräsentiert (trotz des eigenen umfangreichen Sonderguts) die Redaktion P am besten. Für d1 spricht außerdem die sehr westliche Sprachform. Zu P und vor allem P' gehören Textzeugen, deren Schreiberwortschatz als Westfälisch bzw. Südniederfränkisch zu bestimmen ist. Diese westliche Orientierung der Redaktion sollte durch die Sprache der Führungshandschrift repräsentiert sein. Als erste Korrekturhandschrift bietet sich p1 an. – Die Abfolge der Siglen im Textzeugenapparat lautet: d1 – p1 – m1.

3.5   Die Fassung b1

3.5.1   Allgemeine Kennzeichen

Überliefert ist die Fassung in nur einem Textzeugen, der Berliner Handschrift b1. Sie bildet dort eine feste Einheit mit einem Exemplar des ›Liber ordinis rerum‹. Dieses ist auf das Jahr 1400 datiert, so dass beide Exemplare die jeweils ältesten datierten Textzeugen ihrer Vokabulare darstellen. b1 ist an den ›Liber ordinis rerum‹ formal und inhaltlich angepasst worden: Zum einen hat der ›Voc. Theut.‹ in dieser Fassung wie der ›Liber ordinis rerum‹ die Gestalt einer reinen zweispaltigen Wortliste, zum anderen sind etliche lateinische Äquivalente denen des ›Liber ordinis rerum‹ angeglichen worden.

b1:   Ostwestfälisch (Höxter) – 1400

3.5.2   Charakterisierung von b1

b1 unterscheidet sich von der Ausgangsfassung vor allem durch massive Kürzungen sowohl in der Makro- als auch in der Mikrostruktur. Dem stehen nur wenige Zusätze und Modifikationen gegenüber.

3.5.2.1   Makrostruktur

3.5.2.1.1   Verlusttext

Kürzungen machen den Charakter dieser Fassung aus. Der Wortartikelausfall gegenüber der Ausgangsfassung beträgt etwa 20 %. Er betrifft Wörter, die sich als Verdeutschung des angeführten lateinischen Äquivalents erweisen (A014 Advent aduentus), Dubletten (A003 Abeteken), Personen- und Ländernamen (A121 Anne, B074 Begerenlant) sowie deren Ableitungen (B075 Beger), Komposita (A132 Antfogel), von Verben abgeleitete Substantive (A114 Anheuent, B069 Bedrofnisse), zahlreiche Verben (A025 Afnemen), Partizipien (B067 Bedrouet), von Substantiven abgeleitete Adjektive (B116 Berebomen, B123 Berken), von Substantiven abgeleitete Verben (A169 Arsedyen), Adverbien (A067 Altomale, B321 Bosliken), Präpositionen (A015 Af), Pronomina (A062 Allerleye) und Zahlwörter (A044 Ahtehundert). Diese Kürzungen haben zur Folge, dass der Anteil der Substantive in b1 mit fast 60 % deutlich höher ausfällt als in allen anderen Textzeugen.

Daneben fällt eine Gruppe von in b1 fehlenden Stichwörtern auf, deren Gemeinsamkeit darin besteht, dass sich ein anderes in der Schreibung identisches oder zumindest sehr ähnliches Stichwort in unmittelbarer Nähe befindet: A028 Afslan, A037 Ahte, A040 Ahten, A049 Al, A052 Alder, A092 Andechtich, A107 Angel, B012 Bal, B044 Bekker, B048 Bekummeren, B054 Beden, B100 Been, B110 Beraden, B112 Berede, B149 Besetten, B150 Besetten, B172 Beteren, B174 Beuallen, B181 Beuesten, B191 Beweren, B203 Bidden, B226 Blas, B246 Blod, B259 Booc, B264 Bode, B279 Bole, B316 Boort, B317 Bort, B318 Bose, B330 Bote, B332 Bõten, B333 Boten, B334 Boten, B335 Boten, B366 Broke, B367 Broke usw. Diese zweite Gruppe von getilgten Wortartikeln deutet darauf hin, dass formale Kriterien bei der Reduzierung des Wortartikelbestandes eine nicht unerhebliche Rolle spielen.

3.5.2.1.2 Zusatztext

Trotz massiver Kürzungen begegnen in b1 etliche Zusatzwortartikel. In einigen Fällen handelt es sich um lautliche und lexikalische Varianten zu Stichwörtern der Ausgangsfassung.

Lautliche Varianten:

H172 **Himmel** celum, tronus dei
tronus dei] *fehlt b1*

H112.01 **Hemmel** celum *b1*

L094 **Lere** doctrina, informacio, erudicio, documentum, docma
– doctrina, documentum, erudicio *b1*

L031.01 **Lare** doctrina *b1*

Lexikalische Varianten:

B359 **Bret** asser

C079.02 **Cleypere** asser *b1*

H217 **Holsche** calopes

T139.01 **Trippe** calopes *b1*

H044 **Hardmaan** december

W241.01 **Winterman** december *b1*

S193 **Scucken** singultare

G087.01 **Ghisscen** singultare *b1*

Daneben begegnen zahlreiche Zusatzwortartikel, deren Vorhandensein sich nicht mit lautlicher oder lexikalischer Varianz zu vorhandenen Stichwörtern erklären lässt. Etliche dieser zusätzlichen Wortgleichungen stammen aus dem ›Liber ordinis rerum‹:[65]

B412.01 **Bugman** edificator *b1*
L.o.r. 70,01

D160.01 **Drankghelt** bibales *b1*
L.o.r. 37,24

---

65 Die im Folgenden angeführten Ordnungsnummern aus dem ›Liber ordinis rerum‹ („L.o.r.") sind wie folgt aufgebaut: Vor dem Komma befindet sich die Kapitelnummer, hinter dem Komma die Nummer des Wortartikels, und zwar angegeben nach der Edition von Schmitt 1983.

H028.01 **Hane** gallus *bl*
    L.o.r. 97,08

L031.03 **Larue** larua *bl*
    L.o.r. 82,11

M183.01 **Móre** morella *bl*
    L.o.r. 124,04

O013.01 **Oldelecht** senilis *bl*
    L.o.r. 155,19

P000.01 **Pacdarm** lien *bl*
    L.o.r. 110,25

P021.01 **Paradijs** paradisus *bl*
    L.o.r. 13,01

R068.01 **Reme** tentorium *bl*
    L.o.r. 84,13

R208.01 **Rûste** machinis *bl*
    L.o.r. 72,34

S348.01 **Sludere** funda *bl*
    L.o.r. 85,32

V100.01 **Vilt** filtrum *bl*
    L.o.r. 64,22

W198.01 **Wiffel** licium, substamen *bl*
    L.o.r. 63,30

Auch einige Lexeme, die als Wortstamm einer Ableitung zugrunde liegen, aber im Leittext des ›Voc. Theut.‹ fehlen, werden ergänzt:

T192 **Twiuelhaftich** mislouich; dubiosus

T190.01 **Twiuel** dubium, ambiguum *bl*
    L.o.r. 48: 21 Ambigium (Ma1) / 22 Ambagium Dubium

In einigen Fällen wird eine Ableitung motiviert durch einen im ›Liber ordinis rerum‹ folgenden Wortartikel:

M127 **Milde** largus, largifluus

M127.01 **Mildicheyt** largitas *bl*
    L.o.r. 161: 13 Largus / 15 Largitas

3.5.2.1.3 Umgestaltung

3.5.2.1.3.1 Verschieben von Wortartikeln

Der Bearbeiter tilgt einen Wortartikel an der ursprünglichen Stelle und platziert ihn an einer anderen. Dies ist aus unterschiedlichen Gründen geschehen:

a) Schreibung

Zu Beginn des Alphabets wird in der Ausgangsfassung die gutturale Spirans /ch/ als <h> geschrieben und entsprechend einsortiert. Diese ursprünglich unter *Ah-* stehenden Wortartikel erscheinen in b1 zu *Ach-* verschoben (A005.01 – A005.06):[66]

A035   **Ahorne** eyn boym; platanus

A005.01   **Achte**$_{(A036)}$ octo   *b1*

A005.02   **Achte**$_{(A038)}$ prescripcio   *b1*

A005.03   **Achteynne**$_{(A042)}$ decem et octo   *b1*

A005.04   **Achtentech**$_{(A043)}$ octuginta   *b1*

A005.05   **Achten**$_{(A039)}$ censere, taxare   *b1*

A005.06   **Achtene**$_{(A041)}$ retro   *b1*

A045   **Akeleye** aquileya; eyn krut. **Wylt akeleye** ...

Eine ähnlich motivierte Umsortierung erfolgt von *Cn-* nach *Kn-*:

C102   **Cluwen** glomus

K062.03   **Kne**$_{(C104)}$ genu   *b1 W*

K062.04   **Kneden**$_{(C105)}$ comprimere   *b1 W*

K062.07   **Knecht**$_{(C106)}$ serwus, famulus, minister, cliens   *b1*

K062.08   **Knoke**$_{(C109)}$ os,ossis   *b1*

K062.10   **Knop**$_{(C111)}$ nodus   *b1 W*

K062.13   **Knutte**$_{(C112)}$ adula   *b1 W*

K062.14   **Knutten**$_{(C113)}$ ⁺uel stricken*ᵂ*; nectere   *b1 W*

C114   **Co** vacca; r. Rind
      Wa. fehlt W

Es fällt auf, dass nur die Buchstabenstrecke *Cn-* verschoben worden ist; hingegen haben die Abschnitte *Ca-*, *Cl-*, *Co-*, *Cr-* und *Cu-* ihre ursprüngliche Position behalten.

b) Lautung

Manche Umsortierung basiert auf einer gegenüber der Ausgangsfassung veränderten Lautgestalt des Stichworts:

C007   **Calmaar** calamare, pennale
      Wa. in Co: C134.01 b1

C134.01   **Colmaar**$_{(C007)}$ calamare   *b1*

---

66   Der tiefgesetzte Klammerausdruck nach dem Stichwort enthält die Ordnungsnummer des zugrunde liegenden Primärartikels.

D249   **Dwers** transuersum, transversim
      Wa.] *in* T: *T181.01*; **Twersch** transversus *b1*

T181.01 **Twersch**$_{(D249)}$ transversus *b1*

H049   **Harn** breghen; cerebrum
      Wa.] *in* He: *H137.01*; – cerebrum *b1*

H137.01 **Hern**$_{(H049)}$ cerebrum *b1*

N085   **Nochteren** sobrius, ieiunus
      Wa. in Nu: *N106.02* *b1*

N106.02 **Nuchteren**$_{(N085)}$ sobrius, ieiunus *b1*

3.5.2.1.3.2 Aufgliederungen

Nicht selten wird ein aus Stichwort, Synonym und lateinischem Interpretament bestehender Wortartikel der Ausgangsfassung in zwei Wortartikel aufgegliedert, wobei der ursprüngliche Wortartikel (im Folgenden: Ursprungswortartikel) das Synonym verliert und dieses ursprüngliche Synonym Stichwort des zweiten Wortartikels mit meist identischem lateinischen Interpretament wird:

G181   **Gul** gorre, en trach perd;
      Wa.] *Syn.Wa.*: *G116.01*; – dextrarius, emissarius *b1*

G116.01 **Ghorre**$_{(Syn.\ C181)}$ dextrarius, emissarius *b1*

M104   **Mes** mest, messer; cultellus, cultrum, culter
      mest] *fehlt* · messer] *Stw. in Syn.Wa.* M109.01 *b1*

M109.01 **Messer**$_{(Syn.\ M104)}$ cultellus, culter, cultrum *b1*

M158   **Mood** danke; animus, mens
      Wa.] *Syn.Wa.*: *D012.01*; – animus *b1*

D012.01 **Danke**$_{(Syn.\ M158)}$ mens *b1*

M161   **Mode** laß; lassus, fessus, fatigatus
      laß] *Stw. in Syn.Wa.* L031.04 *b1*

L031.04 **Las**$_{(Syn.\ M161)}$ lassus *b1*

P064   **Pissen** mighen; vrinare, mingere
      mighen] *Stw. in Syn.Wa.* M125.01 *b1*

M125.01 **Mighen**$_{(Syn.\ P064\ b1)}$ mingere, °vrinare$^{ms\ w6}$ *b1 ms w6*

S528   **Steyde** bestendich; constans, stabilis, ratus, assiduus, frequens
      bestendich] *Stw. in Syn.Wa.* B158.02 · + crebro *b1*

B158.02 **Bestendech**$_{(Syn.\ S528\ b1)}$ $^{⌐}$stabilis, constans *b1* / r. Steide *W*

Mitunter entfällt der Ursprungswortartikel:

D238   **Dusternisse** vinsternisse; tenebre, obscuritas, tenebrositas
        Syn.Wa.: V110.01 b1

V110.01 **Vinsternisse**$_{(Syn.\ D238)}$ tenebre *b1*

I006   **Iaghen** ylen, hastigen; agitare, festinare, accelerare
        Syn.Wa.: I024.02 b1

I024.02 **Ilen**$_{(Syn.\ I006)}$ agitare, festinare, accelerare *b1*

Als Folge einer Aufgliederung finden sich gelegentlich Dubletten an Stellen, an denen die Ausgangsfassung das Synonym ebenfalls als Stichwort eines Wortartikels verzeichnet:

C164   **Cost** spise, gerichte; cibus, esca, ferculum, dapes, commescio, epule; r.
        Richte$_{(R093)}$
        Wa.] Syn.Wa.: R091.01; – ferculum, dapes b1

R093   **Richte** dat me et; ferculum, epule; r. Spise

R091.01 **Richte**$_{(Syn.\ C164)}$ ferculum *b1*

H227   **Hoen** schemede; verecundia, erubescencia
        schemede] *Stw. in Syn.Wa. S104.02 b1*

S099   **Scemede** hoon; verecundia, erubescencia, pvdicia

S104.02 **Schemede**$_{(Syn.\ H227)}$ verecundia, erubescencia *b1*

Zuweilen haben die Synonyme eine ähnliche Lautung und sind dann in unmittelbarer Nähe des Ursprungswortartikels eingeordnet:

G154   **Grimmech** grimmelik; austerus, crvdelis, terribilis, seuus, seuerus, ferus, ferox,
        atrox
        Wa.] Syn.Wa.: G154.02; – crudelis, terribilis, sewus, horribilis, seuerus, ferus, ferox,
        acer, atrox, austerus b1

G154.02 **Grimmelik**$_{(Syn.\ G154)}$ terribilis, crvdelis, seuerus *b1*

H173.01 **Hinde**$_{(Syn.\ H174)}$ hinnulus *b1*

H174   **Hint** hinde, en moder vnder den herten; hinnulus
        Wa.] Syn.Wa.: H173.01; – hinnulus b1

H178   **Hindernisse** hinder; obstaculum, inpedimentum
Wa.] *Syn.Wa.: H178.01*; – obstaculum, obstare, impedimentum *b1*

H178.01 **Hinder**$_{(Syn. H178)}$ impedimentum *b1*

S510   **Stalt** staltnisse, belde; effigies, disposicio, ymago
Wa.] *Syn.Wa.: S510.01*; – effigies, disposicio *b1*

S510.01 **Staltnisse**$_{(Syn. S510)}$ disposicio *b1*

T176   **Twene** twey; duo
Wa.] *Syn.Wa.: T176.01*; – duo *b1*

T176.01 **Tweig**$_{(Syn. T176)}$ duo *b1*

Auch lateinische Interpretamente werden aufgegliedert:

W129   **Wente** usque, donec, quousque
– donec. *(neuer Wa.)* **Wente** usque *b1*

Mit Bedeutungsdifferenzierungen gehen zuweilen morphologische Differenzierungen einher:

P015   **Pape** clerus
– clericus. *(neuer Wa.)* **Papheyt** clerus *b1*

R155   **Roken** fvmare, fvmigare
fvmare] + *(neuer Wa.)* Rokeren *b1*

3.5.2.1.3.3 Anpassung an den ›Liber ordinis rerum‹

Erscheinen zwei in der Ausgangsfassung unter einem Stichwort kombinierte lateinische Äquivalente im ›Liber ordinis rerum‹ in unterschiedlichen Kapiteln, macht der Bearbeiter von b1 diese Zusammenfassung rückgängig:

S297   **Syn** danke; sensus, ingenivm
– ingenium. *(neuer Wa.)* **Syn** sensus *b1*
L.o.r. 105,07; 108,01

S451   **Spelte** alse en deel van demme knvfloke edder van ener not edder van eme holte; fvstvm, spelta
– spelta. *(neuer Wa.)* **Spelte** fustum *b1*
L.o.r. 123,07; 72,26

Umgekehrt macht der Bearbeiter in Anlehnung an den ›Liber ordinis rerum‹ auch einige in der Ausgangsfassung vorgenommene Differenzierungen rückgängig:

D046   **Delen** also me allerleye dink delet; diuidere
       – diuidere, partire*(aus D048)* *b1*
       L.o.r. 207,06: **Diuidere** partire ...; delen

D048   **Delen** also me wat vnder de luden delt; diuidere, distribuere, partire
       Wa. enth. in D046 b1

G183   **Gulden** von golde, alle ding, dat van golde is; aureus
       – aureus, florenus*(aus G184)* *b1*
       L.o.r. 74,05: **Aureus** florenus; gulden

G184   **Gulden** en gulden penning; florenus
       Wa. enth. in G183 b1

H210   **Holden** allerleye ding; tenere
       – tenere, seruare*(aus H211)* *b1*
       L.o.r. 191,22: **Seruare** tenere ...; holden

H211   **Holden** also me truwe edder warheyt helt; seruare, conseruare, reseruare
       Wa. enth. H210 b1

3.5.2.2   Mikrostruktur

Aus dem Interpretament ist jegliches volkssprachige Element verbannt. Der Artikel besteht nur noch aus dem deutschen Stichwort und dem lateinischen Interpretament, und dieses in über zwei Drittel aller Fälle aus nur einem lateinischen Äquivalent.

In der Regel entspricht das verbliebene Äquivalent dem ersten Äquivalent im Wortartikel der Ausgangsfassung:[67]

A007   **Ackerman** buweman, bvr, buwer; agricola, ruricola
       – agricola *b1*

A010   **Adere** vena, fleba, fibra
       fleba fibra] *fehlt b1*

A013   **Adel** edelcheyt; nobilitas, generositas, proceritas
       – nobilitas *b1*

A018   **Afgod** ydolum, symvlacrum
       symvlacrum] *fehlt b1*

---

67   In der Edition erscheint der Redaktionstext in der Regel dann lemmatisiert, wenn nur das erste Äquivalent übrig bleibt. Wenn mehr als eine Anmerkung nötig ist oder wenn ein anderes als das erste Äquivalent übrig bleibt, ist der gesamte Wortartikel von b1 zitiert. Vgl. Abschnitt 4.2.2.2.1.

A022 **Aflaten** vortyghen, auelaten; dimittere, desinere, desistere
– dimittere *bl*

A024 **Afnemen** deponere, remouere
remouere] *fehlt bl*

A026 **Afscheden** sceden; separare, disiungere, segregare, disgregare
– separare *bl*

A032 **Agetsteyn** bernsteen; agathes, gagates, bernix; vnde ys eddelsteen gestalt vnde bern ok also dat claar van den bomen
– agates *bl*

Seltener bleibt ein anderes als das erste lateinische Äquivalent erhalten:

A017 **Afgan** abire, recedere, decedere
– decedere *bl*

A029 **Afslan** afrekenen; deponere, defalcare
– defalcare *bl*

Das formale Kriterium der Position in der Reihe der lateinischen Äquivalente scheint also den Ausschlag über den Erhalt eines Wortes zu geben; inhaltliche Kriterien scheinen allenfalls eine untergeordnete Rolle gespielt zu haben.

Trotz der massiven Kürzungen im Interpretament finden sich in einigen Wortartikeln zusätzliche lateinische Äquivalente, die zum großen Teil aus dem ›Liber ordinis rerum‹ stammen:[68]

A073 **Also mennich** tot
mennich] + todidus *bl*
L.o.r. 135,03

R003 **Rad** tovliken; celeriter, repente; r. Drade, Schere
– cito, <u>statim</u>, confestim, repente, festine *bl*
L.o.r. 242,12

R046 **Rede** sage, sprake, word, degedinge; sermo, locucio, verba
– sermo, locucio, <u>loquela</u> *bl*
L.o.r. 42,03 / *sermo 42,13*

R162 **Rone** en stuke; robor, trvncus
en stuke] radix *bl*
L.o.r. 72,34

---

68 Im negativ dargestellten Redaktionstext wird der Zusatztext unterstrichen.

R179 **Rotte** en seydenspel; decacordvm
en seydenspel] rutta *b1*
L.o.r. 81,23 / decacordvm 81,15

Nicht selten stammt der Zusatztext aus unmittelbar benachbarten Wortgleichungen im
›Liber ordinis rerum‹:

L078 **Leen** beneficium
Leen] + prebenda *b1*
L.o.r. 30: 35 Beneficium / 36 Prebenda

R157 **Roke** odor, odoratus
odor] + olofactus *b1*
L.o.r. 108: 15 Odor Odoratus / 16 Olfactus

Zuweilen bewirkt ein Zusatz im Interpretament auch eine Bedeutungsveränderung des
Stichworts, wie im folgenden Beispiel von 'Hund (allgemein)' zu 'Jagdhund':

R146 **Rodde** hvnt; canis
– canis, molosus *b1*
L.o.r. 94: 13 Canis / 17 Molosus

In einigen Fällen führt der Austausch von lateinischen Äquivalenten zu einer Bedeutungsverschiebung:

R106 **Rigen** ad seriem ponere vel ad rigam ponere, ad ordinem locare
– rigare *b1*
L.o.r. 202,11

Das Wort *rigare* bedeutet so viel wie 'fruchtbar machen, düngen', während das ursprüngliche lateinische Interpretament eher die Bedeutung 'in eine Reihe legen' hat:

H272 **Hulde** gnade; gracia
– omagium *b1*

Im ›Liber ordinis rerum‹ wird *hulde* mit *omagium* 'Treue des Lehnsmanns gegen den
Lehnsherrn und die feierliche Bekräftigung derselben', verbunden, während *gracia* mit
gnade glossiert wird und damit das umgekehrte Verhältnis meint.
    Auch im Bereich der Wortbildung folgt b1 dem ›Liber ordinis rerum‹:

I008 **Iameren** erbarmen; misereri
– miseret *b1 W-X*

Der ›Liber ordinis rerum‹ differenziert zwischen *Miseret iameren* (180,07) und *Misereri
erbarmen* (188,25). Fehlt das Synonym (wie bei b1), kommt nur noch die unpersönliche
Form *miseret* in Frage.

3.5.3   b1 und der ›Liber ordinis rerum‹

Im Berliner Kodex bilden b1 und das Exemplar des ›Liber ordinis rerum‹ eine Einheit: Der Schreiber des ›Voc. Theut.‹ hat auch die übrigen Teile des Kodex geschrieben; das Register zum ›Liber ordinis rerum‹ beginnt direkt im Anschluss an den ›Voc. Theut.‹ auf derselben Lage. Auf eine feste Einheit deuten auch inhaltliche und formale Gemeinsamkeiten zwischen beiden Wörterbüchern hin. Modifikationen am Text der Ausgangsfassung sowie zahlreiche Zusatzwortartikel lassen sich mit einer Übernahme aus dem ›Liber ordinis rerum‹ überzeugend erklären. Auch formal hat sich der ›Voc. Theut.‹ in der Fassung von b1 dem ›Liber ordinis rerum‹ angeglichen; denn b1 hat wie das Sachglossar nun die Form einer knappen Wortliste, die in der ersten Spalte das deutsche Stichwort und in der zweiten das lateinische Interpretament anführt. Mit dieser Form hebt sich b1 deutlich von allen anderen Textzeugen des ›Voc. Theut.‹ ab.

Gegen die Vermutung, dass die in b1 vorliegende Bearbeitung des ›Voc. Theut.‹ von vornherein am ›Liber ordinis rerum‹ orientiert gewesen ist, spricht allerdings der Umstand, dass zahlreiche Kürzungen, die b1 gegenüber der Ausgangsfassung aufweist, Wortartikel betreffen, die im ›Liber ordinis rerum‹ vorkommen. Möglicherweise lässt sich dieses Gegenargument durch den Hinweis darauf entkräften, dass b1 – sowohl in Bezug auf den Wortartikelbestand als auch in Bezug auf die lateinischen Vokabeln – in nicht geringem Maße nach rein formalen Kriterien gekürzt worden ist. Eine auf eine Anpassung an das Sachglossar ausgerichtete Konzeption würde Form und Gestalt von b1 in jedem Fall überzeugend erklären. Unabhängig vom ›Liber ordinis rerum‹ ist die Fassung b1 nicht überliefert. Aber auch kein anderes Exemplar des ›Liber ordinis rerum‹ ist mit einem Textzeugen des ›Voc. Theut.‹ verbunden. Die Symbiose zwischen beiden Werken stellt also nur eine kurze Episode dar.

3.6   Redaktion W

3.6.1   Allgemeine Kennzeichen

Die Redaktion W ist mit fünf Textzeugen die zweitgrößte Redaktion. Die drei Textzeugen mit niederdeutschem Lautstand stammen ausschließlich aus dem ostfälischen Sprachraum, daneben gibt es zwei Handschriften mit hochdeutschem Lautstand. – In dieser Bearbeitung ist der ›Voc. Theut.‹ als vierter Teil in das Werkganze des ›Voc. quad.‹ des Dietrich Engelhus integriert worden. Von diesem Wörterbuch existieren drei Fassungen: eine sehr frühe dreiteilige sowie eine ein- und eine vierteilige Fassung, die inhaltlich zahlreiche Gemeinsamkeiten gegenüber der dreiteiligen aufweisen und beide erst nach 1418 entstanden sein können, da unter dem Stichwort *Scindere* das Kirchenschisma erwähnt wird, das 1418 zu Ende gegangen ist. Die dreiteilige Fassung besteht aus drei Teilvokabularen, einem lateinisch-deutschen, einem hebräisch-lateinischen und einem griechisch-lateinischen. In der einteiligen Fassung sind der lateinisch-deutsche und der griechisch-lateinische Teil zu einem Vokabular vereinigt worden; hebräische

Wörter fehlen. Die vierteilige Fassung setzt sich zusammen aus einem lateinisch-deutschen, einem griechisch-lateinischen und einem hebräisch-lateinischen Teilvokabular[69] sowie dem ›Voc. Theut.‹ in der Redaktion W.

Die Überlieferung der Redaktion W setzt erst in den 1430er Jahren ein, womit sie die am spätesten bezeugte Fassung ist. Da ihre Entstehung in Zusammenhang mit dem vierteiligen ›Voc. quad.‹ steht, ist anzunehmen, dass der W-Redaktor seine Arbeit frühestens 1418 abgeschlossen hat.

Textzeugen

c1:   (nördl.) Ostfälisch – 1479
ka2:   Oberrheinalemannisch – 1462
s1:   Schwäbisch – um 1433
w3:   Ostfälisch (südl. Südniedersachsen) – 1445
w5:   Ostfälisch (Raum Hildesheim – Goslar) – 1461

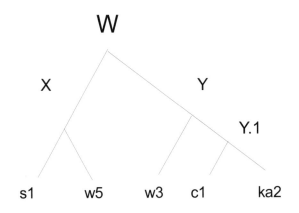

Abb. 4: Stemma der Redaktion W

3.6.2   Charakterisierung der Redaktion

Die Redaktion W stellt in der Überlieferung des ›Voc. Theut.‹ die bei weitem intensivste Bearbeitung dar. Die Änderungen betreffen Inhalt und Form, Makro- und Mikrostruktur. Da der ›Voc. Theut.‹ in dieser Bearbeitung als vierter Teil in das Werkganze des ›Voc.

---

69 In der vierteiligen Fassung hat das griechisch-lateinische Teilvokabular an Umfang zugenommen und steht nun an zweiter Stelle.

quad.‹ integriert wird, lassen sich zahlreiche Veränderungen als Anpassungen an die lexikografischen Besonderheiten dieses Wörterbuchs erklären. Existierte vom ›Voc. quad.‹ eine überlieferungsgeschichtliche Edition, ließen sich die meisten Fragen überzeugend beantworten. Da dies jedoch nicht der Fall ist, ergeben sich für die Beantwortung inhaltlicher und formaler Fragen jeweils unterschiedliche Voraussetzungen. Die formalen Eigenschaften werden im Prolog des ›Voc. quad.‹ dargelegt, und hier weichen die verschiedenen Fassungen auch nicht wesentlich voneinander ab. Bei Fragen inhaltlicher Art verhält es sich anders. Hier ist in vielen Fällen nicht zu entscheiden, ob eine Wortgleichung oder ein bestimmtes Wort zum Bestand des Vokabulars oder nur eines einzelnen Textzeugen gehört. Außerdem steht nicht fest, welche der drei Fassungen des ›Voc. quad.‹ der W-Redaktor für Ergänzungen herangezogen hat. Die folgende Darstellung stützt sich beim Vergleich mit dem ›Voc. quad.‹ daher weitgehend auf die Angaben in dessen Prolog;[70] bezüglich einer Argumentation mit dem Vorhandensein einer Wortgleichung oder eines bestimmten Wortes im ›Voc. quad.‹ wird hingegen Zurückhaltung geübt.

3.6.2.1 Makrostruktur

3.6.2.1.1 Verlusttext

Gegenüber dem Bestand der Ausgangsfassung fehlen der Redaktion W 1860 Wortartikel. Der Fehlbestand beläuft sich also auf ca. 40 %. Etwa 100 weitere Wortartikel sind mit benachbarten Wortartikeln vereinigt worden und kommen nicht mehr als selbstständige Einträge vor. Die Zahl der Wortartikel hat sich gegenüber der Ausgangsfassung also massiv vermindert.

3.6.2.1.1.1 Die ausgesonderten Wortartikel

Der ›Voc. quad.‹ ist konzipiert für Benutzer, die Griechisch und Latein lernen und in ihren Lateinstudien schon fortgeschritten sind. Das in diesem Wörterbuch aufgenommene lateinische Wortmaterial darf somit nicht einem Grundwortschatz zugerechnet werden, sondern kann eher als Aufbauwortschatz gelten. Der Prolog des ›Voc. quad.‹ enthält eine Liste von Merkmalen eines Grundwortschatzes. Wortmaterial, das diese Eigenschaften aufweist, fehlt im ›Voc. quad.‹. Der W-Redaktor wendet diese Filter auf die als Grundwortschatzsammlung konzipierte Ausgangsfassung des ›Voc. Theut.‹ an und scheidet folglich einen Großteil der dort aufgenommenen Wortartikel aus. Das ausgesonderte Wortmaterial erfüllt vor allem vier (Ausschluss-)Kriterien.

a) Das Stichwort geht auf dasselbe Etymon zurück wie das lateinische Äquivalent. Wörter dieser Art werden im ›Voc. quad.‹ nicht aufgenommen: *in isto vocabulario*

---

70 Die im Folgenden angeführten Prologzitate stammen aus der Wolfenbütteler Handschrift HAB – Cod. Helmst. 457.

*pauca ponuntur propria nomina latina eo quod fere teutunicum eorum conforme videtur
latino.* Diese Regel betrifft Namen aller Art wie Personennamen (A005: Abraham,
A008: Adam), Städtenamen (B001: Babilonie, B358: Bremen, B383: Brunswik), aber
auch Lehn- oder Fremdwörter wie Bezeichnungen von Pflanzen (A045: Akeleye, B036:
Basilge), Tieren (B037: Basiliske, B351: Brasme), Steinen (A009: Adamas, B135:
Beril), Stoffen (A181: Atriment) sowie Monatsnamen (A146: Appril), religiöse und
kirchliche Termini (A001: Abbet, A141: Apostole, B196: Bibilge, B210: Biscop), Klei-
dungsstücke (B216: Byrreyt) usw.

b) Eine Wortgleichung gehört zum Basiswissen eines Lateinschülers: *Nec ponuntur hic
valde communia quasi omnibus paruulis cognita.* Dazu gehören Wortgleichungen wie:

B103: Bend – ligamen, funiculus, ligatura, ligamentum
B108: Beer – ceruisia
B114: Bere – pirum
B119: Berch – mons
B219: Blad – folium
B239: Blig – plumbum
B242: Bliuen – manere, remanere
B247: Blood – sangwis, cruor
B255: Blome – flos
B259: Booc – liber
B263: Bode – nuncius, lator
B288: Boem – arbor
B292: Bone – faba
B301: Boren – natus, procreatus, genitus
B306: Borger – ciuis, ciuitatensis, burgensis
B309: Borne – fons, puteus
B355: Bref – littera, carta
B369: Brot – panis
B370: Broder – frater, germanus
B376: Brut – sponsa, paranimfa
B379: Bruge – pons
B387: Buuk – venter, vterus, aluus
B391: Budel – bursa
B402: Buur – rusticus, villanus

c) Das Stichwort gehört zur Gruppe der Adverbien und Funktionswörter: *hic fere nullum
pronomen ponitur.* Betroffen sind Wortartikel wie: A015: Af, A042: Ahteyne, A043:
Achtentich, A044: Ahtehundert, A049: Al, A050: Al, A069: Also, A073: Also, A074:
Also, A075: Althen, A076: Altomale, A088: An, A097: Anders, A100: Ander, A101:
Ander, A182: Aue etc.

d) Das Stichwort ist eine Ableitung des Stichworts eines benachbarten Wortartikels: *quasi nullum participium cum omne tale sit eiusdem significacionis cum genere sui verbi.* Betroffen sind Wortartikel wie: A139: Anwiser, B116: Berebomen, B123: Berken, B147: Besetten, B153: Besittinge, B176: Beuallen, B240: Bligen, B251: Blodich, B276: Bôken, B313: Borsten, B320: Bosheyt, B321: Bosliken, B344: Braden, B346: Braken, B385: Bruwer, B388: Bucken, B389: Bůcken, B405: Busbomen etc.

Der W-Redaktor hat sich bei seinen massiven Kürzungen weitgehend am Negativkatalog im Prolog des ›Voc. quad.‹ orientiert. Dabei konnte er nicht – wie der b1-Redaktor – rein formal vorgehen, sondern musste jeden Wortartikel auf seine Eignung für einen Aufbauwortschatz prüfen.

3.6.2.1.1.2 Die vereinigten Wortartikel

Der W-Redaktor fasst etliche Wortartikel der Ausgangsfassung zusammen und verringert dadurch die Zahl der Stichworteinträge zusätzlich. Dieses Verfahren wendet er auf unmittelbar aufeinander folgende Wortartikel an, deren Stichwörter entweder eine identische Schreibung aufweisen oder bezüglich der Wortbildung in einem Abhängigkeitsverhältnis zueinander stehen.

a) Volkssprachige Homonyme und Polyseme
In der Ausgangsfassung haben homonyme Stichwörter jeweils einen eigenen Eintrag erhalten. Eine entsprechende Behandlung haben Polyseme erfahren: Jede Bedeutung ist mit einem eigenen Stichworteintrag vertreten. Im ›Voc. quad.‹ hingegen sind Polyseme und Homonyme unter einem Eintrag zusammengefasst. Der W-Redaktor überträgt diese Praxis in unterschiedlichem Maße auf seine Fassung des ›Voc. Theut.‹. Zur Mikrostruktur der Redaktion W gehört es, dass ein *Item* auf einen sich direkt anschließenden Wortartikel mit gleichem Stichwort hinweist:

A010   **Adere** vena, fleba, fibra
        – vena, fibra. Item: *W*

A011   **Adere** vippera; vnde ys eyn worm vilna also eyn slanghe edder eyn snake
        vilna (...)] *fehlt D W*

A024   **Afnemen** deponere, remouere
        + Item^{w3} *W*

A025   **Afnemen** de bôsen dat; absoluere
        Affnomen de sunde; absoluere. Item: *W*

A025.01 **Affnômen** est vindicare *W*

Oft ist es nicht bei dem Hinweis auf den folgenden Wortartikel geblieben, vielmehr ist das Interpretament des zweiten (oder auch dritten) Wortartikels unter Wegfall des

Stichworts mit oder ohne *Item* in den ersten integriert worden.[71] Durchgängig bezeugt ist der Einsatz von *Item* in w3, in den anderen Textzeugen sporadisch.

Nicht sehr zahlreich sind die Fälle, in denen ein *Item* die lateinischen Äquivalente der beiden ursprünglichen Wortartikel trennt. Dies geschieht sowohl bei Polysemen als auch bei Homonymen.

Polyseme:

S465 **Spigen** vtspigen; sputare
– sputare. ⁺Item^{w3} vomere$_{(aus\ S466)}$ *W*

S466 **Spigen** breken, ⁺t.^{k2} vorlaczen; vomere, euomere, vomitare
Wa. enth. in S465 b1 W

S543 **Stellen** also me gest to der wert doet; disponere ad blictrendum
– disponere. ⁺Item^{w3} insidiari$_{(aus\ S544)}$ *W*

S544 **Stellen** also me den mvsen doet; insidiari
Wa. enth. in S543 W

Homonyme:

H040 **Hard** dat ut dem bome flut; resina
– resina. Item ʳest silua quedam$_{((aus\ H042))}$ *W*

H042 **Hart** is eyn wolt twisschen sassenlande vnde doringenlande; harto
Wa. enth. in H040 W

T102 **Toren** ira, commocio, iracundia, furor, seuicia, rancor, fremitus
– ira. ⁺Item^{w3} turris$_{(aus\ T103)}$ *W*

T103 **Torren** also an der kerken; turris
Wa. enth. in T102 W

Sehr viel häufiger kommt es vor, dass ein trennendes *Item* zwischen den lateinischen Äquivalenten der beiden ursprünglichen Wortartikel fehlt. Diese Methode ist auf Polyseme beschränkt:

A052 **Alder** alles dinghes; antiquitas, vetustas
– antiquitas, vetustas, ʳsenium, senectus$_{(aus\ A053)}$ *W*

A053 **Alder** leuendeghes dinghes; seneum, senectus
Wa. enth. in A052 W

---

71 Die Edition richtet sich hier stets nach der Lesart von w3.

B211 **Bischopdom** dat ambet des bischoppes; episcopatus, presulatus, pontificatus
      – episcopium, episcopatus, dyocesis$_{(aus\ B212)}$ *W*

B212 **Biscopdôm** dat lant des biscopes; diocicis, episcopatus
      Wa. enth. in B211 b1 W

B314 **Bort** gebort; natiuitas, natale, natalicium, partus
      – natiuitas, natalicium, partus, ˹nacio; r. Slechte$_{(aus\ B315)}$ *W*

B315 **Bort** gebort, slechte; nacio, generacio, genealogya; r. Slechte
      Wa. enth. in B314 W

Selten werden drei Wortartikel miteinander kombiniert:

R199 **Rvmen** ledich maken; evacuare
      – vacuare, e~. ⁺Item^{w3} cedere$_{(aus\ R200)}$, dilatare$_{(aus\ R201)}$ *W*

R200 **Rvmen** enwech teen; cedere; r. Wiken
      Wa. enth. in R199 b1 W

R201 **Rvmen** rvm maken; dilatare
      Wa. enth. in R199 W

S002 **Sachte** alse eyn sachte dink; lentus, lenis
      – lentus,-a,-vm, lente$_{(aus\ S003)}$, ˹tractim, paulatim, morose$_{(aus\ S004)}$ *W*

S003 **Sachte** schvt, dat nicht vnsachte schvt; leviter, lente
      Wa. enth. in S002 b1 W

S004 **Sachte** mekeliken, lenksem; morose, pavlatim, tractim
      Wa. enth. in S002 W

Dieses Verfahren offenbart vor allem in seiner differenzierten Anwendung eine mehr als
nur oberflächliche Bearbeitung.

b) Derivationen bei lateinischen Äquivalenten
Substantive und daraus abgeleitete Verben haben in der Ausgangsfassung eigene Stichworteinträge erhalten. Im lateinisch-deutschen Teilvokabular des ›Voc. quad.‹ sind möglichst alle Ableitungen eines lateinischen Wortes unter einem Stichwort zusammengefasst und durch das Wort *Inde* miteinander verknüpft. Diese Methode überträgt der
W-Redaktor in seiner Bearbeitung auf den ›Voc. Theut.‹:

A186 **Auentetten** cena
      + Inde cenare$_{(aus\ A187)}$ *W*

A187   **Auent eten** cenare
Wa. enth. in A186 W (außer c1)

D067   **Derscher** tritulator
Wa. enth. in D068 W (außer c1)

D068   **Derschen** tritulare
+ Inde -tor$_{(aus\ D067)}$ *W (außer c1)*

D144   **Dorst** sitis
+ Inde sitire$_{(aus\ D145)}$ *W*

D145   **Dorsten** sitire
Wa. enth. in D144 W

D171   **Dreygen** tornare
+ Inde -ator$_{(aus\ D172)}$ *W*

D172   **Dreyger** tornator
Wa. enth. in D171 W

Nur in sehr seltenen Fällen begegnen Ableitungen, die nicht aus der Ausgangsfassung stammen:

H261   **Houel** dar me dat holt mede slicht maket; levigal
– leuigal. Inde -are   *W*

Q019   **Qvest** quast; perizoma
– perisoma. Inde -are   *W*

Zu den Derivationen gehören auch die folgenden Fälle:

Baum und Frucht eines Baumes:

P045   **Persek** en vrucht; persicum
Wa. enth. in P046 W

P046   **Persekbom** persicus
+ volemus, cuius fructus -vm$_{(aus\ P045)}$ *W*

W002   **Wachhandelenbere** iuniperum
Wa. enth. in W003 W

W003 **Wachandelenbom** iuniperus
+ cuius fructus -vm*(aus W002)* *W*

Maskulinum und Femininum:

B280 **Bole** eyn vnechte man; amasius, concubinarius, leno
– amasius, -a*(aus B281)*, concubinarius *W*

B281 **Bôle** eyn vnechte wiff; amasia, lena, concubina
Wa. enth. in B280 b1 W (außer c1)

Allein die Kürzungen im Bereich der Makrostruktur zeugen von einem hohen Niveau der Bearbeitung. Für einen fortgeschrittenen Lateinschüler überflüssige Informationen werden ausgesondert, die verbleibenden Informationen werden komprimiert und so in knapper, wenig redundanter Form zur Verfügung gestellt.

3.6.2.1.2 Verschieben von Wortartikeln

Der W-Redaktor platziert einige Wortartikelblöcke sowie einige einzelne Wortartikel um. Wie in b1 finden sich die ursprünglich unter *Cn*- angeführten Stichwörter unter *Kn*-. Ohne Parallele in b1 werden die Wortartikel von *Com*- bis *Cou*- nach *Ko*- umsortiert:

C136 **Comen** venire, accedere; r. Nalen

K062.16 **Kommel***(C137)* is twigerleige: **Pepperkomel** ciminum. **Gartkomel** carue *W*

K062.17 **Kone***(C138)* audax *W*

K062.18 **Kop***(C141)* uel nap; cifus, parapsis, catinus *W*

K062.19 **Koep***(C144)* empcio, forum *W*

K062.20 **Koepman***(C146)* mercator *W*

K062.21 **Kopenschat***(C147)* mercancia, mercimonium *W*

K062.22 **Koufhuß***(C148)* domus negociacionis, theatrum *W*

K062.23 **Kopper***(C149)* cuprum *W*

K062.25 **Korff***(C154)* ᴿr. Kype*ʷ³* *W*

K062.27 **Korne***(C156)* granum, frumentum *W*

K062.29 **Kursene***(C159)* matexta *W-X*

K062.30 **Korcewichte***(C160)* pellifex *W*

K062.31 **Kost***(C165)* expense, sumptus *W*

K062.32 **Kosten***(C166)* constare *W*

K062.33 **Kostlick***(C167)* preciosus, carus *W*

K062.34 **Kogesk***(C171)* kranck; morbidus *W*

C172 **Craft** macht der leuendighen dingk; potencia, potestas, potentatus

Die nur unvollständig durchgeführte Umsortierung (*Cob-* bis *Col-* steht weiterhin in *C-*) widerspricht der sonst zu beobachtenden Konsequenz in der Bearbeitung durch den W-Redaktor.

Außer diesen Blöcken werden auch einzelne Einträge wegen abweichender Schreibung oder Lautung verschoben:

B044   **Bekker** dar men ut drinket; krater
       Wa. in Bek*: B094.01 (außer c1)* · *dInt. fehlt* *W*

B094.01   **Becker**_(B044) crater *W*

G062   **Gernewinde** garnewinde; girgillum
       Wa.] in Ga*:G018.02*; – girgillum *W*

G018.02   **Garnewinde**_(G062) girgillum *W*

H148   **Herteghedom** ducatus
       Wa. in Ha*: H054.01* *W*

H054.01   **Hartichdom**_(H148) ducatus *W*

3.6.2.1.3   Zusatztext

Neben den massiven Verlusten verzeichnet die Redaktion W auch etliche Zusatzwortartikel. Nicht selten handelt es sich bei deren Stichwörtern um Wörter aus dem paradigmatischen Teil des Interpretaments der Ausgangsfassung.

Stichwortvariante:

E076   **Enkel** anclawe; talus

A091.01   **Anclaw** uel enkel; talus, in pede *W*

R151   **Rogen** wrogen, is boses dinges denken; litem resvmere, accusare in sinodo

W320.02   **Wrogen** accusare, denunciare *W*

Synonym:

H049   **Harn** breghen; cerebrum

B355.01   **Breyghen** cerebrum, -ellum *W ka1*

E093   **Entwisscheren** enkomen; euadere
       Syn.Wa.: E088.01 *W*

E088.01   **Entkomen**_(Syn. E093 W) euadere *W w1*

W312   **Wrase** torff; cespis
       torff] *Stw. in Syn.Wa. T103.01* · cespis] cespes *W*
T103.01 **Torff**_(Syn. W312) cespes *W*

Heteronym:

H078   **Heyde** +t.*k2* werk von vlasse; stuppa
       werk] *Stw. in Syn.Wa. W150.01* · von vlasse] *fehlt W*
W150.01 **Werk**_(Syn. H078) uel heide; stuppa *W*

C222   **Crůde** +t.*k2* worttze; species, aroma
W304.01 **Worte** species, aroma *W*

Unterstichwort:

M217   **Mvseualle** muscipula. **Rattenualle** gliricipula
       Rattenualle gliricipula] *in* R*: R029.01 W*
R029.01 **Rattenvalle**_(M217) gliricipula *W*

Nach diesem Muster setzt der W-Redaktor auch in Fällen, in denen die Ausgangsfassung kein Synonym überliefert, lexikalische Varianten vorhandener Stichwörter als neue Stichwörter ein. Diese stimmen zumindest teilweise (wie bei *Hanttruwe* oder *Sappel*) mit entsprechenden Einträgen im lateinisch-deutschen Teilvokabular des ›Voc. quad.‹ überein:

H115   **Hengel** ansa
       Wa. fehlt W
H021.01 **Hantgreype** ansa, ansula *W*

B378   **Brutscad** dotalicium, arra, dos
H025.01 **Hanttruwe** erra *W*

C182   **Crans** sertum, crinale
S039.02 **Sappel** crinale, certum *W*

G052   **Ghere** birrus
S338.01 **Slippe** birrus *W*

Das folgende Beispiel zeigt eine Korrektur an der Ausgangsfassung, in der ein Eintrag *Merklik* fehlt. Die entsprechende Wortgleichung ist im lateinisch-deutschen Teilvokabular bezeugt:

E063 **Encket** euidens, apparens, notabilis; r. Merklik

M095.01 **Merklik** notabilis,-le *W*

3.6.2.1.4 Ersatztext

Eine die Bearbeitungstendenz des W-Redaktors charakterisierende Kombination aus Verlust- und Zusatztext liefert das folgende Wortartikelpaar:

A045 **Akeleye** aquileya; eyn krut. **Wylt akeleye** ...
  Wa. fehlt W

A045.01 **Akeleigensât** semen aquilegie uel psilium *W*

Der W-Redaktor scheidet den Wortartikel der Ausgangsfassung aus, da das Stichwort ein Lehnwort aus dem Lateinischen ist und daher dem lateinischen Äquivalent sehr ähnelt. Als Ersatz fügt er eine Wortgleichung ein, die sich eindeutig als nicht zum Grundwortschatz gehörig einstufen lässt. Diese Wortgleichung gehört zum Bestand des ›Voc. quad.‹.

3.6.2.2 Mikrostruktur

Der W-Redaktor hat die Ausgangsfassung im Bereich der Mikrostruktur nicht unerheblich umgestaltet. Die Veränderungen werden im Folgenden aus der Perspektive der Ausgangsfassung dargestellt. Es wird beschrieben, ob und in welcher Form die einzelnen Interpretamentteile der Ausgangsfassung in den Text der Redaktion W Eingang gefunden haben.

3.6.2.2.1 Das volkssprachige Interpretament
3.6.2.2.1.1 Definition durch Angabe von Synonymen

Bis auf eine verschwindend geringe Anzahl von Ausnahmen kommt Deutsch als Sprache des Interpretaments nur noch im paradigmatischen Teil vor. Hier hat es zwar Einbußen gegeben, doch halten sich diese in Grenzen. In einigen Wortartikeln hat die Redaktion W sogar mehr Synonyme als die Ausgangsfassung; diese Zusätze rekrutieren sich aus den Synonymen zu den Stichwörtern, die im paradigmatischen Interpretaments- (B329 / B330 Bote) oder Verweisteil (D159 Drade) erwähnt werden:

A168 **Arsedie** bote; medicina, medicamen, medicamentum, medela, remedium
  – °uel bote^X uel hulpe; medicina, medicamen, -entum, medela, remedium *W*

R003 **Rad** tovliken; celeriter, repente; r. Drade, Schere
  – uel snel; ᵣconfestim, cito^{w3} *W*

Der paradigmatische Teil erweist sich als fester Bestandteil der Mikrostruktur der Redaktion W nicht zuletzt dadurch, dass jedes (aus der Ausgangsfassung übernommene Synonym) durch die Konjunktion *vel* und so als bedeutungsgleich mit dem Stichwort markiert wird.

A041 **Ahten** ahter, ahtene, hinder, hindene; retro, post
Aghter uel hinder; retro, post *W*

A060 **Alnhant** vnder des, aldewile; interim, interea
– uel alledewile; interim, interea *W*

A072 **Also dicke** also vele; tociens, totidem
– uel alsouele; tociens, tot *W*

A137 **Anverdigen** reyschen; inpetere, prouocare, inuadere, insurgere, infestare, irritare, exacerbare
Anverden uel reycen; inpetere, inuadere, irritare *W*

A154 **Art** nature; compleccio, natura
– uel natur; complexio uel natura *W*

Die Konjunktion verbindet auch die Synonyme der Zusatzwortartikel:
A091.01 **Anclaw** uel enkel; talus, in pede *W*
S538.01 **Stel** uel dock; panniculus *W*
W150.01 **Werk** uel heide; stuppa *W*

Nicht selten sind Synonyme durch den Zusatz von *require* bzw. *r.* zu Verweisstichwörtern umgewandelt worden:

A098 **Anderwarue** auer, echt, anderweyde, to demme ander male, noch eyns; iterato, secundario, iterum, adhuc semel, altera vice
– r. Auer *W*

A152 **Arch** bose, snode, also allerleyge bose dink ys; malus, vilis
– r. Bose *W*

B039 **Baten** vromen, helpen, nutte syn, vrome syn, vromelik syn; prodesse, proficere, expediri
– r. Vromen *W*

B084 **Beghynnen** anbeghynnen, anheuen, betengen; incipere, inchoare, iniciari, principiari
– r. Ambegynnen *W*

B150   **Besetten** bekummeren; arrestare; wan me vorbut myt demme gerichte, dat eyn
       syn gut van denne nicht en bringe
       – r. Bekummern *W*

Dass die Setzung eines Verweisstichwortes nicht immer kontrolliert, sondern zuweilen
durchaus mechanisch erfolgt ist, mögen die folgenden Beispiel verdeutlichen. Beide
Verweise gehen ins Leere: Im ersten Fall existiert der Wortartikel, auf den verwiesen
wird, überhaupt nicht, im zweiten gibt es ihn nicht in der Redaktion W:

A135   **Anual** toual; accidens, contingens
       – r. Toval *W*

A138   **Anwisen** leren; docere, informare, -buere, instrvere
       – r. Leren *W*

3.6.2.2.1.2 Definition durch Paraphrase
Der Bereich der Paraphrasen erleidet in W erhebliche Einbußen. In den meisten Fällen
sind sie vollständig entfallen:

A004   **Abeteker** apotekarivs, herbularius; vnde ys eyn man, de arsedyghe to
       vorkopende plecht
       – apotecarius,-a,-vm *W*

A014   **Advent** aduentus domini; vnde ys eyn tiid van demme ersten sundaghe na synte
       katherinen auende wente to winachten
       domini (...)] *fehlt W*

Wenn sie weiterhin vorkommen, so haben sie zwei wesentliche Änderungen erfahren.
Sie sind erstens nicht mehr in der Volkssprache, sondern in Latein gehalten, und sie sind
zweitens auf den Umfang weniger Wörter begrenzt.

a) Latinisierung
Der W-Redaktor verwendet als Metasprache fast ausschließlich das Lateinische. Nur in
wenigen Relikten – wie im folgenden Wortartikel – hat sich die Volkssprache in Paraphrasen erhalten:

A011   **Adere** vippera; vnde ys eyn worm vilna also cyn slanghe edder eyn snake
       vilna (...)] *fehlt D W*

In der Regel wird alles ins Lateinische übertragen, wie die beiden folgenden für W recht
ausführlichen Definitionen zeigen:

D201   **Dru** decipula; eyn tovwe, dar me de wlue mede veyt
       dInt.] est rete cum quo capiuntur lupi *W*

R052   **Ref** dar me den kraam mede ouer uelt drecht; clitella
– quo portatur pondus in dorso, clitella. Item: *W*

Recht häufig sind Präpositionalausdrücke übernommen und übersetzt worden:

C081   **Cleppel** also in eyner klocken; bapsillus, cubalus
– in campana est, bapcillus *W*

D032   **De** also bouen den kneen; coxa
dInt.] supra genu est *W*

D088   **Disle** disene an deme wagene; temo
– in curru est, temo,-onis *W*

H072   **Hekke** in demme wolde; dumus
dInt.] in siluis est *W*

Leitet die Ausgangsfassung einen Präpositionalausdruck mit *alse* ein, geschieht dies in Redaktion W mit *sicut*:

S538   **Stel** also an eynem appelle; tenaculum, retinaculum
– sicut in pomo est, tenaculum, retinaculum. Item: *W*

b) Vereinfachung der Paraphrasen
In Redaktion W besteht eine Paraphrase in der Regel aus einem einfachen Hyperonym. Dies bedeutet einerseits für zahlreiche Wortartikel der Ausgangsfassung eine erhebliche Reduzierung:

A046   **Aken** aquisgrani; vnde ys eyn stat by demme ryne, dar me den romeschen konnink kronet
– ciuitas, aquisgranum *W*

Andererseits hat manch ein Wortartikel, der in der Ausgangsfassung nur aus einer einfachen Wortgleichung bestand, eine Definition in Form eines Hyperonyms erhalten:

A051   **Aal** agwilla
Aal] + piscis *W*

C189   **Creke** prunum
– fructus est, prunum, cinum *W*

M021   **Maan** papauer
+ semen est *W*

Bei den massiven Kürzungen im Bereich der Paraphrasen müssen diese Zusätze überraschen. Doch deuten die Beispiele darauf hin, dass nicht alle Wortschatzbereiche gleich behandelt worden sind. Hyperonyme beschränken sich weitgehend auf wenige Lexikonsegmente (Natur, Geografie) und kommen gehäuft im Tier- und Pflanzenwortschatz vor. Am Beispiel der Tierlexik sei gezeigt, dass hier die Vorgaben der Ausgangsfassung meist verkürzt übernommen werden:

B393 **Buffel** eyn deer in walschen lande; buballus
dInt.] animal *W*

A163 **Arn** ys eyn groyt vogel; aquila
dInt.] auis est *W*

H137 **Hermelen** en grawyt dereken; migalus
dInt.] bestia est *W*

W226 **Wint** eyn weydehunt; velter
eyn weydehunt] canis est *W*

W090 **Weder** eyn schap; veruex
eyn schap] ouis est *W*

B029 **Bars** eyn visch; parca
eyn visch] piscis *W*

Im Bereich der Pflanzenlexik weicht der W-Redaktor korrigierend und differenzierend von den Vorgaben der Ausgangsfassung ab:

A012 **Adeke** ebvlvs; eyn krut also iung elhorn
dInt.] arbor est *W*

H140 **Heerse** en vruch, de me et, vnde ys also wyt sennep; milium
dInt.] semen est *W*

N037 **Negelken** ys crude gestalt alse iseren negele; gariofilus
dInt.] species est *W*

R125 **Riis** gid; is en vrucht vnde hort to der spise vilna gestalt alse gerste; ortisis
– ligumen est. Item: *W*

S222 **Seckere** en vrucht alse en erwitte; citrullum
dInt.] ligumen *W*

In w3 finden sich die Hyperonyme *arbor* und *herba* nicht nur in ausgeschriebener Form, sondern auch so abgekürzt, wie es im Prolog des ›Voc. quad.‹ vorgeschlagen wird: nämlich *ar* und *h* bzw. *her.*

Wie die Beispiele zeigen, erscheint neben dem Hyperonym in der Mehrzahl der Fälle die Kopula *est.* Sie übernimmt in der Redaktion W die Funktion, eine Paraphrase als solche zu markieren. Dies geschieht auch in Zusatzwortartikeln:

I018.01 **Ieder** vber, caro est *W*

V018.01 **Varn** herba est, filex *W w1*

3.6.2.2.1.3 Verwendungsbeispiele

Der syntagmatische Teil ist fast vollständig getilgt. Die wenigen Reste sind auf einfache Vergleiche hin reduziert und ins Lateinische übersetzt worden. Das die Verwendungsbeispiele einleitende Wort *alse / also* der Ausgangsfassung ist durch *sicut* ersetzt worden.

Verben:

B371 **Broden** also de henne de kukene brodet; cubare, excubare
– sicut gallina, cubare *W*

C178 **Crakelen** also eyn hon ludet; garrire
Creygen sicut pullus, garrire *W*

D029 **Dauwen** also water, dat gevroren is; liquescere, dissoluere
dInt.] sicut glacies *W*

G054 **Gheren** also de wyn edder beer geret; blictrire
dInt.] sicut ceruisia uel vinum *W*

G055 **Gheren** also de prester sek geret, wen he dat missewant antvut; induere
– sicut presbiter, induere. Item: *W*

Adjektive:

C010 **Camich** also dat olde beyr wert; glutinosus
– sicut seruisia fit, glutinosus,-a,-vm *W*

D228 **Duncker** also dat wedder; caligenosus, tenebrosus, obscurus
°– sicut aura est, obscurus, caligenosus^x *W*

3.6.2.2.1.4 Verweise

Der W-Redaktor übernimmt das Verweissystem der Ausgangsfassung:

P055 **Pine** plaghe; pena, tormentum, suplicium, plaga, affliccio, martirium, passio, dolor, tribulacio
– quale uel plage; pena, plaga, tormentum, supplicium, affliccio *W*

P065 **Plage** pine; pena, martireum; r. Pine
– r. pyne *W*

Q003   **Qvale** marter, wedaghe; passio; r. Pine
     – r. pine *W*

Hier hat die Ausgangsfassung die Fülle der lateinischen Äquivalente nur an einer Stelle verzeichnet, an den anderen nur einen Teil und auf das erste Stichwort verwiesen; dadurch wird die Darstellungsökonomie verbessert. Der W-Redaktor geht konsequenter vor und reduziert die Wortartikel P065 und Q003 zu reinen Verweisartikeln ohne lateinisches Äquivalent. Dadurch verringert sich die Redundanz, ohne dass Informationen verloren gehen. Außerdem entsteht so für den ›Voc. Theut.‹ ein neuer Wortartikeltyp: der Verweisartikel, der nur aus Stichwort und Verweis besteht und der auch in den anderen Teilvokabularen des ›Voc. quad.‹ vorkommt.

Der W-Redaktor überträgt dieses System auch auf Wortartikel, die in der Ausgangsfassung keinen Verweisteil haben. Während jene unter allen synonymischen Stichwörtern dieselben lateinische Äquivalente in mehr oder weniger hoher Anzahl aufführt, listet der W-Redaktor in einem, meist dem ersten im Alphabet platzierten, Wortartikel möglichst alle Äquivalente auf und beschränkt sich bei den synonymen Stichwörtern auf reine Verweisartikel:

A155   **Arden** dighen, bequinen; naturari, complexionari, prosperari
     – digen uel bequinen; naturari, complexionari, conualere, °prosperari^X *W*

B107   **Bequinen** digen, aarden, raden, gheraden, bekliuen, also eyn boem bequynt, den me plantet; naturari, conualere, complexionari, prosperari
     – r. Arden *W*

D077   **Dighen** geraden, betteren; prosperari
     – r. Arden *W*

B090   **Behŏden** bewaren; defendere, protegere, custodire, seruare, gubernare, conseruare; r. Bescermen
     – bewarn, beschutten uel beschermen; defendere, defensare, protegere, *custodire*, gubernare *W*

B143   **Bescermen** behoden, bescutten; defendere, defensare, protegere, tueri, patrocinari; r. Helpen
     – r. Behoden *W*

B146   **Bescutten** protegere; r. Bescermen
     – r. Behoden *W*

Wie oben bereits gezeigt, findet sich das Stichwort, auf das verwiesen wird, meist in der Liste der Synonyme. Zuweilen werden aber auch neue Verweiswörter eingefügt:

A062   **Allerleye** multifarium, varium, diuersum
     – r. Mengherleye *W*

A123 **Anrichten** dirigere
– r. Schicken *W*

Wenn der W-Redaktor andere Verweisstichwörter als in der Ausgangsfassung setzt, hat das vor allem darin seinen Grund, dass er die Wortartikel, auf die die Ausgangsfassung verweist, entweder getilgt oder wie im dritten Beispiel zu einem Verweisartikel umgewandelt hat:

B131 **Beyrue** bederue, vrome; probus, proficuus; r. Gut
– r. Bederue *W*

B143 **Bescermen** behoden, bescutten; defendere, defensare, protegere, tueri, patrocinari; r. Helpen
– r. Behoden *W*

3.6.2.2.2 Das lateinische Interpretament

Verglichen mit anderen Interpretamentsteilen haben die lateinischen Äquivalente in der Redaktion W gegenüber der Ausgangsfassung nur unwesentliche Einbußen erlitten. Die Kürzungen scheinen nicht mechanisch, sondern durchaus begründet erfolgt zu sein. Einen Beleg für diese Annahme liefert der folgende Wortartikel, in dem auffälligerweise das mittlere von drei Äquivalenten nicht übernommen wird. Das aus dem Griechischen entlehnte Wort *fleba* war, wie der einzige, zudem noch aus dem ›Voc. Theut.‹ stammende Belege bei DIEFENBACH 1857 (S. 239)[72] zeigt, in der zweisprachigen Lexikografie des Spätmittelalters wohl nicht gebräuchlich:

A010 **Adere** vena, fleba, fibra
– vena, fibra. Item: *W*

Den Verlusten stehen zahlreiche Zusätze[73] gegenüber:

A007 **Ackerman** buweman, bvr, buwer; agricola, ruricola
– agricola, ruricola, <u>villanus</u> *W*

A027 **Afside** also an den kerken ys; absida
– ut in ecclesiis, absida uel <u>absis</u> *W*

A029 **Afslan** afrekenen; deponere, defalcare
– uel affrekenen; defalcare, <u>deducere</u> *W*

---

72 Der Beleg stammt aus dem Sondergut der Mainzer ›Voc. Ex quo‹-Handschrift Ma3, das auf einen Textzeugen des ›Voc. Theut.‹ zurückgeht. Vgl. DAMME 2004a. – In DIEFENBACH 1867 findet sich kein Beleg für *fleba*.

73 Im negativ dargestellten Redaktionstext sind sie durch Unterstreichung markiert.

A151 **Arceboue** de groteste boue vnder vellen bouen; archiscurro
dInt.] archinequam *W*

A155 **Arden** dighen, bequinen; naturari, complexionari, prosperari
– digen uel bequinen; naturari, complexionari, <u>conualere</u>, °prosperari^X *W*

A164 **Armborsterer** armbostmeker; balistarius
°– <u>sagittarius</u>, balistarius^X *W*

A170 **Artikel** articulus
Artikel] + punctus *W*

A196 **Awisich** maniacus, vesanus
– maniacus, vesanus,-a,-vm, <u>demens</u> *W*

Die meisten Zusätze – so auch die Bestandteile des Kompositums *archi-nequam* – lassen sich im lateinisch-deutschen oder im griechisch-lateinischen Teilvokabular des ›Voc. quad.‹ nachweisen. Indem der W-Redaktor zusätzlichen Wortschatz aus den ersten Teilvokabularen in den neuen vierten Teil einbaut, verstärkt er den einheitlichen Charakter des nun vierteiligen Wörterbuchs.

An etlichen Stellen ersetzt er auch ein allzu gängiges lateinisches Äquivalent durch einen weniger bekannten Ausdruck:

A104 **Andrake** annetarius
annetarius] anas *W*

R033 **Re** capriolus
– hynnulus *W*

Der Austausch des lateinischen Äquivalents führt in beiden Fällen zu einer leichten semantischen Inkongruenz innerhalb der Wortgleichung: *anas* steht im lateinisch-deutschen Teilvokabular für das *waterhôn* und nicht für den Erpel, *hynnulus* für *filius cerue t. hinde* und nicht für das Reh.

In einem anderen Fall ersetzt der W-Redaktor nicht nur das lateinische Äquivalent, sondern ordnet zusätzlich das ursprünglich unter *Rec-* befindliche Stichwort unter *Reg-* ein:[74]

R054 **Reych** dans; corea
Wa. fehlt b1 W
R060.01 **Rege** tripudium *W*

Schließlich nimmt der W-Redaktor auch Korrekturen am Text der Ausgangsfassung vor:

---

74 Grund könnte die als zu sprechsprachlich empfundene Form der Ausgangsfassung sein.

H198 **Hoof** is horn, alse an des perdes voten; babatum
– *cornu est pedis animalis* W

H199 **Hoofiseren** babati ferrum
– babbatum W

In der Ausgangsfassung ist fälschlicherweise dem lateinischen *babatum* die Bedeutung 'Huf' (statt wie üblich 'Hufeisen') zugewiesen worden, so dass das Hufeisen dort mit *babati ferrum* übersetzt wird.

Korrigiert werden auch Fehler im Wort oder Wortgleichungen, in denen bezüglich der Wortart keine Kongruenz besteht:

D120 **Donnerbusse** balistra, bumbarda
– pixis tonitrui uel balista W

B017 **Bange** angustia, mesticia; r. Drůfnisse
– turbatus, angustiatus W

Neben der inhaltlichen Anpassung an die ersten drei Teile des ›Voc. quad.‹ nimmt der Redaktor auch eine formale vor, indem er entsprechend dem Prolog (*Circa verba raro ponuntur eorum preterita et supina et circa nomina eorum genera per litteras tantum terminales. Vnde ille terminaciones -vs,-a,-vm, -is,-e significant hic diccionem illam esse adiectiua*) etlichen lateinischen Äquivalenten eine Flexionsendung beigibt:

A004 **Abeteker** apotekarivs, herbularius; vnde ys eyn man, de arsedyghe to vorkopende plecht
– apotecarius,-a,-vm W

A122 **Anneme** wert, werdich; gratus, acceptus, dignus
– gratus,-a,-um, acceptus W

B078 **Beghenknisse** der doden; exequie
– exequie,-arum W

D088 **Disle** disene an deme wagene; temo
– in curru est, temo,-onis W

D181 **Drygerleyge** trimodus, triformis
– triformis,-me, trimodus,-a,-um W

D229 **Dvnne** tenuis
– tenuis,-e W

E030 **Ekkeren** glans
– glans,-dis W

H155 **Hespe** +t.$^{k2\,w2}$ angel; cardo, vertinellum
– cardo,-inis W

V357   **Vpghanck** also de sterne edder vruchte; ortus, ascensus
        – ortus,-tus, ascensus *W*

Dies geschieht übrigens auch in einigen Zusatzwortartikeln:

B046.01 **Bekummert** occupatus,-a,-vm, inuolutus,-a,-vm *W*

M210.02 **Mundich** adultus,-a,-vm *W*

3.6.2.2.3   Auswertung

Der W-Redaktor hat die Ausgangsfassung in wesentlichen Teilen modifiziert und somit eine grundlegende Bearbeitung vorgenommen. Viele Veränderungen lassen sich als Anpassung an die ersten drei Teilvokabulare des ›Voc. quad.‹ erklären. Dies betrifft auf inhaltlicher Seite einen Großteil der Zusatzwortartikel und der zusätzlichen oder auch modifizierten lateinischen Äquivalente. Auf der formalen Seite gilt dies u. a. für die Ableitungen mit *Inde*, die Anführung der Flexionsendungen sowie die Verbindung von Stichwort und Synonym durch die Konjunktion *vel*. Diese Merkmale sind in w3 und ka2 durchgängig bezeugt und zumindest zu Beginn des Alphabets darüber hinaus auch in w5, s1 und c1. Sie gehören also zum Bestand der W-Bearbeitung. Die formale Anpassung geht sogar so weit, dass die im Prolog des ›Voc. quad.‹ vorgeschlagenen Abkürzungen für die Hyperonyme *herba* und *arbor* verwendet werden: *her* bzw. *h* sowie *ar*.

3.6.3   Redaktion W und der ›Vocabularius quadriidiomaticus‹

Um den Niveauunterschied zwischen beiden Wörterbüchern zu nivellieren – der ›Voc. Theut.‹ vermittelt elementare Lateinkenntnisse, der ›Voc. quad.‹ wendet sich an weit fortgeschrittene Benutzer –, hat der W-Redaktor etliche Modifizierungen vorgenommen: So wird der Artikelbestand auf etwa 60 % gekürzt; betroffen sind davon vor allem die *communia*, die *omnibus parvulis cognita*, wie es in der Vorrede des Gesamtwerkes heißt. Beseitigt worden sind auch fast alle volkssprachigen Paraphrasen. Zuweilen erscheinen sie umgesetzt ins Lateinische, etwa *herba est*, *arbor est* etc., wodurch hier wieder das Lateinische die Funktion der lexikografischen Metasprache einnimmt. Nicht verschont geblieben sind auch die lateinischen Äquivalente. Sie sind in einigen Fällen an die lateinischen Stichwörter der ersten Teilvokabulare angeglichen worden. In diesem Zusammenhang ist auch der eine oder andere Wortartikel durch einen besser in den Zusammenhang des ersten Teils passenden ersetzt worden.

Drei von sechs ›Voc. quad.‹-Exemplaren überliefern einen Textzeugen der Redaktion W: die Handschriften mit den ›Voc. Theut.‹-Textzeugen w3, s1, ka2. Die übrigen ›Voc. quad.‹-Exemplare haben entweder keinen vierten Teil (Mainz) oder als vierten Teil ein Exemplar der Ausgangsfassung K (k1 und auch k2) bzw. der Redaktion P (p1). Andererseits sind Exemplare der Redaktion W auch unabhängig vom ›Voc. quad.‹ überliefert, und zwar in c1 und w5. Während im Ostfälischen die Textzeugen der Redaktion

W auch unabhängig vom ›Voc. quad.‹ vorkommen, werden in Westfalen[75] Textzeugen der Redaktion W durch Textzeugen der dort üblicheren Fassungen K (k1) und P (p1) ersetzt. Allerdings erweisen sich k1 und p1 – wie die Redaktion D – als Kompromiss zwischen Ausgangsfassung bzw. Redaktion P einerseits und der Redaktion W andererseits.

3.6.4   Binnengliederung

Zu den ohnehin vorhandenen Schwierigkeiten für eine Binnengliederung, nämlich vor allem die überaus lückenhafte Überlieferung und die hohe Zahl an zum Teil mehrfacher Kontamination, kommen noch zwei weitere in Redaktion W hinzu: Die Wortartikel dieser Fassung beschränken sich in der Regel auf ein volkssprachiges Stichwort und ein mehr oder weniger kurzes lateinisches Interpretament. Außerdem weisen alle Textzeugen dieser Fassung Kürzungen am Wortartikelbestand auf. Nur einige Wortartikel sind tatsächlich in allen fünf Textzeugen überliefert.

Wie in der Ausgangsfassung lassen sich für die unterschiedlichsten Konstellationen Belege finden, die isoliert durchaus Beweiskraft besitzen, denen aber die quantitative Unterfütterung fehlt.[76] Auch die beiden westoberdeutschen Textzeugen s1 und ka2 haben zuweilen gemeinsamen Text, der wie z. B. im folgenden Wortartikel sogar sehr aussagekräftig ausfällt:

D181   **Drygerleyge** trimodus, triformis
    – triformis,-me, trimodus,-a,-um *W*
    W -me trimodus] metrimodius *s1 ka2*

Allerdings gibt es nur sehr sporadisch Übereinstimmungen. Gegen eine gemeinsame Vorstufe mit hochdeutschem Lautstand spricht vor allem, dass erstens anlautendes *t*-

---

75   Zwei der sechs Handschriften stammen aus Westfalen, genauer aus dem östlichen an Ostfalen angrenzenden Raum Westfalens. Unter den sechs Textzeugen des ›Voc. quad.‹ bilden die Kasseler und die Paderborner Handschrift eine eigene Gruppe; die beide im Jahr 1448 zu datierenden Textzeugen heben sich durch etliche Kürzungen, aber auch Veränderungen und Zusätze im volkssprachigen Bereich von den übrigen vier Textzeugen ab. Eine charakteristische Modifikation betrifft die Stichwortstrecke *Biduus* bis *Bifurcare* im lateinischen Teilglossar. Die Wolfenbütteler Handschrift überliefert folgenden Text: *Biduus ... / Biennus,-a,-um -is,-e inde -alis,-le i. duorum annorum / Bifidus,-a,-um t. bilouesch / Bifurcare ...* Die Kasseler und die Paderborner Handschrift überliefern hier eine gemeinsame Änderung (zitiert nach der Paderborner Handschrift): *Biduus ... / Bificus,-a,-um t. bilowesch / Bigennus,-a,-um, -is,-e inde -alis,-e i. duorum annorum / Bifurcare ...* Zum einen wird das Wort *bifidus* entstellt zu *bificus*; zum anderen wird bei *biennus* der Hiat getilgt und das Wort nicht mehr zwischen *bid-* und *bif-* einsortiert, sondern hinter *Bificus*, allerdings auch vor *Bifurcare*. Die Änderungen führen also zu einer Verschlechterung des ursprünglichen Textes.

76   Beispiele für solche Belege sind in den Wortartikeln B025, B076, S052, S093, S432 zu finden.

unterschiedlich realisiert wird (ka2: zu *C*-, s1: zu *Z*-) und zweitens die Umsortierung von *V*- zu *F*- sehr individuell erfolgt.

Trotz all dieser Probleme kristallisieren sich zwei Textzeugengruppen heraus, die sich auch hinsichtlich ihrer Bearbeitungstendenz unterscheiden (lassen): s1 und w5 als die mutmaßlich ursprüngliche (W-X) und w3 sowie c1 und ka2 als die jüngere Gruppe (W-Y). Bei dieser Konstellation ergibt sich allerdings ein weiteres Problem: s1 und w5 erweisen sich im Wortartikelbestand als sehr lückenhaft, so dass sich nur selten gemeinsame Abweichungen von der zweiten Gruppe finden.

3.6.4.1 W-X

Während W-Y mit dem Text der Ausgangsfassung übereinstimmt, gestaltet W-X das Interpretament um:

C071 **Cle** dribledere; trifolium
    – ⌜trifolium, herba est^X / uel drebleyder; trifolium^Y *W*

I008 **Iameren** erbarmen; misereri
    – miseret *b1 W-X*
    – misereri *W-Y*
    W + misereri *w5*

W-X hat einige Zusätze im Interpretament:

B186 **Bewaringe** hode; obseruancia, custodia
    – °*monicio*^{Y}, custodia *W*

C037 **Carte** cardo, virga pastoris
    + herba fullonum *W-X*

T068 **Tymmerman** carpentarius
    + faber lignarius *W-X*

W103 **Wegghe** cuna, cunabulum
    + crepundium *W-X*

In einem Fall weist W-X Verlusttext auf, der zu einem Fehler führt:

S557 **Steyngrant** fundus arenosus
    fundus] *fehlt W-X*

Es finden sich etliche fehlerhafte bzw. unübliche Schreibungen:

F011 **Flvel** samyt; coccinum
    – uel sammit; coccus, ⌜coxinium^X / coccinum^Y *W*

I048 **Iokele** keckele, dat gevroren ys, also en tappe; tiria
    – ⌜tirium^X / tiria^Y *W*

S475 **Spirlink** also eyn clene ael; spirlingus
– piscis, ⌐spilingus^X / spirlingus^Y *W*

Einmal wird das Stichwort der Ausgangsfassung eliminiert und das ehemalige Synonym zum neuen Stichwort; dies hat einen Verstoß gegen die alphabetische Reihenfolge der Stichwortliste zur Folge:

H014 **Halle** hutte; tugurium
°– uel^X hutte tugurium *W*

Es gibt etliche Zusammenfassungen von Wortartikeln:

B033 **Basune** tuba
+ Inde -are *W-X*

E008 **Echte** elich; legitimus
– uel elick; legittimus,-a,-um. Inde -are$_{(aus\ E009)}$ $^+$et -acio$_{(aus\ E010)}$^{X} *W*

H050 **Harpe** eyn seydenspel; citara
– cythara. $^+$Inde -zare$_{(aus\ H051)}$^{X} *W*

H189 **Hochtit** vyirdach; festum, festiuitas, sollempnitas, celebritas
– uel virdach; festum, festiuitas, celebritas, solemnitas. $^+$Item nupcie$_{(aus\ H190)}$^{X} W

L078 **Leen** beneficium
+ feodus *W-X*

R027 **Raste** rowe; quies, requies
– uel rowe; quies, requies. °Inde quiescere, re~^{Y} *W*

Der X-Ast führt die Kombination von Wortartikeln in stärkerem Maße durch als der Y-Ast. Zudem begegnen hier häufiger Zusätze, die nicht aus dem Überlieferungszusammenhang des ›Voc. Theut.‹ stammen. Zusammen mit b1 verändert W-X das Verb im oben genannten Wortartikel I008.

3.6.4.2 W-Y

W-Y verändert das lateinische Äquivalent:

C231 **Cuken** ocuus, pullus
W pullus] *fehlt c1*; pullulus *w3*; pollulus *ka2*

W-Y weist einige Fehler auf:

M050 **Mechte** vndene an demme liue edder hemelek let; genitalia, pudibvnda, verenda
– genitalia, pudibunda, verenda. Item: *W*
W pudibunda *w5*] pudenda *w3*; purenda *ka2*; + pudenda *c1*

W025 **Walnot** walsche not; auelana
    W Walnot] Waltnot *w3*; Waltnuß *ka2*

W-Y tauscht das Stichwort aus und verursacht so einen Verstoß gegen die alphabetische Reihenfolge der Stichwortliste:

H257 **Houart** homoot, houerdicheyt, bach, praal; superbia, arrogancia, ambicio, pompa
    ⌐**Hovart**^{X} / **Homod** houerdich^Y houerdicheyt, bach uel prael; superbia, ambicio, arrogancia, elacio, pompa, fastus *W*

Während W-X häufig die Variante, wie sie auch b1 kennt, überliefert, hat W-Y oft die Variante der Ausgangsfassung (s. o. C071, I008). Exemplarisch für die Differenz in der Bearbeitungstendenz sei das folgende Wortartikelpaar angeführt:

C150 **Copperrok** cuperosa
    W Wa. fehlt w5 s1 ka2
K062.24 **Kopperrock** victriolum *W*

Der übliche Wortartikel in W ist K062.24, den alle Textzeugen der Redaktion W überliefern; das lateinische Äquivalent *victriolum* entspricht dem lateinischen Wort im ersten Teil des ›Voc. quad.‹. w3 und c1 haben darüber hinaus einen zweiten Wortartikel mit dem Stichwort, und zwar unter *C*-. Dieser Wortartikel befindet sich nicht nur an der ursprünglichen Stelle, sondern hat auch das der Ausgangsfassung entstammende Äquivalent *cuperosa*, möglicherweise eine Eigenbildung des ›Voc. Theut.‹-Verfassers. Der W-Redaktor hätte dieses Äquivalent gemieden, da es nur gering von der deutschen Form abweicht. Der in w3 und c1 zusätzlich überlieferte Wortartikel kann also nicht dem W-Redaktor zugeschrieben werden, sondern vielmehr dem Bearbeiter der W-Y-Fassung, der vielfach der Lesart der Ausgangsfassung gefolgt ist.

3.6.4.3   W-Y1

In der Textzeugengruppe W-Y bilden c1 und ka2 eine Untergruppe. Die Verbindung zwischen diesen beiden insgesamt recht heterogenen Textzeugen lässt sich vor allem an der Umsortierung der mit *ach*- anlautenden Stichwörter festmachen, die in den übrigen Redaktionen mit Ausnahme von b1 hinter dem Wortartikel A035 (*Ahorne*) zu finden sind:[77]

A007.03 **Achten**$_{(A039)}$ uel reken; taxare uel reputare *c1 ka2*
    W reken taxare] schetzen *ka2*

A007.04 **Achteyne**$_{(A042)}$ decem octo *c1*

---

77 Nicht auszuschließen ist die Möglichkeit, dass diese Umsortierung durch eine Beeinflussung seitens b1 erfolgt ist.

A007.05   **Achtentich**$_{(A043)}$ oct*u*aginta *c1 ka2*
　　　　　W octuaginta *ka2*] octomaginta *c1*

A007.06   **Achtehundert**$_{(A044)}$ octingenta, occies centum c1 ka2

A007.07   **Achter**$_{(A041)}$ uel hinder; post, retro *c1*

Die Wortartikel A007.05 und A007.06 gehören darüber hinaus nicht zum Text der Redaktion W. c1 und ka2 überliefern etliche in W ausgesonderte Wortartikel. Dies gilt u. a. auch für vom W-Redaktor gestrichene Wortartikel mit ausführlichem deutschen Interpretament:

A069   **Also** also me sprecht: „Eyn ys also dat ander"; tamquam, sicud, uelud, vt, prout, uti, sicuti, ueluti, quemadmodum, utpote, adinstar, vtputa, seu
　　　　Wa. fehlt W (außer c1 ka2)

Die Gemeinsamkeit von c1 und ka2 zeigt sich auch bei einigen sonst nicht belegten auffälligen Schreibungen:

E143   **Ese** also de smede heffet; conflatorium
　　　　W Ese] Erse *c1 ka2*

H083   **Heydelberen** vaccinium; cleyne swarte bereken vnde wesset vppe demme crude, dat het »hede«
　　　　W vaccinium] fraccineum *c1 ka2*

Schon die späte Datierung beider Texte (ka2 1462, c1 1479) legt nahe, dass es sich hier um sekundäre Bearbeitungen handelt. Indem verstärkt aus der Ausgangsfassung und eventuell anderen Redaktionen kontaminiert wird, gehen einige Charakteristika von W verloren. So ersetzt c1 und ergänzt ka2 im Wortartikel A104 (*Andrake*) das W kennzeichnende Interpretament *anas* durch *anetarius*, das lateinische Äquivalent der Ausgangsfassung:

A104   **Andrake** annetarius
　　　　annetarius] anas *W*
　　　　W anas] anetarius *c1*; + anetarius *ka2*

Aufschluss darüber, welche Redaktion der Kontamination zugrunde gelegen haben könnte, gibt möglicherweise der Wortartikel A026 (*Afscheden*): Die lateinische Vokabel *distigwere* (statt *disiungere*) begegnet sonst nur bei den K-Textzeugen w1 und k1:

A026   **Afscheden** sceden; separare, disiungere, segregare, disgregare
　　　　K disiungere] distingwere *w1 k1*
　　　　W disiungere] distigvere *c1*; destingwo *ka2*

Unter den Gemeinsamkeiten von c1 und ka2 ist dies der einzige Hinweis auf eine bestimmte Fassung als Zusatzquelle.

c1 und ka2 überliefern diese Übereinstimmungen vor allem zu Beginn des Alphabets; hier liegt ein deutlicher Schwerpunkt: Von 33 gemeinsamen Abweichungen kommen 24 in der Wortschatzstrecke *A-* bis *C-* vor, nur 9 in der Wortschatzstrecke *D-* bis *Z-*.

3.6.5   Kontaminationen

Alle Textzeugen der Redaktion W (bis auf s1) weisen Kontaminationen mit Text aus anderen Fassungen auf. w5 und c1 lassen im Gegensatz zu den anderen Textzeugen die jeweiligen Textspender erkennen.

3.6.5.1   w5 mit D

w5 weist gegenüber dem Redaktionstext von W mehr als 150 Abweichungen auf, von denen 10 % auf die Wortschatzstrecke *A-* bis *N-* und 90 % auf die Wortschatzstrecke ab *O-* entfallen. Die deutliche Mehrheit liegt also in der zweiten Alphabethälfte. Während in der Wortschatzstrecke *A-* bis *N-* fast nur Wortartikelteile betroffen sind, handelt es sich ab *O-* fast ausschließlich um ganze Wortartikel. Mit D hat w5 vor allem auffällige Schreibungen gemein:

O067   **Ouerwokede** epicolivm
     D epicolivm] epicorium *ka1*
     W epicolivm] epicorium *w5*

R070   **Reme** en roder in demme sceppe; remus, amplustra
     D amplustra] amplustrum *ka1*
     W amplustra *c1*] amplustrum *w5*

S475   **Spirlink** also eyn clene ael; spirlingus
     D + angwillula *ka1*
     W piscis] angwilla *w5*

S622   **Stryme** ritcze; ryma
     D ritcze ryma] ruga uibex *ka1*
     W *Wa.*] – vibex ruga *w5*

V021   **Varende haue** bona mobilia
     Varende] Varen *D*
     W Varende] Varen *w5*

W046   **Wapen** arma
     Wa. fehlt W (außer w5)
     D + armarum tantum plurale *ka1*
     W arma] armarum *w5*

Unterstützung erhält die These von der Verwendung eines Exemplars der Redaktion D durch den w5 beigebundenen Textzeugen w4. Dieses kurze Fragment, das die w5 am Beginn des Vokabulars fehlenden Wortartikel enthält, überliefert einen Text der Redaktion D. Auch sprachlich passt w5 in das Gebiet, das sich als Zentrum der Redaktion D herausgestellt hat: nach Hildesheim.

3.6.5.2   c1 mit P' (d1)

Die Celler Handschrift c1 weicht sehr häufig[78] vom Redaktionstext von W ab. In etwa 350 Fällen ist ein in W getilgter Wortartikel bei c1 wieder eingesetzt worden. Nicht alle Wortartikelzusammenfassungen macht c1 mit, auch nicht alle Umsortierungen von *C*- nach *K*-. Der Schwerpunkt der Bearbeitung liegt eindeutig im ersten Drittel, in der Wortschatzstrecke *A*- bis *H*-; dort befinden sich sieben Achtel der Modifikationen.[79] Folglich stammen auch die meisten der folgenden Belege aus diesem Bereich.

Zusatzwortartikel:

C206.01   **Crokelen** runselen; rugare *P' w6 c1*

T114.01   **Touerbom** tinale *P ka1 c1*

Zusätzliche Interpretamentsteile:

H074   **Hechte** manubrium
Hechte] + an den meste *P (außer m1)*
W Hechte] + in deme meste *c1*

Auffällige Schreibungen:

A133   **Antworde** responsum
+ responsio *P*
W responsum] responsio *c1*

B158   **Bestalt** geschicket; dispositum, ordinatum
P ordinatum] preordinatum *d1*
W ordinatum] preordinatum *c1*

Änderungen im deutschen Wortschatz:

A157   **Arke** scryn, kaste, lade; archa, scrineum, scista, capsa
kaste] kiste *P*
Wa. fehlt W (außer c1)
W kaste] kiste *c1*

D035   **Dekkel** tectorium, coopertorium, cooperimentum
Dekkel] Decker *P'*
W Dekkel] Decker *c1*

---

78 Insgesamt verzeichnet c1 86 % aller Abweichungen in der Wortschatzstrecke *A – H*.

79 Zum Vergleich: ka2 hat seine 56 Abweichungen gleichmäßig über das Alphabet verteilt; davon 30 „*Wa. fehlt*".

Besonderheiten:
Die beiden zusätzlichen lateinischen Äquivalente *sciencia* und *prudencia* im Text von
c1 finden sich nur in dem versehentlich unter *Cn*- eingeordneten Zusatzwortartikel von
P:

C111.01   **Cunst**$_{(C244)}$ ars, sciencia, °prudencia^{p1} P

C244   **Cunst** ars; r. Wisheyt, Behendecheyt
         Wa.] *in* Cnu: *C111.01 (außer p1)*; – ars, sciencia, °prudencia^{p1} P
         Wa. fehlt W (außer c1)
         W Verweis] sciencia prudencia *c1*

In c1 erweist sich das z.. im ›Voc. Ex quo‹ viel verwendete lexikografische Kennwort
idem als Fremdkörper; es kommt nur ein einziges Mal vor:

H101   **Helm** gallea, cassis
         P + idem d1
         W Wa.] *– cassis idem galea c1*

Genau in diesem Wortartikel verweist in d1 *idem* auf den folgenden Wortartikel H102
(*Helmteken*). Das lateinische Wort *cassis* steht im ›Voc. Theut.‹ zwar beim Stichwort
Helm, hat im ›Voc. Ex quo‹ aber das volkssprachige Äquivalent *helmteken*.
    Auch sprachlich hat die Kontamination mit P Spuren hinterlassen. <a> für altes /o/
vor *ld* / *lt* ist ein südwestfälisches Merkmal und könnte auf Kontakt mit Redaktion P
zurückgehen. Bezeichnenderweise stammt eine der drei Passagen, in denen ein <a>
vorkommt, nicht aus dem Text von W: *Enthalden* (E090).

3.6.6   Editorische Repräsentanz

Eine besondere Eignung zur Führungshandschrift weist kein Textzeuge der Redaktion
W auf. Grundsätzlich wäre ein Vertreter des X-Astes vorzuziehen, da dieser den ur-
sprünglichen Zustand besser bewahrt hat als die Vertreter des Y-Astes. Für s1 spricht
zusätzlich das hohe Alter, doch weist der Stuttgarter Textzeuge zahlreiche individuelle
Umgestaltungen und erhebliche Wortartikelverluste gegenüber dem Redaktionstext auf.
Zudem kommt er wegen der vom Ursprungsgebiet der Redaktion stark abweichenden
Sprachform nicht in Frage. w5 erweist sich als sehr fehlerhaft, individuell gekürzt und
nachträglich stark erweitert; damit fällt der zweite Textzeuge des X-Astes ebenfalls aus.
Die negativen Eigenschaften von w5 weisen auch zwei Vertreter des Y-Astes auf: c1 und
ka2, die zusammen den Y1-Knoten bilden und deshalb auch keine typischen Vertreter
der Redaktion W sein können. Es bleibt w3. Die Wolfenbütteler Handschrift ist die
zweitälteste der Redaktion; sie überliefert den W-Text am vollständigsten und relativ
fehlerfrei; außerdem weist sie Zusatzwortartikel nur in begrenztem Rahmen auf. Schließlich ist sie sprachlich dem Ursprungsgebiet der Redaktion zuzuordnen. Obwohl sie dem
Y-Ast angehört und nicht frei von Ergänzungen vor allem im Interpretament ist, eignet
sich w3 von allen Textzeugen der Redaktion W am besten. Als erste Korrekturhand-

schrift bietet sich w5 an, da die anderen Handschriften viel stärker individuell geprägt sind oder aus anderen Sprachgebieten stammen. Tritt der X-Ast als Konkurrent zum Y-Ast und damit zu w3 auf, wird der Text des X-Astes nach w5 zitiert. Für die Edition ergibt sich eine weitere Konsequenz. Die Textzeugen w5, c1 und ka2 überliefern in zahlreichen Wortartikeln kontaminierten Text, der vielfach dem Text der Ausgangsfassung entspricht. Dabei handelt es sich eindeutig um sekundäre Wiederangleichungen, die nicht auf den W-Redaktor zurückgehen. Weicht also w3, gestützt von mindestens einem anderen Textzeugen, vom Text der Ausgangsfassung, den auch w5, c1 oder ka2 überliefern, ab, so wird der Text von w3 als Redaktionstext gewertet, und die Angleichungen von w5, c1 und ka2 werden im Textzeugenapparat behandelt. – Die Abfolge der Siglen im Textzeugenapparat lautet: w3 – w5 – s1 – c1 – ka2.

3.7   Redaktion D

3.7.1   Allgemeine Kennzeichen

Die Textzeugen von D (ka1, w6 und w4) bilden keine Einheit. ka1 überliefert einen Text, der in Form und Umfang dem mutmaßlichen D-Text durchaus nahe kommen könnte. Demgegenüber erweist sich w6 als ein einerseits stark gekürztes und andererseits durch eine zusätzliche Vorlage stark erweitertes deutsch-lateinisches Wörterbuch mit fast 5.000 Wortartikeln und weicht damit erheblich vom mutmaßlichen D-Text ab.[80] Für den Anfang der Buchstabenstrecke *A-* steht noch das Fragment w4 zur Verfügung. – Als Überlieferungsschwerpunkt dieser Redaktion ist das Ostfälische anzusehen: ka1 ist im Bereich Hildesheim anzusetzen, w4 ist mit Texten aus dem nördlichen Ostfalen zusammengebunden, und der münsterländische Textzeuge w6 weist Sprachspuren auf, die nach Hildesheim deuten. Die Redaktion D hat einem der großen deutsch-lateinischen Wörterbücher des 15. Jahrhunderts, dem ›Basler Vokabular‹, als Quelle gedient. – Der älteste Textzeuge ist ka1 aus dem Ende der 1420er Jahre, w6 stammt aus den 1450er Jahren, w4 vermutlich aus dem Anfang der 1460er Jahre.

Der eingehenden Beschreibung der Redaktion D steht als großes Hindernis die zu geringe Sicherheit bei der Konstituierung des Redaktionstextes entgegen. Aus diesem Grunde fällt die folgende Darstellung erheblich knapper als bei den anderen Folgefassungen aus und beschränkt sich lediglich auf die wesentlichen Merkmale.

---

80 Vgl. DAMME 2005.

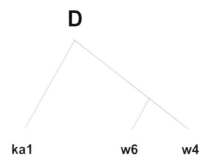

Abb. 5: Stemma der Redaktion D

Textzeugen

ka1:   nördl. Ostfälisch (Raum Hildesheim) – Ende 1420er Jahre
w4:   1461 oder wenig später
w6:   Münsterländisch mit Sprachspuren aus dem Raum Hildesheim – 1450–1455

3.7.2   Charakterisierung der Redaktion

Gegenüber der Ausgangsfassung hat die Volkssprache im Bereich des Interpretaments
starke Einbußen erlitten. Dies gilt vor allem für die ausführlichen Paraphrasen, weniger
für die Synonyme. Hingegen halten sich Verluste an Wortartikeln ebenso in Grenzen wie
Ausfälle im lateinischen Interpretament. Außer den Kürzungen führt D einige Erweiterungen durch. Knappe aus Stichwort und lateinischem Äquivalent bestehende Wortartikel sowie lateinische Äquivalente kommen hinzu, während Zusatztext im volkssprachigen Interpretament fast gänzlich ausbleibt.

3.7.2.1   Makrostruktur

265 Wortartikel (= 5,5 %) fehlen der Redaktion D gegenüber der Ausgangsfassung. Von
der Kürzung betroffen sind vor allem Dubletten und Personennamen. Dem stehen 82
Zusatzwortartikel gegenüber, von denen die ersten hier genannt seien:

A054.01 **Alhorn** sambucus *D*

A065.01 **Almesencorff** cophinus *D*

A108.01 **Angherwort** quedam herba; saxifraga *D*

A122.01 **Anruchtich** infamis *D*

A126.01 **Anspreken** impetere *D*

B007.01 **Badelaken** balniamen *D w1*

B055.01 **Beydelwant** °est uestis[w6], linistema *D*

B095.01 **Belachen** deridere, ⌈subsanare*ᵏᵃˡ* / subridere*ʷ⁶* *D*

B137.01 **Bertram** piretrum *D*

B234.01 **Bley** eyn visch; silago *D*

B266.01 **Bodenbrot** nuncium, ensenium *D*

B305.01 **Borghele** eyn crut; portulaca vel portulana *D*

B309.01 **Bornroude** telo *D*

B336.01 **Bottervaat** stima *D*

B346.01 **Bramberen** fraccinea *D*

B351.01 **Bratworst** illa *D*

B388.01 **Buc** hircus *D*

Von den Pflanzen- und Tierbezeichnungen abgesehen handelt es sich bei den Stich-wörtern der Zusatzwortartikel in der Regel um Komposita: Die Zusätze dienen somit dem Erlernen seltener lateinischer Wörter. Die meisten Zusatzwortartikel bestehen aus einfachen Wortgleichungen und entsprechen damit formal der für die Redaktion D typischen Wortartikelgestalt.

Am Beginn des Wörterbuchs fügt der D-Redaktor in zwei Fällen einen späteren Wort-artikel in einen bestehenden ein:

A007 **Ackerman** buweman, bvr, buwer; agricola, ruricola
dInt.] ⌈dorpman rusticus villanus*₍wie D143₎* *D*

A015 **Af** van; inde
Af] + aue*₍wie A182₎* · + ⌈de ab*₍wie A182₎* *D*

3.7.2.2 Mikrostruktur

3.7.2.2.1 Volkssprachiges Interpretament

Im Bereich der ausführlichen deutschen Paraphrasen kommt es zu massiven Kürzungen:

A003 **Abeteken** apoteka; vnde ys eyn steyde, dar me arsedye to vorkopende plecht
dInt. fehlt D W

A004 **Abeteker** apotekarivs, herbularius; vnde ys eyn man, de arsedyghe to vorkopende plecht
herbularius (...)] fehlt D

A009 **Adamas** adamas; vnde ys eyn eydeylsteyn vnde ys dat allerhardeste dink, dat me vp ertrike wet vnde maket enne wek myt warmem blode
vnde² ys² (...)] fehlt D

A011 **Adere** vippera; vnde ys eyn worm vilna also eyn slanghe edder eyn snake
vilna (...)] *fehlt D W*

A014 **Advent** aduentus domini; vnde ys eyn tiid van demme ersten sundaghe na synte
katherinen auende wente to winachten
dInt. fehlt D

A032 **Agetsteyn** bernsteen; agathes, gagates, bernix; vnde ys eddelsteen gestalt vnde
bern ok also dat claar van den bomen
2.dInt. fehlt D

Übrig bleiben Synonyme wie *bernsteen* oder die Zuordnung zu Hyperonymen wie *vnde
ys eyn eydeylsteyn* oder *vnde ys eyn worm*. In ganz seltenen Fällen wird sogar ein
Hyperonym hinzugefügt:

A051 **Aal** agwilla
Aal] + eyn vis *D*

Der ursprüngliche enzyklopädische Charakter einiger Wortartikel geht völlig verloren.
Ausführliche volkssprachige Paraphrasen kommen nur noch vereinzelt vor. Der volkssprachige Anteil im Interpretament wird auf das Nötigste beschränkt.

Nur in ganz seltenen Fällen findet sich ein Zusatz im volkssprachigen Interpretament:

B101 **Beyne** apis
Beyne] + ymme *D*

Meist dienen diese seltenen Zusätze der Differenzierung von Homonymen:

L117 **Licht** leuis
Licht] + dat nicht swar is *D*

L118 **Licht** lere; facilis, leuis

L167 **Lok** pilus, carpa, vellus
Lok] + har *D*

L168 **Lok** hol; foramen

S083 **Scef** scheue; vestuca

S084 **Scef** obliquus
Scef] + crum *D*

Auch im folgenden Beispiel geht es um Differenzierung, und zwar um die Unterscheidung von männlichem und weiblichem Tier. Die Differenzierung dient also auch der korrekten Übersetzung ins Lateinische:

D241   **Duue** columba
       Duue] Duuinne *D*

D242   **Dufarnt** columbus

3.7.2.2.2 Lateinisches Interpretament

Außer mit Zusatzwortartikeln geht die Redaktion D auch mit zahlreichen zusätzlichen lateinischen Äquivalenten über die Ausgangsfassung hinaus:

A065   **Almuse** elemosina, eloa
       elemosina] + roga *D*

A116   **Anhoren** tohoren, anborn; attinere, spectare, pertinere
       anborn] attingere *D*

A182   **Aue** af; de
       + ab *P D*

B072   **Beffe** corkogele; almucium
       + malmucium *D*

B138   **Bescheftich** wacker, anrichtich; agilis, expeditiuus
       + expeditus *D*

B140   **Besceden** determinare, diffinire
       + assignare *D*

B250   **Bloyde** vrochtsam, vnkone, nicht driste; timidus, timoratus, pauidus,
       formidulosus, metuens
       + temerarius *D*

B328   **Bote** also eyn bote vlasses; colligatura
       + toca *D*

B362   **Bricke** vp der worptauelen efte yn anderme spele; cirtis
       + sicta *D*

B390   **Buckinc** ruburnus; eyn rokerich harink
       + rustupa *D*

B391   **Budel** bursa; r. Sak
       bursa] + saccus *D*

B406 **Busch** rubus
\+ rubetum *D*

B408 **Buten** wesselen; permutare, cambire
\+ vendicare *D*

Ab und zu wird eine ausführliche lateinische Definition ergänzt:

B252 **Blotgank** eyn suke; fluxus sanguinis, emorrogides
\+ emorroycus ille qui patitur talem infirmitatem *D*

Dazu passt, dass es sich bei einigen (zusätzlichen) lateinischen Äquivalenten um Syntagmata handelt, die eher wie kurze lateinische Paraphrasen wirken:

A039 **Ahten** v̊teren, foyseren; taxare, sensere, reputare
\+ curam habere *D*

A119 **Anken** gemere
\+ gemitum facere *D*

B357 **Breken** spigen; vomere, vomitare; t. vorlaten
vomitare] vomitum facere *D*

In seltenen Fällen werden Endungen ergänzt, um die Deklination anzuzeigen.

B377 **Brutlacht** hochtiid; nupcie
– nupcie,-arum *D*

Der D-Redaktor nimmt keine einschneidenden Veränderungen an der Ausgangsfassung vor, sondern verschiebt lediglich die Akzente. Sein Interesse gilt dem lateinischen Wortschatz, dessen Erlernen er durch zusätzliche Wortartikel und Äquivalente, aber auch durch Differenzierung homonymer Stichwörter zu erleichtern sucht.

3.7.3   Binnengliederung

Die beiden Textzeugen ka1 und w6 überliefern zwei grundsätzlich verschiedene Textversionen von D. ka1 folgt trotz zahlreicher individueller Abweichungen dem Text der Ausgangsfassung, während w6 einerseits eine Kurzfassung von D darstellt, andererseits aber etwa 1.000 Wortartikel vor allem aus dem ›Voc. Ex quo‹ ergänzt.

Die Einordnung von w4 in die Überlieferung von D lässt sich nur unter Vorbehalt vornehmen. In dem kurzen Textabschnitt, den w4 überliefert, finden sich nur wenige Hinweise, die sich für eine Überlieferungsgliederung eignen. Eine signifikante Modifikation begegnet in nur einem Wortartikel, in dem w4 und w6 gemeinsam *inde* durch *sine* ersetzen:

A015 **Af** van; inde
D inde] sine *w6 w4*

Außerdem sprechen etliche gemeinsame Lücken für einen Zusammenhang von w6 und w4: A005 (Abraham), A008 (Adam), A036 (Ahte), A052 (Alder), A053 (Alder) und A056 (Albrecht).

w6 überliefert eine stark gekürzte Fassung der Redaktion D; auch w4 scheint nicht den vollständigen, in ka1 noch weitgehend erhaltenen Text zu bieten. Möglicherweise überliefern beide Textzeugen einen Text, der eine Kurzfassung von D darstellt. Dieser zeichnet sich u. a. dadurch aus, dass keine Namen vorkommen.

Grundsätzlich ist auch nicht auszuschließen, dass in ka1 eine Fassung vorliegt, in der die sich in w6 und w4 andeutende Kurzfassung mit der Ausgangsfassung kontaminiert worden ist. Dagegen spricht allein schon das unterschiedliche Alter einerseits von ka1 (Ende der 1420er Jahre) und andererseits von w6 und w4 (ab 1450), außerdem gibt es im Text keinerlei Anhaltspunkte für diese Vermutung. Letzte Gewissheit jedoch lässt sich bei der vorhandenen Datengrundlage nicht erlangen.

3.7.4   Editorische Repräsentanz

Von den drei Textzeugen der Redaktion D fallen sowohl das kurze Fragment w4 als auch w6 mit seinen zahlreichen Kürzungen und Erweiterungen als Führungshandschrift aus. In Frage kommt – trotz der eben geäußerten Vorbehalte – allein die Karlsruher Handschrift ka1, in der der mutmaßliche Text der Redaktion – trotz zahlreicher individueller Veränderungen – am vollständigsten und vermutlich auch am besten überliefert ist. w6 wird mangels Alternative erste Korrekturhandschrift.

Aus der unbefriedigenden Überlieferungslage ergibt sich eine weitere Konsequenz: Redaktionstext von D wird – ab A059 – nur dann angesetzt, wenn ka1 durch w6 gestützt wird. Ist dies nicht der Fall, wird auf Redaktionstext verzichtet. – Die Abfolge der Siglen im Textzeugenapparat lautet: ka1 – w6 – w4.

4.   Editionsprinzipien

4.1   Vorbemerkungen: Editionsaufgabe und Editionsgrundsätze

Die Edition des ›Voc. Theut.‹ verfolgt zwei Hauptziele: Erstens soll der ursprüngliche Text der Ausgangsfassung wiedergegeben werden, der die wesentlichen Neuerungen gegenüber der zeitgenössischen Lexikografie enthält. Zweitens soll die Veränderung dieses Textes in den späteren Fassungen und damit die Geschichte dieses Textes dokumentiert werden.

4.1.1   Ausgabe des ›Vocabularius Ex quo‹ als Vorbild

Für die Verwirklichung dieser Zielsetzung bietet sich die Orientierung an der überlieferungsgeschichtlichen Methode an, die die Würzburger Forschergruppe[81] an mehreren Vokabulareditionen erprobt hat: am ›Voc. Ex quo‹ als Vertreter der anonym überlieferten Universalglossare, an den Wörterbüchern der beiden Straßburger Chronisten Fritsche Closener und Jakob Twinger von Königshofen als Vertreter der autorgebundenen alphabetischen Nominalglossare sowie am ›Liber ordinis rerum‹ als Vertreter eines anonym überlieferten. Hinzu kommt die Edition des ›Vocabularius Optimus‹ als Vertreter eines autorgebundenen Sachglossars. Alle vier Editionen haben jeweils einen spezifischen Ansatz, unterscheiden sich daher nicht unerheblich und eignen sich nicht alle in gleicher Weise als konkretes Vorbild für die Edition des ›Voc. Theut.‹. Allein wegen der abweichenden Makrostruktur scheiden die Editionen der beiden Sachglossare aus. Von den beiden übrigen besitzt vor allem die Edition des ›Voc. Ex quo‹ Modellcharakter für die Ausgabe des ›Voc. Theut.‹: Der ›Voc. Ex quo‹ überliefert wenn nicht den gleichen, so doch einen sehr ähnlichen Vokabulartyp;[82] er hat mit dem Ostfälischen das gleiche Entstehungsgebiet, mit dem ›Liber ordinis rerum‹ die gleiche Quelle und somit auch weitgehend das gleiche Wortmaterial. Außerdem gibt es in der Überlieferung zahlreiche Überschneidungen. Aus diesem Grund folgt die Edition des ›Voc. Theut.‹ in allen wesentlichen Punkten der Edition des ›Voc. Ex quo‹.

Neben den Gemeinsamkeiten gibt es aber auch Unterschiede. So verläuft die Überlieferungsgeschichte des ›Voc. Ex quo‹ deutlich anders als die des ›Voc. Theut.‹, und

---

81 Vgl. hierzu etwa K. RUH (Hrsg.), *Überlieferungsgeschichtliche Prosaforschung. Beiträge der Würzburger Forschergruppe zur Methode und Auswertung*, Tübingen 1985.

82 Bei der Edition von Closeners und Twingers Vokabularen steht die Textentwicklung durch Twinger im Vordergrund, während beim ›Voc. Ex quo‹ die reiche Textentfaltung als solche thematisiert wird. Beide Editionen unterscheiden sich in etlichen Punkten, u. a. in der Behandlung von Zusatzwortartikeln: Während diese Wortartikel beim ›Voc. Ex quo‹ fast ohne Ausnahme in der Ausgabe Berücksichtigung finden, entfallen sie bei der Edition von Closeners und Twingers Vokabularen, da die durch spätere Abschreiber eingefügten Wortartikel für das lexikografische Schaffen Twingers keine Relevanz besitzen.

zwar sowohl in quantitativer als auch in qualitativer Hinsicht: 1. Während die Ausgangsfassung des ›Voc. Ex quo‹ ein in Makro- und Mikrostruktur schlankes Wörterbuch überliefert, das im Laufe der Textgeschichte zahlreiche Zusätze und Veränderungen erfuhr, verhält es sich beim ›Voc. Theut.‹ genau umgekehrt: Die Ausgangsfassung ist sowohl in Makro- als auch Mikrostruktur die ausführlichste, während alle späteren Fassungen den in der Ausgangsfassung vorliegenden Ansatz vor allem stark kürzen und – von Redaktion W abgesehen – nur in Nuancen modifizieren. Veränderungen sind also in erster Linie Kürzungen; Ersetzungen und Zusätze spielen eine nur untergeordnete Rolle. – 2. Die Ausgangsfassung ist anders als beim ›Voc. Ex quo‹ die innovativste und zugleich wirkungsträchtigste Fassung. Sie begründet die Ausnahmestellung des ›Voc. Theut.‹ in der deutschen Lexikografiegeschichte; denn sie gibt im Rahmen eines auf den Erwerb der Fremdsprache Latein abzielenden zweisprachigen Wörterbuchs auch sprachliche Informationen zum volkssprachigen Stichwort. Diese breitere, auch auf die Beschreibung volkssprachigen Wortschatzes ausgerichtete Konzeption geht in den Folgefassungen zunehmend verloren.

Es ergibt sich eine erste Folgerung für die Edition: Die Sonderstellung der Ausgangsfassung muss in der Darstellung deutlich zum Ausdruck kommen. Ähnlich wie in der Ausgabe des ›Voc. Ex quo‹ werden der Leittext und der Text der Folgefassungen zwar parallelisiert, aber in der Gewichtung deutlich voneinander geschieden. Es ergibt sich eine dreistufige Edition: Die erste Ebene bildet der Leittext, der weitgehend mit dem Text der Leithandschrift identisch ist; die zweite der Redaktionsapparat, der die Abweichungen der Folgefassungstexte vom Leittext dokumentiert, und die dritte der Textzeugenapparat, der die Abweichungen der einzelnen Textzeugen vom jeweiligen Bezugstext dokumentiert.

Weitere Unterschiede zur Ausgabe des ›Voc. Ex quo‹ sind in der Anlage des Wörterbuchs und in der Überlieferungssituation begründet. Der ›Voc. Theut.‹ ist das erste allgemeinsprachliche Wörterbuch in Deutschland, das nicht nur eine deutsche Stichwortliste hat, sondern außerdem mit deutschen Definitionen ausgestattet ist. Darin unterscheidet er sich elementar von den anderen ediert vorliegenden, vor und um 1400 entstandenen Wörterbüchern. Der hohe Anteil volkssprachiger Elemente und damit gerade derjenigen Wortartikelbestandteile, die allgemein für individuelle Veränderungen besonders anfällig sind, bewirkt einerseits eine starke individuelle Varianz und verhindert andererseits eine Konstanz im Text des Vokabulars.

Von der im Gegensatz zu den lateinischen Wortartikelteilen deutlich gesteigerten Variabilität sind nicht nur diejenigen volkssprachigen Wörter (als Stichwort oder Teil des Interpretaments) betroffen, deren Sprachform von Schreibsprachregion zu Schreibsprachregion wechselt. Das volkssprachige Interpretament verzeichnet darüber hinaus eine Vielzahl von Modifikationen durch Verlust, Zusatz oder Ersatz einzelner Wörter (vor allem Funktionswörter wie Präpositionen, Artikel, Konjunktionen, Pronomina), aber auch ganzer Textpassagen. Die daraus resultierende Flut von Varianten führt zum einen zu einer deutlichen Anschwellung des Lesartenapparats und damit dazu, dass irrelevante Anmerkungen die überlieferungsgeschichtlich relevanten überdecken und in der Masse der unwichtigen Anmerkungen verschwinden lassen, zum anderen aber auch dazu, dass für die Konstituierung von Fassungstext zuweilen nur Textzeugen mit individuellen Interpretamentsausprägungen zur Verfügung stehen.

Die Editoren des ›Voc. Ex quo‹ mussten sich zwar mit einer kaum zu überblickenden Menge an Textzeugen auseinandersetzen, hatten aber den Vorteil, aus dieser Fülle die am besten geeigneten auswählen zu können. Demgegenüber stehen dem Herausgeber des ›Voc. Theut.‹ nur 18 bekannte Textzeugen zur Verfügung, von denen zwei als kurze Fragmente lediglich einige Wortartikel am Anfang des Alphabets überliefern. Die restlichen 16 Textzeugen verteilen sich auf fünf Fassungen, wobei jeweils fünf auf die Ausgangsfassung K und die Redaktion W entfallen. Lediglich sechs Textzeugen dienen also als Textgrundlage der übrigen drei Redaktionen. Folglich sind die Fassungen P, D und b1 äußerst spärlich bezeugt.

Probleme bereiten aber auch die besser überlieferten Fassungen K und W. Der Ausgangsfassung fehlt im letzten Viertel des Textes eine sichere Grundlage. Die einzige sich als Leithandschrift anbietende Handschrift k2 bricht nach dem Wortartikel *Stern stella, astrum, sidus* (S565) ab, und w2 übernimmt deren Rolle. Von den restlichen drei Textzeugen der Ausgangsfassung haben w1 und ms in der Wortschatzstrecke am Ende von *V*- und Anfang von *W*- unabhängig voneinander eine Textlücke,[83] so dass dort für die Konstituierung des Leittextes nur noch die fehlerträchtige Handschrift w2 und die lückenhafte Handschrift b2 zur Verfügung stehen. – In Redaktion W lassen sich zwar zwei Äste rekonstruieren, sie unterscheiden sich allerdings nicht immer deutlich voneinander. Zudem machen sich hier die zum Teil erheblichen individuellen Kürzungen der Textzeugen dieser Fassung negativ bemerkbar. Aus diesem Grund repräsentiert mit w3 ein Textzeuge des vermutlich sekundären Y-Astes die Redaktion W als Führungshandschrift.

Die äußerst dünne Überlieferungsdichte wirkt sich in vielerlei Hinsicht negativ aus: Nicht alle zur Verfügung stehenden Textzeugen eignen sich als Grundlage für eine Edition. Ihr Text ist entweder unvollständig, fehlerhaft oder (wegen zahlreicher Kontaminationen und Ergänzungen) nicht fassungskonform, oder er vereinigt mehrere dieser Eigenschaften. In allen Redaktionen erweist sich die Führungshandschrift nicht als Ideal-, sondern als Kompromisslösung.

Für die Edition des ›Voc. Theut.‹ ergeben sich weitere Konsequenzen bezüglich Materialgrundlage, Methode und Darstellungsform: Die Konstituierung von Fassungstext erfolgt – anders als beim ›Voc. Ex quo‹ – auf der Grundlage aller verfügbaren Textzeugen. Außerdem wird die bei der Edition des ›Voc. Ex quo‹ angewandte Methode modifiziert und differenziert. – Die durch den hohen Anteil volkssprachiger Wortartikel-

---

83 w1 hat die Lücke von V382 (*Vrigen*) bis W130 (*Wente*), ms von V424 (*Vulborden*) bis W026 (*Walevisch*).

elemente und die Berücksichtigung auch eigentlich nicht geeigneter Textzeugen verursachte Anschwellung des Textzeugenapparates wird im Interesse seiner Lesbarkeit vermieden.

4.1.2   Zur Methode

Die editorische Darstellung des ›Voc. Theut.‹ erfolgt nach den im Folgenden festgelegten Regeln, die sich im Verlauf der Bearbeitung herausgebildet haben[84] und einen vertretbaren Kompromiss zwischen Informationsfülle und Lesbarkeit darstellen. Im Einzelfall konnte von diesen Regeln aber abgewichen werden.

Die Editionsprinzipien werden im Folgenden nach dem in der Edition geltenden Grundsatz, in nachgeordneten Rubriken nur Abweichungen, nicht aber Identität anzuzeigen, dargelegt. Regeln, die sowohl den Leittext als auch den Redaktionsapparat betreffen, werden im Abschnitt zum Leittext abgehandelt, solche, die sowohl den Redaktions- als auch den Textzeugenapparat betreffen, im Abschnitt zum Redaktionsapparat. In der jeweils nachgeordneten Rubrik werden nur die abweichenden Verfahren erläutert.

Die Ausgabe erfasst den gesamten Text aller Fassungen und Einzeltextzeugen des ›Voc. Theut.‹, das heißt: alle Wortartikel bzw. Interpretamentsvarianten der Ausgangsfassung K, der Folgefassungen P, D, b1 und W sowie alle mehrfach oder unikal überlieferten Wortartikel und Interpretamente einzelner Textzeugen.

Der zu edierende Text ist ein Wörterbuch und damit ein strukturierter Text, der sich aus einer Vielzahl von Wortartikeln zusammensetzt. Die Ausgabe übernimmt den Wortartikel als konstitutive Einheit aus der Überlieferung. Die Darstellung des Vokabulars erfolgt wortartikelweise.

Ein Wortartikel, wie ihn die spätmittelalterlichen Textzeugen überliefern, hat in der Edition seine Entsprechung im Editionsartikel. Dieser bildet einen Wortartikel mit allen in den maximal 18 Textzeugen überlieferten Lesarten ab, also mit allen Ersetzungen, Auslassungen und Ergänzungen.

Bezüglich ihrer Zugehörigkeit zur Ausgangsfassung lassen sich zwei Typen von Wortartikeln unterscheiden: Ausgangswortartikel sind Wortartikel, die zum Bestand der Ausgangsfassung gehören, Zusatzwortartikel solche, die nicht dazu gehören oder sich an einer anderen alphabetischen Position befinden. Die Unterscheidung zwischen beiden Typen spiegelt sich in der Ausprägung des jeweiligen Editionsartikels wider: Ein Ausgangswortartikel wird mit all seinen Lesarten durch einen primären Editionsartikel (im Folgenden: Primärartikel) wiedergegeben, ein Zusatzwortartikel in der Regel[85] durch einen sekundären (im Folgenden: Sekundärartikel).

---

84 Die zunächst hohe Anzahl der Anmerkungen im Textzeugenapparat ist dabei schrittweise reduziert worden.

85 In selteneren Fällen wird er in den vorangehenden Primärartikel integriert.

Ein Primärartikel besteht im Idealfall aus drei Ebenen: dem Basistext als erster Ebene, dem Redaktionsapparat als zweiter Ebene und den Textzeugenapparaten als dritter Ebene. Der Basistext eines Primärartikels ist der Leittext, der weitgehend identisch ist mit dem Text der Leithandschrift. Der Redaktionsapparat setzt sich zusammen aus den im Idealfall vier Redaktionstexten (den Fassungstexten der Folgeredaktionen), die weitgehend identisch sind mit den Texten der Führungshandschriften der Folgeredaktionen und, durch eine Sigle am Ende des Textes markiert, in der standardisierten Abfolge P – D – b1 – W erscheinen. Die Kombination von Leittext und Redaktionsapparat entspricht der Wortartikelsynopse in der Edition des ›Voc. Ex quo‹. Die Ausgangsfassung und die vier Folgeredaktionen haben jeweils eigene Textzeugenapparate, die bei Primärartikeln in der Abfolge K – P – D – b1 – W erscheinen. Bei Bedarf befindet sich am Beginn des Redaktionsapparat der sogenannte „Leittextapparat" mit Anmerkungen zum Leittext, die nicht – wie der Textzeugenapparat der Redaktion K – nur die Ausgangsfassung, sondern die gesamte Überlieferung betreffen.

Der Bezugstext ist im Editionsartikel der Text, auf den sich die Anmerkungen in den beiden Apparatebenen beziehen. Für die Fassungstexte der Folgeredaktionen sowie den Textzeugenapparat der Ausgangsfassung bildet der Leittext den Bezugstext, für die Textzeugenapparate der Folgeredaktionen der jeweilige Fassungstext, der u. U. mit dem Leittext identisch ist.

Ein Sekundärartikel unterscheidet sich formal u. a. darin vom Primärartikel, dass er nicht aus drei, sondern aus höchstens zwei Ebenen besteht: dem Basistext und dem Textzeugenapparat.

Jeder Editionsartikel ist mit einer Ordnungsnummer versehen, die seiner eindeutigen Identifizierung dient. Die Ordnungsnummer setzt sich zusammen aus einem Buchstaben, der den alphabetischen Bereich markiert, zu dem der Editionsartikel gehört, und einer dreistelligen Zahl, die die Position des Editionsartikels in diesem Buchstabenabschnitt wiedergibt. Jeder Primärartikel hat somit eine vierstellige Ordnungsnummer (z.B. A001 Abbet); Sekundärartikel sind über eine zusätzliche zweistellige Indexzahl in dieses Grundgerüst eingeordnet (z. B. A001.01 Abdisse), und zwar in der Regel unmittelbar nach dem Wortartikel der Ausgangsfassung, nach dem sie auch in den Handschriften eingeordnet sind.

A001   **Abbet** abbas et dicitur ab abba grece, id est pater in latino

A001.01 **Abdisse** abbatissa *ms*

A001.02 **Abdie** abbacia *ms*

A002   **Abbesete** alphabetum, abbecedarium

Die Reihenfolge der Primärartikel richtet sich – bis auf wenige Ausnahmen, bei denen die Leithandschrift individuell von der sonst üblichen Anordnung abweicht[86] – nach der Abfolge der Wortartikel in der Leithandschrift k2 (bis S565) bzw. w2 (ab S566). Bei mehreren Sekundärartikeln an identischer Position richtet sich ihre Reihenfolge nach der in der Edition gültigen Hierarchie der Redaktionen und Einzeltextzeugen, wobei Redaktionen immer Vorrang vor Einzeltextzeugen haben. – Die Kopfzeilen in der Edition nehmen das Stichwort des jeweils ersten und letzten Primärartikels einer Druckseite auf; Sekundärartikel werden nicht berücksichtigt.

4.1.3 Konstituierung von Fassungstext

Bezüglich der Konstituierung und Darstellung von Fassungstext lassen sich die Textzeugen in zwei Kategorien einteilen: Führungs- und Korrekturhandschriften. Nach den Führungshandschriften wird der Text der jeweiligen Fassung im Editionsartikel zitiert. Führungshandschriften sind d1 für die Redaktion P, ka1 für die Redaktion D, w3 für die Redaktion W sowie b1. Als Führungshandschriften der Ausgangsfassung sind k2 (bis S565) bzw. w2 (ab S566) Leithandschriften der Edition. Zu den Korrekturhandschriften zählen alle anderen Textzeugen. Sie werden, falls die Führungshandschrift den Text nicht fassungskonform überliefert, zur Textkonstituierung herangezogen. Die Korrekturhandschrift, aus der in der Regel gebessert wird, ist die erste Korrekturhandschrift; bietet auch sie keinen geeigneten Text, wird eine der übrigen Korrekturhandschriften herangezogen.

Der Leittext folgt dem Text der Leithandschrift, soweit sie fassungskonformen Text überliefert. Weicht der Text der Leithandschrift vom übereinstimmenden Text der übrigen Fassungstextzeugen ab, wird der Text der Leithandschrift durch den einer Korrekturhandschrift ersetzt.[87] Für beide Leithandschriften, k2 und (ab S566) w2, ist b2 erste Korrekturhandschrift. Kommt b2 nicht in Frage, geht dies aus den textkritischen Anmerkungen hervor. w2 ist unter der Leithandschrift k2 die b2 nachgeordnete Korrekturhandschrift, w1 unter der Leithandschrift w2. ms wird nur herangezogen, wenn alle anderen Textzeugen keinen geeigneten Text bieten. Nur in einer verschwindend geringen Anzahl von Fällen wird im Leittext emendiert.[88]

Bei der Darstellung nachgeordneter Bearbeitungen verfährt die vorliegende Edition nach dem gleichen Prinzip wie die Ausgabe des ›Voc. Ex quo‹: Textidentität wird nicht eigens angezeigt, Textvarianz hingegen dokumentiert. Unterscheiden sich die ange-

---

86 So sind die Blätter der letzten Lage von k2 vertauscht. Dieser Umstand wird in der Edition nicht angemerkt. Vgl. die Handschriftenbeschreibung zu k1 / k2.

87 Dies geschieht in äußerst seltenen Fällen auch, um die spezielle Lesart der Leithandschrift von den übrigen Lesarten abzuheben oder um bei komplizierteren Konstellationen die Darstellung zu vereinfachen.

88 Zum Terminus „emendieren" vgl. ›Voc. Ex quo‹, Bd.1, S. 236.

setzten Fassungstexte nicht vom Leittext, werden sie nicht zitiert; Abweichungen hingegen werden vermerkt.

Der Redaktionstext verzeichnet eine gestützte Abweichung vom Leittext. Als gestützt gilt ein Textzusatz oder -ersatz immer dann, wenn die Führungs- und mindestens eine Korrekturhandschrift die Abweichung überliefern; bei Textverlust müssen hingegen alle Fassungstextzeugen übereinstimmen.[89] Nicht gestützte Abweichungen kommen mit Ausnahme der Fassung b1 nicht in den Redaktionstext.

Ist der Text der Führungshandschriften d1 (P), ka1 (D), b1 und w3 (W) erstens nicht fassungskonform und ist zweitens dieser nicht fassungskonforme Text Teil des Redaktionstextes, wird gebessert, und zwar in der Regel aus der jeweils ersten Korrekturhandschrift, nämlich p1 (P), w6 (D) und w5 (W).

Ein Sekundärartikel hat keinen Leittext, sondern nur einen Basistext. Da ein Zusatzwortartikel nicht zum Text der Ausgangsfassung gehört, sondern nur eine Veränderung, insbesondere eine Ergänzung zu ihm darstellt, wird der Basistext im Sekundärartikel dem Redaktionstext eines Primärartikels gleichgestellt, dessen Leittext keinen Inhalt hat. – Der Text der meisten Zusatzwortartikel wird von nur einem einzigen Textzeugen überliefert. Dieser Umstand wirkt sich negativ bei offensichtlichen Fehlern aus, die hier in den Basistext gelangen würden. Um dies zu verhindern, wird in eindeutigen Fällen oder in solchen, die zu Missverständnissen führen können, emendiert; der Apparat enthält dann eine textkritische Anmerkung. Diese Regelung führt dazu, dass der Basistext von Sekundärartikeln die bei weitem meisten Emendationen enthält.

4.2 Die Darstellung[90]

4.2.1 Allgemeines

4.2.1.1 Die Wiedergabe des handschriftlichen Textes

Die Ausgabe übernimmt die Lesart der jeweils zitierten Handschrift buchstabengetreu. Als handschriftlicher Text gilt dabei stets der in einem ersten fortlaufenden Ansatz geschriebene Vokabulartext; als sekundär erkennbare Nachträge und Ergänzungen, egal ob von gleicher oder späterer Hand, bleiben unberücksichtigt. Dies gilt in der Regel

---

89 Textverlust wird im Redaktionstext nur dann angezeigt, wenn alle zur jeweiligen Fassung gehörenden Textzeugen überliefert sind und allen der betreffende Text fehlt. Grund für diese Einschränkung ist der Umstand, dass Textkürzungen eher durch Zufall zustande kommen können als identische Zusätze. – Für Redaktion W gelten aufgrund der zahlreichen Kontaminationen Sonderregelungen.

90 Im Folgenden wird unterschieden zwischen Zitaten aus Wortartikeln des Vokabulars und solchen aus Editionsartikeln. Erstere werden kursiviert, letztere in doppelte Anführungszeichen eingeschlossen. Die im Folgenden exemplarisch zitierten Editionsartikel beschränken sich auf die Angabe der im jeweiligen Zusammenhang relevanten Teile. Auf Auszeichnungen im Bezugstext, vor allem Kursivierungen, die im jeweils behandelten Zusammenhang keine Relevanz besitzen, wird verzichtet.

auch für Wortartikel, die im Anschluss an einen anderen kurzen Wortartikel in der Zeile nachgetragen worden sind.

Grundsätzlich ist nach dem Prinzip des wohlwollenden Lesens verfahren worden; folglich wurde so gelesen, wie es offenbar verstanden werden sollte, im Zweifel also zugunsten der „richtigen", d. h. der zu erwartenden Lesung.[91] Dies betrifft neben den Buchstabenpaaren *n* und *u*, *c* und *t* usw. auch die Sequenzen *ct, eo, sf, nu, rt* sowie Schafthäufungen. Die in individuellen Zusätzen einzelner Redaktionen bzw. Textzeugen sowie in Zusatzwortartikeln auftretenden und zudem in der einschlägigen Literatur schlecht oder überhaupt nicht bezeugten Hapaxlegomena sind hingegen möglichst buchstabengetreu gelesen worden.

Die unterschiedlichen Formen von *r* und *s* werden stets als „r" bzw. „s" wiedergegeben. Für *sz* steht in der Ausgabe „ß". Für die Majuskeln *I* und *J* steht grundsätzlich „I", für *U* und *V* stets „V".

Die Getrennt- bzw. Zusammenschreibung folgt dem Usus der jeweils zitierten Handschrift.

Die in den Handschriften vorhandenen Abbreviaturen werden stillschweigend aufgelöst, wo möglich nach dem Usus der betreffenden Handschrift. Nur *r.* für *require, t.* in der Bedeutung 'turingice' und *etc.*, das auch die plene-Schreibungen *et cetera, etcetera, etceteris* ersetzt, bleiben als für die Vokabulare signifikante Kürzel in dieser Form stehen. *t.* in der Bedeutung 'teutonice' wird aufgelöst. Auch sind die Lesarten der diatopischen Markierung *saxonice, saxonia* bzw. *saxonie* zu „sax." vereinheitlicht worden. Entsprechendes gilt für die Varianten von *aduerbium* in w6, die nun als „adu." erscheinen.

Die Groß- und Kleinschreibung wurde vereinheitlicht: Mit Ausnahme von Stichwörtern, Zitat- und Satzanfängen, den lexikografischen Kennwörtern „Item" und „Inde" sowie den auf „r." folgenden und bei „sax." stehenden erstgenannten Verweiswörtern werden alle Wörter klein geschrieben. Im lemmatisierten Redaktionstext und im Textzeugenapparat werden bis auf das Stichwort alle im Bezugstext groß geschriebenen Wörter klein geschrieben. Entfällt das Stichwort des Bezugstextes und tritt an seine Stelle ein anderes (in der Regel das ehemals zweitplatzierte) Wort, so wird jenes im Apparat groß geschrieben.

Das Stichwort wird im Basis- und im nicht lemmatisierten Redaktionstext stets fett gesetzt. Als Stichwort gilt das erste Wort eines Wortartikels; ist dieses in ein Syntagma eingebunden und übersetzt das lateinische Interpretament nicht das erste Wort, sondern das Syntagma, so gilt das Syntagma als Stichwort. Entsprechend wird auch bei auseinander geschriebenen Komponenten ein Kompositum als Stichwort gewertet. Bei Zusatzwortartikeln von w6, die sich als Umkehrungen lateinisch-volkssprachiger Wortgleichungen aus dem ›Voc. Ex quo‹ und deren Stichwörter sich somit als ehemalige Interpretamente erwiesen haben, beschränkt sich die Fettung – anders als in der

---

91 Eine Ausnahme bildet hier der Druck ms, dessen Lettern eindeutig zu lesen sind.

Ausgangsfassung – nicht immer auf das erste Wort, sondern bezieht attributive Zusätze mit ein.

4.2.1.2 Interpunktion

Im Leit- und im nicht lemmatisierten Redaktionstext hat der Herausgeber eine Zeichensetzung eingesetzt, die als Lese- und Orientierungshilfe dient. Hierbei gelten folgende Regelungen: Auf das Komma zur Aufzählung von Flexionsendungen folgt kein Leerzeichen. – Das Semikolon markiert im Editionsartikel einen Sprachenwechsel entweder von einem lateinischen Interpretamentsteil zu einem volkssprachigen oder umgekehrt. – Doppelte Anführungszeichen markieren Verwendungsbeispiele für das Stichwort, französische Anführungszeichen ein Wort in einem anderssprachigen Kontext oder, im metasprachlichen Kontext, volkssprachig-lateinische bzw. lateinisch-volkssprachige Wortgleichungen. – Ein kursives eingeklammertes Ausrufezeichen steht im Basistext, um einen offensichtlichen Fehler anzuzeigen. In von nur einem Textzeugen überlieferten Sekundärartikeln wird es auch bei Kongruenzfehlern gesetzt: Weichen Stichwort und Interpretament bezüglich der Wortart und damit der Bedeutung voneinander ab, steht das Ausrufezeichen hinter dem Stichwort; weichen die einzelnen Interpretamente voneinander ab, steht es hinter denen, die keine Kongruenz zum Stichwort aufweisen.

Weitere Zeichen betreffen den gesamten Editionsartikel: Ein Bindestrich hat die Funktion des Ergänzungsstrichs und steht bei Ableitungen und Flexionsendungen für einen nicht wiederholten Wortbeginn. – Eine Tilde steht in Komposita stellvertretend für ein nicht wiederholtes Bestimmungs- oder Grundwort („clinere re~“ oder „Pissen~ vel schitendreger“). – Drei Punkte („...“) machen darauf aufmerksam, dass an dieser Stelle ein Text hätte stehen müssen, der aber aus unterschiedlichen Gründen, die im Textzeugenapparat genannt werden können, fehlt: Verlust eines Wortteils durch einen Tintenklecks oder ein Loch im Papier, Fehlen des Stichworts (z. B. bei s1: B341, B352) oder eines vollständigen Interpretaments.

4.2.1.3 Vernetzung

Eines der Hauptanliegen der vorliegenden Edition ist die Vernetzung einzelner in irgendeiner Weise miteinander in Beziehung stehender Wortartikel. In der Ausgangsfassung wird in etwa 5 % aller Wortartikel mit Hilfe von *r.* (*require*) auf einen anderen Wortartikel verwiesen, der ein bedeutungsgleiches oder -ähnliches Wort als Stichwort hat. Dies geschieht ebenfalls durch Marker wie *eciam* (bei m1 an der Stelle von *r.*), *ut supra*, *ut infra*, *Item*, *Inde* usw. In all diesen Fällen sowie bei Unterstichwörtern wird die Ordnungsnummer des Editionsartikels, in dem das Wort als Stichwort auftritt, tiefgestellt und in Klammern eingeschlossen angeführt:

A188 **Auentûr** lucke; euentus, fortuna; r. Lucke$_{(L197)}$

Geht ausnahmsweise ein Verweis ins Leere, weil ein entsprechendes Stichwort nicht vorhanden ist, wird anstelle der Ordnungsnummer ein Gedankenstrich gesetzt. Handelt es sich beim Verweiswort nicht um das Stichwort, sondern um ein Wort des paradigmatischen Interpretaments, etwa eine Stichwortvariante, die in der Überlieferung durchaus auch an die erste Stelle treten kann, so wird ein „*in*" vor der Ordnungsnummer ergänzt:

A019   **Afgunstech** vngunstech; infauorabilis; r. Hetesch$_{(-)}$, Nydesch$_{(in\ N074)}$
– <r.> Gunstich$_{(in\ G189)}$^{w3} *W*

G189   **Gvnnich** gunstich, holt; fauorabilis, fauorosus, fauens; r. Leeff$_{(L067)}$

Geht ein Verweis in der Ausgangsfassung ins Leere und ist dieser Fehler in einer Folgefassung durch den Eintrag eines Zusatzwortartikels behoben worden, so wird der Ordnungsnummer die Sigle der Folgeredaktion beigegeben:

E063   **Encket** euidens, apparens, notabilis; r. Merklik$_{(M095.01\ W)}$

Entsprechend den *require*-Fällen wird bei Verweisen von Einzelhandschriften im Textzeugenapparat verfahren, die mit Markern wie *ut supra, ut infra* auf andere Wortartikel hinweisen:

A110   **Anger** pratum
P + r. supra$_{(A033)}$ *dl*

In Redaktion W werden häufig mehrere Wortartikel, die ein gleichlautendes Stichwort besitzen, durch den Marker *Item* verknüpft. In der Regel bezieht sich das *Item* auf den folgenden Wortartikel. Weicht die Reihenfolge der Stichwörter in Redaktion W jedoch von derjenigen der Ausgangsfassung ab, wird auf den in Redaktion W folgenden Editionsartikel verwiesen. Fehlt eine Angabe, so entspricht die Reihenfolge der Wortartikel derjenigen im Leittext:

A010   **Adere** vena, fleba, fibra
– vena, fibra. Item: *W*

A011   **Adere** vippera; vnde ys eyn worm vilna also eyn slanghe edder eyn snake

aber:

D160   **Drank** potus, pocio
D161   **Drank** pressura, premor
– premor, pressura. Item$_{(D160)}$: *W*

Entsprechendes gilt für durch „Inde" eingeleitete Derivationen.

Die bislang genannten Vernetzungen beziehen sich auf in der Überlieferung bereits angelegte Beziehungen, darüber hinaus enthält die Edition Vernetzungen von Editionsartikeln, wenn deren Stichwörter Dubletten eines anderen Stichworts sind oder wenn Wortartikel oder Interpretamentsteile in der Überlieferung von der ursprünglichen an eine andere Position verschoben worden sind. Diese Vernetzungen werden weiter unten besprochen.

4.3   Primärartikel

4.3.1   Leittext

Die herausragende Stellung der Ausgangsfassung schlägt sich in der Edition nieder. Anders als in der Ausgabe des ›Voc. Ex quo‹ hebt sich der Leittext erstens durch eine größere Schrift von den anderen Fassungstexten ab; und zweitens bleibt er frei von einmontierten Modifikationen aus Folgeredaktionen. Die ungünstige Überlieferungslage des ›Voc. Theut.‹ erfordert jedoch Markierungen anderer Art, die vor allem in der schlecht bezeugten Wortschatzstrecke am Ende des Wörterbuchs die Schwierigkeiten bei der Konstituierung des Leittextes erkennbar widerspiegeln.

4.3.1.1   Fassungssigle im Leittext

Bei Primärartikeln entfällt die Nennung der Fassungssigle am Ende des Basistextes, da der Leittext per definitionem der Ausgangsfassung entstammt. Von dieser Regel gibt es zwei Ausnahmen. Die erste Ausnahme betrifft Wortartikel, die ausschließlich in der Ausgangsfassung überliefert sind. Diese werden – unter Wegfall einer entsprechenden Angabe im Redaktionsapparat – durch die Redaktionssigle „*K*" markiert:

D151   **Doot** allerleye dinges; mortuus; also: „Dat der ys doyt" *K*

Die zweite Ausnahme betrifft schlecht bezeugte Primärartikel. Bei Wortartikeln, die in der Ausgangsfassung nur von der Leithandschrift[92], aber außerdem durch mindestens einen anderen verlässlichen Textzeugen einer anderen Redaktion bezeugt sind, werden die Siglen aller Textzeugen angegeben, die diesen Wortartikel überliefern. Als verlässlich werden vor allem p1 und b1 angesehen:

N108   **Nvmmer** °nvmmerme*^{b1}*; nuncquam *k2 b1*
W102   **Weyde** °eyn stede, dar sich vodet dat ve*^{p1}*; pascua *w2 p1*

4.3.1.2   Nicht fassungskonformer Text der Leithandschrift

Der Leittext entspricht in der Regel dem Text der Leithandschrift. Zuweilen bietet die Leithandschrift aber keinen fassungskonformen Text, d. h. Text, mit dem die Leithandschrift individuell vom sonst einheitlich überlieferten Text der übrigen Fassungstextzeugen abweicht. Die Edition behandelt diese Fälle auf differenzierte Art und Weise.

---

92 Haben die unterschiedlichen Textzeugen für einen schwach bezeugten Wortartikel unterschiedliche Interpretamente, wird von einem Zusatzwortartikel ausgegangen (W305.01).

Ist ein Wortartikel ausschließlich von der Leithandschrift und sonst überhaupt nicht überliefert, wird er wie ein Zusatzwortartikel behandelt:

A128.01 **Ant** aneta *k2*

Text der Leithandschrift, der in der gesamten Überlieferung fehlt, gelangt nicht in den Leittext, sondern wird im Textzeugenapparat angeführt. Im Leittext deutet ein Zirkumflex auf individuellen Zusatztext der Leithandschrift hin:

A047 **Al** altomale, ^ albedulle, mydenander; omnis, totus, vniuersus
      K altomale] + aletomale *k2*

Text der Leithandschrift, den kein weiterer Textzeuge der Ausgangsfassung, aber mindestens ein Textzeuge einer Folgefassung überliefert, wird in Spitzklammern eingeschlossen. Im Textzeugenapparat wird das Fehlen des betroffenen Textes in den übrigen Textzeugen der Ausgangsfassung nicht zusätzlich anzeigt:

W095 <**Wedderkeren** wederkomen; reuertere, reuenire, reddire>
D141 **Dornse** estuarium, stuba; <in mysen eyn stoue>

Fehlt der Leithandschrift individuell ein Wortartikel oder Wortartikelteil, wird der fehlende Text nach einer Korrekturhandschrift zitiert und als Zeichen dafür, dass er nicht der Leithandschrift entstammt, kursiviert:

C146 ***Copman** mercator, emptor*
      K Wa. b2] fehlt k2

B044 **Bekker** *dar men ut drinket*; krater
      K dar men ut drinket w2] fehlt k2 b2

Überliefern nur eine einzige Korrekturhandschrift der Ausgangsfassung sowie mindestens ein Textzeuge einer Folgeredaktion diesen Text, wird er zusätzlich in Spitzklammern eingeschlossen.[93] Diese Konstellation tritt vor allem am Ende des Buchstabens *V-* und am Anfang des Buchstabens *W-* auf, weil w1 und ms dort unabhängig voneinander eine gemeinsame Textlücke haben und nur w2 und b2 als Textzeugen der Ausgangsfassung zur Verfügung stehen:[94]

W011 **Waghe** wichte; statera, libra, <*trutina*>, pensum
W012 **Waghen** euenturen; euentuare, <*ponere*> *ad* <euentum>, relinquere <*deo*>
W013 **Waghen** reghen, <also: „De nagell> ⁺waget^*w2*„>; <*mouere*> , voluere
W014 **Waghen** currus, <*quadriga*>

---

93 Als ganzer Editionsartikel ist nur R131 von dieser Regel betroffen.

94 Um die Problematik dieses Textabschnitts zu illustrieren, werden hier auch die in diesem Zusammenhang nicht relevanten Auszeichnungen angezeigt.

Weisen w2 und w1 gemeinsam gegenüber k2 und der gesamten anderen Überlieferung in Paraphrasen zusätzlichen Text auf, wird dieser in den Leittext einmontiert und durch ein hochgestelltes Plus (im Folgenden: Hoch-Plus, „+"), Kursivierung und hochgestellte Siglen als Zusatztext markiert:

N043   **Negenogede** en visch alse en aal *+vnde heft neghen stippen also negen oghen*$^{w2\ w1}$; nonoculus

Für den Fall, dass die Leithandschrift Text in individueller Ausprägung überliefert, sind zwei Typen zu unterscheiden.

a) Überliefern die anderen Fassungshandschriften übereinstimmenden Text, wird der Text der Leithandschrift durch die fassungskonforme Lesart ersetzt. Die ersetzte Textpassage, die aus einzelnen Buchstaben, einem Wort oder einer Gruppe von Wörtern bestehen kann, wird kursiviert und die Ersetzung im Textzeugenapparat begründet:

B364   **Bringen** halen; portare, ferre, appo*rta*re
       K apportare *b2*] apponere *k2*

B371   **Broden** also de henne de kukene *brodet*; cubare, excubare
       K brodet *b2*] wermet *k2*

In diese Rubrik fallen in der Regel auch offensichtliche Fehler. Ein der Leithandschrift fehlender Wortteil wird kursiviert:

A133   **Antworde** re*sponsum*
       K responsum *b2*] rsponsum *k2*

Ein überflüssiger Wortteil wird eliminiert; kursiviert werden der diesem Wortteil vorangehende und der ihm folgende Buchstabe:

A033   **Ager** *pr*atum
       K pratum *w2*] paratum *k2*

In der Regel sind jeweils nur die Wortteile kursiviert worden, die den Anlass zur Verbesserung boten; die sonst abweichenden Wortteile sind nicht markiert worden. Im folgenden Beispiel werden *s* (statt *z*) und *ei* (statt *e*) nicht markiert, da sie übliche Schreibvarianten darstellen:

A156   **Argelist** astucia, versucia; r. Bos*heit*$_{(B320)}$, Snodecheyt$_{(-)}$
       K bosheit *b2*] bozet *k2*

b) Wenn die anderen Fassungstextzeugen nicht übereinstimmen und sich ein Fassungstext folglich nicht konstituieren lässt, wird die Lesart der Leithandschrift zitiert und als eine spezielle Ausformung unter mehreren gekennzeichnet. Dies geschieht durch Setzen der hochgestellten Sigle:

R051   **Redek** en vrucht alse en roue; rafanus maior, napa^{k2}
         K napa] *fehlt b2*; rapa *w2 w1 ms*

R090   **Ribiseren** en towe, dar me dat vlas mede wrift^{k2}; tritorivm
         K *dlnt. fehlt b2* · dar me (...) wrift] to dem vlasse *ms* · wrift] brekt *w2*; beredet *w1*

Umfasst der Text mehr als ein Wort, steht vor Beginn der Lesart ein Winkelhaken („^{r}"):

S332   **Slegel** ^{r}slage, en holten hamer^{k2}; tigillus
         K *Wa. fehlt b2 w1 ms* · *dlnt.*] eyn slage van holte *w2*

Fehlt der Leithandschrift der entsprechende Textabschnitt, liefert ihn eine Korrektur-handschrift. Der betroffene Textabschnitt wird dann zusätzlich kursiviert:

M225   **Mvtte** en wormeken, ^{r}*de dat want tovret*^{w1}; tinea
         K de dat want tovret *w1*] *fehlt k2 b2 ms*; dat want tognecht *w2*

4.3.1.3   Sonderregelungen bei lexikografischen Markern

Die nur schlecht bezeugten diatopischen Marker „t." (für *turingice*) und „sax." (für *saxonie* bzw. *saxonice*) erhalten stets ein vorangestelltes Hoch-Plus sowie die hoch-gestellte(n) Sigle(n) aller sie überliefernden Textzeugen. Stammt der Marker nicht aus der Leithandschrift, wird er kursiviert:

B375   **Bronige** wenneke, $^{+}$t.^{k2} kedel; tunica, linea
B357   **Breken** spigen; vomere, vomitare; $^{+}$t.$^{k2\,d1}$ vorlaten
T073   **Tinte** Blak$_{(B221)}$ $^{+}$sax.^{w2}; incaustum
O051   **Ostren** Paschen$_{(P024)}$ $^{+}$*sax.*$^{w2\,w1}$; pascha

Im Gegensatz zu „t." und „sax." kommt der lexikografische Marker „r." in sehr hoher Frequenz vor und wird in der Edition wie ein gewöhnliches Wort behandelt. Abge-wichen von diesen Regeln wird aber, wenn am Ende eines Wortartikels statt des zu erwartenden Verweises ein einfaches Synonym steht. In diesem Fall ist davon auszu-gehen, dass hier – wie in der Überlieferung häufiger zu beobachten – der Marker „r." ausgefallen ist. Meist bestätigt die übrige Überlieferung diese Annahme. In diesen Fällen gelten folgende Regeln:

a) Ein ausschließlich von der Leithandschrift bezeugter Marker wird nicht in den Textzeugenapparat verbannt, sondern mit Hoch-Plus und Textzeugensigle im Leittext gekennzeichnet:

C109   **Cnoke** os,ossis; $^{+}$r.^{k2} Beyn$_{(B100)}$

b) Ist *r.* in der Ausgangsfassung nur in einer einzigen Korrekturhandschrift oder gar nicht bezeugt, wird der Marker kursiviert sowie mit Hoch-Plus und den Siglen aller ihn belegenden Textzeugen der Gesamtüberlieferung im Leittext gekennzeichnet. Da w2 als

Leithandschrift und ms bis auf wenige Ausnahmen auf den Marker verzichten, häufen sich diese Konstellationen am Ende des Wörterbuchs. In Ausnahmefällen wird (unter Auslassung des Hoch-Plus) emendiert:

S621   **Striden** bellare, preliare; $^{+}r.^{wl}$ Vechten$_{(V036)}$

T190   **Twischen** inter; $^{+}r.^{wl\,P}$ Mank$_{(M028)}$

S687   **Sweren** reyne maken; purgare; $^{+}r.^{dl}$ Veghen$_{(V049)}$

T187   **Twidracht** discordia; $r.^{emend.}$ Kiff$_{(K048,\,K049)}$

4.3.1.4   Reihenfolge der Wörter im Wortartikel

Hat die Leithandschrift eine andere Reihenfolge der Wörter im Wortartikel als die sonst in der Ausgangsfassung einheitlich überlieferte, werden die Wörter der Leithandschrift in der fassungsüblichen Reihenfolge angeführt und zur Kennzeichnung des Eingriffs kursiviert. In Ausnahmefällen wird emendiert:

H198   **Hoof** *is horn, alse an des perdes voten*; babatum
        K   *dInt.: Reihenfolge* w2] alse an des perden voten is horn *k2*

A180   ***Atmen*** *adamen*, adamen halen; anhelitare, respirare
        K   Atmen adamen*: Reihenfolge emend.*] Adamen atmen *k2*; Ademen atmen *b2*

4.3.2   Redaktionsapparat

In der Überlieferungsgeschichte des ›Voc. Theut.‹ zeichnen sich deutlich zwei Tendenzen der Textveränderung ab: Zum einen – und hier liegt der Schwerpunkt aller Folgeredaktionen – die Kürzung und Straffung des Textes der Ausgangsfassung; zum anderen aber auch – vor allem in den stark gekürzten Fassungen b1 und W – das Aufbrechen der von der Ausgangsfassung vorgegebenen Wortartikelstruktur. Beide Arten von Textveränderung versucht die Edition des ›Voc. Theut.‹ abzubilden.

4.3.2.1   Wortartikelbezogene Änderungen

Vor allem der Umstand der zahlreichen Kürzungen führt gegenüber der Ausgabe des ›Voc. Ex quo‹ zu einer Modifikation der Apparatstruktur. Die dort verwendete synoptische Darstellung basiert auf dem Modell eines negativen Apparats, der von Folgefassungen mit abweichendem Text in der Regel einen gesamten Wortartikel abbildet; lediglich Zusatztext wird ohne Zitat des Wortartikels angeführt. Kleinere Abweichungen wie kurzer Zusatz-, Verlust- oder Ersatztext werden in den Leittext einmontiert. Die Ausgabe des ›Voc. Theut.‹ hingegen lagert diese kleineren Veränderungen, meist Angaben zum Verlust eines Wortes oder einer Wortfolge, nicht aus, sondern belässt sie im Redaktionsapparat. Diese Entscheidung hat zur Konsequenz, dass neben dem Modell des negativen Apparats nun das Modell des positiven oder lemmatisierten Apparats zum Einsatz kommt. Ein solcher Belegstellenapparat führt nicht einen gesamten Wortartikel an, sondern beschränkt sich auf die Angabe der Abweichung. Durch diese Fokussierung lassen sich die Veränderungen besser erkennen und damit auch die Unterschiede zwischen den einzelnen Fassungen. Je nach Konstellation werden die Redaktionstexte – auch innerhalb eines Editionsartikels – nun entweder nach dem Modell eines negativen oder eines positiven Apparats angeführt. Im Allgemeinen werden die Wortartikel vollständig zitiert, also negativ dargestellt, wenn bei einer Vielzahl von lemmatisierten Anmerkungen die Übersichtlichkeit leiden würde. Nicht lemmatisierter Redaktionstext signalisiert also stets auch eine umfangreichere oder zumindest nicht regelmäßige Abweichung vom Leittext. Umgekehrt kann aus Darstellungsgründen selbst bei mehreren Anmerkungen auch der Belegstellenapparat gewählt werden. Der Redaktionstext von P und D kommt wegen der nur geringfügigen Abweichungen vor allem für einen lemmatisierten Apparat in Frage, während sich der negative Apparat eher für b1 und W eignet.

Beim negativen Apparat, der wie der Leittext interpungiert wird, steht stellvertretend für das deutsche Stichwort ein Gedankenstrich („–"), wenn dieses nicht relevant vom Stichwort des Leittextes abweicht; andernfalls erscheint es in Fettdruck:

A007 **Ackerman** buweman, bvr, buwer; agricola, ruricola
– agricola, ruricola, villanus *W*

A041 **Ahten** ahter, ahtene, hinder, hindene; retro, post
Aghter uel hinder; retro, post *W*

Der lemmatisierte Redaktionsapparat kennt bis auf wenige Ausnahmen weder Interpunktion noch Großschreibung noch Fettdruck. Hier ist alles auf die Abweichung fokussiert: Es wird lediglich die von einer Veränderung betroffene Textpassage des Basistextes angeführt, gefolgt von einer Lemmaklammer („]") und der jeweiligen Veränderung. Zusatztext wird mit vorangestelltem Pluszeichen („+") versehen, Ersatztext unmittelbar angehängt; Verlusttext wird durch *„fehlt"* vermerkt. Befindet sich der Zusatztext am Ende des Wortartikels, wird auf die Angabe der Einschubstelle (Lemma und Lemmaklammer) verzichtet. Längere Textstellen werden dabei summarisch bezeichnet: *„Wa."* für Wortartikel, *„dInt."* für deutsches Interpretament und *„Verweis"* für einen *require*-Verweis, bestehend aus „r." und dem Stichwort, auf das verwiesen wird. Die Lemmaklammer entfällt bei einfachem *„Wa. fehlt"*, *„Wa. in ..."* oder *„Wa. enth. in ..."*:

A005 **Abraham** abraham; vnde ys eyn vader al des ioddeschen slechtes
eyn vader] eynes mannes name ende vaders *P*
dInt. fehlt b1
Wa. fehlt W

Die Lemmaklammer entfällt nicht, wenn eine weitere, durch Semikolon abgetrennte Anmerkung folgt:

A038 **Ahte** voruestinghe, wertlik ban; proscripcio
Wa.] in Ach: *A005.02*; – prescripcio *b1*

Bei längeren Passagen, für die eine summarische Angabe wie „*dInt.*" nicht in Frage kommt, sind nur das erste und das letzte Wort, verbunden durch „(...)", angeführt. Befindet sich die Textpassage am Ende des Wortartikels, so entfällt das letzte Wort. Ist das erste bzw. letzte Wort mehrfach in einem Wortartikel enthalten oder handelt es sich um Wörter wie *also*, *vnde*, *is*, *uel* oder einen Artikel, wird es entweder indiziert oder durch Anführung eines weiteren Wortes eindeutig identifiziert:

A001   **Abbet** abbas et dicitur ab abba grece, id est pater in latino
      et dicitur (...) pater] pater monachorum *D*
      et dicitur (...)] *fehlt b1*

Des Weiteren gelten für Anmerkungen im lemmatisierten Redaktionstext folgende Regelungen: Mehrere Anmerkungen werden durch Mittelpunkt voneinander getrennt. Bezüglich ihrer Reihenfolge gilt, dass Übergreifendes Vorrang vor Kleinräumigem hat: An erster Stelle stehen Angaben zum Gesamtwortartikel; es folgen Angaben zum Stichwort und – in der Abfolge des Textes – zu Interpretamentsteilen. Alle Anmerkungen oder Erläuterungen des Herausgebers sind kursiv gesetzt; recte steht dagegen Text aus dem ›Voc. Theut.‹.

Eine die Reihenfolge der Wortartikelteile betreffende Abweichung vom Leittext erhält keinen Eintrag im Redaktionsapparat. Dies gilt auch für den Fall, dass ein Verweiswort in ein paradigmatisches Interpretament umgewandelt wird; in diesem Fall wird lediglich der Verlust von „r." angezeigt.

4.3.2.1.1   Nicht fassungskonformer Text der Führungshandschrift

Nicht fassungskonformer Text einer Führungshandschrift wird nur dann im Redaktionsapparat behandelt, wenn erstens die Abweichung vom Leittext das Ansetzen von Fassungstext erfordert und zweitens die problematische Passage Teil des abweichenden Redaktionstextes ist. Ist die zweite Bedingung nicht erfüllt, wird – wie im folgenden Beispiel – die individuelle Abweichung der Führungshandschrift lediglich im Textzeugenapparat angeführt:

A022   **Aflaten** vortyghen, auelaten; dimittere, desinere, desistere
      P   desinere] *fehlt d1*

Wie im Leittext deutet ein Zirkumflex darauf hin, dass die Führungshandschrift individuellen Zusatztext überliefert. Diese Methode wird fast ausschließlich auf negativen, nicht lemmatisierten Redaktionstext angewendet. Nur wenn sich der individuelle Zusatztext mitten im Ersatztext befindet, wird auch im lemmatisierten Redaktionstext entsprechend verfahren:

M206 **Mvvl** ys geboren van eme perde vnde van eme esele; mvlus
ys] eyn ^ deer *P*
P deer] groit deer *dl*

Der Führungshandschrift individuell fehlender Text wird im Fassungstext aus der Korrekturhandschrift ergänzt und durch Kursivierung gekennzeichnet. Dies betrifft auch lemmatisierte Anmerkungen:

A185 **Auent** sero, uesper, tempus serotinum
Auent] + *spade · + crepusculum P*
P Wa. p1] fehlt dl

B008 **Baghen** houart driuen; pompas exercere, iacticare; r. Beromen*(B134)*
Baghen] + *ouermot P*
P ouermot *p1] fehlt dl*

Für Redaktion W gibt es darüber hinaus noch weitere Regelungen: Nur hier kommen Spitzklammern im Redaktionstext vor. Sie dienen dazu, Text zu markieren, der mit dem Leittext identisch ist und den nur die Führungshandschrift w3 überliefert. Dies gilt für Wortartikelteile wie für ganze Wortartikel. Auf eine Anmerkung im Textzeugenapparat, die das Fehlen des betroffenen Textes in den übrigen Textzeugen anzeigt, wird verzichtet:

A036 **Ahte** octo
<– octo> *W*

A059 **Alleyne** solus, solummodo, tantum, tantummodo, tantundem
– solus, <tantum, tantummodo, tantumdem> *W*

Ein in Redaktion W nur von w3 bezeugter lexikografischer Marker (vor allem „Item", aber auch „Inde", „r.") wird, mit Hoch-Plus und hochgestellter Textzeugensigle versehen, in den Redaktionstext einmontiert. Auf das Hoch-Plus wird nur dann verzichtet, wenn die Anmerkung Zusatztext enthält und ausschließlich aus dem Marker besteht:

A158 **Arm** an demme liue; brachium
– brachium. ⁺Item*ʷ³*: *W*

A024 **Afnemen** deponere, remouere
+ Item*ʷ³* *W*

4.3.2.1.2 Asttext im Redaktionstext

Ist ein redaktionstypischer Text ganz oder zu einem Teil nicht eindeutig konstituierbar, weil die Redaktionsäste unterschiedlichen Text überliefern, werden die Lesarten der Äste (P: P' und p1, W: X und Y) einander als gleichrangige Ausformungen gegenübergestellt. Die beiden Textzeugen der Redaktion D (ab A059), ka1 und w6, erlangen wegen ihrer stark individuellen Ausprägung keinen Aststatus;[95] die nicht gestützten Abweichungen werden hier als individuell angesehen und daher im Textzeugenapparat behandelt.[96]

Die problematische Textpassage wird bei alternativem Text stets – also auch bei einem einzelnen Wort – eingeleitet durch einen Winkelhaken („⌐"), bei Textzusatz durch ein Hoch-Plus und bei Textverlust durch eine hochgestellte Null (im Folgenden Kürzungsnull: „°"); abgeschlossen wird die Passage stets durch die hochgestellte Sigle des betroffenen Astes:[97]

V259   **Vordell** ^ genetinge; prerogatiuum
        – prerogatiuus,-a,-um, ⁺prerogacio^Y *W*

A082   **Ambegyn** principium, inicium, incepcio, inceptum, primordium, inchoamen, inchoacio
        – °betenginghe^{P1}; primordium, principium, inicium, inceptum, °incepcio^P, inchoacio, inchoamen, *principacio* *P*

Gleichrangige Ausformungen werden durch einen Schrägstrich getrennt: ⌐... ^{Sigle} / ... ^{Sigle}.

B195   **Byboyt** eyn groyt krut to arsedye; artimesia
        ⌐**Biuoet** $^{P'}$ / **Bybot** ^{P1} eyn cruet tho artzedie; arthemesia *P*

K013   **Kelueren** edder van eme calue, <alse kelueren ledder>; vittulinus
        dInt.] ⌐eder van eme kalue $^{P'}$ / also keluern ledder^{P1} *P*

C071   **Cle** dribledere; trifolium
        – ⌐trifolium, herba est^X / uel drebleyder; trifolium^Y *W*

Lässt sich der Text nur eines Astes sicher konstituieren, wird nur der Text dieses Astes angeführt und entsprechend markiert:

D154   **Douen** stymen; furere, fremere, insanire; r. Bolderen$_{(B285)}$
        – furere, ⌐insanire^X *W*
        W Wa. fehlt ka2 · insanire] r. bolderen *w5*; Inde fvriosus$_{(aus D155)}$ et -bundus$_{(aus D155)}$ *s1*

---

95 Bei der Ausgabe des ›Voc. Ex quo‹ wird die Unsicherheit durch Zitat der Führungshandschrift angegeben. Vgl. ›Voc. Ex quo‹, Bd.1, S. 236.

96 Dies betrifft auch Fälle wie *mare terranum* (M089: statt *mare mediterraneum*), die ka1 mit dem ›Basler Vokabular‹ gemein hat. Vgl. DAMME 1983, S. 168, Anm. 68.

97 Abweichend vom Vorgehen bei den Editionen des ›Voc. Ex quo‹ und der Vokabulare von Closener und Twinger werden Plus und Siglen hochgesetzt, die Kürzungsnull wird wie der Winkelhaken verwendet und nur am Anfang der getilgten Passage gesetzt.

Wegen der unterschiedlichen Überlieferungssituation gibt es beim Verlusttext Sonderregelungen für einzelne Folgeredaktionen.

In der Redaktion P weist ein Sternchen vor der Sigle („*P") darauf hin, dass p1 keinen
Wortartikel überliefert. Eine das Fehlen des Wortartikels anzeigende Anmerkung im
Textzeugenapparat entfällt:

A056   **Albrecht** albertus
        + ende is eyn name *P

Wenn in Redaktion P ein Teil des volkssprachigen Interpretaments verändert erscheint,
dieses aber vollständig (nicht aber der gesamte Wortartikel) in p1 fehlt, wird eine Darstellung mit doppelter Kürzungsnull gewählt: „°°...^{p1}". Eine das Fehlen des deutschen
Interpretaments anzeigende Anmerkung im Textzeugenapparat entfällt:

L036   **Laten** inlaten, also: „Du salt beer *in de kannen laten!*"; permittere, intromittere
        inlaten] *fehlt* · beer] °°wiin^{p1} P

b) In der Redaktion W wird die Anzeige von Verlusttext im X-Ast („°...^{X}") der Anzeige
von Zusatztext im Y-Ast („$^{+}$...^{Y}") vorgezogen, da s1 und w5 unabhängig voneinander den
W-Text nur selten vollständig überliefern, also eher von einer Kürzung als von einer
Ergänzung auszugehen ist. Betroffen sind Wortartikelteile und ganze Wortartikel:

A155   **Arden** dighen, bequinen; naturari, complexionari, prosperari
        – dighen uel bequinen; naturari, complexionari, conualere, °prosperari^{X} W

A164   **Armborsterer** armbostmeker; balistarius
        °– sagittarius, balistarius^{X} W

4.3.2.1.3 Zusammenfassung von identischen Fassungstexten

Identischer Fassungstext mehrerer Redaktionen wird nicht mehrfach angeführt, sondern
zusammengefasst. Zitiert wird nach der in der Reihenfolge P – D – b1 – W zuerst
beteiligten Fassung, die die vom Leittext abweichende Lesart aufweist:

A011   **Adere** vippera; vnde ys eyn worm vilna also eyn slanghe edder eyn snake
        vilna (...)] *fehlt D W*

A012   **Adeke** ebvlvs; eyn krut also iung elhorn
        elhorn] alhorne P D

Für die Redaktion D gelten hier einige Sonderregelungen. Wenn ein Wortartikel in w6
fehlt und ka1 mit P, *P, b1 oder W übereinstimmt, wird der Text von ka1 im
Redaktionstext berücksichtigt und die Redaktion D mit der Sigle „*D" in die Siglenliste
aufgenommen:

B012   **Bal** eyn eel, de dicke harde huet also vnder deme vote; callus
        eyn eel] *fehlt P *D*

S671   **Sundersche** sunderinne; peccatrix, sceleratrix^{w2}
        – peccatrix **D b1*

Überliefert w6 den vom Leittext abweichenden Text nicht, so wird der Verlusttext in den gemeinsamen Redaktionstext einmontiert:

R058   **Regenen** pluere, ymbescere
        ymbescere] °ymbrescere^{w6} *P D b1*

Wenn ka1 in Übereinstimmung mit P bzw. P' einen Teil des volkssprachigen Interpretaments ändert, dieses aber vollständig in w6 fehlt, wird wie bei p1 die Darstellung mit doppelter Kürzungsnull gewählt. Eine das Fehlen anzeigende Anmerkung im Textzeugenapparat entfällt:

H261   **Houel** dar me dat holt mede slicht maket; levigal
        slicht maket] °°sclichtet^{w6} *P D*

In Ausnahmefällen werden diese Darstellungsmethoden auch genutzt, wenn keine völlige Übereinstimmung zwischen den Fassungen besteht:

R196   **Rvken** alse en ding, dat nicht leuet, alze en crut ruket; flagrare, redolere, spirare
        ruket flagrare] fragrare *P*
        dInt.] also crud · flagrare] °fragrare^{w6} *D*

K015   **Kemnade** eyns riken mynschen kamere; camineta
        mynschen] °°mans^{p1} *P*
        mynschen] °°mannes^{w6} · kamere] + talamus *D*

Stimmt ein Asttext der Redaktion W mit dem Text einer anderen Folgeredaktion überein, so wird diese Fassung mit dem Ast der Redaktion W kombiniert. Dies führt zuweilen zur Trennung der beiden W-Äste im Redaktionsapparat:

A100   **Ander** also: „De erste vnde de andere"; secundus
        Wa. fehlt P b1 W-Y
        dInt. fehlt W-X

A148   **Arsebiscop** eyn vorste der bischope; archiepiscopus, metropolitanus, primas, archipresul, archipontifex
        Wa. fehlt b1 W-X
        – archiepiscopus, metropolitanus *W-Y*

4.3.2.1.4   „außer" bei Lesart des Leittextes

Folgen die stark kontaminierten Textzeugen m1 (Redaktion P), w5, c1 und ka2 (Redaktion W) der Lesart des Leittextes und nicht derjenigen der jeweiligen Redaktion, so wird bei lemmatisiertem Redaktionstext dieser Befund durch „*(außer...)*" angezeigt. Die durch „*außer*" gekennzeichnete Einschränkung kann sowohl den ganzen Wortartikel als auch einen Wortartikelteil betreffen.

a) „*außer*" befindet sich hinter der Redaktionssigle, wenn es sich auf den gesamten Redaktionstext bezieht:

A031   **Agate** agata; eyn vrowelik name
         Wa. fehlt W (außer c1)

„*außer*" steht nach der letzten Redaktionssigle, auch wenn es sich bei zusammengefasstem Redaktionstext auf die an vor- oder drittletzter Stelle genannte Sigle bezieht:

D041   **Degher** al; omnino, omnimode; also: „He let en des deger quit"
         dInt. fehlt P D (außer m1)

Da die Folgeredaktionen mehr kürzen als ergänzen, steht „*außer*" in der Regel bei Verlusttext, zuweilen aber auch bei Zusatz- und selten bei Ersatztext:

A002   **Abbesete** alphabetum, abbecedarium
         Abbesete] + fibele *P (außer m1)*

A012   **Adeke** ebvlvs; eyn krut also iung elhorn
         dInt.] arbor est *W (außer c1 ka2)*

b) „*außer*" befindet sich hinter einer einzelnen Anmerkung in einem mehrteiligen Redaktionstext, wenn es sich nur auf diese Anmerkung bezieht:

A029   **Afslan** afrekenen; deponere, defalcare
         afrekenen] afbrecken · deponere] *fehlt (außer m1) P*

A068   **Alto uele** to uele; nimis, nimium, nimie
         to uele] *fehlt (außer m1)* · nimie] *fehlt P*

4.3.2.2   Wortartikelübergreifende Änderungen

Während P und D die Wortartikelstruktur der Ausgangsfassung weitgehend übernehmen, kommt es in den Folgefassungen b1 und W zu wortartikelübergreifenden Modifikationen. So werden bei orthografischer und lautlicher Varianz Wortartikel im Alphabet verschoben, bei polysemen Stichwörtern Wortartikel kombiniert, bei paradigmatischen Interpretamenten Wortartikel in zwei neue aufgegliedert. Obwohl die Edition den Wortartikel als konstitutive Einheit hat, kann durch eine differenzierte Vernetzung der beteiligten Editionsartikel die Vorgehensweise angemessen dargestellt und somit nachvollziehbar gemacht werden.

4.3.2.2.1 Verschieben von Wortartikeln

Wenn eine Folgeredaktion einen Wortartikel der Ausgangsfassung an eine wesentlich andere Position im Alphabet verschiebt, fehlt dieser Wortartikel an der ursprünglichen Position, und es entsteht an der neuen Position ein Zusatzwortartikel, der in der Edition als interner Sekundärartikel abgebildet wird. Der Redaktionstext des Primärartikels erhält die Angabe „*Wa. in*", gefolgt vom Buchstabenabschnitt und der Ordnungsnummer des Sekundärartikels:

C103 **Cnape** famulus
  Wa. in K*: K062.02 W*

Bei Modifikationen im Interpretament wird zusätzlich der veränderte Wortartikel zitiert, und zwar aufgerastert, um anzudeuten, dass er an dieser Position nicht mehr vorhanden ist:

A038 **Ahte** voruestinghe, wertlik ban; proscripcio
  Wa.] *in* Ach*: A005.02*; – prescripcio *b1*

Im Idealfall betrifft das Verschieben alle Textzeugen einer Fassung. Bleibt der Wortartikel bei einem oder mehreren der kontaminierten Textzeugen m1, w5, c1 und ka2 an der ursprünglichen Stelle, also wie beim Leittext, erhalten, weist „*außer*" auf diesen Umstand hin:

C166 **Costen** constare
  Wa. in K*: K062.32 W (außer c1)*

4.3.2.2.2 Vereinigen von Wortartikeln

Wenn eine Folgeredaktion mehrere – in der Regel zwei – in unmittelbarer Nähe befindliche Wortartikel mit identischem Stichwort ganz oder teilweise unter nur einem Stichwort zusammenfasst, entfällt das Stichwort des einen – in der Regel des an zweiter Stelle stehenden – Wortartikels und sein Interpretament wird dem anderen – meist vorangehenden – Wortartikel zugeschlagen.

Der Redaktionstext des Wortartikels, dessen Stichwort nicht mehr vorkommt, enthält die Angabe „*Wa. enth. in*", gefolgt von der Ordnungsnummer des Zielwortartikels. Diese Angabe besagt, dass der betreffende Wortartikel in der Redaktion fehlt und alle oder auch nur einige Fassungstextzeugen dessen Interpretament oder Teile davon im Zielwortartikel überliefern.

Dort werden die verschobenen Wörter mit dem tiefgestellten Klammerausdruck markiert, der sich aus dem Wort „*aus*" und der Ordnungsnummer des Ursprungswortartikels zusammensetzt. Auch wenn im Ursprungswortartikel der gesamte Wortartikel als verschoben und damit als an der ursprünglichen Position fehlend gekennzeichnet wird, enthält der Zielwortartikel unter Umständen nur einzelne Teile des Interpretaments, zuweilen nur ein Wort:

A096   **Anders** alias, secus; also: „Do dat anders!"
         secus (...)] aliter$_{(aus\ A097)}$ *bl*
         d*Int.*] aliter$_{(aus\ A097)}$ *W*

A097   **Anders** nicht also; aliter, non sic
         Wa. enth. in A096 bl W

Im Idealfall fehlt bei vereinigten Wortartikeln allen Textzeugen einer Fassung der Ursprungswortartikel. Fehlt dem einen oder anderen kontaminierten Textzeugen der Ursprungswortartikel nicht und überliefert er ihn wie der Leittext, so wird mit „*außer*" darauf hingewiesen:

A187   **Auent eten** cenare
         Wa. enth. in A186 W (außer cl)

4.3.2.2.3   Aufgliedern des volkssprachigen Teils von Wortartikeln

Zuweilen wird ein aus Stichwort, volkssprachigem Synonym und lateinischem Interpretament bestehender Wortartikel der Ausgangsfassung in zwei Wortartikel aufgegliedert. Dem an der ursprünglichen Position befindlichen Wortartikel fehlt in der Regel lediglich das Synonym; der andere – in der Edition als interner Sekundärartikel abgebildete – Wortartikel besteht aus dem nun als Stichwort fungierenden Synonym und dem lateinischen Interpretament des Ursprungswortartikels, der als Primärartikel je nach Konstellation unterschiedliche Angaben enthält.

a) Ist der Ursprungswortartikel nicht mehr vorhanden, wird mit der Angabe „*Wa.*] *Syn.Wa.:*", gefolgt von der Ordnungsnummer des Sekundärartikels auf diesen hingewiesen:

I006   **Iaghen** ylen, hastigen; agitare, festinare, accelerare
         Wa.] *Syn.Wa.: 1024.02 bl*

b) Ist der Ursprungswortartikel vorhanden und fehlt das Synonym, gibt es zwei Darstellungsvarianten. Bei nicht lemmatisiertem Redaktionstext befindet sich im Anschluss an die Angabe „*Wa.*]" erstens die Angabe „*Syn.Wa.:*", gefolgt von der Ordnungsnummer des Sekundärartikels, und zweitens das Zitat des vorhandenen Ursprungswortartikels:

G181   **Gul** gorre, en trach perd
         Wa.] *Syn.Wa.: G116.01;* – dextrarius, emissarius *bl*

Bei lemmatisiertem Redaktionstext bildet das entfallene Synonym das Bezugswort; es folgt die Angabe „*Stw. im Syn.Wa.*" und die Ordnungsnummer des Sekundärartikels:

H227   **Hoen** schemede; verecundia, erubescencia
schemede] *Stw. in Syn.Wa. S104.02 b1*

4.3.2.2.4   Aufgliedern des lateinischen Teils von Wortartikeln

In seltenen Fällen wird ein aus Stichwort und mehrgliedrigem lateinischen Interpretament bestehender Wortartikel aufgegliedert. Das Stichwort wird verdoppelt, ein Teil des lateinischen Interpretaments wird dem ersten, der andere Teil dem zweiten Stichwort zugeordnet. Die so entstandenen Wortartikel werden in der Edition nicht getrennt, sondern im Redaktionstext mit Hilfe des Markers „*(neuer Wa.)*" miteinander kombiniert:

S297   **Syn** danke; sensus, ingenivm
– ingenium. *(neuer Wa.)* **Syn** sensus *b1*

Um die Genese von Zusatzwortartikeln nicht zu verdecken, die auf ähnliche Art und Weise aus dem vorangehenden Wortartikel hervorgegangen sind, wird diese Methode auch auf andere Konstellationen angewendet. Ein isolierter Sekundärartikel wird so vermieden:

P015   **Pape** clerus
– clericus. *(neuer Wa.)* **Papheyt** clerus *b1*

V174   **Vnderdenich sin** obedire
+ *(neuer Wa.)* Vnderdenich obediens *D*
Vnderdenich obediens, subditus *b1 W*

4.4   Sekundärartikel

Die Edition gibt Zusatzwortartikel in der Regel als Sekundärartikel wieder. Diese stellen keine Einheit dar, sondern erweisen sich in vielerlei Hinsicht als heterogen.

4.4.1   Herkunft der Zusatzwortartikel

Bezüglich ihrer Herkunft lassen sich zwei Typen unterscheiden: externe und interne. Zusatzwortartikel des externen Typs sind zusätzlichen Quellen entlehnt. Die meisten Zusatzwortartikel in w6 etwa stammen aus dem ›Voc. Ex quo‹, die meisten Zusatzwortartikel im münsterischen Druck aus den ›Gemmen‹, einer niederländischen Weiterentwicklung der Inkunabelredaktion des ›Voc. Ex quo‹:

A001.01 **Abdisse** abbatissa *ms*

Zusatzwortartikel des internen Typs rekrutieren sich aus der Ausgangsfassung des ›Voc. Theut.‹. Es handelt sich in der Regel um in der Stichwortliste verschobene Wortartikel.

Diese sind durch einen auf das Stichwort folgenden tiefgestellten Klammerausdruck gekennzeichnet, der die Ordnungsnummer des Ursprungswortartikel enthält:

A005.01 **Achte**$_{(A036)}$ octo *bl*

Daneben gibt es – in erheblich geringerer Anzahl – auch Wortartikel, die durch Teilung des volkssprachigen Wortartikelkopfes entstanden sind. Der Klammerausdruck enthält hier zusätzlich den Marker „Syn." (wie „Synonym"):

D012.01 **Danke**$_{(Syn.\ M158)}$ mens *bl*

4.4.2 Konstellationen

In der großen Mehrheit der Fälle liefert nur ein einzelner Textzeuge das Material für den Sekundärartikel. Daneben gibt es die kleinere Gruppe der Sekundärartikel, die sich aus mehr als nur einem Textzeugen rekrutieren. Dabei handelt es sich in den selteneren Fällen um nur von einer einzigen Redaktion mit all ihren Textzeugen überlieferten Zusatzwortartikel. Sehr viel zahlreicher sind die Zusatzwortartikel, die mehrere Fassungen bzw. Textzeugen erstens mehr oder weniger identisch und zweitens an identischer Position überliefern. Sind beide Bedingungen erfüllt, werden diese Zusatzwortartikel als komplexe Sekundärartikel dargestellt.

Haben die mehreren Fassungen oder Textzeugen gemeinsamen Zusatzwortartikel eine unterschiedliche Position oder sind einzelne von ihnen Bestandteil längerer Erweiterungsblöcke (vor allem bei w6 bzw. den beiden Textzeugen mit hochdeutschem Lautstand, s1 und ka2, in den Ersatzstrecken für *T*- und *V*-) oder ist es aus Darstellungsgründen nicht ratsam, sie zu einem Editionsartikel zu bündeln, so wird auf die Zusammenfassung verzichtet; jedoch wird mit dem Marker „*Z:*" eine Verbindung zwischen den beiden unterschiedlich positionierten Sekundärartikeln hergestellt.

4.4.2.1 Redaktionen

Varianz zwischen Asttexten wird im Basistext – wie im Redaktionsapparat eines Primärartikels – dargestellt. Dabei werden in Sekundärartikeln ka1 und w6 wie zwei gleichrangige Redaktionsäste der Redaktion D behandelt: Das gilt für Alternativ- und Verlusttext; Zusatztext – meist von w6 – wird nicht in den Basistext einmontiert:

B095.01 **Belachen** deridere, ⌐subsanare^{ka1} / subridere^{w6} *D*

B055.01 **Beydelwant** °est uestis^{w6}, linistema *D*

Nur bei m1 markiert „*außer*" das Fehlen eines sonst in der Redaktion überlieferten Zusatzwortartikels:

C150.01 **Copersmit** cuprifaber *P (außer m1)*

4.4.2.2   Komplexe Sekundärartikel

Komplexe Sekundärartikel fassen den Text aus mehr als einer Folgeredaktion bzw. einem Einzeltextzeugen zusammen. Der Basistext wird nach dem Textzeugen zitiert, der als Vertreter einer Fassung oder als Einzeltextzeuge in der Hierarchie der Edition den höchsten Rang einnimmt. Die Hierarchie innerhalb von Sekundärartikeln ist von der jeweiligen Konstellation abhängig und kann daher von der in Primärartikeln geltenden abweichen. So wird hier die Redaktion D hinter b1 und W einsortiert, wenn die Redaktion P den entsprechenden Wortartikel nicht überliefert. Außerdem stehen Fassungen stets vor Textzeugen. Entsprechend dieser Abfolge werden auch die Siglen der Fassungen und Textzeugen am Ende des Basistextes angeführt.

Nur selten überliefern die in einem komplexen Sekundärartikel zusammengefassten Zusatzwortartikel identischen Text; meist zeigt sich mehr oder weniger starke Variation. Bei nur geringfügigen Abweichungen werden die Lesarten in den Basistext einmontiert. Auf die Markierung von individuellem Zusatztext des im Basistext zitierten Textzeugen durch Zirkumflex wird verzichtet.

Ob ein Interpretamentsteil als Zusatz- oder Verlusttext markiert wird, richtet sich nach der Hierarchie der beteiligten Textzeugen und Redaktionen: Der Text der/des in der Hierarchie nachgeordneten Redaktion/Textzeugen wird als Zusatz- oder Verlusttext markiert. Am Ende des Basistextes werden die Siglen aller beteiligten Redaktionen und Einzeltextzeugen aufgeführt:

A009.01   **Aderkauuen** ruminare, $^{+}$masticare^{w6} *ms w6*

R058.01   **Reghen** pluuia $^{\circ}$imber^{D} *b1 D*

Zwischen gleichrangigen Lesarten steht ein Schrägstrich. Die Textzeugensiglen stehen direkt im Anschluss an den jeweiligen Alternativtext und befinden sich nicht gesammelt am Ende des Sekundärartikels. Gleichrangigkeit besteht zwischen Redaktionen, aber auch zwischen Redaktionen und Einzeltextzeugen. Variierender Asttext wird in dieser Konstellation nicht berücksichtigt:

B158.02   **Bestendech**$_{(Syn. S528 \; b1)}$ ^{r}stabilis, constans *b1* / r. Steide$_{(S528)}$ *W*

E133.01   **Ertbere** ^{r}fragum *D* / fraga *b1 s1*

C212.01   ***Cropel*** ^{r}*contractus P W w6* / gnanus *w2*

4.5   „Leittextapparat"

In eine besondere Rubrik innerhalb des Editionsartikels, den sog. „Leittextapparat", werden Verweise und Anmerkungen ausgelagert, die eigentlich in den Textzeugenapparat der Ausgangsfassung gehören, aber dort nicht eingestellt werden, weil sie auch alle anderen Fassungen und Textzeugen betreffen. Diese Rubrik, die Verweise auf Stichwortdubletten oder auf andere Art ähnliche Wortartikel sowie Hinweise auf Alternativlesungen, auf fehlerhafte oder unübliche Lesarten beinhaltet, befindet sich sowohl in Primär- als auch in Sekundärartikeln direkt unterhalb des Basistextes.

Auf andere Primärartikel, die ein weitgehend identisches lateinisches Interpretament, aber ein leicht abweichendes Stichwort haben, verweist „D:" (wie „Dublette"):

A033   **Ager** pratum
          D: A110

A110   **Anger** pratum
          D: A033

Die Stichwörter können in der Schreibung (R091: *Ric* und R107: *Rik*), Lautung (A168: *Arsedie* und E133: *Ersedye*), Morphologie (A022: *Aflaten* und A183: *Auelaten*) oder – bei Fremdwörtern – im Grad der sprachlichen Integration (A003: *Abeteken* und A142: *Apoteke*) variieren. Editionsartikel, die in einem anderen Zusammenhang zueinander stehen, werden mittels „*vgl.*" vernetzt. – Beziehen sich die Verweise nur auf einzelne Redaktionen oder Textzeugen, so befinden sie sich am Beginn des Textzeugenapparats, und zwar bei Bezug auf die gesamte Redaktion ohne, bei Bezug auf einzelne Textzeugen mit Textzeugensigle.

In äußerst seltenen Fällen wird bei Sekundärartikeln entsprechend verfahren, dann nämlich, wenn sich in komplexen Sekundärartikeln ein Verweis auf mehrere Redaktionen bezieht. Ein typisches Beispiel sind die weitgehend identischen, aber unterschiedlich positionierten Sekundärartikel; den Zusammenhalt zwischen ihnen stellt ein Querverweis her, der aus dem Marker „Z:" (wie „Zusatzwortartikel") und der Ordnungsnummer des anderen Sekundärartikels besteht. Bezieht sich der Verweis lediglich auf eine Redaktion, wird die Angabe in den Textzeugenapparat integriert; betrifft der Verweis mehrere Fassungen, so wird die Angabe wie im „Leittextapparat" vorangestellt:

D197.01   **Droste** dapifer *b1 W p1*
          Z: D205.01

D205.01   **Droste** dapifer *P'*
          P Z: D197.01 d1 m1

Zuweilen begegnende ungewöhnliche, aber nicht unkorrekte Schreibungen, die das Verständnis des betreffenden Wortes zumindest erschweren oder auch zu Missverständnissen führen können, bleiben im Leittext erhalten. Im Leittextapparat wird im Anschluss an das Kennwort „*für*" die üblichere Schreibung angeführt. Bezüglich dieser Schreibvarianz erhalten die betroffenen Wörter keinen Eintrag im Textzeugenapparat:

A030   **Afteen** detrahere, abstragere
          abstragere] *für* abstrahere

B204   **Bilen** bipennis
          Bilen] *für* Bile

Nach dem Prinzip des wohlwollenden Lesens sind z. B. *n* und *u* immer so gelesen worden, wie es im Wort zu erwarten war, und zwar auch dann, wenn aufgrund der Buchstabengestalt eher die nicht zu erwartende Form hätte gelesen werden müssen. Wenn beide Varianten sinnvolle Lesungen ergeben, wird die wahrscheinlichere (durch Abgleich mit ähnlichen Texten zu ermittelnde) Lesart in den Leittext übernommen und die Alternativlesung im Leittextapparat genannt: Variante[1]] *oder* Variante[2]. Dieser Eintrag besagt, dass grundsätzlich die Möglichkeit besteht, den handschriftlichen Befund auf die eine oder die andere Art zu deuten. Bezüglich der Unterscheidung der beiden möglichen Lesarten erhalten die betroffenen Wörter keinen Eintrag im Textzeugenapparat:

A195 **Awise** dorheyt; mania, demensia, vesannia
mania] *oder* inania

C031 **Carne** dica
Carne] *oder* Carue

Durchzieht eine offensichtlich fehlerhafte Form die gesamte Ausgangsfassung oder sogar die gesamte Überlieferung, ist davon auszugehen, dass diese Form der Ausgangsfassung eigen ist. In diesem Fall wird nicht eingegriffen; vielmehr wird die auffällige Form im Leittext beibehalten und durch ein nachgestelltes und eingeklammertes Ausrufezeichen markiert; im Leittextapparat wird hinter der Lemmaklammer und „*K:* ...“ (wie „korrekt“) die zu erwartende Form genannt:

B224 **Blanke** ys eyn want, also vmme eynen hof edder garden; asper *(!)*, maceries
asper] *K:* aspar

H018 **Hame** vischenette; hamo *(!)*, rete piscium
hamo] *K:* hamus

In seltenen Fällen weist ein Wort sowohl eine fehlerhafte als auch eine mehrdeutige Schreibung auf. Die notwendigen Anmerkungen werden zu einem Eintrag kombiniert:

T118 **Touersche** incantatrix, prestigatrix *(!)*, phitonissa
prestigatrix] *K:* prestigiatrix *oder* presagiatrix

Das „*K:*“ zeigt das fehlende *i* an, das „*oder*“ die Alternative *-stig-* oder *-sag-*.

4.6   Textzeugenapparat

Während der Redaktionsapparat die gestützten Abweichungen vom Leit- bzw. Basistext verzeichnet, listet der Textzeugenapparat die nicht gestützten, also die individuellen Abweichungen auf. Weicht die zitierte Führungshandschrift vom fassungstypischen Text ab, so wird dieser im Redaktionstext nach einer Korrekturhandschrift gebessert und der Eingriff im Textzeugenapparat angemerkt; diese Anmerkung ist textkritischer Art. Um eine Lesart handelt es sich, wenn eine Korrekturhandschrift vom Fassungstext abweicht. Weichen die Textzeugen einer Fassung nicht vom Leit- bzw. Redaktionstext ab, so entfällt der Apparat dieser Fassung. Verzeichnet die Führungshandschrift in solch einem Wortartikel eine individuelle, nicht fassungskonforme Differenz, so wird diese Abweichung in Form einer gewöhnlichen Anmerkung angeführt. Diese Anmerkung ist nicht textkritischer Art:

A017   **Afgan** abire, recedere, decedere
         W abire] abdere *w3*

Keine Relevanz für den Textzeugenapparat haben Abweichungen in der Reihenfolge der Wortartikel bzw. in der Abfolge von Interpretamentsteilen (auch bei der Umstellung eines Verweiswortes zum Synonym[98]) sowie Getrennt- und Zusammenschreibung.

4.6.1   Struktur des Textzeugenapparates

Bei der Gestaltung des Textzeugenapparats folgt die vorliegende Ausgabe der Edition des ›Voc. Ex quo‹, in der einerseits die Apparate der verschiedenen Redaktionen getrennt und andererseits textkritischer und Varianten- bzw. Lesarten-Apparat pro Redaktion zu einem Apparat vereinigt werden.[99] Jede Redaktion erhält also einen eigenen Textzeugenapparat, der neben Verweisen auf andere Editionsartikel sowohl textkritische Anmerkungen als auch Lesarten enthalten kann. Die Abfolge der Apparate entspricht der in Primär- bzw. Sekundärartikeln geltenden editorischen Abfolge. Von den weiter unten genannten Einschränkungen, die der Entlastung und damit der besseren Lesbarkeit des Apparats dienen, abgesehen, dokumentiert der Textzeugenapparat den gesamten vom Leit- bzw. Redaktionstext abweichenden Text aller Textzeugen.

Der Textzeugenapparat ist ein Belegstellenapparat, der – von den Verweisen abgesehen – nur lemmatisierte Anmerkungen enthält. Verzeichnet eine Textstelle mehrere verschiedene Lesarten, so gilt allgemein die Abfolge Verlust – Ersatz – Zusatz; die einzelnen Angaben sind durch Semikolon voneinander getrennt. Liefern mehrere Textzeugen identischen oder nahezu identischen Text, werden die Siglen in der für die jeweilige Fassung geltenden Abfolge aufgelistet. Allgemeine Hinweise, z. B. zu vergleichbaren Wortartikeln, stehen stets an erster Stelle. Verweise, die einen bestimmten Textzeugen betreffen, werden diesem Textzeugen zugeordnet; bei Verweisen, die die gesamte Redaktion betreffen, fehlt die Angabe einer Sigle. Eine Sigle entfällt bei b1 sowie bei von Einzeltextzeugen überlieferten Sekundärartikeln.

---

98   Angemerkt wird lediglich der Verlust des „r.", der faktisch einer Umwidmung des Verweiswortes gleichkommt.

99   Im Gegensatz dazu verzichtet Kirchert bei seiner Edition der Vokabulare von Closener und Twinger auf eigene Apparate der einzelnen Fassungen, trennt dafür aber textkritischen und wortkundlichen Apparat.

4.6.2 Textkritische Anmerkungen

Die Ausgabe folgt der Leithandschrift bzw. zitiert im Redaktionsapparat die jeweilige Führungshandschrift, sofern diese fassungskonformen Text überliefert. Weicht die Leit- bzw. Führungshandschrift individuell vom fassungstypischen Text ab, so wird deren Lesart durch die fassungskonforme Lesart einer Korrekturhandschrift ersetzt, und zwar nach den oben dargelegten Prinzipien.

Im Leit- oder Redaktionstext deutet eine Kursivierung darauf hin, dass der kursivierte Text nicht von der Leit- bzw. Führungshandschrift, sondern von einer Korrekturhandschrift stammt oder emendiert ist. Im Textzeugenapparat ist eine textkritische Anmerkung stets daran zu erkennen, dass sich vor der Lemmaklammer die Sigle der ersatzweise zitierten Handschrift oder – vor allem bei offensichtlichen Fehlern in nur von Einzeltextzeugen überlieferten Sekundärartikeln – das Wort „*emend.*" befindet:

A044 **Ahtehundert** octingenta, oc*ci*es centum
K occies *b2*] octes *k2*

A002.01 **Abrech** e*m*unctorium ab »emungere – teutonice snitzen« *ka2*
W emunctorium *emend.*] enunctorium

Lediglich beim Ausfall einer Lombarde wird auf die Nennung der Korrekturhandschrift verzichtet, da sich die Verbesserung von selbst versteht:

B001 ***Babilonie*** eyn groyt stad in der heydenscop; babilonia, babilon
K Babilonie] abilonie *k2*

Überliefert auch die gewählte Korrekturhandschrift einen nur teilweise geeigneten Text und muss sie folglich durch eine zweite Korrekturhandschrift verbessert werden, so stehen die Siglen der beiden herangezogenen Handschriften vor der Lemmaklammer, wobei die Passage, die durch die an zweiter Stelle genannte Korrekturhandschrift gebessert wird, in einer der folgenden Anmerkungen behandelt wird:

B342 **Bracke** culpar; eyn hundeken *met eyner krummen snuten vnde mit hangenden oren*
K met eyner (...) hangenden oren *b2 w2*] *fehlt k2*; myt eynner krummer snuten *w1*; mit eyner krummen snuten *ms* · hangenden *w2*] hangeden *b2*

Wenn möglich, sind solche doppelten Besserungen durch den Rückgriff auf einen Textzeugen vermieden worden, der den in der Leithandschrift defekten Text vollständig überliefert. Vor allem in derartigen Fällen liegen die nachgeordneten Korrekturhandschriften der Textkonstituierung zugrunde:

C189 ***Creke*** *prunum*
K Wa. *ms*] *fehlt k2 b2 w1* · prunum] prume arboris *w2*

Liefert keine Korrekturhandschrift der jeweiligen Fassung geeigneten Text, wird emendiert und anstelle einer Sigle die Abkürzung „*emend.*" vor die Lemmaklammer gesetzt:

A128 **Ansinnen** anmoden; *i*nsinuare
K Wa. fehlt b2 w1 k1 ms · insinuare *emend.*] concinuare k2; insymoare w2

H059 **Hasselnot** corulum
K Wa. fehlt w1 · Hasselnot *emend.*] Haselnot k2 b2; Hasselwort w2; Halnût ms

Die bei einzelnen Textzeugen nicht überlieferten Passagen[100] werden unterschiedlich behandelt. Bei der Leithandschrift k2 (Anfang bis S565) sowie den kurzen Fragmenten k1 (A024 bis A130) und w4 (Anfang bis A058) wird das Fehlen eines Wortartikels nur innerhalb der überlieferten Wortschatzstrecke angemerkt. Hingegen werden kürzere Textlücken in jedem fehlenden Wortartikel angemerkt: Dies betrifft w5 für den Anfang des Alphabets, w6 für das Ende sowie w1 und ms für die fehlende Passage am Ende von *V-* und am Anfang von *W-*.

4.6.3   Lesarten

4.6.3.1   Grundsätzliches

Das allgemeine Prinzip der Edition, dass Identität nicht vermerkt, Varianz aber angezeigt wird, gilt auch für den Textzeugenapparat. Dies bedeutet, dass alle nicht eigens im Apparat genannten Textzeugen die im Basis- bzw. Redaktionstext zitierte Lesart im deutschen wie im lateinischen Teil (bezüglich Wortbildung und Lexik) stützen. Die bei der Darstellung des Redaktionsapparats entwickelten Methoden werden auch auf den Textzeugenapparat angewendet. Abweichende und ergänzende Regelungen werden in Abschnitt 4.6.3.3. behandelt. Ist für einen Textzeugen ein zugehöriger Redaktionstext vorhanden, so bezieht sich die Anmerkung auf diesen; ist kein Redaktionstext angeführt, so bezieht sich die Anmerkung auf den Leittext. Bei Sekundärartikeln bezieht sich die Anmerkung stets auf den Basistext.

4.6.3.2   Entlastung des Apparats

Die Edition des ›Voc. Theut.‹ erfasst den gesamten Text aller Textzeugen, also einschließlich aller Zusätze, Verluste und Veränderungen.[101] Da keine Auswahl nach Qualitätskriterien erfolgt, werden auch stark individuell gefärbte und fehlerhafte Textzeugen herangezogen, was zu einer enormen Aufschwemmung des Textzeugenapparats führt. Um neben einer weitgehenden Vollständigkeit aller für die Textgeschichte relevanten

---

100 Vgl. hierzu die diesbezüglichen Angaben in Kapitel 2: Beschreibung der Textzeugen.

101 Im Gegensatz zur Edition des ›Voc. Ex quo‹, in der der deutsche Wortschatz der Korrekturhandschriften unberücksichtigt bleibt, werden in der vorliegenden Edition alle Textzeugen für den Apparat ausgewertet.

Veränderungen auch einen raschen Zugriff auf eben diese relevanten Veränderungen zu gewährleisten, werden nicht alle Varianten berücksichtigt. Dabei kommen in den volkssprachigen Wortartikelteilen andere Filter zum Einsatz als in den lateinischen.

Gerade der volkssprachige Bereich der Wortartikel ist starken Bearbeitungen ausgesetzt. Die extrem hohe Zahl der Varianten würde ohne eine Beschränkung die Lesbarkeit des Textzeugenapparates massiv beeinträchtigen.[102] Aus diesem Grund werden nicht alle Fälle von Varianz vermerkt. Vor allem in den mehr oder weniger ausführlichen Paraphrasen häufen sich Lesarten, die unter textgeschichtlichem Aspekt als irrelevant einzustufen sind und die überlieferungsgeschichtlich relevanten Anmerkungen verdecken würden. Aus diesem Grund sind geringfügige syntaktische Varianten in volkssprachigen Paraphrasen nur eingeschränkt aufgenommen worden. Einen hohen Grad an Varianz weisen aber auch die volkssprachigen Wörter an sich auf, wenn sie sich durch den Wechsel einer Schreibsprachenlandschaft in einer anderen Form präsentieren.

Die Vielzahl der volkssprachigen Schreib- und Lautvarianten eines Wortes stellte den Herausgeber vor die Wahl, entweder möglichst alle vorhandenen Varianten aufzuzeichnen, wie Ernst BREMER dies in seiner Edition des ›Vocabularius optimus‹ getan hat, – allerdings mit der Gefahr, eine Lesartenhalde zu schaffen – oder alle durch Wechsel der Sprachlandschaft bedingten Varianten auszuschließen, wie dies in der Edition des ›Voc. Ex quo‹ geschehen ist. Die Edition des ›Voc. Theut.‹ versucht einen Kompromiss zwischen diesen beiden Positionen zu finden. Einerseits verbietet sich im Interesse der Lesbarkeit eine Aufnahme aller Formen eines Wortes. Andererseits soll die Edition des ›Voc. Theut.‹ eine sprachgeografische Auswertung der niederdeutschen Textzeugen des ›Voc. Theut.‹, die sich einigermaßen gleichmäßig über Ost- und Westfalen verteilen, ermöglichen, und zwar nicht nur nach der Lexik und Wortbildung, sondern auch nach der Laut- und Formenlehre.[103]

S p o n t a n e Lautwechsel, die regelmäßig beim Übertritt in eine andere Sprachlandschaft erfolgen, werden in der Edition grundsätzlich nicht berücksichtigt. Dazu gehören im vokalischen Bereich etwa die Entwicklung von /e/ zu /a/ vor r plus Konsonant vor allem im Osten, die Senkung vor gedecktem Nasal im Westen, im konsonantischen Bereich die Hiatschärfung im Ost- und Südwestfälischen und die Entwicklung von ft zu cht im Westen. Um eine Aufschwemmung des Textzeugenapparats mit zweifelhaften Lesarten zu vermeiden, ist jede Grafie, die auf einen spontanen Lautwechsel zurückgehen könnte, auch als solche gewertet worden.

Neben diesen spontanen Lautwechseln, die in jeder lautlichen Umgebung auftreten, gibt es aber auch solche, die auf ein bestimmtes Lexem beschränkt sind. Dies lässt sich

---

102 In der ersten Phase des Projektes verzeichnete der Apparat die Varianten noch in ihrer ganzen Vielfalt. Der Berg von für die Textgeschichte irrelevanten Angaben wurde nach und nach behutsam abgetragen.

103 Vgl. hierzu DAMME 2009.

vor allen bei der *r*-Metathese beobachten, die bei fast jedem betroffenen Wort zu einer eigenen, von den anderen Wörtern sich unterscheidenden geografischen Verteilung führt. Ähnliches gilt für den Umlaut oder den Wechsel von *i/e* und *u/o*. Nach der bisherigen Regelung würden Fälle wie *henne – hinne, venster – vinster, brodigam – brudigam, pels – pils, lecht – licht* entfallen. Um dies zu vermeiden, werden lexemgebundene lautliche, vor allem den Vokalismus betreffende Varianten von Nomina und Verben in die Edition aufgenommen, wenn sie in mindestens zwei Textzeugen mit niederdeutschem Lautstand auftreten.

Im Textzeugenapparat hingegen unberücksichtigt bleiben folgende als i n d i v i d u e l l zu bewertende Varianten, wenn sie keine überlieferungsgeschichtliche Relevanz haben:

- Wechsel von Allographen;
- Varianz im Nebentonvokalismus und -konsonantismus;
- Wechsel von Umlaut und Nicht-Umlaut, von *i* und *e* sowie von *u* und *o*;
- Wechsel von einfachem und doppeltem, von stimmhaftem und stimmlosem, von assimiliertem und nicht assimiliertem Konsonanten, Ausfall von *t* und *k* bei Konsonantenhäufung usw.;
- fehlerhafte Abbreviatur beim unbestimmten Artikel;
- Zusatz und Verlust des Schluss-*n* bei femininen Substantiven im Nominativ Singular
- Wechsel des Kasus, des Numerus bei Nomina, der Person, des Tempus, des Modus bei Verben, jeweils in Paraphrasen;
- Wechsel, Zusatz und Verlust von nicht Sinn tragenden Funktionswörtern in Paraphrasen;
- Wechsel von *eyn mannes name – eyns manns name / vrowelik name – vrowenname*;
- Wechsel des Zahlsystems (arabisch, römisch, in Worten) bei übereinstimmendem Wert in Paraphrasen;
- den Sinn nicht verändernde geringfügige syntaktische Modifikationen in Paraphrasen;
- Wechsel, Zusatz und Verlust der Konjunktion 'oder': *edder / efte / ofte* im paradigmatischen Interpretamentsteil;
- Wechsel von *soke – soke me – sall me soken* in *Nota*-Einschüben.

Auch im Bereich des lateinischen Interpretaments ist die Zahl der Anmerkungen reduziert worden. Während alle lexikalischen Veränderungen (Verlust, Ersatz, Zusatz) ohne Ausnahme Erwähnung finden, werden vom Basis- bzw. Redaktionstext abweichende Schreibungen exemplarisch nur bei den Führungs-, nicht aber bei den Korrekturhandschriften angeführt.[104] Ist eine Variante der betroffenen Textzeugen im selben Editionsartikel jedoch in noch einem anderen Textzeugen bezeugt und könnte sie also

---

104 Die Korrekturhandschriften sind in der Regel erst spät entstandene oder kontaminierte Exemplare, die in der Überlieferungsgeschichte nur eine untergeordnete Rolle spielen.

textgeschichtliche Relevanz besitzen, erscheint sie als Lesart im Apparat. – Stets angezeigt werden hingegen Verlust und Zusatz von Wörtern, Austausch von Präfixen sowie, wenn es sich um eine Entsprechung zum Stichwort handelt, der Wechsel im Numerus.

Im Textzeugenapparat in der Regel unberücksichtigt bleiben:

– im Mittellatein gängige Grafienvarianz (*h* im Anlaut vor Vokal, *n* vor *gw*, *gn*, Doppel- oder Einfachkonsonanz);
– Wechsel von *k* und *c* (außer vor *i* und *e*), von *s* und *c* vor *i* und *e* (*cella* für *sella*);
– Wechsel von *i* und *e*, *u* und *o* sowie von *u* (bzw. *v*) und *f*;
– Zusatz oder Verlust eines *g* in Hiatposition;
– Assimilation bzw. Nicht-Assimilation (z. B. *con* an folgendem Labial);
– Wechsel der Präfixform (*a* / *ab* / *abs*; *e* / *ex* usw.) vor Verben und Nomina;
– Wechsel, Zusatz und Verlust von Flexionsendungen;
– Wechsel des Numerus bei Nomina in Paraphrasen;
– Wechsel, Zusatz und Verlust von Funktionswörtern (besonders in Paraphrasen): *quidam, iste, ille, hic, is, quis, aliquis; et, eciam, uel, sive, seu, aut; est, id est, idem est (quod), quasi* sowie *inproprie* (in Aufzählungen) und *dicitur*;
– die Reihenfolge der Wörter in einem Syntagma;
– Wechsel von *in latino* und *latine*, *in greco* und *grece*;
– Zusatz und Verlust von *sequitur* bei Einzeltextzeugen.

In Zweifelsfällen ist die individuelle Abweichung in den Apparat aufgenommen worden.

4.6.3.3 Sonstige Regelungen

Die in den Kapiteln zum Redaktionsapparat behandelten Regelungen gelten, soweit sie sich übertragen lassen, auch für den Textzeugenapparat. Darüber hinaus gilt Folgendes:

4.6.3.3.1 Integration von Zusatzwortartikeln durch „*(neuer Wa.)*"

Der Marker „*(neuer Wa.)*" besagt, dass im handschriftlichen Text an dieser Stelle eine neue Zeile beginnt. Dieser Fall kommt häufiger in Redaktion W vor, in der w3 viele benachbarte Wortartikel durch *Inde* oder *Item* zusammengefasst hat: Manche Textzeugen ziehen eigenständige Wortartikel vor:

D144 **Dorst** sitis
+ Inde sitire*(aus D145)* *W*
W Inde] *(neuer Wa.)* Dorsten *c1 ka2*

Entsprechend wird z. B. auch eine versehentliche Verdoppelung eines Wortartikels dargestellt:

M175 **Moylt** brasivm
D + *(neuer Wa.)* Molt brasium *ka1*

4.6.3.3.2   Verschieben von Wortartikeln

Die Abweichungen vom Fassungstext werden bei verschobenen Wortartikeln im Textzeugenapparat sowohl des Ursprungs- als auch des Zielwortartikels dokumentiert, im Textzeugenapparat des Ursprungswortartikels erscheinen sie als Zeichen dafür, dass der Wortartikel dort nicht mehr vorhanden ist, aufgerastert:

C147   **Copenscat** mercancia, marcimonium
 Wa. in K*: K062.21* W
 W Copenscat] Kopenscup *w5 c1*; Koufmanschaft *s1*; Koufmanschatz *ka2* · mercancia] *fehlt c1*

K062.21   **Kopenschat**$_{(C147)}$ mercancia, mercimonium W
 W Kopenschat] Kopenscup *w5 c1*; Koufmanschaft *s1*; Koufmanschatz *ka2* · mercancia]
 fehlt c1

Je nach Konstellation im Apparat erscheint entweder der gesamte Apparat – wie im obigen Beispiel –, die gesamte Anmerkung, nur die Teilanmerkung oder lediglich die Sigle des/der betroffenen Textzeugen aufgerastert:

V029   **Vastelauent** carnis priuium, intervallum
 W Wa.]fehlt s1; *in* F*: F018.04 ka2* · Vastelauent] Fastloben uel fastnach *ka2*

V031   **Vaten** hechten; figere, affigere
 W Wa.]fehlt s1 c1; *in* F*: F018.05 ka2* · hechten] *fehlt w5*; hefften *ka2*

V134   **Vleghere** <eyn towe>, dar me mede darschet; tribula, tritula
 W Wa.]fehlt s1; in F: *F018.37 ka2* · Vleghere] Vleghel *w3 ka2*

4.6.3.3.3   Verschieben von Wortartikelteilen

Sind – meist aus Versehen (verursacht u. a. durch Zeilensprung) – einzelne Interpretamentsteile in einen benachbarten Wortartikel gelangt,[105] wird dies im Ursprungswortartikel durch „*enth. in*" und im Zielwortartikel durch einen tiefgestellten Klammerausdruck angezeigt:

A168   **Arsedie** bote; medicina, medicamen, medicamentum, medela, remedium
 P medela remedium] *enth. in A169 m1*

A169   **Arsedyen** medicare, mederi, curare, remediare
 P Arsedyen] + ⌐medela remedium$_{(aus\ A168)}$ *m1*

Ist das Wortgut im Ursprungswortartikel noch vorhanden, steht im Zielwortartikel bei der den Zusatztext behandelnden Anmerkung „*wie*" statt „*aus*".

---

105 Im Redaktionsapparat begegnet dieses Phänomen hingegen nur in verschwindend geringer Anzahl.

Weicht der Zusatztext im Zielwortartikel in stärkerem Maße vom verschobenen Text im Ursprungswortartikel ab (Fehler, Nennung der Wortart statt eines konkreten Wortes usw.), wird diese Abweichung durch eine doppelte Klammer gekennzeichnet:

B175 **Beuallen** obruere
K + clapsus$_{((aus\ B176))}$ $w2$

B176 **Beuallen** also in eyner kulen; obrutus, collapsus
K collapsus] *enth. in B175* $w2$

B197 **Bych** confessio
W + Item verbum$_{((aus\ B198))}$ $s1$

B198 **Bychten** confiteri
W *Wa.*] *enth. in B197* $s1$

4.6.3.3.4 Nicht fassungskonforme Identität mit dem Basistext

Bezieht sich die Anmerkung einer mit „*außer*" markierten Handschrift nicht auf den Redaktionstext, sondern auf den Leittext, wird dies bei Textverlust und -ersatz im Textzeugenapparat durch den Zusatz „*(wie LT)*" vor der Lemmaklammer angegeben:

A003 **Abeteken** apoteka; vnde ys eyn steyde, dar me arsedye to vorkopende plecht
dInt. fehlt D W (außer ka2)
W steyde (...) *(wie LT)*] stat do man verkoupf arcennye *ka2*

A012 **Adeke** ebvlvs; eyn krut also iung elhorn
dInt.] arbor est W *(außer c1 ka2)*
W also iung elhorn *(wie LT)*] *fehlt ka2* · elhorn *(wie LT)*] alhorne *c1*

Die Angabe „*(wie LT)*" entfällt, wenn „*außer*" einen gesamten Wortartikel betrifft.

4.6.3.3.5 Unsichere Lesung und undeutliche Schreibungen

Unsichere Lesungen (vor allem bei Hapaxlegomena) und undeutliche Schreibungen werden durch ein Fragezeichen markiert. Gehört das betreffende Wort zum Bezugstext, steht das Fragezeichen hinter der Lemmaklammer. Die Unsicherheit kann mit einer in geschweiften Klammern eingeschlossenen Angabe präzisiert werden:

M023 **Maandach** feria secunda, dies lvne
P Maandach] *?* $m1$

C230 **Culde** frost; frigus, frigiditas, algor, gelu
K Culde] *?* *{u}* $w1$

C246 **Cupperen** cupreus, de cupro; eyn dink van koppere
K koppere] *?* *{Wortanfang}* $w2$

Ist das Wort Teil des Ersatztextes, steht das Fragezeichen in geschweiften Klammern hinter dem betroffenen Wort. Eine mögliche Präzisierung wird nach einem Komma genannt:

B293   **Boer** neueger; terebellum
        D   neueger] terebrum vel terebellum proprie dicitur ey neueger *{?}* w6

G136   **Gras** gramen
        P   gramen] granum *{?, Wortende}* dl

4.6.4   Kombination von Textkritik und Lesart

Bietet sich die Möglichkeit, so werden Lesarten und textkritische Angaben kombiniert, allerdings nur, wenn darunter die Übersichtlichkeit des Apparats nicht leidet. Es gilt auch in diesen kombinierten Anmerkungen die Reihenfolge Textverlust – Textersatz – Textzusatz:

B211   **Bischopdom** dat ambet des *b*ischoppes; episcopatus, presulatus, pontificatus
        K   bischoppes *b2*] piscopes *k2*; + ordinarius$_{(aus\ B210)}$ w2

In Einzelfällen geht die Kombination so weit, dass in den lemmatisierten Bezugstext überlieferter und nach einer Korrekturhandschrift gebesserter bzw. ergänzter Text zusammenfließen:

T125   **Trachtinge** bedenkinge; contemplacio, meditacio, cogitacio
        + *cogitatus* P **D*
        P   cogitacio cogitatus *p1*] r. Danke$_{(D012.01\ b1)}$ dl

4.7   Anleitungsbeispiele

Die folgenden Beispiele aus dem Buchstabenabschnitt *A*- sollen in die Benutzung der Edition einführen. Die Anleitung liefert Basisinformationen, kann aber nicht alle Details behandeln. Weitergehende Einzelheiten sind den Editionsprinzipien zu entnehmen.

Beispiel 1

A002   **Abbesete** alphabetum, abbecedarium
        Abbesete] + fibele *P (außer m1)*
        K   *Wa. fehlt w1* · alphabetum] *fehlt ms*
        D   *Wa. fehlt w4* · alphabetum] + abc *w6*
        W   *Textlücke w5* · Abbesete] Abece *s1 ka2* · abbecedarium] *fehlt s1*

Die vierstellige Ordnungsnummer A002 weist den Editionsartikel als Primärartikel aus. Der zugrunde liegende Wortartikel gehört der Ausgangsfassung an.

Alle nicht eigens genannten Folgefassungen (D, b1, W) und Textzeugen (k2, b2, w2; m1; ka1; b1; w3, c1) lesen:

Abbesete alphabetum abbecedarium

Redaktion P fügt hinter dem Stichwort ein deutsches Interpretament ein und liest:

Abbesete fibele alphabetum abbecedarium

Die mit der Ausgangsfassung kontaminierte Handschrift m1 hat diesen Zusatz nicht und überliefert einen mit dem Leittext identischen Text.

Im Druck ms fehlt *alphabetum*, w6 ergänzt *abc* nach *alphabetum*.

In Redaktion W fehlt *abbecedarium* bei s1. Außerdem überliefert dieser Textzeuge zusammen mit ka2 *abece* statt *abecete*. s1 liest:

Abece alphabetum

Der Wortartikel fehlt den Textzeugen w1, w4 und w5 sowie dem Textzeugen k1, der erst mit Editionsartikel A024 einsetzt.

Beispiel 2

A002.01 **Abrech** emunctorium ab »emungere – teutonice snitzen« *ka2*
   W emunctorium *emend.*] enunctorium

Die sechsstellige Ordnungsnummer A002.01 enthält eine Indexzahl, die den Editionsartikel als Sekundärartikel ausweist. Sekundärartikel bilden in der Edition Wortartikel ab, die nicht oder nicht an dieser Position zum Text der Ausgangsfassung gehören und – wie hier – in den meisten Fällen von nur einem Textzeugen überliefert sind. ka2 liest:

Abrech enunctorium ab emungere teutonice snitzen

Die vor allem in Hinblick auf die Nennung von *emungere* offensichtliche Verschreibung *enunctorium* statt *emunctorium* ist im Basistext gebessert worden. Da keine Korrekturhandschrift vorliegt, ist – wie häufig bei unikal überlieferten Sekundärartikeln – emendiert worden. Dies wird im Textzeugenapparat angezeigt.

Beispiel 3

A003 **Abeteken** apoteka; vnde ys eyn steyde, dar me arsedye to vorkopende plecht
   D: A142
   dInt. fehlt D W (außer ka2)
   Wa. fehlt b1
   K to] *fehlt w1*
   P Abeteken] Abeteka *m1* · *dInt.*] dar arczedie veyle ys *p1*
   D Wa. fehlt w4
   W Textlücke w5 · Abeteken] Appentek *s1* · steyde (...) *(wie LT)*] stat do man verkoupf
      arcennye *ka2*

Die vierstellige Ordnungsnummer A003 weist den Editionsartikel als Primärartikel aus. Der zugrunde liegende Wortartikel gehört der Ausgangsfassung an.

Alle im weiteren Editionsartikel nicht eigens genannten Folgefassungen (P) und Textzeugen (k2, b2, w2; d1) lesen:

Abeteken apoteka vnde ys eyn steyde dar me arsedye to vorkopende plecht

In der Ausgangsfassung weicht nur w1 ab, hier fehlt die Präposition *to*.

In den Redaktionen D und W fehlt das deutsche Interpretament; sie lesen:

Abeteken apoteka

In der Handschrift w4 fehlt der Wortartikel.

In Redaktion W weicht die kontaminierte Handschrift ka2 vom Fassungstext ab; sie liest:

Abeteken apoteka vnde ys eyn stat do man verkoupf arcennye

Die andere hochdeutsche Handschrift s1 ändert das Stichwort und liest:

Appentek apoteka

In b1 fehlt der gesamte Wortartikel.

Redaktion P stimmt mit der Ausgangsfassung überein. Die Textzeugen p1 und m1 weichen jedoch ab: m1 durch eine andere Form des Stichworts, p1 durch eine Änderung in der volkssprachigen Paraphrase; p1 liest:

Abeteken apoteka dar arczedie veyle ys

Von diesem Wortartikel gibt es in der Ausgangsfassung eine Wortartikeldublette, die in der Edition unter der angegebenen Ordnungsnummer A142 zu finden ist.

Beispiel 4

A005.01   **Achte**$_{(A036)}$ octo *b1*

Die sechsstellige Ordnungsnummern A005.01 enthält eine Indexzahl und weist den Editionsartikel als Sekundärartikel aus. b1 liest:

Achte octo

Der interne Sekundärartikel ist in der Ausgangsfassung bezeugt, aber von *Ah-* nach *Ach-* verschoben worden.

Beispiel 5

A009.01   **Aderkauuen** ruminare, ⁺masticare^{w6} *ms w6*

Die sechsstellige Ordnungsnummern A009.01 enthält eine Indexzahl und weist den Editionsartikel als Sekundärartikel aus.

Den externen Sekundärartikel überliefern die Textzeugen ms und w6. ms liest:

Aderkauuen ruminare

Die Handschrift w6 hat mit *masticare* ein zusätzliches lateinisches Äquivalent und liest:

Aderkauuen ruminare masticare

Beispiel 6

A036 **Ahte** octo
Wa. in Ach*: A005.01 b1*
<– octo> *W*
K + eyn tal *ms*
P Ahte] + eyn tal *d1*
D Wa. fehlt w6 w4 · Ahte] Achate *ka1*

Die vierstellige Ordnungsnummer A036 weist den Editionsartikel als Primärartikel aus.
Der zugrunde liegende Wortartikel gehört der Ausgangsfassung an.
Alle nicht eigens genannten Folgefassungen (P, D) und Textzeugen (k2, b2, w2, w1, k1; p1, m1; w3) lesen:
Ahte octo
b1 behält den Wortartikel bei, verschiebt ihn aber an eine andere Position im Wörterbuch, nämlich nach *Ach-*; der entsprechende interne Sekundärartikel hat die Ordnungsnummer A005.01.
In Redaktion W überliefert nur die Führungshandschrift w3 diesen Wortartikel.
Abweichungen gibt es bei einigen Textzeugen: Die Textzeugen ms und d1 ergänzen das Hyperonym *eyn tal*, allerdings an unterschiedlicher Stelle im Wortartikel. ms liest:
Ahte octo eyn tal
d1 liest:
Ahte eyn tal octo
In Redaktion D fehlt der Wortartikel bei w6 und w4. ka1 liest:
Achate octo

Beispiel 7

A078 **Alůn** ys eyn steyn also eyn glas; alumen
dInt. fehlt D b1
dInt.] lapis ut vitrum *W*
K Alůn *b2*] Alul *k2*
W alumen] *fehlt s1*

Die vierstellige Ordnungsnummer A078 weist den Editionsartikel als Primärartikel aus.
Der zugrunde liegende Wortartikel gehört also der Ausgangsfassung an.
Alle nicht eigens genannten Folgefassungen (P) und Textzeugen (b2, w2, w1, k1, ms; d1, p1, m1) lesen:
Alůn ys eyn steyn also eyn glas alumen
Das Stichwort ist nach der ersten Korrekturhandschrift b2 zitiert, da die Leithandschrift k2 die für die gesamte Überlieferung untypische Form *Alul* hat. Der Eingriff wird im Textzeugenapparat der Ausgangsfassung begründet.
Das aus einer Paraphrase bestehende volkssprachige Interpretament fehlt in den Folgefassungen D und b1; sie lesen:

Alůn alumen

Redaktion W hingegen übersetzt die Paraphrase ins Lateinische und liest:

Alůn lapis ut vitrum alumen

Der Handschrift s1 fehlt das lateinische Äquivalent *alumen*.

Beispiel 8

A134   **Antworden** wedersegen, wedderspreken; respondere

wedersegen wedderspreken] *fehlt* *P D b1 W

K   wedersegen wedderspreken] *fehlt ms* · wedersegen *b2*] wedderseget *k2* · respondere *b2*]
respodere *k2*

W Wa. *fehlt s1* · Antworden] Antzworten *ka2*

Die vierstellige Ordnungsnummer A134 weist den Editionsartikel als Primärartikel aus.
Der zugrunde liegende Wortartikel gehört also der Ausgangsfassung an.
Alle nicht eigens genannten Textzeugen (b2, w2, w1) lesen:

Antworden wedersegen wedderspreken respondere

Die beiden Wörter *wedersegen* und *respondere* sind nach der ersten Korrekturhandschrift b2 zitiert, da die Leithandschrift k2 hier vom fassungstypischen Text abweicht.
k2 liest:

Antworden wedderseget wedderspreken respodere

Der Nachweis des Eingriffs erfolgt im Textzeugenapparat der Ausgangsfassung K.
Allen Folgeredaktionen sowie dem Textzeugen ms fehlt das volkssprachige Interpretament.
Der Wortartikel fehlt den Textzeugen p1 und s1.
In Redaktion W liest ka2:

Antzworten respondere

4.8   Lesezeichen

Das auf der folgenden Doppelseite abgebildete und in zweifacher Ausfertigung beiliegende Lesezeichen soll das Arbeiten mit der Edition erleichtern. Aufgeführt sind die wichtigsten Begriffe und Markierungen. Diese Hilfe ermöglicht das Verstehen der meisten Editionsartikel. Weitergehende Einzelheiten sind den Editionsprinzipien zu entnehmen.

Lesezeichen zur Edition des ›Vocabularius Theutonicus‹

Ausgangsfassung K:

k2 *(bis S565)*   Ostwestfälisch (Raum Höxter) – vermutlich vor 1405 [nur bis S565]

w2 *(ab S566)*   Nordwestfälisch mit starken südwestfälischen Sprachspuren – 1430–1435

b2   südl. Ostfälisch (Raum Göttingen / südl. Südniedersachsen) – 1458

w2 *(bis S565)*   s. o.

w1   Ostfälisch (Raum Braunschweig) mit südwestfälischen Sprachspuren – um 1475

k1   Ostwestfälisch (Raum Herford Lemgo) – 1448 [Fragment: A024 bis A130]

ms   Raum Bocholt Wesel – Druck: Münster 1509/10

Redaktion P:

d1   [Subred.: P'] Südniederfränkisch (Raum Düsseldorf) – 1421–1423

p1   südl. Ostwestfälisch (Raum Paderborn) mit südwestfälischen Spuren – 1448

m1   [Subred.: P'] Münsterländisch – 1425

Redaktion D:

ka1   nördl. Ostfälisch (Raum Hildesheim) – Ende 1420er Jahre

w6   Münsterländisch mit Sprachspuren aus Hildesheim – 1450–1455

w4   1461 oder wenig später [Fragment: nur bis A058]

Fassung b1:

b1   Ostwestfälisch (Raum Höxter) – 1400

Redaktion W:

w3   [Subred.: W-Y] Ostfälisch (südl. Südniedersachsen) – 1445

w5   [Subred.: W-X] Ostfälisch (Raum Hildesheim Goslar) – 1461

s1   [Subred.: W-X] Schwäbisch – um 1433

c1   [Subred.: W-Y] (nördl.) Ostfälisch – 1479

ka2   [Subred.: W-Y] Oberrheinalemannisch – 1462

<u>**Leithandschrift**</u> – **Führungshandschrift** – 1. Korrekturhandschrift – *nachrangige Korrekturhandschrift*

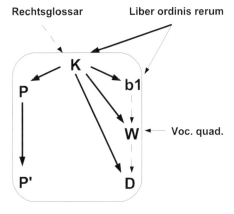

Typen und Teile des Editionsartikels

Editionsartikel	Abbild eines überlieferten Wortartikels in der Edition
Primärartikel	Abbild eines Wortartikels der Ausgangsfassung / vierstellige Ordnungsnummer
Sekundärartikel	Abbild eines Wortartikels, der nicht (externer S.) oder nicht an dieser Stelle (interner S.) zur Ausgangsfassung gehört / vierstellige Ordnungsnummer mit zweistelligem Index
Leittext	Fassungstext der Ausgangsfassung K, zitiert nach k2 (bis S566) und w2 (ab S566) / 11 Punkt
Redaktionsapparat	Synopse der Fassungstexte der Folgeredaktionen, zitiert nach der jeweiligen Führungshandschrift / 10 Punkt
Textzeugenapparat	Verzeichnis der Abweichungen aller Textzeugen vom jeweiligen Fassungstext / 9 Punkt
„Leittextapparat"	aus dem Textzeugenapparat ausgelagerte Rubrik für diejenigen Anmerkungen der Ausgangsfassung, die alle Redaktionen betreffen / 10 Punkt

Auszeichnungen

Text	[kursiver Text] nicht aus der Leit- bzw. Führungshandschrift, sondern aus einer Korrekturhandschrift zitierter oder emendierter Text
<Text>	a) Ausgangsfassung: Text, der außer in der Leithandschrift nur in mindestens einem Textzeugen einer Folgefassung bezeugt ist – b) Red. W: Text des Leittextes, den in W nur w3 überliefert

Verweise mittels Ordnungsnummer

	auf einen ...
– am Verweiswort	Editionsartikel, in dem das Verweiswort Stichwort ist
– am Stichwort	Editionsartikel, aus dem der interne Sekundärartikel hervorgegangen ist
– nach *D:*	Editionsartikel, der eine Stichwortdublette hat
– nach *Z:*	anderen Sekundärartikel mit gleichem oder ähnlichem Stichwort

Zeichen

–	[Gedankenstrich] steht stellvertretend für das Stichwort im Apparat
^	[Zirkumflex] deutet auf individuellen, im Textzeugenapparat dokumentierten Zusatztext der Leit- bzw. Führungshandschrift hin
⌐	[Winkelhaken] markiert den Beginn einer Wortfolge bzw. bei Alternativtext den Beginn der ersten Alternative
+	[hochgestelltes Plus] markiert den Beginn eines Zusatztextes
°	[hochgestellte Null] markiert den Beginn eines Verlusttextes
/	[Schrägstrich] trennt zwei Asttexte bzw. Fassungstexte

Abkürzungen

Wa.	Wortartikel / Editionsartikel
dInt.	deutsches Interpretament
enth.	enthalten

5. Register

Der ›Voc. Theut.‹ überliefert den ost- und westfälischen Alltagswortschatz des Spätmittelalters und erweist sich somit als hervorragende Quelle für die historische Wortforschung. Doch muss dieser Wortschatz erst erschlossen werden, denn der ›Voc. Theut.‹ gewährt einen weitgehend unkomplizierten Zugriff nur auf die alphabetisch sortierten Stichwörter, nicht jedoch auf die im Interpretament enthaltenen Wörter. Daher wird die Ausgabe um zwei Wortregister ergänzt, die vor allem den volkssprachigen Wortschatz des Vokabulars erschließen sollen: ein mittelniederdeutsches und ein lateinisch-mittelniederdeutsches Register.[1]

Für beide Register ist ein normalisierter Lemmaansatz gewählt worden. Das heißt: Ihre Einträge haben als Lemma nicht einfach das im ›Voc. Theut.‹ überlieferte und in der Edition dokumentierte Wort in Originalschreibung; denn dies kann in ungünstigen Fällen dazu führen, dass im Register entweder zwei völlig unterschiedliche Wörter einen gemeinsamen Eintrag oder Varianten eines Lexems mehrere unterschiedliche Einträge erhalten. Um dies zu vermeiden, sind alle Wörter einer normalisierten Grundform zugeordnet worden. Die Normalisierung richtet sich im deutschen Wortregister nach den Lemmaansätzen im von Agathe LASCH und Conrad BORCHLING begründeten *Mittelniederdeutschen Handwörterbuch* (im Folgenden: LB)[2], im lateinisch-deutschen Wortregister nach der Schreibung der lateinischen Stichwörter in der Edition des ›Voc. Ex quo‹.

Durch diese mit Hilfe der Register erreichte Vernetzung sowohl mit dem LB als auch mit der Edition des ›Voc. Ex quo‹ erlangt die Ausgabe des ›Voc. Theut.‹ für die Dokumentation und auch die Erforschung des spätmittelalterlichen deutschen und vor allem niederdeutschen Wortschatzes eine große Bedeutung. Aber auch für die beiden den Lemmaansatz spendenden Werke wirkt sich die Vernetzung positiv aus: Das mittelniederdeutsche Register ergänzt das LB für den ost- und westfälischen Bereich um eine Sammlung lokalisierbarer Wortbelege. Das lateinisch-mittelniederdeutsche Wortregister erweitert die Ausgabe des ›Voc. Ex quo‹ um eine niederdeutsche Komponente.

Beide Register enthalten Voll- und Verweiseinträge. V o l l e i n t r ä g e bestehen mindestens aus dem fett gesetzten Lemma und dem Stichwortteil, der die Ordnungs-

---

1 Da der Anteil hochdeutscher Wörter am gesamten in der Edition dokumentierten volkssprachigen Wortschatz nicht einmal 1,5 % beträgt und damit kaum ins Gewicht fällt, wird für den Titel der Register die Sprachbezeichnung „mittelniederdeutsch" verwendet.

2 *Mittelniederdeutsches Handwörterbuch,* begründet von A. LASCH / C. BORCHLING, hrsg. nach G. CORDES / A. HÜBNER von D. MÖHN / I. SCHRÖDER, [Hamburg 1928–] Neumünster 1956ff.

nummern auflistet, unter denen das Lemma als Stichwort in der Edition vorkommt. Fakultativ ist ein Verweisteil, der auf andere Lemmata im Register verweist. – Ein V e r w e i s e i n t r a g besteht lediglich aus einem Lemma, das anders als im Volleintrag keine Fettung erhält, und einem Verweisteil. – Sowohl im Voll- als auch im Verweiseintrag können die Lemmata in Recte- oder Kursivdruck erscheinen: Die kursivierten Lemmata haben die in der Edition dokumentierte Schreibung, die recte gesetzten sind normalisiert und weichen daher in der Regel von der Schreibung in der Edition ab. Verweise auf Lemmata im Register sind durch einen Pfeil eingeleitet: „→"; Verweise auf Einträge in der Edition erfolgen über die Ordnungsnummer.

Weicht ein normalisierter Lemmaansatz erheblich von der in der Edition dokumentierten Schreibung ab, wird die Schreibung der Edition als Variante hinter dem Lemma oder im Stichwortteil angeführt. Die Schreibung der Edition erhält in diesem Fall einen eigenen Verweiseintrag. Auf diese Weise kann der Benutzer der Edition auch dann den normalisierten Lemmaansatz ermitteln, wenn dieser stark von der Schreibung in der Edition abweicht.

Keinen Eintrag ins Register haben die – meist unikal von Einzeltextzeugen überlieferten – unsicheren Wörter erhalten, die sich aufgrund des grafischen Befunds in der Handschrift nicht identifizieren lassen oder für die sich in der einschlägigen lexikografischen Literatur keine Nachweise finden. Ebenfalls unberücksichtigt geblieben sind im mittelniederdeutschen Register offensichtlich fehlerhafte Lesarten im Textzeugenapparat.

5.1   Mittelniederdeutsches Wortregister

Das mittelniederdeutsche Register erfasst den gesamten in der Ausgabe dokumentierten volkssprachigen Wortschatz, das heißt: sowohl die als Stichwort als auch die im Interpretament verwendeten, sowohl die im Basistext als auch die in den Apparaten enthaltenen Wörter. Etwa 6.500 unterschiedliche volkssprachige Lexeme kommen in der Edition vor.

Das Register zum mittelniederdeutschen Wortschatz im ›Voc. Theut.‹ beschränkt sich im Gegensatz zum lateinisch-mittelniederdeutschen Wortregister auf eine reine Registerfunktion. Die Erschließung des in der Edition dokumentierten volkssprachigen Wortschatzes geschieht durch Verweise auf die Ordnungsnummern der entsprechenden Editionsartikel. Über die reinen Verweise hinaus werden die in der Edition greifbaren paradigmatischen oder syntagmatischen Beziehungen des Lemmas dokumentiert.

Das Register enthält Voll- und Verweiseinträge. Volleinträge bestehen maximal aus fünf Elementen: erstens dem fett gesetzten Lemmaansatz, zweitens dem Stichwortteil, der die Ordnungsnummern auflistet, unter denen das Lemma als Stichwort in der Edition vorkommt, drittens einem paradigmatischen und viertens einem syntagmatischen Teil sowie fünftens einem Verweisteil, der die Lemmata im Register auflistet, die das Lemma linksseitig durch Derivation oder Komposition erweitert haben. – Ein Verweiseintrag besteht lediglich aus einem Lemma, das anders als im Volleintrag keine Fettung erhält, und einem Verweisteil.

Der V o l l e i n t r a g unterscheidet grundsätzlich zwei Arten von Lemmata: erstens die bei LB und (bei den dort noch nicht erschienenen Buchstabenstrecken) die im älteren *Mittelniederdeutschen Handwörterbuch* von LÜBBEN und WALTHER (im Folgenden: LW)[3] bezeugten Lemmata sowie zweitens die in keinem der beiden Wörterbücher belegten Wörter. Beide Gruppen lassen sich jeweils zweimal untergliedern.

1.1. Ist ein Wort oder Name bei LB bezeugt, ist in der Regel der entsprechende Lemmaansatz für das Register übernommen worden. Dieses Konzept hat einige Inkongruenzen zwischen Lemma und dem Befund in der Edition zur Folge. So werden z. B. Partizipien, Gerundien und flektierte Verbformen oft unter dem Infinitiv aufgeführt, auch wenn sie im ›Voc. Theut.‹ und damit in der Edition einen eigenen Eintrag haben. Entsprechendes gilt bei Substantiven für Plurale und bei Adjektiven für Steigerungsformen. Aus mehreren Wörtern bestehende, mehrgliedrige Stichwörter der Edition (z. T. feste Verbindungen wie *varende haue*, *recht setten*, *vallende ouel*) werden segmentiert, wobei jedes Element ein eigenes Lemma erhält. – Die Lemmata dieser Gruppe erhalten keine besondere Markierung.

1.2. Die mit den Buchstaben *t-*, *u-* und *w-* beginnenden Wörter, die nur bei LW bezeugt sind, erhalten ein Lemma, das sich zwar am Ansatz dieses Wörterbuchs orientiert, aber nach den LB-Prinzipien (besonders bezüglich Umlaut und Tondehnung) umgestaltet worden ist. – Die Lemmata dieser Gruppe erhalten als Markierung einen vorangesetzten hochgestellten Kreis: „°".

2.1. In beiden Werken nicht bezeugte Ableitungen zu und Komposita aus dort bezeugten Wörtern werden nach den LB-Prinzipien normalisiert und erhalten als Markierung ein vorangesetztes hochgestelltes Sternchen: „*".

2.2. Die übrigen in beiden Werken nicht bezeugten Appellative und Namen werden nicht normalisiert, sondern nach der Schreibung der Edition zitiert und daher kursiv dargestellt. Wenn bei Komposita nur ein Bestandteil unbekannt ist, wird nur dieser kursiviert, und das andere Element erscheint in normalisierter Form. Die Kursivierung besagt, dass die angeführte Form der Schreibung in der Edition entspricht, eine Normalisierung also nicht vorliegt.

---

3 Das umfangreiche Mittelniederdeutsche Wörterbuch von SCHILLER / LÜBBEN (K. SCHILLER / W. LÜBBEN, *Mittelniederdeutsches Wörterbuch*, 6 Bde., Bremen 1875–1881) bildet nicht die Vergleichsgrundlage, da sich das Handwörterbuch von LÜBBEN / WALTHER (A. LÜBBEN, *Mittelniederdeutsches Handwörterbuch*. Nach dem Tode des Verfassers vollendet von C. WALTHER, Norden Leipzig 1888) bezüglich der Zahl der Einträge gerade in den hinteren Wortschatzstrecken als vollständiger erweist.

Normalisierte Lemmata sind durch Bindestrich segmentiert, wenn sie aus einem Kompositum bestehen oder eine Präfigierung aufweisen.

Bei Volleinträgen folgt auf das Lemma in der Regel der aus mindestens einer Ordnungsnummer bestehende Stichwortteil. Fehlt der Stichwortteil, bedeutet dies, dass das Lemma in der Edition nicht als Stichwort, sondern ausschließlich im Interpretament vorkommt. Für Funktionswörter wird im Stichwortteil nur dann eine Ordnungsnummer angeführt, wenn sie entweder selbst das alleinige Stichwort oder das erste Wort eines mehrgliedrigen Stichworts in einem Editionsartikel bilden.

Ein aus einem Wort bestehendes Stichwort oder Unterstichwort des Basistextes erhält stets eine Ordnungsnummer, und zwar recte und ohne Zusatz. Ist das Lemma nur Teil eines aus mehr als einem Wort bestehenden Stichworts, so erhält jeder einzelne Bestandteil ein eigenes Lemma, und die Ordnungsnummer wird zur Kennzeichnung dieses Umstandes jeweils kursiviert.

Enthält der Redaktions- oder Textzeugenapparat eine zusätzliche Wortgleichung mit einem abweichenden volkssprachigen (Stich-)Wort (etwa nach „*(neuer Wa.)*" oder in w6 bei polysemen lateinischen Äquivalenten), so wird die Ordnungsnummer durch ein kleines hochgestelltes a („ᵃ") erweitert. Dies deutet darauf hin, dass es sich beim Lemma nicht um das Stichwort des Basistextes handelt, sondern dass dieser Zusatz aus dem Apparat stammt. Entsprechend wird im Basistext von Sekundärartikeln verfahren, wenn dort eine zweite Wortgleichung einmontiert ist oder wenn w6 nach dem Stichwort ein weiteres volkssprachiges Wort anführt, das semantisch vom Stichwort abweicht, aber ein Äquivalent zur polysemen lateinischen Vokabel darstellt.

Namen werden durch einen großen Anfangsbuchstaben und die zusätzliche Angabe „(PN)" (Personenname), „(ON)" (Ortsname), „(LN)" (Ländername) bzw. „(FN)" (Flussname) gekennzeichnet.

Weicht ein einem der beiden mittelniederdeutschen Handwörterbücher entnommenes Lemma deutlich von der in der Edition dokumentierten Form ab, erscheint die Variante der Edition, in runde Klammern eingeschlossen, direkt im Anschluss an die Ordnungsnummer.

Kommt das Lemma im Interpretament eines Editionsartikels vor, erhält es einen Eintrag im paradigmatischen oder syntagmatischen Teil. Beide Teile haben eine identische Struktur: Die jeweilige Angabe besteht aus der Ordnungsnummer und dem dazugehörigen Stichwort des Editionsartikels. Befindet sich das Lemma im Basistext, so erscheint die Ordnungsnummer ohne Erweiterung; ist sie nur im Redaktions- oder Textzeugenapparat bezeugt, erhält die Ordnungsnummer als Erweiterung ein kleines hochgestelltes a: „ᵃ". Ein doppeltes hochgestelltes a („ᵃᵃ") erhält die Ordnungsnummer eines Stichworts, das selbst schon mit einem einfachen „ᵃ" markiert ist.

Der durch „*P.:*" eingeleitete paradigmatische Teil verweist auf alle Editionsartikel, deren Stichwörter sich mit dem Lemma als bedeutungsgleich oder -ähnlich erweisen und somit an dessen Stelle treten können. Dies betrifft alle Synonyme und Heteronyme, alle durch *r.* (*require*) markierten Verweiswörter sowie alle im Apparat bezeugten lexikalischen Stichwortvarianten. Bei den als Infinitiv lemmatisierten Partizipien und Gerundien ergeben sich allerdings bezüglich der Wortart Inkongruenzen zwischen dem Lemma und dem Stichwort des betreffenden Editionsartikels. Bei der nicht seltenen durch ein Partizip begründeten Inkongruenz wird das Stichwort kursiviert.

Der durch „*S:*" eingeleitete syntagmatische Teil verweist auf alle Editionsartikel, in denen das Lemma im Rahmen einer Paraphrase (Metasprache) oder eines Verwendungsbeispiels (Objektsprache) bezeugt ist, also in den Kontext eines Satzes oder Syntagmas eingebunden erscheint. Zugunsten von Übersichtlichkeit und Benutzerfreundlichkeit finden Funktionswörter hier keine Berücksichtigung. Besteht Unsicherheit, ob ein Lemma in einem paradigmatischen oder in einem syntagmatischen Verhältnis zum Stichwort steht (etwa bei Hyperonymen), hat der Eintrag im syntagmatischen Teil stets Vorrang.

Der durch „*L:*" eingeleitete Verweisteil listet nach einem Pfeil alle Register-Lemmata auf, die das Lemma linksseitig durch Derivation oder Komposition erweitern.

Die Lemmata der V e r w e i s e i n t r ä g e rekrutieren sich entweder aus den in runden Klammern angeführten, vom Lemma deutlich abweichenden Stichwörtern der Edition – diese erscheinen in Kursivdruck – oder den in der Edition nur linksseitig erweitert, aber nicht isoliert auftretenden Lexemen (*-werve*). Letztere erscheinen in Recte-Druck; variiert deren Notation bei LB (z. B. *-māker* neben *-mēker*), werden die Varianten, durch Kommata getrennt, angegeben.

Die Sortierung der normalisierten Einträge folgt den LB-Grundsätzen. *v* wird im Wort- und Hauptsilbenanlaut wie *f* gewertet, sonst wie *v*, *ck* wie *kk*, *c* entweder wie *k* oder *s*, *g* im Auslaut nach *n* wie *nc*, *ê^i* wie *ê*, *ey* wie *ei* und *oy* bzw. *öy* wie *oi* bzw. *öi*. Homografen erhalten im LB Indizierungen, auch wenn sie sich in der Qualität und Quantität des Vokalismus unterscheiden. Wo eine Indizierung im LB fehlt, ist sie ergänzt worden. Da LW keine Indizierungen kennt, gilt Entsprechendes auch bei Homografen in der Wortschatzstrecke ab *Te-*; allerdings werden hier nur die in der Edition bezeugten Lemmaansätze indiziert. Bei LB eingeklammerte Buchstaben sind bei der Sortierung nicht berücksichtigt worden. Enthält im LB-Lemmaansatz die Klammer keine gegebenenfalls zu ergänzenden Buchstaben, sondern eine alternative Schreibung, so wird direkt hinter der öffnenden Klammer ein Schrägstrich „/" ergänzt.

A

abbedîe A001.02
abbedische A001.01
¹abbet A001
abbetêke A003, A142
abbetêker A004, A143
âbêcêdê A002
ābel A004.01
Âbraham (PN) A005
abrech A002.01
¹ᵃachte A005.01, A036. – *S:* Q007
Qvaterne
²achte A005.02, A007.01, A038
³achte A007.02, A037
*achte-hundert A007.06, A044
ach-tein A005.03, A007.04, A042. –
S: I078ᵃ Ivngelink
²achten A005.05, A007.03, A039,
A040. – *P:* R158ᵃ Rǒken, W146 Werdegen
achten(e) A005.06, A041. – *P:*
H175 Hindene, N002 Na
achtentich A005.04, A007.05, A043
⁴ᵃachter A007.07 Achter. – *P:* A041
Ahten, H175ᵃ Hindene, N002 Na. – *S:*
V238 Vor
achter-bǒge B274
achter-nâ *S:* W146ᵃ Werdegen
achter-wārt A041.01, H175ᵃ Hindene
*achte-unde-twintich *S:* I078 Ivngelink
Adam (PN) A008
adamas A009
²adder A011. – *P:* S320 Slange
adder-kouwen A009.01

³ādel A013
ādeldôm *P:* A013ᵃ Adel
ādeler *P:* A163ᵃ Arn
âdem A014.01, A179. – *S:* A180
Atmen
âdemen A014.02, A180
âder(e) A010. – *P:* S259ᵃ Senne. –
S: L039 Laten, P134 Pvls. – *L:* →
hals~, lēver~
âder-lâten A011.02
âder-lâter A011.01. – *P:* S633.02
Stugger
adik A012
advent(e) A014
²ᐟ³af A015, A182
af-bidden A016
af-bǒgen *P:* A023ᵃ Afneghen
af-brēken *P:* A029ᵃ Afslan
af(/āve)-decken *P:* B256 Bloten
af-dôn A002.02
af-drāgen *P:* B364ᵃ Bringen
af-dringen *S:* S209 Scvppen
af-vallen *S:* R129 Risen
af-gân A017
af-got A018
af-günstich A019
af-houwen A020
af-lât(e) A021. – *P:* V281.01 Vorgeuinghe. – *S:* C030ᵃ Caryn
af(/āve)-lâten A022, A183. – *P:*
V332ᵃ Vortigen
*af-môden *P:* A120ᵃ Anmoden
af-nêⁱgen A023
af-nēmen A024, A025, A025.01. –
P: T084.08 Todoen
af-rēkenen *P:* A029 Afslan
af-rēkeninge A029.02

af-schāven F011.04ᵃ, V098ᵃ
af-schêⁱden A026
af-sîde A027
af-slân A028, A029, A029.01. – *S:* S518 Stapel
af-snîden *S:* S375ᵃ Snatelen
²af-sterven *S:* W167ᵃ Weze
af-tên A030, *H268.01.* – *P:* R189 Rucken. – *S:* R079 Repe
af-trēdinge A022.01
af-werpen *P:* A024ᵃ Afnemen
af-wîken *P:* A023ᵃ Afneghen
Agate (PN) A031
Aghete (PN) *P:* A031ᵃ Agate
āget-stêⁱn A032. – *P:* B130.01ᵃ Bernsteyn
Agnese (PN) A034
Agnete (PN) *P:* A034ᵃ Agnese
âhōrn A035. – *P:* M084ᵃ Mepelterne
akeleyen-sât A045.01
***Âken** (ON) A046
acker A006. – *S:* D225 Dǔngen, E018 Egede, E111 Eren, G035 Gheyl, M093 Mergel, M186 Morghen, V272 Vore
acker-man A007
ackes *P:* E163ᵃ Exe. – *L:* → stêⁱn~
ak(e)leye A045
al A047, A048, A049, A050. – *P:* A067 Altomale, D041 Degher, P138 Pvr
¹âl A051. – *S:* L019 Lamprede, N043 Negenegede, S337 Slingen, S475 Spirlink
alabaster A055
²ālant A054

al-bedille V149 (Vlle bedulle)
Albert (PN) *P:* A056ᵃ Albrecht
Albrecht (PN) A056
al-dēger *P:* A047ᵃ Al, A067ᵃ Altomale
alde-wîle *P:* A060 Alnhant
al-gāder *P:* V149ᵃ Vlle bedulle
Alke (PN) *P:* A058
al(le)-gans *P:* A047ᵃ Al, V149 Vlle bedulle
Alheyt (PN) A058
al-hōrn(e) A054.01. – *P:* A035ᵃ Ahorne, V130.01 Vleder. – *S:* A012ᵃ Adeke
allêⁱne A059
allen-enden A061. – *P:* V168 Vmme
allent-halven A060.01, A073.01. – *P:* A061ᵃ Alnenden, V168 Vmme
allent-hant A060
aller-dickest A057
allerleye A062
aller(/alder)-lest *P:* N106.03 Nu
aller-nîlkest N079
aller(/alder)-wēgen(e) *S:* L050.01 Licht
***alle-stunde** *P:* A063ᵃ Alleweghe
alle-tît *P:* A063 Alleweghe, E157 Euen
allûn A078
al-mechtich A064. – *P:* S112 Scepper
almisse A065. – *S:* B077 Begaan, G081 Ghilen
almissen-korf A065.01
alrûne A066
als-dô *A070*
alsô A069, A071, *A072, A073, A074.*

*Andreas (PN) A102
³**âne** A089, A105. – *P:* B086 Behaluer, B162 Besunder. – *S:* A192 Augustiner, C083 Clymmen, S336 Sly
an-val A135
an(/āne)-vân A136 (Anuangen). – *P:* A081 Anbegynnen, A113 Anheuen
anuangen → an(/āne)-vân
¹**an(e)-vanc** *P:* A082ᵃ Ambegyn
an-vērden *P:* A137ᵃ Anverdigen, R084ᵃ Reysen
an-vērdigen A137. – *P:* A126.01ᵃ Anspreken, R084 Reysen
an-gân A091.03
angel A107, A108. – *P:* H018ᵃ Hame, H155 Hespe. – *S:* N060ᵃ Nette. – *L:* → dȫr~, wulf~
anger A033, A110. – *P:* W168 Weze, W252 Wissche. – *S:* H041.01 Harthekell
anger-wort A108.01, A182.01
an-ge-sichte *P:* A127 Ansichte, S288ᵃ Sichte
angest A109. – *P:* D190 Drofnisse, N100ᵃ Noot, V018ᵃ Vare
an-grîpen *P:* A081 Anbegynnen, A113 Anheuen, A136 Anuangen
an-hangen A111. – *P:* A112ᵃ Anherden, T084ᵃ Toholden
an-heften A115
an-hērden A112. – *P:* R084ᵃ Reysen
an-hēven A113, A114. – *P:* A081 Anbegynnen, A136 Anuangen, B084 Beghynnen
an-hēving(e) *P:* A114 Anheuent
an-hȫren A116, A116.01. – *P:* B303 Boren, T077ᵃ Tobehoren

anken A119
anker A118
an-klāgen A091.02
anclef A091.01. – *P:* E076 Enkel
*an-klêⁱmen *P:* A115ᵃ Anhechten
an-lâten *S:* V398ᵃ Vromen
an-môden A120. – *P:* A128 Ansinnen, M159 Moden
Anne (PN) A121
an-nême A122. – *P:* T171 Ture, W135 Werd
an-nēmen A128.02. – *P:* V183 Vnderwinden
annîs A117
an-richten A122.02, A123. – *P:* S131 Scicken, S132ᵃ Schichten, V415 Vtrichten
an-richtich A124. – *P:* B138 Bescheftich
an-rôpen A125. – *P:* A091ᵃ Anbeyden
an-rȫren *P:* R168 Roren
an-rüchtich A122.01
an-sên A126
an-sichte A127
an-sichtichêⁱt *P:* A127ᵃ Ansichte
an-sinnen A128. – *P:* A120 Anmoden, M159ᵃ Moden
an-sprēken A126.01
an-sticken *P:* E088ᵃ Entfengen
ānt A103, A128.01. – *S:* V042 Vederue
an-tal A129
an-tasten *P:* A126.01ᵃ Anspreken
ānt-drāke A104
an-tên A130, *P012.01.* – *S:* A088ᵃ An, G055 Gheren, T045ᵃ Then

änt-vōgel A132
²antlât A131
²antwōrde A133
²antwōrden A134
an-wîsen A138
an-wîser A139
āpe A140
¹apostel A141
appel A144. – S: G109 Goderding, H222 Holteke, O006 Ogelink, S085 Scelle, S094 Scelle, S262 Senewolt, S287 Sibeldink, S346 Slv, S538 Stel, T136 Trint, V289 Vorlesen. – L: → êⁱk~, holt~, ôge~, pin~, tin~, wolt~
appel-bôm A145
appel-grâ A145ᵃ
appel-môs A147.02, O053.01
Ap(p)ril A146
¹âr A147. – S: S474 Spir
arbêⁱdelik S: S681ᵃ Sur
arbêⁱden A172. – S: L063ᵃ Ledich, S180 Scrage
arbêⁱder A173
arbêⁱt A171. – P: W150 Werk. – S: C165ᵃ Cost, L063 Ledich, S681 Sur
arch A152, A153. – P: B318 Bose, B319ᵃ Bose, Q001 Qvad. – S: E114 Ergeren, E115 Ergeren
ārden A155. – P: B107 Bequinen, D077ᵃ Dighen
²āre A147.01
arge-list A156
argelistich A156.01
arke A157
¹arm A159, A160.01. – P: D135 Dorftech. – S: W167 Weze
²arm A158. – S: P134ᵃ Pvls, S589

Stole
armborst A161. – S: H214.01 Holste
armborstêr(er) A164
armborst-māker P: A164 Armborsterer
armôde A160. – P: C236 Cvmmer, N098.01 Noet, S637.01 Stumpericheyt
²ārn A163
ārne A162.01. – S: O045ᵃ Ost
ārnen A162.02
arrasch A162
ārs A165. – S: B201ᵃ Bickars. – L: → bick~
ārs-billen A166
*ārs-dārm P: A166ᵃ Arsbille
arste A167. – P: E132ᵃ Erste. – L: → ôgen~, wunden~
arstedîe A168, E133. – P: B330 Bote. – S: A003 Abeteken, A004 Abeteker, A142 Apoteke, B129 Bernewyn, B179 Beuergeyl, B183 Beuenelle, B195 Byboyt, C013ᵃ Camille, I063 Isope, I067 Isernhard, M113ᵃ Metre, O050ᵃ Ossentunghe, P053ᵃ Pille, S309 Syrup, T174 Tuteaan
arstedîe-dôk S: S705 Swede
arstedîe-krût S: B103.01 Benedicte, C013 Camille, F002.01 Ficwrt, F002.02 Ficbone, H052.01 Hartestunge, M113 Metre, M133ᵃ Mynte, N012 Naderwort, O050 Ossentunghe, P053 Pille
arstedîen A169. – P: B334 Boten
arsten S: B129ᵃ Bernewyn
ārt A154. – P: N024 Nature
artîkel A170

âs A174
¹asche A175. – *P:* G173ª Grude. – *S:*
E054 Emere, R139ª Rod
²asse A176.01
³asse A175.01. – *S:* L209 Lvns
assel A176
ast A177
astrak A178, E148.01
ât *P:* D165.01 Dreff, S231ª Sey. – *L:*
→ ōver~
atrament A181
Augustyn (PN) A191
augustîner A192
âvent A185, *A187.* – *S:* A014 Advent, E152ª Auenteten. – *L:* → vastel~,
son~
*âvent-dunker A187.01
âvent-ēten A186, E152. – *S:* A187ª
Auent eten
*âvent-kost *P:* A187ª Auent eten
âvent-tît *P:* A185ª Auent
āventûre A188, E159
āventûren A189. – *P:* W012
Waghen
āventûrlik A190. – *P:* M142 Mislik
¹āver A098.02, A184. – *P:* A097ª
Anders, A098 Anderwarue, E011 Echt
Avion (ON) A194. – *S:* W018ª Wallant, W019 Walland
âwîse A195
â-wîsich A196

B

Babilonie (ON) B001
¹bâch B003. – *P:* H257 Houart

bach → ¹bēke
bāde-hûs *P:* S604ª Stoue
bāde-lāken B007.01
bāde-môder B007.02
bāden B007. – *S:* B269ª Bodene,
R149 Roff
bāde-quast *P:* Q006ª Qvast
bâgen B008
*bâgern *P:* H258 Houerdich
baggert B009. – *P:* L205 Lullebroder
¹bāke B010
backe B002. – *L:* → ārs~, kēne~
¹backen B004, B004.01. – *S:* C212ª
Croppele, O057 Ouen, S683 Suren
back-hûs B006. – *S:* H107ª Hemeke
back-ōven B005. – *P:* O057ª Ouen.
– *S:* H107 Hemeke
bak-stērt B003.01
bal B011, B012
balch *P:* B387 Buuk, S346 Slv. – *L:*
→ blâs(e)~
bald(e) *P:* D159ª Drade, G017ª Gar,
R128ª Risch
balderen B285 (Bolderen). – *P:*
D154 Douen, R209 Rvschen, S597.01ª
Stormen
balderinge *P:* S596ª Storm
²balge B010.01
balke B013
balsam B014. – *P:* C228 Crusemynte
balsam-krût *P:* C228ª Crusemynte
*bal-stok B011.01
ban B015. – *S:* A038 Ahte, V081
Veste
¹bāne B016. – *P:* L072 Leyk

bange B017
bank B018. – *S:* S180 Scrage, S228
Sedele, S591 Stolte. – *L:* → hou(w)~,
schēre~, wessel~
bank-lāken B019
bannen B020. – *L:* → vor~
banner B021
banner-vôrer B021.01
banninge B020.01
bant B022. – *P:* H075 Hechte, S612ª
Strank. – *S:* H093 Helde. – *L:* → hals~,
pērde~, windel~
³bār B023. – *P:* B249ª Blod, N016
Naket
bārde B024. – *L:* → helle~
¹bāre B025.01, B028.01. – *P:* B118ª
Bere
³bâre B025
bâren B026
bār-vôte B032. – *P:* B023ª Baar. –
S: A192 Augustiner
bark B021.02, V383.03ª
barm *P:* H085.01 Heffe
barmhertich B027, B028ª. – *P:*
G105 Gnedich
barmhertichêⁱt B028. – *P:* G102
Gnade
bārs B029
barsch *P:* R134 Rive, T011.01 Tangher
bārt B030
bārt-schērer(e) B031
bas B046.02
baselisk(e) B037
basîlie B036
bast B038
basûne B033, B158.05

basûnen B034, B158.03
bas(s)ûner B035, B158.04
¹bat B046.02, B049 (Bed). – *P:*
W106 Weyger. – *S:* G005 Galander,
O040 Orgenal, P006 Palme, S400 So
²bat B040
bāte *P:* V396ª Vrome
bāten B039. – *P:* V398 Vromen
bat-stōven *P:* S604 Stoue
bed → ¹bat
bedde B057. – *S:* D037ª Dekken,
M033 Mare, P090ª Pôôl. – *L:* →
kindel~, mos~, span~
*bedde-lāde B164.01
bedde-lāken B058.01
bedden B058
beddes-bûre B057.01
bedde-(ge)-want B059
¹bêⁱde B052
³bêde B051. – *L:* → ge~
⁴bēde B050, B051.01
bēde-vārt B050.01. – *P:* V022ª Vart
bēde-hûs B056.01. – *P:* T037ª Tempell
be-decken B050.02, B050.03. – *P:*
D036 Dekken
be-deckinge B050.04, B050.05
³bēdelen B061
bēdelêr B062. – *S:* M178ª Monyk
bed(d)el-mõnik *S:* M178 Monyk
¹bēden B055. – *S:* B077 Begaan. –
L: → an~
²bêden B053, B054. – *L:* → an~,
en~, võr~
³bêⁱden B056, B196.01. – *P:* E034
Eelden, E090 Entholden, H212 Holden,
W005 Wachten, W053 Warden. – *L:*

→ vor~

be-denken *P:* B109 Beraden, D055 Denken, D071 Dichten, T124 Trachten, V313ª Vorsinnen

be-denkinge *P:* T125 Trachtinge

bê'dent-halven B060

bê'dent-sîden *P:* B060 Beydenhaluen

be-derve B063, B131 (Beyrue). – *P:* V397 Vrom

be-dervichê't B132 (Beyruecheyt)

be-dichten *P:* G028ª Ghecken

Bedorffige P: B091ª Behoof

be-dörven B064. – *P:* B092 Behouen, H263 Houen

³**be-drêgen** B065, B065.01. – *P:* F001ª Feylen

be-drēplik B066

be-drŏfnisse B069

be-drŏven B067, B068. – *P:* D199ª Drouen, M165 Moghen, T152 *Trurech*

be-drŏvich B066.01. – *P:* T152ª Trurech

be-dûden B070. – *P:* T093.01 Tolken

be-dûdenisse B071

be-dûder B070.01. – *P:* T093ª Tollek

be-dûdinge *P:* T125ª Trachtinge

be-dûken *P:* D218 Duken

be-dwingen *P:* S580ª Stillen

be-vallen B174, B175, B176. – *P:* B085 Behaghen. – *L:* → wol~

be-vân *P:* B148 Besetten

be-vēlen B180, W097.08ª

be-vesten B181, B182

be-vestenen *S:* O029ª Opperstok

be-vestigen *P:* S530ª Stedegen

beffe B072

be-vinden *S:* B009 Baghard

be-vleckinge B177.02

¹**be-vlêten** B165.01. – *S:* A193 Auwe, W140ª Werder

be-gāden B073

be-gân B077, B077.01

be-gâven B076. – *S:* B110 Beraden

be-gencnisse B078

be-gēren B079. – *P:* G053 Gheren, G085ª Ghiren

be-gēringe B080. – *P:* L109 Leue, L211 Luste

begîne B083

be-ginnen *B083.01, B083.02*, B084, *R155.01, T123.03, V007.02*. – *P:* A081 Anbegynnen, A113 Anheuen, A136 Anuangen, B170 Betengen. – *L:* → an~

be-gîren B081

be-grāven B080.01

be-grēvenisse *P:* B078ª Beghenknisse

be-grîpen B082. – *S:* V305 Vornemen

be-hāgelik *B085.01*

be-hāgen B085. – *P:* B174 Beuallen, H003ª Haghen

be-halver B086. – *P:* A105 Ane, B162 Besunder

be-harden B087

¹**be-hende** B088. – *P:* B140.04 Bescheyden, S700ª Swar. – *S:* T084.21 Todŏn

be-hendichê't B089. – *P:* C244 Cunst

be-hŏden B090. – *P:* B143 Bescer-

men, B146ᵃ Bescutten, B184ᵃ Bewaren, B185ᵃ Bewaren, W055ᵃ Waren
be-hôdinge *P:* W050 Warde
be-hôf B091
be-hōlden B093. – *P:* B090ᵃ Behôden
be-hŏvelen B092.01
be-hŏven B092. – *P:* A160.01 Arem syn, B064 Bederuen, D134.01 Dorven, N098.03 Nodich
be-hŏvich *P:* D135ᵃ Dorftech, N098.02 Noettroftich
¹be-hŭden B092.02. – P: B050.02 Bedecken
beyder-want B055.01
³beyer B075, B106.02
Beyerlant (LN) B074
Beyte (PN) B169
be-jēgenen B094. – *P:* M202 Moten, S203ᵃ Sculdigen
be-kant B041, B095.05
¹bēke B005.01 (Bach), B046. – *P:* V143.01 Vlet
be-kennen B095.04. – *P:* K019 Kennen, O031 Openbaren. – *S:* W167 Weze
bēker B044, B094.01. – *P:* N019 Nap. – *S:* L036ᵃ Laten
be-kêren B042
be-kêringe *P:* A007.02 Achte, A037ᵃ Ahte
be-kêren *P:* W035ᵃ *Want*
becken B045. – *S:* B316 Boort, C157ᵃ Corn, O057ᵃ Ouen. – *L:* → hant~
becker B043. – *P:* N019 Nap
be-klaffen *P:* B138.05 Beseghen
be-klāgen *P:* S203 Sculdigen

be-klîven *P:* B107 Bequinen
be-kōren B095
be-kümmeren B046.01, B047, B048, B095.03. – *P:* B150 Besetten, B190.04 Beworen
be-kümmeringe B095.02
be-kümmert *P:* V195ᵃ Vnledich
be-lachen B095.01, B146.04. – *P:* G028 Ghecken, L001.01 Lachen
be-lāden *P:* B159ᵃ Besweren
be-lâgen *S:* L012ᵃ Laghe
belde B096. – *P:* S510 Stalt. – *L:* → wîk~
be-leggen B096.01
belen *P:* B324ᵃ Boysen
be-lênen B096.02, B096.03, B096.04
beler B324ᵃ
²bellen B097
bemasen *P:* B155ᵃ Besolen
bême B098.01
Bêmen (LN) *S:* P101 Praghe
Bêmenlant (LN) B098. – *S:* B098.01ᵃ Beme, P101ᵃ Praghe
Bêmerlant (LN) *P:* B098 Bemenlant
bêⁱn B099, B100. – *P:* C109 Cnoke. – *S:* D032ᵃ De, E076ᵃ Enkel, L075ᵃ Lemen, M050ᵃ Mechte, S106 Scene, W008ᵃ Wade. – *L:* → elpen~, schulder~
bendel B102.01. – *P:* R078ᵃ Reep, S246ᵃ Seel
bender *P:* B270ᵃ Bodeker
bēne B101. – *S:* H225 Hommele, I032 Immeswarme
benedî(g)en B104.01
benedicte B103.01
benediktîner B105

bēnen-stok B102, B102.02. – *P:* I033 Immestok

be-nēven B104

bêⁱn-hûs B099.01

¹bent B103. – *P:* R078 Reep, S246 Seel, S260ᵃ Senne

be-pâlen *P:* P004 Palen

be-quême B106, *B106.01.* – *P:* E156 Euene, G079 Gheuoghe, N111ᵃ Nutte, V219 Voghe, W007ᵃ Wakker. – *S:* V221.01 Voghet. – *L:* → un~

be-quêmehêⁱt *P:* G043 Ghemak, V218ᵃ Voghe. – *L:* → un~

be-quêmelik *P:* L137 Limpech, L138 Limpliken

be-quînen B107. – *P:* A155 Arden, R010 Raden

¹bêr B108, B382.03. – *S:* B129ᵃ Bernewyn, C010 Camich, C169 Couent, G054 Gheren, L036 Laten, M044ᵃ Mate, Q008.01 Quarter, S054ᵃ Scal, S543ᵃ Stellen, S606 Stoueken, V032.01ᵃ Vaten, V268 Vordrunken, W138 Wert. – *L:* → dünne~, nîe~, schenke~

¹be-râden B110. – P: B076ᵃ Begauen

²be-râden B109

be-râdinge *P:* A007.02 Achte, A037 Ahte

bēr-bôm B115

bēr-bômen B116

²berch B119, *D216.* – *P:* B364.03 Brinck. – *S:* A193 Auwe, H260ᵃ Houel, S539 Stel. – *L:* → hoppen~

berch-vrēde B120. – *S:* V080 Veste

¹berch-man B119.01

¹bēre B118

²bêre B117

³bēre B114. – *S:* M168 Mol

⁴bēre *S:* H083 Heydelberen. – *L:* → brâm~, brummel~, ērt~, hêidel~, kerse~, lôr~, môr~, mûl~, wachandelen~, wessel~, wîn~

be-rêⁱde B111, B112. – *P:* R044 Rede

²be-rêⁱden B113, B133. – *P:* M008 Maken, R047ᵃ Reden. – *S:* R090ᵃ Ribiseren

¹ge-bēren B126.02, B301. – *S:* I041 Inlender, M206 Mvvl, T182 Tweseling

³bēren B126. – *L:* → en~

-bēren-bôm *L:* → kers(e)~, lôr~, môr~, mûl~

bēren-brôt B126.01

berêt B209.02

bergen B121, B121.01. – *L:* → vor~, her~

be-richten *B126.03.* – *S:* S422 Sonen, T093 Tollek

beril B135. – *P:* B363 Bril

bērinne B028.02

²berke B122

berken B123

berc-hāne B124

berc-hôn B124.01. – *P:* V388ᵃ Vrhon

bêr-mâte *P:* G039 Ghelte

berme B125. – *P:* G019ᵃ Gare, G069ᵃ Ghest. – *L:* → ōlie~

Bern (PN) B128

bernen B127, *W221.07.* – *P:* G099 Gloyen, S264ᵃ Sengen, S709ᵃ Swellen. – *S:* A032 Agetsteyn, B129 Berneywn, B349ᵃ Brant, C128ᵃ Cole, G148ᵃ Greue,

be-sorgen B153.02. – *P:* W052ᵃ
Warden
be-spîen B140.03
be-spotlik *P:* H229ᵃ Hoenlik
be-spotten B146.03. – *P:* G028
Ghecken, H230.02 Honen
be-spotter *P:* G029ᵃ Ghek, H230.01
Honer
be-sprēken B140.02, B146.02
be-sprēkinge *P:* A037 Ahte
be-sprengen *P:* S495ᵃ Sprengen
besseme B151. – *P:* R126 Ris, R142ᵃ
Rode
¹bêst *S:* W084ᵃ Weyde
²bêst B155.01, B156.01
³best *P:* W108 Weigerste. – *S:* B196
Bibilge, C169 Couent, L191 Lubeke,
R008 Raden
be-stalt B158
be-stân B158.01
be-stēdigen B156, B158.07. – *P:*
B182ᵃ Beuesten, S530 Stedegen,
S530.01 *Stedicheyt*, V083 Vesten
be-stēdi(gi)nge B156.02. – *P:*
S530.02 Stedighe
be-stellen B157. – *P:* B073 Begaden
be-stendich *B156.03*, B156.05,
B158.02. – *P:* S528 Steyde
*be-stendichêⁱ**t** B156.04. – *L:* → un~
be-straffen B158.06
¹be-sünder B161, B163. – *S:* S190
Scriuer
²be-sünder B162. – *P:* A105 Ane,
B086ᵃ Behaluer, S672 Sunder. – *S:*
O011 Olt
be-sünderich *P:* B161ᵃ Besunder
be-sünderlik *P:* B161ᵃ Besunder

¹be-swêren B159. – *P:* L008ᵃ Laden,
L008.01 *Ladet*, S721 Sweren
²be-swēren B160
be-swērer B160.02
²be-swēringe B160.01
be-swîmelen *P:* B164 Beswoghen
be-swîminge *P:* B165ᵃ Beswoginge
beswindeln *P:* B164ᵃ Beswoghen
be-swȫgen B144.01, B164
be-swȫginge B165
be-tālen B167. – *P:* G041 Ghelden,
L104ᵃ Leesten. – *S:* D003ᵃ Dach
³bēte B166
⁴bête B168
be-têⁱ**kenen** *P:* T031 Tekenen. – *S:*
B086ᵃ Behaluer
bêⁱtel *P:* K050ᵃ Kyil
be-telgen *P:* S375ᵃ Snatelen
be-tengen B170. – *P:* A081 Anbegynnen, A113 Anheuen, A136 Anuangen, B084 Beghynnen
be-tenginge *P:* A082ᵃ Ambegyn
²bēteren B171, B172. – *P:* B331
Bȫten, D077 Dighen, W037 Wandellen. – *S:* V335 Vortmer
bēteringe B172.01. – *P:* B329 Bote,
W036 Wandel
betônie B173
be-trûwen *P:* G003ᵃ Gaden
be-tûgen B173.01
bēven B177. – *P:* S278.01 Settern
bēvenelle B183
bēver B178. – *P:* O053ᵃ Otter
bēver-gêil(e) B179
bēvich B177.01
bēvinge *S:* P134ᵃ Pvls
³be-wāren B184, B185. – *P:* B090

bî-slâpen B212.02, B212.03
bî-slâper *P:* B280ª Bole
bî-slêpersche B212.04. – *P:* T121ª
Towiff
bî-spel B213
²bî-sprâke B214
²bî-sprŏke *P:* B214 Bysprake, S499
Sproke
bî-stân B218.04
bî-stellen *P:* S543ª Stellen
bîster B215
bîte B217.01. – *P:* I027.01ª Ile
¹bîten B217. – *P:* G104 Gnaghen. –
S: I047ª Iok, N063 Netele
bitter B218. – *S:* H223 Holwort,
M113 Metre, P036ª Pepere, W157
Wermode
bî-wēsen B218.02
*bî-wēsersche B218.03
¹bî-wŏrt *P:* B214 Bysprake, S499
Sproke
blâ B230, *B230.02.* – *S:* B233ª Blek,
C119 Cŏgeler
blâder B220. – *S:* M010ª Maal
blâ-vôt B231
*blâhê̊t B230.01
blak B221. – *P:* I034.01 Inket, T073
Tinte. – *S:* A181 Atriment
blak-hŏrn B222
blank B223
²blanke B224
blanken → blenken
¹blas B225. – *P:* F000.01 Fackel
²blâs B226
blâs(e)-balch B229. – *P:* P143ª
Pŏster
blâse B227. – *S:* B268 Boddele,

C211 Crop, P013 Panse
blâsen B220ª, B228. – *P:* P142
Pvsten. – *L:* → up~
blâsinge B230.03. – *L:* → up~
blat B219, *S294.01.* – *P:* L163
Loyff. – *S:* H276 Huls, K062ª Kiwe,
P006 Palme, Q007 Qvaterne, Q024
Qvinterne. – *L:* → drê~, klê̊ver~, schul-
der~, wîn~, wocken~
bley B234.01
¹blek B233. – *P:* L072ª Leyk, P067
Plan, P070 Plas, V142ª Vlette. – *S:*
A193ª Auwe, W140 Werder
²blek B232
³blê̊k *B233.01*, B234, *V006.02.* – *P:*
V006 Val
¹blê̊ken B235
²blēken *P:* B097ª Bellen
blê̊kersche B235.01
blê̊khê̊t *P:* V006.01 Vaelheyt
blenden B236
blenken B222.01 (Blanken). – *P:*
C065 *Claar*, G097 Glinstern, P140 *Pvr*
blî B239. – *S:* B243 Bliwit, M076
Mennighe
blîant B237
¹blîde B238
²blîen B240. – *S:* B396 Bulle
blinden B241.01
blint B241. – *P:* S520.02 Starblint. –
S: B236 Blenden. – *L:* → stār(e)~
blîven *B156.03*, B242. – *P:* W123
Wenden. – *S:* A118ª Anker, H129 Herden. – *L:* → ōver~
blî-wit B243
blixem(e) B244
blixemen B245

¹blõde B250. – *S:* S015 Sage
²blõden B248
blõdich B251
blõ(y)en B253, B253.01
blõyinge *P:* B246ᵃ Blod
blok B254. – *P:* R162ᵃ Rone. – *L:* →
hakke~, hakkel~
blôme B255. – *S:* B246 Blod, F005
Fyole. – *L:* → muscâten~
¹blôt B247. – *S:* A009 Adamas,
L039 Laten, L039.03 Latinghe, M033
Mare, S633 Stugen
²blôt B249, B255.01. – *P:* B023
Baar, N016 Naket
³blôt B246
¹blõten B249.01, B256
blôt-ganc B252
blôthêⁱt *P:* N016.01 Naketheyt
blôt-worst B247.01
blûwel B257
²bôch *P:* D032ᵃ De
bõchlik *P:* B273ᵃ Bõge
²boddel(e) B268
¹bõde B263, B264. – *L:* → twelf~
²bõde *P:* B269
³bôde B262.01, B265
bõdekêr B270
²bõdel B267
bõdem(e) B266, B269.01. – *P:*
G174ᵃ Grunt. – *L:* → schip~
bõden-brôt B266.01
bõdene B269
bõde-schoppen *P:* W164 Weruen
¹bõge B273. – *P:* S693 Swak
²bõge B274. – *L:* → achter~, võr~,
hinder~
⁴bõge B009.01, B271. – *L:* → ēle~,

vēdel~, rēgen~, sādel~, swib~
²bõgel *P:* B271 Boghe. – *L:* →
worst(e)~
¹bõgen B272. – *P:* B388 Bucken,
H094 Helden, N032ᵃ Neden, N033
Neghen, N077 Nighen. – *L:* → af~,
wedder~
¹bôk B259, B260, V383.03ᵃ. – *S:*
B196 Bibilge, B316ᵃ Boort, C024
Capitel, G101ᵃ Glose, G130 Gradal,
L050.01 Licht, L051 Lecht, P133
Pvlpt, Q007 Qvaterne, Q024 Qvinterne,
S028 Salter, S432 Span, T058ᵃ Text,
V416.16 Vtbrenginghe. *L:* → metten~,
misse~, sanc~
²bôk B261
³bok B258. – *S:* W090ᵃ Weder. – *L:*
→ rê~
bõke B275. – *L:* → hāge~
¹bõken B276
bõken-holt *S:* B261 Booc, B276
Bõken
böcken *P:* B389 Bŭcken
¹bok(e)lêr(e) B277
bôk-staf B262
bõlde B283. – *P:* D159 Drade
bõldeke(n) B284
bolderen → balderen
bolderinge *P:* S596 Storm
¹bõle B282
²bôle B278 - B281. – *P:* B370
Broder
bölken B286. – *P:* D154ᵃ Douen
bolte B287
bõl-werk B286.01. – *P:* V080ᵃ Veste
bôm B288. – *S:* A032 Agetsteyn,
A035 Ahorne, A177ᵃ Ast, B107 Bequi-

nen, B122 Beyrke, B246 Blod, B261ᵃ
Booc, B275 Bŏke, B368.03 Broke,
C041ᵃ Castanie, C052ᵃ Cipresienholt,
C064 Claar, C083 Clymmen, D014ᵃ
Danne, E027 Eek, E044 Elhorn, E049
Ellere, E122 Erle, E148 Esche, E150
Espe, H005.01ᵃ Haghebocke, H040
Hard, H058 Hassele, H219 Holt, H276
Huls, I072 Iuesche, K034ᵃ Kerseber-
boem, L156 Lowater, L163ᵃ Loyff,
M084 Mepelterne, M198 Mos, P006
Palme, P095ᵃ Popelbom, Q010ᵃ Qvede,
R114ᵃ Rinde, S375ᵃ Snatelen, T065
Tymea, T167 Tunder, W195 Wide. –
L: → appel~, bēr~, bus~, ê'ken~, vî-
gen~, vlāder~, vûl~, *hiffer*~, hol-
der(n)~, kastanien~, kastānien~, kên~,
kers(e)-bēren~, krêken~, lôr-bēren~,
mandel~, mast~, mispel(en)~, môr-bē-
ren~, mûl-bēr(e)n~, not~, ŏlie~, per-
sik~, pik~, plûm~, poppelen~, quēden~,
sādel~, sāge(n)~, sāven~, sēgel~, si-
pressen~, slach~, spellinc~, spil(le)~,
tōver~, wachandelen~, wal-nōte~, wē-
ver~
   -bômen *L:* → bēre~, bus~
  bôm-gārde B289. – *P:* P069.02
Planthoff
  bôm-ŏlie B288.01
  bôm-wulle B290
  ¹bône B292. – *L:* → vik~
  ²bŏne B291. – *P:* B013ᵃ Balke,
H169ᵃ Hilde, L184 Loue.
  ¹bōr B293. – *S:* S729 Swik. – *L:* →
hol~, spîker~
  ²borch B295. – *P:* S344 Slot. – *S:*
B182ᵃ Beuesten, B238 Blide, V080

Veste, W051ᵃ Warde. – *L:* → vŏr~
  ³borch B294. – *P:* S200 Scult
  ²borch-grêve B296
  borch-man B296.01
  borch-swîn B296.02
  ¹bŏrde B297
  ³bōrde B298, B314.01. – *P:* L155
Liste
  ¹bŏre B299. – *L:* → mes~, rat~,
schûf~
  ¹bōren B293.01, B300
  ²bŏren B302. – *L:* → up~
  ³bŏren B303. – *P:* H245 Horen. – *L:*
→ an~, ge~
  ¹börge *B127.01*, B127.02, B305. –
P: G082ᵃ Ghisel. – *S:* O044 Oruede
  börgel(e) B305.01
  börge-mê'ster *P:* R014ᵃ Raadmester
  borgen B127.04, B304. – *P:*
L111.01 Lenen, L124 Lyen
  börger(e) B306, B307, *M108.05*
  börger-mê'ster B307.01. – *P:* R014
Raadmester
  bōr-îsern *P:* N066 Neueger. – *S:*
S729 Swik
  borke B308. – *P:* B326 Boste, R114ᵃ
Rinde. – *S:* L156ᵃ Lowater, T065ᵃ Tymea, V383.03 Vrig
  born B309. – *S:* B316ᵃ Boort, L155ᵃ
Liste
  ²börnen *P:* D173ᵃ Drenken
  born-rôde B309.01
  borrâsie B310
  ¹borst B311, B384. – *P:* T074 Titte
  borst-bret B310.01
  borste B312
  ¹borsten B313

borst-hŏvel *P:* C211ᵃ Crop
¹bōrt B314, B315. – *S:* E087ᵃ Entfangen
²bōrt B316, B317. – *P:* O061 Ouer
bôs(e) *B138.06*, B318, B319, *B320.01, B320.02.* – *P:* A152 Arch, A153 Arch, B322 Bosewicht, M013 Maledighet, Q001 Qvad, S056 Scalk, S390 Snode, S391 Snode, W318ᵃ Wret. – *S:* A025 Afnemen, B009 Baghard, B037ᵃ Basiliske, B185ᵃ Bewaren, B238 Blide, B329 Bote, D096 Doot, D150ᵃ Doot, G181ᵃ Gul, M012ᵃ Maledighen, R009ᵃ Raden, R151 Rogen, S270 Serden, S517 Stank, V010ᵃ Vallent ouell, V153 Vloken
bôs(s)elen *P:* B324ᵃ Boysen
bôs(s)el-klôt B325
bôsem(e) B323
²bôsen B324
*bôse-wânich *B138.07*
bôse-wicht B322. – *P:* S056 Scalk
*bôse-willich B319.01
bôshêⁱt B320. – *P:* A156 Argelist, M149 Missedat, O068 Oueldaat, S057ᵃ Scalcheyt, S058 Scande, S670 Sunde, V184 Vndat. – *S:* A025ᵃ Afnemen, B009ᵃ Baghard, L154 Listich
bôslik B321. – *P:* O069 Ouele
bôs(s)-holt *P:* B325ᵃ Boysklot
bôst B326. – *P:* B308 Borke. – *S:* L156 Lowater
¹bot B327. – *S:* B368 Broke, S277 Sette, W027ᵃ Wanne
¹bôte B329, B330. – *P:* A168 Arsedie
³bôte B328

bôtel B328.02. – *P:* B257 Bluel, B332ᵃ Bŏten
¹bŏten B329.01, B331 - B334. – *P:* H096 Helen
²bŏten B335
bôtlinc B337
bot-schô B328.01, B407.02 (Butscho)
botter B336. – *S:* K029.01 Kerne
botter-vat B336.01
botter-staf B336.02
boumester → bû(w)-mêⁱster
bouuen → bûwen
bôve B338. – *P:* B322ᵃ Bosewicht, L053 Lecker. – *S:* A151 Arceboue. – *L:* → erse~
²bôven *P:* O058ᵃ Ouen. – *S:* D032 De, G077ᵃ Gheuel, H169 Hilde
bŏvenste *S:* S657ᵃ Sulle
bŏverîe B339
bŏvesch B338.01
bôvinne B338.02
-brâ(e) *L:* → ogen~, win~
Brabant (LN) B340
brâde B343
brâden B344. – *P:* R176 Rosten
²brāke B345
²brāken B346. – *S:* B345 Brake
¹bracke B342
brâk-mânt B347
¹brâm B343.01, B346.02, B359.02 (Bremen)
brâm-bēre B346.01. – *P:* B382ᵃ Brumbere
Brandenborch (LN) *S:* F018ᵃ Frankenvorde
brant B348, B349

brant-îsern B350
brant-rêⁱde *P:* B350ᵃ Brantysern
brasiligen P121 (Prisillie)
brāsse B341
¹brassem B351
brâtme B352. – *P:* B365 Britme
brât-worst B351.01
brêⁱde B353. – *P:* P067ᵃ Plan. – *S:*
B233ᵃ Blek, B362ᵃ Bricke
¹brêⁱden B357.03
³brēden *S:* B224ᵃ Blanke
*brēden-wech *P:* B282ᵃ Bole
brêⁱdichêⁱt *P:* B353 Brede
brēdinge B357.04
brêf B355, B361. – *P:* H028 Hant-
veste. – *S:* B154ᵃ Besegelen, B396ᵃ
Bulle, S239 Segel. – *L:* → vrî~, sende~
²brēgen B355.01. – *P:* H049 Harn. –
S: G110 Gode holden
brēgen-panne B357.01
brēken B356, B357. – *P:* B346ᵃ
Braken, C153 Coren, P085ᵃ Plocken,
S466 Spigen. – *S:* B345ᵃ Brake, B368
Broke, K039 Keserlink, O044ᵃ Oruede,
R090ᵃ Ribiseren. – *L:* → af~, ê~, en~,
to~, tô~, up~
brēkinge B357ᵃ
brēk(e)lik B357.02, B368.02
*brēksam *P:* W038 Wandelbar
*Brēmen (ON) B358
bremen → ¹brâm
¹brêⁱt B360. – *P:* R198 Rvm. – *S:*
B233ᵃ Blek
³bret B359, *B359.01.* – *P:* D045
Dele. – *S:* B224ᵃ Blanke, H089 Heke,
L175ᵃ Los, S149 Schiue, V185 Vneuen,
V191ᵃ Vnghelik, V234ᵃ Volghe. – *L:* →

borst~, lēpel~, schrîf~, spēl~, strîk~,
swinge~, tāfel~, tal~, worpel~, worp-
tāfel(en)~
brêⁱthêⁱt *P:* W194ᵃ Wide
brêⁱt-worm B354
bretzele B382.02. – *P:* C192ᵃ Crengele
brî *P:* G178ᵃ Grutte, M197ᵃ Moys
¹bricke B362
*bricken-stok B364.01
bril B363
*brî-mēl *P:* G178ᵃ Grutte
bringen B364, *T084.11.* – *P:* D168
Dreghen, H012 Halen, L028 Langhen.
– *S:* B150 Besetten, P006 Palme, S482ᵃ
Spolen. – *L:* → vōrt~, vul~, tô~, ût~
brink B364.03
brîtem B365. – *P:* B352 Bratme,
S691 Swadem
*brîtem-rôk *P:* B365ᵃ Britme
brôdegam B372. – *S:* M191
Morghengaue
¹brôden B371
brôder *B279,* B370, *M133.13.* – *P:*
B278 Bole. – *S:* A141ᵃ Apostole, A192
Augustiner, C039 Cartuser, O020 Oom,
P109 Predeger, V040 Veddere. – *L:* →
lolle~
brôderschop *P:* B402.02 Burschap,
G080ᵃ Ghilde
³bröien B364.02
¹brôk B374. – *S:* R166 Roor
²brôk B373
¹brôk(e) B366, B367, B368,
B368.01, *B368.03.* – *P:* S065 Scard. –
L: → ê~, wāter~
brôkede *P:* B374 Brôk

brŏksāmichêⁱt *P:* B366ª Broke
brönje B375
¹brôt B369. – *S:* B004ª Backen,
B371ª Broden, C157 Corn, C167.01
Corste, C192ª Crengele, D033ª Dech,
D070 Dicht, R114 Rinde, R152ª Roge,
S070 Scharne, S096 Scelm, S683
Suren, W109ª Wegghe. – *L:* → bēren~,
bōden~, gersten~, morgen~, roggen~,
schône~, schŏtel~, wêⁱten~, wêke~
³brôt B369.01
brügge B379
brûken B380. – *P:* N058 Neten,
N112 Nvtten. – *S:* S659ª Sulexse. – *L:*
→ ge~
brum-bēre B382
brummel-bēre *P:* B382 Brumbere
¹brummen B381
brûn B382.01, B386.01. – *S:* D227ª
Duncker varwe
Brunswik (ON) B383
brût B376. – *S:* I075ª Ivnkvrowe,
M191 Morghengaue
brût-gâve *P:* B378ª Brutscad
brût-lacht B377. – *P:* H190
Hochtyit
brût-schat B378
brûwen B386. – *S:* C169ª Couent,
P011ª Panne
brûwer B385
bubbele *P:* B268ª Boddele
bŭdel B391. – *S:* S708.01 Swedeler.
– *L:* → sichte~
bŭdelêr *P:* S289.01 Sichter
bŭdeln B408.01. – *S:* S289ª Sichten
buf(f) B392
²büffel B393

bûgen B394. – *P:* B272 Boghen,
H094ª Helden
¹bûk B387. – *S:* M050ª Mechte,
R204ª Rvnse
³buk B388.01. – *L:* → stêⁱn~
¹bucken B389
²bucken B388
bückinc B390
*bulderachtichêⁱt B396.04
bulderen B396.03. – *P:* S597 Stormen
bulderinge B396.02
bûle B395.01
²bülge B397. – *P:* B268ª Boddele
¹bulk B395. – *P:* M087.01 Merkalff,
S253.01ª Sel
¹bulle B396.01. – *S:* S565.01 Stier
³bulle B396
²bû(w)-man B412.01
bû(w)-mêⁱster B040.02 (Boumester)
bunge B400. – *S:* T002 Tabugere
bungen B401
*bungen-stok C212ª
bunger B400.01
¹bunt B399
²bunt B398. – *S:* G020 Garue,
W059ª Warpe
³bunt B397.01. – *S:* B297ª Bŏrde,
V158 Vlus
¹bunt-wērk *P:* B399ª Bund
¹bûr B402. – *P:* A007 Ackerman,
D143 Dorpman, L022 Landman
³bûr B403
bûrinne B402.01
bûrschop B402.02
bus-bôm B404
bus-bômen B405

busch B406
²büsse B407, B407.01. – *P:* M043ª
Masch. – *L:* → dōner~
¹bûten B408. – *P:* W173 Wessellen
²bûten B409. – *L:* → en~
bûte(n)-wendich *P:* E062ª Enbuten
butscho → bot-schô
butten B410. – *P:* W085ª Weyden
bûw(e) B411, *M108.06.* – *P:*
A162.01 Arne. – *S:* C165ª Cost. – *L:* →
ge~
bûwen B040.01 (Bouuen), B412. –
S: T066 Tymmeren, V058 Venidie,
W142 Weren
bûwer *P:* A007 Ackerman, B402
Buur
bûw(e)-man *P:* A007 Ackerman

D

dach D001, D002, D003, *D006.* – *S:*
A014ª Advent, A146 Appril, G133
Grale, L050 Lecht, S284 Sevensterne,
S424ª Sonavent, V076.03 Versten,
W077 Wech, W224 Winachten. – *L:* →
dinges~, dōner~, vîr~, vrēde~, vrî~,
krûz~, market~, mid~, ôster~, pā-
schen~, rîke~, sāter(s[t])~, son~, wê~,
werkel~
dach-vārt *P:* D007ª Dagereyse
dach-rê^i^se D007
*dach-rê^i^sen D007.01
³dacht D004
³dadel(e) *S:* P006 Palme
dāgeliks D007.02
dāgen D005. – *S:* D002ª Dach

dak D008. – *P:* D035ª Dekkel. – *S:*
I048ª Iokele, S436ª Spare
*dak-decker D008.01
¹dal D009
¹dāle *P:* S539ª Stel
dālinc D010. – *P:* H193 Hodde
dam D011
²dan *S:* B150 Besetten
dank D012
*dankbâr D013.01
dankbârlik D013.02
danke D012.01. – *P:* M073 Meninge, M158 Mood, S297 Syn, T125ª
Trachtinge. – *S:* B082ª Begripen, B111ª
Berede, V305 Vornemen
danken D013
²danne D014. – *S:* H040ª Hard
dannen-holt D014.01
dans D015. – *P:* R054 Reych. – *L:*
→ ringe~
dansen D016. – *P:* R055 Reygen,
S126.01 Schersen
danser D016ª
¹dâr D017
dar-bî D017.01
¹dāre D017. – *P:* D149 Dort
²dāre D018
dāren D066. – *S:* D018 Dare
dar-van D021
dar-võr(e) D019.01
dar-hen(ne) *P:* D149ª Dort
dārm D019. – *S:* S224ª Seyde, S483
Spolworm. → ārs~, pak~
dar-nâ D020
dar-ned(d)er D020.01
dar-ümme D022. – *P:* D129ª Dorch,
V159ª Vmme. – *S:* S258 Sent, V160ª

Vmme, W140ᵃ Werder
dar-wārt *S:* W250ᵃ Wispelen
¹dât D023, *Q001.01.* – *S:* A025
Afnemen, B185ᵃ Bewaren, B329ᵃ Bote.
– *L:* → mis~, ōvel~, un~
²dat D024, D025
Davît (PN) *S:* S025.01 Salmenmecker
¹dê D030, D031. – *P:* H070 He, I055
Ionne, W082 We
⁴dê D032. – *P:* H270ᵃ Hvf
¹dêⁱch D033. – *S:* C105 Cneden,
S683ᵃ Suren. – *L:* → sûr~
²decht D032.01. – *P:* D004ᵃ Dacht
dechtnisse D034. – *P:* A094ᵃ Andacht. – *L:* → vor~
dêf D038. – *L:* → kô~
dēgedinge *P:* M091ᵃ Mere, R046
Rede
dēge-dingen D039. – *P:* C163 Cosen, D006 Dage holden. – *S:* D002
Dach
dēgel D040. – *P:* S064 Scape. – *S:*
T056 Test
dēger(e) D041. – *P:* A050 Al. – *L:*
→ al~
¹dēken D042. – *P:* P110 Prelate
dēkene D037. – *P:* C135ᵃ Colte
dēker D042.01, D047.01
deckel D035. – *P:* S707 Sweff
decken D036. – *L:* → af(/āve)~, be~
decker *P:* D035ᵃ Dekkel. – *L:* →
dak~, lêⁱmen~
²dêⁱl D043, *O061.14*, T130.04. – *S:*
A129 Antal, B349 Brant, C024 Capitel,
M074 Meninge, S451 Spelte, S648ᵃ
Suden, W175ᵃ Westen. – *L:* → vōr~,

vêrde~, ōr~
³dēle D045. – *P:* B282ᵃ Bole
⁴dēle D044. – *P:* A178 Astrik,
E148.01 Esterich
dêⁱlen D046, D047, D048, D049,
D050. – *P:* S081 Sceden. – *L:* → ōr~,
twey~, ümme~
delgen D051
¹dēme *P:* O021 Ome
dê-mỗdich *P:* O054ᵃ Otmodich
dempen D052. – *P:* L101 Leschen. –
L: → vor~
²dēne D054
Dēnemarken (LN) D053. – *S:* M090
Meer, S216 See
²dênen D059. – *P:* H026 Hantreken.
– *S:* S589ᵃ Stole, W082 We. – *L:* →
vor~
dêner D057. – *P:* C106 Cnecht. – *S:*
H130 Here, V410 Vruwe
dênerinne D058. – *S:* H130 Here
denken D055, D056. – *P:* P124 Proven, V313 Vorsinnen. – *S:* R151 Rogen. – *L:* → an~, be~, vor~, ōver~
denkinge *P:* A094 Andacht. – *S:*
R151ᵃ Rogen. – *L:* → be~
denne D055.01
¹denne D060
dennen-holt D061
dênst D062. – *S:* C022 Capelan,
H130ᵃ Here. – *L:* → vor~
¹dêp D063. – *S:* D009ᵃ Daal,
F018.46 Floeß, K060 Kipe, V122 Vlak,
V157 Vlot
dêphêⁱt *P:* D232 Dupe
⁵dêr D064. – *S:* A140 Ape, B118
Bere, B178 Beuer, B333ᵃ Boten, B393

Buffel, C011 Camel, C171 Cŏuesch, C180 Crank, C234 Cule, D097 Dod, D151 Doot, D162ª Drake, E020 Egel, E031 Ekeren, E036 Elder, E075 Eenhorn, G035ª Gheyl, G151 Grevink, H021 Hamester, H041 Hart, H096 Helen, H107ª Hemeke, H137 Hermelen, H144 Herte, H145ª Herten, H174ª Hint, I005 Iaghen, I024 Iegher, I080 Ivngen, L063 Ledich, L174 Los, L193ª Luchter, L217 Luttek, M038 Maarte, M168.01 Mol, M206ª Mvvl, M207ª Mvl, O053 Otter, P013 Panse, P014 Panter, R033ª Re, S097 Scemede, S168ª Scorpie, S259 Senne, S291ª Side, S357 Smecken, S561 Steynbok, V350 Vos, V435.01 Wurvorm, W165.02 Wespe, W169 Wezelken, W213 Wilt, W239 Wintworp

derde *P:* D179ª Dridde
dêrne D065
derschen D068. – *S:* V134 Vleghere
derscher D067.
derspe *P:* D176ª Drespe
dêrt *S:* B099ª Been
dertich *S:* A146ª April
dēsem D062.01
desember *S:* W241.01 Winterman
desse D239. – *P:* D031ª De
Detmar (PN) D069
dî *M154*
¹**dichte** D070. – *S:* L175 Los
²**dichte** D072. – *L:* → ge~
²**dichten** D071, *M106.01.* – *S:* G133ª Grale. – *L:* → be~
dichter D073
Dîderik (PN) D076

dîen D077. – *P:* A155 Arden, B107 Bequinen, R010 Raden
²**dik** *S:* S212.01 Seen, S216.02 Se
³**dîk** D078. – *P:* D011ª Dam. – *L:* → visch~
¹**dicke** *A072*, D074, D075, *W274*, *W324.* – *P:* S529 Stedelken. – *S:* A106 Aneboyt, B009 Baghard, B012 Bal, L175ª Los, W008 Wade
¹**dille** D079
dîn D080
dingen D082. – *L:* → an~, dēge~, vor~
dinges-dach D084
dinc D081, *O061.14.* – *S:* A009 Adamas, A052 Alder, A053 Alder, A108ª Angel, A116.01 Anhoren, A152 Arch, A153 Arch, B111 Berede, B181 Beuesten, B259 Booc, B276 Bŏken, B318 Bose, B319 Bose, B366 Broke, B367 Broke, B369.01 Broed, C053 Cipresien, C165ª Cost, C172 Craft, C173 Craft, C179 Crank, C194ª Cresem, C246 Cupperen, D029ª Dauwen, D046 Delen, D097 Dod, D151 Doot, D170ª Dregher, E014 Edel, E035 Elder, E048 Elpenbenen, E084 Enbinden, E108 Eren, E110 Eren, F012 Forme, G110 Gode holden, G133 Grale, G183 Gulden, H133 Heren, H145 Herten, H164ª Heuen, H210 Holden, H221 Holten, H249 Hornen, H290ª Huse, I004 Iaghen, I066 Iseren, K011ª Kelle, L025 Lank, L061 Leddern, L064 Ledich, L074ª Lemen, M033 Mare, M107 Mester, M131 Myn, M151 Missinghen, O010 Olt, O011 Olt, O012

Olden, O013 Olden, O014 Oldinge, O015 Oldinghe, O043 Orsake, O056 Ouen, P133ᵃ Pvlpt, R011 Raden, R037ᵃ Recht, R095ᵃ Richten, R115 Rinde, R125ᵃ Riis, R151 Rogen, R195 Rvken, R196 Rvken, R206ᵃ Rvse, S002 Sachte, S015 Sage, S042 Sassech, S180ᵃ Scrage, S286 Sibille, S294 Siden, S352 Smak, S353 Smak, S358 Smecken, S390 Snode, S391 Snode, S541 Stelen, S554 Steynen, S558ᵃ Steynbite, S616 Streff, T005ᵃ Tafelle, T028ᵃ Tegede, T043 Then, T084.45 Tohope voghen, V025ᵃ Vaste, V083 Vesten, V104 Vinden, V153 Vloken, V282ᵃ Vorgheuen, V284 Vorkeren, V293 Vormeten, V294ᵃ Vormeten, V355 Vpgan, W021 Walsch, W060 Warhaftich, W136 Wert, W144 Weren, W146 Werdegen, W259 Wul, W268 Wllen, W270ᵃ Wlom. – *L:* → vêr~, meyster~

dincnisse D083

disch D085. – *S:* S149ᵃ Schiue, T005 Tafelle

disch-dwēle D086

disch-lāken *P:* D086 Dischdwele

dîse D087

dîsle D088

²distel D089. – *S:* H041.01 Harthekell. – *L:* → sû~

distel-vinke *S:* S536ᵃ Stegelisse

¹dô D091

dobber D093.01

dōbelen D092

dōbelêr(e) D093

¹doch *S:* H083ᵃ Heydelberen, S270ᵃ Serden

dochter D095, *M133.06, M133.09.* – *L:* → stêf~

dôde *S:* B025 Bare, B077 Begaan, B078 Beghenknisse, G139.01 Grauen

dôden D100. – *P:* S624 Stroden

dôden-grēver D100.01

dōder D101, T130.05

dôder-kûle D101.01

dôf D102. – *S:* D157ᵃ Douen

¹dōgen D103. – *P:* M166ᵃ Moghen

²dôgen D104

dōgentlik *S:* W291 Wonen

¹dōget D106. – *S:* M128 Milde. – *L:* → un~

dōge(n)t(h)aftich D105

dôk D107, D108. – *P:* S538.01 Stel. – *L:* → arstedîe~, vôt~, hâr~, lîn~, sār~, schô~, schörtel~, sêⁱver~, sî(g)e~, swêⁱt~

²docke D094

dôk-schērer *P:* L016ᵃ Lakenscerer

¹dōl D109

³dôle D110

²dôm *S:* C021 Capelle, S572 Stichte

dom → ²dôn

dom D110.01

dôm-hêre *P:* C015 Canonek, D042ᵃ Deken. – *S:* C024 Capitel

dôm-pāpe *P:* C015 Canonek

¹dôn *A098.01,* D090, D113, D114, D115, *E067.02, N083.01, Q001.04, V209.39.* – *P:* M008 Maken, R064ᵃ Reken. – *S:* A096 Anders, A187ᵃ Auent eten, B077 Begaan, B111 Berede, B172 Beteren, B185ᵃ Bewaren, B187 Bewaringe, B194 By, B294ᵃ Borch, C075 Clemen, C105 Cneden, C165

Cost, C178ª Crakelen, D004ª Dacht, D024ª Dat, D031 De, D056ª Denken, D129ª Dorch, D132ª Doren, D133 Doren, D225ª Důngen, G030ª Gheden, G055ª Gheren, G056 Gheren, G092 Glauen, H114 Hen, H163ª Heten, L010ª Laff, L012ª Laghe, L037 Laten, M212.01 Munten, N078ª Nyhan, O004 Ogenblik, O013ª Olden, O019ª Olghen, O064 Ouerlopen, P026ª Patene, R079ª Repe, R084ª Reysen, S053 Scal, S214 Se, S215 Se, S221 Sekeren, S284 Sevensterne, S482 Spolen, S519ª Stapel, S543 Stellen, S544 Stellen, S545ª Steken, S546 Steken, S589ª Stole, S685ª Susen, S686 Susen, T035ª Themen, V026 Vaste, V135ª Vlen, V293 Vormeten, V294ª Vormeten, W075 We, W082ª We, W139 Werde, W236ª Winnen. – *L:* → af~, an~, vor~, hēr~, nâ~, tô~, twey~, under~, up~, ût~, wedder~

²**dôn** D111 (Dom), D116. – *P:* C063ª Clank

³**dōn** D112. – *P:* C062 Clam, S616 Streff. – *S:* S321 Slap

dōner D117

dōner-büsse D120

dōner-dach D121

dōneren D118

dōner-slach D119

¹**dop** D122, T130.01. – *P:* C250ª Cûsel. – *S:* T138 Trint

dộpe D123

dộpen D124

¹**dȫr** D128, D129. – *P:* D129 Dorch

²**dōr** D125. – *P:* P098 Porte. – *S:*

H089 Heke

⁴**dȫr** D126. – *S:* H073.01ª Heke

⁵**dôr** *P:* A196ª Awisich

¹**dôr(e)** D130

dȫr-angel D126ª

dörch-êⁱn-ander *P:* A049 Al, P138 Pvr

dörch-hōlen *P:* B300ª Boren

dörch-schînen *P:* C067 *Claar*, P139 *Pvr*

dörch-sichtich *P:* C067 Claar, P139 Pvr

dörch-slach D148

²**dộre** D066.01

⁵**dȫre** *S:* D125 Door, G145 Greppe, H089 Heke, H155ª Hespe, H169ª Hilde, P100 Post. – *L:* → vȫr~, hof~

dôrechtich D131. – *P:* A153 Arch, D220 Dul. – *S:* D132 Doren

¹**dôren** D132, D133. – *P:* R026 Rasen

²**dȫren** D134. – *P:* E078 Enneden, N031 Neden

***dȫren-māker** D126ª

dȫren-stêⁱn *S:* P100ª Post

dörftich D135. – *P:* D136ª Dorteghe, I025ª Iemerlik

¹**dôrhêⁱt** D066.01ª, D133.01, D133.02. – *P:* A195 Awise. – *S:* C139 Cone, D133 Doren, D186 Driste, M129 Milde

Dȫringen (LN) D137

Dȫringerlant (LN) *P:* D137 Doryngen. – *S:* E112 Erforde, H042 Hart

dȫrinc D138

dôrlik *P:* S471 Spilde. – *S:* S088 Scelden

dōrn D139. – *P:* B346.02 Bram. – *S:* D140 Dornen, H041.01 Harthekell, S333ª Sle. – *L:* → hāge~, slê~, wep~

dōrnen D140. – *L:* → hāge~

dörnse D141. – *S:* R088ª Reventer

dorp D142

dörpel *P:* S657ª Sulle

dorp-man D143. – *P:* A007ª Ackerman, B402 Buur

dörre D127, *M006.02.* – *P:* D191 Droge, D204 Drughe. – *S:* D066 Dĕren, R068 Rekelink

dorsch D144.01, D146.01

²dorst D144

¹dörsten D145

¹dörstich D147

²dörstich D146

¹dōrt D149

²dörtich D136

dörven D134.01. – *L:* → be~

dōr-wārde *P:* P099 Portener

dōr-wārer D148.01

¹dôt D097, D098, D151, D152. – *S:* C128ª Cole, L126 Lijk, W167ª Weze

²dôt D096, D150. – *S:* S570ª Steruen

dồtlik D099, D153. – *S:* D097 Dod

dôt-slach *P:* M179ª Moord

dôt-slēger *P:* M180ª Morder

douwe D026, T130.03. – *P:* R123ª Ripe. – *L:* → mēl~

¹douwen D027, D029. – *P:* S361ª Smelten

²douwen D028. – *L:* → vor~

¹dōven D154

²dồven D157

¹dōvendich D155, *D156*

dōvinge *P:* B396.02 Bulderinghe

drâde D159. – *P:* B283 Bolde, R003 Rad, R128ª Risch, S118 Scere, S382 Snelliken, T083 Tohant

¹draf D165.01. – *P:* S231 Sey

drāgen D168, *T084.41, T084.42, V175.01.* – *S:* A192 Augustiner, B025 Bare, B299ª Bore, C011ª Camel, D170ª Dregher, R052 Ref, S698 Swanger, T114 Touer, T177 Twigen. – *L:* → af~, ōver~, mis~, wedder~

drāke D162. – *L:* → ānt~

dranc D161

drank D160. – *S:* C169ª Couent, E153 Ettich, G054ª Gheren, M056 Mede, M219ª Mvst, S054 Scal, S231ª Sey, S309 Syrup, W138ª Wert, W317 Wrempen

drank-gelt D160.01

drât D158

drāven D163. – *S:* T032ª Telder

drê D165. – *S:* L182ª Loyt, S286 Sibille

drê-blat *P:* C071 Cle

drê-vōldich *P:* D178 Dreuolt

drê-vōlt D178

drê-vôt D177

²drêgen D167

¹drēger D170, P099ª. – *L:* → vānen~, pissen~, schîten~, spîse~, wāter~

²drêger D169

dreyen D171

dreyer D172

drek D166. – *P:* H240 Hoer, S318 Slam. – *S:* C220ª Crukke, S317ª Slage. – *L:* → rôk~

¹drel D171.01

drenkel D164.01
¹**drenken** D173, D174. – *L:* → vor~
²**drenker** D175. – *L:* → wāter
¹**drēpen** *P:* R017 Raken, R168 Roren
drēp(e)lik *P:* W245ª Wis. – *L:* → be~
drespe D176
driakel D183
dridde D179
drîe D180
drîerleye D181. – *P:* D180 Dryghe
dringen D182. – *S:* S209ª Scvppen. – *L:* → af~
drinken D184. – *S:* B044 Bekker, D173 Drenken, Q005ª Quatzen, S352ª Smak, W161ª Wertscap, W317 Wrempen. – *L:* → vor~
drîste D185, D186. – *P:* C138 Cone, D147 Dorstech. – *S:* B250 Bloyde, C139 Cone
drittich D187. – *L:* → êⁱn-unde~
drîve-klôt *P:* C250ª Cůsel
drîven D188, *H258.01*. – *S:* B008 Baghen, B285ª Bolderen, H142 Herschen, S238 Segel. – *L:* → vor~, ût~
²**drŏchnisse** D189. – *P:* D192 Drogene. – *S:* M033 Mare
drŏflik *S:* S186 Scrigen
drŏfnisse D190. – *P:* B017 Bange, B069 Bedrofnisse, I007 Iamer. – *L:* → be~
dröftich D191.01. – *P:* I025ª Iemerlik, S637 Stumpere
¹**drŏge** D191, D204 (Drughe). – *P:* D127ª Doyr. – *S:* B390ª Buckinc, D066ª Děren, W140ª Werder

¹**drŏgen** D205 (Drugen). – *P:* W253 Wisschen. – *S:* D018ª Dare
drŏgen(h)aftich *S:* G110 Gode holden
drŏgene D192. – *P:* D189 Drochnisse, V013 Valscheyt. – *S:* G110ª Gode holden
²**drôm** D193. – *P:* D110.01ª Dom
drômen D194. – *P:* S326ª Slaperen. – *S:* G110 Gode holden
¹**drŏpe** D195. – *P:* D208ª Druppe, G124ª Gote, T129 Tran. – *L:* → swêⁱt~
¹**drŏpen/²drŏpen** *P:* D207 Drupen
¹**drôs** D196. – *P:* S708 Swel
²**drôs** D197. – *P:* S317ª Slage
drôsle D198, T130.02. – *S:* G005 Galander
drost(e) D197.01, D205.01
drouwen D164
drouw(e)-wōrt D200.01
drôve D200
¹**drôven** D199
drôvich *P:* D200 Droue, I025 Iemerlik. – *L:* → be~
²**drû** D201
drû(f)fele D203
drücken D202, *T084.33*. – *S:* H038 Harde, H039ª Hard, M033 Mare. – *L:* → tô~, ût~, wedder~
drughe → ¹**drŏge**
drugen → ¹**drŏgen**
drunk D206
druntt *P:* B033ª Basune
druntten *P:* B034ª Basunen
drûpen D207. – *P:* R120 Rynnen, S305 Sipen, T132 Trenen
drüppe D208. – *P:* G124 Gote

drüppen-val *P:* D208ᵃ Druppe
¹dû D209, *D240, S660*
dûden D211. *– L:* → be~
dûdenisse D243.01. *– L:* → be~
dûdesch D212, D213, *D214, D215, D216. – S:* C130 Colne, F015 Frankenlant, K007 Kellershals, M090 Meer, M116 Misene, M126 Myle, R113 Ryn, S270 Serden
dûf-ārne D217, D242
düffer *P:* D217 Dufarn
duf-stêⁱn D217.01, T157.01
dukâte D210
dûken D218. *– P:* S267 Senken, S304 Synken. *– L:* → be~, under~
dûker D219
dûk-vōgel T157.02
²dul D220. *– P:* S636ᵃ Stump
*düldigen *P:* D104ᵃ Doghen
dulhêⁱt *P:* S636.01 Stumpheyt
dul-kône *P:* D222 Dumkone. *– S:* C139ᵃ Cone
¹dum *P:* D220 Dul, D222ᵃ Dumkone
dûme D221
dumhêⁱt D221.01
dum-kône D222. *– S:* C139 Cone
dumpe D223
²dûn D224
düngen D225. *– P:* M105ᵃ Mesten, V404 Vruchten. *– S:* M093 Mergel
dünkel-gôt *P:* B009 Baghard
dünken D226. *– S:* G110 Gode holden, M033 Mare, W032ᵃ Wan. *– L:* → gôt~, mis~
dunker *D227*, D228. *– L:* → âvent~
dünkinge *S:* W032 Wan
²dünne D229. *– S:* A162 Arras,

B232 Blek, C169ᵃ Couent, D074 Dicke, E113 Erg
dünne-bêr *P:* C169ᵃ Couent
*dünne-schêⁱterich *P:* S321ᵃ Slap
dünninge D230
Dunovwe (FN) D231
dûpe D232
dûpen *P:* S267 Senken
dûr(e) D233
²dûren *P:* H129 Herden, W054ᵃ Waren
dûr-tît D234
dûsent D235
dûsent-werve D235.01
¹dust D236
dûster D237. *– P:* D228ᵃ Duncker. *– S:* G110 Gode holden, L049 Lecht, L116.02 Lich
dûsternis(se) D238
²dûve D241. *– S:* D217ᵃ Dufarn. *– L:* → holt~, ringel~, tartel~, tertel~, tortel~, trittel~
⁴dûve D243
dûvel D244. *– S:* B148 Besetten, B160 Besweren, B319 Bose, N098ᵃ Norwegen
*dûvinne *P:* D241ᵃ Duue
dwal *P:* B215 Byster
dwân D245
dwanc D246, Z000.27
dwēle D248, T189.01, Z000.30. *– L:* → disch~, hant~
¹dwēlen *P:* E128ᵃ Eren
dwengen *P:* C076ᵃ Clemmen, S453.01 Spengen
²dwēr D248.01
dwerch D247, Z000.29. *– P:* D249ᵃ

Dwers
dwers D249, T181.01, Z000.28
dwingen D250, Z000.31. – *L:* →
be~, ût~

E

¹ê E001. – *S:* S075.02 Schaiden,
S277ª Sette
ebbedîe E002
ebbedische E003
ê-brēken E003.01
ê-brēker E004. – *P:* O077.01 Ouerspeller
ê-brēkersche E005
ê-brŏke E006
êⁱchelen E007. – *P:* S090 Scelen
²echt E011. – *P:* A098 Anderwarue,
A184 Auer
³echt E008. – *L:* → un~
⁴echt E010
¹echten E009, E043.01
¹ᵇechter *P:* E011ª Echt
¹echtinge *P:* E010 Echt
edder E013
ēdebār E016. – *P:* S595 Stork
ēdel(e) E014, E015. – *P:* H166 Hillich. – *S:* A049ª Al, B014 Balseme,
B036 Basilge, B237 Bliant, C172ª
Craft, C173 Craft, H088 Hecket, H223
Holwort, L044 Lauendele, M220
Muschate, M221 Mvsschatenblome,
R116.01 Rindeken, S229 Seddek, S230
Sedewar, S287 Sibeldink, V011 Valke,
V097ª Vikbone, W157 Wermode. – *L:*
→ un~

ēdelichêⁱt E014.01. – *P:* A013 Adel
ēdel-stêⁱn *S:* A009 Adamas, A032
Agetsteyn, B135 Beril, B363 Bril,
C152 Coralle, S014 Safyr
ef *P:* E017 Eft, E095 Entwer
eft E017. – *P:* E013 Edder
¹ēge E018
ēgedisse E019
¹ēgel E020
²ēgel(e) *P:* B217.01 Bite, I027.01ª
Ile, M070ª Meldowe
²êⁱgen E021
êⁱgendôm *P:* E022ª Egenscop
êⁱgen-nāme *S:* M177ª Mone, S531ª
Steffen
êⁱgenschop E022
ēgester E023
¹egge *P:* O033 Ort
¹ey E024. – *S:* D101ª Dodder, D122ª
Dop, S085 Scelle, S094ª Scelle, S136
Scildepade, S346 Slv, S679ª Supen,
T138 Trint
²ey *P:* O078 Owy
eyer-kôke *P:* P008ª Pancoke
eyer-sûpen(t) *P:* S679 Supen
eysen E025, E144. – *P:* G179
Gruwen
eyslik E146. – *P:* V192ª Vngestalt,
W044 Wanschapen
³êⁱk E027
ek → ik
êⁱk-appel E029
¹êⁱke A086.03
¹êⁱkel *P:* E012ª Eckeren
¹êⁱken E028
êⁱken-bôm E027.01. – *P:* E027ª Eek
¹ēkeren E012, E030

²ê^ikeren E031
ê^ik-hōrn E057.01
¹elden E034. – *P:* B056 Beden, E090 Entholden, H212 Holden
¹elder E036
-elder-vāder *L:* → ōver~
-elder-môder *L:* → ōver~
¹ēle E045
²ēle E033. – *P:* B012 Bal
ēle-bōge E046
element(e) E042
¹elende E040
²elende E041
elendich *P:* E041^a Elende
elfte E043
el-hōrn E044. – *S:* A012 Adeke
êlik *P:* E008 Echte. – *L:* → un~
elleven E053
elpen-bê^in *S:* E048^a Elpenbenen
elpen-bê^inen E048
elpendêr E047
¹elre E049, E122
²else *P:* P111^a Prene
Elsessen (LN) E050. – *S:* E051^a Elsasser
elsesser E051
Elve (FN) E052
¹ēme O021, *M156*
êmere E054. – *P:* A109.01 Amere, G100 Gloet
êmete E055. – *S:* N063 Netele
emmer E056
¹ê^in E057
ê^in-ander E058. – *S:* A095^a Ander, A100^a Ander. – *L:* → dörch~, mit~, nâ~, under~
¹en-bêden E059

en-bēren E060, V210.01. – *P:* B126 Beren, M145^a Missen
en-bernen *P:* E088 Entfengen
en-brēken E061. – *P:* M145^a Missen
en-bûten E062. – *P:* B409 Buten, V416 Vtwendich
²ende E065
endekrist E068
¹endelik E067. – *L:* → un~
²endelik E067.01, *E067.02.* – *P:* D159 Drade, R025 Rasch
enden E066. – *L:* → allen~
²endigen *P:* L177 Lôsen, V415 Vtrichten. – *S:* T084.45 Tohope voghen
ê^in-drachtich O065.03^a
ê^in-drechtlik *P:* T108 Tosamen
²ê^iner E069. – *S:* B259 Booc
ê^ines E081, *N082.* – *S:* A098 Anderwarue, A184 Auer, E011 Echt. – *L:* → nû~
ê^in-vōldich E097. – *P:* A080 Alwern
¹enge E070. – *P:* S354^a Smal
engel E071.01
Engelant (LN) E071. – *S:* M088 Mer
engels-man E072
engever E073
ê^in-hōrn A129.01, E075
ê^inigen E074
enkede E063, E077
enkedichê^it E063.01
²enkel E076. – *P:* A091.01 Anclaw
en-nêden E078
en-nêten E079
enpeke → ¹pêke
en(t)-richten E091. – *P:* S132 Schichten

êⁱnsam *S:* C097ᵃ Cluus
êⁱn-sēdel E083
ensiân E064
ent-binden E084, E085
entbreden E085.01
en-tēgen E089
ent-fân E086, E087, E088
ent-gân *P:* E093ᵃ Entwisscheren
ent-gelden E080
ent-hōlden E090
ent-kōmen E088.01. – *P:* E093 Entwisscheren
ent-lôpen *P:* E093ᵃ Entwisscheren
²ent-schülden *P:* B144 Besconen
ent-seggen E083.01
ent-setten *P:* V243 Vorchten
ent-wāken E092
ênt-wēder E095
en-twey *E094.02, V175.01.* – *S:* T177 Twigen
en-twey-stâninge E094.03
en-twî(g)en *S:* T177 Twigen
ent-wîken *P:* W204 Wiken
²ent-wischen *P:* E093ᵃ Entwisscheren
ent-wischeren E093, E093.01
ent-wōnen E094, E094.01
ent-zünden *P:* E088ᵃ Entfengen
*êⁱn-unde-drittich *S:* A146 Appril
*êⁱn-unde-twintichste S577ᵃ
en-wech E096, *E096.01.* – *P:* B194 By, H114 Hen, W077 Wech. – *S:* R200 Rvmen, S238 Segel
²êr E098
⁴êr E099, P116ᵃ. – *P:* O016ᵃ Oldinges
⁷ēr E100

er-ārnen *P:* E117 Erhalen
êrbâr E101. – *P:* E120 Erlik. – *S:* G112 Goderhande lude, L084ᵃ Leenhere
er-barmen E102. – *P:* G103 Gnaden, I008 Iameren
êrbêrichêⁱt E107.03. – *P:* H136 Herlicheyt
¹erch E113
ērde E103. – *P:* E134 Ertrike. – *S:* A009ᵃ Adamas, A181 Atriment, C096 Clucht, C234ᵃ Cule, D162ᵃ Drake, E042 Eelement, E106 Erden, G035 Gheyl, G133ᵃ Grale, M093 Mergel, R018 Ramme, R080.01 Rere, R140ᵃ Roden, R165ᵃ Rôpen, R207 Rvsche, S284 Sevensterne, S430 Spade, S497 Springen, W239ᵃ Wintworp
²ērden *E104.01,* E105, E106. – *S:* T056 Test
¹ērdesch I024.03. – *P:* E104ᵃ Erdich
¹ērdich E104
¹êre *S:* E110 Eren
²êre E107, E107.01. – *P:* L162 Loff. – *S:* H130 Here, T035 Themen
¹êren E110, *E151.02*
²êren E108, E109
³ēren E111
er-vāren E135, E136. – *P:* G037 *Ghelert,* I043 Inspechtich werden, V078ᵃ Verteren, V105ᵃ Vinden, V270 Voreschen, V271 Vorschen, V314 Vorsoken. – *S:* S444 Spegen
er-vāringe E136.01
erf-hêre *P:* L084 Leenhere
¹erf-nâme *P:* E139ᵃ Eruekynt
Erforde (ON) E112

er-vrê͡schen *P:* E136ᵃ Eruaren
erger(e)n E114, E115
êr-gister(e)n E116
er-hālen E117
er-hôren E118. – *P:* C218.11ᵃ *Czwidynge*, T186 Twiden
*er-jâmeren E102.01. – *P:* E102 Erbarmen
erkenêr E119
er-kōveren *P:* E117 Erhalen
¹êrlik E107.02, E120. – *P:* E101 Erbar, H264ᵃ Houesch
êrlôs E121. – *P:* T156ᵃ Truweloys
ermel *P:* M048 Mavwe
ērne E123
²ernen E124
er-nēren H280.01
Ernst (PN) E126
¹ērnst E125
ērnst(h)acht(ich) E127
ērnstlik E127.01. – *P:* E127ᵃ Ernsthaftich
erpel *P:* A104ᵃ Andrake
er-quicken E129. – *P:* L043 Lauen
²erre *P:* B215 Byster
erren E128. – *L:* → vor~
êrsam *P:* E101 Erbar, E120 Erlik, H135 Herlich
¹er-schrecken *P:* S183 Screcken, V243ᵃ Vorchten, V339ᵃ Vorveren
erse-bischop A148, E094.04
erse-bôve A151, E094.07
erse-diaken A149, E094.06
erse-prêster A150, E094.05
¹êrst E130, E131, P116ᵃ, *T087*. – *S:* A008 Adam, A014 Advent, A100 Ander, M011 Male, O043 Orsake

²êrst E130. – *S:* W138 Wert
²erste E132
ērt-bēre E133.01
ērt-bēren-lôf E095.01
ērt-bēr(en)-krût E133.02
ērt-galle E103.01
ērt-rîke E134. – *P:* E103 Erde. – *S:* A009 Adamas, W175 Westen
¹erve *S:* I080ᵃ Ivngen
²erve E137, *V001.04*. – *P:* H064 Haue
erve-kint E139
¹erven E138
er-wecken E141, E141.01
er-werven E142. – *P:* C200.01 Crigen
erwete E140. – *S:* H277 Hulse, P053 Pille, S150 Schiue, S222 Seckere, S407.01 Sukeren
²esche E148
¹ê͡schen E147. – *P:* B203.01 Bidden, R163.01 Ropen. – *S:* L007 Laden. – *L:* → vor~, wedder~
²eschen E149
eschen-holt *P:* E148ᵃ Esche
ēse E143. – *P:* O056.01 Oůenvisch
¹ēsel E145. – *S:* M206 Mvvl
¹espe A176.02, E150
³ê͡t A160.02, E151, M079. – *S:* O044 Oruede. – *L:* → mê͡n~
ēten *A187*, E152, *N092.01*. – *S:* B168 Bete, B173 Betonie, B292ᵃ Bone, B310 Borrasye, B336ᵃ Botere, C033 Carse, C165ᵃ Cost, D079 Dyl, G168 Grot, H063ᵃ Haw, H068 Hauscreke, H140 Heerse, H152ᵃ Herwile, I031 Immet, K031ᵃ Kerse, K035 Keruel,

L042 Lattek, M067 Melde, N037ᵃ Negelken, P013 Panse, P036 Pepere, R020 Ramese, R088 Reventer, R093 Richte, R125ᵃ Riis, S136 Scildepade, S352 Smak, S353 Smak, S358 Smecken, T141 Troch, W084ᵃ Weyde, W161 Wertscap, W187ᵃ Wikke. – *L:* → âvent~, morgen~, up~
¹ētik E153
ētik-vat E151.01. – *P:* S680.02 Suervat
etlik *P:* A048ᵃ Al
²ēven(e) E154, E155, E156, E157. – *P:* B106 Bequeme, G089ᵃ Glat, L137ᵃ Limpech, R005 Rade, S334ᵃ Slicht, V219 Voghe. – *S:* E158ᵃ Euenen, S303ᵃ Singrone. – *L:* → un~
*ēvenan *P:* A063 Alleweghe, E157 Euen
ēvenen E158
¹ēver *P:* B117ᵃ Bere
ēveritte E160
²êwelik E162
¹êwich E161. – *P:* A063ᵃ Alleweghe
exe E163. – *L:* → sûl~

F, V

vadder(e) V003
vādem V002
¹vāder *M133.01, M133.03, M133.07, M133.11,* V001, *V001.01.* – *S:* A005 Abraham, V040 Veddere, W167 Weze. – *L:* → grôte~, ōlder~, ōver-elder~, stêf~
vāderlik V001.02, *V001.03, V001.04*

¹vak V005
¹vāken V004. – *P:* A057ᵃ Allerdickest, D075 Dicke, S529ᵃ Stedelken. – *S:* V052ᵃ Vele
fackele F000.01
¹val V007. – *L:* → an~, drüppen~, tô~, un-ge~
¹vāle V006, *V006.02*
vālhêⁱt V006.01
¹valke V011
valle F018.01, V008. – *L:* → mûse~, ratten~, wulve~
¹vallen V007.01, *V007.02,* V009. – *P:* B175ᵃ Beuallen, G096ᵃ Gliden, S599.01 Storten, S600 Storten. – *S:* B176ᵃ Beuallen, L209 Lvns. – *L:* → af~, be~, ge~, tô~, ümme~
vallent *F018.02, V010*
¹valsch V012
valschêⁱt V013
¹van V014. – *P:* A015 Af, A182ᵃ Aue
²vân V016 (Vangen). – *P:* G157 Gripen. – *S:* D201 Dru, I024 Iegher, K021 Ker, L012 Laghe. – *L:* → an(/āne)~, be~
vāne V015
vānen-drēger(e) V015.02
vānen-vŏrer(e) V015.01
vangen → ²vân
²vangen(e) *S:* S585 Stok
⁶vâr(e) *T112,* V017, V018
¹vāren V019, V020. – *P:* R083 Resen. – *S:* D152 Doot, S110 Sceppen, S240 Segelen, S570 Steruen, V252ᵃ Vorde
vārende *V021*

Snacken, V026 Vaste
³vê^ile F018.13, V053. – S: A003ª
Abeteken, S070 Scharne. – L: → wol~
vēle-sprēker V054. – P: C080ª
Cleps
*vēle-sprēkich P: C080ª Cleps
¹vê^ilich P: S220 Seker
vê^iligen P: S221 Sekeren
¹velschen V056
velschenêr(e) V055
velt V057. – P: A110ª Anger, L021
Land, P067ª Plan. – S: B233ª Blek,
M035.01 Marke, R052 Ref
velt-minte M133ª
Venēdîe (ON) V058. – S: D210
Ducate, M089 Meer
vennikol F018.29, V060.01
vent V060. – P: V063ª Verde
¹vêr V064, V073.04. – S: E042 Eelement, M126 Myle
³vērde V063. – L: → ge~
vêrde-dê^il P: V073ª Verdel. – S:
L182 Loyt, M025 Mandel, Q016
Qventin
vêr-dê^il V073. – S: N093 Norden,
S648 Suden, W175 Westen
-vērdich L: → hô~, lat~, recht~
vêr-dinc V065. – S: L182 Loyt
¹vēre V061, V062. – S: T014ª
Tateren
vêr-vōldich V073.03
vêr-hundert V068
²verken V069. – P: S733 Swin. – S:
C168ª Coue. – L: → soch~
¹vêrlik F018.14, V070
fermen V071
ferminge V072

¹vērne P: V061 Vere, V062 Vere. –
S: N001 Na
vernis F002
¹versch V074. – P: G161ª Grone,
V387 Vrisch. – S: V421 Vul, W259
Wul
verschhê^it V074.01
¹vērse P068ª, V075
versecher P: V296ª Vormunde
¹verst V076.02
²verst(e) V022.02, V076
¹versten V076.01, V076.03
*verster V076.04
vêr-tal V073.02
vêr-teyn V066. – S: I077 Ivnghe
vêr-teynste V066.01
*vêr-teyn-werf V073.05
verten V077. – P: V117 Visten
verteren V078
vêrtich V067
vêr-tîde V066.02
verwe V087
verwen F018.19, V088. – P: M016ª
Malen. – S: R139ª Rod
verwêr(e) V089
vêr-werf V073.01
vēse V078.01
vesper V079
vesper-tît T084.47
²vest S: F018.17 Festen
²veste F018.15, V080, V081. – L: →
grunt~
vesten F018.16, F018.17, V082,
V083, V084. – L: → be~, vor~
festeninge P: V080ª Veste
¹vestinge V084.01
¹vet V085. – S: G035 Gheyl, G148ª

M069ª Melk, N043 Negenogede, P086.01 Plotze, Q002 Qvappe, R068 Rekelink, R147 Rodoge, R150 Rogen, R206 Rvse, S024 Salme, S253.01 Sel, S336 Sly, S526 Stekele, S544.01 Stekelinck, S558 Steynbite, S583 Stint, S594 Stor, V096 Vik, V154.01 Vlome, V297 Vorne. – *L:* → half~, stok~, wal~
visch-dîk *P:* D078 Dyk
vischen V115
vischêr(e) V116. – *S:* H018ª Hame
visch-net(te) *P:* H018 Hame, N060 Nette
vîsel F018.30, V113. – *S:* M199ª Moyser
visêren *P:* A039 Ahten
vîsten F018.18, V117. – *P:* V077ª Verten
flabbe V119
¹vlāde F018.31, V120. – *P:* P008ª Pancoke, P025 Pastede
***vlāder** F009.01
vlāder-bôm F007
vlāderen-holt V121
¹vlak F018.32, V122
vlâminc V124
Vlander(e)n (LN) F008, V123
vlas F018.33, V126. – *S:* B328 Bote, B345 Brake, C112 Cnutte, D087ª Disene, H047 Harl, H078 Heyde, H134ª Herle, L015 Laken, R079 Repe, R090 Ribiseren, R131 Riste
vlasche V125. – *S:* D171ª Dreygen
***vlas-kop** *S:* C112ª Cnutte
vlassen V126.01
vlechte F018.35, V128
vlechten *F011.07*, V129. – *P:* B190ª

Beworen, B191ª Beweren
vlêder V130.01. – *S:* A012ª Adeke, A054.01ª Alhorn
vlēder-mûs V131
¹vlêge V132
vlēgel F018.37, V134. – *S:* C018ª Cappe
¹vlêgen F018.36, *T084.46*, V133. – *P:* S712ª Swemmen. – *S:* H068 Hauscreke, H271 Hvuk
vlek V130. – *P:* P067ª Plan, V142 Vlette. – *S:* A193 Auwe, W140ª Werder
¹vlên V135
²vlên F018.38, V136
vlenseken V139
vlêⁱsch *R136.01*, V137. – *S:* B247 Blood, C111.03 Cnoster, C215 Crosele, G063ª Gherst, G148 Greue, G161 Grone, R136ª Ro, S070 Scharne, S123 Scerne, W008 Wade. – *L:* → tant~
vlêⁱschen V138. – *S:* C011 Camel
vlêⁱschlik *S:* C011ª Camel
vlêseken *P:* S366 Smetren
vlêⁱs(ch)-scharn(e) V136.01
vlessen F018.34, V140. – *P:* L140 Lynen
¹vlêt V141.01, V143.01. – *P:* B046ª Becke
²vlet V142
vlêtem(e) V143
vlêten F018.39, V141. – *P:* S727ª Sweuen. – *S:* H040 Hard, M177 Mone, R113 Ryn, S626ª Strom, W069 Water. – *L:* → be~, ōver~, ümme~, wedder~
vlîen V144. – *P:* L136 Limpen
vlicke *P:* L030ª Lappe

¹**vlicken** *P:* L031ª Lappen
vlisteren *P:* R202 Rvnen
vlît F018.40, V145
vlîten V146
vlîtich V145.01, V147. – *P:* S427
Sorchvoldich
vlîtichê¹t *P:* V145ª Vlit
vlîtlik F018.41, V148
¹**vlô** F018.42, V150. – *P:* M205ª
Mvghe
²**vlô** V151
¹**vlôgel** F011.01
²**vlôgel** V152.01
¹**flöite** F009
¹**vlôk** F018.44, V152
vlôken V153. – *L:* → vor~
vlocke F018.43. – *S:* V151 Vlo
¹**vlôme** V154.01. – *S:* S336ª Sly
²**vlôme** V154
¹**flôr** *P:* A178ª Astrik, A193 Auwe,
D044ª Dele
Floryn (PN) F010
¹**vlôt** F018.45, V156
⁴**vlôt** F018.46, V157. – *P:* V122
Vlak
¹**vlôte** V155. – *P:* S626ª Strom
²**vlôte** *P:* V156
vlôtich V156.01
²**vlucht** *P:* I004.01 Iacht
vlûs V158. – *P:* L167ª Lok
¹**flûwêl** F011. – *P:* S034 Samyd
vôchlik V210.02
vôden V215. – *P:* B121.01 Bergen,
N050 Neren. – *S:* T043 Then, W102
Weyde. – *L:* → up~
¹**vôder** V214
²**vôder** V211, *V211.01*

³**vôder** V212, V213
¹**vôderen** V211.02
vôdinge V216. – *P:* N051 Neringe
²**vôge** V218
³**vôge** V217, V219
vôgedîe V225
vôgel V222. – *S:* A103ª Ant, A163
Arn, B231 Blauot, B403ª Buur, C057ª
Cisek, C210 Cron, C211 Crop, D110
Dole, D198 Drosele, D219 Duker,
E023ª Egester, F003 Feysan, G002 Ga-
de, G005 Galander, G084 Ghir, G119
Goldamer, G152 Gryfe, H008 Hagel-
gans, H068 Hauscreke, H087 Hegher,
H271 Hvuk, I064 Isenbort, L098ª Lere-
ke, M098 Merlink, M111 Meyse,
N007ª Nachtegale, N008ª Nachtrauen,
N060ª Nette, P027 Pawe, R007 Radelwige, R061 Reyger, R166.01 Rodum,
S065.01 Schare, S213 Se, S229 Sed-
dek, S376 Snauel, S385.01 Sippe, S442
Specht, S491 Spre, S520 Stare, S595
Stork, S630 Strus, S694 Swale, S697
Swane, S712 Swemmen, T128 Trappe,
V011 Valke, V041 Vedere, V042 Vederue, V110ª Vinke, W004ª Wachtele,
W087ª Wedehoppe, W203 Wige,
W299 Worghen. – *L:* → ânt~, dûk~,
nacht~, sanc~
Vôgelelant *S:* D137ª Doryngen
vôgelêr(e) V223
*vôgel-vanginge *P:* V223.02 Vogelvanck
vôgel-vanc V223.02, V223.03
vôgel-hûs *P:* B403 Buur
vôgel-nette *P:* N060 Nette
vôgel-rôde V223.01

*vōgel-strik *S:* S009.01 Saede
vogelwiken V280.02
vo̊gen F018.81, *T084.30, T084.44, T084.45,* V220, V221. – *P:* C050.02
Czimmen, T035 Themen. – *L:* → tô~
vo̊gesam *P:* B250ᵃ Bloyde
vōget V221.01, V224
vōlde V229. – *P:* C206ᵃ Crokele
vōlden V230. – *S:* S519 Stapel
²vōle V227
vo̊len V228. – *P:* G156 Gripen, R169 Roren, T003 Tacken, T017 Tasten. – *S:* P134ᵃ Pvls
³volge V234
volgen V231, V232, V233. – *L:* → vor~, nâ~
volk P095ᵃ, V226. – *P:* L204 Lude. – *S:* V360 Vplop
vo̊lken V225.01, V226.01
³vŏr V236, V237. – *P:* V235ᵃ Vore
vŏr-an *S:* B262 Bookstaf
vor-bannen *P:* V082ᵃ Vesten
*vŏr-be-dachtich *P:* W245 Wis
¹vŏr-bêden V240
³vor-bêden V239. – *P:* V183.09 *Vndersag,* W142 Weren. – *S:* B150 Besetten
⁴vor-bêⁱden *P:* V329 Vorthen
vor-bergen *P:* H269ᵃ Huden
²vor-bernen *P:* S264ᵃ Sengen. – *S:* B349 Brant
vor-bidden V307.01
¹vor-binden V235.01. – *S:* C022 Capelan
vor-bîster(e)n *P:* E128 Eren
vŏr-bo̊ge B274, V241
vŏr-borch V242

vor-borgenhêⁱt V248.01
³vor-bot V239.01
²vor-dacht V250
³vor-dacht V251
¹vōrde V252. – *P:* V327 Vort
vor-dechtnisse V253.02, V260.01. – *P:* V250 Vordacht
vŏr-dêⁱl V259. – *P:* V379.01 Vrigbreyff
*vŏr-dêⁱlen *P:* V379.02 Vriggen, V383.01 Vriggen
vor-dempen *P:* V322 Vorstikken
¹vor-dênen V253
²vor-denken V260. – *P:* V285 Vorkeren, V303.01 Vormenen
²vor-dênst V254
*vor-dênstich *P:* W245ᵃ Wis
¹vŏrder V255. – *S:* S291 Side
²vŏrder V257
¹vŏrderen V258, V258.01
¹vŏrderêr(e) V259ᵃ
¹ᐟ²vor-derven V263. – *P:* S341ᵃ Sliten, V303 Vornichten, V341 Vorwarloysen, V346ᵃ Vorwosten. – *S:* H209 Hol, M070 Meldowe, P131 Pvler, S235 Seger
vŏrder-hant V256
vor-dingen V253.01, V263.02
vor-do̊men S049.01ᵃ, V261
²vor-dôn V262
vŏr-do̊re *P:* H089ᵃ Heke
vor-douwen *P:* D028 Dauwen
vŏr-drāgen *P:* G114ᵃ Gokelen
vor-drenken *P:* D174 Drenken, S267ᵃ Senken
vor-drêt V070.01, V265. – *P:* N100 Noot, P071 Plas, V190 Vnghemak

vor-drêten V264. – *P:* V287 Vorlangen. – *S:* S681ª Sur
vor-drêtlik V267. – *P:* S681 Sur. – *L:* → un~
vor-drêtsam *P:* V267 Vordretlich
vor-drinken V268, V269, V269.01
²vor-drîven V266, V299.01. – *P:* D188ª Driuen
vor-dulden *P:* D104 Doghen
¹vŏre V235
²vŏre V238
⁴vōre F011.08, V272
¹vŏren V020.04, V272.01, V298. – *P:* L057ª Leden, V020 Varen. – *S:* T043ª Then, T089 Toll, V214ª Voder. – *L:* → vor~, ŏver~, to~, wedder~
vor-ê̔ninge *S:* G080 Ghilde
-vŏrer(e) *L:* → banner~, vānen~, wāpen~
vor-erger(e)n V263.03. – *P:* S341ª Sliten
vor-erren *P:* E128 Eren
²vor-ê̔schen V270, V271. – *P:* E136ª Eruaren
vŏr-vār(e) *P:* V338ª Vorvarende. – *S:* A118 Anker
¹vor-vāren V067.01. – *P:* V078 Verteren
vŏr-vār(e)nde V338
¹vor-vêren V339. – *P:* S183 Screcken
vor-vêrlik V339.01
¹vor-vesten *P:* F018.16 Festen, V082 Vesten
vor-vestinge *P:* A007.01 Achte, A038 Ahte, V080ª Veste, V081 Veste,
*vor-vlôkelik V338.02

vor-vlôken V338.01
vor-volgen *S:* I004 Iaghen
vor-vŏren V340
vor-vörschen *P:* E136ª Eruaren
vŏr-vôt V340.01
¹vŏr-gân V275, V303.03
²vor-gân V273, V274. – *P:* S341ª Sliten. – *S:* S054 Scal
vŏr-ge-dacht V303.02
vor-gelden *P:* T164 Tughen
vŏr-genger V275.01
vor-genclik V276. – *P:* T061ª Tidech, W162 Wertlich. – *S:* O010 Olt, O012 Olden
*vŏr-ge-rêde *P:* B274ª Vorboghe
vor-gētelik V278.02
²vor-gêten V277, V302.01, V302.02
³vor-gēten V278, V278.01
²vor-gēven V280, V281, V282
vor-gēvinge V281.01
vor-gift V279
vor-giftich *S:* B037 Basiliske, M207 Mvl, S168 Scorpie, T013 Tarant
vor-gift-mēker V280.01
*vor-giftnisse *P:* V279 Vorghift
vor-gneppen *P:* S341ª Sliten
¹vor-gülden *P:* G185 Gulden
vŏr-hen *S:* S286ª Sibille
²vor-hengen V283. – *P:* L038 Laten, S505 Staden
²vor-hēren *P:* H132ª Heren
²vŏr-hōlden *S:* L012 Laghe
²vor-hŏren V282.01
vŏr-hŏvet V299. – *P:* S566 Sterne
vor-jāgen *S:* I004ª Iaghen
²vor-kêren V284, V284.01, V285. – *P:* V343 Vorwiten, W257 Witen

vor-klāgen V352.01
¹vŏr-kōmen V303.04
²vŏr-kôp V248
²vor-kôpen V245. – P: C145 Copen.
– S: A003 Abeteken, A004 Abeteker,
S123 Scerne, S154.01 Schocke, V053
Vele
¹vŏr-kŏper V247
²vor-kŏper V246. – P: C146ª Copman. – L: → pērde~
²vor-kündigen V249. – P: B173.01
Betughen
vor-kündiginge V249.01
vor-langen V287
²vor-lâten V286. – P: B357 Breken,
S466 Spigen, V332 Vortigen, V359
Vphoren
vor-lâtinge S: A021 Aflat
²vor-lê¹den P: V302.04 Vortbrenghen, V340 Vorvoren
vor-lêenen S: L083ª Leenman
¹vŏr-leggen S: L012ª Laghe
³vor-leggen P: B096.01ª Belegen
vor-lengen V287.01. – P: L088
Lenghen, V329 Vorthen
vor-lenginge P: V329.01 Vorteyninghe
²vor-lēsen V289
³vor-lêsen V288. – P: T120 Tovorgheues
vor-lŏch(e)nen P: V310ª Vorseken
¹vŏr-lôn V020.03, V286.01,
V290.01
vor-maledî(g)inge P: M014 Male-
diginge
vŏr-mal(e)s P: H150ª Heruormales,
O016ª Oldinges

¹vŏr-man V020.02 (Varman), V290.
– P: W014.02 Waghendriver
²vor-mānen V291
forme F012. – S: L129 Likenisse
²vor-mêden V292
¹formen S: P053 Pille, S717
Swerdelle
vor-mê¹nen V303.01
vor-mēten V292.01, V293, V294. –
P: B134 Beromen, M161.03 Modich
werden
vor-mētichê¹t V292.02. – P:
M161.04 Modicheyt
vor-mîden V295. – P: M118
Myden, S198ª Scugen
vŏr-münde V296. – P: S050 Scaffer
¹vŏrn(e) V297, V308.01
¹vŏr-nēmen P: V293ª Vormeten
²vor-nēmen V304, V305. – P: V270
Voreschen, V270.01 Vorstaen, V319ª
Vorstan
vŏrn-hŏvet P: S566ª Sterne, V299ª
Vorhouet
vor-nichten V303. – P: V263 Vorderuen, V323 Vorstoren, V346 Vorwosten
vor-nîen V300
vor-nîinge V300.01
¹vor-nuft V301
vor-nüftich V302. – P: C089 Clook,
E135 Eruaren, V320ª Vorstendich,
W245 Wis. – L: → un~
vor-ŏrdê¹len S: T084.05 Torichten
²vor-râder P: M129.04 Melder
vŏr-rēde V306
²vor-richten P: O035ª Ordelen
vor-rôkelôsen P: R156.01ª Roke-

V429 Vulen, W260ª *Vul*
vor-sůmenisse T122ª
vor-sůmer *P:* T122ª Trach
vor-sůmern(e) *P:* T122ª Trach
¹vor-swinden V325. – *P:* E093.01
Entwisscheren
¹vōrt V328. – *P:* V345ª Vorwert. –
S: A118ª Anker, T043ª Then
²vōrt V327, W296.02
³vort V326
vōrt-an *P:* V257 Vorder
vōrt-bringen V302.04
***vōrt-bringinge** V302.03
¹vōr-tên V330
²vor-tên V329
³vorten V326.01
***vōr-têninge** V329.01
¹vor-tēren V078.02, V331. – *P:*
E152ª Eten, T051 Teren, T052.03
Terret, T078 Tobringen, V262 Vordon,
V416.13 Vtgeuen
vort-ganc *P:* S576ª Stich
vor-tîen V332. – *P:* A022 Aflaten,
V286 Vorlaten
vor-tîinge *S:* A021ª Aflat
vōrt-mêr V333, V335. – *P:* V257ª
Vorder
vor-tȫrnen V334. – *P:* E100 *Er*
vor-twîvelen V336, V337
vor-wārêre *S:* C252.02 Custer
vor-wāringe C252.02ª
vor-wārlôsen V341
vor-welken *S:* W116 Welk
²vȫr-werk V342
vȫr-wērt V345. – *P:* V257ª Vorder,
V328 Vort, V345 Vorwert
¹vȫr-wēser/²vor-wēser *S:* A150

Arseprester
¹vȫr-wēten V349.01, V349.02
¹vȫr-wētenhêᶦt V350.01
vor-wîden *P:* W196 Widen
vor-winnen V349. – *P:* O070 Overwinnen, W235ª Winnen
vor-wît V344
vor-wîten V343. – *P:* V285
Vorkeren
¹vȫr-wōrt *P:* B214ª Bysprake
vor-wôsten V346
vor-wôstinge V346.01
vor-wunden V348
vor-wunderen V347
¹vos V350
vössinne V350ª
²vôt V351. – *S:* B012 Bal, D159
Drade, E033 Eel, H198 Hoof, T040
Ten, T057.01 Tene, V075ª Versene. –
L: ⁓ bî⁓, blâ⁓, drê⁓, vȫr⁓
vôt-dôk *P:* S401ª Sok
vôt-ganc *P:* S576 Stich
vôt-pat *P:* S576ª Stich
vôt-schēmel *P:* L209ª Lvns, S103ª
Scemel
vôt-spōr V352
vôt-stappe *P:* S519.01 Stappe
vôt-wech *P:* S576 Stich, V352ª Votspor
vrâgen F018.47, F018.48, V370. –
P: S407ª Soken. – *L:* ⁓ ût⁓
¹vranke F016. – *S:* A194ª Auion
Vrankenlant (LN) F015
Frankvord (ON) F017
Frankenvorde (ON) F018
Vrankrîke (LN) F013. – *S:* A194
Auion, F014 Fransô ser, P018 Pariis

Fransiscus (PN) F015.01
franzoser F014
vrâs F018.50, V371. – *P:* Q004
Quaas
vrēde F014.01, V371.01, *V371.02*,
V372. – *P:* D003ᵃ Dach, D083ᵃ Dingnisse, S421 Sone. – *S:* G042 Gheleyde,
T089 Toll. – *L:* → un~
vrēde-dach *P:* V076.02 Verste
vrēden V371.03. – *P:* L057ᵃ Leden,
S422 Sonen
¹vrēdesam F014.02, F018.51, V373.
– *P:* B139 Besceden
vrêissem V378
¹vrêse F014.03, V375
²vrêsen F018.53, V376, V377. – *S:*
D029 Dauwen, I048 Iokele, R207
Rvsche. – *L:* → tô~
Vrêslant (LN) F018.52, V374
vrēten F018.54, V378.01. – *P:* E152
Eten, Q005 Quatzen. – *L:* → to~
vrêtich F018.49
¹vrî F018.55, V379, V383.03. – *P:*
L062ᵃ Ledich, Q021ᵃ Qvyt. – *S:* C165ᵃ
Cost
vrî-brêf V379.01
¹vrî-dach V384
fridiwort F002.03
¹vrîen V379.02, V380, V383.01,
V383.02
²vrîen V382
vrîer F018.58, V381
vrîersche V381.01
vrîhêⁱt F018.56, V383
vrisch F011.06, V386, V387. – *P:*
S163 Schone, V074 Vers
vrist *S671.01*

vristen V386.01
vrît-hof F018.57, V385
¹vrô F018.59, V390. – *P:* V393 Vrolich
²vrô V389. – *S:* S429 Spade
vrŏlichêⁱt *P:* F018.62 Freid, V394
Vrogede. – *S:* G133 Grale
vrŏlik V393, V395. – *P:* F018.59
Froe, V390 Vro. – *S:* W161ᵃ Wertscap
¹vrōme V397. – *P:* B063 Bederue,
B131 Beyrue, G107 Good, S026
Salich. – *S:* B039 Baten
²vrōme F018.63, V396. – *P:* D106ᵃ
Doghet, W219 Win
vrōmede F018.65, V399. – *P:*
O077.03 Ouerlender
²vrōmelik *S:* B039 Baten, V398 Vromen
vrōmen F018.64, V398. – *P:* B039
Baten, E079 Enneten, V258 Vorderen,
W235ᵃ Winnen
¹vromhêⁱt *P:* B132 Beyruecheyt,
D106 Doghet
*vrôn-vaste *P:* Q009ᵃ Qvatertemper
vrosch *P:* H285 Hvpper. – *L:* → lôf~
vrost F018.66, V400. – *P:* C126
Colt, C230 Culde. – *S:* D029ᵃ Dauwen
vrŏude F018.62, V394
²vrouwe V408, V409, V410. – *S:*
D087ᵃ Disene, E003.01 Eebreken,
G133ᵃ Grale, N070 Nichtel, S286 Sibille, S405 Sophele, S406ᵃ Soygen,
S698 Swanger. – *L:* → hûs~, junc~,
klôster-jun(c)~, klôster~
vrouwelik V413.01. – *S:* A031
Agate, A034 Agnese
²vrouwen F018.67, V401

*vrouwen-nāme *S:* A121 Anne, B137 Berte, B169 Beyte, C241 Cvnne, G058ᵃ Gerdrůt, H033 Hanne, H170 Hille, I081 Iutte, L199 Lvtgard, M054 Mechtele
vrouwes-nāme *S:* C252.03 Cuneer, N053.02 Nete
²vrucht V402. – *S:* B014 Balseme, B253.01 Blogen, B261 Booc, B292ᵃ Bone, B382 Brumbere, C041 Castanie, H004 Hagebutte, H140 Heerse, K007 Kellershals, M026 Mandele, M070 Meldowe, M143 Mispel, M148.01 Mismas, M203 Moterling, M208 Mvlbere, P006 Palme, P037 Peperling, P045 Persek, Q010 Qvede, R051 Redek, R125 Riis, R152ᵃ Roge, R166 Roor, S222 Seckere, S333 Sle, S469 Spillink, S698ᵃ Swanger, V097 Vikbone, V356 Vpgan, V357 Vpghanck, W187 Wikke, W215 Wilde
vruchtbâr *S:* B122ᵃ Beyrke, G035 Gheyl. – *S:* V404ᵃ Vruchten. – *L:* → un~
vruchtbârhêⁱt V404.01
vruchte F018.60, V244, V391. – *P:* A109 Angest, V018 Vare, V244 Vorchte. – *S:* D096 Doot, D150 Doot
¹vruchten F018.69, V404
²vrüchten F018.61, V243, V392. – *P:* E025 Eysen, S197 Scugen, V243 Vorchten
vrüchtern(e) *P:* S005 Sachheftich
¹vrüchtich *P:* V403ᵃ Vruchtsam
*vrüchtinge L080ᵃ
vrüchtlik *P:* V070 Verlich
²vrüchtlik *S:* A193 Auwe

¹vruchtsam F018.68, V403. – *S:* A193ᵃ Auwe
²vrüchtsam *P:* B250 Bloyde, S005 Sachheftich, V070 Verlich
vrünt V405. – *P:* M003ᵃ Mach. – *S:* A040 Ahten, B161 Besunder, B192 By, C247ᵃ Cus, W161 Wertscap. – *L:* → un~
vrüntlik V406
vrüntschop V407. – *P:* H273.01 Hulde, M004 Magescop. – *L:* → un~
¹vucht F018.70, V417. – *P:* N022 Nad. – *S:* V418ᵃ Vuchten
vüchten V418
¹vul V420, W261. – *P:* D112ᵃ Don, V268ᵃ Vordrunken. – *S:* D026ᵃ Dau, L064 Ledich, N079 Nileken, V431 Vullen, W030 Wan
²vûl *B083.01*, F018.71, F018.72, F018.73, V421, V422, W259, W260. – *P:* T122 Trach. – *S:* V427 Vullen, V428 Vullen
vûl-bôm V424.02
vul-bōrden V424, W264
¹vul-bōrdich V424.01
vul-bōrt V423
vul-bringen F018.74, V425, W263. – *P:* B112 *Berede*, B113 Bereden, E066 Enden, V426ᵃ *Vullenkomen*. – *S:* B111ᵃ Berede
¹vûlen V421.02, V428, V429. – *P:* T123.02 Traghen
²vůlen F018.75, V427
²vûlhêⁱt V421.01. – *P:* T123 Tracheyt
vul-kōmelike(n) *P:* G050 Gensliken
²vulkōmen V426. – *P:* B112 Berede

vulkōmenhê¹t V426.01
²vüllen F018.77, V431, V432
vüllik *P:* G050ᵃ Gensliken
vulment V430. – *P:* G177 Gruntfeste
fundament F018.76. – *P:* V430ᵃ
Vulmat
vündelinc V433.01
vunke F018.78, V433
¹vûr V434. – *S:* B335 Boten, B349ᵃ
Brant, B352ᵃ Bratme, C220ᵃ Crukke,
E042 Eelement, H127ᵃ Herd, M041ᵃ
Massele, R154ᵃ Rook, S497.01 Spring-
hen, W124ᵃ Wenden. – *L:* → vēge~
*vûr-hāne *P:* V435.01 Wurvorm
vûr-panne F018.79, V435
vûr-stēde *P:* R017.01 Rake
vûr-worm V435.01
vûst F018.80, V436
¹vüste V437

G

¹gāde G002
gādem *P:* B262.01 Bode
¹gāden G003
gādere G004. – *P:* S182 Scrank. – *S:*
H089ᵃ Heke, S334.01ᵃ Sling
gaffel(e) G031 (Gheffele)
galander G005
galgân G008
galge G009
¹galle G007. – *L:* → ērt~
¹galm G006. – *P:* C063 Clank, D116
Don, S052 Scal
gân *E096.01*, G001, G010, G011,

T084.29. – *P:* R083 Resen, T044ᵃ
Then, V019 Varen, W039 Wanderen. –
S: A118 Anker, B094 Beiegenen,
B317ᵃ Bort, B352 Bratme, C219 Crukke, H131 Her, H152 Herwile, I037 Ingan, L209ᵃ Lvns, M153 Myt, N003ᵃ Na,
N004 Na, N098ᵃ Norwegen, O004ᵃ
Ogenblik, R154ᵃ Rook, S284ᵃ Sevensterne, S524ᵃ Stech, S548 Stelte, S698ᵃ
Swanger, T032 Telder, V156ᵃ Vlot,
V252ᵃ Vorde, W022ᵃ Wallen, W175
Westen. – *L:* → ōver~, af~, an~, be~,
ent~, vōr~, vor~, in~, mēde~, nâ~, tô~,
ümme~, under~, up~, wedder~
¹ganc G012. – *S:* G001ᵃ Ga. – *L:* →
blôt~, vort~, vôt~, in~, krûze~, ōver~,
ümme~, up~, wāter~
¹gans G013. – *P:* A047ᵃ Al, A049
Al, I019 Idel, S737ᵃ Swinde, T095ᵃ Tomale. – *S:* G035ᵃ Gheyl, I028 Iherusalem, S490 Sprake, S681ᵃ Sur. – *L:* →
al(le)~
²gans G014. – *P:* G122 Goos. – *S:*
G123ᵃ Gosselen
¹gante G015
gāpen G014.01
¹gār G016, *G016.01.* – *S:* R136 Ro
²gār G017. – *P:* H037 Harde, S737
Swinde. – *S:* B223ᵃ Blank, E020 Egel,
G035 Gheyl, H137ᵃ Hermelen, H290
Huse, N005ᵃ Na, P036 Pepere, S681
Sur, S738ᵃ Swinde, W074 We
¹gārde G018. – *S:* B224 Blanke,
C033 Carse, D225ᵃ Dûngen, G030ᵃ
Gheden, G035ᵃ Gheyl. – *L:* → bôm~,
gras~, hoppen~, wîn~
gārdenêr(e) G018.01

gārden-kers(s)e *P:* K031 Kerse
gārden-kŏme *S:* C137 Cŏme
²gāre G019
gārn *G062.01. – S:* B191 Beweren,
S481ª Spole, S482 Spolen, W059
Warpe. *– L:* → wullen~
gārn-winde G018.02, G062 (Gerne-winde)
¹garst *S:* G063ª Gherst
²garst G021, G063
gart-kŏme C137, K062.16 (Gart-komel)
gartkomel → gart-kŏme
garve G020. *– P:* S156ª Scof
³gast G022, H288ª. *– P:* V399
Vromede. *– S:* L006ª Laden
¹gat *P:* H208 Hol, L168ª Lok. *– S:*
L209ª Lvns. *– L:* → hȏvet~
gatze G023. *– P:* S613 Strate
gâve G024. *– S:* T089 Toll, V282
Vorgheuen. *– L:* → brût~, morgen~
²ge-bêde G026
ge-bêre G027
¹ge-bēren *P:* B126.02 Beren
²ge-bêren *P:* B026 Baren. *– S:* T035
Themen
-ge-bōren *L:* → an~, tô~, wol~
²ge-bōren *P:* B303 Boren
ge-bōrt *P:* B314 Bort, B315 Bort
ge-brek *P:* B366ª Broke
ge-brûken *P:* B380 Bruken, G047
Gheneten, N058ª Neten, N112ª Nvtten
ge-bûwe *P:* B411 Buwe. *– S:* T067
Tymmer, W051ª Warde
gēden G030
²ge-dichte *P:* D072 Dichte. *– S:*
G133 Grale

ge-vallen *P:* B085ª Behaghen
²ge-vērde *P:* G027 Ghebere
gheffele → gaffel(e)
²ge-vôch G079
*ge-vôchsam *P:* G079 Gheuoghe
*ge-vrêsen F018.53ª
gēgenen I022. *– P:* M202ª Moten
gēgenôde *P:* L011 Lagen
gēgen-wārdich I023
gêil G034, G035. *– L:* → bēver~
gêilen G034.01
gêisele G072. *– P:* S715 Swepe
¹gek G029. *– P:* D130 Dore
gecken G028. *– P:* D132 Doren,
D167 Dreghen, T172 Tusschen
¹gēl G033. *– S:* B230.02 Bla werden,
S451.01 Spelling, S469 Spillink
²gel G032. *– P:* L203 Lude
ge-lât *P:* G027 Ghebere
gelden G041. *– P:* G081ª Ghilen. *–*
L: → ent~, vor~, wedder~
¹ge-lêide G005.01
²ge-lêide G042. *– P:* V371.02 Vrede
²ge-lêiden G042.01
ge-lîk G038. *– P:* E069 Enerleye,
E154 Euen, L125 Lik, S404ª Soden. *–*
S: E158ª Euenen, L126 Lijk, O023ª
Oneuen, S675 Sune
²ge-lîken G036. *– P:* L127 Liken
ge-lîkenisse *S:* B213 Byspel
ge-limp *P:* V218 Voghe
gel-kēdel G090.01
ge-löfte *S:* O044 Oruede
¹ge-lȏven G102.02
gēl-sûke G033.01
gelt G040, S478ª. *– P:* S073 Scat. *–*
S: S170 Scot, S667 Summe, T089 Toll,

W136 Wert. – *L:* → drank~, hôren~, un~
¹gelte G001.01
²gelte G039
ge-lût *P:* W247ᵃ Wise
¹ge-mak G043. – *P:* H111ᵃ Hemelicheyt, M007 Mak. – *S:* R088 Reventer. – *L:* → un~
ge-maksam G044
ge-maksāmichêⁱt G043.01
gēmelik G045, G046
¹ge-mêⁱne *O032.01.* – *P:* M072 Mene. – *S:* R063ᵃ Regele, S028 Salter
ge-nâde G102. – *P:* B028 Barmherticheyt, H272 Hulde. – *S:* H091 Heyl
ge-nâden G103
ge-nâden-rîke *S:* G186 Gulden iar
*ge-nêden *P:* D134 Doren
¹ge-nêdich G105
ge-nêⁱchêⁱt *P:* G043ᵃ Ghemak
ge-nême *P:* A122ᵃ Anneme
gēnen G025. – *L:* → up~
ge-nēren *P:* V215 Voden
¹ge-nêt G048
ge-nêten G047. – *P:* N058 Neten, N112 Nvtten
ge-nêtinge *P:* V259 Vordell
-genger *L:* → in~, nacht~, võr~
ge-nôch *P:* T062ᵃ Tidelken
¹ge-nõgen G049. – *P:* N089 Noghen
genslik G050
³ge-rāde *R004.01*, *R005* (Rade)
ge-râden *P:* B107 Bequinen, D077 Dighen, R010 Raden
ge-râtschop G051. – *P:* T018 Thauwe
¹gērde *P:* R126 Ris, R142 Rode

¹gērdenêr(e) G057
Gerdrût (PN) G058
²gêre *P:* S338.01ᵃ Slippe, S416ᵃ Soom.
⁴gēre G052
Gereke (PN) *P:* G059 Gerhart
¹gēren G053. – *L:* → be~
²gēren G055
³gēren G054, G033.02ᵃ
Gerhart (PN) G059
gēr-hûs G060
²ge-richte *P:* C164 Cost
⁴ge-richte *A103.01.* – *P:* B051 Bede, G026 Ghebede. – *S:* B150 Besetten, C024 Capitel, L007 Laden, T038ᵃ Ten, V240 Vorbeden
¹ge-ringe *P:* R004.01 Rade
gēr-kāmer *P:* G060ᵃ Gherhus
gērne G061. – *S:* D176 Drespe, H107ᵃ Hemeke, W023 Walgheren. – *L:* → un~
gernewinde → gārn-winde
gērse G064.01
¹gerste G064. – *S:* G065 Ghersten, R125 Riis
gersten G065
gersten-brôt G064.02. – *S:* G065 Ghersten
Gert (PN) *P:* G059ᵃ Gerhart
gēr-want G066. – *S:* G055ᵃ Gheren, S589ᵃ Stole
gerwen G056. – *S:* L156ᵃ Lowater
gerwêr(e) G067. – *S:* G056 Gheren, L156ᵃ Lowater. – *L:* → wit~
gerwete *P:* C040ᵃ Casele
ge-schicht *P:* S133 Schichte
Ghese (PN) *P:* G058 Gerdrût

Gheseke (PN) *P:* G058 Gerdrŭt
ge-selle G073. – *P:* C238 Cumpan,
G002ª Gade, L023ª Landman. – *L:* →
wander~
ge-selschop V063ª
¹ge-sēte *S:* S023ª Saal
¹ge-sette *P:* S133ª Schichte. – *S:* S277
Sette
²ge-sichte *P:* S288 Sichte, S674.01
Sune. – *L:* → an~
¹ge-sinde G068. – *S:* B149 Besetten.
– *L:* → hûs~
ge-slechte *P:* S328ª Slechte, S511ª
Stam. – *S:* A005ª Abraham
ge-smîde *P:* V033ª Vatinge
¹gest G033.02, G069. – *P:* B125ª
Berme, G019 Gare. – *S:* S543 Stellen
³gêⁱst G070. – *P:* S247 Sele
¹ge-stalt S510 (Stalt)
²ge-stalt *P:* S063 Scapen. – *S:* A032
Agetsteyn, B135 Beril, B231ª Blauot,
H068 Hauscreke, I064ª Isenbort, K007
Kellershals, N037 Negelken, P053ª
Pille, R125 Riis. – *L:* → wol~
²gêⁱstlik G071, *R038.04.* – *S:* A149ª
Archidiaken, B096.03 Belenen, C170
Conuent, P110 Prelate, R088 Reventer
gêⁱstlichêⁱt G071ª
²ge-sunt G074, *W095.03.* – *P:* H092ª
Heel, S677 Sunt. – *S:* N054 Nesen,
N057.01 Nesen, Q023ª Qvicken
¹gêⁱte *P:* S236ª Sege
*gêⁱte-mes G007.01
gêten G075. – *S:* L115 Leuerstok,
S166 Scope. – *L:* → vor~, ût~
¹gêve G076. – *P:* S163 Schone, S590
Stolt, W088 Weddelich. – *S:* C054ª

Ciren
gēvel G077. – *P:* V076 Verst
gēven G024.01, G078, *R012.01,*
T084.41, V211.01. – *P:* V170ª Vmmedelen. – *S:* C030 Caryn, D003 Dach,
D173 Drenken, G042 Gheleyde, M191
Morghengaue, N090ª Nommen, N091
Nomen, S170 Scot, S174ª Scoten, S406
Soygen, S413 Solt, T028 Tegede, T089
Toll, V076.03 Versten, V161 Vmme,
V211 Voder, V236ª Vor. – *L:* → vor~,
ût~, wedder~
ge-walt *P:* M051 Mechte, W281
Wolt
gēwen *P:* G025ª Gheynen, P130ª
Prusten
²ge-wēren *S:* W147.01 Weren
ge-win *P:* F018.63 Frome, G048ª
Gheneyt, V396ª Vrome
¹ge-wōnen G090.02
³gicht G087
¹ᵇgichtich G088
-gift *L:* → vor~, hant~, tô~
gilde G080. *L:* → kôp-lŭde~
gîlen G081. – *P:* B061 Bedelen,
N021 Naschen
gîler *P:* B062 Bedeler, N021.01ª
Nasscher
*ginder-wert G050.01
³gîr G084
¹gîren G085. – *L:* → be~
gîrich G086
gîrichêⁱt G086.01
gischen G087.01. – *P:* S193ª Scucken
²gîsel(e) G082
gisterne G083. – *S:* W077 Wech. –

L: → êr~
¹gît *P:* R125 Riis
*glammen *P:* G099ᵃ Gloyen
¹glans G090
glas G091. – *S:* A078 Alûn, B135ᵃ
Beril, C067 Claar, C117 Coderolf,
G094 Glesen, P139 Pvr, S126 Sceruen,
S439ᵃ Spat
¹glat G089. – *P:* G093 Gled, S339
Slipper
glāven G092
glemmen *P:* G099ᵃ Gloyen
glēsern G094
glêt G093. – *P:* G089 Glat
glēvie G095
glîden G096. – *P:* S377ᵃ Snaven,
V007.01 Vallen
glinster(e)n G097. – *P:* B223 *Blank*,
C065ᵃ *Claar*, P140 *Pvr*, S142 Scinen
glîsenêr(e) G098. – *P:* B009 Baghard
glîster(e)n G096.01. – *P:* G097ᵃ
Glinstern
glöyen G099. – *P:* B223ᵃ *Blank*
glôse G101. – *S:* T058 Text
¹glôsen *S:* T058ᵃ Text
glôt G100
glůmeke *P:* N008.03 Nachtworme
gnāgen G104. – *P:* B217 Byten,
S179ᵃ Scraden. – *S:* T011.02 Tanen. –
L: → to~
gôde *S:* W146ᵃ Werdegen
¹gôde G108
gôder-hande *G112*
²gōderlinc G109
gōdes-hûs G111. – *P:* K025 Kerke
gōdinne *S:* G133ᵃ Grale

gôkelen G114
gôkelêr(e) G113
²golt G115. – *S:* A049 Al, B096.01
Belegen, C065 Claar, E143ᵃ Ese, G183
Gulden, V033 Vatinge. – *L:* → katten~
golt-āmer G119
golt-*feder* G119.02
golt-grôve *P:* G117 Goltkule
golt-kûle G117
golt-schûme G118
golt-smit G116, G119.01. – *S:* G092
Glauen, S551 Stempel
golt-wort *P:* S092 Scheltword
gōr(e) *P:* M170.03 Multworp
¹gördel G120. – *S:* S589 Stole. – *L:*
→ bî~, ridder~
gördelêr(e) G121
gördel-māker *P:* G121 Gordeler
görden G121.01
gorgsen G121.02
gorre G115.01, G116.01. – *P:* G181
Gul
görte *P:* G178ᵃ Grutte
gôs G122. – *P:* G014 Gans. – *S:*
G015 Gante, S697 Swane, V042
Vederue. – *L:* → hāgel~
gôseken *P:* G123 Gosselen
gössel(e) G123
¹got *B126.03*, G106. – *P:* S112 Scepper. – *S:* A008 Adam, B203 Bidden,
D024 Dat, D129 Dorch, D152 Doot,
E109 Eren, L187 Louen, S028 Salter,
S062 Scapen, S570 Steruen, S666
Sume, T028 Tegede, T030 Teken,
W027ᵃ Wanne, W082 We, W330 Wunder. – *L:* → af~
²gôt *B129.01*, G107, *G110*. – *P:*

B131 Beyrue, H166ᵃ Hillich, S026 Salich, V390 Vro, V397 Vrom. – *S:* A154ᵃ Art, B009 Baghard, B016 Bane, B077 Begaan, B096.03 Belenen, B110ᵃ Beraden, B129ᵃ Bernewyn, B150ᵃ Besetten, B195ᵃ Byboyt, C013ᵃ Camille, C027ᵃ Cardemome, G030ᵃ Gheden, H037 Harde, H223ᵃ Holwort, I045ᵃ Io, I063 Isope, I067 Isernhard, L208 Lvne, M133ᵃ Mynte, N037ᵃ Negelken, O050ᵃ Ossentunghe, P053 Pille, R125ᵃ Riis, S015 Sage, S027 Salse, S298ᵃ Syn, V284 Vorkeren, W027ᵃ Wanne, W082 We, W144 Weren, W147.01 Weren, W191 Wicht, W292ᵃ Wonen
³**gôt** *P:* H064 Haue, S073 Scat. – *S:* A159ᵃ Arm, B150 Besetten, D243 Duue, L083ᵃ Leenman, M064ᵃ Megher, T089 Toll. – *L:* → dünkel~, lêen~
gôt-dünken *P:* H003 Haghen
³**gōte** G124. – *S:* S626ᵃ Strom
²**gôthêⁱt** *P:* G108ᵃ Gôde
¹**götlik** G125. – *S:* H091 Heyl
²**gôtlik** G126. – *S:* S028ᵃ Salter
³**gôtlik** G127
gôt-willich *P:* G125ᵃ Gotlik
grâ G140. – *P:* G158 Gryis. – *S:* L098 Lereke, N007 Nachtegale, S310ᵃ Sisek. – *L:* → appel~
gradâle G130
¹**grâde** G128
graf G131. – *S:* B025 Bare
grâ-vinke G151ᵃ
grâhêⁱt G140.01
¹**grâl** G133. – *S:* G110 Gode holden
²**gral** G132. – *P:* E100 Er
²**gram** G134. – *S:* H062 Haten,

H220ᵃ Holt
gransen G135. – *P:* H062ᵃ Haten
gras G136. – *S:* P013 Panse, V358 Vpgan, W084ᵃ Weyde
graß *P:* G086ᵃ Ghirich
gras-gārde *P:* G137ᵃ Grashof
gras-hof G137
grās-*muke* G136.01
¹**grât** G129. – *L:* → kellers~
²**grāve** G138. – *P:* C234ᵃ Cule, G172ᵃ Groue
²**grāven** G139, G139.01, G139.02. – *P:* B200.01ᵃ Bicken, G092 Glauen. – *S:* R140ᵃ Roden, S430 Spade. – *L:* → be~
grâ-wit *S:* H137 Hermelen
grêke G142
Grêkenlant (LN) G141, K062.44 (Kriechenland)
grempelêr(e) *P:* H206ᵃ Hocker
grensinc G102.01, G143
¹**grēpe** G145. – *L:* → hant~
²**grêⁱpe** G144
Grête (PN) G146
¹**grêve** G148
²**grêve** G147. – *S:* P007ᵃ Palantgreue. – *L:* → borch~, lant~, mark~, palanz~
grêven-lant *S:* G150 Grevescop
grêveschop G150. – *L:* → mark~
grēvinc G151
grêvinne G149. – *L:* → mark~
grîfe G152
griffel G153. – *P:* S574 01 Sticke
*****griffel-kõker** G153.01
grimlik(en) G154.02. – *P:* G154 Grimmech, G180 Gruwelik
¹**grimmen** G154.01. – *P:* E144ᵃ Esen
grimmich G134.02, G154. – *P:*

²grôten G171.01

²grôve G172. – *P:* C232ª Cŭle, C233 Cule, C234 Cule, G138ª Graue. – *L:* →
golt~, kopper~, schît~, stê¦n~, sülver~

¹grûde G173

grundel(e) G176. – *P:* S558ª Steynbite

gründelinc *P:* G176ª Grundel, S558ª Steynbite

gründen G175

grunt G174. – *P:* C233ª Cule, F018.76 Fundament. – *S:* D009ª Daal

²grunt-veste G177

*grunt-vestinge *P:* V430 Vulmat

grütte G178

grûwelen *P:* E025ª Eysen, E144ª Esen, G179ª Gruwen

grûwelik G180. – *P:* G154ª Grimmech

grûwen G179. – *P:* E144 Esen

gûdertêrlik(en) *P:* G127ª Gotliken

gûl G181. – *P:* G115.01 Gorre

gülde G182. – *P:* R077 Rente, T071 Tins

¹gülden G183, *G186.* – *S:* L182ª Loyt. – *L:* → vor~

²gülden G184. – *S:* D210 Ducate, I064 Isenbort, N080 Nobele, V108ª Vingeren

³gülden G185

günnen G187. – *P:* W319 Wrigen

günnêr(e) G190. – *P:* V405 Vrunt

günnich G189

gunst G188. – *L:* → un~

günstich A019ª. – *P:* G189 Gvnnich, H220 Holt, V406 Vruntlich. – *L:* → af~, un~

gûste G191

*gûstichê¦t G191.01

H

haffe E151.02

hafner H257.01. – *P:* G166ª Gropenmeker

²hāge V105.02

hāge-bôke H005.01

hāge-butte H004. – *P:* H005ª Hagedorn

hāge-dōrn H005

hāge-dōrnen H006

hāge-drôs H009

hāgel H007

hāgel-gôs H008

¹hāgen H003. – *L:* → be~, mis~

³hāgen H004.01

hāge-wēpe *P:* H004ª Hagebutte

¹hâke H010. – *P:* C185ª Crauwel. – *L:* → kēt(t)el~, lenge~, wedder~

¹hakke H001

hakke-blok H010.01

hakkel-blok H002.01

²hakken H002

*hal *P:* C063ª Clank. – *L:* → wedder~

²hâl *P:* L091ª Lengehake

³hâl H011

¹hālen H012. – *P:* B364 Bringen, L028 Langhen. – *S:* A180 Atmen. – *L:* → er~, nâ~, up~, wedder-ümme~

¹half H013. – *S:* H089 Heke, S069 Scarf, S639ª Stunse, W030ª Wan

half-visch *P:* R068 Rekelink

halfter H017

¹**halle** H014. – *P:* H292 Hutte. – *S:*
S123 Scerne
halm H015. – *S:* A147ᵃ Aar, S474
Spir. – *L:* → strô~
hals H016. – *S:* C211ᵃ Crop, H104
Helsen, T143 Tros. – *L:* → keller~
hals-âder(e) H016.01
hals-bant H014.01
hal(s)-slāgen H016.02
haltere H017.01
halverlinc H105.01 (Helvelink)
¹**hāme** H018. – *P:* K021 Ker. – *S:*
N060ᵃ Nette
hāmel H018.01, H019.01. – *P:*
B337ᵃ Botelink
¹**hāmer** H019. – *S:* S332 Slegel
hāmer-slach H020
hāmester H021
handelen H029, H030
handelinge H031
hāne H028.01. – *S:* C020 Capvn,
C178ᵃ Crakelen. – *L:* → berc~, berch~,
ûr~, wēder~
hangen H032, *T084.40.* – *S:* A118
Anker, B342 Bracke, C081ᵃ Cleppel,
R091ᵃ Ric, S589 Stole. – *L:* → an~, tô~
Hanne (PN) H033
Hanneke (PN) *P:* H033
Hans (PN) H034
hant H022, *L196.01, T084.31.* – *S:*
B012ᵃ Bal, B082 Begripen, B193 By,
E033 Eel, L075ᵃ Lemen, L100 Lesen,
L193ᵃ Luchter, R204 Rvnse, S453
Spenne, V436 Vust. – *L:* → allent~,
al-tô~, võrder~, tô~
hant-becken H025
hant-dwēle H024

hant-vat H023
¹**hant-veste** H028
hant-gift *P:* B266.01ᵃ Bodenbrot
hant-grēpe H021.01. – *P:* H171ᵃ
Hilt
hant-rêⁱken H026
¹**han(t)-trûwe** H025.01. – *P:* B378ᵃ
Brutscad
hantsche H035
hant-werke H027. – *P:* W151
Werkman
¹**hâr** *F011.07*, H036. – *S:* B342ᵃ
Bracke, E020 Egel, H133 Heren, L167
Lok, N062 Nette, R165 Rõpen, T100
Top, V129ᵃ Vlechten
¹**harde** H037, H038
harde-mânt H044
¹**harden** H043
hâr-dôk H036.01
¹**hâren** *P:* H133
hârinc H045. – *S:* B390 Buckinc
harke H046. – *P:* C220ᵃ Crukke
harle H047, H134
¹**harm** H048
harpe H050
harpen H051
hâr-snôr H052
hart *S:* V297ᵃ Vorne
¹**hart** H039. – *P:* S681 Sur. – *S:*
A009 Adamas, B012 Bal, E033 Eel,
H043 Harden, K007ᵃ Kellershals,
K039ᵃ Keserlink, M183ᵃ Moyre. – *L:* →
îser~
²**hart** H042. – *S:* V297ᵃ Vorne
³**hart** H040
***hart-hēkel** H041.01
***hâr-top** *P:* T100ᵃ Top

¹hāse H056
hāsen-ôr(e) H056.01
haspel H057
hassel H058
hassel-nut H059. – *P:* W025ᵃ
Walnot
hâsten *P:* I006 Iaghen
hâstich H060, H158. – *P:* I006ᵃ Iaghen
hāte H061. – *P:* G134ᵃ Gram, N072 Nyit
hāten H062. – *P:* N073 Niden
hātich *P:* N074ᵃ Nidich
¹hāve H064, *V021*
hāvek H065. – *P:* B231 Blauot, V011 Valke
hāver(e) H066
¹hê H070, *H159, S660.* – *P:* I055 Ionne. – *S:* B396.01 Bulle, G015 Gante
hebben H071, *L067.01.* – *S:* E143 Ese, V410 Vruwe
¹hechte H074. – *P:* H105 Helue
²hechte H075
hechteken → hefteken
*hechtelse *P:* H076ᵃ Hechteken
¹hechten H077. – *P:* A115 Anhechten, V031 Vaten. – *S:* A118ᵃ Anker
¹hêde H078. – *P:* W150.01 Werk. – *S:* H080 Heden
²hêden H080
hēderik H084. – *S:* R004ᵃ Rade
¹heffe H085.01. – *P:* B125ᵃ Berme, G069 Ghest, S235ᵃ Seger
hefteken H076 (hechteken)
heften *P:* F018.05 Fassen. – *L:* → an~
¹hēge *P:* H072ᵃ Hekke

¹hēgen H085, H086. – *P:* S437 Sparen
¹hēger H087
hēgester *P:* S065.01 Schare
³hêide H079. – *S:* H083 Heydelberen
*hêidel-bēre H083
³hêiden H081
hêidenschop H082. – *S:* B001 Babilonie, S286 Sibille, T014 Tateren
¹hêil H091
²hêil H092
hêilant H098
hêilebāre *P:* E016ᵃ Edebere, S595 Stork
¹hêilen H095, H096. – *P:* B333 Boten, B334ᵃ Boten. – *S:* A167ᵃ Arste. – *L:* → ût~
heyleghe → hillich
hēkel(e) H073, H088.01. – *L:* → hart~
hēket H088. – *S:* S392 Snok
hecke H072, H073.01, H089
²hê ͥl H089.01. – *P:* G013ᵃ Gans. – *S:* D041ᵃ Degher
³hel H090, H145.01. – *P:* G032 Ghel
¹helde H093
helden H094
³hēlen H097. – *P:* B121 Bergen
helle H100
helle-bārde H104.01
heller H100.01
³hellich *P:* M161ᵃ Mode
hellinc H097.01
helm H101
helm-tê ͥken H102
helpen H103. – *P:* B039 Baten, B143 Bescermen. – *S:* L178 Losen,

L187ª Louen
helsen H104
helve H105
helvelink → halverlinc
hêⁱme H106
hēmede H112. – *L:* → ōver~
*****hêⁱme-gân** *P:* I037 Ingan
hêⁱmeke H095.01, H107. – *L:* →
hûs~
hêⁱme-kōmen *P:* I037ª Ingan
hêⁱmelichêⁱt H110, H111. – *S:* S097ª
Scemede
hêⁱmelik H108, H109. – *P:* H011
Hal. – *S:* A027ª Afside, B009 Baghard,
H097 Heelen, H111 Hemelicheyt,
M050 Mechte, S097 Scemede
hemmel H112.01, H172. – *P:* H165
Heuen, L184 Loue. – *S:* S565ª Stern
hemmel-rîk(e) H173. – *P:* H172ª
Himmel
hêⁱmôde H113
hen H114. – *P:* B194 By, E096 Enwech, W077 Wech. – *S:* S238ª Segel,
W298 Wor. – *L:* → dar~, vŏr~, ōver~,
wol~
hengel H115
hengen H116. – *L:* → vor~
henger(e) H117. – *P:* B267ª Bodele
henken *P:* H032ª Hanghen
¹henne H110.01, H181. – *S:* B371
Broden
Henneke (PN) *P:* H034 Hans
hennep H119. – *S:* H120 Hennepen
hennepen H120
henneplinc H122
hennetaster *S:* H206ª Hocker
Henninc (PN) H121

Henselinn (PN) *P:* H034 Hans
¹hēr H123. – *S:* H138ª Herman
²hēr H122.01, H131. – *P:* W092
Wedder, V159 Vmme. – *L:* → hîr~,
wor~
her-berge H124. – *P:* H286 Hvus
her-bergen H125
her-bergêre H126
¹hērde H128. – *L:* → swêⁱn~, swîne~
¹herden H129, H129.01
*****hēr-dôn** *P:* D115 Doon
⁴hêre H130. – *S:* B264 Bode, C022
Capelan, D002ª Dach, H273 Huldeghen, K020 Kenseler, K048 Kiff, P005
Palas, S023 Saal, S170 Scot, S190
Scriuer, S228 Sedele, S277ª Sette,
S413ª Solt, T089 Toll, V038 Vechtinge. – *L:* → dôm~, erf~, hûs~, kerk~,
lêen~, par~, râdes~, schip~ schôle~,
stichtes~
¹hēren H132
³hêren H133
hēr-vārt H149. – *P:* H123 Her
hergenshêⁱt *P:* S057ª Scalcheyt
hergen-sōne *P:* S056ª Scalk
hêrinc *P:* H045 Harink
hêrlichêⁱt H136
hêrlik H135
Herman (PN) H138
hermelîn H137
herne H049, H137.01
hērolt H139
*****hêrsamichêⁱt** *P:* H136ª Herlicheyt
¹hêrschen H142
¹hêrschop H141. – *S:* H142 Herschen, L080ª Lendeken
hêrschoppen *P:* H142ª Herschen

herse H140. – *S:* P034 Penyg
¹hērt H127
¹herte H053, H143. – *S:* G110ª Gode
holden, M033 Mare
²herte H041, H144. – *S:* H145 Herten, H174 Hint
herte-lêⁱt *P:* I007 Iamer
herten → ²herteren
²herteren H145 (Herten)
hertes-tunge H052.01, H294.01
hert-lēpel H142.01
¹hertoch H054, H146
hertochdôm H054.01, H148
hertōginne H055, H147
hervest H151
hēr-wert H153. – *P:* H122.01 Her. –
S: W250ª Wispelen
hēr-wîle H152
hêⁱsch H154
¹hespe H155. – *P:* A107 Angel
³hesse H157
Hessen (LN) *S:* D137 Doryngen
Hesserlant (LN) H156
¹hêⁱt H160. – *S:* B352 Bratme, E054
Emere, H068 Hauscreke, H107ª Hemeke, H161 Heten, H186 Hitten, K007
Kellershals, T011 Tange, W262ª Wlak
¹hêⁱten H161
²hêⁱten H162, H163
hētich *P:* A019ª Afgunstech
hētisch *P:* A019 Afgunstech, G134
Gram, N074ª Nidich
¹hēven H165
²hēven H164. – *L:* → an~, up~
hēvinge *S:* I026ª Ienen. – *L:* → an~
hiffer-bôm *P:* H005ª Hagedorn
hîgen P: S270 Serden

hykester P: H087ª Hegher
¹hilde H169
*Hildensem (ON) *S:* S060 Scap
Hilgardis (PN) H169.01
hîliken H163.01
Hille (PN) H170
hillich H099 (Heyleghe), H166. – *P:*
S026 Salich, S252 Selich. – *S:* B196
Bibilge, B203 Bidden, C194 Cresem,
E109ª Eren, I028 Iherusalem, I058
Iordan, L187 Louen, S424ª Sonavent,
W224 Winachten
hillichdôm H167. – *S:* C194ª Cresem
hilligen H168
hilligen-stok H168.01. – *P:* O029ª
Opperstok
hilte H171
hinde H041.02, H174 (Hint),
H173.01
hinden H175. – *P:* A041 Ahten
¹hinder *P:* A007.07 Achter, A041
Ahten, H175 Hindene, N002 Na. – *S:*
V238 Vor
³hinder H178.01. – *P:* H178 Hindernisse, H178.01 Hinder, V190 Vnghemak. – *S:* B366ª Broke, W139 Werde
hinder-bôge B274
hinderen H177. – *P:* E007 Echelen,
K023 Keren, S049 Scaden, W142
Weren
hinderlik *P:* S082ª Scedelek
hindernisse H178. – *P:* V190 Vnghemak, W132 Wer
hinder-sādel *P:* B274ª Hinderboghe
hinder-wārt H176
hingest H180

hinken H179
hint → hinde
*Hinrik (PN) H118. – *P:* H183
Hinse
Hinze (PN) H183. – *P:* H034ª Hans,
H118ª Henrich
hîr H182. – *P:* H131ª Her. – *S:*
V159ª Vmme
hîr-vŏr-mâl(e)s H150
hîr-hēr *P:* H153 Herwort
hîr-nâ-mâl(e)s H185
hîr-üm(me) *P:* D022 Darvmme. – *S:*
V160 Vmme
¹hissen H184
hitte H187. – *P:* W156 Wermede. –
S: N063 Netele
hitten H186. – *P:* H161 Heten. – *S:*
O056 Ouen
²hô *A103.01*, H188, H203.01. – *P:*
W001 Wach – *S:* E154 Euen, G077
Gheuel, S290 Syit, S293 Side, T038
Ten
hôchê͡ít *P:* H202ª Hoghe. – *S:* D232ª
Dupe
hŏchlik *S:* V112.01 Vyrlick
¹hôch-tît H189, H190. – *P:* B377
Brutlacht
¹hŏde H192. – *P:* B186 Bewaringe,
W050 Warde, W051ª Warde
³hŏde H193. – *P:* D010 Dalink
hŏdeken H194
hŏden H195, H196. – *P:* B184 Bewaren, W055 Waren. – *S:* H128ª
Herde. – *L:* → be~
hōden-sak H196.01. – *P:* M050ª
Mechte
¹hof H197. – *S:* B224 Blanke. – *L:* →

vrît~, gras~, kerk~, mânen~, par~,
plant~
²hôf H198, H199ª
hô-vārt H257. – *P:* B003 Bach. – *S:*
B008 Baghen
hof-dōre *P:* H089ª Heke
hô-vērdich *P:* D109 Dol
hôf-îseren H198ª, H199
hôf-lādeke H201
hôf-nāgel H200
¹hŏge H202
⁴hŏge *P:* V390 Vro
¹hŏgede H202.01
hŏgelik *P:* L212 Lustlik
¹hŏgen H203
hoyke H204, H243.01. – *P:* M029
Mantel
hôjānen *P:* G025ª Gheynen, P130ª
Prusten
¹hōke *P:* H206 Hocker
¹hŏken H205
*hŏker H207
hōker(e) H206
¹hol H208. – *P:* C234 Cule, L168
Lok. – *S:* B367ª Broke, L019 Lamprede, S546ª Steken, W016 Wake. – *L:* →
knôp~, nēse~, rôk~, schep~, swê͡ít~
²hol H209, H209.01 (Holde)
hol-bōrer *P:* N066ª Neueger
holde → ²hol
hōlden *D006*, H210, H211, H212. –
P: B184ª Bewaren, H071 Hebben. – *S:*
D002ª Dach, D003 Dach, G055ª Gheren, H097 Heelen, L104 Leesten, L187
Louen, L209ª Lvns, N048 Nenerlege,
S589 Stole, T011 Tange, W027ª Wanne. – *L:* → be~, ent~, vŏr~, tô~

²**holder** *P:* E044 Elhorn

holder(n)-bôm *P:* M084ᵃ Mepelterne

holhêⁱt H209.02 (Holdicheyt)

hollander(e) H216

***Hollant** (LN) H215

holle H224

holste H214

holste H214.01

Holstenlant (LN) H213

¹**holt** H218, H219, *S634.01.* – *P:* B013ᵃ Balke, B282ᵃ Bole, B374ᵃ Brůk. – *S:* B122ᵃ Beyrke, B349 Brant, E163ᵃ Exe, H072ᵃ Hekke, H221 Holten, H261 Houel, K030 Kerne, L008ᵃ Laden, L209 Lvns, M084ᵃ Mepelterne, O029 Opperstok, P031 Pedek, P037ᵃ Peperling, P100 Post, R020ᵃ Ramese, R033ᵃ Re, R115ᵃ Rinde, S017 Sage, S149ᵃ Schiue, S408 Sole, S451 Spelte, S453.01 Spengen, S512ᵃ Stam, S549.01 Stemme, S632 Stude, T066 Tymmeren, V214ᵃ Voder, W124 Wenden, W279 Wolt. – *L:* → bôken~, bôssel~, dannen~, dennen~, eschen~, vlāderen~, sôte~, sipressen~, spunt~, wîden~, winkel~

²**holt** H220. – *P:* G189 Gvnnich, V406ᵃ Vruntlich. – *S:* W191 Wicht

holt-appel H208.01

holt-dûve *P:* R119ᵃ Ringeldvve

²**hölten** H221. – *S:* B120 Berchvrede, S332 Slegel, T067 Tymmer

höltik H222

holt-schô H217. – *S:* S548 Stelte

holt-worm H216.01

hol-wort H223

hô-mȯdich *P:* D109ᵃ Dol, H258 Houerdich

hô-môt *P:* B003 Bach, H257 Houart

¹**hôn** H226. – *P:* C231ᵃ Cuken, H181ᵃ Hinne. – *S:* B371ᵃ Broden, C178 Crakelen, S136 Scildepade, V042 Vederue. – Zus. → berc~, *patris~*, rap~, strûk~, ûr~

²**hôn** H227. – *P:* S077 Scauernac, S099 Scemede

hȯn(e) H229.01, H231, *S100*

hȯnen H228, H228.01, H230.02. – *P:* L034ᵃ Lasteren

hȯner(e) H230.01

hônhêⁱt H230

hōnich H232. – *S:* M056 Mede, W152 Werk

hon(n)ich-kôke(n) H234

hon(n)ich-sê(i)m H233

hȯnlik H229. – *P:* S440 Spey

hôn-sprâke H230.03

hôn-sprêkelik H230.04. – *P:* S440ᵃ Spey

hôn-sprēken H231.01

hôp H235. – *P:* H282 Hvpe, S066 Scare, S667ᵃ Summe. – *S:* H068 Hauscreke, H072ᵃ Hekke

²**hōpen** H237

hōpen(e) H236

hōpeninge *P:* H236 Hopene

¹**hōpinge** *P:* H236ᵃ Hopene

¹**hoppe** H238

hoppen-berch H239

hoppen-gārde *P:* H239 Hoppenberch

hoppen-korf *P:* H238.01ᵃ Hoppsyge

hoppen-sîe H238.01

¹hōr H240. – P: D166 Drec
¹hôre H242. – P: T121 Towiff
²hōren H243, H244, H245, H246. –
S: A079 Alue, A116.01 Anhoren,
A118ª Anker, L102ª Leest, P026
Patene, R125 Riis, R133ª Rive, S635
Stum, S705 Swede, V113 Visell. – L:
→ an-be~, an~, er~, vor~, tô~, tô-be~,
up~
hôren-gelt H241.01
hôren-hûs H242.01
hôren-sōne S056ª
horken H247. – P: H244 Horen
hōrn H248, H249.01. – S: B222ª
Blakhorn, H198 Hoof, H249 Hornen,
K021ª Ker. – L: → al~, blak~, êⁱk~,
êⁱn~, el~, ink(et)~, tint~
hōrnen H249
¹hōrninc H250
hôr-ōvel H246.01
¹hôrsam P: V174ªª Vnderdenich. –
L: → un~
²hôrsam S: H273 Huldeghen
hôrsche P: H242 Hore
¹hōrt H241
hōse H251. – L: → ledder~
hōsen-strüppe H251.01
hōs-vētel H252. – P: N026 Natelreme, S266 Senkel
hôst(e) H253
hôsten H254. – P: P130ª Prusten
¹hôt H191. – S: B216 Byrreyt, H194
Hodeken. – L: → bischop(p)es~, vin-
ger~, îser(e)n~, kôr~
²hôt H255
hōt-sak H256.01
hotte H256

hôt-walker(e) S: W117 Welker
¹höü H063. – S: R016ª Raken, V211ª
Voder
hou(w)-bank H266.01
höü-mân(t) H067
höü-schrecke H068. – P: C134ª Colsprinke
höü-sprinke(l) P: H068ª Hauscreke
houwen H069. – P: S370ª Smyten. –
S: B024ª Baarde, E163ª Exe, S180ª
Scrage, S549.01 Stemme. – L: → af~,
tô~, up~, ût~
hôve H262
¹hōvel H261
²hōvel H260. – P: H224 Holle. – L:
→ borst~
²hōvelen H260.01
hōve-lūde S: B187 Bewaringe,
H212ª Holden
hōve-man H266. – P: I073ª Ivnker,
R210 Rvter. – S: W131 Wepener
¹hōven H263. – L: → be~
hōvenêr(e) H262.01
³hōver P: H207ª Hoker
hôvērdich H257ª, H258, H258.01. –
P: A156.01 Archlistich
hôvērdichêⁱt P: H257 Houart,
M161.02 Modicheyt
hovêren H066.01. – P: T107.03 Torneren
hovêrer H066.02
hovêringe P: T107.04 Torneyringhe
hōvesch H264. – P: S163 Schone,
S226 Sedich, S688 Suuerlich, W088
Weddelich
²hōveschen P: T159 Tuchten
hōveschêⁱt H265

¹hôvet H259. – *P:* C142 Cop. – *S:* C206ᵃ Crokele, C249ᵃ Cussen, C249.01 Cussen, N032ᵃ Neden, R204ᵃ Rvnse, T100ᵃ Top. *L:* → vōr~, vōrn~, kûl~ hôvet-gat H259.01
hôvet-man H267. – *S:* A150 Arseprester, W131ᵃ Wepener
hôvet-stat *S:* I028 Iherusalem, R160 Rome
²hûde H294.02. – *P:* D010 Dalink
hûde-vat *S:* R206ᵃ Rvse
¹hûden H269 – *P:* B121 Bergen, B185 Bewaren, H097 Heelen. – *L:* → be~
¹hüf H270
²hûk H271
hucken P: H179ᵃ Hinken
hülde H272, H273.01. – *S:* H091ᵃ Heyl
hülden *P:* H273 Huldeghen
hüldigen H273, *T084.32*
hûlen H274. – *P:* W127 Wenen
hülle *P:* B072ᵃ Beffe
¹hülpe H275. – *P:* A168ᵃ Arsedie. – *S:* B330 Bote, H091 Heyl
hüls H276. – *P:* S346ᵃ Slv
hülse H277
hummel(e) H225
hunderst H279.02, *H279.04*
hundert H279. – *L:* → achte~, vêr~, nēgen~, nēgentich~, ses~, sēven~, twey~
hundertvōlt H279.03
hundert-werve H279.01
*hundes-krût H208.02
hûne *P:* R041 Recke, R081 Rese
hunger H280. – *P:* S349 Smacht

hungeren H281.01. – *P:* H281ᵃ *Hvngerich*, S350 Smachten
hungerich H281
¹hunt *D156*, H278, *R027.03*. – *P:* R146 Rodde. – *S:* B097 Bellen, B342 Bracke. – *L:* → jacht~, weyde~
hüp H270ᵃ
hûpe H282. – *P:* H235 Hoop, S066 Scare. – *S:* I032 Immeswarme
hûpen H283
hüppen H284
hüpper H285
¹hûre H284.01, H291.01
¹hûren H291.02. – *P:* V292ᵃ Vormeden
¹hûs H286, *T082*, *T084.52*. – *S:* A027ᵃ Afside, B149 Besetten, C024ᵃ Capitel, C096ᵃ Clucht, C097ᵃ Cluus, C165 Cost, D044 Dele, G077 Gheuel, G145ᵃ Greppe, H073.01 Heke, H106 Heme, I034ᵃ In, I037 Ingan, I040 Inladen, L006 Laden, M059 Meden, N004ᵃ Na, T075 To, V076ᵃ Verst, V292ᵃ Vormeden. – *L:* → back~, bāde~, bēde~, vōgel~, gēr~, gōdes~, hôren~, kapitel~, klok~, kôp~, kōrn~, lîk~, par~, rât~, richte~, schît~, slâp~, snigge(n)~, spēl(e)~
hûse H290
hûs-vrouwe H289, *M133.10*, *M133.11*
hûs-ge-sinde *S:* H130ᵃ Here
hûs-hê^imeke *P:* H107ᵃ Hemeke
hûs-hêre H288. – *P:* W134ᵃ Wert
hûs-lôk H291
hûs-râd H287. – *P:* G051 Gherascop
hûs-wērt *P:* H288ᵃ Hvshere, W134

in(ne)-schrîwen *S:* B259ª Booc
insel(e) *S:* W140ª Werder
in-setten *S:* S060ª Scap, S585 Stok
in-spechtich I043
in-stēken *S:* S080ª Scede, V213 Voder
instrument *I065.01. – S:* A118ª Anker
in(ne)-wendich *P:* B208 Bynnen. – *S:* B009 Baghard
in(ne)-worp I044
¹io I001, I045, I056
io-doch I052
ionttelt P: D149 Dort
io-tô I060. – *P:* D159 Drade, H152ª Herwile, N106 Nu, R045 Rede
iowel(i)k I061. – *P:* A048 Al, I068ª Itwelk
²îs I062. – *S:* B135 Beril, B362ª Bricke, B363 Bril, V377 Vresen, W016 Wake
îsen-bōrt I064. – *P:* G119ª Goldamer
²îseren *I065.01*, I066. – *S:* H093 Helde, N037 Negelken
îser-hart I067
¹îser(e)n I065. – *S:* A106 Aneboyt, A118 Anker, B232 Blek, C227ª Crusel, I066 Iseren, L160 Lŏden, L209ª Lvns, N015 Nagel, N043.01 Neden, N103 Noytstal, S075ª Scave, S317 Slage, S518 Stapel, S659ª Sulexse, T011 Tange. – *L:* → bōr~, brant~, hôf~, kîm~, knôp~, ribbe~, ros~, schāf~, schāve~, spôl~
îser(e)n-hôt I062.01
îser(e)n-krût *P:* I067ª Isernhard

îslik *P:* A048ª Al
îsôp(e) I063
¹itlik *P:* A048ª Al, I068 Itwelk
itsons *P:* N106ª Nu
itsunt *P:* N106 Nu
ittes-wê P: I068 Itwelk
it(te)-wan(ne) I069. – *P:* O016 Oldinges
it(te)-wat *P:* I015 Ichtwat
it(te)-welk I068. – *P:* A048 Al. – *S:* B202 Bidden
*it(te)-wôr I070
²iü *M156.02. – P:* I046 Iok
iuwel(i)k *P:* A048ª Al
îvesche I072

J

¹jacht I004.01, I007.01
jacht-hunt I005.01. – *S:* W226ª Wint
jāgen I004, I005, I006. – *P:* D159 Drade, T019 Tauwen, V135ª Vlen. – *S:* I024ª Iegher. – *L:* → vor~
jacke I003. – *P:* I057 Iope, T142ª Troghe
Jâcob (PN) I002
jâmer I007, I007.02. – *P:* H280ª Hvngher
jâmeren I008. – *L:* → erj~
jâmerlik I025
jānen I009, I026 (Ienen)
*Janue (ON) *S:* M089 Meer
jâr *G186*, I010. – *S:* A146ª Appril, I012 Iarich, I077 Ivnghe, I078 Ivngelink, K055 Kint, O045 Ost, S258 Sent.

– L: → nîe~
jârich I012
jârlik I011, I014.01
jâr-mark(e)t I013
jâr-pacht I003.02
jâr-tins I003.01, I012.01
jâr-tît I014
¹jêder I018.01
jēgen I021. *– P:* E089 Enthegen,
T025ᵃ Theghen, T026 Teghen, W092ᵃ
Wedder
jēgen-setten I021.01
*jēgen-setter I021.03
*jēgen-settinge I021.02
jēger I024
jēne I055. *– P:* H070 He
ienen → jānen
Iericho (ON) I024.01
Jêrusalem (ON) I028. *– S:* I058
Iordan
*Jêsus (PN) I029
jȫde I049
jȫdeschê^it *P:* I051 Iodescop
jȫdeschop I051
jȫdisch I050, *I051.01*, *I051.02*. *– S:*
A005 Abraham, I028ᵃ Iherusalem
jôdût(e) I053
jȫget I054
¹jok I047
²jȫk I046
jȫkel I048
jȫken *P:* I071 Iucken
jȫpe I057. *– P:* I003 Iacke, T142
Troghe, W028 Wambos
Jordân (FN) I058
Iordan (PN) I059
jûche *P:* S402 Sod, W309 Wos

jucken I071
jückinge I071.01
junge I077
jüngelik I074.01, I078.01
jüngelinc I078, N075ᵃ
jüngen I079, I080
junc I076. *– S:* A012 Adeke, G133
Grale, H205 Hoken, I075ᵃ Ivnkvrowe,
I079ᵃ Iungen, L017 Lam, S392 Snok,
S565.01 Stier, V227 Vole, V297 Vorne, W167ᵃ Weze
junker I073
junc-vrûw(e) I074, I075, M212.01
Munten. *– L:* → klôster~
Jütte (PN) I081

K

kabbelen K047. *– P:* C059 Claffen,
C163 Cosen, S233ᵃ Segen, S373
Snacken
kabelau K062.35
kabûs *P:* C239ᵃ Cumpost
kachel(e) C001. *– S:* E106 Erden
kaf C002, C047 (Caue), K001.01,
N023ᵃ
kâk C002.01
¹kal C003
kaldûne C125.02
kalf C004, K001.02, K012.01,
K013.01. *– P:* R116.01ᵃ Rindeken. *– S:*
K013 Kelueren. *– L:* → mēr~
kalhê^it C003.01
kalk C005, K008.01. *– L:* →
spār(e)~
kalk-rȫse C006

calmaar C007, C134.01 (colmaar)
¹**kam** C008, K016.01. – *L:* → nēte~,
pērde~, ros~
cam → ¹kōmen
kamêl C011
kāmer C012. – *P:* B265 Bode,
M007ᵃ Mak. – *S:* C049ᵃ Celle, C096
Clucht, H111 Hemelicheyt, K015
Kemnade, O060 Ouer, P005 Palas,
R088 Reventer, S023 Saal, V361 Vppe.
– *L:* → gēr~, mōnikes~, slâp~
kāmerersche C252.05 (Camerisse)
camerisse → kāmerersche
kamfer C008.01
kâmich C010. – *P:* S054ᵃ Scal
kamille C013
kamp C014. – *P:* V037ᵃ Vechtinge
¹**kān** *P:* S108ᵃ Scep
kanêl *P:* R116.01 Rindeken
kanne C016, K003.04. – *S:* C223ᵃ
Cruke, H115ᵃ Hengel, L036 Laten
kannen-gêter C017
kanonîe *S:* S572 Stichte
kanōnik C015
kanonisî(e) *S:* S572ᵃ Stichte
kāpen C023
¹**kapitel** C024
kapitel-hûs C025. – *P:* C024ᵃ
Capitel
kap-kōgel C019
kappe C018. – *S:* A192 Augustiner
kappel(l)ân C022
¹**kappel(l)e** C021
kappes *P:* C239ᵃ Cumpost
kappûn C020
karch C028, K028.01
¹**kārde** C037

kardemôm C027
kardinâl C026
kāre C029, K003.03
karên(e) C030
carne → ²kerne
carnen → ²ᐟ³kernen
¹**karpe** C032, K003.01
karten-spil C038
kartûser C039. – *S:* M178 Monyk
caruele → kervel
kas C045. – *P:* C046ᵃ Catte
kāsel(e) C040
kastanie C041
kastānien-bôm C041ᵃ, C042,
K009.01ᵃ
kaste C043. – *P:* A157 Arke, S060
Scap, S187 Scryn. – *S:* I034 In. – *L:* →
sicht(e)~, spîse~
kastîen C044. – *P:* S455 Spengen
¹**kâter** *P:* C045ᵃ Cas. – *S:* M038ᵃ
Maarte
Katherina (PN) *S:* A014 Advent
katte C046, K003.02. – *S:* C045
Cas, M038ᵃ Maarte
katten-golt *P:* C064ᵃ Claar
kauke *P:* D110ᵃ Dole
caue → kaf
¹**kāvel** *P:* S376ᵃ Snauel
kēde K001
kēdel *P:* B375 Bronige. – *L:* → gel~
kēgel K002. – *P:* K050 Kyil
kēgelen K002ᵃ
keyser K040. – *S:* P007 Palantgreue,
S190 Scriuer
keyserinne K041
¹**keyserrîke** K042
kēke *S:* K062ᵃ Kiwe

kēt(t)el-hâke K046.01
kettelen K046
ketter K043
ketterîe K044
kēver P: S285 Seuer
kichere P: S222ᵃ Seckere
¹kîf K048, K049. – P: C199 Crych, P071 Plas, S620 Strid, T179 Tweydracht, T187 Twidracht, V095ᵃ Vigenschopp. – S: P078 Plengen, S422ᵃ Sonen
kîken K049.01. – P: S444ᵃ Spegen
¹kîker P: S443ᵃ Speer
¹kîl K050. – P: P082ᵃ Plok
kîlen K051
kîme K052. – P: S500 Sprote
kîmen K053
kîm-îseren S: S659ᵃ Sulexse
kin K054
kindel-bedde K058
kinder-spil S: B011 Bal, D094 Docke, S155 Scokrede, T015ᵃ Tarten
kint K055, S684.01. – S: C175ᵃ Cram, L199.01 Lud, S575 Stikke, S685ᵃ Susen, S686 Susen, S698 Swanger, T015 Tarten, W103ᵃ Wegghe, W167ᵃ Weze. – L: → erve~, stêf~, wēne~
kinthê^i t K056
kintlik K057
²kip K059. – L: → kōgel~
kîpe K060. – P: C154ᵃ Corf, K062.25 Korff
¹kîs S: C220ᵃ Crukke
kiste P: A157ᵃ Arke, C043ᵃ Caste, S187ᵃ Scryn. – S: I034ᵃ In
kîven K061, K061.03. – P: C200

Crygen, P078ᵃ Plengen, V036ᵃ Vechten. – S: C205 Cryten, S088ᵃ Scelden
kîver P: V036.01 Vechter
kîvinge K061.02
kîwe K062
kîwen K052.01, K062.40
klachter C058
klaffen C059. – P: C080ᵃ Cleps. – L: → be~
klāge C060
klāgen C061. – P: S203ᵃ Sculdigen. – L: → an~, be~, vor~
klāginge P: S183.03 Scriginghe
klam C062
klāmer P: C177 Crampe
klanc C063. – P: G006 Galm, S052 Scal. – S: G032ᵃ Ghel. – L: → wedder~
klappen P: C059ᵃ Claffen, C080ᵃ Cleps
¹klapper C079.02
¹klâr C065, C066, C067. – P: A049 Al, F006 Fyin, I019 Idel, L049 Lecht, L216 Lutter, P139 Pvr, P140 Pvr, R071 Rene, S146 Scir, S147 Sciren
²klâr C064. – S: A032 Agetsteyn
klâren P: S147 Sciren
¹klauwe C069, C069.01
cle, kle → ¹klê^i ver
Clawes (PN) C068
klê^i den C073. – S: C072ᵃ Clet, W034ᵃ Want
klê^i dinge C071.01
kley P: M093ᵃ Mergel
¹kleyen C074. – P: C183 Crassen
klê^i men C075. – L: → an~
clemerr P: C095ᵃ Clucht
¹klemmen C076

klemper(e)n *P:* C083ª Clymmen
klê'n *C070.01,* C077, *C077.01,*
C102.01, S035.01. – *P:* L217ª Luttek,
L218ª Luttink, M132.01 Mynner, V217
Voghe, W128 Wenich. – *S:* B168 Bete,
B173 Betonie, B216 Byrreyt, C021ª
Capelle, C071ª Cle, C119ª Côgeler,
D224 Dun, E119ª Erkener, G123ª Gos-
selen, H083 Heydelberen, H194 Ho-
deken, H260ª Houel, L141 Line, L174
Los, L209 Lvns, M111ª Meyse, N062
Nette, P000.02 Paat, P058ª Pinne,
P090ª Pôôl, S093 Scelle, S136 Scilde-
pade, S475 Spirlink, S526 Stekele,
S544.01 Stekelinck, S632 Stude, S639ª
Stunse, T002 Tabugere, T013 Tarant,
V151 Vlo, W186 Wikbelde
klê'nhê't *P:* C078ª Clenoyde
klê'n-ôde C078
klēpel C081
kleppe C079. – *P:* C085ª Clinke
kleppen C078.01. – *P:* C090ª
Cloppen
¹klepper *P:* C080ª Cleps
kleppesch C080
¹klê't C072, *C073.01.* – *P:* R137
Roc. – *S:* A079 Alue, A088ª An, A130
Antien, B298 Borde, G052ª Ghere,
H259.01ª Houetgat, N011ª Naat, N034ª
Neghen, P141ª Pvrpvr, R091ª Ric,
T045 Then, V212 Voder, W034 Want.
– *L:* → nēder~
klette *P:* C087ª Cliue
klēven *P:* C075ª Clemen
¹klê'ver C071 (Cle), K010.01 (Kle)
klê'ver-blat *P:* C071ª Cle
cleypere C079.01

klîe C082. – *P:* G168ª Grot
klimmen C083
klingen C084. – *P:* C078.01 Cleppen
klinke C085. – *P:* C079 Cleppe
²klistêr(e) C086
klîve C087
klîven *P:* S431ª Spalden
klôk C089. – *P:* A156.01 Archlistich, B088 Behende, C242 Cundich,
E135 Eruaren, L154 Listich, S134
Scide, S380ª Snedich, S738ª Swinde,
V302 Vornunftich, V311 Vorsichtich,
V320 Vorstendich, W245 Wis. – *S:*
D131ª Dorechtech. – *L:* → un~
klôken *P:* L177 Lôsen, T019
Tauwen
klôkhê't C090.01
klok-hûs C088.01, G098.01
klocke C088. – *S:* C081 Cleppel,
D164.01 Drenkel, G032 Ghel, L202
Luden, S093 Scelle, S478 Spise. – *L:* →
S234 Seyger
klöckener C088.02. – *P:* O028 Opperman
klocken-lûder S093.01
clongel C218.08
kloppen C090. – *P:* B285ª Bolderen.
– *S:* C079.02 Clepper
klosse C092.01
klôster C091. – *S:* A001ª Abbet,
C021 Capelle, R088ª Reventer, S572
Stichte, S572.01 Stichte
klôster-vro(u)we C092. – *P:* N109
Nvnne
klôster-jun(c)-vro(u)we *P:* C092ª
Clostervrowe
klôt C093. – *S:* B325ª Boysklot,

S262ª Senewolt. – *L:* → bôs(s)el~,
drîve~
klouwen C070. – *P:* C074ª Clegen. –
S: S185 Screpen
¹klōve C093.01, C094
klôven *P:* S431 Spalden
clucht → ¹/²kluft
¹kluft C095 (clucht)
²kluft C096 (clucht)
klugel-**stok** *P:* G018.02ª Garnewinde, G062ª Gernewinde
cluns *P:* C099 Clute
klüppel C113.02
klûse C097
klûsenêre C098. – *P:* E083 Ensedel
klût C099
klûteren C100
klûven C101. – *P:* S431ª Spalden
klûwen C102, *C102.01*
knāpe C103, K062.02. – *P:* V060
Vent
knê C104, C106.01, K062.03. – *S:*
D032 De, S106 Scene, W008 Wade
knecht C106, K062.07. – *P:* C103ª
Cnape, D057 Dener, K062.02 Knape,
V060 Vent. – *S:* C105ª Cneden, M059ª
Meden. – *L:* → schilt~
knēden C105, K062.04
knēpel C104.02. – *P:* C081ª Cleppel
knê-schîve C106.02, K062.05. – *S:*
S106ª Scene
***knê-tridele** C104.01
knîpen C107, K062.06
knippel-stêⁱn *P:* C093ª Cloot
knobbe C108
knōde *P:* C108 Cnobbe
knōke C109, K062.08. – *P:* B100

Been. – *S:* C111.03 Cnoster, C215 Crosele, G128 Grad. – *L:* → rügge~
knōkel C110, K062.09
knôp C111, K062.10. – *P:* C108ª
Cnobbe. – *S:* C112 Cnutte
knōpen C111.02. – *L:* → tô~, up~
knôp-hol K062.11
knôp-îseren *P:* K062.11ª Knophol
knôp-wort K062.12
knoster C111.03. – *P:* C215ª Crosele
knuf-lôk C113.01, K062.15. – *S:*
S451 Spelte
knüppen *P:* S619 Strikken
knutte C112, K062.13. – *S:* R079
Repe
knütten C113, K062.14. – *P:* S619
Strikken
kô C114. – *P:* R116ª Rynd. – *S:*
B381ª Brummen, B396.01 Bulle, P013ª
Panse
kobêbe C115
kô-dêf C116.01
²kōder C117.01
kōderen *P:* C163 Cosen
kōderolf C117
kōgel C118. – *S:* K059 Kip. – *L:* →
kap~
¹kōgelêr(e) C119, G121.03
kōgel-kip *P:* K059ª Kip
¹kogge C120
kok C116, K062.53
¹kôke C121. – *S:* C212ª Croppele,
K062.37 Kropele, V120ª Vlade. – *L:* →
eyer~, panne~
²kōke C124, K062.52. – *S:* R133
Rive

kôp-lŭde *S:* W236 Winnen
kôp-lŭde-gilde *S:* G080 Ghilde
kôp-man C146, K062.20
¹kopper C149, K062.23. – *P:* E098ᵃ
Eer. – *S:* C246 Cupperen
*kopper-grôve C149.01, C149.01
koppern C246
kopper-rôk C150, K062.24. – *P:*
H293ᵃ Hutterok
kopper-smit C150.01
¹kôr C151. – *S:* B216ᵃ Byrreyt,
P133ᵃ Pvlpt
koralle C152
²kŏren C153
korf C154, K062.25, K062.41. – *P:*
K060ᵃ Kipe. – *S:* K021 Ker. – *L:* →
almissen~, hoppen~, kûken~, schŏtel~,
spin~, spîse~
kôr-hôt C154.01, K062.26. – *P:*
B072ᵃ Beffe. – *S:* B216ᵃ Byrreyt
koriander C155
kôr-kŏgel(e) *P:* B072 Beffe
kŏrn C153.01, C156, C157,
K062.27. – *S:* A147ᵃ Aar, C066ᵃ Claar,
D176 Drespe, G020 Garue, G168 Grot,
I019ᵃ Idel, M017 Malen, M044 Mate,
M063.01 Meyer, M204ᵃ Muddech,
P031ᵃ Pedek, R016 Raken, T028ᵃ Tegede, V032 Vaten, W031 Wanne
kŏrne-minte C158
kŏrn-hûs *P:* S467 Spiker
kŏrnte *S:* C156 Corn
kornûte K062.28
körsene C159, K062.29
körsenêre *P:* C160ᵃ Corsenwichte
körsen-mēkêr(e) *P:* C160ᵃ Corsenwichte

körsen-werchte C160, K062.30. –
S: G056ᵃ Gheren
korste C167.01. – *P:* R114ᵃ Rinde. –
S: C192ᵃ Crengele
¹kort C161, *W205.* – *S:* B361ᵃ Bref,
O004 Ogenblik
²Kôrt (PN) C162
körtlik(e) *P:* D159 Drade, N079
Nileken
kôsen C163. – *S:* T015 Tarten. – *L:*
→ lêf~
²kost C164, C165, K062.31. – *P:*
S477 Spise. – *L:* → âvent~
kô-stal *P:* C168ᵃ Coue
¹kosten C166, K062.32. – *S:* C165ᵃ
Cost
¹köster(e) C165.01, C252.02
(Custer). – *P:* O028ᵃ Opperman
köstlik C167, K062.33
kouwen C048. – *P:* G104 Gnaghen.
– *L:* → adder~
¹köve C168. – *L:* → meste~,
schâp(e)~
Couellens (ON) C252.06
¹ᐟ²kŏvent C046.01
²kŏvent C169
kŏvesch C171, K062.34
krâ *P:* C188 Crege
¹krabbe C173.01
kraft C172, C173, C187.01. – *P:*
S563 Sterke, W280 Wolt
¹krāge C174
krākelen C178
krâm C175. – *S:* A142 Apoteke,
R052 Ref
krâmêr(e) C191
krâmersche C175.01

krücke C219, C220, C220.01
krum C224. – *P:* S084ª Scef. – *S:*
B342 Bracke, R037 Recht, R095
Richten, S075 Scave
krümmen C225. – *P:* S084.02
Scheyff maken
krûpen *P:* S337 Slingen. – *S:*
K062.36ª Kropel
krûs C226. – *S:* V151ª Vlo
¹**krûsel** C227
krûseminte C228
krût C221, C222. – *S:* A012 Adeke,
A045 Akeleye, A054 Alant, A066 Al-
rune, A117 Annys, B014ª Balseme,
B036 Basilge, B125.01 Bertram, B168
Bete, B173 Betonie, B183 Beuenelle,
B195 Byboyt, B206 Bilsen, B208.01
Byuot, B246 Blod, B305.01 Borghele,
B310 Borrasye, C013ª Camille, C027
Cardemome, C033 Carse, C071ª Cle,
C087 Cliue, C115 Cobebe, C137ª Cô-
me, C155 Coriander, C158 Cornmynte,
C172ª Craft, C173 Craft, C187 Cref-
tich, C196ª Cretelmore, D079 Dyl,
D176 Drespe, D236 Dust, E064 En-
cian, E160 Euerytte, G008 Galgayn,
G030 Gheden, G102.01 Grensinck,
G143 Grensink, H041.01 Harthekell,
H079 Heyde, H083 Heydelberen, H084
Hederik, H119ª Hennep, H140ª Heerse,
H201 Hoofladeke, H223 Holwort,
H291 Hvslok, H294.01 Hartestunge,
I063 Isope, I067 Isernhard, I072 Iue-
sche, K007ª Kellershals, K031 Kerse,
K035 Keruel, K061.01 Kome, L004ª
Lacricie, L009 Ladeke, L042 Lattek,
L044 Lauendele, L115 Leuerstok,

L151ª Lise, L169ª Loek, M067 Melde,
M093.01 Merch, M097 Merle, M113ª
Metre, M133 Mynte, M136 Mirredek,
M220 Muschate, M221 Mvsschaten-
blome, N012ª Naderwort, N037 Negel-
ken, N063ª Netele, O050ª Ossentunghe,
P034 Penyg, P036 Pepere, P048 Per-
tram, P053ª Pille, P096 Popele,
P100.01 Postirnacke, Q010ª Qvede,
R004 Rade, R020 Ramese, R051ª Re-
dek, R075.01 Reynevane, R116.01 Rin-
deken, R125ª Riis, R134 Rive, R165
Rôpen, R166ª Roor, R192 Rvde, R196
Rvken, S027 Salse, S031ª Salueyge,
S068 Scarleye, S092ª Scheltword, S230
Sedewar, S303 Singrone, S522 Stark,
S562ª Stengel, S682.01 Sure, S717
Swerdelle, T065ª Tymea, V022.01 Varne, V060.01 Vennekel, W081 Wêt,
W111 Weghebreyde, W116 Welk,
W157 Wermode, W215 Wilde,
W270.01 Wudendunk. – *L:* → arste-
dîe~, balsam~, ērt-bēr(en)~, hundes~,
îser(e)n~
¹**krûze** C216. – *S:* A118ª Anker
krûze-dach C217ª
krûze-ganc C217
krûze-wēke C218
kûken C231. – *S:* B371 Broden
kûken-korf C231.01
kuckuk C229
¹**kûle** C233, C234. – *P:* G172 Groue,
H208 Hol, P089ª Pool. – *S:* B176 Beuallen. – *L:* → golt~, schît~, stê^in~,
sülver~, wulue~
²**kûle** C232, C235. – *P:* C093 Cloot
³**kûle** C232. – *S:* V113 Visell. – *L:* →

lanchê¹t L025.01, L026.01, L027.02
³lange L027. – *S:* S400 So, W060
Warhaftich, W116ᵃ Welk
langelaftich L029
²langen L028. – *P:* H012 Halen,
R064 Reken, W237 Winnen
lanc L025, L026, L027.01. – *S:*
A079 Alue, A146 Appril, B233ᵃ Blek,
C117 Coderolf, E031 Ekeren, K060ᵃ
Kipe, M029ᵃ Mantel, M033ᵃ Mare,
N043ᵃ Negenogede, R069 Reme, S453
Spenne, S483 Spolworm, T137ᵃ Trint
lanc-mõdich L025.04
lancsam L089, L090. – *P:* M055
Mekelik, S004 Sachte. – *S:* R129 Risen
lanc-wāgen L025.02
lant *B165.01, I051.01,* L020, L021,
M048.01, R160.03. – *S:* B075 Beger,
B098.01 Beme, B187ᵃ Bewaringe,
B212 Biscopdõm, B340 Brabant, B393
Buffel, C130 Colne, D053 Denemerke,
D054 Dene, D138 Dorink, E050 El-
sassen, E051 Elsasser, F008 Flandern,
F013 Frankrike, F014 Fransõser, F015
Frankenlant, F016ᵃ Franke, G142 Gre-
ken, H068 Hauscreke, H157 Hesse,
H215ᵃ Hollant, H216 Hollender, I041
Inlender, I058 Iordan, K007 Kellers-
hals, K048ᵃ Kiff, L023ᵃ Landman,
M036ᵃ Marke, M090ᵃ Meer, M116ᵃ
Misene, M117 Mysen, M126 Myle,
N098 Norwegen, O052 Osterrike,
P128ᵃ Prvcenlant, R113 Ryn, R187
Rvce, S041ᵃ Sasse, S190ᵃ Scriuer, S444
Spegen, S490 Sprake, S704 Swaue,
S706.01 Swede, T014 Tateren, T089
Toll, T137ᵃ Trint, V038 Vechtinge,

V123 Vlanderen, V124 Vlaming, V188
Vngere, V375 Vrese, W020 Wale,
W140ᵃ Werder, W180 Westphall. – *L:*
→ grêven~, môr~
*lant-be-spêer *P:* S443ᵃ Speer
*lant-er-vārer *P:* S443 Speer
lant-grêve L024
*lant-künder *P:* S443 Speer
lant-man L022, L023
lant-wēre *P:* H072ᵃ Hekke
lappe L030
lappen L031. – *P:* B332 Bõten
larve L031.03
¹las L032. – *S:* V297 Vorne
³las L031.04. – *P:* M161 Mode
¹laster L033. – *P:* H230.03 Hõn-
sprake, S058 Scande, S202 Scult, S670
Sunde
lasteren L034. – *P:* S107 Scenden,
W315ᵃ Wraken
³lat L035. – *P:* S429 Spade
lâte-kop *P:* C143 Cop
¹lâten L036, L037, L038, L039,
L108. – *P:* V295 Vormiden. – *S:* D041
Degher, S444ᵃ Spegen, S633 Stugen,
V143ᵃ Vletme, V183.12 Vnderdun,
W123 Wenden. – *L:* → âder~,
af(/āve)~, an~, vor~, in~, tô~
lâter L039.02. – *L:* → âder~
lat-vērdich *P:* M055 Mekelik
¹latîn L040. – *S:* B262ᵃ Bookstaf,
G133 Grale, H041.01 Harthekell,
M178 Monyk, P006 Palme, S270
Serden, S570 Steruen
¹/²latîn *L040.01*
latînesch *L040.02, L040.03*
lâtinge L039.03. – *L:* → vor~

-lender *L:* → ōver~, in~, rîn~, ût~
Lene (FN) L081
¹lenge *S:* C058 Clafter
lenge-hâke L091
lengen L025.03, L088. – *L:* → vor~
lennewant → lîn-want
lēpel L092. – *S:* K011 Kelle, S331
Sleyf. – *L:* → hert~, schep~
lēpel-bret L093
lēpel-vôder L092.01
lepper L031.02
¹lêre L031.01, L094. – *P:* T158ᵃ
Tucht. – *S:* A139ᵃ Anwiser, C024 Capitel, L118 Licht, S298 Syn, S700 Swar,
V305 Vornemen, W032 Wan
lêren G037, L095, L096. – *P:*
A122.02 Anrichten, A138 Anwisen,
D211ᵃ Duden, M108 Mesteren, T159ᵃ
Tuchten. – *S:* S258 Sent, T107 Torney
lêrêr(e) L097. – *P:* A139ᵃ Anwiser
lêringe L097.01
lernen *S:* D025 Dat
lērse *P:* S523ᵃ Stafeyl
²leschen L101. – *P:* D052 Dempen
¹lēsen L099, L100, *S033.01ᵃ*,
T084.26. – *S:* S575 Stikke
¹lest L103, *T088.* – *L:* →
aller(/alder)~
³lêⁱst L102
¹lêⁱsten L104
lêⁱstinge L104.01
¹lêt L106. – *P:* S037 Sank
²lêⁱt L107. – *P:* L058 Leden
lêt-sprēker *P:* H139 Herolt
¹lêve L109. – *P:* G188 Gvnst, V407
Vrunschop
lēve-kôke *P:* H234ᵃ Honnichkoke

¹lêven L110
³lēven *L055.01*, L111, *N110.01.* – *S:*
A153 Arch, B319 Bose, G133 Grale,
O011ᵃ Olt, R196 Rvken, S258 Sent
⁴lēven *L111.02*, L112. – *S:* V024ᵃ
Vast. – *L:* → wol~
lēvendich L113. – *S:* A053 Alder,
B319ᵃ Bose, C172 Craft, C173ᵃ Craft,
O011 Olt, O012ᵃ Olden, O013 Olden,
O014ᵃ Oldinge, O015 Oldinghe, R195
Rvken, R206 Rvse, S391 Snode, T043
Then. – *L:* → un~
*lēventlik L111.03
²lēver L114. – *S:* M033 Mare
lēver-âder L059.01
lēverstock L115
lêwerk(e) L098
¹liberîe L115.01
licham *B126.03*, L130. – *P:* L121
Liff
¹licht L048, L050, L116.01. – *S:*
C034 Carse, D004 Dacht, K032 Kerse,
L115 Leuerstok, S519 Stapel
²licht L049, L116.02. – *P:* C065
Claar, H090ᵃ Hel
³licht L050.01, L117, L118
²lichte *P:* V100 Villichte
licht-strâle *P:* L052ᵃ Lechtstrime
licht-strîme L052
¹lîden L119, L120. – *P:* D104
Doghen. – *L:* → mede~
¹lîen L124. – *P:* B304 Borghen,
L082 Lenen
¹lîf L121. – *P:* L126ᵃ Lijk, L130
Likham. – *S:* A158 Arm, C011ᵃ Camel,
M050 Mechte, P013ᵃ Panse, S608.01
Stawen, T182ᵃ Tweseling

²löfte L190. – S: W094 Wedderkomen. – L: → ge~
¹lôge L164
lŏgene L165. – P: V196 Vnmere. –
S: B144 Besconen
lŏgenêre L166. – S: B144ª Besconen
lŏgenhaftich P: L166 Loghener. – S:
G110 Gode holden
¹lôk L169. – P: P097 Por. – L: →
hûs~, knuf~
²lok L168. – P: C233ª Cule, C234
Cule, H208 Hol
¹locke L167
locken L158
lolle-brôder L205
lombardîe S: P001ª Padavwe
lôn L170. – P: V254 Vordenst. – L:
→ vôr~, schip~
¹lônen L171
¹lôp L172. – S: S565.03 Sternenkunst. – L: → ŏver~, to-sāmene~, up~
¹lôpen L173. – S: R033ª Re, S272ª
Sere, W250ª Wispelen. – L: → ent~,
ŏver~, tô~
lôr-bēre L171.01ª
lôr-bēren-bôm L171.01
¹lôs L175, L176. – P: L062 Ledich,
Q021ª Qvyt. – S: D070 Dicht, L178
Losen, Q022ª Qviten
³los L174
lösche L180
¹lôsen L177, L177.01, L178, L179. –
P: Q022ª Qviten, T019 Tauwen
lôser(e) L177.02
lôsich L173.01. – P: M161ª Mode
¹lôt L181
²lôt L182. – S: Q016 Qventin

lôten L183
löuwe L045. – S: B381 Brummen
löuwinne L046
¹lôve L184
²lôve L185. – S: V024 Vast. – L: →
un-(ge)~
⁴lôve P: L190ª Louede
²lôven L186. – P: T154 Truwen. – S:
W290 Wonen
⁴lōven L189. – P: P120 Prisen,
S302.01 Singhen
⁵lōven L187, L188. – S: H273
Huldeghen, L104 Leesten
lô-wāter L156
Lûbēke (ON) L191. – S: M090 Meer
³lübben P: B337ª Botelink
¹lucht L192. – S: E042 Eelement
⁵lucht L159 (Lochter), L193 (Luchter), L196.01. – S: S291 Side
¹lüchte L194
¹lüchten L195. – S: B225 Blas,
F000.01 Fackel
luchter → ⁵lucht
¹lüchter(e) L196
*lüchte-scherve P: C227 Crusel
¹lûde G112, L204. – S: B319 Bose,
C014 Camp, C170 Conuent, C180
Crank, D048 Delen, D050 Delen, D096
Doot, D150 Doot, E015ª Edel, G042
Gheleyde, G080 Ghilde, G110 Gode
holden, G133 Grale, H212 Holden,
K048 Kiff, L012 Laghe, L188 Louen,
M075ª Meninghe, M223 Mvten, N062ª
Nette, N063 Netele, N098ª Norwegen,
O013ª Olden, O019ª Olghen, R088
Reventer, S066ª Scare, S585ª Stok,
T014 Tateren, T014.01 Tateren, T015ª

M

S689.01, S698.01, V024.01, V371.01, W049.02, W097.30. – *P:* D113 Doon. – *S:* A009 Adamas, A181 Atriment, B155 Besolen, B159 Besweren, B181ª Beuesten, B236 Blenden, B243 Bliwit, B276ª Bôken, B335ª Boten, B371ª Broden, B410ª Butten, C044 Castigen, C051 Cinober, C053ª Cipresien, C054 Ciren, C056 Cirkel, C157 Corn, C218.05 Czunen, C246ª Cupperen, D033ª Dech, D066 Dêren, D132 Doren, D140 Dornen, D157ª Douen, D205ª Drugen, E048 Elpenbenen, E105ª Erden, E106 Erden, E110 Eren, E158 Euenen, F012 Forme, G039ª Ghelte, G148ª Greue, G183ª Gulden, H037 Harde, H088.01ª Hekele, H133 Heren, H145 Herten, H186ª Hitten, H221 Holten, H228 Honen, H249 Hornen, H261 Houel, I066 Iseren, I080ª Ivngen, K029.01 Kerne, K037.01 Kesen, L010 Laff, L061 Leddern, L065 Ledichen, L178 Losen, M012ª Maledighen, M056ª Mede, M076 Mennighe, M105 Mesten, M151 Missinghen, M170.01 Mole, M210.01 Multen, N003 Na, N004ª Na, N059 Netten, P072 Plaster, P078 Plengen, Q022 Qviten, Q023 Qvicken, R047 Reden, R110ª Riken, R121 Rynnen, R199 Rvmen, R201 Rvmen, S010 Sadegen, S124 Scerpen, S147ª Sciren, S180 Scrage, S221ª Sekeren, S294 Siden, S329 Sleckeren, S410 Sôlen, S415.01 Solt, S422ª Sonen, S439 Spat, S478 Spise, S541 Stelen, S546ª Steken, S554 Steynen, S687 Sweren, S721 Sweren, S723

Swerten, T036 Temen, T084.21 Todôn, T166ª Tunen, T184ª Tweuoldigen, V025 Vaste, V033ª Vatinge, V049 Veghen, V083 Vesten, V084 Vesten, V159ª Vmme, V404ª Vruchten, V418ª Vuchten, V427 Vullen, V431 Vullen, W034 Want, W059 Warpe, W064ª Wasschen, W083 Wede, W112ª Weken, W137 Wert, W138 Wert, W144 Weren, W155 Wermen, W196 Widen, W197ª Widen, W256 Witten, W268 Wllen, W315 Wraken. – *L:* → tô~, wedder~
-māker, mēker *L:* → armborst~, dö-ren~, vor-gift~, gördel~, grōpen~, körsen~, kunste~, mest~, pels~, plāte(n)~, rôt~, sādel~, sâlich~, salmen~, salven~, schô~, sêⁱl(e)~, swanger~, tāfel~, trumpe~, worst(e)~
maksam *P:* B106 Bequeme. – *L:* → ge~
¹**mâl** M009, *M009.01*, M010, M011. – *P:* M094 Merke, V130 Vlekke. – *S:* A098 Anderwarue, A184 Auer, B140ª Besceden, D060 Denne, E011 Echt, M094.01 Merken, N082 Noch ens, T087 To ersten, T088 To lesten, T182 Tweseling
maledî(g)en M012, M013
maledî(g)inge M014. – *L:* → vor~
¹**mālen** M017
²**mâlen** M016, M018. – *S:* P059 Pinsel
mālen-slot M019
mâler(e) M015
-mâl(e)s *L:* → vȫr~, hîr-nâ~, hîr-vȫr~
mâl-tît M019.01, *T084.51*

malvesîe M012.01
¹**man** *B320.02*, M020, *M133.09*,
M133.12. – *S:* A004 Abeteker, A005ª
Abraham, B280 Bole, C068 Clawes,
C162 Cord, D069 Detmar, D138ª Dorink, E051ª Elsasser, H121 Henning,
H130ª Here, H138ª Herman, H270ª
Hvf, K015ª Kemnade, K020ª Kenseler,
M050ª Mechte, M064ª Megher, R074
Renhert, S312ª Siverd, S531 Steffen,
S692 Swager, V409 Vruwe, W159
Werner. – *L:* → acker~, ambacht(s,es)~,
berch~, borch~, bûw(e)~, dorp~,
engels~, vôr~, hōve~, hôvet~, kerk~,
kôp~, lant~, lêen~, môr~, opper~, par~,
rât~, schip~, spēl(e)~, stûr~, süster~,
timmer~, werk(e)s~, wîn~
⁵**mân** M021
²**mândach** M023
¹**mandel** M026
²**mandel** M025
mandel-bôm M027
¹**mâne** M022. – *L:* → nîe~
mānen M024. – *L:* → vor~
***mânen-hof** M022.01
māninge M024.01
manc M028. – *P:* T190 Twischen
mannes-nāme *S:* A056ª Albrecht,
B128 Bern, E126 Ernst, F010 Floryn,
H138 Herman, I059ª Iordan
mannich *A073*
mannich-vōldich   M081.04,
M081.07
mannich-vōldichê^i t M081.05
mannich-vōldichliken M081.06
mannigerley(e) M082. – *P:* A062
Allerleye, V175 Vnderdan

***mannigerleywîsich** M082.01
mân-sât *P:* M021ª Maan
manschop M022.02
mânt M024.02. – *S:* A146ª Appril,
H250 Hornunk, O045 Ost. – *L:* →
brâk~, harde~, höü~, winter~
¹**mantel** M029. – *P:* H204 Hoyke. –
S: C159 Corsene
mân-tît *S:* A146 Appril, B347ª
Brakman, M061 Meyg, O045ª Ost
²**mār** M033. – *S:* G110 Gode holden
march M030, M030.01. – *P:* H049ª
Harn
Mâria (PN) M034
³**mark** M035
²**marke** M035.01, M036. – *S:* F018
Frankenvorde
market M037. – *S:* H152 Herwile. –
L: → jâr~, pērde~
market-dach M037.01
mark-grêve M031
mark-grêveschop M048.02
mark-grêvinne M032
mark-lof *P:* H087ª Hegher
mar-schalk M040
mārt M038
marteler M039, M099
²**marter** *P:* Q003 Qvale
marteren M100. – *P:* P066 Plaghen,
Q013 Quelen
¹**masch** M043
māsel M041. – *P:* S498.01 Sprinckel
maser *P:* T013ª Tarant
¹**mast-bôm** M042
²**mât** *P:* A110ª Anger, W168ª Weze
¹**mâte** M044, M045. – *P:* W246
Wise. – *S:* C058ª Clafter, E156 Euene,

Q008.01 Quarter, S404.01 So, S453 Spenne, S606 Stoueken, W250.01 Wispel. – *L:* → bêr~, lit~

mater → ¹mēter

mattân M046

¹**matte** M044.01, *M044.02*, M047

²**matte** M114

mauwe M048. – *S:* S634 Stuke

¹**mechte** M051, M052

²**mechte** M050

Mechtele (PN) M054

¹**mechtich** M053, M053.01. – *P:* C187 Creftich, R134 Rive, S522ª Stark, W282 Woldich. – *S:* G042 Gheleyde. – *L:* → â~, al~, un~

medder(e) M164 (Moddere)

¹**mēde** M057

⁴**mēde** M056

mēde-gân M058

***mēde-hůren** G042.01ª

mēde-lîden *P:* E102.01 Eriammeren

mēde-lîdich *P:* B028ᵃᵃ Baremhertich

mēde-lîdinge *P:* B028 Barmherticheyt

mêden M059. – *P:* V292 Vormeden. – *L:* → vor~

mēde-singen *P:* T084.32 Tohope huldighen

mee → ¹mêr

mēgedeken M005.01

mey M060, M061

Meydeborch (ON) M062

²**meyen** M063. – *S:* M063.01 Meyer

¹**meyer** M064

²**meyer** M063.01

meyersche M064.01

meyster M106, *M106.01*, M107,

M108.02, *M108.03*, *M108.05*, *M108.06*. – *S:* A151ª Arceboue, P131 Pvler. – *L:* → börge~, börger~, bû(w)~, kerk~, râdes~, rente~, sanc~, schôl(e)~, tucht~, werk~

***meyster-dinc** *M106.02*

meysterlik M108.04

meyster(e)n M108

meysterschop M108.01

¹**meytît** M059.01

mek → mî

²**mēl** M066. – *S:* S289ª Sichten. – *L:* → brî~

¹**melde** M067

melden M068, M129.03

***melder** M129.04

mēl-douw(e) M070

¹**mêⁱle** M066.01

²**mēle** M065.01

¹**melk** M069. – *S:* L010 Laff, R121 Rynnen. – *L:* → kern(e)~, plunder~, sēgen~, sûr~

melken M071

melk-vat M071.01

melk-warm *P:* W262ª Wlak.

melm *P:* S587 Stoff, S631 Stubbe

¹**mêⁱne** M072, M079. – *L:* → ge~

mêⁱn-êⁱdich M078. – *P:* T156ª Truweloys

mêⁱnen M077. – *P:* D226ª Duncken, W125.03 Weynen, W290 Wonen. – *L:* → vor~

mengen M081, M081.01, M081.03. – *P:* M152 Misschen. – *S:* A049 Al, G168 Grot. – *L:* → under~

menginge M081.02

mêⁱnhêⁱt M080. – *P:* M075 Menin-

ghe. – *S:* C179ª Crank
mēnie M076
menige M074
mê^ininge M073. – *P:* W125.05 Weyninghe. – *S:* R009 Raden
²mê^ininge M075
mênsch *S:* L210ª Lvnsch
Mênse (ON) M083. – *S:* M177
Mone
mēpeltern M084
¹mêr M049 (Mee), M085. – *S:* V026
Vaste. – *L:* → vōrt~, iem(m)er~,
nümmer~
⁴mēr M087, M088, M089, M090. –
S: H215ª Hollant, M097ª Merle, S216
See, V058 Venidie, W140 Werder
²mêre M091, M092. – *P:* S016 Sage.
– *S:* R006 Radelse
¹mêren M086. – *P:* O008 Oken
⁴mēren M086.01
mêrer M086.02
mergel M093
³mēringe M087.02
¹merk M093.01
mēr-kalf M087.01. – *S:* S253.01ª
Sel
¹merke M094. – *P:* M009 Maal. – *S:*
T029 Teken
¹merken M096. – *P:* M077ª Menen,
P124 Proven, R019ª Ramen, V313
Vorsinnen, V319ª Vorstan
²merken M094.01, M095. – *P:* T031
Tekenen
merkinge *P:* M073 Meninge
merklik M095.01. – *P:* E063
Encket, E077 Enket. – *S:* B259 Booc
merkliken *P:* T031.01 Tecklyken

merle M097
²merlinc M098
mer-rēdik M136. – *P:* P036ª Pepere
*mēr-risch *S:* R166ª Roor
*mēr-stērne *S:* N093 Norden
mēr-swîn M101
Merten (PN) *S:* T014.01 Tateren
mēr-wîf M101.01
mēr-wunder M102. – *P:* W331
Wunder
¹mes M103, M138. – *S:* B299ª Bore
mes-bŏre *P:* B299ª Bore
²mê^ise M111
mê^isen-*kar* M111.01. – *P:* B403ª
Buur
mes-vālt *P:* M138ª Misse
mê^issel M109
messen M103.02
¹mê^ist *S:* M074 Meninge
²mest M104, M109.01. – *P:* L076ª
Lemmelen. – *S:* H074ª Hechte, S075
Scave, S080ª Scede, S384 Snide, S546
Steken, W067 Wate. – *L:* → schēr~,
schrîver~, stēke~, wîn-gārde~
meste-kōve(n) M103.01
mesten M105
meste-smit M110
mest-māker *P:* M110ª Messersmet
mest-werchte *P:* M110ª Messersmet
¹metal M048.03
¹mēten M112. – *S:* M044 Mate
¹mēter M009.02 (Mater)
²mêter M113
mêtichê^it *P:* M045 Mate. – *L:* →
vor~
¹mette M115
Metteke (PN) *P:* M054 Mechtele

Mettele (PN) *P:* M054 Mechtele
metten-bôk M115.02
metten-tît M115.01
mî M065 (Mek), *M155.* – *S:* L108ᵃ
Let, S681 Sur
mid-dach M120, *N092.01.* – *P:*
N092 None. – *S:* I031 Immet, N093
Norden, S648 Suden
¹**middel** M123.01. – *S:* I028
Iherusalem, M177ᵃ Mone, P031ᵃ Pedek
middelen M123
¹**middeler** M124
***middel-vinger** M124.01
middel-mâtich *S:* S314ᵃ Slacht
middel-mêtich M122. – *S:* S314
Slacht
midder-nacht *P:* N093 Norden
mîdeler M119. – *P:* S098 Scemende
mîdelik *P:* M119ᵃ Midelern
mîden M118. – *P:* S198 Scugen. –
L: → vor~
mîge M125. – *P:* N061 Nette, P063
Pisse, S217ᵃ Seyge
mîgen M125.01. – *P:* P064 Pissen,
S218ᵃ Seygen
***mîge-pot** M115.03
¹**milde** M127, M128, M129,
M129.02. – *P:* S471 Spilde, S477.02
Spiselick. – *L:* → un~
mildichêⁱt M127.01, M129.01. – *L:*
→ un~
¹**mîle** M126
milte M127.02
¹**mîn** M130
²**mîn** M131, *M133.01 - M133.15*
³**min** M132. – *S:* B086ᵃ Behaluer
²**minner** M132.01

minneren M134
minsche *B138.04*, *B138.07*,
K061.03, L040.03. – *P:* L204 Lude. –
S: A008 Adam, C058 Clafter, C212.01ᵃ
Cropel, D098 Dod, D138 Dorink, D152
Doot, D213 Dudis, E015 Edel, E041
Elende, E051 Elsasser, E100ᵃ Er, E135
Eruaren, G011 Gan, G082 Ghisel,
G142 Greken, K015 Kemnade, K017ᵃ
Kemper, K055 Kint, L063 Ledich,
L126 Lijk, M033 Mare, N036ᵃ Negel,
P134ᵃ Pvls, R204 Rvnse, S015 Sage,
S097ᵃ Scemede, S164 Scone, S209
Scvppen, S291ᵃ Side, S314 Slacht,
S357 Smecken, S544ᵃ Stellen, S570
Steruen, S608.01 Stawen, S704ᵃ Swaue,
T093 Tollek, T182 Tweseling, V124
Vlaming, V188 Vngere, V375 Vrese,
W125.01 Went, W167 Weze, W180
Westphall
minschêⁱt *S:* B014 Balseme
minte M133. – *L:* → velt~, kōrne~
mirre M135
mirsel-**stêⁱn** M197.02
²**mis** M137
¹**mischen** M152
mis-dât M149. – *P:* Q001.01 Qvade
daet, O068 Oueldaet, V184 Vndat
mis-dêder *P:* Q001.02 Qvadeder
mis-dêdich M140
mis-drāgen *P:* T177ᵃ Twigen
mis-dünken M139. – *P:* T191 Twiuellen
mis-hāgen M141. – *P:* E007 Echelen, S090 Scelen
mislik M142. – *P:* A190 Auenturlich
mis-lôven *P:* T191 Twiuellen

mis-lŏvich *P:* T192 Twiuelhaftich
mismas M148.01
mispel M143
mispel(en)-bôm M144
misse M146. – *S:* S589 Stole. – *L:* →
kerk~, sêl(e)~
misse-bôk M147
misse-hākel *P:* C040 Casele
¹missen M145. – *P:* F001 Feylen
³Mîssen (LN, ON) M116, M117. –
S: D141 Dornse
mîssener M117.01
misse-want M148. – *P:* G066 Gherwant. – *S:* A079 Alue, G055 Gheren
missingen M151
missinc M150. – *P:* E098 Eer. – *S:*
M151 Missinghen
mit M153, *M154, M155, M156,
M156.01, M156.02.* – *P:* M057 Mede
mîte M138.01
mit-êⁱn-ander M157. – *P:* A047 Al,
A076 Altomale, M028ᵃ Mank, P138
Pvr, T108 Tosamen. – *S:* H068 Hauscreke, I019 Idel, T182ᵃ Tweseling
mit-wēke(n) M121
moddere → medder(e)
¹mŏde M161, *M161.06*
²mōde M161.01
*mŏdelik M164.01
¹mŏden M161.07
³môden M159. – *L:* → af~, an~
¹môder *B279, M133.02, M133.04,
M133.08*, M163. – *P:* M176ᵃ Mome. –
S: H174 Hint, O020 Oom, W167
Weze. – *L:* → bāde~, grôte~, ōlder~,
ōver-elder~, pērde~, rê~, stêf~, swîne~
môdich M160, *M161.03*

-môdich *L:* → dê~, hô~, lanc~, ôt~,
ōver~, sacht~, un~
¹mŏdichêⁱt M161.04, M161.05
²môdichêⁱt M161.02
mŏdinc M162. – *P:* S056 Scalk
¹mōgelik M167. – *P:* B205 Bilken
¹mōgelichêⁱt M167.02
mōgen M166
môi *S:* C050ᵃ Cepter
¹mŏyen M165. – *P:* D199 Drouen
mŏyichêⁱt M170.02
Moyne (FN) M177. – *S:* F017ᵃ
Frankvord
¹mol M168.01, M207 (Mvl)
²mōl M168
molbe P: M225ᵃ Mvtte
molde M172
mōlder M173
mŏle M169, M170.01. – *L:* → pē-
per~, sennep~, walk(e)~
mōlen-stêⁱn M171
mölje P: W113ᵃ Wekebrot
molken M174. – *S:* S237ᵃ Segen
molken-tŏversche M167.01,
M174.01
möller(e) M170 (Molner)
molner → möller(e)
¹molt M175. – *S:* D018 Dare, D066ᵃ
Dĕren, M210.01 Multen, T084.11 Tohopebrenghen
mōl-wêk *S:* M168ᵃ Mol
molt-worp M170.03 (Multworp). –
P: W239 Wintworp
mŏme M176. – *P:* K062.28ᵃ Kornute, M163 Moder, M164ᵃ Moddere. –
S: B279ᵃ Bole
mōnik M178. – *S:* A192ᵃ Augustiner,

B105 Benedictiner, C024 Capitel, C039 Cartuser, C049ª Celle, P109ª Predeger. – *L:* → bed(d)el~
*mõnikes-kāmer *P:* C049 Celle
môr-bēre M178.02
môr-bēren-bôm M178.01
mōrden M181. – *P:* S624 Stroden
mōrdêr(e) M048.04, M180. – *P:* S625ª Stroder, S629 Strukhon
²mõre M182, M183.01. – *L:* → krētel~
³mõre M183. – *P:* M168ª Mol
¹morgen M184, M187. – *S:* E152ª Morgeneten
²morgen M185, M196
³morgen *M048.01*, M186
morgen-brôt M190
morgen-ēten E152. – *P:* I031ª Immet, M190ª Morgenbroyt
morgen-gâve M191
morgen-stērn(e) M188
morgen-stunde M189
²morken M193
²môr-lant M194
môr-man M192
mormel-stê[i]n M195. – *S:* A055 Alabaster
*mormel-stê[i]nich M195.01
mōrt M179
¹môs M197. – *L:* → appel~
²mos M198
*mos-bedde M197.01
möser M199. – *S:* V113 Visell
most M219
mostart *P:* S268ª Senp
môt M158. – *P:* S247 Sele. – *L:* → hô~, õver~, wedder~

²môte M200. – *P:* W205 Wile
¹môten M202. – *P:* B094 Beiegenen, I022 Ieghenen
²môten M201
moterlinc M203
mõtich *P:* L063ª Ledich
môt-willich *P:* S656 Sulffweldich
muddich M204
mügge M205
¹mûl M210. – *P:* V119 Vlabbe
²mûl M206
³mül *P:* S631ª Stubbe
mvl → ¹mol
mûl-bēre M208
mûl-bēr(e)n-bôm M209
mülten M210.01
multeren *P:* M112ª Metten
multworp → molt-worp
mündich M210.02
¹münster M213
*Münster (ON) M213ª
¹munt *P:* M210 Mvle, V119 Vlabbe. – *S:* K054ª Kin, S403 Sodeslucken, T046 Thene
münte M211
¹münten M212.03
²münten M212.01
münter(e) M212
mûre M214. – *S:* K009ª Kelken, W033 Want, W124 Wenden
mûren M214.01. – *S:* K010 Kelle
murmelen *P:* M215 Mvrren, R202 Rvnen
murren M215
murringe M215.01
¹mûs M216. – *S:* R029ª Ratte, S544 Stellen. – *L:* → vlēder~

muschel M222. – *S:* P039 Perle
mûse-valle M217, V008
mûsen M212.02
muscâte M220
muscâten-blômen M221
muscâten-nēgel M221.01
¹mûten M224
²mûten M223
¹mutte M225
mütze M218. – *P:* H294ᵃ Huve. – *S:*
B216ᵃ Byrreyt

N

nâ N001, N002, N003, N004, N005.
– *L:* → achter~, bî~, vil~
²nâber N029 (Neber)
¹nacht N006, *N007.01.* – *S:* H271
Hvuk, M033ᵃ Mare, S284 Sevensterne.
– *L:* → vast~, midder~
nachte-gāl(e) N007
nacht-vōgel N008.05
nacht-genger N008.04
nachtlik N006.01
nacht-rāve(n) N008
nacht-sanc N008.01
nacht-schāde(n) N008.06
*nacht-worm N008.03
nâder-wort N012
nâ-dôn *S:* B077 Begaan, V232ᵃ Volgen
nâ-êⁱn-ander N010.01, N013
nâ-volgen *V001.01*
nâ-volger(e) *P:* N010ᵃ Nacomelinc
nâ-gân *P:* V231 Volghen
¹nāgel N014, N015, N035, N036. –

P: C069ᵃ Clawe, S440.01 Span. – *S:*
L209ᵃ Lvns, N032 Neden, N037 Negelken, P058 Pinne, W013 Waghen. – *L:*
→ hôf~
nāgel(e)n N038, *T084.36*
nâgen N001.01, N011.01
nâ-hālen *P:* E117ᵃ Erhalen
¹nâken *P:* C136ᵃ Comen
nāket N016. – *P:* B249ᵃ Blod
nākethê(i)t N016.01
¹nacke N009
nâ-kōmelinc N010
²nâ-kōmen N009.01. – *P:* V233 Volgen
nâlen N017. – *P:* C136 Comen
²nāme N018. – *S:* A005ᵃ Abraham,
A031 Agate, A034 Agnese, A056ᵃ Albrecht, C068 Clawes, C162 Cord, D069
Detmar, D076ᵃ Diderik, F015.01 Fransiscus, H121 Henning, I059 Iordan,
N070 Nichtel, N091 Nomen, R074
Renhert, S312ᵃ Siverd, S405 Sophele,
S531 Steffen, T064ᵃ Tile, W159 Werner. – *L:* → bî~, êⁱgen~, vrouwen~,
vrouwes~, mannes~, tô~, wîves~
nanne *P:* V001ᵃ Vader
nap N019. – *P:* C141 Cop, K062.18
Kop, S055 Scale
¹nāre N020. – *P:* A147.01 Are
¹narre *P:* D130 Dore
¹narren *P:* D132 Doren
²narren N008.02
naschen N021. – *P:* G081 Ghilen
nascher N021.01
¹nât N011
²nat N022, *N022.01, N022.02.* – *P:*
V417 Vucht. – *S:* N059 Netten

nâtel N023, N025.01. – *S:* V213
Voder
nâtel-rême N026. – *P:* H252
Hosfetel, S266ᵃ Senkel
*nâ-tengeren S: P036ᵃ Pepere
natûr(e) N024. – *P:* A154 Art. – *S:*
C179 Crank, H111ᵃ Hemelicheyt
natûrlik N025. – *S:* H111 Hemelicheyt
¹nāve N027.01
¹nāvel N027
¹nê N107
neber → ²nâber
¹nêden N031. – *L:* → en~, ge~
²nêden N032, N043.01
nēder N030. – *S:* M090 Meer
nēder-klêⁱt *P:* B373 Brook
nēderlant *S:* B086ᵃ Behaluer, D004ᵃ
Dacht
²nēgede N041.07 (Negenste)
nēgelke N037
¹nêⁱgen N033. – *P:* B272ᵃ Boghen,
H094 Helden
³nēgen N039. – *S:* L019 Lamprede,
N043 Negenogede
*nēgen-vōldich N041.06
nēgen-hundert N042
nēgen-ôge N043. – *P:* L019
Lamprede
negenste → ²nēgede
*nēgen-tal N041.01
nēgen-teyn N040
nēgentich N041, N041.05
*nēgentich-hundert-werve N041.04
*nēgentich-werve N041.03
nēgentigeste N041.02
nêger, nêgest *S:* C169 Couent, N017

Nalen
neyen S179ᵃ, N034. – *P:* S690
Suwen
nêmant N044. – *S:* N048 Nenerlege
nēmen N090. – *P:* H162ᵃ Heten,
N090 Nommen. – *S:* B193 By, E086ᵃ
Entfangen, H104 Helsen, S216.02 Se,
T028.01 Tegeden, T028.02 Tegeder,
V349ᵃ Vorwunnen. – *L:* → af~, an~,
vōr~, vor~, ōver~, tô~, under~, ût~,
wedder~
¹nêⁱn N045, N046. – *S:* T058ᵃ Text
*nêⁱnermâte N052.01 (Nynermate)
nêⁱnerleye N048
nêⁱnerleyewîs N047
¹nêre N049
¹nēren N050. – *S:* T043ᵃ Then
*nērersche *S:* A084ᵃ Amme
nergen N052 (Nerne)
nēringe N051. – *P:* H064 Haue,
T052 Teringe, V216 Vodinge
nerne → nergen
¹nēse N053
nēse-drōpel N053.01
nēse-hol N055
¹nēsen N054, N057.01
²nêsen N058ᵃ, N078.01. – *P:* P130
Prusten
nêse-wort N112.01
¹nest N056. – *L:* → wespen~
nestel P: N026ᵃ Natelreme
nestelen *P:* N057 Nesten
nesten N057
nēte N062
Nete (PN) N053.02
*nēte-kam N062.01
nêten N058. – *P:* E079ᵃ Enneten. –

nôt-stērne N104
nôt-torft N084.01
nôt-törftich N098.02. – *P:* B091ª
Behoof, D135ª Dorftech. – *S:* S186ª
Scrigen
nouwe N028, N105. – *P:* C028
Carch, C237 Cume, V101 Vilna
¹nû N106, N106.03. – *P:* H152 Herwile, I060 Iotol
*nû-ê'nes N106.01
nůgel N077.01
¹nümmer N108. – *S:* S284 Sevensterne
nümmer-mêr *P:* N108 Nvmmer
nunne N109. – *P:* C092ª Clostervrowe
¹nut N111.04
²nůtlik N110, *N110.01*, *N110.02*
nutsam N111.01. – *S:* B039ª Baten
nütte N111, *N111.03*. – *P:* B106 Bequeme. – *S:* B039 Baten. – *L:* → un~
nütten N112
nüttichê'ī N111.02. – *P:* V396ª
Vrome
nüttigen *S:* F018.64 Frommen,
V398ª Vromen

O

¹of *P:* E013 Edder
offeren O026.02
offeringe O026.01
offer-sanc *P:* O027ª Oppersank
ôge O002. – *S:* G110 Gode holden,
L019 Lamprede, M223 Mvten, N043
Negenogede, O004 Ogenblik, R147

Rodoge, S102 Scemen, S520.02 Starblint, T100 Top, T174 Tuteaan. – *L:* →
kreyen~, nēgen~, rôt~
ôge-appel O003
*ôgelinc O006
ôgen-arste O007
ôgen-blik O004. – *S:* W205ª Wile
ôgen-brâ O005
oygeuer O022.01
ôk O009. – *P:* V172ª Vnde. – *S:*
A032 Agetsteyn, B260ª Booc, C033
Carse, F002.02 Ficbone, G110 Gode
holden, H037 Harde, H068 Hauscreke,
K007 Kellershals, L063 Ledich, L064
Ledich, M033ª Mare, M069ª Melk,
M088ª Mer, M090 Meer, M129 Milde,
N063 Netele, S216 See, S459 Sperwer
¹ôken O008. – *P:* M086 Meren. – *S:*
M107ª Mester, de de nyge dink maket
in eyner kvnst
¹ôker O008.01
ockers O001
ōldelik O013.01 (Oldelecht)
ōlden O012, O013
¹older A052, A053, E035. – *S:* O014
Oldinge
ōlderen E037, O015.01
ōlder-vāder E038
ōlder-môder E039
*ōldinge O014, O015
ōldinges O016. – *P:* H150 Heruormales. – *S:* S286 Sibille
ōlie O017. – *S:* B129 Bernewyn,
C194 Cresem, C212ª Croppele, D197ª
Dros, M021ª Maan
ōlie-berme *P:* D197ª Dros
ōlie-bôm O018

ōlie-vat O017.01
ōlien O019
ōlt A054.02, O010, O011. – S: C010
Camich, G181ª Gul, I012 Iarich, I074ª
Ivnkvrowe, I077 Ivnghe, I078 Ivngelink, K055 Kint, M168 Mol, Q015
Quene, R188 Rvtze, R204 Rvnse
olvant P: C011ª Camel, E047 Elpendeer
ôm O020
¹ōpen S: T076 To
ōpenbâr C242.01, O030, O032.01,
O032.02. – S: S190 Scriuer
ōpenbâren O031, O031.01. – P:
B026ª Baren, C243 Cundeghen, M068
Melden, M129.03 Melden, V249 Vorkundegen
ōpenbârliken O032
¹opper O025
opperen O026. – P: G078 Gheuen
opper-man O028
*opper-sanc O027
opper-stok O029
ōrde O036. – S: A022.01 Afftreding-
ghe, B105 Benedictiner, C039 Cartuser, P109 Predeger
ōr-dê¹l O034, V437.01. – S: D049
Delen
ōr-dê¹len O035
ōrdinêren O036.01, O036.02
ōrd(e)ninge O037
¹ôre O038. – P: H115ª Hengel. – S:
B342 Bracke, D230ª Dunnink. – L: →
hāsen~
ōr-vêede O044
orgel(e) O041. – S: O042 Orgelen
orgelen O042

orgenal → uriginâl
¹ōr-lôf O039
ōr-lōge P: C199 Crych, K048 Kiff,
S620 Strid, T179ª Tweydracht
ōr-lôven O039.01
ōr-sāke O043
¹ōrt O033. – P: S479ª Spisse. – S:
S071.03 Scharep
ōrt-sprunc O046.01
¹ôse P: H021.01ª Hantgreype
¹ōsel P: G173 Grude
osse O049, W213.01. – S: B286 Bōl-
ken, I047 Iok, S565.01 Stier
ossen-tunge O050
-¹ôst L: → nōrt~, ôst-sūt~, sūt~
²ôst P: A177ª Ast
¹ôsten O046. – P: M187 Morghen
ôster-dach P: O051ª Ostren
ôsteren O051. – P: P024ª Paschen. –
S: A146 Appril
Ôsterlant (LN) S: D137 Doryngen
ôsterrîk(e) O052
Ôsterrîk(e) (LN) S: D231 Dunovwe
ôst-sūt-ôst O048
ôst-wint O047
ôt-mōdich O054
otter O053
¹ouwe A193
ouwest O045. – P: E123ª Erne
¹ōvel O069. – P: B318 Bose, B319
Bose, W074 We. – S: B172 Beteren,
B185 Bewaren, B187ª Bewaringe,
D114 Doon, G011 Gan, R009 Raden,
S207 Scvnden, S582 Stinken
²ōvel V010
ōvel-dât O068. – S: B172ª Beteren,
B185 Bewaren

¹ōven O056, O057. – *L:* → back~
²o̊ven O054.01, O055, O056.03. – *S:* H142ᵃ Herschen
³ōven O058. – *S:* S474 Spir, V173 Vnder
*ōven-rêdeschop O056.02
ōven-stêⁱn O056.05
ōven-wisch O056.01, O056.04, O057.01
¹ōver O059, O060
³ōver *O061.14*, O071. – *S:* A001ᵃ Abbet, A148ᵃ Arsebiscop
⁶o̊ver O061. – *P:* B317ᵃ Bort. – *S:* S334.01ᵃ Sling, S524ᵃ Stech
ōver-ât *P:* V371 Vras
ōver-blîven O061.05. – *P:* O065 Ouerlopen
ōver-blîvinge *P:* O062 Ouerulot
*ōver-bülge *P:* O062ᵃ Ouerulot
ōver-denken *P:* B138.03 Beschowen, B150.01 Besinnen
ōver-drach O065.02
*ōverdrachtichêⁱt O065.03
¹ōver-drāgen O061.02
²ōver-drāgen O065.01
ōver-elder-vāder E039
ōver-elder-môder E039
ōver-vallinge *P:* O063 Ouerlop
ōver-vlêten O019.01. – *P:* O065ᵃ Ouerlopen
ōver-vlêtinge O019.02
ōver-vlo̊dich O061.15, O073
ōver-vlo̊dichêⁱt O061.16, O074
ōver-vlôt O062
ōver-vo̊ren O061.12
ōver-gân O061.03, O061.07
ōver-ganc O061.08

ōver-hēmede O067.01
ōver-hen *P:* O059 Ouer, O060 Ouer
ōver-hēvich O061.13
¹ōverich O072
ōver-last *P:* O063 Ouerlop
ōver-lender O077.03
¹ōver-lôp O063
²ōver-lôp *P:* O062ᵃ Ouerulot, S630.01 Stumpel
ōver-lôpen O064, O065
ōver-mo̊den *P:* B134ᵃ Beromen
ōver-mo̊dich *P:* H258 Houerdich
²ōver-morgen O076
ōver-môt *P:* B003 Bach. – *S:* B008ᵃ Baghen
¹ōver-nēmen O061.10
*ōver-nēminge O061.11
ōver-o̊ke O066
¹ōver-ōlder O065.04
ōver-rok O066.01
ōver-schēpen O059.01
ōver-senden O061.09
ōver-slân O071.01
ōver-spel O077.02
ōver-spēler O077.01
ōver-stîgen O061.01
¹ōver-swenge O074.01
ōver-trēden O075, V437.02
ōver-trēder O061.04
ōver-trēdinge O075.01
ōver-werpinge O061.06
ōver-winnen O070. – *P:* V349 Vorwunnen, W235 Winnen
ōver-winninge *P:* S241 Segevacht
ōver-wocke O067
ōvet O077. – *S:* R052ᵃ Ref, R122ᵃ Ripe, W215 Wilde

ôwê O078

P

padde P005.01. – *P:* B354ª Bretworm, C206.02ª Crode, V034ª Vse. – *L:* → schilde~
pāde P001.01. – *P:* V003 Vaddere
Padouw(e) (ON) P001
pāge P002. – *P:* P038 Perd. – *S:* G181ª Gul
pak P000.03
pak-dārm P000.01
¹packen P000.04
¹pâl P003. – *P:* K050ª Kyil. – *S:* R018 Ramme
palanz-grêve P007
palâs P005. – *P:* S023 Saal
¹pâlen P004. – *L:* → be~
¹palm P006
panden P010
panne P011, P014.01. – *P:* D040 Degel, S064ª Scape. – *L:* → brēgen~, vûr~
panne-kôke P008. – *P:* P025 Pastede
panse P013
panser P012, *P012.01*
¹pant P009. – *S:* G082 Ghisel
pantêr P014
pāpe P015, *P015.01.* – *S:* C022 Capelan, C024ª Capitel, S258 Sent. – *L:* → dôm~
papegôie P016.01
pāpeschop P015.02
pāphêⁱt P015ª

papîr P016
pâr P017
paradîs P021.01
parchem P019
par-hêr(e) *P:* P020ª Parner
par-hof *P:* P023 Parrenhus, W101ª Wedeme
par-hûs P023. – *P:* W101 Wedeme
Parîs (ON) P018, P018.01. – *S:* W019 Walland
par-kerk(e) *P:* P021 Parre
parle P039. – *L:* → water~
par-man P022
¹parre P021. – *S:* C021 Capelle
pāsche-lam P024.01
pāschen P024. – *P:* O051 Ostren. – *S:* A146 Appril
pāschen-dach *P:* O051ª Ostren
pastey P096.01. – *P:* C212ª Croppele
pasternâk P100.01. – *P:* C196ª Cretelmore
pat P000.02. – *P:* S576 Stich. – *L:* → vôt~
patene P026
patris-hôn P017.01. – *P:* R024ª Raphon
pâwe P027
¹Pâwel (PN) P028
¹pâwes P029. – *S:* A194 Auion, B396 Bulle, P110ª Prelate, S190 Scriuer
pâwler *S:* P109 Predeger
¹pâwlûn P026.01
peddik P031
¹pêke E082 (Enpeke). – *P:* H242 Hore, T121ª Towiff

pēkel *P:* S409ª Sole
pēlegrîm P032. – *P:* H008ª Hagelgans, V399 Vromede
pēlegrîmen *P:* W022 Wallen
pēlegrîmes-wîse *S:* W022ª Wallen
pels P054. – *P:* C159ª Corsene. – *S:*
L077 Lemmeren
pelser P054.01. – *P:* C160ª Corsenwichte
pels-māker P054.02
pennek P034
penninc P033. – *S:* G184 Gulden,
N080 Nobele, S069 Scarf, T106 Tornes. – *L:* → wîn-kôpes~
pēper P035. – *S:* C115 Cobebe,
K007 Kellershals
²pēpere(n) P036
pēper-kȫme   C137,   K062.16
(Pepperkomel)
pēperlinc P037. – *P:* M203ª Moterling, S696ª Swam
pēper-mȫle P037.01, P052.01
peppe P: B384ª Brŭste
pepperkomel → pēper-kȫme
*pērde-bant *P:* H017ª Halster
*pērde-vor-kȫper *P:* R174 Rostuscher
*pērde-kam *S:* S184 Screpe
pērde-mark(e)t P038.01
pērde-môder P038.02
perment P019.01, P040
permentêrer P041
perneckel *P:* P114 Presvn
perner(e) P020, P042
perse P043. – *S:* S192 Scrv. – *L:* →
wîn~
persen P044. – *L:* → wedder~

persik P045. – *S:* M148.01 Mismas
persik-bôm P046
¹persône P047. – *S:* V185ª Vneuen
persȫn(e)lik P047.01
¹pērt P038. – *P:* P002 Paghe. – *S:*
B274 Boghe, C011 Camel, D173 Drenken, G115.01 Gorre, G181 Gul, H017
Halster, H063ª Haw, H169ª Hilde,
H180 Hingest, H198 Hoof, L001.02
Lachen, M206 Mvvl, N078 Nyhan,
N103 Noytstal, R171 Ros, S184ª Screpe, S185 Screpen, S248.01 Selle, S253
Sele, T032 Telder, T081ª Togell, V227
Vole, V241ª Vorboghe, W187ª Wikke
pertram → bertram
pestilencie *S:* P053 Pille
Pêter (PN) P049
pêtersilie P050
¹pik P030
pik-bôm P030.01
¹pîl P051. – *P:* B287 Bolte, S171
Scot, S610 Strale
pîler P052. – *P:* S655ª Sule
¹pille P053
pin-appel P057.03
pîne P055, W289ª. – *P:* P065 Plage,
Q003 Qvale, S364 Smerte. – *S:*
L177.01 Losen
ping(e)sten P057
pînigen P056, S615ª. – *P:* M100
Merteren, P066 Plaghen, Q013 Quelen,
S365 Smerten
pîniger P056.01
pîn(e)lik *P:* S681 Sur. – *S:* S186
Scrigen
pinne P058. – *P:* P111ª Prene
pinsel P059

¹pōrtenêr P099
¹post P100. – S: S559 Stendel
¹posteyde P025
¹pot E104.01, P089.01. – P: G163ª
Grope, T101 Top. – S: E110ª Eren. –
L: → mîge~
²pōte P100.03, P100.05
pōten P100.02
*pōter P100.04
pot-gêter(e) P: G166.01 Groppengeyter
Prâge (ON) P101
¹prâl P: H257 Houart
prâm P102.01
prange P102. – P: S507 Stake, S516
Stange
prēdiken P105
prēdiker P108, P109
prēdikinge P106
prēdik-stôl P107. – S: B052ª Beyde
prēkel P103
prēkelen P104. – P: C107ª Cnypen
prêlâte P110
prên P111. – P: S689 Suwele. – L:
→ berne~
prêster P112, P112.01. – S: A149
Archidiaken, A150 Arseprester, B216
Byrreyt, G055 Gheren, O019 Olghen,
P026ª Patene, S589 Stole. – L: → erse~
prêsterschop P113
presûn P114
pricken P115. – P: P104 Prekelen
²prîme P118
prior P116
priôrinne P117
¹prîs P119. – P: L162 Loff
³prîse P: S634ª Stuke

¹prîsen P120
prisillie → brasiligen
¹profête P123. – P: W251 Wissaghe
profêtêren S: S286 Sibille
profêtisse S: S286 Sibille
prôcessie P122
¹prőven P124. – P: M096 Merken,
V313 Vorsinnen, V319 Vorstan
prővende P125
prőventêrer P125.01
prővest P126. – S: P110 Prelate
prővestîe P127
prûsse P129
Prûssen (LN) S: M090 Meer
Prûsserlant (LN) P128. – S: P129
Pruce
prûsten P130
puche P: B400 Bunghen
pûler P131
pûlerîe P132
pulmet P133 (Pvlpt)
pvlpt → pulmet
¹puls P134
pulver P135
pümpel S: S150ª Schiue
punct P136
¹punt P137
puntlik P136.01
pûpen P: V077ª Verten, V117ª
Visten
pûr P138, P139, P140. – P: A049
Al, C066 Claar, C067 Claar, F006
Fyin, I019 Idel, L216 Lutter, S146ª Scir
purpure P141
purpuren P141.01
pûsten P142. – P: B228 Blasen
pûster P143. – P: B229ª Blaesbalch,

rangen R021. – *P:* W313 Wrangen
ranke R022. – *L:* → wîn~
¹**rant** *P:* B316 Boort, B317 Bort, O061 Ouer. – *L:* → ümme~
rāpen R023
rap-hôn R024
rasch R025. – *P:* R128 Risch
¹**râsen** R026. – *P:* D133ᵃ Doren
râsendich R027.02, *R027.03*
râsendichêⁱt R026.01
¹**raste** R027. – *P:* R031 Ravwe
rasten R028. – *P:* R032 Ravwen. – *L:* → un~
rastich R028.01
¹**rât** R001, *R012.01.* – *P:* T144ᵃ Trost. – *S:* R006 Radelse, S170 Scot, S207.01 Schuldinghe
³**rat** R002. – *S:* C029ᵃ Carre, L148 Lire, L209 Lvns, N027.01 Naue. – *L:* → pütte~, windel~
⁴**rat** R003. – *P:* D159 Drade, R025ᵃ Rasch, W007ᵃ Wakker. – *S:* S608.01 Stawen
rat-bōre *P:* S194 Scufbore
rât-hûs R013
rât-man *P:* R012 Raadhere
¹**ratte** R027.01, R029. – *S:* M038ᵃ Maarte
ratten-valle M217, R029.01, V008ᵃ
rāven R030. – *L:* → nacht~, wîn~
¹**rê** R033
rê-bok R034, R035.01. – *P:* R033ᵃ Re
¹**recht** *R038.04, R039, W162.02.* – *P:* E001 Ee. – *S:* B150ᵃ Besetten, C205ᵃ Cryten, D045.01 De dat recht vorsmaet, R036 Recht, R063ᵃ Regele,

T028 Tegede, T084.05 Torichten
²**recht** R037, R038. – *P:* E156 Euene, V255 Vorder, V256ᵃ Vorderhant. – *L:* → un~
***recht-be-wîser** R038.05
recht-vērdich *R038.01.* – *P:* P081ᵃ Plichtich, R038 Recht
recht-vērdichêⁱt R040
recht-vor-vāren R038.03
recht-hebber R038.05
rechtichêⁱt *S:* R094 Richten
***recht-wēter** R038.02
²**rēde** R046, R050.03, *V001.03.* – *P:* M091 Mere, P106ᵃ Predeginge, S016 Sage, S489 Sprake. – *S:* B213 Byspel, D047 Delen
⁵**rêⁱde** R044, R045. – *P:* B111 Berede. – *S:* G016ᵃ Gaar, L177ᵃ Lôsen, R047 Reden
rēdelik R050, *R050.02, R050.04.* – *P:* R049ᵃ Redesam, V302 Vornunftich
rēdelikhêⁱt R050.01. – *P:* V301 Vornumpft
rēden *S:* M033ᵃ Mare
¹**rēden** R048. – *P:* C163 Cosen, S233 Segen, S492 Spreken
²**rêⁱden** R047. – *L:* → be~
¹**rēderen** G052.01
rēdesam R049. – *P:* B146.02 Besprekende
rēde-sêlich *P:* R049 Redesam
rēde-sêlichêⁱt R049.01
rēdik R051. – *L:* → mer~
¹**ref** R018.01, R052, R053. – *P:* R089ᵃ Ribbe
refectie *P:* R088 Reventer
¹**rēgel** R057. – *P:* G155 Grindel

²rēgen R058.01
⁴rēgen R060. – *P:* B188 Bewegen, W013 Waghen
rēgen-bōge R059
¹rēgenen R058
¹rê¹ger R061. – *P:* H087ª Hegher
regêren R056. – *S:* S110ª Sceppen, S641 Sturen
rêgnêren R062
rēgule R063
rey R054, R060.01. – *P:* D015 Dans, L106 Leed
¹reyen R055. – *P:* D016 Dansen
⁴rêin R071. – *P:* C066 Claar, C067ª Claar, C251ª Cusch, F006ª Fyin, L216 Lutter, P139 Pvr, S146 Scir. – *S:* H088.01 Hekele, P141ª Pvrpvr, S687 Sweren, V049 Veghen, W064ª Wasschen. – *L:* → un~
reyne-vān R075.01
rêinichê¹t R072. – *S:* I074ª Ivnkvrowe, I075 Ivnkvrowe. – *L:* → un~
rêinigen R073. – *P:* B007 Baden, S161ª Scolen, W064ª Wasschen, W253ª Wisschen. – *S:* B151ª Bessem, M223ª Mvten
rêinigere R073.02
rêiniginge R073.01
²rēke R067
rēkelinc R068
¹rê¹ken R064. – *P:* D115 Doon, H012 Halen, L028 Langhen, W237 Winnen. – *L:* → hant~
¹rēkenen R065. – *P:* A007.03 Achten, A039ª Ahten, O071.01 Ouersclån. – *L:* → af~

¹rēkenschop R066. – *S:* A029ª Afslan
¹recke R041. – *P:* R081ª Rese
¹recken R042, R042.01, V303.02ª. – *P:* S615.01 Strefmaken. – *S:* S616 Streff. – *L:* → ût~
¹rême R069. – *L:* → nâtel~
²rême R070. – *P:* R144ª Roder. – *S:* R145 Roderen
³rēme R068.01
²rêmen *S:* R145ª Roderen
rēmese R020
rê-môder R035
Renhert (PN) R074
renne R075
¹rennen R076
rente R077. – *P:* G182 Gulde, I003.01 Iaertyns, T071 Tins
rente-mê¹ster R077.01
rê¹p R078. – *P:* L141ª Line, S246 Seel, S260 Senne, S394 Snor, S612 Strank. – *L:* → stēge~
¹rēpe R079. – *P:* H088.01ª Hekele
²rēpen R080
rê¹p-slēger *P:* S251ª Seelmecker
rêre R080.01
¹rêse R081. – *P:* R041 Recke
²rê¹se R082. – *L:* → dach~
¹rê¹sen R083, R083.01
rê¹sener *P:* R210 Rvter
rê¹ssen R084. – *P:* A137 Anverdigen, H184ª Hissen
²resten R085
¹rê¹t R043
²rêt *S:* R166ª Roor
¹rēte R086. – *P:* C094 Cloue, R130 Risse

rēventer R088
ribbe R089. – *P:* R053 Ref
ribbe-îseren R090
richart *P:* H087ª Hegher
¹richt R095.02
²richte R092, *W162.01.* – *S:* S258ª
Sent. – *L:* → ge~
⁴richte R091.01, R093. – *P:* C164
Cost, S477ª Spise. – *L:* → ge~
richte-hûs R098
richten R094, R095, R096. – *S:*
R036 Recht. – *L:* → an~, be~, en(t)~,
vor~, tô~, up~, ût~
richter R097. – *S:* A149 Archidiaken, B150ª Besetten, S277 Sette,
T038 Ten
richte-stôl R099
richtichê¹t R095.01
¹ridder R101. – *S:* S413 Solt
ridder-gördel R131.01
*riddersche R102.01
ridderschop R102
¹rîden R043ª, R100. – *S:* C011
Camel, H212 Holden, V252 Vorde
rîder R103. – *L:* → ût~
¹rîge R105
²Rîge (ON) R104.02
¹rîgen R106
¹rik R091, R107
-¹rîke *L:* → ērt~, hemmel~, kŏninc~
²rîke R108. – *S:* A159 Arm, K015
Kemnade, R110ª Riken. – *L:* →
ge-nâden~
rîke-dāge *P:* R109ª Rikedom
rîkedôm R109. – *P:* S073 Scat
²rîken R110
¹rîm R111

rîmen R112
¹rîmer R112.01
¹rimpe R112.02. – *S:* C206ª Crokele,
R204ª Rvnse
¹rimpel *P:* C206ª Crokele
rimpen *P:* C206.01ª Crokelen
³Rîn (FN) R113. – *S:* A046 Aken,
C130ª Colne, C252.06 Couellens, E050
Elsassen, F017 Frankvord, M083 Mense, M177 Mone, S609 Straseborch,
T134 Trere
rinde R114, R115. – *P:* B308 Borke,
B326 Boste. – *S:* L156 Lowater, T065
Tymea
rindeken R116.01
rinderen R117
ringe-dans *P:* R054ª Reych
ringel-dûve R119
¹ringen *P:* W313 Wrangen
¹rinc R118. – *P:* C055 Cirkel, V108ª
Vingeren
rîn-lender R113.01
¹rinnen R120, R121. – *P:* S305
Sipen. – *S:* L010 Laff
rint R116. – *P:* C114 Co
rint-vel *S:* C159ª Corsene
¹rîpe R104, R123
³rîpe R122. – *S:* R124 Ripen
¹rîpen R104.01, R123ª
²rîpen R124
¹rîs R125
²rîs R126. – *P:* P100.05 Potte, R142ª
Rode, S628 Struk
¹risch R127. – *L:* → mēr~, schaf~
²risch R128. – *P:* R025ª Rasch,
W088ª Weddelich
rischliken R126.02

an~, be~, tô~
²rôpen R165
¹rôpinge *P:* R163ᵃ Roop. – *S:* I053
Iodute
¹rôr R166, R167
rôr-dump R166.01
¹rôren R168, R169, R170. – *P:*
B188ᵃ Bewegen, T003 Tacken. – *L:* →
an~, ümme~
ros R171
¹rôse R172
rôsen-vār R172.01
*rôsen-salve R172.02
rôsîn R173
*ros-îseren R173.01
ros-kam R135.01. – *P:* S184ᵃ Screpe
¹rôste R175
¹rôsten R176. – *P:* B344 Braden
rôster *P:* H241ᵃ Hord
rôstere *P:* R175ᵃ Roste
ros-tǔscher R174
¹rôt R139, R178
⁴rôt R138, *R138.03*, *R138.04*,
R138.05, R172.03, R177. – *S:* C051
Cinober, C152 Coralle, E113ᵃ Erg,
H004ᵃ Hagebutte, L180 Lǒys, M076
Mennighe, P141 Pvrpvr, R143 Rodelsteyn, R147 Rodoge, R185 Rvbrike,
S301ᵃ Syndal
¹rôt-lösch *P:* L180ᵃ Lǒys
*rôt-māker R138.06
rôt-nāvel *P:* H041.01 Harthekell
rôt-ôge R147
rots *P:* S393 Snoppe
²rotte R179
¹rotten R180
*rôt-worst R176.01

¹rouwe R031. – *P:* R027 Raste. – *L:*
→ un~
¹rouwen R032, R181.01. – *P:* R085
Resten
²rǒve R183. – *S:* R051 Redek
rôven R148.01, R181. – *P:* B136
Berouen. – *L:* → be~
rôver R148.02, R182
¹rû R184. – *S:* C159 Corsene, E031
Ekeren
rubrîke R185
rüchte R137.01
rüchtigen R137.02. – *L:* → be~
²rûde R192, R192.01
rǔderhuff R069ᵃ
¹rügge R193. – *S:* C011 Camel
rügge-half *P:* H175ᵃ Hindene
rügge-knōke R193.01
*rûhêⁱt R184.01
¹rûken R195, R195.01, R195.02,
R196. – *S:* S582 Stinken
rûkinge R195.01
rücken R189, R190. – *L:* →
af(/āve)~
rûle *P:* G176ᵃ Grundel
rulle R197
²rûm R198. – *S:* R201 Rvmen
Rume (FN) R198.01
¹rûmen R199, R200, R201
rûmôren *P:* K062.01ᵃ Knaken
¹rumpelen *P:* R209 Rvschen, S597
Stormen
¹rûnen R202
runge R203. – *P:* L209ᵃ Lvns
rûninge R202.01
runse R204
runsel *P:* R204 Rvnse

runselen *P:* C206.01 Crokelen
¹**runt** *P:* S261 Senewolt, S262 Senewolt, T136ᵃ Trint, T137ᵃ Trint. – *S:*
S149 Schiue
rûpe R205
²**rusch** *S:* P016ᵃ Papiir
¹**rûsche** R207
rûschen R209. – *P:* B285 Bolderen
²**rûse** R206
rûsele *P:* C206 Crokele, R204ᵃ
Rvnse
Ruslant (LN) R186
růsse R187
¹**rust** M070ᵃ, R170.01, R208
²**rüste** R208.01
¹**rusteren** R208.02
růter R210. – *P:* H266ᵃ Houeman
¹**rûwe** R211
¹**rûwen** R211.01. – *P:* B329.01 Boten, W094 Wedderkomen. – *L:* → be~
*****růwinge** R211.02
¹**rûze** R188

S

sāchaftich S005. – *P:* S015ᵃ Sage
sachte S002, S003, S004. – *S:* T032
Telder. – *L:* → un~
sacht-mǒdich S006, *S006.01*,
S212.03 (Senfmuttig)
sacht-mǒdichêⁱt S006.03
¹**sacht-mǒdigen** S006.02
²**sādel** S011. – *S:* B274 Boghe, C011
Camel, V241 Vorboghe. – *L:* →
hinder~
sādel-bōge S012.02

sādel-bôm *S:* B274ᵃ Boghe
sādelen S012
sādel-māker S012.01
¹**sâden** S009
sādichêⁱt S008.01
¹**sādigen** S010
saffîr S014
safrân S013
²**sāge** S015
⁵**sāge** S016. – *P:* M091 Mere, R046
Rede. – *L:* → wâr~, wîs~
⁶**sāge** S017
²**sāge(n)-bôm** S019.01. – *P:* S046ᵃ
Sauenbom
sāgel S018. – *P:* S568 Stert. – *S:*
E031 Ekeren
¹**sāgen** S019. – *S:* S017ᵃ Sage
¹**sāger** S017.01
²**sak** S001. – *P:* B391 Budel. – *S:*
S545 Steken. – *L:* → hóden~, hōt~,
ledder~, wât~
sāke S020. – *P:* W148ᵃ Werff. – *S:*
A149ᵃ Archidiaken, C165ᵃ Cost, D002ᵃ
Dach, O043 Orsake, S190ᵃ Scriuer,
T038 Ten. – *L:* → ōr~
²**sāken** S021
sāk(e)-wōlde S022
sāl S023
²**sâlich** S026, S252 (Selich). – *P:*
H099 Heyleghe, H166 Hillich. – *L:* →
un~
sâlichêⁱt S026.01
sâlich-māker *P:* H098 Heylant
¹**salm(e)** S024. – *P:* L032ᵃ Las, S594
Stor
²**salm(e)** S025
*****salmen-māker** S025.01

*salmen-sanc S025.02
salse S027
¹salter S028
¹salve S029. – S: D183 Dryakel. – L:
→ poppelen~, rôsen~
¹salven S030
salven-mäker S030.01
salvî(g)e S031
sâme S032. – P: S044ᵃ Saad. – S:
C155ᵃ Coriander
sāmelen S033.01
sāme(n)t S033.02
sam(m)it S034. – P: F011 Flvel
sām(e)nen S033. – S: L100ᵃ Lesen,
S608ᵃ Stowen
sām(e)ni(n)ge S033ᵃ. – S: C024 Capitel, C170 Conuent, S258 Sent
sān(e) P: S356ᵃ Smant
¹sanc S037. – P: L106ᵃ Leed. – S:
C057ᵃ Cisek, W247 Wise. – L: →
nacht~, opper~, salmen~
sanc-bôk S: G130ᵃ Gradal
sanken P: C059 Claffen
sanc-vōgel S: C057 Cisek, H122
Henpeling, L098 Lereke, N007 Nachtegale, S310 Sisek, S536 Stegelisse,
V110 Vinke
sanc-mêⁱster S038. – P: V318.02
Vorsengher. – S: P110 Prelate
¹sant S035, S035.01
sant-stêⁱn S036
sap S039. – S: S027 Salse
sāpich S039.02
sappel S039.01
sār-dôk P: P019 Parcham
sark S040
¹sasse S041. – S: M090 Meer

Sassen (LN) S: D137 Doryngen,
M062 Medeborch, S042 Sassech
Sassenlant (LN) S043 – S: B358
Bremen, B383 Brunswik, E052 Elue,
H042 Hart, H213 Holstenlant, L081
Lene, S042ᵃ Sassech, W170 Wesere
sass(e)sch S042. – S: B086ᵃ Behaluer, C168ᵃ Coue, C192ᵃ Crengele,
E049ᵃ Ellere, F000.01 Fackel, S154.01
Schocke
¹sat S008, S045. – S: S010 Sadegen
³sât S007, S007.01, S044. – P: S032
Same. – S: C155 Coriander. – L: →
akeleyen~, billen~, mân~
sāter(s[t])-dach P: S424ᵃ Sonavent
sāven-bôm S046
²schāde S048. – S: H196 Hoden
schāden S049, S049.01. – P: E080
Entgelden, H177 Hinderen, L038ᵃ Laten, S089 Scelen, W143ᵃ Weren. – S:
V349ᵃ Vorwunnen
schaffen S050.01. – P: B153.02 Besorghen, S113ᵃ Sceppen
schaffer(e) S050
schāf-îseren P: R090ᵃ Ribiseren
schaf-risch S051
schâk-tāfelen S047
schâk-tāfel(en)-spel P: S047 Schachtafele
¹schal S054
²schal S052. – P: D116 Don
¹schāle S: T138 Trint
⁴schâle S055
¹schalk S056. – P: A151ᵃ Arceboue,
B322 Bosewicht, E094.07 Erczebube,
M162 Modink. – S: B009ᵃ Baghard
schalkhaftich S057.01

schalkhêⁱt S057
schamponîe S056.01
¹schande S058. – *P:* H227ª Hoen,
L033 Laster, S202 Scult, S670 Sunde.
– *S:* F004 Fyg, H228ª Honen
¹schap S060
²schâp S059. – *S:* L017 Lam, S109ª
Scepen, W090 Weder
schāpe S064. – *P:* D040 Degel
schāpen S063. – *S:* I064 Isenbort,
M148.01 Mismas, P053ª Pille, R125ª
Riis
schâpen-ledder *S:* S109 Scepen
schâpêr(e) S059.01
schâp(e)-kōve(n) *P:* S061ª Scapstal
schâp(e)-stal S061
⁵schār *P:* H235ª Hoop, V226ª Volk
schare S065.01
²schāre S066
¹scharlāken S061.01, S067
scharley(g)e S068
scharne S070, S123. – *L:* →
vlêⁱs(ch)~
scharn(e)-wēvel S125.01
¹scharp S071, S125. – *S:* E020 Egel,
H041.01 Harthekell, H276 Huls, S124
Scerpen
¹scharpe S071.03. – *S:* S479ª Spisse
scharphêⁱt S071.01. – *P:* S476.01
Spisheyt
²schārt S065. – *S:* B367 Broke
scharven S072, S124.01
¹schat S073. – *L:* → brût~, kôpen~
schāteren *P:* L002ª Lachen
schatten S074. – *P:* A007.03ª Achten, A039ª Ahten. – *S:* W146ª Werdegen. – *L:* → be~

schatter S074.02
¹schattinge S074.01
schāve S075. – *P:* R135.01 Roscam,
S184ª Screpe
*schāve-îseren S075.01
schāven S076. – *P:* R135ª Riven,
S185ª Screpen. – *L:* → af~
schavernak S077
¹schēde S079
²schêⁱde S080
schêⁱdel(e) S128
schêⁱden S075.02, S081. – *P:* A026
Afscheden, S132ª Scichten. – *S:* D049
Delen, D050 Delen, D152 Doot, S422ª
Sonen, S570 Steruen. – *L:* → af~, be~,
vor~
¹schēd(e)lik S082. – *L:* → un~
¹schef S083. – *P:* S129 Sceue
²schêf S084, *S084.02*
schêfhêⁱt S084.01
¹schēl(e) S086. – *P:* S084ª Scef
schelden S086.01, S087, S088,
S091.01. – *P:* S089ª Scelen, S107ª
Scenden
scheld(e)-wōrt S091
¹schēlen S089, S090. – *P:* E007
Echelen, H177 Hinderen, S049 Scaden,
W143 Weren
schelkliken S057.02
¹schelle S085, S094. – *P:* D122 Dop,
S346 Slv. – *S:* T138 Trint
²schelle S093
¹schellen S095
schellen-lûder S093.01
schelm S096
schelp S138. – *P:* R127ª Risch. – *S:*
P006 Palme

schel(le)-wort S092
¹schēm(e) S101
¹schēm(e)de S097, S098.01, S099,
S104.01, S104.02. – *P:* H227 Hoen,
L033 Laster. – *S:* H228 Honen
²schēme *S:* V252ª Vorde
¹schēmel S103. – *L:* → vôt~
schēmelen S104. – *L:* → be~
schēmel(i)k *S:* S209 Scvppen
schēmen S098, S100 . – *P:* H228ª
Honen, H228.01 Honen
²schēmen S102. – *P:* S173 Scoten
schēmeren S079.01
schên S105. – *S:* S003 Sachte, D055
Denken, D056 Denken, V294 Vormeten, W027ª Wanne, W082 We
schenden S107. – *P:* L034 Lasteren
schēne S106
schenke-bêr *P:* C169ª Couent
schenken *P:* S165ª Sconen
schēpel S114
¹schēpen S110. – *P:* S240 Segelen. –
L: → ōver~
²schêpen S109
schêpen(e) S108.01
schēpes-rê^itschop S110.04
*schep-hol S108.02
¹schēpinge S110.02
¹scheppen S062, S113. – *S:* A008
Adam
²scheppen S113.01. – *P:* V432ª
Vullen
schepper S112
schepp(e)nis(se) *P:* C186ª Creature
³schêr(e) S115. – *P:* S184ª Screpe
⁴schêr(e) S118. – *P:* B283 Bolde,
D159 Drade, R003 Rad

*schēre-bank S120ª
¹schēren S116
¹schērer(e) S117. – *L:* → bārt~,
dôk~, lāken~
scherf S069, S119
schermen S121. – *L:* → be~
schermer(e) S122. – *L:* → be~
schēr-mes(t) S120
²scherpe *P:* S384 Snide, W067ª
Wate
scherpen S071.02, S124. – *P:*
S476.02 Spissen
schersen S126.01
scherve S126. – *L:* → lüchte~
schêten S127. – *S:* B238ª Blide,
B407.01 Busse, M009 Maal, S171ª
Scot, T034.02 Tel
schēve S129. – *P:* S083 Scef
schēver-stê^in S130
schicht(e) S133
¹schichten S132
schîde S134. – *P:* S380ª Snedich
schicken S131, S132. – *P:* A123ª
Anrichten, B073 Begaden, B157 Be-
stellen, D113 Doon, F018.81 Fugen,
H030 Handelen, O036.02 Ordineyren,
S050.01 Schaffen, S132ª Schichten,
S543ª Stellen, V144 Vligen, V221 Voghen. – *S:* W059 Warpe
schickinge S131.01. – *P:* H031 Handelinghe, O037 Ordeninge. – *L:* → be~
schick(e)nisse *P:* O036ª Orde
schilde-padde S136
schilli(n)c S137. – *P:* T178 Twelue.
– *S:* L182ª Loyt
schilt S135. – *P:* B277 Bokeler. – *S:*
E154ª Euen

schilt-knecht S135.01. – *P:* S145
Scintfestel
schimmel(i)ch *P:* M204ᵃ Muddech
schimmelen *P:* S104ᵃ Scemelen
schimp S139. – *P:* S487 Spot. – *S:*
E125 Ernst
schimpen S140. – *P:* S488 Spotten
schimper S140.01
schimp(e)lik *P:* G046 Ghemelik
⁴**schîn** S141. – *P:* G090 Glans,
S610.03 Strale
schindele S144
¹**schinden** S143. – *P:* F018.23 Fillen,
R181 Roven, S315ᵃ Slachten, S624ᵃ
Stroden, V102 Villen
schinder *P:* V103 Viller
schînen S105.01, S142, S142.01. –
P: B223 *Blank*, C065 *Claar*, G090ᵃ
Glans, G097 Glinstern. – *S:* B009
Baghard, L052ᵃ Lechtstrime, P141ᵃ
Pvrpvr. – *L:* → dörch~, vȫr~
schint-vessel S145
¹**schip** S108, S110.03. – *S:* A118
Anker, C120 Cogghe, D055.01 Denne,
D093.01 Dober, P102.01 Pram, R070
Reme, R144 Roder, R145 Roderen,
S110 Sceppen, S238 Segel, S240 Segelen, S641 Sturen. – *L:* → rôf~
*****schip-bȫdem(e)** *P:* G177ᵃ Grunt-
feste
schip-brēkinge S110.05
²**schip-hêr(e)** *P:* S111 Scepman
schip-lôn S110.01
schip-lůde *S:* S238ᵃ Segel
schip-man S111
¹**schîr** S146. – *P:* C066 Claar, C067
Claar, G090ᵃ Glans, I019ᵃ Idel, S147

Sciren, T083 Tohant. – *S:* W270 Wlom
schîren S147
schît(e) S148.01. – *P:* P063.02 Pisse
schîten S148. – *P:* P063.01 Pissen,
V077ᵃ Verten
*****schîten-drēger** P063.03, S148.03
*****schîten-lēser** S148.02
schît-grôve *P:* H111ᵃ Hemelicheyt
schît-hûs *P:* H111ᵃ Hemelicheyt
schît-kûle *S:* B328.01 Botzscho
schîve S149, S150. – *P:* T135 Tridele. – *S:* B362ᵃ Bricke, P026 Patene,
T139 Trint. – *L:* → knê~
schîvelachtich *P:* S262ᵃ Senewolt,
T139ᵃ Trint
schîven S151
schlesser S343ᵃ
schô S152. – *S:* B332ᵃ Bồten, H076
Hechteken, L030ᵃ Lappe, L102ᵃ Leest,
P017 Paar, Q018 Qverder, S383 Sneuele, S408 Sole, W320.01 Wringhen. –
L: → bot~, holt~
schôde S153
schô-dôk S152.01
¹**schôf** S156. – *P:* B225 Blas,
F000.01 Fackel
schok S154, S154.01. – *S:* M025
Mandel
²**schồke** *P:* H242 Hore
schok-rêde S155
³**schôle** S157
*****schôle-hêre** S158.01
¹**schȫlen** S053, S160
²**schȫlen** S161
schồler(e) S159, S199.01
schôl(e)-mêⁱster S158. – *S:* P110
Prelate

schô-māker(e)   S162. – S: G056ᵃ
Gheren, R188 Rvtze
¹schŏn(e)   S163, S164. – P: C067ᵃ
Claar, G076 Gheue, L212 Lustlik, S590
Stolt, S688 Suuerlich, V386 Vrisch,
W088 Weddelich. – S: C054 Ciren
schŏne-brôt   S: W109ᵃ Wegghe
¹schŏnen   S: C054ᵃ Ciren
²schônen   S165. – P: V281 Vorgheuen. – L: → be~, vor~
schŏnichê^it   S163.01
²schôpe   S166, S193.02
schŏren   P: R132ᵃ Riten. – S: A192ᵃ
Augustiner
schorf   S167. – P: M041ᵃ Massele,
S271ᵃ Sere. – S: M010ᵃ Maal
schorfachtich   P: S271 Sere
schorf-lādeke   S167.01
schorlisse   S645.02
schorpie   S168
schörtel-dôk   S144.02, S169
schörvechtich   S167.02. – P: S271ᵃ
Sere
¹schot   S171
³schot   S153.01. – S: V005 Vak
⁵schot   S170
⁷schôt   S172. – P: G052ᵃ Ghere. – S:
B057ᵃ Bedde
schŏtel(e)   S175, S211.01. – P: B045
Becken, C141 Cop, N019 Nap, S055
Scale. – S: S480 Spoel, V122 Vlak
*schŏtel-bret   P: T033ᵃ Teller
schŏtel-brôt   P: T033 Teller
schŏtel-korf   S156.01, S176
²schōten   S174. – S: S170ᵃ Scot
³schōten   S173
schot-spôle   P: S481ᵃ Spole

schouwelik   S177.01. – L: → be~
¹schouwen   S078, S177. – L: → be~
²schôve   S176.01. – S: S336 Sly
schô-werchte   P: S162 Scomeker
¹schrâge(n)   S180
¹schranke   S182. – P: G004 Gadere
schrankelen   S182.03
schranken   S182.01
schrāpe   S184 (Screpe)
schrāpen   P: R135ᵃ Riven
schrâtele   S181
scrawen   S: G148ᵃ Greue
schreyen   P: W127ᵃ Wenen
²schrecken   S183. – L: → er~, vor~
schrempen   S182.02. – P: W317
Wrempen
screpe   → schrāpe
schrēpen   S185
schrî(g)en   S183.01, S186. – P: R164
Ropen, W127ᵃ Wenen. – S: H107 Hemeke
schrîf-bret   S191.01
schrîf-vēder(e)   S191.02
schrift   S188. – P: B361 Bref. – S:
B196 Bibilge, B259 Booc, B260 Booc,
B262 Bookstaf, G101 Glose, L099
Lesen, T058 Text
schrî(g)inge   S183.02, S183.03
schrîn   S187. – P: A157 Arke, C043
Caste, L005 Lade
schrîven   S189. – S: B262ᵃ Bookstaf,
S190ᵃ Scriuer, T004 Tafelle. – L: →
in(ne)~
schrîver   O032.01, S190. – S: K020
Kenseler
schrîver-mest   S191
schrôden   S179

schrȯder S178. – *P:* S178 Scrader
*schrôde-tāfel S178.01
schrôien *P:* S709 Swellen
schrû S192
schüchter(e)n S196ᵃ
schûf-bȫre S194
schüffel(e) S195. – *L:* → worp~
schüffelen S196
schûf-kāre S194ᵃ
schuk S193.01
schucken S193. – *P:* S403ᵃ Sode-slucken
¹schülde *P:* T071ᵃ Tins
schüldenêr(e) S200.01
²schulder S204. – *P:* A176 Asle
schulder-bêⁱn S479.01ᵃ
schulder-blat S204.01
schüldich *S200.02*, S201. – *P:* M140ᵃ Misdedich, P081 Plichtich. – *S:* B294ᵃ Borch. – *L:* → un~
schüldigen S203. – *L:* → be~
¹schüldinge S207.01
schûlen S199
schûler S199.02
¹schülpen *P:* S599 Storten
schult S200, S202. – *P:* P080 Plich. – *S:* O044 Oruede
schulte → schult-hêⁱte
schult-hêⁱte S204.02 (Schulte). – *P:* M064ᵃ Megher, V224 Voghet
schûm S205. – *L:* → golt~, sülver~
schûmen S195.01, S205ᵃ, S206
schûmich S206.01
schünden S207
schûne S208. – *S:* V005 Vak
schüppen S209
³schûr S210

schûre *P:* S208 Scvne. – *S:* V005ᵃ Vak
¹schûren S211.02
¹schütte S211. – *S:* M009ᵃ Maal, T034.02 Tel
schûven S212. – *S:* W031 Wanne
schûvût *P:* H271ᵃ Hvuk
schûwen S197, S198
¹sê S213, S214. – *S:* S459 Sperwer
²sê S215
³sê S216. – *P:* M090 Meer. – *S:* L191 Lubeke, N098ᵃ Norwegen
¹sēde S225. – *P:* T158 Tucht. – *S:* D096ᵃ Doot, V232 Volgen
sēdek S229
sēdel S228. – *P:* S588ᵃ Stol, S591 Stolte
¹sêden S223. – *S:* G016ᵃ Gaar, L156 Lowater
¹sēdewer S230
¹sēdich S226. – *P:* T160 Tuchtich
²sēge S236. – *P:* B258ᵃ Boc. – *S:* H205 Hoken
sēge-vacht S241
sēge-vechten S241.01
sēge-vecht(e)lik S241.02
¹sēgel S238, S272.03
²sēgel S239, S272.01
*sēgel-bôm S219.01
¹sēgelen S240, S272.02. – *S:* S238ᵃ Segel
²sēgelen S239.01
²sēgeler S240.01
⁸sēgen S237
²sēgenbok R035.01ᵃ
sēgenen *P:* B104.01 Benedighen
sēgen-vel *S:* S237ᵃ Segen

sēgen-melk *S:* S237 Segen
⁴sê¹ger S235
seggen S233. – *P:* C163 Cosen, R048ᵃ Reden, S492 Spreken. – *S:* C165ᵃ Cost, D129ᵃ Dorch, G002ᵃ Gade, O040 Orgenal, S286 Sibille, S570 Steruen, T143ᵃ Tros, W123ᵃ Wenden, W144ᵃ Weren. – *L:* → be~, ent~, vor~, under~, wedder~
sey S231
seyche S217. – *P:* M125ᵃ Myghe, P063ᵃ Pisse
seychen S218, S387ᵃ. – *P:* S305ᵃ Sipen
seyde S224
seyden-spil S227. – *S:* H050 Harpe, L148 Lire, L215 Lvte, Q025ᵃ Qvinterne, R179 Rotte
sey(g)en S232. – *P:* A162.02 Arnen
sey(g)er S232.01
¹seyger S234
²seyse S230.01, S274
³sêk S244. – *P:* C171ᵃ Côuesch, C179ᵃ Crank, K062.34ᵃ Kogesk. – *L:* → lenden~
sēkel(e) S219
¹sêken S245
sēker S220
sēkeren S221
sēkerhê¹t S220.01
sêkhê¹t S245.01
¹secker S222, S407.01 (Sukeren)
²sê¹l S246, S272.03. – *P:* B103 Bend, R078 Reep, S260 Senne, S394 Snor, S612 Strank. – *S:* H017 Halster, W083 Wede. – *L:* → bint~
³sêl S253.01

selden(e) S249, S250
²sēle S248.01, S253
⁴sêle S247. – *P:* G070 Gheist
sêl(e)-ge-rêde S248
¹selle C049. – *L:* → ge~, wander-ge~
*seller *P:* H206ᵃ Hocker
sê¹l(e)-māker S251
sêl(e)-misse *S:* B077ᵃ Begaan
selich → ²sâlich
selsen(e) *P:* S249 Selden, S250 Seldene
selschop V063ᵃ
selve *P:* S031ᵃ Salueyge
sê¹l(e)-winder *P:* S251 Seelmecker
²sêm *P:* R127 Risch
sēmel(e) S255. – *P:* W109 Wegghe
sêmes(ch) *S254*
sên S212.01, S216.01, S216.02, S256, S257, S642.02, S643. – *P:* S078 Scavwen, S177 Scowen. – *S:* S212.01 Seen. – *L:* → an~, be~, vōr~, vor~, ümme~
sende-brêf B355
senden S263. – *S:* B105ᵃ Benedictiner. – *L:* → vōr~, ōver~, wedder~
²sēne S259, S260. – *P:* R078 Reep, S246 Seel, S394 Snor. – *S:* P134 Pvls
senfmuttig → sacht-mōdich
sengen S264. – *P:* S709ᵃ Swellen. – *L:* → vor~
senger S265. – *L:* → vōr~
senkel S266. – *P:* H252 Hosfetel, N026 Natelreme
senken S267. – *L:* → vor~
sennep S268. – *S:* H140 Heerse, S027ᵃ Salse
sennep-mōle S268.01

sēnt S258
sēn(e)-wolt S261, S262. – P: T136 -
T139 Trint. – S: S149 Schiue
sêⁱpe S269
septer C050
³sêr(e) S271
⁴sêr(e) S272. – P: G017 Gar, S737
Swinde. – S: H255 Hote, M033 Mare,
T127 Trampen
serden S270. – P: T172 Tusschen
ses S273
ses-vōldich S276.05
ses-hundert S276.01. – P: S154ª
Scok
seste S276.04
ses-teyn S275
sestich S276. – S: S154.01 Schocke
sestich-tal S276.03
*ses-wēken P: K058ª Kindelbedde
ses-werf S276.02
(sētel), settel S588ª
sēteren S278.01. – P: B177 Beuen
²sette S230.02, S277. – L: → ge~
setten M009.01, R039, S278,
T084.34. – S: B216 Byrreyt, M094.01
Merken, O029 Opperstok, S585ª Stok,
V151ª Vlo. – L: → be~, ent~, vor~, in~,
jēgen~
sēve S230.03, S279
¹sēven S280. – S: K055 Kint
sēvende S282.02
sēven-hundert S283
sēven-hundert-werve S282.01
sēven-stērn(e) S284
sēven-tal S284.02
sēven-teyn S281
sēventich S282

sēventichste S284.01
²sêⁱver S285
sêⁱver-dôk S283.01
sêⁱver(e)n S285.01
sexterne S276.06
Sibille (PN) S286
siboldinc S287
sichte S288
sichte-bûdel S289.02
*sichtelik S289.05
¹sichten S289
²sichter S289.01
-sichtich L: → dörch~, ümme~,
un-vor~, vōr~
*sicht(e)-kaste S289.03
¹sîde S291, S294.01, S306.01. – S:
B010 Bake. – L: → af~
²sîde S292. – S: S294 Siden
²sîden S294
sîden-worm(e) S292.01
²sîde(n)-want S: B237 Bliant, B284
Boldeken, P141 Pvrpvr, S034 Samyd,
S292 Side, S301 Syndal
sî(g)e S295
sî(g)e-dôk S289.04
sî(g)en S296, S406ª
¹sik S242, S243. – S: S698ª Swanger
¹sin S297, S298. – P: M158ª Mood,
V301 Vornumpft. – S: B082ª Begripen
⁴sîn S299
⁵sîn S300. – P: W166
sindāl S301
sinder P: S317 Slage
singen S302, S302.01. – S: G005
Galander, H095.01 Heymeken, H107ª
Hemeke, O042 Orgelen. – L: → vōr~,
mēde~

sin-grône S303
¹sinken S304
sinnich S297.01. – *P:* W245 Wis. –
L: → un~
sinôber C051
sintener(e) C050.01, S298.01
sîpen S305
sipolle C051.01, S306. – *S:* S451ᵃ
Spelte
sippe S385.01
sipressen-bôm *P:* C052ᵃ Cipresienholt
sipressen-holt C052. – *S:* C053 Cipresien
*sipressien C053
³sîr(e) S307
sîren C054, S308. – *P:* S163ᵃ *Schone,* S372 Smvcken, S590ᵃ *Stolt,* W088ᵃ
Weddelich
sîrhêⁱt *S:* V033 Vatinge
cirkel C055, C056, T139ᵃ Trint
sirop S309
sîsek C057, S310
³sît S290, S293. – *P:* N030 Neder. –
S: P102.01 Pram
sitten S311. – *S:* C249 Cussen,
G082ᵃ Ghisel, M064ᵃ Megher, S180
Scrage, S520.02 Starblint. – *L:* → be~,
bî~, ût~
Siverd (PN) S312
slach S313. – *P:* B392 Buf, H020ᵃ
Hamerslach, V010 Vallent ouell. – *S:*
P094 Poppelcie. – *L:* → dōner~,
dörch~, dôt~, hāmer~, wedder~
slach-bôm S313.01
slach-rēgen S347.01
³slacht S314. – *P:* S163 Schone. – *L:*

→ un-ge~
¹slachten S315
slachtinge S315.01
slāge S316. – *P:* S332 Slegel
slagge(n) S317
slam S318
slân S319, *T084.31, T084.39.* – *P:*
S370ᵃ Smyten. – *S:* T106ᵃ Tornes. – *L:*
→ af~, be~, vȫr~, hal(s)~, ȫver~, un-
der~, up~, ût~
slange S320. – *P:* A011 Adere, S374
Snake
¹slap S321
²slâp S322. – *L:* → bî~
slâpen S323. – *P:* S326ᵃ Slaperen. –
S: S342 Slommen. – *L:* → bî~
slâper(i)chêⁱt S327.01
slâperen S326
slâperich S327, *S327.02*
slâp-hûs S324
slâp-kāmer S325
²slê S333
²slechte S328. – *P:* B315 Bort, S511ᵃ
Stam. – *S:* A005 Abraham, I080ᵃ Ivngen. – *L:* → ge~
slēde C220.01ᵃ, S144.01, S330
slê-dōrn S330.01
slêⁱf S331
²slegel S332
-slēger *L:* → dôt~, plāten~, rêⁱp~
¹sleckeren S329
slēpen S331.01
slî S336
slicht S334. – *P:* E154 Euen, G089
Glat, G093 Gled. – *S:* H261 Houel
¹slichten S335. – *P:* B092.01 Behouelen. – *S:* H261ᵃ Houel. – *L:* → ût~

¹**slinden** *P:* E152 Eten, V378.01ᵃ
Vreten
¹**slingen** S337. – *P:* E152ᵃ Eten,
F018.54 Fressen, S347 Sluken
slinc S334.01
slîpen S338. – *P:* W184 Wetten
slippe S338.01
slipper S339. – *P:* G089ᵃ Glat
slîp-stêⁱn S340. – *S:* T041 Then
slîten S341. – *L:* → vor~
sloi(g)er *P:* D108 Dook, W325ᵃ
Wumpele
¹**slõmen** S342
slorpen *P:* S678ᵃ Supen
¹**slot** S343, S344. – *P:* B295 Borch. –
L: → mālen~
slõtel S345
¹**slû, slô** S346. – *P:* H277 Hulse,
S085 Scelle, S094 Scelle
slûder S348.01
slûken S347
slûten S348, *T084.44.* – *L:* → be~,
tô~, up~, wedder~
¹**smacht** S349. – *P:* H280 Hvngher
smachten S350
smachtich *P:* H281ᵃ Hvngerich
smâhêⁱt S351. – *L:* → vor~
¹**smak** S352, S353. – *S:* P006 Palme,
S054 Scal, S522 Stark, V289ᵃ Vorlesen
smakaftich S357.01
smal S354. – *S:* K060 Kipe, N043ᵃ
Negenogede, R069 Reme, T137ᵃ Trint
smant S356
smêⁱchel(e)n *P:* S366 Smetren
¹**smēde** S360.01
smēden S360, *T084.39ᵃ.* – *S:* A106
Aneboyt, N015ᵃ Nagel. – *L:* → be~

smēde-(ge)-touw(e) S360.02
smêⁱken *P:* V136ᵃ Vlen, V139ᵃ Vleseken
²**smêⁱker(e)** S361.02
smecken S357, S358
smêlik *P:* S440ᵃ Spey
¹**smelten** S361, S361.01. – *S:* E143ᵃ
Ese, G148 Greue, S317 Slage
smēr S362. – *P:* S355ᵃ Smalt, V154
Vlome
smēren S363. – *P:* O019ᵃ Olghen
smerte S364
smerten S365. – *S:* N063 Netele
smēteren S366. – *P:* V139 Vleseken
¹**smîde** S367. – *L:* → ge~
²**smîde** S368. – *P:* S371 Smode
smiderkolt *S:* S317ᵃ Slage
smîdich *P:* S368 Smyde, S371
Smode
¹**smit** S359. – *S:* A106 Aneboyt,
E143 Ese, G080 Ghilde, S518 Stapel,
T011 Tange. – *L:* → golt~, kopper~,
meste~
smîten S370
smitten S369. – *L:* → be~
smõde S371. – *P:* S368 Smyde
smolt S355. – *P:* S356ᵃ Smant. – *S:*
G148ᵃ Greue
smücken S372
snāke S374. – *P:* A011 Adere, S320
Slange
snacken S373. – *P:* C163 Cosen,
K047ᵃ Keuelen, S233 Segen
snacker *P:* V054ᵃ Velespreker
snâtelen S375
snāteren S372.01. – *P:* C059 Claffen, K047 Keuelen, S373 Snacken,

S375ª Snatelen
snāvel S376, S383
snāven S377
snê S378
¹snēde S379. – *P:* K030 Kerne,
W067 Wate
snêⁱdich S380. – *P:* C242 Cundich,
L154 Listich, S307 Sir
snêⁱdichêⁱt S307ª, S380.01. – *P:*
L153 List
snel S381. – *P:* B283 Bolde, D159
Drade, E067 Endelec, H060ª Hastich,
R025ª Rasch, R128ª Risch, S118 Scere,
S737 Swinde, T083 Tohant, W007ª
Wakker. – *S:* R003ª Rad, T032ª Telder
snellen *P:* E067.02 Endelike dŏn,
T019 Tauwen
snellike(n) S382. – *P:* B283 Bolde,
D159 Drade, E067.01 Endeliken,
R126.02 Rischliken
snerken P: V077ª Verten
snê-wit *S:* H137ª Hermelen
snîde S384
snîden S385. – *P:* S389 Snitten,
V102ª Villen. – *S:* K030ª Kerne, R068
Rekelink, S017 Sage, S375 Snatelen,
T100ª Top. – *L:* → af~, be~, vor~,
under~, ût~
¹snîder *P:* V103ª Viller. – *L:* →
lāken~, wîn~
snî(g)en S387
snigge S386
snigge(n)-hûs S388, W287ª
¹snicke S388.01
snitten S389. – *S:* A002.01 Abrech
snŏde S390, S391. – *P:* A152 Arch,
B318 Bose, B319 Bose, Q001 Qvad. –

S: A153 Arch
snŏdel *P:* S393ª Snoppe
snoder-kîl *P:* S393ª Snoppe
snŏdichêⁱt *P:* A156 Argelist,
S380.01ª Snedicheit
snôk S390.01, S392. – *P:* H088ª
Hecket
²snoppe S393
snôr S394. – *P:* B103 Bend, R078
Reep, S246 Seel, S260 Senne, S612
Strank, V002 Vaadem. – *S:* D171ª
Dreygen, L141 Line. – *L:* → hâr~,
windel~
snŏren *T084.27*
snorken S395
*snorkinge S395.01
snûte *P:* V119ª Vlabbe. – *S:* B342
Bracke
snûve S397. – *P:* D223ª Dumpe
snûven S396, S398
²sô S399, S400, S404.01. – *P:* A071
Also. – *S:* B086ª Behaluer, M126 Myle, R011ª Raden, S453 Spenne. – *L:* →
wô~
soch-verken *S:* B296.02 Borchswyn
sô-dân(e) S404
¹sôde S403.04
*sode-slucken S403
sŏge *P:* S642ª Su
sŏgen S406
¹sok S401
sŏken S407. – *L:* → be~, vor~
söldenêr(e) S414
²sōle S408
³sōle S409. – *P:* L013 Lake
¹sōlen S410
sölk *S:* S404.01 So

¹solt S411, S415.01
²solt S413, T192.06
solten S412.01, S415.02
solt-(e-)vat S412
soltich S415. – *S:* L013ª Lake
solt-wāter *P:* L013 Lake, S409 Sole
²sôm S416, S416.01
²sōmer S417. – *S:* H068 Hauscreke,
H095.01 Heymeken, H276 Huls, I072
Iuesche, S303 Singrone
sōmeren S419
sōmerlik S417.01
som(m)er-lōde S418. – *P:* L161
Lode
son-âvent S424
son-dach S423. – *S:* A014 Advent
¹sōne *M133.05*, *M133.10*, S420.– *L:*
→ hergen~, stêf~
²sône S421
sônen S422
Sophele (PN) S405
Sophie (PN) *P:* S405 Sophele
soppe S403.01, S403.03. – *P:* W113ª
Wekebrot. – *L:* → wîn~
*soppen S403.02
sorch-vōldich S427. – *P:* T152 Trurech
sorch-vōldichêⁱt *P:* V145ª Vlit
sorge S425. – *P:* R159 Roke
sorgen S426. – *P:* R158ª Rôken,
T151 Truren. – *L:* → be~
⁴sôt S402. – *P:* W309 Wos
²sôte S427.01. – *S:* A117 Annys,
C057ª Cisek, L004 Lacricie, M056ª
Mede, P006 Palme
sôte-holt S673.02
¹spâde S429. – *P:* A185ª Auent,

L035 Late
²spāde S430
spal P: T126ª Trame
spalden S431. – *P:* C101 Cluuen
¹span S440.01
²span S440.02
⁴span S432
span-bedde S434
spange S435
Span(n)i(g)en (LN) *S:* M088 Mer
¹spanne S453
¹spannen S433, S453.01. – *P:* R042
Recken. – *L:* → tô~
spān(i)s(ch)-grȯn(e) S485
¹spār(e) S436
¹spāren S437. – *P:* H086 Heghen,
S165ª Sconen
spār(e)-kalk S455.02, S457
spassêren S428, S438
³spât S439
²spê S440. – *P:* H229ª Hoenlik
specht S442
spê(g)en S444
spê(g)er S443
¹spêgel S445
spêgelen S445.01
spek *S306.01*, S441. – *S:* B010 Bake, C177.01ª Crappe
²spêⁱke S445.02, S610.03ª
spêⁱkel(e) S446. – *P:* S464 Spige
¹specken S441.01, S446.02
spel S447. – *S:* B324 Boysen, B362
Bricke, C250 Cŭsel, D094ª Docke,
S028ª Salter, T107 Torney. – *L:* → bî~,
vȯr~, karten~, ker~, kinder~, ȫver~,
schâk-tāfel(en)~, seyden~
spēl-bret S449

spēlen *B359.01*, S448. – *S:* O042ª
Orgelen
-spēler *L:* → ōver~, lîren~
spēl(e)-hûs S450.01
spēlich S447.01
spellinc S451.01, S469
spellinc-bôm S451.02, S469.01, S472
spēl(e)-man S450
²spelte S451
spēnele S455.01
spengeler S435ª
spengen S455
¹spēr S456. – *P:* G095 Gleuige, S461ª Speyt
³spēr *P:* S439 Spat
sperlinc S458
sperwer S459
²spêt S460, S461. – *P:* G095 Gleuige, S456 Sper
spētâl S462
spētâl(e)sch S463. – *P:* V419 Vtsettisch
¹spî(e) S464. – *P:* S285ª Seuer, S446 Spekele
¹spî(g)en S446.01, S465, S466. – *P:* B357 Breken, C153 Coren. – *S:* D028ª Dauwen, W023 Walgheren. – *L:* → ût~
¹spîker S467
spîker-bōr S467.01
spil(le)-bôm S470
²spilde S471. – *P:* M129 Milde
spildichê^it S471.01
spille S468
¹spinde S469.02
¹spinne S452, S469.03
spinnel-korf S468ª

spinnen S473. – *S:* D087 Disene, O067ª Ouerwokede
spinne(n)-wēvel S454
¹spint S473.01, S500.02
spîr S474
spîrlinc S475
²spis S476. – *P:* S071 Scarp. – *S:* K002 Kegel
spîse *N110.02*, S477, S478. – *P:* C164 Cost, R093 Richte. – *S:* E098ª Eer, G016 Gaar, H068 Hauscreke, N110 Nutlik, R125 Riis, S403 Sodeslucken
spîse-drēger S477.01
spîse-vat S477.03
spîse-kaste S176.02. – *P:* S060 Scap
*spîse-korf *S:* K060ª Kipe
spîselik S477.02
spîsen *S:* R093ª Richte
*spishê^it S476.01
spisse S479. – *P:* G095ª Gleuige. – *S:* S071.03 Scharep
spissen S476.02
¹spit *P:* S460ª Spet
splê^iten *P:* C101ª Cluuen
splitter S479.01
¹spôl S480
¹spôle S480.01, S481. – *S:* S482 Spolen, S610.03 Strale
¹spôlen S482
²spôlen S481.01. – *P:* D245 Dwan
spôle-wāter *P:* S480ª Spoel
spôl-îseren S481.02
spôl(e)-worm S483
¹spôn S484
spōr(e) S486. – *L:* → vôt~
²spot S487. – *P:* H230 Honheyt,

S139 Scimp
spötlik *P:* H229ª Hoenlik. – *L:* →
be~
spotten S488. – *P:* G028ª Ghecken.
– *L:* → be~
sprâke *1051.02*, *L040.02*, S489,
S490. – *P:* R046 Rede, S016 Sage. – *S:*
B086ª Behaluer, D004ª Dacht, D214
Dudisch, T093 Tollek, W021 Walsch.
– *L:* → bî~, hôn~, tô~
sprēkaftich *P:* R049ª Redesam
***sprēke-dûder** *P:* T093ª Tollek
sprēken *D215*, *L040.01*, *R050.02*,
S492. – *P:* C163 Cosen, R048ª Reden,
S233 Segen, S373 Snacken. – *S:* A069
Also, C059ª Claffen, C080 Cleps, C165
Cost, G002 Gade, K047 Keuelen,
M011 Male, S570 Steruen, S635 Stum,
T015 Tarten, T143 Tros, V017 Vare,
V026 Vaste, W123 Wenden, W124
Wenden, W144 Weren. – *L:* → an~,
be~, vor~, hôn~, tô~, ût~, wedder~
-sprēker *L:* → lêt~, võr~, vēle~
***sprēkhê**ⁱt *P:* R049.01 Rede-
salicheyt
sprên S491
¹**sprengel** S494
sprengen S493, S495. – *P:* S617ª
Stregen. – *L:* → be~
sprenseke *S:* S459 Sperwer
springen S496, S497, S497.01. – *P:*
H284 Hvppen, L054 Lecken. – *L:* →
up~, ût~
springer S496ª
springersche S496.02
-sprinke(l) *L:* → höü~, kôl~
²**sprinkel** S498.01

sprinkelachtich S498
sprõke S499. – *L:* → bî~
sprõte S500. – *P:* K052 Kyme
sprû(e) *P:* C047 Caue
sprunc S496.01, S500.01. – *S:*
H284ª Hvppen. – *L:* → ōrt~
sprûte *P:* S500ª Sprote
sprûten *P:* K053ª Kymen. – *L:* →
ût~
spunden S502
spunt S501
spunt-holt *P:* S501ª Spvnt
¹**stāde** *P:* M200 Mote, W205 Wile
¹**stāden** S505. – *P:* L038 Laten,
V283 Vorhengen
staf S506. – *S:* T137 Trint. – *L:* →
bischop(p)es~, bôk~, botter~, kõnin-
ges~
stafeyl → ¹stēvel(e)
staffel *P:* T133ª Treppe
stāke S507. – *P:* S516ª Stange. – *S:*
T137ª Trint. – *L:* → tûn~
stākel-wegge S507.01
¹**stal** S508. – *P:* C168ª Coue. – *L:* →
kô~, nôt~, schâp(e)~
³**stâl** S509. – *S:* H129.01 Herden,
S541 Stelen
⁴**stāl** S538.01
stāl(e) *P:* S507ª Stake
¹**stâlen** S509.01, S541
stalt → ¹ge-stalt
stalt(e)nisse S510.01. – *P:* F012ª
Forme, S510 Stalt
stam(me) S511, S511.01, S512,
S549.01. – *P:* P100.05 Potte
¹**stāmeren** S513. – *P:* S603 Stoteren,
W266ª Wlispen. – *S:* W265ª Wlispech

stāmerich *P:* S603.01 Stoterich
stāmeringe *P:* W266.01 Wlispinghe
stân *E094.02*, S514. – *S:* A118ª
Anker, B262 Bookstaf, D011ª Dam,
G082 Ghisel, N093 Norden, O029ª Opperstok, P100 Post, S648 Suden, T035
Themen, V220 Voghen. – *L:* → be~,
bî~, vōr~, vor~, up~, wedder~, wol~
¹**stânde** *S:* S216 See
²**stande** S515. – *S:* V234ª Volghe
stange S516. – *P:* P102 Prange,
R107ª Rik, S507 Stake
stank S517
²**stāpel** S518, S519
³**stappe** S519.01. – *L:* → vôt~
²**stār** S520.02
¹**stâr(e)** S520
stār(e)-blint S520.02
stark C187.01ª, S521, S522. – *P:*
C187 Creftich, G074ª Ghesunt, R134
Rive, T022 Teyge, V023 Vast, V024
Vast, V025 Vaste, W060ª Warhaftich.
– *S:* B181ª Beuesten, C179 Crank,
N054ª Nesen, V084 Vesten
stark(h)êⁱ**t** *P:* M052ª Mechte
³**stat** S504. – *S:* A003ª Abeteken
⁴**stat** S503. – *S:* A046 Aken, A194
Auion, B001 Babilonie, B358 Bremen,
B383 Brunswik, C130 Colne, D210
Ducate, E112 Erforde, F017 Frankvord,
F018 Frankenvorde, I028 Iherusalem,
I041 Inlender, L023ª Landman, L191
Lubeke, M062 Medeborch, M083
Mense, M116ª Misene, M117 Mysen,
P001 Padavwe, P018 Pariis, P101
Praghe, R160 Rome, S609 Straseborch,
T134 Trere, V058 Venidie, V084

Vesten, V123ª Vlanderen, W186 Wikbelde, W292 Wonen. – *L:* → vōr~,
hôvet~
¹**stech** S524
¹**stêde** S528. – *P:* B158.02 Bestendech – *S:* H129 Herden. – *L:* → un~
²**stêde** *P:* A063ª Alleweghe. – *S:*
H107 Hemeke
⁵**stēde** S527. – *P:* L011 Lagen, S504
Staet, V142 Vlette. – *S:* A003 Abeteken, A027ª Afside, A193 Auwe,
B187 Bewaringe, B233 Blek, C252.06
Couellens, G110 Gode holden, M010ª
Maal, R190ª Rvcken, S415.01 Solt,
W102 Weyde, W140ª Werder. – *L:* →
vûr~, rîsich~
stêdelik(e) S529. – *P:* A063 Alleweghe
¹**stêdes** *P:* A063 Alleweghe
¹**stêdich** *P:* S528ª Steyde
stêdichêⁱ**t** S529.01
¹**stêdigen** S530, S530.01. – *L:* → be~
¹**stêdinge** S530.02. – *L:* → be~
¹**stê**ⁱ**(g)el** *P:* S539ª Stel
stêⁱ**(g)elichê**ⁱ**t** S539.01
stêf-dochter S535
stêf-vāder S532
Steffen (PN) S531
stêf-kint *P:* S534ª Stefsonne
stêf-môder S533
stêf-sōn(e) S534
²**stēgel(e)** S537.01
stēge-rêⁱ**p** S537
stēg(e)liss(e) S536
stēk(e) S525
²**stēkele** S526
stēkelinc S544.01. – *P:* S526ª Ste-

sticht(e) S571, S572, S572.01. – S: S060 Scap

stichten S573, S573.01

stichter S573ᵃ

*stichtes-hêre S571.01

¹stîge S577

stîgen S578. – P: C083 Clymmen. – L: → ȫver~, up~

¹sticke S574.01, S575

¹sticken S574

³stille S579

¹stillen S580

¹stilnisse S581

stîmen P: B285 Bolderen, D154 Douen, R209 Rvschen

stinken S582, S582.02. – P: V421.02 Vulen

*stinkhêⁱt S582.01

stint S583. – S: P086.01 Plotze

stippe P: P136 Pvnt. – S: N043 Negenogede

stof S587. – P: P135 Pvluer, S631 Stubbe. – S: R080.01 Rere

stok S584, S585. – P: P114ᵃ Presvn, S575ᵃ Stikke, V005ᵃ Vak. – S: K002 Kegel, S261 Senewolt. – L: → bal~, bēnen~, bricken~, bungen~, hilligen~, imme(n)~, klugel~, kôl~, opper~, wîn~

stok-visch S586

¹stöcken S586.01

stôl S588. – S: C249ᵃ Cussen. – L: → prēdik~, richte~

stôle S589

¹stolt S590. – P: G076 Gheue, S163 Schone. – S: P027ᵃ Pawe

stôl(e)te S591

¹stoppel S593

stoppen S592. – P: S502ᵃ Spvnden, T094 Tomaken. – L: → vor~

¹stȫr(e) S024ᵃ, S594

stork(e) S595. – P: E016 Edebere, R061ᵃ Reyger

storm S596. – S: S611ᵃ Strank

störmen S597, S597.01. – P: B285ᵃ Bolderen

störmich P: H060 Hastich

störm(e)lik S597.02, S597.03

storm(e-)wint S598

störten S599, S599.01, S600. – L: → ümme~

stôten S601, S601.01. – P: S545ᵃ Steken. – S: R018 Ramme, S150ᵃ Schiue

stôter S593.01, S602. – S: S601.01 Stoten, V113ᵃ Visell

*stôterich S603.01

stôt(e)ren S603. – P: S513 Stameren

stouwen S608, S608.01

¹stȫven S604. – S: D141 Dornse, H107 Hemeke. – L: → bat~

²stȫven S607

¹stȫver S605

stȫv(e)ken S606

straffen S610.01. – P: S086.01 Schelden, S087 Scelden. – L: → be~

*straf-wȫrt S610.02

strâle S610, S610.03. – L: → licht~

³stranc S611, S612. – P: R078 Reep, S246 Seel, S626 Strom, W083ᵃ Wede. – S: H017 Halster

Strâsseborch (ON) S609

strâte S613. – P: G023 Gasse. – S: N098ᵃ Norwegen

strēde S615

D223ᵃ Dumpe, G087 Ghicht, P094ᵃ
Poppelcie, S403ᵃ Sodeslucken, S553
Steyn, V010 Vallent ouell, V090 Vefer,
W072 Watersuchtich. – *L:* → gēl~
sûken S652.01. – *P:* S245 Seken
sukeren → ¹secker
-*sûkich L:* → stêⁱn~, wāter~
²**sucken** *P:* S403 Sodeslucken
sucker S646
sucker-kandî(e) S647
¹**sul** S657
¹**sûle** S655. – *P:* S559ᵃ Stendel. – *S:*
P052 Piler, P100ᵃ Post
²**sûle** P057.03ᵃ
sûl-ex(e) S659
sülf-wassen *S:* K039 Keserlink
sülf-wōldich S656
*****sülf-wōldichêⁱt** S656.01
¹**sülte** S658
sülve *D240, E032, H159, S243,*
S660, *W097.05*
¹**sülver** S661. – *S:* A049 Al, T056ᵃ
Test, T106ᵃ Tornes, V033 Vatinge. – *L:*
→ quik~
sülveren S662. – *S:* T106ᵃ Tornes,
V108ᵃ Vingeren
sülver-grôve *P:* S664 Suluerkule
sülver-kûle S664
sülver-schûm(e) S663. – *P:* S317ᵃ
Slage
*****sülver-werker** S664.01
¹**sum(me)** S666
sûmen S665. – *L:* → vor~
²**summe** S667
sump(t) S668
¹**sünde** S670. – *P:* L033 Laster, S058
Scande, S202 Scult, V184 Vndat. – *S:*

A021 Aflat, A025ᵃ Afnemen, E085 Enbinden, O075.01 Ouertredinghe
¹**sünden** S669.01
¹**sünder** *O032.02*, S669
²**sunder** S672
³**sunder** *P:* A105 Ane, B162 Besunder, *S671.01*
sünder(i)ch S673
sünderinne *P:* S671 Sundersche
sünderlichêⁱt S673.01
sünderlik *P:* S673ᵃ Sunderich. – *S:*
G042 Gheleyde, M070 Meldowe. – *L:*
be~
sünderlike(n) S674. – *P:* B163 Besundern
sündersche S671
¹**sûne** S674.01. – *P:* S257 Seent
²**sûne** S675
sunne S676. – *S:* C065 Claar, M187
Morghen, N093 Norden, O046ᵃ Osten,
S284 Sevensterne, S610.03 Strale,
S648 Suden, V356ᵃ Vpgan, V357ᵃ Vpghanck, W175 Westen
²**sunt** S677. – *P:* G074 Ghesunt. – *S:*
Q023 Qvicken. – *L:* → ge~, un~, un-
ge~
sünte *S:* A014 Advent, B105 Benedictiner, T014.01 Tateren
sunthêⁱt *S:* P134ᵃ Pvls
*****sûpelik** S678.01
sûpen S678. – *S:* S027ᵃ Salse. – *L:*
→ ût~
sûpen(t) S679. – *L:* → eyer~
¹**sûr** S680, S681, *S689.01.* – *P:*
W318 Wret. – *S:* E153 Ettich, P036 Pepere, W317 Wrempen
sûr-amper W318ᵃ

sûr-dê^ich S680.01, S689.02
¹sûre S682.01
²sůre S682. – P: V106 Vinne
¹sůren S683
*sûr-vat S680.02
*sûr-melk S735.03
¹süs P: A071ª Also, S399ª So. – L:
→ ümme~
sûsen S685, S686
süster B279, M133.03, M133.04,
M133.12, S684, S684.01. – S: S692
Swager
süster-man P: S692ª Swager
sůt-ôst S652. – L: → ôst~
sůt-sůt-west S651
sůt-west S650. – L: → sůt~
sůveren S687. – P: F018.11 Fegen,
V049ª Veghen
sůverlik S688. – P: G076 Gheue,
L212 Lustlik, S163 Schone, S590 Stolt,
V386 Vrisch, W088 Weddelich, S314
Slacht. – S: C054 Ciren
sûwen S690
swādem(e) S691. – P: B352ª Bratme
swādemen S691.01
swâger M133.15, S692
swâgerinne M133.14
swak S693
swalch P: Q004 Quaas
¹swāle S694
swam S695, S696. – S: L175 Los,
M203ª Moterling, T167 Tunder
swān(e) S697
swanger S698, S698.01
*swanger-māker S698.02
¹swâr S699, S700. – P: B159
Besweren, S681 Sur, S721 Sweren. – S:

L117ª Licht, T038ª Ten
swārde S701
swârhê^it S699.01
¹swart S702, S723.01. – S: A181
Atriment, A192 Augustiner, B382
Brumbere, H083 Heydelberen, P109ª
Predeger, S520 Stare, S702.01 Swartte,
S723 Swerten
²swarte S702.01, S722
swarten S723
swarve P: M043ª Masch
swâve S704
Swâvenlant (LN) S703
¹swêde S706.01
²swēde S705
swê^ideler S708.01
Swêden (LN) S: M090 Meer, S216
See
Swêdenlant (LN) S706
swef S707
swegel S735.02
swel S708, S711.02. – P: D196
Dros. – S: B012ª Bal, E033ª Eel
¹swēlen S709
³swēlen S710. – P: T015 Tarten
¹swelle P: S657 Sulle
¹swellen S711, S711.01. – P: Q014
Quellen
swê^imen S712
¹swemmen S713. – P: S727 Sweuen
¹swê^in S714
swê^in-hērde P: S714 Sweyn
²swēpe S715. – P: G072 Gheisele
¹swēr S718
swērdeye P: S717ª Swerdelle
swērdele S717
¹swēren S720. – S: S666 Sume. – L:

→ be~
²swēren S719
³swêren S721. – L: → be~
swērich S718.01
¹swēringe S: O044ª Oruede. – L: →
be~
¹swêrt S716. – S: H171 Hilt, S717
Swerdelle
swester P: S684ª Suster
swêⁱt S724
swêⁱt-dôk S725.01
swêⁱt-drōpe S724.01
¹swêⁱten S725
swêⁱt-hol S725.02
swêⁱtich S724.02
swēvel S726. – S: C051 Cinober
swēvelik S726.01
¹swēven S727
swib-bōge S212.02, S728
¹swîgen S730. – P: S579 Stille
¹swik S729. – P: N066 Neueger
swîmel S731
swîmelen S732. – L: → be~
¹swîn S733. – P: V069 Verken. – S:
B117 Bere, G148ª Greue, G168 Grot,
H096ª Helen, S315ª Slachten, T141
Troch, W283 Wolen. – L: → borch~,
mēr~
swinde S737, S738. – P: A156.01
Archlistich
swindelung B164ª
swîne-hērde S735.01
swîne-lûs S738.01
swîne-môder P: S642 Su
¹swînen S734
swinge S735. – S: R131ª Riste
swinge-bret S736

T

tâ T001, Z000.04
tabbe → tubbe
tabelrunge → tāfel-runde
tabûre T002
tāfel-bret P: T033ª Teller
tāfele T004, T005. – P: D085 Disch.
– S: V213 Voder. – L: → schâk~,
schrôde~, worp~
tāfel-lāken T005.01. – P: D086ª
Dischdwele
tāfel-māker T005.02
tāfel-runde (tabelrunge) T002.01
tâhêⁱt T001.01
¹tacke S: H041.01 Harthekell
tacken T003
tal H279.04, T006. – P: R105ª Rige.
– S: A036ª Ahte, E155 Euen, N039ª
Neghene, S154ª Scok, S154.01
Schocke, V186 Vneuen, V191.01 Vngelick. – L: → an~, vêr~, nēgen~,
sestich~, sēven~, twey-hundert~
*tal-bret Z000.03
talch T007, T008. – P: V201 Vnslet
talmen T009
tam C037.01, T010, Z000.01. – P:
Q017 Qver. – S: P027 Pawe, T036 Temen, V042 Vederue, W214ª Wilt. – L:
→ un~
¹tan P: T046ª Thene
tānen T011.02
tange C037.03, T011. – P: C095
Clucht, C096ª Clucht
tanger T011.01. – S: P036 Pepere
tant-vlêⁱsch C037.05, T047, Z000.07
¹tappe C037.04, T012, Z000.02. – S:

°tēringe C050.05, T052, Z000.08
terke T052.02
°tertel-dûve T055
°test T056
°testament T057
°tēve *P:* T017.01 To
°têwe *S:* N014ᵃ Nagel
°text T058. – *S:* G101 Glose
Tyber (FN) T059
°tîdich T061. – *P:* R122ᵃ Ripe. – *L:*
→ un~
°tîen T063. – *L:* → vor~
°tî(g)inge T063.01. – *L:* → vor~
Tile (PN) T064. – *P:* D076 Diderik
Tileke (PN) *P:* D076 Diderik, T064ᵃ
Tile
Tyleman (PN) *P:* D076 Diderik,
T064 Tile
°timean T065
°timmer *M108.06*, T067
°timmeren C084.01, T066. – *P:*
C100 Cluteren. – *S:* M109ᵃ Meysel,
S180ᵃ Scrage
°timmer-man C057.01, T068,
Z000.11. – *S:* M109 Meysel, S659 Sulexse, W233 Winkelholt
°timpe *P:* C019ᵃ Cappenkogele. – *S:*
K059 Kip
°tin T070.01
°tin-appel T070
°tinne C057.02, T069, Z000.12
°tinnen T069.01, T070.02
°tins C057.03, T071, Z000.13. – *P:*
G182 Gulde, H284.01ᵃ Hure, R077
Rente, S170ᵃ Scot. – *L:* → jâr~
°tinsen T072
°tinte T073. – *P:* B221 Blak

°tint-hōrn *P:* B222 Blakhorn
°tît T060, *T084.19*. – *S:* A014
Advent, B140ᵃ Besceden, B140.01 Be-
scheden, D060ᵃ Denne, E157ᵃ Euen,
H250 Hornunk, I080ᵃ Ivngen, L026
Lank, L208 Lvne, M061ᵃ Meyg, O004
Ogenblik, O014ᵃ Oldinge, S303ᵃ Singrone, S429ᵃ Spade, T182ᵃ Tweseling,
V052ᵃ Vele, W205 Wile. – *L:* →
al(le)~, alle~, âvent~, dûr~, vesper~,
hôch~, jâr~, mâl~, mân~, metten~, un~
°tîtlik T060.01, T062. – *P:* V276
Vorghenklik, W162 Wertlich. – *S:*
O014 Oldinge, O015ᵃ Oldinghe
°titte T074. – *P:* B384 Brůste
°¹tô T075, *T082, T084.19, T084.47,
T084.51, T084.52, T087, T088, T112*. –
P: A087 An
°²tô T076, *T113*. – *L:* → al~, io~
°³tô T017.01
°tô-be-hŏren T077. – *P:* H245ᵃ
Horen
°tô-be-hŏringe T084.20
°to-bersten *P:* B130ᵃ Bersteyn
°tô-bŏren *P:* B303ᵃ Boren
°tô-bôten *P:* L031 Lappen
°to-brēken *C073.01*. – *P:* B356 Breken, D051 Delghen, V263 Vorderuen.
– *S:* L075 Lemen, S150ᵃ Schiue
°tô-bringen T078. – *P:* T119 Tovoghen, V331 Vorteren
°tô-dôn T079, T084.08, T084.21,
T084.22. – *S:* H089 Heke, O004 Ogenblik
°to-drücken *P:* M193 Morken
°tô-val T084.09. – *P:* A135 Anual
°tô-vallen T084.10

°tô-verdigen T117.01
°tô-vôgen T084.04, T119
°tô-vōren T085.01. – *P:* E099ª Eer
°tô-vor-gēves T120. – *P:* V169 Vmmesus
°tô-vrêsen *S:* V377 Vresen
°to-vrēten *S:* M225 Mvtte
°tô-gân T084.06
°tōge T079.01, T080
°tô-ge-bōren *P:* M003 Mach
°tōgel T081. – *P:* G145 Greppe
°tô-gift T078.01
°to-gnāgen *S:* M225ª Mvtte
°tô-hangen *P:* A111ª Anhanghen,
T084ª Toholden. – *S:* D164.01 Drenkel
°tô-hant T083. – *P:* B283 Bolde,
D159 Drade, R003ª Rad, S118 Scere. –
L: → al~
°tô-hērden T084.02, T084.50. – *P:*
A112 Anherden
°tô-hōlden T084. – *P:* A111ª Anhanghen
°tô-hôpe *S033.01ª, T084.11,*
T084.26, T084.27, T084.29 - T084.34,
T084.36, T084.39, T084.40, T084.42,
T084.43, T084.45, T084.46. – *S:* B260ª
Booc, L100ª Lesen
°tô-hôpe-settinge T084.35
°tô-hôren T084.16, T085. – *P:*
A093.01 Andencken, A116 Anhoren,
A116.01ª Anhoren, T077ª Tobehoren,
T084ª Toholden
°to-houwen *P:* T092ª Toleden
°tô-kêren T086
°tô-klûven *P:* C101 Cluuen
°tô-knôpen T084.03
°tô-kōmen *S:* S286 Sibille

°tô-kum(p)st T084.15
°tol C048.01, T089, Z000.14
°tô-lachen L001
°tô-lâten *P:* S505 Staden, V283 Vorhengen
°to-lēden T092
°tô-leggen T084.01
°tolk T093. – *P:* B070.01 Beduder
°tolken T093.01. – *P:* B070ª Be-
dûden
°tolnen T090
°tölner C048.02, T091
°tô-lôpen T084.14
°tôm T096. – *S:* T081 Togell
°tô-māken T094. – *P:* S592 Stoppen
°tô-mâle T095. – *P:* P138ª Pvr,
S737ª Swinde
°tômbet T096.01
°tômen T097
°tô-nāme T098. – *P:* B207 Biname
°tô-nāmen T099
°tô-nēmen T084.24
°¹top C048.03, T100, Z000.15. – *P:*
F018.35 Flechte, V128ª Vlechte. – *L:*
→ hâr~
°²top T101, T170
°to-quetteren *P:* M193ª Morken,
Q008ª Quatren
°torf T103.01. – *P:* W312 Wrase
°tô-richten T084.05
°to-rîten T084.48. – *P:* C101ª Cluuen
°¹tōrn T103. – *P:*P114ª Presvn. – *S:*
B120 Berchvrede, W051 Warde
°²tōrn C098.01, T102. – *P:* D200ª
Droue, H048 Harm
°torney T107

°tȫrnen T104. – *P:* G135 Gransen, M165 Moghen
°tornêr T107.02
°tornêren T107.03
°tornêrer(e) *P:* H066.02 Haueyrer
°tornêringe T107.04
°tōrnich T105. – *P:* E100 Er, G132 Gral, H060ª Hastich
°tornois T106
°tô-rôpen T084.12
°tortel-dûve T107.01. – *P:* T055ª Tertelduue
°tô-rügge-half *P:* H175 Hindene, H176 Hinderwort
°tô-sāmene-lôp *P:* V360 Vplop
°tô-sām(e)ne T108, *T084.25, T084.41, T084.44.* – *P:* M157ª Mydenander. – *S:* B260 Booc, S519 Stapel, T182ª Tweseling, W161 Wertscap
°tô-slûten T084.37, T109
*tô-slûtinge T084.38
°tô-spannen *S:* S432 Span
°to-splîten T084.49. – *P:* C101ª Cluuen
°tô-sprâke T111
°tô-sprēkelik T084.18
°tô-sprēken T084.17, T110. – *P:* C163ª Cosen
°tô-sprēkinge T084.28
°touwe T018, T120.02. – *S:* B238 Blide, C056 Cirkel, C079.02 Clepper, D148 Dorslach, D201 Dru, E018 Egede, E163ª Exe, H088.01 Hekele, I047 Iok, K010ª Kelle, L063ª Ledich, M109 Meysel, P133ª Pvlpt, R018 Ramme, R079 Repe, R090 Ribiseren, R133 Rive, R144 Roder, S166 Scope, S184ª

Screpe, S248.01 Selle, S481 Spole, S551 Stempel, S659 Sulexse, T114 Touer, V113ª Visell, V134 Vleghere, W233 Winkelholt. – *L:* → smēde-(ge)~
°touwelik *P:* B283 Bolde, D159 Drade, E067 Endelec, R003 Rad, S381 Snel
°touwen T019, T120.01
°tȫver C218.07, T114. – *S:* S639 Stunse
°tȫver T115
°tȫver-bôm T114.01
°tȫveren T084.23, T116
°tȫverer C098.03, T117
°tȫverîe Z000.16
°tȫverinne Z000.17
°tȫvernisse C098.02. – *P:* T115 Touer
°tȫversche T118. – *L:* → molken~
°tô-wassen T084.13
°to-werpen *S:* B238 Blide
°tô-werpen T084.07
°tô-wîf T121
°to-wrîven *P:* W321 Wriuen. – *S:* S150 Schiue
°trâch T122, *T123.01.* – *P:* F018.72 Fuel, L035ª Late, L089 Lengesem, V422 Vul, V429 Vulen, W260 Vul. – *S:* G115.01 Gorre, G181 Gul
°trâchêⁱt T123
°trachten T124. – *P:* P124 Proven
°trachtinge T125
°trâgen T123.02, *T123.03.* – *P:* V429 Vulen
°trāme T126
°trampen T127
°trân T129

°trânich T134.01
°trappe T128
°trappen *P:* T127ª Trampen
°trechter T130
°trēden T131. – *S:* T127 Trampen. –
L: → ōver~
°trecken *S:* S248.01 Selle
°trênen T132
°treppe T133. – *P:* G129 Grad. – *S:*
V355ª Vpgan. – *L:* → kellers~
Trere (ON) T134
°tridele T135. – *L:* → knê~
°trint T136, T137, T138, T139
°trippe L102ª, T139.01
°trittel-dûve *P:* T055ª Tertelduue
°trobe *P:* W270 Wlom
°troch D164.02, T140, T141
°troie T142. – *P:* I003ª Iacke, I057
Iope
°troite T144.01
°trōner *P:* B009 Baghard, G098ª
Glisener
°trôrich *P:* D200 Droue
°tros T143
°trôst T144. – *P:* H275 Hulpe
°trŏsten T145
°trŏster T146
°trŏstlik T147. – *P:* W007ª Wakker.
– *L:* → un~
°trul *P:* B010.01 Balie
°trumpe T148. – *S:* L215 Lvte,
Q025 Qvinterne
°trumpe-māker T149.01
°trumpen T149
°trumper T150
°trûren T151. – *P:* M165 Moghen
°trûrich T152

°¹trŭwe *P:* T157 Truwheyt. – *S:*
H211 Holden
°²trŭwe T153, T155. – *P:* W154
Werliken
°trŭwelôs T156. – *P:* V012ª Vals
°trûwen T153.01, T154. – *P:* L186
Louen. – *L:* → be~
°trŭw(e)hê¹t T157
°trŭw(e)like(n) *P:* T155 Truwen. –
L: → un~
°tubbe (tabbe) *P:* B010.01 Balie
°tŭch T161
°tŭchnisse T162, Z000.21
°tucht C218.01, T158, Z000.18
°tüchten T159
°tüchtich T160. – *P:* S226 Sedich
°tüchtigen Z000.19
°tucht-meyster C218.02, Z000.20
°tŭge *P:* T161ª Tuch
°¹tŭgen C218.04, T164
°²tŭgen C218.03, T163, Z000.22
°tŭger T163.01
°tûn T165, Z000.23. – *S:* C218.05
Czunen, T166ª Tunen
°tunder T167
°tŭnen C218.05, T166
°tunge T168. – *L:* → hertes~, ossen~
°tunne T169
°tûn-stāke T165.01
°tŭre T171
°turn *S:* E119ª Erkener
°tŭschen T172. – *P:* D167 Dreghen,
G028 Ghecken, O056.03 Oŭen, P079
Plenghen
°tŭscher T173. – *P:* D169 Dreegher,
G029 Ghek, L053ª Lecker
°tucian T174

°**twâr** T175
°**twey** T176.01. – *P:* T176 Twene. –
S: B010 Bake, S518ª Stapel. – *L:* →
en~
°**twey-dêlen** *P:* A026ª Afscheden
***twey-dôn** *P:* T177ª Twigen
°**twey-dracht** C218.06ª, T179, T187
(Twidracht), Z000.25. – *P:* C199
Crych, N072 Nyit, P071 Plas. – *S:*
K048 Kiff, K049 Kyif, S422 Sonen
°**twey-drachtich** T179.01
°**tweyen** C218.06, T177
°**twey-vōldich** C218.10. – *P:* T183ª
Tweuelt. – *S:* T184ª Tweuoldigen
°**twey-vōldichêⁱt** T192.02
°**twey-vōldigen** T184
°**twey-vōlt** T183
°**twey-hundert** T192.05
°**twey-hundertste** T192.04
°**twey-hundert-tal** T192.03
°**tweyne** T176. – *S:* C029ª Carre,
T114 Touer, T182 Tweseling
°**twelf** T178, T184.02. – *S:* A141ª
Apostole, A146ª Appril, I077ª Ivnghe,
O045ª Ost
°**twelf-bōde** *P:* A141 Apostole
°**twelf-tālich** T184.03
°**twelf-werve** T184.01
°**twêne** *S:* C014 Camp
°**twerl** T180.01
°**twern** T180
°**twernen** T181
°**twēse** *P:* T182ª Tweseling
°**twēselink** C218.09, T182, Z000.24
°**twîch** T185, T192.07, V299ª. – *P:*
T034ª Tellege. – *S:* C050ª Cepter,
S566ª Sterne

°**twîden** T186. – *P:* E118 Erhoren
°**twîdinge** C218.11
twidracht → twey-dracht
°**twîe** T188. – *P:* T176 Twene. – *S:*
S258 Sent
°**twîerleye** C218.12, T185.01, T189.
– *S:* C137 Cǒme, I072 Iuesche, K031
Kerse, K035ª Keruel, K062.16 Kommel, P096 Popele
°**twintich** *P:* S577 Stighe. – *S:* I078ª
Ivngelink. – *L:* → achte-unde~
°**twischen** T190
°**twîvel** T190.01
°**twîvelaftich** C218.14, T192
°**twîvelaftichêⁱt** T192.01
°**twîvelen** C218.13, T191, Z000.26.
– *L:* → vor~
°**twîve(l)lik** *P:* A190 Auenturlich

U

°**ûle** V127. – *P:* H271ª Hvuk,
N008.05 Nachtvogel
vlle bedulle → al-bedille
°¹**ümme** V161. – *P:* D129 Dorch,
V236 Vor
°²**ümme** V159, V160, *V162*, V168. –
L: → dar~, hîr~, wor~
°**ümme-be-liggen** *S:* A193 Auwe
°**ümme-dêⁱlen** V170
°**ümme-vallen** *P:* S600ª Storten
°**ümme-vlêten** *S:* W140 Werder
°**ümme-gân** R170ª, V164
°**ümme-ganc** V165. – *P:* C217 Crucegank
°**ümme-kêren** V167. – *P:* W122

Wenden. – *S:* R016ᵃ Raken
°ümme-liggen *S:* A193ᵃ Auwe
°ümme-rant *P:* L155 Liste
°ümme-rŏren *P:* R170 Roren
°ümme-sên V165.01. – *P:* C023 Capen
°ümme-sichtich V166
°ümme-störten *P:* S600 Storten
°ümme-süs V169. – *P:* T120 Tovorgheues
°ümme-wenden *P:* R170ᵃ Roren,
S600 Storten, W035 *Want*, W228ᵃ
Winden. – *S:* R016 Raken
°un- V171
°un-bēdelik *P:* V209.04 Vnsterckelick
°un-be-hēgelik *P:* L107 Leed
°un-be-quême V209.27, V209.36. –
P: V190 Vnghemak, V194 Vngheuoge,
V200 Vnsachte, V219ᵃᵃ Vnghevoghe
°un-be-quêmichêⁱt *P:* V197.01 Vnnemycheyt
°un-be-râden V177.03
°un-be-schêⁱden V170.01
°un-be-stendichêⁱt V209.05
°un-be-wēget V209.15
°un-bŏchlik V209.23
*un-danksamhêⁱt *P:* V197.01 Vnnemycheyt
°un-dât V184. – *P:* S058 Scande,
S670 Sunde
°unde *V162*, V172. – *P:* O009 Ok
°un-dêⁱlsam V209.22
°unden(e) *P:* V173 Vnder. – *S:*
M050 Mechte
°under V173
°under-dân V175, *V175.01*

°under-dânich *V174*. – *S:* H244 Horen, H273ᵃ Huldeghen
°under-des V183.02, V183.10
°under-dôn V183.12
°under-dûken *P:* D218ᵃ Duken
°under-êⁱn-ander V175.02 – *P:*
M028 Mank. – *S:* S088 Scelden, T093
Tollek
°under-vôderer V212ᵃ Voder
°under-gân *S:* W175ᵃ Westen
°under-kôp V178
°under-kôper V179
vndercruper *P:* H206ᵃ Hocker
°under-lât V176. – *S:* A063 Alleweghe, D159 Drade
°under-mengen V209.14
°under-nēmen V183.04, V183.11
°under-rok *P:* W028ᵃ Wambos
°under-schêⁱden *P:* B140ᵃ Besceden
°under-schêⁱdere V183.05
°under-schêⁱdinge V181
°under-schēren V183.07
°under-schêⁱt V180
°under-seggen V183.08, V183.09
°under-senken *P:* S267 Senken
°under-slân *S:* N103 Noytstal
°under-snîden V183.03
°under-werpinge V183.01
°under-wîlen V182. – *S:* A192 Augustiner, M126 Myle, S391 Snode
°under-winden V183
°under-wîsen *P:* A122.02 Anrichten,
A138ᵃ Anwisen
°un-dōget *P:* S670 Sunde
°un-duldich V209.17
°un-echt(e) O024, V188.01. – *S:*
B280 Bole, B281 Bŏle, E004 Ebreker,

E082 Enpeke, T121 Towiff
°un-ēdel(e) *P:* E121ᵃ Erlos. – *S:*
H084 Hederik
°un-êlik *P:* O024 Onechte
°un-endelik V209.34
°un-ēven O022, O023, V185, V186.
– *P:* M137 Mis, V191ᵃ Vnghelik. – *S:*
E155 Euen
underuellich V183.06
*un-vor-deckenisse V209.52
°un-verdich *P:* A153 Arch
underflissen V183.13
°un-(ge)-vôch V194, V219ᵃ
°un-vor-drêtlik V209.30
°un-vor-drōten V209.24
°un-vor-menget *P:* C066 Claar. – *S:*
A049ᵃ Al
°un-vor-nüftich *P:* D131ᵃ Dorechtech
°un-vor-sichtich V209.06. – *P:*
R156 Rokelos
*un-vor-stân S219.01
°un-vor-wunnen V209.55
°un-vrede *P:* S620ᵃ Strid
°un-vruchtbar *P:* G191ᵃ Gûste. – *S:*
B122 Beyrke
°un-vründ *P:* F018.20 Fint, V094
Vigent
°un-vrüntschap *P:* V039ᵃ Vede,
V095 Vigenschopp
°un-ge-val V176.01
°un-ge-vērde *S:* B285ᵃ Bolderen
°un-ge-gērt *S:* W138ᵃ Wert
°un-ge-gēten V209.19
°ungel *P:* T008ᵃ Tallich, V201ᵃ Vnslet
*un-ge-lêtich *P:* W045ᵃ Wansedich

°un-gelt V189
°un-ge-mak V190
°ungere V188
Vngerlant (LN) V187. – *S:* D231
Dunovwe
°un-gerne V193. – *P:* N087 Node
°un-ge-sîret V209.03
*un-ge-slacht *P:* V192ᵃ Vngestalt
°un-ge-sunt V209.02ᵃ, V209.46. –
P: C180 Crank, S244 Seec, V204ᵃ
Vnsunt
°un-ge-trûwe *P:* G134ᵃ Gram
°un-ge-wāpent V209.28
°un-ge-wēgen *P:* A019ᵃ Afgunstech
*un-ge-wênt V209.40
*un-ge-wōnt V209.50, V209.51
°un-gunnen *P:* H062 Haten
°un-gunst *P:* H061 Haat
°un-günstich V209.31. – *P:* A019
Afgunstech
°un-hāgen *P:* E007 Echelen
°un-hōgen *P:* B067 Bedrouet, D200
Droue, G132 Gral
°un-hôrsam V192.01. – *P:* S656
Sulffweldich
°un-klôk *P:* D131 Dorechtech
°un-kōne V437.04. – *P:* B250
Bloyde
°un-kûsch V177. – *P:* G034 Gheyl
°un-kūscherinne *P:* H242 Hore
°un-kûs(c)hêⁱt V177.01. – *S:* G133ᵃ
Grale
°un-lēdich V195
°un-lēvendich *S:* C173 Craft
°un-lîdich V209.42
°un-(ge)-lîk V191, V191.01,
V209.18. – *P:* O022ᵃ Oneuen, V185ᵃ

°**un-wêrt** *P:* V197 Vnneme
°**un-wēten** V209.47
°**un-wētende** *P:* D131 Dorechtech
°**un-wētenhêⁱt** V209.48
°**un-wille** *P:* P071 Plas, S077 Scauernac
°**un-willichliken** V209.53
°**un-win(ne)lik** V209.29
°**un-wîs** *P:* D131 Dorechtech
°**up** V361, V362. – *P:* V361 Vppe
°**up-binden** *P:* L178ª Losen, L179 Losen
°**up-blâsen** *P:* B226 Blas, S711ª Swellen
°**up-blâsinge** *P:* S711.02 Swel
°**up-bŏren** V353. – *P:* B302 Boren, H164 Heuen
°**up-brēken** *S:* T094 Tomaken, V369 Vpslaen
°**up-dôn** V354. – *P:* O031 Openbaren. – *S:* O004 Ogenblik
°**up-dringen** *P:* Q014ª Quellen
°**up-ēten** *S:* V362 Vppe
°**up-vŏden** *S:* T043ª Then
°**up-gân** V355, V356, V358. – *P:* V366ª Vpstigen
°**up-ganc** V357. – *P:* O046 Osten. – *S:* M187 Morghen
°**up-gēnen** *P:* G025 Gheynen, I009 Ianen, I026 Ienen
°**up-hālen** *S:* S608 Stowen
°**up-hēven** *P:* B302 Boren, H164ª Heuen, V353 Vpboren
°**up-hôr** *S:* R190 Rvcken
°**up-hŏren** V359
°**up-houwen** *P:* V369 Vpslaen
°**up-knŏpen** V364.01

°**up-lēsen** *S:* L100 Lesen
°**up-lôp** V360
°**up-richten** V363. – *P:* R096 Richten
°**up-ro(i)fen** *S:* S193ª Scucken
°**up-rîten** *P:* V369ª Vpslaen
°**up-slân** V369. – *S:* S518ª Stapel
°**up-slûten** V364
°**up-stân** V365, V369
°**up-stîgen** V366. – *P:* S578 Stighen, V355 Vpgan. – *S:* C083 Clymmen, S403 Sodeslucken
°**up-tên** V367
°**up-tŏger** V367.01
°**up-wecken** V368
°**ûr(e)** V385.01
°**ûr-hôn** B124ª, V388
°**uriginâl** O040 (Orgenal)
*°**ûr-klocke** *P:* S234ª Seyger
°**ûr-werk** V385.02. – *P:* S234ª Seyger
vse → unse
°**ût** V412, V412.01
°**ût-bringen** V416.17
°**ût-bringinge** V416.16
°**ût-brŏden** V416.02. – *P:* B371ª Broden
°**ût-brŏdinge** V416.03
°**ût-dēl(i)gen** V416.15
°**ût-dôn** *P:* V416.17 Vtbrenghen. – *S:* B410 Butten
°**ût-drîven** V416.11. – *P:* S209ª Scvppen
°**ût-drücken** V416.20, V416.21. – *P:* W320ª Wringen
°**ût-dwingen** *P:* W320ª Wringen
°**ûteren** *P:* A039 Ahten

°ût-vrâgen V416.22. – P: V271 Vorschen
°ût-gēven V360.01, V413, V416.13. – P: V415ª Vtrichten
°ût-gêten P: V277ª Vorgheten
°ût-hêilen S: C020ª Capvn
°ût-houwen P: G165 Grôpen
°ût-kêsen P: K038ª Kesen
°ût-leggen P: D211 Duden
°ût-lender V414
°ût-nēmen V416.05. – S: B410ª Butten
°ût-nēmer V416.06
°ût-plôgen V416.01
°ût-plücken V416.04
°ût-pütten V416.09, V416.10
°ût-rēden P: D039 Degedinghen
°ût-rêken S: C058 Clafter
°ût-recken V416.12, V416.25. – P: D112ª Don. – S: R017.02 Rame
°ût-richten V415, V416.18
°ût-rîder P: S414 Soldener
°ût-rōden V437.03. – P: R140ª Roden, V437.03 Vsrùtten
°ût-settisch V419. – P: S463 Spetteylsch
°ût-sitten P: B371ª Broden
°ût-slân V416.07
°ût-slichten V416.19
°ût-snîden P: G165 Grôpen. – S: C020 Capvn
°ût-spîgen V416.24. – P: S465 Spigen
°ût-sprēken P: D039 Degedinghen
°ût-springen V416.23
°ût-sprûten P: B253.01 Blogen
°ût-sûpen P: S678ª Supen

°ût-tên V369.01. – P: T045ª Then. – S: G030 Gheden, R165 Rôpen
°ût-wassen P: K053 Kymen
°ût-wêiden V416.08
°ût-wecken V416.14
°ût-wendich V416. – P: B409 Buten, E062 Enbuten. – S: B009 Baghard
°ût-werpen P: B333 Boten. – S: H096 Helen
°ût-wringen P: W320 Wringen
°ûtze V034, V412.02. – P: H285ª Hvpper, V034 Vse

V → F

W

°wach W001
°wachandelen-bēre W002
°wachandelen-bôm W003
°wacht(e) W006
°wachtele W004
°¹wachten W005. – P: B056 Beden, E034 Eelden, E090 Entholden, H212 Holden, W053 Warden
*²wachten P: D134ª Doren
°wachter W017.01
°wachtinge W005.01
°wāde W008
°wādeke W010
°wāden W009. – S: V252ª Vorde
°wāge W011, W014.01. – P: W192 Wichte
°¹wāgen W013
°²wâgen W012. – P: A189 Auen-

turen
°³wāgen W014. – *S:* D088 Disle, L008 Laden, R002 Rad, R203 Rvnge, S253 Sele, S445.02 Speyke, T042 Then, V032 Vaten. – *L:* → lanc~
°wāgen-drîver W014.02
°wāgen-trāde W015
°¹wāke W016
°²wāke *P:* W010ª Wadeke
°wāken W017, W078ª. – *P:* W053ª Warden. – *L:* → ent~
°wākinge *P:* W006 Wachte
°wacker W007. – *P:* B138 Bescheftich
°Wāle W020. – *S:* D216ª Dudesche berge
°wal-visch W026
°walgeren W023
°walginge W023.01
°walk(e)-mȫle W024. – *S:* M170.01 Mole
°Wallant (LN) W018, W019. – *S:* M126 Myle, P001 Padavwe, V058 Venidie
°wallen W022
°wal-not-bôm W025.01
°wal-nut W025
°Walsch W021. – *S:* B393 Buffel, M126ª Myle, P001ª Padavwe, V058ª Venidie, W025 Walnot
°walt W280, W281 (Wolt). – *S:* S190 Scriuer. – *L:* → ge~
°wambois W028. – *P:* I003ª Iacke, I057 Iope
°¹wan W030. – *S:* W261ª Vull
°²wan W027, W029, W120. – *S:* O001 Ocker

°³wân *B138.06*, W032. – *S:* T063.01 Tyginge
°wandel W036
°wandelbar W038
°wandelen W037. – *P:* W039ª Wanderen. – *S:* M224 Mvten
°wandelinge *P:* W036ª Wandel
°wanderen W039. – *P:* G010 Gan, R083 Resen, R083.01 Reysen, T044 Then, V019 Varen, W022 Wallen. – *S:* V063ª Verde
°wander-ge-selle *P:* V063 Verde
°wange W040. – *P:* B002 Backe. – *S:* K062 Kiwe
°¹wanne W031
°²wanne W041, W121. – *L:* → it(te)~
°wann-êr W042. – *P:* A072.01 Alzowenne, I069 Itteswanne, W027ª Wanne, W121ª Wenne. – *S:* W089ª Weder
°wan-schāpen W044. – *P:* E146 Eyslik
°wan-sēdich W045
°¹want W033. – *S:* B193ª By, B224 Blanke, D128 Dor, G077 Gheuel, L074 Lemen, L175ª Los, S408 Sole, S559ª Stendel
°²want W034. – *S:* A162 Arras, C159ª Corsene, L014ª Laken, M170.01 Mole, M225 Mvtte, V151 Vlo, W059 Warpe, W081 Wět, W320 Wringen. – *L:* → bedde-(ge)~, beyder~, gēr~, lîn~, misse~, sîde(n)~, wester~
°want-lûs W043
°want-worm W042.01. – *S:* M225ª Mvtte
°wāpen W046. – *S:* P073ª Plate

Rume, S110ª Sceppen, S216 See, S408ª
Sole, S495 Sprengen, S497 Springen,
S608 Stowen, S611 Strank, S626ª
Strom, T059 Tyber, T114 Touer, V155
Vloten, V156 Vlot, V252 Vorde, V269
Vordrunken, V297ª Vorne, V327 Vort,
V377 Vresen, V432 Vullen, W069
Water, W081ª Wêt, W140 Werder,
W170 Wesere, W262 Wlak, W320
Wringen. – *L:* → lô~, solt~, spôle~, wî~
°wāter-brȫk(e) W069.01, W070
°wāter-drēger W069.05
°wāter-drenker W069.03
°wāter-vat W069.04
°wāter-ganc W069.02
°wāterich *S:* O006 Ogelink
°wāter-kerse *S:* K031 Kerse
*wāter-parle *P:* P039 Perle
°wāter-sucht W071.01
°wāter-süchtich W072
*wāter-sȗkich *P:* W072 Watersuchtich
°wât-sak W071
°we W073, W082. – *S:* N003ª Na,
W083ª Wede
°wê W074, W075
°¹wech W076. – *P:* G023 Gasse,
S576ª Stich. – *S:* B016 Bane, M126ª
Myle, P000.02 Paat, R082 Rese. – *L:*
→ brēden~, vôt~
°²wech W077. – *L:* → en~
°wechter W078
wed P: Q021 Qvyt. – *S:* Q022 Qviten
°wê-dāge *P:* Q003 Qvale
°weddel *P:* S494ª Sprengel, W105ª
Wegel
°wedden W098

°wedder W091, W092, *W095.03,
W097.30.* – *P:* L107 Leed, T025 Theghen. – *S:* B172 Beteren
*wedder-be-drêgen W097.16
*wedder-binden W097.19
°wedder-bȏgen *P:* N032 Neden,
N043.01 Neden
*wedder-denken W097.04
°wedder-dôn *P:* W100 Weddergheuen
°wedder-drāgen W097.24
°wedder-drücken W100.02
°wedder-êⁱschen W095.01
°wedder-vlêten W097.35
°wedder-vȏren W100.03
°wedder-gân W097.03
°wedder-gelden W097.09
°wedder-geldinge W097.10
°wedder-gēven W100
°wedder-grîpelik W097.06
°wedder-hâke *S:* S610 Strale
°wedder-hal W087.03
°wedder-hālen W097.11. – *P:* E117ª
Erhalen
°wedder-kêren W095, W097.05,
W097.15. – *P:* T086 Tokeren
*wedder-kîver *P:* W097.01 Wedderstreuer
°wedder-klanc *P:* D111 Dom
°wedder-kōmen W093, W094,
W097.14. – *P:* W095 Wedderkeren
°wedder-kündigen W097.22
*wedder-lēven W095.02
*wedder-lȫven W097.08
°wedder-lȗden W097.31
*wedder-lȗdinge W097.32
°wedder-lût *P:* G006ª Galm

°wedder-māken W097.11, W097.13, W097.23, W097.33. – P: V300 Vornigen

°wedder-mākinge W097.34

°wedder-mēten W097.20

°wedder-môt W096

°wedder-nēmen W097.28

°wedder-nê͡gen W097.27

°wedder-persen P: W100.02 Wedderdrucken

*wedder-schînen W097.18

°wedder-seggen P: A134 Antworden

°wedder-senden W097.02

°wedder-slach W097.12

°wedder-slûten W097.07

°wedder-sprēken P: A134 Antworden

°wedder-stân W097.17, W097.21, W097.29

°wedder-stôt W097.26

°wedder-strēven W097

°wedder-strēver W097.01

*wedder-ümme-hālen W097.25

°wedder-wēven W100.01

°wedder-wille P: W096 Wedermod

°wēde W083

°wēde-hoppe W087

°wēdeme W101. – P: P023 Parrenhus

°wêden P: G030ᵃ Gheden

°¹wēder W090

°²wēder W089. – S: C067ᵃ Claar, D228 Duncker

°wēder-hāne W087.02, W099

°wēdewe W086, W087.01

°wēdik P: A104ᵃ Andrake

°wêge S: S686ᵃ Susen

°wēge-brê͡de W111

°wêgen W103.01, W107

°wēgen(e) B279. – S: A154ᵃ Art, I074 Ivnkvrowe, N063 Netele, N088.02 Noet. – L: → aller(/alder)~

*wêgen-bant P: W230 Windelbant

°wêger W106, W108

°wegge W103, W109. – L: → stākel~

°weyde W084, W102. – P: V211ᵃ Voder

°weyde-hunt S: W226 Wint

°weydelik W088. – P: G076 Gheue, L212 Lustlik, S163 Schone, S590 Stolt

°weyden W085

°weyel W105

°weyen W104. – P: W227 Winden

°weyer P: W105ᵃ Wegel

°wey(g)eren W110

weif P: H057ᵃ Haspel

°weynich W128. – P: C077 Clene, L218 Luttink, V217 Voghe. – S: S342ᵃ Slommen

°weyse W167

°wêk P: S368ᵃ Smyde. – S: A009 Adamas, C111.03 Cnoster, C215 Crosele, D224 Dun, H039 Hard, O006ᵃ Ogelink, W112ᵃ Weken. – L: → mōl~

°wêke-brôt W113

°wêken W112

°wēken(e) W080. – L: → krûze~, mit~, ses~

°wêkichê͡t W116.01

°wecken W079. – P: E092 Entwaken, V368 Vpwekken. – L: → er~, up~, ût~

°wêklik S: S342ᵃ Slommen

°weldich W113.01, W282 (Woldich). – *L:* → al(/alle)~
°¹welk W114, W115. – *P:* W082ª We. – *L:* → it(te)~
°²welk W116. – *S:* C215ª Crosele
°welker W117
°welkeren W119
°welkerleye W118
°welle W115.01
°welteren *P:* W119 Welkeren
°welve W287 (Wolue). – *P:* B291ª Bône
°welven W288 (Woluen)
°wenden W035, W122, W123, W124. – *P:* K022 Keren, K023 Keren, S600 Storten. – *L:* → ümme~
*wēne-kint W119.01
°¹wēnen W126.
°²wênen W125.03. – *P:* D226 Duncken, W290ª Wonen
°³wêⁱnen W127, W127.01. – *P:* B068ª Bedrouen, S183.01 Scrigen
°wêninge W125.05
°wenken W125. – *P:* N071 Nicken
°wenkinge W125.04
°wenneke W125.06. – *P:* B375 Bronige
°Went W125.01
°wente W129, W130
°Wentlant (LN) W125.02
°wep-dōrn W130.01
°wêpener W047ª, W131. – *P:* H266 Houeman
-werchte, -werke, -werter *L:* → hant~, körsen~, mest~, schô~, stêⁱn~
*wērde W139
°werden W133. – *P:* S105 Scen

°werder W140
°werdich W145. – *P:* A122 Anneme, G125ª Gotlik, T171 Ture, W135 Werd. – *S:* E108 Eren. – *L:* → un~
°werdichêⁱt *P:* E107 Ere, V259ª Vordell. – *S:* P110 Prelate. – *L:* → un~
°werdigen W146. – *P:* E108 Eren
°werdinne W141. – *P:* H289 Husvrovwe
°wēre W132. – *P:* W139ª Werde. – *L:* → lant~
°¹wêren W144. – *P:* W137 *Wert*
°²wēren W142, W143, W147. – *P:* S049 Scaden, S089 Scelen, S640 Sturen
°³wēren W147.01
°werf W148. – *P:* H031ª Handelinghe.
°wēringe W149
°¹werk *B129.01*, W150, *W152*. – *S:* B077 Begaan, W291 Wonen. – *L:* → bōl~, bunt~, sülver~, ûr~, wunder~
°²werk W150.01. – *S:* H078 Heyde
°werkel-dach W153
°werken W151.01. – *S:* W186.02 Weuen
°werkinge *R050.04*
°werk-mêster W234.04
°werk(e)s-man W151. – *P:* H027 Hantwerke
°wêrlik W154. – *P:* T155 Truwen, T175 Tware. – *S:* B366ª Broke. – *L:* → un~
°werlt *S:* D152 Doot, D162 Drake, I028 Iherusalem, N093 Norden, S570 Steruen, S648 Suden, W175 Westen
°werltlik W162, *W162.01*, *W162.02*.

– *P:* T061 Tidech, V276 Vorghenklik.
– *S:* A038 Ahte, B366 Broke, V081
Veste. – *L:* → un~
°**wermode** W156, W157
°**wermen** W155. – *S:* B371ª Broden,
W262.02 Wlack
°**wernen** W158
Werneke (PN) *P:* W159 Werner
Werner (PN) W159
°**werpen** W160. – *S:* A118 Anker,
S555 Steynen. – *L:* → af~, to~, tô~, ût~
°**wer(t)schap** W161. – *P:* B377ª
Brutlacht
°**wer(t)-schāpen** W161.01
°¹**wērt** W134. – *P:* H288 Hvshere. –
L: → hûs~
°²**wērt** *S:* W146 Werdegen
°³**wērt** W135, W136. – *P:* A122 Anneme, W145 Werdich. – *S:* L189
Louen, S270 Serden. – *L:* → un~
°⁴**wert** W138. – *S:* S543 Stellen
*⁵**wert** *P:* B165.01 Bevloten lant,
W140 Werder
*****wērthê^it** *P:* S656.01 Sulleffwel-
dicheyt
°¹**werve** W163
-°²**werve** *L:* → ander~, dûsent~, vêr~,
vêr-teyn~, nēgentich-hundert~, nēgen-
tich~, ses~, sēven-hundert~, twelf~
°**wervel** W234.03
°**werven** W148.01, W164. – *P:*
H030 Handelen. – *L:* → er~
°**werver** W165
°**wervinge** *P:* H031ª Handelinghe
°**wēse** W168. – *P:* W252 Wissche
°**wēseke** *P:* M133.03 Myns vader
suster, M164ª Moddere

°**wēsel(e)** W169
°**wēsen** W166. – *P:* S300 Syn. – *L:*
→ bî~
Wesere (FN) W170
°**wespe** W165.02
°**wespen-nest** W165.01
°**wessel-bank** W174
°**wessel-bēre** W254
°**wessele** W171
°**wesselen** W173. – *P:* B408 Buten
°**wesselêre** W172
°**westen** W175. – *S:* M088 Mer. – *L:*
→ nōrt~, sût~, sût-sût~, west-nōrt~
°**westen(e)-wint** W176
°**wester-want** W178
°**west-nōrt-west(en)** W177
°**westvâl** W180
*****Westvâlen** *S:* W170 Wesere
°**Westvâle(n)lant** (LN) W179
°**wê^it** W081
°**wê^ite** W181. – *S:* C066 Claar,
C157ª Corn, I019 Idel, P138 Pvr, P139ª
Pvr, W182 Weten, W215ª Wilde
°**wēten** W183. – *P:* V319 Vorstan,
W245 *Wis.* – *S:* A009 Adamas, B014
Balseme. – *L:* → vōr~, un~
°**wê^iten** W182
°**wê^iten-brôt** *S:* W182 Weten
°**wetten** W184. – *P:* S071.02 Scharpen, S338 Slipen
°**wette-stēn** W185
°**wēvel** W198.01. – *L:* → spinne(n)~
°**wēven** W186.02. – *S:* W081ª Wĕt. –
L: → wedder~
°**wēver** V089.01, W186.01. – *S:*
S481 Spole, S482 Spolen, W186.02
Weuen. – *L:* → wullen~

*wēver-bôm W097.36
°wichelen P: T084.23 Toueren
°¹wicht W191. – P: G110 Gode holden. – L: → bôse~
°²wicht W192. – P: W011 Waghe. – S: P137 Pvnt
°wichtich P: L183.01 Lodich
°wide W195. – S: W197 Widen
°wîde W194. – S: C058 Clafter
°widen W197
°wîden W196. – L: → vor~
°wîden-holt S: W197ª Widen
widerspennung (widerpfennung) W087.04
°wîe W203. – L: → râdel~
°wîen W201, W202. – S: C165 Cost
°wîf *B320.01, B320.02, M133.13*, W198, W258. – P: V408 Vruwe. – S: B281 Bôle, E004 Ebreker, E082 Enpeke, H270ª Hvf, Q015 Quene, S698ª Swanger, T121 Towiff, V381 Vriger, V382 Vrigen. – L: → mēr~, tô~
°wîflik W199. – P: V413.01 Vrowelick
°wî(g)inge W202.01
°wîk-belde W186
°wîken W204. – P: R200 Rvmen. – L: → af~, ent~
°wicke W187. – P: H084ª Hederik
°wicken W189
°wicker W188
°wickersche W190
°wickinge W189.01
°wilde *A045, O018, W213.01*, W214, W215. – S: B118 Bere, H222 Holteke, H223ª Holwort, I005 Iaghen, I024 Iegher, M041ª Massele, R033ª Re,

W213 Wilt
°wîle W205. – P: M200 Mote, V176 Vnderlat. – S: S342ª Slommen. – L: → alde~, hēr~
°wille W206, W212ª. – P: M073 Meninge. – S: D022 Darvmme, D129ª Dorch, T089 Toll. – L: → un~, wedder~
°wille-kōme W207
°wille-kȫr(e) W211
°wille-kȫren W210
°willekȫrer W211.01
°willen W212
°willich W208. – P: V147 Vlitich. – L: → bôse~, gôt~, môt~
°willichlik W209. – P: G061ª Gherne. – L: → un~
°wilt W213. – S: D201ª Dru, I004ª Iaghen, I005ª Iaghen, I024ª Iegher
°wilt-brât W216, W217.01
°wiltnisse W217. – P: W140ª Werder
°wîme W218. – P: A176.01ª Asen
°win W219. – P: V396 Vrome. – L: → ge~
°wîn W220, *W221.02, W221.07.* – S: B129 Bernewyn, C187 Creftich, D203 Drufele, G054 Gheren, L036ª Laten, R134 Rive, S235 Seger, S522 Stark, V268 Vordrunken, W138 Wert. – L: → berne~
°wî-nachten W224. – S: A014 Advent
°wîn-bēre W221. – S: D203ª Drufele
°wîn-blat W220.01
°win-brâ(e) O005, W223
°windel S: C175ª Cram

°windel-bant W230
°windel-rat W229.01, W234.01
°windel-snôr S: W230ᵃ Windelbant
°windel-stên W229
°¹winden G062.01, T084.43, W228.
– S: B238ᵃ Blide, C175ᵃ Cram, S482
Spolen. – L: → be~, under~
°²winden W227
°winder P: N066 Neueger, S729
Swik. – L: → sê^il(e)~
°wîn-drûve W222. – P: W221ᵃ Winbere. – S: D203ᵃ Drufele
°wîn-gārde W221.04, W231
*wîn-gārde-mest P: B200ᵃ Bicke
°winkel W232. – L: → ber~
°winkel-holt W233
°wîn-kôp W234
*wîn-kôpes-ōrkunde W234.02
*wîn-kôpes-penninc W234.02
°wîn-man W221.05
°winnen W235, W236, W237. – P: O070 Overwinnen. – L: → vor~, ōver~
°winninge P: W219 Win. – S: T028 Tegede. – L: → ōver~
°wîn-perse P: P043ᵃ Perse
°wîn-ranke P: W238ᵃ Winstok
°wîn-rāven P: W238 Winstok. – S: D203ᵃ Drufele
°wîn-snîder W221.03
°wîn-soppe W221.06
°wîn-stok W221.01, W238
°wint W225, W226. – S: S238 Segel, W104ᵃ Wegen, W177 Westnortwest. – L: → nōrden~, ôst~, sûden~, storm(e)~, westen(e)~
°winter W240. – S: H276 Huls, I072 Iuesche, S303 Singrone

°winteren W241
°winterlik W241.02
°winter-mânt W241.01
°wint-worp W239
°wî-rôk W242. – S: T065 Tymea
°wî-rôken W243.01
°wî-rôk-vat W243
°¹wis W244. – P: S220 Seker
°²wîs W245. – P: B066 Bedreplik, B088 Behende, C089 Clook, E135 Eruaren, S134 Scide, S738ᵃ Swinde, V166 Vmmesichtich, V302 Vornunftich, V311 Vorsichtich, V320ᵃ Vorstendich. – S: D131ᵃ Dorechtech, L154 Listich. – L: → un~
°wîs(e) W246, W247. – P: D116 Don, R063ᵃ Regele. – S: A071 Also, S404ᵃ Soden. – L: → al-sölker~, pēlegrîmes~, wô-dane~
°¹wisch S: B225 Blas. – L: → ōven~
°²wisch W252. – P: A110ᵃ Anger, W168 Weze
°wischen W253. – L: → ent~
°wîsdôm S: P110ᵃ Prelate
°wîsen W195.01, W248. – L: → an~, be~, under~
°wisent S: B393ᵃ Buffel
°wishê^it W249. – S: S221 Sekeren
°wîshê^it S411ᵃ Soolt. – P: C244 Cunst
°wîslik S: S570 Steruen
°wispel W250.01
°wispelen W250
°wîs-sāge W251. – P: P123ᵃ Prophete
°wissenhê^it S: S221 Sekeren
°¹wit W255, W256.01. – S: A055

Alabaster, A079 Alue, A192 Augustiner, B223ᵃ Blank, B243 Bliwit, C155
Coriander, E113 Erg, H137ᵃ Hermelen,
H140 Heerse, M093 Mergel, O006
Ogelink, R125ᵃ Riis, S483 Spolworm,
S697 Swane, W256 Witten. – *L:* →
blî~, grâ~, snê~
°²wît W193. – *P:* R198 Rvm. – *S:*
P102.01 Pram, R201ᵃ Rvmen, W196
Widen. – *L:* → vor~
°wîten W257. – *L:* → vor~
°wit-gerwer W257.01
°witten W256. – *P:* B235ᵃ Bleken
°wittich *P:* W245 Wis
°wittichêⁱt *P:* V301ᵃ Vornumpft
°wîves-nāme *S:* G058 Gerdrût
°wî-wāter W200
°wlachêⁱt W262.01
°wlak W262, W262.02
°wlispen W266
°wlispich W265
°wlispinge W266.01
°wlôm W270
°wlômen W269.03
°wô W271, *W273, W274,* W322
(Wu), *W324*
°wô-dâne-wîs W273, W323
°wōden-dunk W270.01
°wôkener *P:* W276ᵃ Wokerer
°wôker W275
°wôkeren W277
°wôkerer W276
°wocke W272. – *L:* → över~
°wocken-blat W272.01
°wol W278. – *S:* E156ᵃ Euene, G011
Gan, G016ᵃ Gaar, H003ᵃ Haghen,
L201ᵃ Luden, R137.02 Ruchtighen,

R196ᵃ Rvken, S212.01 Seen, S284 Sevensterne, T035 Themen, V220 Voghen, V398ᵃ Vromen, W136 Wert,
W144ᵃ Weren
°wol-be-vallen *P:* H003 Haghen
°wōlden W282.01
woldich → weldich
°wol-dünkich *P:* H257ᵃᵃ Homodich
°wōlen W283
°wol-vêⁱle *P:* N005 Na
°wol-ge-bōren *S:* E015ᵃ Edel
°wol-ge-schicket *P:* S163 Schone
°wol-ge-stalt *P:* G076 Gheue, S163
Schone, W088ᵃ Weddelich
°wol-hen W284
°wolke W285
°wolken-borst W286
°wol-kûse W288.01
°wol-lēven W289.01
°wol-luste W289
°wol-rûkende *P:* R195.02 Rukende.
– *S:* I063 Isope, M133 Mynte
*wol-stân *P:* R010ᵃ Raden
°wolt W279. – *S:* B118ᵃ Bere, H042
Hart, H072 Hekke, H218 Holt, R067
Reke
wolt → walt
*wolt-appel *P:* H222ᵃ Holteke
wolue → welve
woluen → welven
°¹wōnen W291, W292. – *S:* C234
Cule, G110ᵃ Gode holden. – *L:* → be~,
ent~, ge~
°²wônen W290
°wōnhêⁱt W293. – *P:* S225 Sede. –
S: C179 Crank, V232 Volgen
°wōninge W294. – *S:* G133 Grale

°**wülven** W268.02, W268.03
°**wülvinne** W269.02
°**wümpel** W325. – *P:* D108ª Dook
°**wunde** W326. – *P:* S525ª Stecke. –
S: A147.01ª Are, A167 Arste, H092
Heel, M010 Maal, P072 Plaster, S705
Swede, S719 Sweren
°**wunden** W327. – *P:* V348 Vorwunden. – *S:* A147.01ª Are. – *L:* → vor~
°**wunden-arste** E132, W328
°**wunder** W330, W331. – *S:* T030
Teken. – *L:* → mēr~

°**wunderlik** W329. – *P:* G045
Ghemmelik
°**wunder-werk** *S:* T030ª Teken
°**wunsch** W332
°**wünschen** W333. – *S:* V153 Vloken
°**wünscher** W333.01

Z

zerdenen Z000.10
zwikerin Z000.32
zwilling C218.09, Z000.24

5.2   Lateinisch-mittelniederdeutsches Wortregister

Das lateinisch-mittelniederdeutsche Wortregister dient der Erschließung sowohl des lateinischen als auch des volkssprachigen Wortschatzes der Edition. Es erfasst alle lateinischen Wörter des Basistextes aller Primär- und Sekundärartikel, wenn sie ein Äquivalent zum Stichwort sind. Jedem der aufgenommenen lateinischen Wörter ist das dazugehörige Stichwort beigegeben. So entstehen lateinisch-deutsche, in den allermeisten Fällen lateinisch-mittelniederdeutsche Wortgleichungen, die mit über 7.800 Einträgen ein recht umfangreiches Wörterbuch ergeben.[4] Dieses – auch von der Edition unabhängig benutzbare – Nachschlagewerk eignet sich u. a. dazu, die volkssprachige Synonymik zu erschließen.

Das Wortregister enthält Voll- und Verweiseinträge. Jeder Volleintrag verfügt über den Lemmaansatz, evtl. einen Klammerausdruck mit abweichender Form, die Ordnungsnummer und das dazugehörige volkssprachige Stichwort der Edition. Am Ende des Volleintrags kann sich ein Verweis auf eine flektierte Form des Stichworts oder auf ein Syntagma mit dem Stichwort befinden. – Ein Verweiseintrag enthält nur die in der Edition bezeugte Wortform und, eingeleitet durch einen Pfeil, als Ziel des Verweises einen anderen Lemmaansatz im Wortregister.

Das Lemma eines V o l l e i n t r a g s ist normalisiert, und zwar nach der Form des Stichworts in der Edition des ›Voc. Ex quo‹ oder, wenn dieser keinen Beleg bietet, des ›Liber ordinis rerum‹; dann erhält das Stichwort als Markierung einen hochgestellten Kreis („°"). Diese beiden Wörterbücher überliefern den in Norddeutschland gängigen lateinischen Wortschatz des Spätmittelalters. Die dort nicht vorhandenen lateinischen Wörter des ›Voc. Theut.‹, die im Wortregister nach der in der Edition des ›Voc. Theut.‹ belegten Form zitiert werden und in Kursivdruck erscheinen, erweisen sich somit als weniger und zuweilen sicherlich auch als nicht gebräuchlich.

Homografen, die im ›Voc. Ex quo‹ in der Regel unter einem Stichwort vorkommen, werden durch Indexziffern differenziert. Flektierte Formen und Syntagmata erhalten im Register eigene Einträge, wenn sie Äquivalent eines volkssprachigen Stichworts sind.

Weicht die Form des ›Voc. Theut.‹ deutlich von dem nach ›Voc. Ex quo‹ oder ›Liber ordinis rerum‹ angesetzten Lemma ab, erscheint sie als in runde Klammern eingeschlossene Variante direkt im Anschluss an das Lemma. Es kommen Varianten unterschiedlicher Art vor: Zuweilen handelt es sich lediglich um Schreibvarianten, zuweilen aber auch um Unterschiede in der Wortbildung. Einfache Schreibvarianten wie Doppel- und Einfachschreibung, Getrennt- und Zusammenschreibung, Assimilationen von *n* und *m* vor Labial, Wechsel von *i* und *e* bzw. *u* und *o*, *g* und *gh*, *v* und *u*,

---

4   74 % vom Umfang der Grundfassung des ›Voc. Ex quo‹ und 82 % vom Umfang der Grundfassung des ›Liber ordinis rerum‹.

w und *u* bzw. *uu, sc* und *sch, y* und *i* bleiben unberücksichtigt. Bei Verben wird die aktive bzw. deponentiale Variante des Infinitivs durch *-re* oder *-ri* angegeben.

Auf das Lemma – gegebenenfalls ergänzt von einer eingeklammerten Variante – folgen Ordnungsnummer und Stichwort des Wortartikels, in dem das Wort in der Edition vorkommt. Mitunter ist das lateinische Wort nicht Äquivalent des Stichworts; dann gelten folgende Regeln: Bei lateinischen Wörtern, die nicht das Stichwort, sondern ein im Wortartikel vorhandenes Unterstichwort übersetzen, erhält die Ordnungsnummer als Zusatz ein nachgestelltes „ª", außerdem wird nicht das Stichwort, sondern das Unterstichwort angegeben. Bestehen Zweifel, ob das lateinische Wort die Entsprechung des Stichworts oder des Unterstichworts ist, wird nur das Stichwort angegeben. Die Wortart betreffende Inkongruenz zwischen Stichwort und lateinischem Wort wird – wie in der Edition – mit einem Ausrufezeichen, das dem Stichwort folgt, markiert. In anderen Fällen von inhaltlichen Abweichungen zwischen Stichwort und lateinischem Äquivalent wird das Stichwort eingeklammert und mit einem „*s.v.*" versehen.

Am Ende des Eintrags kann sich ein Verweisteil befinden, der mindestens ein anderes Lemma nennt, in dem das lateinische Wort als flektierte Form (bei Verben, Substantiven, Adjektiven) und/oder als Bestandteil eines Syntagmas vorkommt. Die flektierten Formen werden durch ein vorangestelltes „*F:*" markiert. Bei Adverbien und Komparationsformen entfällt der Verweis auf das zugrunde liegende Adjektiv. Verweise auf ein Syntagma werden durch ein vorangestelltes „*S:*" eingeleitet.

V e r w e i s e i n t r ä g e unterscheiden sich von Volleinträgen dadurch, dass sie keine Ordnungsnummer und kein deutsches Stichwort, dafür aber einen Verweisteil enthalten. Die Lemmata rekrutieren sich aus den in Klammern auf den Lemmaansatz eines Volleintrags folgenden Varianten sowie den einzelnen Bestandteilen von Syntagmata. Bei den Varianten entfällt ein Eintrag, wenn die Variante sich in unmittelbarer Nähe zu dem Lemma befindet, auf das verwiesen wird, also direkt davor oder dahinter steht. Lediglich stärkere Abweichungen erhalten auch in diesen Fällen einen Verweis. Das Lemma dieser Art von Verweiseinträgen erscheint in Kursivdruck. – Wenn ein Wort nur als Bestandteil eines Syntagmas vorkommt, ist es kein Äquivalent zum deutschen Stichwort und kann somit auch nicht Lemma eines Volleintrags werden (*accendere, accio, adhibere, alpie, arenosus* usw.). Ist es im ›Voc. Ex quo‹ oder im ›Liber ordinis rerum‹ bezeugt, erscheint es in Recte-, andernfalls in Kursivdruck.

A

a V014: Van
ab V014 Van
ab illo D021 Daruan
abacia A001.02 Abdie, E002 Ebbedye
abbas A001 Abbet
abbatissa A001.01 Abdisse, E003 Ebbedesche
abcedarium (abbecedarium) A002 Abbesete
abdicare W110 Weygeren
abducere V340 Vorvoren
°abextra B409 Buten, E062 Enbuten, V416 Vtwendich
abhominari E144 Esen, G179 Gruwen
abhorrere E144 Esen, G179 Gruwen, S182.02 Scrempen, S197 Scugen
abienarius (abietarius) Z000.11 Zimmerman
abienus (abigenus) D014.01 Dannenholt, D061 Dennenholt
abies D014 Danne
abietarius → abienarius
abigenus → abienus
abigeus C116.01 Codeff
abilis A004.01 Abel, B106 Bequeme, G079 Gheuoghe, L137 Limpech, V210.02 Veychlik, V219 Voghe
abilitare L136 Limpen
abiliter L138 Limpliken
abintra B208 Bynnen
abire A017 Afgan
abissus C132 Colk, H100 Helle
abnegare V310 Vorseken, W110 Weygeren

abraham A005 Abraham
abramescere S375 Snatelen
abrenunciare V286 Vorlaten
abrogare A016 Afbidden
abrumpere A028 Afslan
abrutanum E160 Euerytte
°abs V014 Van
abscondere B092.02 Behuden, H269 Huden
absecare A020 Afhowen
absida A027 Afside, B262.01 Bode
absinteum W157 Wermode
absoluere A025 Afnemen, E085 Enbinden
absomodium S211.01 Schussel
°absque A089 An, A105 Ane, B086 Behaluer, B162 Besunder, S672 Sunder. – S: → absque mora
absque mora D159 Drade
abstinere S455 Spengen, V028 Vasten
abstrahere (abstragere) A030 Afteen, R189 Rucken
abuerberare A028 Afslan
ac V172 Vnde
accasia A147.02 Appelmoys
accasium S333 Sle
accasius (occasius) S330.01 Sledorn
accassus A147.02 Appelmoys
accedere C136 Comen
accedula S303 Singrone
acceleranter B283 Bolde, D159 Drade, R126.02 Rischliken
accelerare I006 Iaghen, I024.02 Ilen, L177 Lôsen
acceleratus S381 Snel
accendere → ignem accendere

acceptare A128.02 Annemen
acceptus A122 Anneme, T171 Ture,
W135 Werd, W145 Werdich
accerra W243 Wirekvat
accidens A135 Anual, T084.09 Toval
accidentale A190 Auenturlich, M142
Mislik
accidere S105 Scen, T084.10 To-
uallen
accidia T123 Tracheyt
accidiari V287 Vorlangen, V429 Vulen
accidiosus T122 Trach, V422 Vul,
W260 Vul
accio S: → graciarum acciones
accipe S216.02 Se
accipere N090 Nommen. – *F:* →
accipe
accipiter H065 Hauek
acclamare A125 Anropen, T084.12
Toropen
accliuus S539 Stel
accomodacio B294 Borch
accomodare B304 Borghen, L111.01
Lenen, L124 Lyen
accrescere T084.13 Towassen
accubitus B057 Bedde
accumulare H283 Hvpen
°**accurrere** T084.14 Tolopen
accusacio C060 Clage
accusare B138.05 Beseghen, C061
Clagen, S203 Sculdigen, V352.01 Vorclagen, W320.02 Wrogen. – *S:* → accusare in sinodo
accusare in sinodo R151 Rogen
acer S680 Sur
acerbare S689.01 Sur maken

acerbus S680 Sur
aceruo T084.11 Tohopebrenghen
aceruus H235 Hoop, H282 Hvpe
acetabulum E151.01 Eteckuat,
S680.02 Suervat
acetare S683 Suren
acetorium S680.02 Suervat
acetosa S682.01 Sure
acetosare S689.01 Sur maken
acetosus S680 Sur
acetum E153 Ettich
acidus S680 Sur
acies O033 Ort, S479 Spisse
acquiescere F018.73 Fuelwerden,
H244 Horen, V424 Vulborden, W264
Wlborden
acquirere E142 Erweruen, W236
Winnen
acre S681 Sur
actiuus G079 Gheuoghe. – *S:* →
hospes actiuus, hospita actiua
actor S022 Sakewolde
actus D023 Dat
acucies S071.01 Scharepheyt, S479
Spisse, W067 Wate
acuere S071.02 Scharpen, S124 Scerpen, S476.02 Spissen
aculeus A108 Angel
acumen S071.03 Scharep, S384 Snide, S479 Spisse, W067 Wate
acus N023 Natele, N025.01 Natele
acutum facere S124 Scerpen
acutus S071 Scarp, S125 Scherp,
S476 Spis. – *S:* → acutum facere
°**ad** A087 An, T075 To
ad ordinem locare R106 Rigen
ad rigam ponere R106 Rigen

ad seriem ponere R106 Rigen

adam A008 Adam

adamas A009 Adamas

°**adherere** A111 Anhanghen, T084 Toholden

adhibere *S:* → diligenciam adhibere

adhortari T084.02 Toherden

adhuc N081 Noch. – *S:* → adhuc semel

adhuc semel A098 Anderwarue, A184 Auer, E011 Echt, N082 Noch ens

¹adiacere T084.01 Toleghen

²adiacere T084.07 Towerpen

adicere T084.07 Towerpen

adimere T084.08 Todoen

adimplere W263 Vullenbringen

adinstar A069 Also

adipisci E142 Erweruen, W236 Winnen

adire T084.06 Togaen

adiscere L096 Lern

adiudicare T084.05 Torichten

adiungere T084.04 Touoghen, T119 Tovoghen

adiutorium H275 Hulpe

adiuuamen H275 Hulpe

adiuuare H103 Helpen

adleta M099 Merteler

admirari V347 Vorwunderen

admittere S505 Staden, V283 Vorhengen

adnectere T084.03 Toknuppen

adolescens I078 Ivngelink

adoptator W333.01 Wunscher

adorare A091 Anbeyden

adspectare T084.16 Tohoren

aduena F018.65 Fromde, O077.03

Ouerlender, P032 Pelgryme, V399 Vromede, V414 Vtlender

aduentus T084.15 Tokumft. – *S:* → aduentus domini, bene aduentus

aduentus domini A014 Advent

aduersarius F018.20 Fint, V094 Vigent

aduersitas W096 Wedermod

aduersum E089 Enthegen, T025 Theghen

°**aduersus** E089 Enthegen, T025 Theghen, W091 Weder

adula C112 Cnutte, K062.13 Knutte

adulari L109.01 Leuekosen, S366 Smetren, V139 Vleseken

adulter E004 Ebreker, O077.01 Ouerspeller

adultera E005 Ebrekersche

adulterari E003.01 Eebreken

adulterium (adulterum) E006 Ebrôke, O077.02 Ouerspel

adultus M210.02 Mundich

advocacia V225 Voghedie

aduocatus S204.02 Schulte, V224 Voghet

aer L192 Lvcht

affabilis B140.02 Bespreke, T084.18 Tospreckelich

affari T084.17 Tosprecken, T110 Tospreken. – *S:* → valediccionem affari

affeccio B080 Begeringe

affectare B079 Begheren

affectus B080 Begeringe

afferre H012 Halen, L028 Langhen, R064 Reken

affigere A115 Anhechten, F018.05 Fassen, V031 Vaten

affliccio P055 Pine
affligere P056 Pinegen
affricus S651 Sudsudwest
˚**aforus** S526 Stekele
agacia H223 Holwort
agacinus S330.01 Sledorn
agates A032 Agetsteyn
˚**agatha** A031 Agate
age D090 Do
ager A006 Acker
agere B077.01 Begaen, C100 Cluteren, D113 Doon. – *F:* → age. – *S:* → dolose agere
agger D011 Dam
˚**aggrauare** B159 Besweren
agilis B088 Behende, B138 Bescheftich, G079 Gheuoghe
agilitas B089 Behendecheyt
agitanter D159 Drade
agitare I006 Iaghen, I024.02 Ilen, L177 Lôsen, T019 Tauwen, T120.01 Towen
agla → alga
agmen S066 Scare
agnatus M003 Mach
agnellus L017 Lam
agnes A034 Agnese, N053.02 Nete
agnitus B041 Bekant
agnius L077 Lemmeren
agnomen B207 Biname, T098 Toname
˚**agnominare** T099 Tonamen
agnoscere K019 Kennen
agnus pascalis P024.01 Paschelam
agrestis W215 Wilde
agricola A007 Ackerman
agwilla A051 Aal

ayo S492 Spreken
ala F011.01 Flogell
alabastrum A055 Alabaster
alabrum H057 Haspel
alacer V393 Vrolich
alacris V393 Vrolich
alacritas V394 Vrogede
alacriter V395 Vroliken
alapa (alapus) B392 Buf
alauda L098 Lereke
˚**alba** A079 Alue
albare W256 Witten
albere W256.01 Wyt werden
albertus A056 Albrecht
albescere W256.01 Wyt werden
albia E052 Elue
˚**albus** W255 Wit
alea B359.01ᵃ bret als eyn worptaphelenbret, S449 Spelbret
˚**aleare** B359.01 Bret spellen
alere B121.01 Bergen, N050 Neren, V215 Voden
¹**ales** A084 Amme
²**ales** V222 Vogell
alga (agla) S138 Scilp
algere V376 Vresen
algidus C126 Colt
algor C230 Culde, F018.66 Frost, K012 Kelde, V400 Vrost
alheydis A058 Alheyt
alias A096 Anders
alibi A099 Anderswoyr
alicubi I015.01 Ichtesweghen, I027 Ierghen, I070 Itteswor
alienigena V399 Vromede, V414 Vtlender
alienus F018.65 Fromde, V399 Vro-

mede
alietus V011 Valke
alimentum N051 Neringe, V216 Vodinge
aliquale I015 Ichtwat
°**aliqualis** I068 Itwelk
aliquando   I069 Itteswanne, V163
Vmmer, V182 Vnderwilen
aliquantulum I016 Ichtesicht, W066
Wat
aliquantum I015 Ichtwat
aliquid I015 Ichtwat, W066 Wat
aliquis I068 Itwelk. – *S:* → aliquo
tempore
aliquo tempore W042 Wanner
aliquociens I069 Itteswanne, T084.19
To yweliker tid
aliter A097 Anders
alius A095 Ander, A101 Ander, E058
Eenander. – *S:* → in alio loco
allec H045 Harink
alleum C113.01 Cnuflock, K062.15
Knufftlock
allicere L158 Locken
alligare V235.01 Vorbinden
allodium V342 Vorwerk
alloquium T111 Tosprake
alloquj T084.17 Tosprecken, T110
Tospreken. – *S:* → benediccionem alloqui
allota Q002 Qvappe
alluuies S347.01 Schlegregen
almania D212 Dudischlant
almanus D213 Dudis
almucium B072 Beffe, C154.01 Corhod, K062.26 Korhoyt
almus H099 Heyleghe, H166 Hillich

alnus E049 Ellere, E122 Erle
alonge V062 Vere
alphabetum A002 Abbesete
alpheolus (alueolus) D164.02 Dröglin,
S193.02 Schůff
alpheus M066.01 Mele, T140 Troch
alpie *S:* → montes alpie
alter A101 Ander, E058 Eenander. –
S: → altera vice
altera vice A098 Anderwarue, A184
Auer, E011 Echt
alterare W037 Wandellen
alternatim N013 Naenander
alteruter V175.02 Vndereynander
altilia V042 Vederue
altissimus O071 Ouerste
°**altitudo**   H202   Hoghe,   H202.01
Hogede
altricacio K049 Kyif, V038 Vechtinge
altricari C205 Cryten
altus H188 Ho, H203.01 Hoch
aluear   B102   Benenstok,   B102.02
Benstock
alueare B102 Benenstok, I033 Immestok
alueolus → alpheolus
alumen A078 Alůn
alumpna A084 Amme
aluo D101.01 Doddercule
aluus B387 Buuk
amabilis L067 Leff
amandus L067 Leff
amare L067.01 Leyff hebben
amarus B218 Bytter
amarusca (amarusta) H208.01 Holcz-
apfel
amasia   B281   Bôle,   E082   Enpeke,

K062.28 Kornute, T121 Towiff
amasius B280 Bole
amator G190 Gvnner
ambasiator B264 Bode
ambicio H257 Houart
ambiciosus H258 Houerdich
ambigere C218.13 Czyfeln
ambiguum T190.01 Twiuel
ambire V164 Vmmegan
ambitus C217 Crucegank, V165 Vmmegank
¹**ambo** P107 Predichstol
²**ambo** B052 Beyde
ambulacio R082 Rese
ambulare T044 Then, W022 Wallen,
W039 Wanderen
amen T175 Tware, W154 Werliken
amencia B165 Beswoginge
amenitas L211 Luste
amens   A083 Amechtich. – *S:* →
amens fieri
amens fieri B164 Beswoghen
amenus L212 Lustlik
amicabilis   H220 Holt, L067 Leff,
V406 Vruntlich
amicicia L109 Leue, V407 Vrunschop
amicire C073 Cleden
amicta A086.01 Amicte
amictus C072 Clet
amicus V405 Vrunt
amigdalum M026 Mandele
amigdalus M027 Mandelbom
aminiculari H103 Helpen
aminiculum H275 Hulpe
amis (amittes) V223.01 Vogelroude
amita B046.02 Bas, M133.03 Myns
vader suster

amittere V288 Vorlesen
amittes → amis
ammirabilis G045 Ghemmelik
ammodo V335 Vortmer
°**ammonere** V291 Vormanen
ammouere S212 Scuven
°**amor** L109 Leue
amplecti H104 Helsen
amplexari H104 Helsen
ampliare W196 Widen
amplitudo W194 Wide
amplius V335 Vortmer
amplus R198 Rvm, W193 Wit
amplustra R070 Reme, R144 Roder.
– *S:* → amplustris laborare
amplustris laborare R145 Roderen
amputare A020 Afhowen, H069 Havwen
amurca D197 Dros
an E013 Edder, E017 Eft
anachorita C098 Clusener, E083 Ensedel
anathema B015 Ban, B020.01 Ban-
ninghe
anathemisare B020 Bannen
ancilla D058 Denerynne, D065 Derne,
M005 Maget
ancora A118 Anker
andreas A102 Andreus
aneta A103 Ant, A128.01 Ant
anetarius A104 Andrake, A132 Antfogel
anetum D079 Dyl
anfra → anphora
angaria V189 Vngelt
angariare V202 Vnplichten
angarium N103 Noytstal

angelus E071.01 Engel
angere C076 Clemmen
angistrum C143 Cop
anglia E071 Engelant
anglicus E072 Engelsman
angulus W232 Winkell
angustia A109 Angest, B017 Bange, N100 Noot
angustus E070 Enge
angwis S320 Slange, S374 Snake
anhelitare A180 Atmen
anhelitus A014.01 Adem, A179 Atem
anima S247 Sele
animal D064 Deer
animosus C138 Cone, D147 Dorstech, D185 Dryste, M160 Modich
animus M158 Mood
anisium A117 Annys
anna A121 Anne
annihilare (annichilare) D051 Delghen, V263 Vorderuen, V273 Vorgan, V303 Vornichten
anniuersarium I014 Iartiid
annona C157 Corn. – *S:* → anona census
annosus I014.01 Iarlich
annuale forum I013 Iarmarket
annualis I011 Iarlik, I012 Iarich. – *S:* → annuale forum, anualis redditus
annuatim I011 Iarlik
annullare V263 Vorderuen, V303 Vornichten, V341 Vorwarloysen
annulus F018.27 Fingerleyen, V108 Vingeren
annuncciare (anunciare) E059 Enbeden
annus I010 Iar. – *S:* → annus iubileus,

annus remissionis
annus gracie G186 Gulden iar, G186 Gulden iar
annus iubileus G186 Gulden iar
annus remissionis G186 Gulden iar
annuus I011 Iarlik, I012 Iarich
anona census I012.01 Iareczynß
anphora (anfra) C016 Canne, K003.04 Kanne
ansa H021.01 Hantgreype, H115 Hengel
anser G015 Gante
ansula H021.01 Hantgreype
ante V235 Vore, V237 Vor
antea D019.01 Davoer, V238 Vor
antecedere V275 Vorgan
antecessor V275.01 Vorgengher, V338 Vorvarende
antechristus → anticristus
anteire V275 Vorgan
antela B274ᵃ Vorboghe, S012.02 Sadelboghe, V241 Vorboghe
antequam E099 Eer
anterius D019.01 Davoer
anticristus (antechristus) E068 Endekerst
antiquari O012 Olden
antiquior E035 Elder
antiquitas A052 Alder, O014 Oldinge
antiquitus H150 Heruormales, O016 Oldinges
antiquus A054.02 Alt, O010 Olt. – *S:* → sutor calciorum antiquorum
antistes B210 Biscop
antrorsum V345 Vorwert
antrum C234 Cule, H208 Hol
anualis redditus I012.01 Iareczynß

¹anus A165 Ars
²anus Q015 Quene
anxietas N100 Noot
apellare A103.01 An eyn hoger gerichte sick beropen, T038 Ten
apellari H162 Heten, N091 Nomen
aper B117 Bere
aperire O031 Openbaren, V354 Vpdon, V364 Vpsluten
apex B262ᵃ Groyt boocstaf
apis B101 Beyne
apium M093.01 Merch
apoplexia (apopleccia) F018.02 Fallensucht, P094 Poppelcie
apostasia A022.01 Afftredinghe
apostema D196 Dros, S708 Swel
apostolicus P029 Pawes
apostolus A141 Apostole
apoteca A003 Abeteken, A142 Apoteke
apotecarius (apotekarius) A004 Abeteker, A143 Apoteker
apparatus G027 Ghebere, G066 Gherwant, G101 Glose
apparens E063 Encket, E077 Enket
apparere B026 Baren, D226 Duncken
appendicium (appendicius,-a,-um) T084.20 Tobehoringhe
appetere B079 Begheren, G053 Gheren, L213 Lusten
appetitus B080 Begeringe
applaudere T084.22 Todőn
applicabilis V219 Voghe
applicare T084.21 Todőn
applicitus (applicatus) V219 Voghe
apportare B364 Bringen, H012 Halen, L028 Langhen

appreciari C145 Copen
apprehendere B082 Begripen, V305 Vornemen
apprilis A146 Appril
approbare B189 Beweren
approperare N017 Nalen
°**approximare** N017 Nalen
apptitudo G043 Ghemak, G043.01 Ghemacksemheit
apropinquare N017 Nalen
aptare B106.01 Bequeme maken, L136 Limpen, V221 Voghen
apte L138 Limpliken, V210.02 Veychlik
aptus B106 Bequeme, E156 Euene, G044 Ghemacsam, L137 Limpech, V210.02 Veychlik, V219 Voghe
apud B104 Beneuen, B192 By, D017.01 Dabey
aqua W068 Water, W069 Water. – *S:* → aqua benedicta
aqua benedicta W200 Wigwater
aquagyum W069.02 Waterganck
aqualis W069.04 Watervat
aqualium T180.01 Twerl
aquarius W069.05 Waterdreger
aquebibolus W069.03 Waterdrencker
aqueductus W069.02 Waterganck
aquefractus W069.01 Waterbrocke, W070 Waterbroke
aquila A163 Arn
aquileya A045 Akeleye. – *S:* → semen aquilegie
aquilo N097 Nordenwind
aquisgrani A046 Aken
ara A077 Alter
aranea S452 Spenne, S469.03 Spyn-

ne. – *S:* → tela aranee
arare E111 Eren, P084 Ploghen
aratrum P083 Ploch
arbiter W211.01 Wilcorrer
arbitrari W210 Willekoren
arbitrator W211.01 Wilcorrer
arbitrium W211 Willkore
arbor B288 Boem
arbustum S632 Stude
arcere D250 Dwingen, Z000.31 Zwingen
archa A157 Arke, C043 Caste, S187 Scryn
archane H109 Hemeliken
archanum H110 Hemelicheyt
archanus H108 Hemelik
archidiaconus (archediaconus) A149 Archidiaken, E094.06 Erczdyacon
archiepiscopus A148 Arsebiscop, E094.04 Erczbeschoff
archinequam E094.07 Erczebube
archipontifex A148 Arsebiscop
archipresbiter (archiprespiter) A150 Arseprester, E094.05 Erczprister
archipresul A148 Arsebiscop
archiscurro A151 Arceboue
arcus B009.01 Baghe, B271 Boghe
ardea R061 Reyger
ardens S: → vinum ardens
ardere B127 Bernen, S264 Sengen
arduitas H202 Hoghe
arduus H188 Ho, H203.01 Hoch
area B233 Blek, P067 Plan, P070 Plas, V142 Vlette, W296.01 Wort
arena S035 Sand
arenosus *S:* → lapis arenosus, fundus arenosus

arenula S035.01 Sand
areta H002.01 Hackelblok
argentarius S664.01 Suluerwerker
argenteus S662 Sulueren
argentifodina S664 Suluerkule
argentina S609 Straseborch
argentum S661 Suluer. – *S:* → argentum viuum, de argento
argentum viuum Q012 Qvecsvluer
argilla L073 Leme. – *S:* → de argilla
argillator L074.01 Lemendecker
argilleus L074 Lemen
argillosus L073.01 Lêmaftich
argutus L154 Listich, S738 Swinde
aridare D066 Děren
aridarium D018 Dare
aridus D127 Doyr
aries H019.01 Hamel
arista A147 Aar, S474 Spir
aristoloya H223 Holwort
arma W046 Wapen
armare W047 Wapenen
armentum R116 Rynd
armiger H266 Houeman, W047.01 Wapenvorer, W131 Wepener
armilla B341 Bratze
armonia S227 Seydenspel
aroma C222 Crůde, W304.01 Worte
arra (erra) B378 Brutscad, H025.01 Hanttruwe, W234.02 Wyncopes penninck vel ~ orkunne
arracium A162 Arras
arrepticius B148 Besetten
arrestare B047 Bekummeren, B095.02 Bekumeringhe *(!)*, B150 Besetten
arridere L001ᵃ Tolachen

arripere T084.24 Tonemen
arrogancia H257 Houart
arrogans H258 Houerdich
ars C111.01 Cunst, C244 Cunst
artacio D246 Dwanc
artare D250 Dwingen, S453.01 Spengen
artemesia B195 Byboyt, B208.01 Byuot, B218.01 Bifaut
articulus A170 Artikel, L105 Led
artifex C245 Cunster, H027 Hantwerke
artificare M106.02 Mesterdinck maken in eyner kunst
artista C245 Cunster
artocopus B382.02 Bretzele
artocrea C212 Croppele, K062.37 Kropele, P096.01 Postey
¹**artus** E070 Enge
²**artus** L105 Led
aruina S355 Smalt, S362 Smer, V154 Vlome
arvinare S363 Smeren
arula F018.79 Fuerpfan, V435 Vurepanne
arundo R166 Roor
arx H202 Hoghe
as S069 Scarf, S119 Scerf
ascendere C083 Clymmen, S578 Stighen, V355 Vpgan, V356 Vpgan, V366 Vpstigen
ascensus V357 Vpghanck
ascia S659 Sulexse
asinus E145 Esel
aspa H097.01 Hellinck
aspar (asper) B224 Blanke
asper S071 Scarp, S476 Spis

asper → aspar
asperare S476.02 Spissen
aspergere S495 Sprengen
asperiolus (aspriolus) E031 Ekeren, E057.01 Enkhorn
asperitas S476.01 Spisheyt
aspernare V312 Vorsman
aspersorium S494 Sprengel
aspice S643 Su
aspicere A126 Anseen, B145 Bescovwen, S078 Scavwen
aspis S320 Slange, S374 Snake
aspriolus → asperiolus
assare B344 Braden, R176 Rosten
assatura B343 Brade
assensus V423 Vulbort
assentire F018.73 Fuelwerden, V424 Vulborden, W264 Wlborden
assequi V231 Volghen
asser B359 Bret, C079.01 Cleypere
assidue A063 Alleweghe, S529 Stedelken, V004 Vakene
assiduitas S529.01 Stedicheyt
assidula S682.01 Sure
assiduus S528 Steyde
°**assignare** B140.01 Bescheden, G078 Gheuen
assimilari (assimvlare) G036 Geliken
assistere B218.02 Bywesen
assistrix B218.03 Bywesersche
°**asstare** B218.04 Bystån
ast V172 Vnde
astrologus S565.02 Sternenkyker
astroloya S565.03 Sternenkunst
astronomia S565.03 Sternenkunst
astronomus S565.02 Sternenkyker
astrot D244 Duuel

astrum S565 Stern

astucia A156 Argelist, L153 List

astutus B140.04 Bescheyden, L154 Listich, S134 Scide, S307 Sir, S380 Snedich, S738 Swinde

asub S567 Sternsufer

aswefieri W291 Wonen

aswescere B190.01 Bewonnen, G090.02 Gewonen, W291 Wonen

aswetum reddere W126 Wenen

aswetus *S:* → aswetum reddere

athamus S587 Stoff, S631 Stubbe

atque V172 Vnde

atramentum A181 Atriment

atriplex M067 Melde

atrium F018.57 Freyhoff, V385 Vrigethoff

atrox G134.02 Grimmich, G154 Grimmech

attamen I052 Iodoch

attauia (attaua) E039ª Oⁱereldermoder, M133.08 Myner grotemoder moder

attauus E039ª Oⁱerolderuader, M133.07 Myns grotevaders vader

attediare V264 Vordreten

°*attemptare* V314 Vorsoken

attencio A094 Andacht

attendere A093.01 Andencken

attente F018.41 Flißlichen, V148 Vlitliken

attentus A093 Andechtich, V147 Vlitich

attestari B173.01 Betughen, Z000.22 Zùgen

attinere A116 Anhoren, B303 Boren, H245 Horen, T077 Tobehoren, T085 Tohoren

attingere R168 Roren

aua E039 Eldermoder

auaricia G086.01 Giricheyt

auarus G086 Ghirich

auca G014 Gans, G122 Goos

auceps V223 Vogheler

aucipium V223.02 Vogelvanck

aucipula (auicipula) S009.01 Saede, V223.03ª lîmrode, V223.03 Vogelvanck

auctor M086.02 Merer, M107 Mester, O008.01 Oker

aucula G123 Gosselen

°audacia C138.03 Conicheyt

audacter (audenter) C138.02 Coneliken, C138.04 Coneliker

audax C135.01 Cone, C138 Cone, D147 Dorstech, D185 Dryste, K062.17 Kone

audenter → audacter

audere C138.01 Cone wesen, D134 Doren, E078 Enneden, N031 Neden

audire H243 Horen

auditus H246 Horent

auellana W025 Walnot

auellanus W025.01 Walnotboem

auena H066 Hauere

augere M086 Meren, O008 Oken

augmentare M086 Meren, O008 Oken

augur W188 Wikker

augurare (auguriare) W189 Wikken, Z000.16 Zobrige *(!)*

auguriatrix W190 Wickersche

augurire (-ri) T084.23 Toueren

augustinensis A192 Augustiner

augustinus A191 Augustyn

¹augustus K040 Keyser

²**augustus** O045 Ost
auidus G086 Ghirich
auineona A194 Auion
auis V222 Vogell
auisare B109 Beraden
aula S023 Saal
aura W089 Weder
aureola B314.01 Boyrden
aureus G183 Gulden
auricalcium M151 Missinghen
auricalcum M150 Missing
auricularis (auricolaris) C070.01
Cleyne vingher
aurifaber G116 Goltsmet, G139.02
Grauen
aurifex G119.02 Goltfeder
aurificeps G119 Goldamer, I064 Isenbort
aurificina G119.01 Goltsmette
aurifodina G117 Goltkule
auriga V290 Vorman
auris O038 Ore
aurora M184 Morghen, M189 Mor-
genstvnde
aurum G115 Golt. – *S:* → spuma auri
auscultare H244 Horen, H247 Horken
auster S648 Suden, S649 Sudenwint
austerus G132 Gral, G154 Grimmech
austria O052 Osterrike
aut E013 Edder, E095 Entwer
autumpnus H151 Heruest
auunculus O020 Oom
auus E038 Elderuader
auxiliamen H275 Hulpe
auxiliari H103 Helpen
auxilium H275 Hulpe

auxula T078.01 Togifft
axis A175.01 Asse, N027.01 Naue

B

babati ferrum H199 Hoofiseren
babatum H198 Hoof, R173.01
Rosynsen. – *S:* → babati ferrum
babilon B001 Babilonie
babilonia B001 Babilonie
bacillus (bapsillus, bapcillus) C081
Cleppel, C104.02 Cnepel
baculare S319 Slaen
baculus C113.02 Cluppel, S506 Staf,
S575 Stikke, S584 Stok. – *S:* → baculus
pastoralis
baculus pastoralis B210.03 Bischo-
pesstaff
baghardus B009 Baghard
baguta B083 Begine
baiulare D168 Dreghen
bala S059 Scap
balbire W266 Wlispen
balbuca H256 Hotte, K030.01 Kerne-
melk
balbucies W266.01 Wlispinghe
balbus W265 Wlispech
°**balducta** H256 Hotte
balista (balistra) A161 Armborst,
B407.01 Busse, D120 Donnerbusse
balistarius A164 Armborsterer, S211
Scutte
balistra → balista
balneamen B007.01 Badelaken
balneari B007 Baden
balneator S605 Stouer

balneum B040 Bat
balsamita C228 Crusemynte
balsamus B014 Balseme
baltheus   G120   Gordel,   R131.01
Rittergùrtel
bambosium   → bombasium
bannerium B021 Banner
bannire B020 Bannen
bannus B015 Ban
bapcillus → bacillus
bapsillus → bacillus
baptisare D124 Dopen
baptisma D123 Dope
baptismalis S: → vestis baptismalis
baptismus D123 Dope
baratrum H100 Helle
barba B030 Bart
barbarius B031 Bartscerere
barbitonsor B031 Bartscerere
bardana S167.01 Schorfladeke
barretum → birretum
barrus E047 Elpendeer
basilia B036 Basilge
basiliscus B037 Basiliske
basim tangere G175 Grùnden
basis B266 Bodem, B269.01 Boddem,
G174 Grunt, G177 Gruntfeste. – *S:* →
basim tangere
bassatura ferri H020 Hamerslach
basse S293 Side
bassus N030 Neder, S290 Syit
bauaria B074 Begerenlant
bauarus B075 Beger, B106.02 Beyger
beatus H099 Heyleghe, S026 Salich,
S252 Selich
bechardus L205 Lullebroder
bedagarius H005.01 Haghebocke

bel D244 Duuel
belczebug D244 Duuel
belial D244 Duuel
bella D164.01 Drenkel
bellare C200 Crygen, F018.08 Fechten, S621 Striden, V036 Vechten
bellator V036.01 Vechter
bellum K048 Kiff, S620 Strid, V037
Vechtinge
bene   W278 Wol. – *S:* → bene aduentus, bene dispositus, bene stare
bene aduentus W207 Willekome
bene dispositus G076 Gheue, S163
Schone, S590 Stolt, W088 Weddelich
bene stare V220 Voghen
benediccionem alloqui G171 Grôten
benedicere   B104.01   Benedighen,
W201 Wigen
benedicta B103.01 Benedicte
benedictensis B105 Benedictiner
benedictinus B105 Benedictiner
°benedictio *S:* → benediccionem alloqui
benedictus *S:* → aqua benedicta
benefactiue G127 Gotliken
benefactiuus G125 Gotlik
beneficiari B096.03 Belenen
beneficiatus B096.04 Belent
beneficium L078 Leen
benigne G127 Gotliken
benigniter G127 Gotliken
benignus G125 Gotlik
beniuole G127 Gotliken, W209 Willichliken
beniuolus G125 Gotlik, V147 Vlitich,
W208 Willich
berillus B135 Beril, B363 Bril

berincus B364.03 Brinck
bernhardus B128 Bern
bernix A032 Agetsteyn, B130.01
Bernsteyn
bertradis B137 Berte, B169 Beyte
bestia D064 Deer
¹**beta** B168 Bete
²**beta** B169 Beyte
bethonia B173 Betonie
bibales D160.01 Drankghelt
bibere D184 Drynken
biblia B196 Bibilge
bibliotheca L115.01 Librie
bibulus D175 Drenker
bidellus B267 Bodele
¹**bidens** G031 Gheffele
²**bidens** S059 Scap
bifarius C218.12 Czeyerley, T189
Twigerleyge
biformis C218.12 Czeyerley, T189
Twigerleyge
biga C029 Carre, K003.03 Kare
biota S515 Stande
bipennis B204 Bilen
birretum (barretum) B209.02 Bereyt,
B216 Byrreyt
birrus G052 Ghere, S338.01 Slippe
bis T188 Twigge
bissus B237 Bliant
bisthardus (bistardus) T128 Trappe
bitumen L134 Lym
bituminare L135 Lymen
blandiri (-re) F018.38 Flehen, S366
Smetren, V136 Vlen
blasphemare H231.01 Honespreken
blasphemia H230 Honheyt
blasphemus (blasfemus) H229

Hoenlik, H229.01 Honen, S440 Spey
blauedo B230.01 Blaheit
blaueus B230 Blawe
blesus W265 Wlispech
blictrire G033.02ᵃ geren, G054 Gheren. – *S:* → disponere ad blictrendum
blictrum G019 Gare, G033.02 Gest,
G069 Ghest
boa L146 Lyntworm
boare B286 Bôlken
bohemia B098 Bemenlant
bohemus B098.01 Beme
boletus M203 Moterling, P037 Peperling, S696 Swam, S696 Swam
bombarda (bumbarda) B407.01 Busse, D120 Donnerbusse
bombasium (bambosium) I057 Iope,
W028 Wambos
bombisare F018.18 Fiesten, V077
Verten, V117 Visten
bombix B290 Bomwllen, S292.01 Sydenvorm
bona mobilia V021 Varende haue
°**bonitas** D106 Doghet, G108 Gôde
bonus G107 Good, V397 Vrom. – *S:*
→ bona mobilia, in bono foro, res bona
boreas N094 Nortwest
borrago B310 Borrasye
bos *S:* → de bove
bosinus B323 Bosem
botrus D203 Drufele. – *S:* → botrus
vini
botrus vini W222 Windruffele
bouinus R117 Rinderen
brabancia B340 Brabant
braca B373 Brook
brachium A158 Arm

brancia K062 Kiwe
branciare K062.40 Kyuen
brasica C239 Cumpost
brasium M175 Moylt. – *S:* → brasium facere
brasium facere M210.01 Multen
brasmus B351 Brasme
braxare B386 Bruwen
braxator B385 Bruwer
braxiuium W138 Wert
°bremis B358 Bremen
breuis C161 Cort. – *S:* → in breui moriturus
breuissimus S: → tempus breuissimum
breuiter D159 Drade
briga K049 Kyif
brodium S402 Sod, W309 Wos
bruina (bruma) W240 Winter
brunaticus B382.01 Bruvn
°brunswick B383 Brunswik
brutum D064 Deer
bubalus (bubulus) B393 Buffel, W213.01 Wilt
¹bubo B201 Bickars
²bubo H271 Hvuk
bubulus → bubalus
bucca B002 Backe, K050.01 Kynnebacken, W040 Wange
buccina (buxina) B158.05 Besune
buccinare (buxinare) B158.03 Besunen
bufo B354 Bretworm, C206.02 Crode, K062.50 Krott, P005.01 Padde, V034 Vse
buglossa O050 Ossentunghe
bulcus K062.35 Kabelou
bulire S223 Seden

bulla B268 Boddele, B396 Bulle
bumbarda → bombarda
bumbisare V326.01 Vorten
bumbus V326 Vort
burgensis B306 Borger
burgrauius B296 Borchgrauen
burgus B295 Borch
bursa B391 Budel
butirum B336 Botere
buxeus B405 Busbomen
buxina → buccina
buxinare → buccinare
buxus B404 Busbom. – *S:* → de buxo

C

caballinus S: → vngula caballina
caballus H180 Hingest, R171 Ros
cacabus K046.01 Ketelhake
cachinare L002 Lachen
cactanus → coctanus
cadaver A174 Aas
cadere S599.01 Storten, V009 Vallen
caducus W162 Wertlich. – *S:* → morbus caducus
cadus O017.01 Oliuat
caladrius (calandrius) G005 Galander
calamare C007 Calmaar, C134.01 Colmaar
calamenta C158 Cornmynte
calamitas I007 Iamer
calamus H015 Halm
calandrius → caladrius
calatus C154 Corf, K060 Kipe
calcaneus S519.01 Stappe, V352 Votspor

calcar S486 Spoer
calcare T127 Trampen, T131 Treden
calceus S152 Sco. – *S:* → sutor calciorum antiquorum
calciamentum S152 Sco
calcifex S162 Scomeker
calcina C006 Calkroyse
calculosus S553.01 Stensukich
calculus S553 Steyn
caldarium K045 Kettel
calefacere H161 Heten, H186 Hitten, W058 Warmen, W155 Wermen
calefieri W058 Warmen
°**calescere** H186 Hitten
calibeus S509.01 Stalen, S541 Stelen
caliditas H187 Hitte, W156 Wermede
calidum facere W155 Wermen
calidum fieri H186 Hitten
calidus (callidus) H160 Heet, W057 Warm. – *S:* → calidum facere, calidum fieri
caliga H251 Hose
caligare S102 Scemen
caliginosus (caligenosus) D228 Duncker, F011.02 Finster
calips S509 Stael. – *S:* → de calibe
calix K008 Kelk
callidus (calidus) A156.01 Archlistich
callis P000.02 Paat, S576 Stich
callus B012 Bal, E033 Eel
calopedium L102 Leest
calopes H217 Holsche, T139.01 Trippe
calor H187 Hitte, W156 Wermede
caluicium C003.01 Caelheyd
caluus C003 Caal
¹**calx** C005 Calk

²**calx** V075 Versene
cambire B408 Buten, W173 Wessellen
cambium W171 Wesselle
cambuca C232 Cůle
camella B336.02 Botterstaff, K029.01 Kerne
camelus C011 Camel
camena F009 Fleute
camera B265 Bode, C012 Camer
camerarius C252.04 Camerlink, K014 Kemerer
camforum C008.01 Camfer
camineta K015 Kemnade
camisia H112 Hemmet
camomilla C013 Camille
campana C088 Clocke
campanarius C088.02 Clokkener
campanator O028 Opperman
campanile (campanale, camponile) C088.01 Clockhues, G098.01 Glokhus
campsor W172 Wesseller
campsorium W174 Wesselbank
campus L021 Land, V057 Velt
canapenus H120 Hennepen
canapeus H122 Henpeling
canapus H119 Hennep
cancellare C201 Cryssellen, S182.03 Scrankelen
cancellarius (canselarius) K020 Kenseler, S190 Scriuer
cancellus G004 Gadere, S182 Scrank
cancer C197 Creuet
candela C034 Carse, K032 Kerse, L048 Lecht, L116.01 Licht
candelabrum L196 Luchter
candere S142 Scinen

candescere G099 Gloyen
candidare B222.01 Blanken
candidaria B235.01 Blekersche
°candidarius W257.01 Wytgerwer
candidus B223 Blank, W255 Wit
candor S141 Scin
canere S302 Syngen. – *S:* → canere in decacordo
canere in decacordo R180 Rotten
canicies G140.01 Graheyt
canicula T017.01 To
canis H278 Hvnt, R146 Rodde. – *S:* → rabidus canis
canistrum K060 Kipe
canna P060 Pipe, R166 Roor, R167 Rôre
cannale R075 Renne
canon R063 Regele
canonicus C015 Canonek. – *S:* → ius canonicum
canselarius → cancellarius
cantare S302 Syngen
canticum L106 Leed
cantilena L106 Leed
cantor S038 Sankmester, S265 Senger
cantrifusor C017 Cannengeter
cantrus C016 Canne, K003.04 Kanne
cantus S037 Sank
capatenus C235 Cule
cape S216.02 Se
capella C021 Capelle
capellanus C022 Capelan
caper B258 Boc, R035.01 Reboc. – *S:* → de capro
capere B082 Begripen, G157 Gripen, N090 Nommen, V016 Vangen. – *F:* → cape

capetus S152.01 Schoudouck
capicium H259.01 Houetgat
capisterium M172 Molde
capistrum H017 Halster
capitaneus H267 Houetman
capito G177.01 Gropp
capitularium (capitulatorium) C025 Capittelhus
capitulatorium → capitularium
capitulum C024 Capitel
cappa C018 Cappe
cappo C020 Capvn
capra S236 Sege
capria R035 Remoder
capricornus S561 Steynbok
caprinus B389 Bŭcken, S237 Segen
capriolus R033 Re, R034 Rebok
capsa A157 Arke, C043 Caste
capsella C043 Caste
captiuare G157 Gripen, V016 Vangen
capucium C118 Cogele
capulus G145 Greppe, H171 Hilt
caput C142 Cop, H259 Houet, K062.49 Kop. – *S:* → testa capitis
carbo C128 Cole. – *S:* → carbones straminum
carbonare C128.01 Colen
carbonella C177.01 Crappe
carbones straminum G173 Grude
carcer P114 Presvn
cardamomum C027 Cardemome
cardinalis C026 Cardinal
¹cardo A107 Angel, H155 Hespe
²cardo C037 Carte
carena C030 Caryn
carere B126 Beren, E060 Enberen, M145 Missen, V210.01 Vntberen

carietum R075.01 Reynevane
carillo K003.01 Karpe
carina D055.01 Denne
cariophalum (gariofilus, kariophili) M221.01 Muscatennegele, N037 Negelken
caristia D234 Durtiid
caritas L109 Leue
carmen L106 Leed
carnarium B099.01 Beynhus
carnes *S:* → carnes ferine, carnis crvdus, viam vniuerse carnis ingressus
carnes ferine W216 Wiltbrat, W217.01 Wiltbrat
carneus V138 Vleschen
carnis crvdus R136.01 Ro fleẙsch
carnisbriuium (carnis priuium) F018.04 Fastloben, V029 Vastelauent
caro V137 Vles
carpa L167 Lok, P084.01 Plocke
carpenta S180 Scrage, T067 Tymmer
carpentare C100 Cluteren
carpentarius C057.01 Czimmerman, T068 Tymmerman, Z000.11 Zimmerman
carpere P085 Plocken, P086 Plucken
carpo C032 Carpe, K003.01 Karpe
carruca (caruka) C029 Carre, K003.03 Kare
carta B355 Bref, B355ª Sendebref. – *S:* → ludus cartarum
cartallum S156.01 Schùsselkorb, S176 Scottelkorf
cartilago C111.03 Cnoster, C215 Crosele
cartusiensis (cartusegensis) C039 Cartuser
carue C137ª Gartkome, K062.16ª

Gartkomel
carum reddere L110 Leuen
carus C167 Costlik, D233 Dur, H220 Holt, K062.33 Kostlick, L067 Leff. – *S:* → carum reddere
casa B265 Bode, H286 Hvus, H292 Hutte
caseus K036 Kese
casiale K037 Kesevat
casiare K037.01 Kesen
casona N062.01 Netekam
cassare V303 Vornichten
casse V169 Vmmesus
cassibula S313.01 Slachbom
cassidile S708.01 Swedeler
¹**cassis** H101 Helm
²**cassis** N060 Nette
cassula W269.01 Wulffangel
castaneum C042 Castanigenbom
castania C041 Castanie, K009.01 Kest
castellum W186 Wikbelde
castigare C044 Castigen, C218.01 Czuth *(!)*, S455 Spengen, Z000.19 Zùchtigen
castitas C252 Cusheyt
castor B178 Beuer
castorium (kastorium) B179 Beuergeyl
castrare B333 Boten, H096 Helen
castrensis B296.01 Borchman
castrinus (castrinius) B337 Botelink, H018.01 Hamel
castrum B295 Borch, S344 Slot
castus C251 Cusch
casualitas E159 Euentvvr
casula C040 Casele

casura V007 Vall
casus V007 Vall
catabulta P051 Pil
catarus → catharrus
catasta R003.01 Ram
caterua S066 Scare
cathaplasma P072 Plaster
catharacta W286 Wolkenborst
catharrus (catarus) D223 Dumpe, S397 Snvve
cathedra P107 Predichstol
cathena K001 Kedene
cathenare S182.01 Schranken
cathinus (catinus) K062.18 Kop, N019 Nap, S055 Scale, S175 Scotele
catholicus C202 Cristen
catinus → cathinus
cattus C046 Catte, K003.02 Katte
catulare M212.02 Musen
cauare G165 Grőpen
caucio W050 Warde
cauda S018 Sagel, S568 Stert
cauea B403 Buur
cauentus C046.01 Cauent
cauere B185 Bewaren, H196 Hoden, W055 Waren
cauerna G172 Groue
cauillare K047 Keuelen, S372.01 Snateren
caula S061 Scapstal
caulis C127 Col. – *S:* → stips caulis
causa S020 Sake. – *S:* → qua de causa
causare S021 Saken
cautelosus C242 Cundich
cauterium A176.01 Asen
cautolositas L153 List
cautus C089 Clook

cecare B241.01 Blinden
cecatribulum (secatriolum) H010.01 Hackeblock
cecus (secus) B241 Blynt. – *S:* → secum facere
¹**cedere** S319 Slaen, S370 Smyten
²**cedere** R200 Rvmen, W204 Wiken
ceduarium (seduarium) S230 Sedewar
celamentum B291 Bőne
celare H097 Heelen
celarium K004 Keller
celate H109 Hemeliken
celatus H108 Hemelik
celcitudo (selcitudo) H202 Hoghe
celebrare V112 Viren
°**celebritas** F018.28 Fiere, H189 Hochtit, V111 Vire
celer E067 Endelec, R025 Rasch, R128 Risch, S381 Snel
celeranter D159 Drade
celerare T019 Tauwen
celere D159 Drade
celeriter R003 Rad
celeste regnum H173 Hymmelrike
celidonia S092 Scheltword
cella C049 Celle
cella → sella
cellerarius K005 Kelner
celox S388.01 Snicke
celsus H188 Ho
celtis M109 Meysel
celum H112.01 Hemmel, H172 Himmel, H173 Hymmelrike
cementum (sementum) C005 Calk, K008.01 Kallich, S455.02 Spercalk
cena A186 Auentetten
cenare A187 Auent eten, E152ª

Auenteten
cencies H279.01 Hundert werue
cenobium C091 Closter, S572.01
Stichte
censere (sensere) A005.05 Achten,
A039 Ahten
censuare T072 Tinsen
censura (centaurcia) B015 Ban, R036
Recht
census C057.03 Czinß, G182 Gulde,
R077 Rente, T071 Tins, Z000.13 Zins. –
S: → anona census
centaurea E103.01 Ertgalle
centecius → centesies
centenarius C050.01 Cintener,
H279.04 Hunderste tal, S298.01 Syntener
centesies (centecius) H279.01 Hundert
werue
centesimus H279.02 Hunderste
centum H279 Hvndert. – *S:* → occies
centum
centuplus H279.03 Hundertvolt
cenum S318 Slam
cepa S306 Sipolle
cepe C051.01 Cipel
ceptrum C050 Cepter
cera W062 Was
cerdo G067 Gherwer
cerebellum B355.01 Breyghen
cerebrum B355.01 Breyghen, H049
Harn, H137.01 Hern
¹**cereus** W062.01 Waskerse
²**cereus** W062.02 Wassich
cerifolium C030.01 Caruele, K035
Keruel
cerimpa B126.01 Berrenbrot

cerne S216.01 Sey
cernere S256 Seen. – *F:* → cerne
certamen V037 Vechtinge
certare (-ri) F018.08 Fechten, V036
Vechten
certificare S221 Sekeren, W144 Weren
certificatus W137 Wert
certum → sertum
certus W244 Wis
cerua H041.02 Hynde
ceruinus H145 Herten
ceruisia B108 Beer, B382.03 Bier
ceruix H016.01 Halsadere
ceruleus G033 Gel
cerusa B243 Bliwit
cerusum C035 Carseber, K033 Kerseber. – *S:* → serusum dulce
cerusus C036 Carseberbom, K034
Kerseberboem
ceruus H041 Hart, H144 Herte. – *S:*
→ de ceruo
cesar K040 Keyser
cespis (cespes, sespes) S403.04 Sode,
T103.01 Torff, W312 Wrase
cespitare S377 Snaven
cessare V359 Vphoren
ceta W026 Walevisch
ceterum V333 Vortmer
cetus S066 Scare
chorus (corus) B056.01 Bedehus,
C151 Coyr, N096 Nordostnort, W250.01
Wispel
christianismus → cristianismus
christianus → cristianus
christicula → cristicula
cibaria S477 Spise. – *S:* → delicata

cibaria
cibus C164 Cost, S477 Spise
cicada H095.01 Heymeken, H107 Hemeke
cicatrix A147.01 Are, N020 Nare
cicera → cisera
ciconia E016 Edebere, O022.01 Oygeuer, S595 Stork
cicuta W270.01 Wudendunk
cidonium → citonia
cidonius K062.47 Kŭttenbŏm
cifratilium (cifratrillum) S736 Swingebret
cifridus S312 Siverd
cifus → ciphus
cignus (signus) S697 Swane
cilindrum S144 Scindele
cilium O005ᵃ Wynbran
cimba P102.01 Pram
cimex (simex) W042.01 Wantworm
ciminum C137ᵃ Peperkome, K039.01 Kome, K061.01 Kome, K062.16ᵃ Pepperkomel
cimiterium K026 Kerckhoff
cinamomum R116.01 Rindeken
cinciber → zinciber
cincipud → sinciput
cinctorium G120 Gordel
cingere (singere) G121.01 Gorden
cingulator G121 Gordeler
cingulus G120 Gordel
cinifex W043 Wantlus
cinis A175 Assche
cinobrium (sinobrium) C051 Cinober
cintilla F018.78 Funck
cinus (scinus) E148 Esche, K062.39 Kreyken bom

ciphus (cifus) C141 Cop, K062.18 Kop, N019 Nap, S175 Scotele
°**cippare** S586.01 Stocken
cippus S585 Stok
cipressinus C053 Cipresien
cipressus C052 Cipresienholt
circa B104 Beneuen, B192 By, B193 By, V159 Vmme
circinus C056 Cirkel
circiter V159 Vmme
circius S650 Sudwest
circuire V164 Vmmegan
circuitus C217 Crucegank, V165 Vmmegank
circula → circulea
circularis S262 Senewolt, T139 Trint.
– S: → res circularis
circulea (circula) C178.01 Crakelinck, C192 Crengele
circulus C055 Cirkel, R118 Rink
circum V159 Vmme
circumcirca V162 Vmme vnde vmme
circumferencia B298 Borde, B316 Boort, L155 Liste
circumferenciale B314.01 Boyrden
circumquaque V168 Vmme
circumspeccio W249 Wisheit
circumspectus V166 Vmmesichtich, V311 Vorsichtich, W245 Wis
circumspicere C023 Capen, V165.01 Vmme visen
circumuenire B065 Bedreghen
circumuoluere R170 Roren, W228 Winden
cirographus (cirografus) H028 Hantveste
cirogrillus G151 Grevink

cirologus E132ᵃ Wndenerste, W328 Wundenerste

ciroteca H035 Hansche

cirpus R127 Risch

cirrus (czirrus, zirrus) C048.03 Czoppf, T100 Top, Z000.15 Zopff

cirtis B362 Bricke

cirurgicus W328 Wundenerste

cis B104 Beneuen, B192 By, D017.01 Dabey

cisera (cicera) S407.01 Sukeren, S407.01 Sukeren

cista A157 Arke, C043 Caste

cistula (scistula) L005 Lade

citacio L007.01 Ladinghe

citare L007 Laden, V240 Vorbeden

cithara H050 Harpe

citharisare H051 Harpen

cito B283 Bolde, D159 Drade, R004.01 Rade, S118 Scere, T083 Tohant

citonia (cidonium, citonivm) K062.46 Kùttenne, Q010 Qvede

citra V416 Vtwendich

citrulli (citrullum) S222 Seckere

ciuis B306 Borger. – *S:* → magister ciuium

ciuissa B307 Borgersche

ciuitas S503 Stat

ciuitatensis B306 Borger

clamare R164 Ropen, S186 Scrigen

clamdestine H109 Hemeliken

clamdestinum H110 Hemelicheyt

clamdestinus H108 Hemelik

clamor R163 Roop

clanga H251.01 Hosenstruppe

clangere C078.01 Cleppen, C084 Clingen

clangor C063 Clank, S052 Scal

clangorosus G032 Ghel, H145.01 Hel

clarescere S147 Sciren

clarus C065 Claar, C067 Claar, F006 Fyin, L216 Lutter

clata C079.02 Clepper

claterium C079.02 Clepper

clatrum H169 Hilde

claua C232 Cûle

claudere S348 Slvten, T079 Todon, T109 Tosluten

claudicare H179 Hinken

claudus L018 Laam

clauellata K062.12 Knopwort

clauis S345 Slotel

clausa (clusa) C097 Cluus

claustralis S: → virgo claustralis

claustrum C091 Closter

clausus T076 To

clauus N015 Nagel, N035 Negel

°**clemencia** B028 Barmherticheyt, G102 Gnade

clemens B027 Barmhertich, G105 Gnedich

clenodium → clinodium

clenus F007 Fladerboem

clepa C079 Cleppe, C085 Clinke

clepsedra T130 Trechter

clerus P015 Pape

clibanus B005 Bacouen, O057 Ouen

cliens C106 Cnecht, D057 Dener, K062.08 Knecht

clinodium (clenodium) C078 Clenoyde

clipeus S135 Scilt

clisterium C086 Clister

clitella R018.01 Raiff, R052 Ref

collis H260 Houel
collocare S278 Setten
°**colloqui** T084.17 Tosprecken, T110 Tospreken
colloquium T084.28 Tospreckinghe, T111 Tosprake
collum H016 Hals
colonia C130 Colne
color V020.01 Varwe, V087 Verwe. – *S:* → fuscus color, niger color
colorare F018.19 Ferwen, V088 Verwen
colorator V089 Verwer
coluber S320 Slange, S374 Snake
colubrina N012 Naderwort
columba D241 Duue
columbar H014.01 Halsbant
columbus D217 Dufarn, D242 Dufarnt
columna lapidea P052 Piler
columpna S655 Sule. – *S:* → columna lapidea
colus W272 Wokke
colustrum B155.01 Beest, B156.01 Best
coma V128 Vlechte
combinare E074 Enegen, T084.30 Tohope voghen, T119 Tovoghen
comburere B127 Bernen
comeare T084.29 Tohope gån
comena K062.38 Korencke
comes C238 Cumpan, G073 Gheselle, G147 Greue
cometa N104 Notsterne
comitatus G150 Grevescop
comitissa G149 Grevynne
comitiua V063 Verde

commedere E152 Eten
commendare B180 Beuelen, L189 Louen
commercium W234 Wincop
commescio C164 Cost, M019.01 Maltid
committere B180 Beuelen
commocio H048 Harm, T102 Toren
commoditas N111.01 Nuttesam *(!)*, N111.02 Nutticheyt
commodum G043 Ghemak, M007 Mak
commotus E100 Er, G132 Gral
communicare B126.03 Berichten mit godes lichame
communis M072 Mene
communitas M075 Meninghe, M080 Menheyt
comodositas G043.01 Ghemacksemheit
comodosus G044 Ghemacsam, B106 Bequeme
comouere T104 Tornen, V334 Vortornen
compaciencia B028 Barmherticheyt
compassionari E102.01 Eriammeren
compater P001.01 Pade, V003 Vaddere
compellere D188 Driuen, D250 Dwingen
compessere S580 Stillen
completus V426 Vullenkomen
compos G074 Ghesunt, S677 Sunt
compositor D073 Dichter
compositum C239 Cumpost
compositus B139 Besceden, S226 Sedich

compotens M053 Mechtich
comprimere C105 Cneden, D202
Drucken, K062.04 Kneden, T084.33
Tohope drucken, W320 Wringen
computacio R066 Rekenscop
conari A172 Arueyden
conatus A171 Arueyt
conbuscio B348 Brant
concauitas H209.02 Holdicheyt
concauus (concabus) H209 Hol,
H209.01 Holde
concedere L082 Lenen, L124 Lyen
concentanius → consentaneus
concha M222 Mvsschele, S386 Snige
conchile S388 Snigenhvs
concio S066 Scare
concipere E087 Entfangen
conclauare N038 Negelen, T084.36
Tohope negelen
concludere T084.37 Toscluten
conclusio T084.38 Tosclutinghe
concordare O065.01 Ouerdreghen
concordia O065.02 Ouerdrach, S421
Sone
concors O065.03ᵃ eyndrechtich
concubere B212.02 Bysclapen
concubina B212.01 (*s.v.* Bislaap),
B212.04 Bysclapersche, B281 Bôle,
E082 Enpeke, T121 Towiff
concubinarius B280 Bole
concubitus B212.03 Bygesclapen
concudere T084.39 Tohope sclån vel
~ smeden
concupiscencia B080 Begeringe
concupiscens L214 Lvsteren
concupiscere B079 Begheren, G053
Gheren, L213 Lusten

concutere T084.39 Tohope sclån vel
~ smeden
condempnare V261 Vordomen
condependere T084.40 Tohope hanghen
condere B050.02 Bedecken, B412
Buwen, S113 Sceppen
condignus W136 Wert
condire S415.02 Solten
conditor S112 Scepper
¹**conditus** B050.03 Bedecket
²**conditus** S412.01 Soltet
condolens B027 Barmhertich
condolus B395.01 Bule
conducere G042.01 Geleyden vel
mede huren, H291.02 Huren, L057 Leden, M059 Meden, V292 Vormeden
conducta L106 Leed
conductura H284.01 Hure
conductus G042 Gheleyde. – *S:* →
saluus conductus
coneghundis C241 Cvnne
confabulacio T111 Tosprake
conferre G078 Gheuen, L079.01 Lenen, T084.41 Tosamende dreghen vel ~
geuen
confessio B197 Bich
˙**confessor** B199 Bichter
confestim B283 Bolde, D159 Drade,
T083 Tohant
confictor D073 Dichter
confidencia L185 Loue, T157 Truwheyt
confidenter T155 Truwen, W154
Werliken
confidere L186 Louen, T154 Truwen
configere H077 Hechten

confirmacio B156.02 Bestedinghe, S530.02 Stedighe, V072 Verminge
confirmare B156 Bestedeghen, B182 Beuesten, S530 Stedegen, V071 Vermen
confirmatus S530.01 Stedicheyt
confiteri B198 Bychten
conflatorium E143 Ese
conflictus V038 Vechtinge
confluencia C252.06 Couellens
conformis E069 Enerleye, G038 Ghelyik
congelare F018.53ᵃ Gefrisen, V377 Vresen
congerere T084.42 Tohope dreghen
congeries H235 Hoop, H282 Hvpe
conglobatus S: → lvmen conclobatum
conglomerare T084.43 Tohope wynden
conglutinare T084.44 Tosamende voghen vel ~ scluten
congregare S033 Sammen
congressio V038 Vechtinge
congruencia V218 Voghe
congruere T035 Themen
congruus B106 Bequeme
coniunctim T108 Tosamen
coniungere E074 Enegen, T084.30 Tohope voghen
coniunx V409 Vruwe
coniurare B160 Besweren
conniuere N071 Nicken, W125 Wenken
connus C252.01 Cutte
conpaciens B027 Barmhertich
conpactus D070 Dicht
conpangere T084.32 Tohope huldighen

conpar G038 Ghelyik
conparacio L128 Likenisse
conparare C145 Copen, C200.01 Crigen, C218.04 Czugen, G036 Geliken, T164 Tughen
conpatriota L023 Landman
conperire V105 Vinden
conpes H093 Helde
conpetens B106 Bequeme
conpetenter W278 Wol
conpilator D073 Dichter
conplacere B085 Behaghen, B174 Beuallen, H003 Haghen
conplaudo → conplodo
conplere W263 Vullenbringen
conplexio A154 Art
conplexionari A155 Arden, B107 Bequinen
conplodo (conplaudo) H002 Hacken, T084.31 Tohope sclan
conponere D071 Dichten, S422 Sonen, T084.34 Tohope setten
conposicio S421 Sone, T084.35 Tohopesettinghe
conprehendere V016 Vangen
conptus S735 Swinge
conpulcio (compulsio) D246 Dwanc
conputare R065 Rekenen
conqueri C061 Clagen
conquestus C060 Clage
conradus C162 Cord
consagwineus (consangwineus) M003 Mach, N067 Neue
consagwinitas M004 Magescop
conscindere S072 Scaruen
conscistorium → consistorium
consecracio W202.01 Wyginghe

contemplatiuus B138.01 Beschouuelick, B138.04 Beschoulick mensche, S177.01 Schowelick. – *S:* → vita contemplatiua

contempnere V312 Vorsman

contemptus S351 Smaheyt

contencio K061.02 Kyuinghe, V038 Vechtinge

contenciosus (contensiosus) K061.03 Kyuende mensche

contendere K061 Kiuen

contentari G049 Ghenoghen, N089 Noghen

conterere R135 Riven, W321 Wriuen

conterminium B402.02 Burschap

contexere S619 Strikken

continencia C252 Cusheyt

continens C251 Cusch

contingens A135 Anual, A190 Auenturlich, M142 Mislik, M167 Mogelik

contingere S105 Scen

continuare H129 Herden, T084.45 Tohope voghen

continue A063 Alleweghe, S529 Stedelken

contra E089 Enthegen, T025 Theghen, W091 Weder, W092 Wedder

contractare S618 Strepelen

contractus (contrectus) C212.01 Cropel, K062.36 Kropel, L018 Laam, S548.01 Stelter

contrariari T026.02 Tegen syen

contrarietas T026.01 Tegenheyt, W096 Wedermod

contrarius T026.03 Teghen

contraversia → controuersia

contrauersio → controuersia

contrectus → contractus

contricio R211 Rvwe

°contristari B068 Bedrouen, D199 Drouen, M165 Moghen

controuersia (contrauersio, contrauersia) C218.06ᵃ zweit drage, N072 Nyit, T026.01 Tegenheyt, T179 Tweydracht, V095 Vigenschopp, W087.04 Widerpfennung, Z000.25 Zwidrat

contumax D045.01 De dat recht vorsmaet, V192.01 Vnhorsam

contumelia H230.03 Hônsprake

contumeliosus H230.04 Hoensprekelich

contundere S151 Sciuen, S550 Stempen

conturbacio D190 Drofnisse

conturbare (-ri) D199 Drouen, M165 Moghen

conturbatus D200 Droue

conturnix (cuturnix) P017.01 Patrishoen, R024 Raphon, S491 Spre

conualere B107 Bequinen, N054 Nesen, N057.01 Nesen, W095.03 Wedder gesunt werden

conualescere N054 Nesen, W095.03 Wedder gesunt werden

°conueniencia G043 Ghemak, V218 Voghe

conueniens B106 Bequeme, E156 Euene, G044 Ghemacsam

conuenienter W278 Wol

conuenire M059 Meden, V292 Vormeden

conuentus C169 Couent, C170 Conuent

conuersus B042 Bekart

conuicium L033 Laster
conuinium M035.01 Marke
conuiuare W161.01 Werschupen
conuiuium W161 Wertscap
convolare T084.46 Tohope vleyghen
conus T070 Tynappel
cooperculum B050.04 Bedeckinge
cooperimentum D008 Dak, D035 Dekkel
cooperire D036 Dekken
coopertorium B050.04 Bedeckinge, D008 Dak, D035 Dekkel, S707 Sweff
cophinus A065.01 Almesencorff, C154 Corf, K060 Kipe
copiose N084 Noochliken
coquere C123 Coken
coquina (cocuina) C124 Cokene, K062.52 Kuchen
cor H053 Harte, H143 Herte
corallus C152 Coralle
coram B192 By, D017.01 Dabey
corbana H168.01 Hilgenstock, O029 Opperstok
corda L141 Line, S224 Seyde, S394 Snor
cordellus S536 Stegelisse
corduellus S536 Stegelisse
corea D015 Dans, R054 Reych
coreus L061 Leddern
corialbum → corialum
corialum (corialbum) E113 Erg
coriandrum C155 Coriander
corisare D016 Dansen, R055 Reygen, S126.01 Schersen
corium L060 Ledder. – *S:* → corivm semescinvm, de coreo
corium semestinum S254 Semes

ledder
¹corneus H006 Hagedornen
²corneus H249 Hornen, H249.01 Horen
cornix (cornices) C188 Crege, R159.01 Roken
cornu H248 Horn
cornum H004 Hagebutte, W130.01 Wepdorn
cornus H005 Hagedorn, W130.01 Wepdorn
corona C208 Crone, P075 Platte
coronare C209 Cronen
corosivvs → corrosinus
corpus L121 Liff, L130 Likham
corrigere S086.01 Schelden, S087 Scelden
corrigia R069 Reme
corripere S087 Scelden
corroborare S564 Sterken
corrodere S179 Scraden
corrosinus (corosivvs) S051 Scafrisch, S051 Scafrisch
corruere (corruwere) V009 Vallen
corrumpere B356 Breken
corruptus F018.71 Fule, V421 Vul
cortex B021.02 Barck, B308 Borke, B326 Boste, R115 Rinde, S094 Scelle
corulum H059 Hasselnot
corulus H058 Hassele
corus → chorus
coruscacio B244 Blixem, G090 Glans
coruscans C065 Claar
coruscare B245 Blixmen, G097 Glinstern, S142 Scinen
coruus R030 Rauen
cos S340 Slypsteyn, W185 Wettesten

costa R053 Ref, R089 Ribbe
coxa D032 De
coxinus → coccinus
crapula Q004 Quaas
crapulari Q005 Quatzen
cras M185 Morgen, M196 Morne
crater B044 Bekker, B094.01 Becker,
S055 Scale
craticula R175 Roste
cratis H241 Hord
creagra C185 Crauwel
creare S113 Sceppen
creator G106 God, S112 Scepper
creatura C186 Creature
creatus S062 Scapen
creberrime A057 Allerdickest
crebro D075 Dicke, S529 Stedelken,
V004 Vakene
crebrum → cribrum
credencia L185 Loue
credere G102.02 Gleuben, L186
Louen, T154 Truwen
credulitas L185 Loue
cremare B127 Bernen, S264 Sengen
crematum S: → vinum crematum
cremium G148 Greue
crepare B130 Bersteyn
crepusculum A187.01 Auentduncker.
– *S:* → crepusculum matutinum
°crepusculum matutinum M189 Mor-
genstvnde
crescencia W063.01 Wassinghe
crescere (cressere) G165.01 Groyen,
V358 Vpgan, W063 Wassen
creta C204 Cryte. – *S:* → creta rubea
creta rubea R143 Rodelsteyn
cribrum (crebrum) S230.03 Seue,

S279 Seue
crimen L033 Laster, S058 Scande,
S670 Sunde
criminari L034 Lasteren, S107 Scenden
crinacula H088.01 Hekele
crinale C182 Crans, S039.01 Sappel
crineum H036.01 Haerdoeck
crineus H133 Heren
crinia S701 Swarde
crinis H036 Haar
cripta C096 Clucht
crisma C194 Cresem
crismare C195 Cresemen
crismatorium C195.01 Cresmenvat
crispus C226 Cruus
crista H102 Helmteken
cristianismus (christianismus) C203
Cristenheyt
cristianitas C203 Cristenheyt
cristianus (christianus) C202 Cristen
cristicula (christicula) C202 Cristen
cristula R007 Radelwige
cristus I029 Ihesus. – *S:* → natale
christi
croceus G033 Gel
crocus S013 Saffran
crudelis G154 Grimmech, G154.02
Grimmelik
crudelitas G154.03 Grymichheyt
crudus R136 Ro. – *S:* → carnis crvdus
cruentare B248 Bloden
cruentus B251 Blodich
crumena B203.02 Bigordel, L061.01
Ledersack
crumenta V234 Volghe
cruor B247 Blood

crus B099 Been
crusibulus C213 Croos
crusta C167.01 Corste, R114 Rinde
crustula B382.02 Bretzele, C178.01 Crakelinck, C192 Crengele
crux C216 Cruce. – *S:* → patibulum crucis
cubalus C081 Cleppel
cubare B371 Broden
cubeba C115 Cobebe
cubiculum S325 Slapcamere
cubile S325 Slapcamere
cubitus E046 Elenboghe
cuculla C019 Cappenkogele
cuculus C229 Cuccuc
cudere S360 Smeden
cuiusmodi W114 Welk, W118 Welkerleyge
culex M205 Mvghe
culmen H202 Hoghe
culpa S058 Scande, S202 Scult, S670 Sunde
culpar B342 Bracke
culpare S203 Sculdigen
°**cultellifex** M110 Messersmet
cultellus M104 Mes, M109.01 Messer
culter M104 Mes, M109.01 Messer
cultrifaber M110 Messersmet
cultrum M104 Mes, M109.01 Messer
culus A165 Ars
cum M153 Myt, W027 Wanne, W029 Wan, W120 Wene
cum pala disponere S196 Scuffelen
°**cumque** A070 Alsodo, A072.01 Alzowenne
cumulacio V360 Vplop
cumulatus V360 Vplop

cumulus H235 Hoop, H282 Hvpe
cuna W103 Wegghe
cunabulum W103 Wegghe
cunare W103.01 Weghen
cunctipotens A064 Almechtech, G106 God
cuneo firmare K051 Kyilen
cunera C252.03 Cuneer
cuneus K050 Kyil, W109 Wegghe. – *S:* → cuneo firmare
cupere B079 Begheren, B081 Begiren, G053 Gheren, G085 Ghiren
cuperosa C150 Copperrok
cupiditas G086.01 Giricheyt
cupidus G086 Ghirich
cupreus C246 Cupperen
cuprifaber C150.01 Copersmit
cuprifodina C149.01 Coppergroue
cuprum C149 Copper, K062.23 Kopper. – *S:* → de cupro, de cupro
cur W307 Worvmme
cura R159 Roke, S425 Sorge. – *S:* → curam habere
curam habere R158 Rôken
curans S427 Sorchvoldich, T152 Trurech
curare A040 Ahten, A169 Arsedyen, R158 Rôken, S426 Sorgen, T151 Truren, W052 Warden
curia H197 Hof. – *S:* → curia parrochialis
curia parrochialis P023 Parrenhus
curialis G076 Gheue, H264 Houesch, S163 Schone, S590 Stolt, W088 Weddelich
curialitas H265 Houescheyt
curiensis R210 Rvter

curiosus V078 Verteren
currere L173 Lopen
currus S440.01 Span, W014 Waghen
cursorie B283 Bolde. – *S:* → cvrsorie
eqvitare
cursorie equitare R076 Rennen
cursus L172 Lop
curtissimus S: → mora curtissima
curtus C161 Cort
curuare C225 Crummen
curuus C224 Crum
cuspis G095 Gleuige, S456 Sper,
S461 Speyt
cussinus C249 Cussen
custodia B186 Bewaringe, C252.02ᵃ
Verwaringhe, H192 Hode, W050 Warde,
W051 Warde
custodiarius C252.02 Custer
custodire B090 Behồden, B184 Bewaren, H086 Heghen, H195 Hoden,
W055 Waren
custos C165.01 Coster, C252.02
Custer
cutis H268 Hvud, S346 Slv, V051 Vel
cuturnix → conturnix
czirrus → cirrus

D

dacia D053 Denemerke
dactulus (dactilus) P006 Palme
dacus D054 Dene
damma H021 Hamester
dammula H021 Hamester
dampnare S049.01 Schaden
dampnosus S082 Scedelek

dampnum S048 Scade. – *S:* → dampnum facere
dampnum facere S049 Scaden
danubeus D231 Dunovwe
dapes (daps) C164 Cost, S477 Spise
dapifer D197.01 Droste, D205.01
Droste, S477.01 Spisendregher
daps → dapes
dapsilis S477.02 Spiselick
dare B076 Begauen, D115 Doon,
G024.01 Geuen, G078 Gheuen, V282
Vorgheuen. – *S:* → mercedem dare, pe-
nam dare, theolonium dare, tributum dare
de A182 Aue, V014 Van
de argento S662 Sulueren
de argilla L074 Lemen
de bove R117 Rinderen
de buxo B405 Busbomen
de calibe S541 Stelen
de capro B389 Bůcken
de ceruo H145 Herten
de coreo L061 Leddern
de cupro C246 Cupperen, C246 Cupperen
de eo D021 Daruan
de ere E110 Eren
de fago B276 Bồken
de fraccino E149 Eschen
de hoc D021 Daruan
de illo D021 Daruan
de ipso D021 Daruan
de irco B389 Bůcken
de isto D021 Daruan
de lana W268 Wllen
de lapide S554 Steynen
de ligno H221 Holten
de ordio G065 Ghersten

de piro B116 Berebomen
de plumbo B240 Bligen
de porco S734 Swinen
de querco E028 Eeken
de quo W295 Worher, W308 Woruon
de salice W197 Widen
de serico S294 Siden
de siligine R194 Rvgen
de spina D140 Dornen
de stanno T048 Tenen, T070.02 Tynnen
de stuppa H080 Heden
de tilia L143 Linden
de tritico W182 Weten
de vibice B123 Berken
de vitro G094 Glesen
dealbare B235 Bleken, W256 Witten
deaurare G185 Gulden
debere S053 Scal, S160 Scolen, S200.02 Schuldich sýn
debilis B368.02 Brekelick, C179 Crank, C180 Crank
debilitare C181 Cranken, C193 Crenken
debitor S200.01 Schuldener
debitum P080 Plich, S200 Scult. – *S:* → nature debitum persoluit
debitus P081 Plichtich, S201 Schuldich
decacordum R179 Rotte. – *S:* → canere in decacordo
decadere R129 Risen
decanus D042 Deken
decas D047.01 Decker
decedere A017 Afgan
decem T049 Teyne. – *S:* → decem et nouem, decem et octo, decem et septem,

decem octo
°**decem et nouem** N040 Negentene
°**decem et octo** (decem octo) A005.03 Achteynne, A007.04 Achteyne, A042 Achteyne
°**decem et septem** S281 Seventeyne
decem octo S: → decem et octo
december H044 Hardmaan, W241.01 Winterman
decens L137 Limpech, T036.01 Temelik
decenter L138 Limpliken
decepcio D189 Drochnisse
deceptacio V038 Vechtinge
deceptor D169 Dreegher
deceptus B065.01 Bedroghen
decere L136 Limpen, T035 Themen, V220 Voghen. – *F:* → decet
decernere S132 Schichten
decertacio V038 Vechtinge
decet C050.02 Czimmen, V221.01 Voghet
decidere V007.02 Vallen beginnen
decima T028 Tegede
decimare T028.01 Tegeden
decimator T028.02 Tegeder
decimona D042.01 Deiker
decimus T027 Tegede, Z000.05 Zechend
decipere B065 Bedreghen, D167 Dreghen
decipula D201 Dru
declarare O031 Openbaren
declaratus O030 Openbaer
declinabilis B273 Bôge
declinare A023 Afneghen, B272 Boghen, B388 Bucken, B394 Bughen,

H094 Helden, N033 Neghen
decliuitas S539.01 Stegelecheyt
decoquere C123 Coken
decoramenta S367 Smyde
decorare C054 Ciren, S308 Siren, S372 Smvcken
decoratus S163 Schone
decorticare S095 Scellen
decorus S688 Suuerlich
decrepitus O065.04 Ouerolder
decurio H266 Houeman, R210 Rvter, W131 Wepener
dedecus L033 Laster
dedicacio K027 Kerkemisse, K028 Kerkewinge
dedicare W202 Wigen
dedignari V312 Vorsman
defalcacio A029.02 Affreckinghe
defalcare A029 Afslan
defecare → defetare
defectuosus B357.02 Brekelick, S054 Scal, W038 Wandelbar
defectus A160 Armoyde, B366 Broke, C236 Cvmmer
defedare B155 Besolen, S369 Smyssen
defendere B090 Behŏden, B143 Bescermen, H085 Heghen, W147 Weren
defensare B143 Bescermen, W147 Weren
defetare (defecare) S195.01 Schumen
deficere E061 Enbreken, M145 Missen
deforis E062 Enbuten, V416 Vtwendich
defraudacio D189 Drochnisse
defraudare B065 Bedreghen, D167

Dreghen
defraudator D169 Dreegher
defraudatus B065.01 Bedroghen
defunctus D098 Dod, D152 Doot
defungi S570 Steruen
degencia E040 Elende
degens E041 Elende
deglutire S347 Sluken
dei genitrix M034 Maria
deificus G126 Gotlik
deinceps D020 Darna
deinde D020 Darna, D021 Daruan
delacerare R132 Riten
delectabilis L212 Lustlik
delectabilitas L211 Luste
delectacio L211 Luste
delectari L213 Lusten
delere D051 Delghen
deliberacio A007.02 Achte, A037 Ahte
deliberare B109 Beraden
delicata cibaria N110.02 Nutlike spice
delicate viuere L055.01 Leckerlyke leuen, N110.01 Nutlike leuen
delicatus L055 Leckerhaftich, L212 Lustlik, L214 Lvsteren, N110 Nutlik. – *S:* → delicata cibaria, delicate viuere
deliciare W289.01 Wolleuen
delicie L211 Luste, W289 Wollust
delictum S058 Scande, S670 Sunde. – *S:* → relaxacio delictorum
delirus D130 Dore, D131 Dorechtech
delphin M101 Merswyn
demencia A195 Awise, D221.01 Dumheyt
demon D244 Duuel

demonstrare W195.01 Wysen
denarii G040 Ghelt
denarius P033 Pennyng. – *F:* → denarii
denegare W110 Weygeren
denigrare S723 Swerten
dens T046 Thene
densus D070 Dicht
dentiua T047 Tenewlesch
dentrix S544.01 Stekelinck
denudare B256 Bloten
denunciare E059 Enbeden, W320.02 Wrogen
depactare D082 Dinghen, V253.01 Vordinghen, V263.02 Vordinghen
depalmitare A029.01 Affslan
depastare V314.01 Vorsmechtigen
depellere V266 Vordriuen
deponere A024 Afnemen, A028 Afslan, A029 Afslan
deposcere E147 Eschen
deprecari B203 Bidden
depredari B136 Berouen, S143 Scinden, S607.01 Strôfen
deputare B140.01 Bescheden, G078 Gheuen
derades S136 Scildepade
derelinquere V286 Vorlaten
deridere B095.01 Belachen, B146.04 Belachen
deriuacio O046.01 Orsprunck
desertum W217 Wiltnisse, W311 Wostenynge
deseruire V253 Vordenen
deses T122 Trach
desiderans L214 Lvsteren
desideranter G061 Gherne

desiderare B079 Begheren, E083.01 Entsegghen, G053 Gheren
desiderium B080 Begeringe
desidia T123 Tracheyt
desidiosus T122 Trach
designare M095 Merken
desinere A022 Aflaten, A183 Auelaten, V283 Vorhengen, V359 Vphoren
desistere A022 Aflaten, V359 Vphoren
desolacio V263.01 Vorsturinghe, V346.01 Vorwostinghe
desolari V263 Vorderuen, V303 Vornichten, V323 Vorstoren, V346 Vorwosten
despectus S351 Smaheyt
desperare V336 Vortwiuellen
desperatus V337 Vortwiueld
despicere V312 Vorsman
desponsatile W325 Wumpele
despumare S206 Scvmen
destinare S263 Senden
destrvccio V263.01 Vorsturinghe
destruere V263 Vorderuen, V323 Vorstoren
detegere B050.02 Bedecken, B256 Bloten, O031 Openbaren
detendere (tetendere) S433 Spannen
deteriorare E114 Ergeren, V263.03 Vorergeren
deteriorari E115 Ergeren
determinare B140 Besceden, L177 Lôsen
detinere B093 Beholden
detmarus D069 Detmar
detrahere A030 Afteen
deturpacio S058 Scande

deturpare S107 Scenden
deuastare H132 Heren
deuespere T084.47 To uespertid
deuiare E128 Eren
deuictus V349 Vorwunnen
°**deuincere** O070 Overwinnen, W235 Winnen
°**deuitare** M118 Myden, V295 Vormiden
deuius B215 Byster
deuorare F018.54 Fressen, V378.01 Vreten
deuotus I042 Innich
deus G106 God. – *S:* → dei genitrix, domus dei, relinquere deo, terrestris deus, tronus dei
devulgare → diwlgare
dexter V255 Vorder. – *S:* → dextra manus
dextra manus V256 Vorderhant
dextrarius G116.01 Ghorre
dyabolus D244 Duuel, D244 Duuel
diafanus → dyaphanus
dyana M188 Morgensterne
dyaphanus (diafanus) C067 Claar
dica C031 Carne, K030 Kerne
dicare C031.01 Carnen
dicari H162 Heten
dicax C080 Cleps, V054 Velespreker
diccio W296 Wort
dicere C163 Cosen, R048 Reden, S233 Segen, S492 Spreken
dici H162 Heten, N091 Nomen
dicio L020 Land
dictare D071 Dichten
didimus H056.01 Hazenore
dies D001 Dach. – *S:* → dies ferialis, dies iouis, dies lvne, dies martis, dies mercurii, dies solis, dies veneris, dominica dies, hac die, hodierna die
dies ferialis W153 Werkeldach
°**dies iouis** D121 Donnersdach
°**dies lune** M023 Maandach
°**dies martis** D084 Dinsdach
°**dies mercury** M121 Mydeweken
°**dies solis** S423 Sondach
°**dies veneris** V384 Vrigdach
diessere D005 Daghen
dieta D007 Dagereyse
dietare D007.01 Dachreysen
dietim D007.02 Daghelicß
diffamare B129.03 Berochtigen in quaden
diffamatus B129.04 Berochtiget
differens V175 Vnderdan
differre V175.01 Vnderdån vel entwe dreghen
difficilis S700 Swar
diffidere C218.13 Czyfeln, T191 Twiuellen, Z000.26 Zwiffelen
diffinire B140 Besceden, R094 Richten
°**difformis** E146 Eyslik, V192 Vngestalt, W044 Wanschapen
diffortunium V176.01 Vngheual
diffundere V277 Vorgheten
digerere D028 Dauwen
digitale F018.26 Fingerhuth, V109 Vingerhot
digitus V107 Vinger
dignificare E108 Eren
dignus A122 Anneme, T171 Ture, W135 Werd, W136 Wert, W145 Werdich

diiudicare E091 Entrichten, R094 Richten
dilabi S599.01 Storten
dilaniare R132 Riten
dilatacio B357.04 Bredinghe
dilatare B357.03 Breyden, R201 Rvmen, W196 Widen
dileccio L109 Leue
dilectum facere L110 Leuen
dilectus H220 Holt, L067 Leff. – *S:* → dilectum facere
diligencia F018.40 Flisß, V145 Vlit. – *S:* → diligenciam adhibere
diligenciam adhibere V146 Vliten
diligens V145.01 Vlytich, V147 Vlitich
diligenter V148 Vlitliken
diligere L067.01 Leyff hebben
diligibilis L067 Leff
diluuium F018.45 Floeß, V156 Vlot
dimembrare T092 Toleden
dimicare S121 Scermen
dimicator S122 Scermer
dimidiare M123 Midelen
dimidius H013 Half
dimittere A022 Aflaten, A183 Auelaten, L037 Laten, V286 Vorlaten, V332 Vortigen, V359 Vphoren. – *F:* → dimittit
dimittit L108 Let
°**dimulgare** C243 Cundeghen
dyocenarius B209.02 (*s.v.* Bereyt)
diocesanus S571.01 Stichteshere
diocesis B212 Biscopdôm, S571 Stichte
diplois I003 Iacke, I057 Iope, T142 Troghe
directiuus A124 Anrichtech

directus R037 Recht
dirigere A123 Anrichten, S131 Scicken
diripere T084.48 Toryten, V263 Vorderuen
dirumpere (dirupere) T084.49 Tospliten
discadere R129 Risen
discedere R129 Risen
discencio T179 Tweydracht, Z000.25 Zwidrat
discentire → dissentire
discere L096 Lern
discernere B136.01 Beseyn, S132 Scichten
disciplina C218.01 Czuth, T158 Tucht, Z000.18 Zucht
disciplinare T159 Tuchten
disciplinator Z000.20 Zuchtmaister
°**disciplinatus** B139 Besceden, S226 Sedich, T160 Tuchtich
discipulus S159 Scoler
discolus (disculus) S199.01 Schuler
discooperire B256 Bloten
discordare T177 Twigen
discordia P071 Plas, T179 Tweydracht, T187 Twidracht, Z000.25 Zwidrat
discors T179.01 Twygdrachtich
discrecio W249 Wisheit
discretus B138.08 Bescheyden, C089 Clook, W245 Wis
discus T033 Teller
discutere E091 Entrichten, R094 Richten, S132 Scichten
disgregare A026 Afscheden, S081 Sceden

disiungere A026 Afscheden, D050 Delen, S081 Sceden

dispar M137 Mis, O022 Oneuen, V186 Vneuen, V191.01 Vngelick

disparere V325 Vorswinden

dispergere S617 Stregen, V321 Vorstregen

displicencia S077 Scauernac

displicere E007 Echelen, M141 Mishagen, S090 Scelen

disponere B073 Begaden, F018.81 Fugen, S131 Scicken, V144 Vligen, V221 Voghen. – *S:* → cum pala disponere, disponere ad blictrendum

disponere ad blictrendum S543 Stellen

disposicio S510 Stalt, S510.01 Staltnisse, S542 Steltnisse. – *S:* → hac disposicione

dispositum B158 Bestalt

dispositus S063 Scapen. – *S:* → bene dispositus

°**disrumpere** B356 Breken

dissentire (discentire) C218.06 Czeygen, T177 Twigen

dissertus G037 Ghelert

dissimilare L038 Laten, S505 Staden, V283 Vorhengen

dissipare V263 Vorderuen, V273 Vorgan, V323 Vorstoren

dissoluere D029 Dauwen, E084 Enbinden, S361 Smelten

distancia E094.03 Entwestaninghe

distanter V062 Vere

distare E094.02 Entwestån

°**distemperatus** V204 Vnsunt

°**distinctio** V181 Vnderschedinge

distingwere D047 Delen

distortus E146 Eyslik, V192 Vngestalt, W044 Wanschapen

distribuere D048 Delen, V170 Vmmedelen

districtus B051 Bede, G026 Ghebede

diswescere E094 Entwonen

diswetus E094.01 Entwonnet

ditare R110 Riken

diu L027 Langhe

diuagare W250 Wispelen

divaricari R156.01 Rokelosen

diucius L027.01 Lengher

diuersorium (diuisorium) V180 Vnderschet

diuersum A062 Allerleye, M082 Mengerleye

diues R108 Rike

diuicie R109 Rikedom

diuidere D046 Delen, D047 Delen, D048 Delen, D050 Delen

°**diuinacio** W189.01 Wickinghe

diuinare W189 Wikken, Z000.16 Zobrige *(!)*

diuinator W188 Wikker

diuinatrix W190 Wickersche, Z000.17 Zobrigerin

diuinus G126 Gotlik

diuisio T130.04 Tail

diuisorium → diuersorium

diuorcium S075.02 Schaiden

diutino (diutine) L027 Langhe

diuturne L027 Langhe

diuturnitas L027.02 Lancheyt

divturnus L027.01 Lengher

diwlgare (diuulgare) B126.04 Beruchtighen, C243 Cundeghen, O031 Open-

baren
diwlgatus O030 Openbaer
docere A138 Anwisen, L095 Leren
doceri L096 Lern
docma L094 Lere
doctor A139 Anwiser, L097 Lerer
doctrina L031.01 Lare, L094 Lere
doctus G037 Ghelert
documentum L094 Lere
dolabrum B024 Baarde
dolare B092.01 Behouelen
doleator B270 Bodeker
dolens B066.01 Bedrovich, B067 Bedrouet, D200 Droue
dolere D199 Drouen, M165 Moghen, S365 Smerten
doleum B269 Bodene
dolor D190 Drofnisse, I007 Iamer, P055 Pine, S364 Smerte
dolorosus D200 Droue
dolose agere B065 Bedreghen
dolosus *S:* → dolose agere
dolus D189 Drochnisse, V437.05 Vntrúv
doma V022.02 Vast, V076 Verst
domare C037.02 Czammechen, T036 Temen
domesticare C037.02 Czammechen, T036 Temen
domestici G068 Ghesinde
domesticus C037.01 Czamme, Q017 Qver, T010 Tam, Z000.01 Zam. – *F:* → domestici
domi H106 Heme, I035 In. – *S:* → ire domi, transire domi
domicella I075 Ivnkvrowe
domicellus I073 Ivnker

domicilium H287 Hvsrad
domina V410 Vruwe
dominacio H136 Herlicheyt, H141 Herscop
dominari H142 Herschen
dominica S423 Sondach
dominica dies S423 Sondach
dominicalis H135 Herlich
dominicus *S:* → dominica dies
dominium H141 Herscop
dominus H130 Here. – *S:* → aduentus domini, dominus feodi, natiuitas domini
dominus feodi L084 Leenhere
domitus T010 Tam, Z000.01 Zam
domus H286 Hvus. – *F:* → domi. – *S:* → domus dei, domus negociacionis, domus parrochialis, domus plebani, instrvmenta domus
domus dei G111 Godeshus
domus negociacionis K062.22 Koufhuß
domus parrochialis P023 Parrenhus, W101 Wedeme
domus plebani P023 Parrenhus
donare B076 Begauen, G024.01 Geuen, G078 Gheuen, V282 Vorgheuen
donec W129 Wente
donum G024 Gaue
dormicio S322 Slap
dormire S323 Slapen
dormitare S323 Slapen, S342 Slommen
dormitorium S324 Slaphus
dorsum R193 Rv̊ge
¹dos B378 Brutscad
²dos P023 Parrenhus
dotalicium B378 Brutscad, L122.01

Lifgledinghe, L139.01 Lipding, M191 Morghengaue

dotare B076 Begauen, B110 Beraden

draco D162 Drake

droteca (drocea) R203 Rvnge

dualitas T192.02 Twyuoldicheyt

dubietas T192.01 Twyuelaffticheyt

dubiosum A190 Auenturlich, M142 Mislik

dubiosus C218.14 Czwyfelhaftig, T192 Twiuelhaftich

dubitare C218.13 Czyfeln, T191 Twiuellen, Z000.26 Zwiffelen

dubium T190.01 Twiuel

¹**ducatus** D210 Ducate

²**ducatus** H054.01 Hartichdom, H148 Herteghedom

ducentenarius T192.03 Twehunderttal

ducentenus T192.05 Twehundert

ducentesimus T192.04 Twehunderste

ducentum T192.05 Twehundert

ducere L057 Leden, S331.01 Slepen, V298 Voren. – *S:* → nauem ducere

ducibulus T012 Tappe

ducillare T012.01 Tappen

ducillator T012.02 Tapper

ducillus C037.04 Czappfe, T012 Tappe, Z000.02 Zapf

ductor V290 Vorman

ductus L057.01 Leyde

dudum L027 Langhe

duellare K018 Kempen

duellator K017 Kemper

duellum C014 Camp

duinare T181 Twernen

duinum T180 Twerne

dulcis S427.01 Sote. – *S:* → serusum dulce

dum W027 Wanne, W029 Wan, W120 Wene

dumque A070 Alsodo, A072.01 Alzowenne

dumus H072 Hekke

duo T176 Twene, T176.01 Tweig

duodecies T184.01 Twellyffwerue

duodecim T178 Twelue, T184.02 Twelife

duodenarius S137 Scillinc, T178 Twelue, T184.03 Twelifftalich

duplare T184 Tweuoldigen

duplex C218.10 Czyfeltig, T183 Tweuelt

duplicare T184 Tweuoldigen

°**dupliciter** T185.01 Twigerleye

duplus C218.10 Czyfeltig, T183 Tweuelt

durabilis W060 Warhaftich

durare W054 Waren

duratiuus W060 Warhaftich

dure H038 Harde

duressere H043 Harden

durum S681 Sur

durus H039 Hard

dux H054 Hartege, H146 Herteghe

duxissa H055 Harteginne, H147 Hertheghynne

E

e V412 Vt, V412.01 Vte

ea D030 De, S214 Se

ebdomada W080 Weke

ebenus F009.01 Flader
ebes D220 Dul
ebrius V268 Vordrunken
ebulus A012 Adeke
eburneus E048 Elpenbenen, W255 Wit
ecce S643 Su
ecclesia G111 Godeshus, K025 Kerke, T037 Tempell
ecclesiasticus O028 Opperman
echo D111 Dom, G006 Galm, S052 Scal, W087.03 Widerhall
eciam O009 Ok
econtra W092 Wedder. – *S:* → econtra venire
econtra venire W094 Wedderkomen
econtrario W092 Wedder
econuerso W092 Wedder
edera I072 Iuesche
edes H286 Hvus
edicere D039 Degedinghen
edificacio B411 Buwe
edificare B040.01 Bouuen, B412 Buwen, T066 Tymmeren
edificator B412.01 Bugman
edificatura B411 Buwe
edificere B040.01 Bouuen
edificium B411 Buwe
educare T043 Then
edus (hedus) H205 Hoken
effaltes M033 Mare
effari D039 Degedinghen
effectus D023 Dat, W150 Werk
effeminatus S015 Sage
efficere W133 Werden
effigies B096 Belde, S510 Stalt, S542 Steltnisse

effundere V277 Vorgheten
egenus A159 Arm
eger S244 Seec
egere A160.01 Arem syn
egestas A160 Armoyde
ego E026 Ek. – *S:* → ego per meipsum, ego perme ipsum
ego per meipsum E032 Ek suluen, S660ª Ek suluen
egoipse E032 Ek suluen, S660ª Ek suluen
egomet E032 Ek suluen. – *S:* → egomet ipse
egomet ipse S660ª Ek suluen
egoperme E032 Ek suluen, S660ª Ek suluen
egopermemetipsum E032 Ek suluen
egretudo C181.01 Cranckheyt, S644 Sucht
egrotare C181 Cranken, S245 Seken
egrotus C180 Crank, S244 Seec
ei O021 Ome
eius S299 Syn
elacio H202 Hoghe
elatus D109 Dol, H188 Ho, H258 Houerdich
eleborus (ellebrum) N112.01 Nießwurcz, S056.01 Schamffonie
eleccio K038.01 Keysynghe
electrum K062.45 Kunterfail, M046 Mataan, M048.03 Metael
elegans G076 Gheue, S314 Slacht, S688 Suuerlich, W088 Weddelich
elementum E042 Eelement
elemosina A065 Almuse
elephantinus E048 Elpenbenen
elephas E047 Elpendeer

eleuare H203 Hoghen, V353 Vpboren, V363 Vprichten
eligere K038 Kesen
elixare G016.01 Gar maken
elixus G016 Gaar
°elizabeth I030 Ilse
ellebrum → eleborus
eloa A065 Almuse
eloquencia R049.01 Redesalicheyt
eloquens B140.02 Bespreke, R049 Redesam
eloqui D039 Degedinghen
eloquium S489 Sprake
elsacia E050 Elsassen
elsaticus E051 Elsasser
elumbis L085.01 Lendenseek
emenda B172.01 Beteringhe, B329 Bote, B368 Broke, W036 Wandel
emendare B172 Beteren, B331 Bôten, W037 Wandellen
emere C145 Copen
emissarius G116.01 Ghorre
emolimentum G048 Gheneyt
emorroydes B252 Blotgank
empcio C144 Cop, K062.19 Koep
emplastrum P072 Plaster, S705 Swede
emptor C146 Copman
emptorium C148 Cophus
emulus F018.20 Fint, V094 Vigent
emungere A002.01ᵃ snitzen
encenium (ensenium) B266.01 Bodenbrot, C078 Clenoyde
eneus E110 Eren
enigma R006 Radelse
enodare V364.01 Vpknopen
ens D081 Dink

ensenium → encenium
ensis S716 Swert
enucliare O031 Openbaren
enula A054 Alant
eo melius habere E079 Enneten, G047 Gheneten
eo peius habere E080 Entgelden
epar L114 Leuere
epycamisia O067.01 Ouerhemmede
epicolium (epicollerium) O066.01 Ouerrock, O067 Ouerwokede
epicollerium → epicolium
epidimia S568.01 Sterue
episcopatus B211 Bischopdom, B212 Biscopdôm, S571 Stichte
episcopus B210 Biscop, S571.01 Stichteshere
epistola B355ᵃ Sendebref
epule C164 Cost, R093 Richte
epulum S477 Spise
equa P038.02 Perdemoder
equale E154 Euen
equalis G038 Ghelyik, L125 Lik, S334 Slicht
equalitas L128 Likenisse
equare E158 Euenen, G036 Geliken, L127 Liken, S335 Slichten
equester R103 Rider
equiparancia L128 Likenisse
equirarus G115.01 Gorre
equirrea (equirreum) P038.01 Perdemarket
equitans R103 Rider
equitare R100 Riden. – *S:* → cvrsorie eqvitare
equitas R040 Rechtverdicheyt
equitatura R043 Ret

equitatus R043 Ret
equor M087 Meer
¹equus P002 Paghe, P038 Perd
²equus R038 Recht
³equus L125 Lik
eradicare G030 Gheden, R140 Roden, R165 Rôpen, V437.03 Vsrùtten
erea olla E151.02 Erenhaffe
°erectus R037 Recht
ereus E110 Eren. – *S:* → erea olla
°erfordia E112 Erforde
erga B192 By
ergastulum B403 Buur
ergo D022 Darvmme, V160 Vmme
ericius E020 Egel, I013.01 Igel
erigere B302 Boren, R096 Richten, V363 Vprichten
erinacius E020 Egel, I013.01 Igel
erios H246.01 Hourouel. – *S:* → paciens eriodem
eriosi H246.01 Hourouel
eripere L178 Losen
ernestus E126 Ernst
erogare G078 Gheuen
erpica E018 Egede
erra → arra
errabundus B215 Byster
errare E128 Eren
erroneus B215 Byster
erubescencia H227 Hoen, S099 Scemede, S104.01 Schemede, S104.02 Schemede
erubescens S098 Scemende
erubescere (erubesci) S100 Scemen, S173 Scoten
eructacio S403 Sodeslucken
erudacio (erudicio) L094 Lere

erudire L095 Leren
eruditor L097 Lerer
eruditus G037 Ghelert
eruere L178 Losen, R165 Rôpen
erugo R205 Rvpe
erumpna N100 Noot
es E098 Eer, S478 Spise. – *S:* → de ere
esca C164 Cost, S477 Spise
escalia S477.03 Spisevate
escania S153 Scode
esculum M143 Mispel
esculus M144 Mispelbom
esox L032 Las
esse S300 Syn, W166 Wesen. – *S:* → graciosum esse, mestus esse
esseda S144.01 Schlitt
estas S417 Sommer
estimacio W125.05 Weyninghe
estimare D226 Duncken, W125.03 Weynen, W290 Wonen
estiualis S417.01 Somerlick
estiuare S419 Sommeren
estuare H186 Hitten
estuarium D141 Dornse
esuriens H281 Hvngerich
esuries H280 Hvngher, S349 Smacht
esurire H281.01 Hungeren, S350 Smachten
et O009 Ok, V172 Vnde
eternaliter E162 Eweliken
eternus E161 Ewych
ether H165 Heuen
ethiopia M194 Morlant
ethiops M192 Morman
etque V172 Vnde
euacuare L065 Ledichen, R199 Rv-

men
euadere E088.01 Entkomen, E093
Entwisscheren
euaginatus B023 Baar
euanescere E093.01 Entwisscheren,
V325 Vorswinden
euellere G030 Gheden, R165 Rôpen,
V437.03 Vsrútten
euenire S105 Scen
euentuale M142 Mislik
euentualis A190 Auenturlich
euentuare W012 Waghen
euentus A188 Auentûr, E159 Euentvvr, L197 Lucke. – *S:* → ponere ad
euentum
eversus W035 Want
euidencia E063.01 Enkitheyt
euidens E063 Encket, E077 Enket
˚**euigilare** E092 Entwaken
euitare M118 Myden, V295 Vormiden
˚**euocare** L007 Laden
euomere C153 Coren, S466 Spigen
eurus O048 Ostsudost
euus E161 Ewych
ex V412 Vt, V412.01 Vte
exaccio S074.01 Schattinghe, S170
Scot
exaccionare B136.02 Beschatten,
S074 Scatten, S174 Scoten
exacerbare A137 Anverdigen
exactor S074.02 Schatter
exaduerso T026 Teghen, T026.04
Thegenouer
exalacio B352 Bratme, B365 Britme
exalacium V416.03 Vtbrodinghe
exalare V416.02 Vtbroden

exaltare H203 Hoghen, V353 Vpboren
examen I032 Immeswarme
exarrare V416.01 Vtploghen
exaudire C218.11 Czwidynge, E118
Erhoren, T186 Twiden, V282.01 Ver-
horen
excecare B236 Blenden
excedens O073 Ouerulodich
excedere (exedere) O075 Overtreden,
V437.02 Vbertretten
excellens O074.01 Ouerswenge
excelsus H188 Ho, H203.01 Hoch
excentrare → exentrare
exceptarius → exceptorius
excepto B162 Besunder
exceptorius (exceptarius) V416.06
Vtnemer
excerpere (exerpere) V416.04 Vt-
plucken
excessiuus O073 Ouerulodich
excessus O074 Ouerulodicheyt,
O075.01 Ouertredinghe
excipere V416.05 Vtnemen
excitare (exitare) E141 Erwecken,
V368 Vpwekken, W079 Wekken
excitari E092 Entwaken
˚**excogitare** D056 Denken, D071
Dichten
excommunicacio B015 Ban
excommunicare B020 Bannen
excoriare F018.23 Fillen, H268.01
Huet affteyn, V102 Villen
excoriator V103 Viller
excubare B371 Broden
excutere V416.07 Vtsclaen
exdirecto I021 Ieghen

gheuen, B070 Bedûden, O031 Openbaren, V360.01 Vßgeben
°**exposicio** B071 Bedûtnisse
expositus,-tum V433.01 Wndeling
expressus V416.21 Vtgedrucket
exprimere V416.20 Vtdrucken, W320
Wringen
exprobracio V152 Vlok
exprobrare V153 Vloken
expuere → exspuere
exquirere V416.22 Vtvraghen
exquo W308 Woruon
exspectare → expectare
exspirare A014.02 Ademen
exspuere (expuere) V416.24 Vtspigen
exsuere → exuere
exsuperare O070 Overwinnen, W235
Winnen
exta K062.48 Kuttlen, S658 Sulte
extasis *S:* → in extasi
extendere R015 Ragen, R042 Recken,
S433 Spannen, S615.01 Strefmaken,
V416.25 Vtrecken
extensorium R017.02 Rame
extensus D112 Don, R042.01 Recket,
S616 Streff. – *S:* → valde extensus
exterius B409 Buten, V416 Vtwendich
exterminare V263 Vorderuen
extigwere L101 Leschen
extirpare R140 Roden, R165 Rôpen,
V437.03 Vsrùtten
extra E062 Enbuten, V412 Vt,
V412.01 Vte, V416 Vtwendich
°**extrahere** R165 Rôpen, V369.01
Vtheen
extraneus F018.65 Fromde, V399

Vromede, V414 Vtlender
extrinsecus B409 Buten, V416 Vtwendich
extrinsice V416 Vtwendich
exuberis W119.01 Wenekint
exuere (exsuere) T045 Then
exul E041 Elende
exultans V393 Vrolich
exultare F018.67 Frawen
exuuie C073.01 Cleder, de tobrocken
synt

F

faba B292 Bone
faber S359 Smet, Z000.11 Zimmerman
fabrica S360.01 Smede. – *S:* →
magister fabrice
fabricare S360 Smeden
fabrile S360.02 Smedethewe
fabula M092 Mere
fac D090 Do
faccinea B346.01 Bramberen
facere B077.01 Begaen, D113 Doon.
– *F:* → fac, facio. – *S:* → acutum facere,
brasium facere, calidum facere, conswe-
tum facere, dampnum facere, dilectum
facere, fraudulenter facere, homicidivm
facere, iratum facere, madidvm facere,
moram facere, secum facere, securum
facere, strepitum facere, tacitum facere,
testudinem facere, tortas facere, vsitatum
facere
faciem lauare M223 Mvten
facies A131 Antlat. – *S:* → faciem

lauare
facilis L050.01 Licht, L118 Licht
facinus S058 Scande, S670 Sunde
facio D090 Do
°**factum** W150 Werk
factura D023 Dat, W150 Werk
facula B225 Blas, F000.01 Fackel
facundia S489 Sprake
facunditas R049.01 Redesalicheyt
facundus B140.02 Bespreke, B146.02 Besprekende, R049 Redesam
faginus B276 Bőken
fagum B261 Booc
fagus B275 Bőke. – *S:* → de fago
falcastrum S230.01 Sessene, S274 Seysene
falco V011 Valke
fallacia D189 Drochnisse, D192 Drogene
fallere B065 Bedreghen, D167 Dreghen
fallessere B233.01 Bleck werden
falli F001 Feylen
falsare V056 Velschen
falsarius V055 Velscher
falsificare V056 Velschen
°**falsitas** V013 Valscheyt
falsus V012 Vals
falx S219 Sekele
fama R137.01 Rochte
famare B129.02 Berochtigen, R137.02 Ruchtighen
famelicus H281 Hvngerich, L173.01 Lozich
fames H280 Hvngher, S349 Smacht
famescere S350 Smachten
familia G068 Ghesinde

famosus B129.01 Berochtiget in guden werken
famula D058 Denerynne, M005 Maget
famulari D059 Denen
famulatus D062 Denst
famulus C103 Cnape, C106 Cnecht, D057 Dener, K062.02 Knape, K062.08 Knecht
fantasiari E144 Esen, R026 Rasen
farcimen (forsimen) W305 Worst
fari S492 Spreken
farina M066 Meel
fartor W305.02 Worstmeker
fascia W230 Windelbant
fasianus B124 Berkhane, F003 Feysan
fastidiare → fastidire
fastidiosus H258 Houerdich, V267 Vordretlich
fastidire (fastidiare) V264 Vordreten
fastidium V070.01 Verdreyt, V190 Vnghemak, V265 Vordret
fastigium (vastigium) H202 Hoghe, V076 Verst
fastus H258 Houerdich
fatigare M161.06 Mode maken
fatigatus M161 Mode, M161.07 Modet
fatuus D130 Dore, D131 Dorechtech
fauens G189 Gvnnich
fauere G187 Gvnnen, W319 Wrigen
fauilla E054 Emere, G173 Grude
fauonius W176 Westenwint
fauor G188 Gvnst
fauorabilis G189 Gvnnich, H220 Holt
fauorosus G189 Gvnnich
fautor G190 Gvnner

fauus *S:* → fauus mellis
fauus mellis H233 Honnechseym
fax B225 Blas, F000.01 Fackel
febris V090 Vefer
februarius H250 Hornunk
fecundare F018.69 Fruchten, V404 Vruchten
fecundus F018.68 Fruchsamme, V403 Vruchtsam
feditus → fetidus
fedus D083 Dingnisse, L190 Louede
fel G007 Galle
felicitas H091 Heyl, S026.01 Salicheyt
felix S026 Salich, S252 Selich
femella S213 Se, W258 Wiueken
femina S213 Se, V408 Vruwe, W198 Wiff
femorale B373 Brook
femur H270 Hvf
fenerari W277 Wokeren
fenerator W276 Wokerer
fenestra V059 Venster
feniculum V060.01 Vennekel
fenum H063 Haw
fenus W275 Woker
feodalis L083 Leenman
feodare B096.02 Belenen
feodus L079 Leengut. – *S:* → dominus feodi
fera D064 Deer, W213 Wilt
feramentum I065.01 Iseren instrument
ferculum C164 Cost, R091.01 Richte, R093 Richte, S477 Spise
fere C237 Cume, V101 Vilna
feretrum B025 Bare

feria *S:* → feria prima, feria quarta, feria quinta, feria secunda, feria sexta, feria tercia
°**feria prima** S423 Sondach
feria quarta M121 Mydeweken
feria quinta D121 Donnersdach
feria secunda M023 Maandach
feria sexta V384 Vrigdach
feria tercia D084 Dinsdach
ferialis *S:* → dies ferialis
ferine *S:* → carnes ferine
ferire (ferre) S319 Slaen, S370 Smyten
fermentare S683 Suren
fermentum S680.01 Surdech, S689.02 Surdech
fernisium → vernisium
feronia (feroniga) S524 Stech
ferox G154 Grimmech
ferre B364 Bringen, D049 Delen, D168 Dreghen. – *S:* → pacienter ferre
ferre → ferire
ferreus I066 Iseren
ferrum I065 Isern. – *S:* → babati ferrum, bassatura ferri
fertilis F018.68 Fruchsamme, G035 Gheyl, V403 Vruchtsam
fertilitas V404.01 Vruchtborheyt
ferto V065 Verding
feruere H186 Hitten
feruidum fieri H186 Hitten
feruidus H160 Heet. – *S:* → feruidum fieri
feruor H187 Hitte
ferus G154 Grimmech
fessitudo (fescitudo) M161.05 Modicheyt

fessus M161 Mode
festinanter B283 Bolde, D159 Drade, E067.01 Endeliken
festinare E067.02 Endelike dõn, I006 Iaghen, I024.02 Ilen, L177 Lõsen, T019 Tauwen, T120.01 Towen
festine B283 Bolde, D159 Drade, E067.01 Endeliken
festinus E067 Endelec
festiuare V112 Viren
festiuitas F018.28 Fiere, H189 Hochtit, V111 Vire
festiuus V112.01 Vyrlick
festuca S083 Scef, S129 Sceue
festum H189 Hochtit
fetere S582 Stinken
fetiditas S582.01 Stinckheyt
fetidus (feditus) S582.02 Stinkende
fetor S517 Stank
fex B125 Berme, D197 Dros, G019 Gare, G069 Ghest
fexapium W152 Werk
fiala C117 Coderolf
fiber B178 Beuer, O053 Otter
fibra A010 Adere
fibra → fibula
fibula (fibra) S435
fibulator S439.01 Spenge *(!)*
ficcio D072 Dichte
ficedula G136.01 Grasemuke
ficticium V196 Vnmere
fictile (victile) E104.01 Erdengroppe vel ~pot
fictilis E106 Erden. – *S:* → olla fictilis
fictor D073 Dichter
¹ficus F018.22 Fige, V092 Vighe, V093 Vigenbom

²ficus V096 Vik
fideiubere B127.01 Borge werden, T153.01 Truwen
fideiussor B127.02 Borghe, B305 Boerge
fidelis T153 Truwe
fidelitas T157 Truwheyt
fideliter T155 Truwen, W154 Werliken
fides L185 Loue
fiducia L185 Loue, T157 Truwheyt. – *S:* → fiduciam habere
fiducialiter T155 Truwen
fiduciam habere L186 Louen
fidus T153 Truwe
fieri S105 Scen, W133 Werden. – *S:* → amens fieri, calidum fieri, feruidum fieri
figella → vigella
figellare V044.01 Veden
figellator V044 Vedeler
figere F018.05 Fassen, H077 Hechten, V031 Vaten
figura B096 Belde
fila voluere ad pennulam S482 Spolen
filare S473 Spinnen
°filia D095 Dochter
filius S420 Sonne
filix V018.01 Varn
filtrum V100.01 Vilt
filum V002 Vaadem. – *S:* → fila voluere ad pennulam
fimare M103.02 Mesten
fimarium M138 Misse
fimbria S416 Soom
fimbriare S416.01 Soom *(!)*

fimus M103 Mes
findere S431 Spalden
fingere D071 Dichten
finire E066 Enden, L177 Lôsen, W124 Wenden
finis E065 Ende. – *S:* → sine fine
fiola F005 Fyole
firmare B181 Beuesten, F018.17 Festen, S564 Sterken, V024.01 Vast maken, V083 Vesten. – *S:* → cuneo firmare, sudibus firmare
firme V025 Vaste
firmiter V025 Vaste
firmus V023 Vast, V024 Vast
fisicus → phisicus
fistula P060 Pipe
fistulare P062 Pipen
fistulator P061 Piper
fixura S525 Stecke
flabellum W105 Wegel
flagellum G072 Gheisele, S715 Swepe
flagicium S058 Scande
flagitacio B050 Bed
flagitare B202 Bidden, F018.38 Flehen, V136 Vlen
flagrare R196 Rvken
°**flamingus** V124 Vlaming
flamma L157 Lo
flandria (vlandria) F008 Flandern, V123 Vlanderen
flare B228 Blasen, P142 Pvsten, W104 Wegen, W227 Winden
flasulum V125 Vlassche
flatus B230.03 Blasinghe
flauelinium (flauilinium, flauilinum) C119 Côgeler, G121.03 Gugler

flauere B230.02 Bla werden
flauilinium → flauelinium
flauilinum → flauelinium
flauius B230 Blawe
fleba A010 Adere
flectere B272 Boghen, B388 Bucken, B394 Bughen
flemridida S144.02 Schùrcztùch
flere W127 Wenen
fletus W127.01 Weynende
fleubotomare L039 Laten, S633 Stugen
fleubotomator A011.01 Aderlater, L039.02 Later
fleubotomia L039.03 Latinghe
fleubotomus A011.01 Aderlater, L039.02 Later
fleubotonium (fleubotomigium) L039.03 Latinghe, V143 Vletme
flexibilis B273 Bôge, S693 Swak
florenus G184 Gulden
florere B253 Bloygen
°**flores muscati** M221 Mvsschatenblome
florianus F010 Floryn
floritura B246 Blod
flos B255 Blome. – *S:* → flores muschati
fluentum W069 Water
fluere F018.39 Fließen, V141 Vleten
flumen V141.01 Vleyt, W069 Water
fluuius W069 Water
fluxibilis V156.01 Vlotech
fluxus S611 Strank, S626 Strom, V155 Vloten. – *S:* → fluxus sanguinis
°**fluxus sangwinis** (fluxus sanguinis) B252 Blotgank

foca M087.01 Merkalff, S253.01 Sel
¹focus H127 Herd, R017.01 Rake
²focus M087.01 Merkalff
fodere G139 Grauen. – *S:* → fodere rostro
fodere rostro W283 Wolen
folia L163 Loyff
folium B219 Blad. – *F:* → folia
follis B229 Blaesbalch, P143 Pv̊ster
fomentare V215 Voden
fomentum N051 Neringe, V216 Vodinge
fons B309 Borne
forale S440.01 Span
foramen H208 Hol, L168 Lok
foras B409 Buten, V416 Vtwendich
forceps S115 Scere
fore S300 Syn, W166 Wesen
forefactum S058 Scande
fores D126 Doer
foresta F011.05 Forst
forfex S115 Scere
forica S467.01 Spikerbor
forinsicus (forinsecus) B409 Buten, V416 Vtwendich
foris B409 Buten, E062 Enbuten, V416 Vtwendich
forma F012 Forme
formare M008 Maken
formarium S551 Stempel
formica A086.02 Ammete, E055 Emete
formidare (-ri) E025 Eysen, V243 Vorchten, V392 Vrochten
formido V018 Vare, V244 Vorchte, V391 Vrochte
formidolosus (formidulosus, formidv-

losus, formidulosus) B250 Bloyde, S005 Sachheftich, V437.04 Vnkůne
formositas S163.01 Schonicheyt
formosus G076 Gheue, S163 Schone, S590 Stolt, W088 Weddelich
fornacalia O056.02 Ouenreschop
fornarium O056.01 Oůenvisch
fornax O056 Ouen, O057 Ouen
fornicacio V177.01 Vnkvscheyt, V189.01 Vnplicht
fornicarius (fornicatiuus) V177 Vnkusch
fornicatiuus → fornicarius
fornicatrix H242 Hore
fornix S212.02 Schwibog, S728 Swigbaghe
forpex S115 Scere
forsimen → farcimen
forsitan V100 Villichte
fortalicium B286.01 Bolwerck, B295 Borch, F018.15 Festen *(!)*, V080 Veste
fortassis V100 Villichte
forte V100 Villichte
fortificare F018.17 Festen, S564 Sterken, V083 Vesten
fortis C187 Creftich, S521 Stark, V023 Vast. – *S:* → non fortis
fortitudo C173 Craft, M052 Mechte, S563 Sterke
fortuitu V100 Villichte
fortuitum A190 Auenturlich, M142 Mislik
fortuna A188 Auentůr, L197 Lucke
fortunare A189 Auenturen, L198 Lvkken
fortunatum tempus L208 Lvne
fortunatus *S:* → fortunatum tempus

forulus B229 Blaesbalch
forum C144 Cop, K062.19 Koep, M037 Market. – *S:* → annuale forum, in bono foro
fossa G138 Graue
fossatum G138 Graue
fossorium S430 Spade
fotrale V213 Voder
fotrum → futrum
°**fouea** C233 Cule, C234 Cule, G172 Groue
fouere (vouere) B121.01 Bergen, H085 Heghen, H086 Heghen, S437 Sparen, V215 Voden, W319 Wrigen
fraccineus → fraxineus
fraccinus → fraxinus
fractura B367 Broke, S065 Scard
fraga E133.01 Ertbere
fragari H103 Helpen
fragilis B368.02 Brekelick
fragmentum B368.01 Broke
fragor B368.03 Broke
fragula E133.02 Ertberkrut
fragum E133.01 Ertbere
frafolium E095.01 Ertberenloff
framea S716 Swert
francia F013 Frankrike
franciena F014 Fransôser
franciscus F015.01 Fransiscus
franco F016 Franke
franconia F015 Frankenlant
frangere B356 Breken
frankfordia F017 Frankvord
frankfordis F018 Frankenvorde
frater B278 Bole, B370 Broder. – *F:* → fratres. – *S:* → frater minor, frater uterinus

frater minor B032 Baruote
°**frater uterinus** (vterinus frater) B279ᵃ Broder van der moder weghen
fratres M178ᵃ bedelmonik vnde de kartuser
fraudula G119 Goldamer
fraudulenter facere B065 Bedreghen
fraus D189 Drochnisse, V437.05 Vntrùv
fraxina B345 Brake, V078.01 Vese
fraxinare B346 Braken
fraxineus (fraccineus) E149 Eschen
fraxinus (fraccinus) E148 Esche. – *S:* → de fraccino
fremens T105 Tornich
fremere D154 Douen, T104 Tornen
fremitus T102 Toren
frenare T097 Tomen
frenum T096 Tom
frequens S528 Steyde
frequentare O055 Oven
frequenter D075 Dicke, S529 Stedelken, V004 Vakene
frequentissime A057 Allerdickest
fretum M087 Meer
fricare C070 Clavwen
fricsare → frixare
frigefieri V376 Vresen
frigellus V110 Vinke
frigere F018.53 Frisen, V376 Vresen
frigescere F018.53 Frisen, V376 Vresen
frigidare C126.01 Colt werden
frigidarium C239 Cumpost
frigiditas C126.02 Coltheit, C230 Culde, K012 Kelde
frigidus C126 Colt

frigus C126.03 Colde, C131.01 Cold, C230 Culde, F018.66 Frost, K012 Kelde, V400 Vrost

frisia F018.52 Frißenlant, V374 Vreslant

friso F014.03 Frise, V375 Vrese

fritellum P052.01 Pfeffermùlin

frixa C177.01 Crappe

frixare (fricsare) B004.01 Backen

frondes L163 Loyff

¹**frons** S566 Sterne, V299 Vorhouet

²**frons** T185 Twich

fructificare F018.69 Fruchten, V404 Vruchten

fructuosus F018.68 Fruchsamme, V403 Vruchtsam

fructus G048 Gheneyt, O077 Ouet, V402 Vrucht

fruges C157 Corn

frui B380 Bruken, G047 Gheneten, N058 Neten, N112 Nvtten

fruibilis N111 Nutte

frumentum C157 Corn, K062.27 Korne

frustra T120 Tovorgheues, V169 Vmmesus

frustrari V303 Vornichten

frustrum S632.01 Stukke

frutex S500 Sprote

fucus H225 Hommele

fuga I004.01 Iacht

fugare I004 Iaghen

fugere V135 Vlen

°**fulcire** (fulsire) C054 Ciren, S308 Siren, S372 Smvcken

fulgens C065 Claar

fulgere S142 Scinen

fulgio → fuligo

fulgor G090 Glans, S141 Scin

fulica H008 Hagelgans

fuligo (fulgio) R139 Rod, R155.02 Roeckdreck, R155.02 Roeckdreck, R178 Rot

fullo W117 Welker

fulmen B244 Blixem

fulminare B245 Blixmen

fulsire → fulcire

fulsitus S688 Suuerlich

fumare R155 Roken

fumescere B083.02 Beginnen to roken, R155.01 Roken beginnen

fumigale R154.01 Rokhol

fumigare R155 Roken, R155 Roken

fumus R154 Rook

funda S348.01 Sludere

fundamentum F018.76 Fundament, G177 Gruntfeste, V430 Vulmat

fundare S573 Stichten

fundatus S573.01 Stichtet

fundere G075 Gheten

fundibulum S166 Scope

fundiculus (fundicula) G176 Grundel, S558 Steynbite

fundulus G176 Grundel

fundum pertingere G175 Grùnden

fundus B266 Bodem, F018.76 Fundament, G174 Grunt. – *S:* → fundum pertingere, fundus arenosus

fundus arenosus S557 Steyngrant

fungi B380 Bruken, G047 Gheneten, N058 Neten, N112 Nvtten

fungibilis N111 Nutte

fungus M203 Moterling, P037 Peperling, S696 Swam

funiculus B103 Bend, S394 Snor
funifex S251 Seelmecker
funis R078 Reep, S246 Seel, S612 Strank
funus L126 Lijk. – *S:* → lapis funeris
fur D038 Deef
furari S540 Stelen
furere D154 Douen
furfur C082 Clye
furibundus D155 Douendich, R027.02 Rasendich
furiosus D155 Douendich, R027.02 Rasendich
furnitergius O056.04 Ofenwisch
furnus B005 Bacouen, O056 Ouen
furor T102 Toren
furtum D243 Duue
fusa S468 Spille
fusarius S470 Spilbom
fuscinula (fusinula) C185 Crauwel
fuscus B386.01 Brůn. – *S:* → fuscus color
fuscus color D227 Duncker varwe
fustum S451 Spelte
futrum (fotrum) V213 Voder

G

gadix H294.01 Hartestunge
gagates A032 Agetsteyn
galanga G008 Galgayn
¹**galea** H101 Helm. – *S:* → signum galee
²**galea** G005.01 Ghaleide
galeyda G005.01 Ghaleide
galerus I062.01 Insenhût

galla E029 Eekappel
gallia W019 Walland
°**gallicum** W021 Walsch
gallicus W020 Wale
gallina H110.01 Henne, H181 Hinne
gallinacius C020 Capvn
gallus H028.01 Hane
garcio B338 Boue
gargarisare G121.02 Gorgsen
gariofilus → cariophalum
garrire C178 Crakelen
garrulare C059 Claffen, K047 Keuelen, S373 Snacken
garrulus V054 Velespreker
gaudens F018.59 Froe, V390 Vro, V393 Vrolich
gaudenter V395 Vroliken
gaudere F018.67 Frawen, V401 Vrowen
gaudiosus V393 Vrolich
gaudium F018.62 Freid, V394 Vrogede
gauisus V393 Vrolich
gausape D086 Dischdwele
gaza S073 Scat
gazophilacium (gazaphilacium) H168.01 Hilgenstock
gehenna H100 Helle
gelta G039 Ghelte
gelu C230 Culde, F018.66 Frost, V400 Vrost
gemellus C218.09 Czwilling, T182 Tweseling, Z000.24 Zwiling
gemere A119 Anken, S645 Suchten
gemini C218.09 Czwilling, Z000.24 Zwiling
gemitus S645.01 Suchtighen

prunellum
gliricipula M217ᵃ Rattenualle, R029.01 Rattenvalle
glis R027.01 Ratte, R029 Ratte
gliscere B079 Begheren, G053 Gheren
globare B324 Boysen
globis ludere B324 Boysen
globus B325 Boysklot, C093 Cloot. – *S:* → globis ludere
glomicellus C102.01 Cluwen, dat cleyne is
glomus C102 Cluwen
gloria E107 Ere
gloriari B134 Beromen, R161 Romen
glorificare E109 Eren
gloriosus E101 Erbar, E120 Erlik, H135 Herlich
glos M133.13 Mynes broder wiff
glosa B071 Bedůtnisse, D243.01 Dutnisse, G101 Glose
glutinosus C010 Camich
glutire S347 Sluken
glutor R207 Rvsche
gnarus S134 Scide, S380 Snedich, W245 Wis
gnauia W249 Wisheit
gnauus C212.01 Cropel, D247 Dwerch, Z000.29 Zwerg
gnomen (gnomo) W233 Winkelholt
goderdigum G109 Goderding
grabatum B057 Bedde
gracia G102 Gnade, H272 Hulde. – *S:* → annus gracie, graciarum acciones
graciarum acciones D012 Dank
graciosum esse G103 Gnaden
graciosus D013.01 Dankber, G105 Gnedich. – *S:* → graciosum esse

gracius (grascius) C184 Crasse
graculus H087 Hegher
gradale G130 Gradal
gradare D163 Drauen
gradarius C050.03 Czeltener, T032 Telder, Z000.06 Zelter
gradus G129 Grad, T133 Treppe
grafium G153 Griffel
gralus G133 Grale
gramatica L040 Latyn
gramen G136 Gras
granarium S467 Spiker
grandis G169 Groot. – *S:* → tam grande
grando H007 Hagel
granum C153.01 Coren, C156 Corn, K062.27 Korne
grascius → gracius
grates D012 Dank
gratis T120 Tovorgheues, V169 Vmmesus
gratitudo D012 Dank
gratuite D013.02 Dankberlich
gratuitus D013.01 Dankber
gratulacio V394 Vrogede
gratulans V393 Vrolich
gratulanter D013.02 Dankberlich, V395 Vroliken
gratulari V401 Vrowen
gratus A122 Anneme, D013.01 Dankber, T171 Ture, W135 Werd, W145 Werdich
grauare S721 Sweren
grauis S699 Swar, S700 Swar. – *S:* → grauis in moribus
grauis in moribus E127 Ernsthaftich
grauitas S699.01 Swarheyt

grecia G141 Grekenlant, K062.44 Kriechenland
grecus G142 Greken
gremium S172 Scoet
greta G146 Grete
grex S066 Scare
grifo G152 Gryfe
grillus G151 Grevink
grisius G140 Grawe, G158 Gryis
¹grossus C214 Crosche, G167 Grosse
²grossus D220 Dul, G159 Groff
grus C210 Cron
gubernare B090 Behôden, S641 Sturen, W282.01 Woolden
gubernator S627.01 Sturman
gubeus P086.01 Plotze, S583 Stint
gubo P086.01 Plotze
gula F018.50 Fraeß, Q004 Quaas, V371 Vras
gulosus F018.49 Fresig
gummi C064 Claar
gumphus H200 Hoofnagel
gustare S357 Smecken
gustus S352 Smak
gutta D195 Drope, T129 Tran
guttur K003 Kele, S627 Strote
gwerra C199 Crych, K048 Kiff

H

habena T081 Togell
habere H071 Hebben. – *S:* → curam habere, eo melius habere, eo peius habere, fiduciam habere
habitacio W294 Wonynge
habitaculum W294 Wonynge

¹habitare W126 Wenen
²habitare W292 Wonen
habituari W291 Wonen
habitus C072 Clet
habundancia R109 Rikedom
°habundans R108 Rike
habundanter V437 Vuste
habundare G049 Ghenoghen, N089 Noghen
habunde N084 Noochliken
hac disposicione A071 Also
halensis H100.01 Heller
halo M022.01 Manenhof
hamus (hamo) H018 Hame, N060 Nette
hanna H033 Hanne
harto H042 Hart
hassia H156 Hessenlant
hasso H157 Hesse
hasta G095 Gleuige, S456 Sper
hastile P051 Pil
hastula S484 Spon
haurire P144.01 Putten, S113.01 Scheppen, V432 Vullen
hausterium P144.03 Putterode
haustinabulum P144.02 Putteuat
haustrum (haustum) P144.04 Putterad, T079.01 Toghe
haustus D206 Drunk
hebraicus I050 Ioddesch
hebraismus I051 Iodescop
hebreus I049 Iodde
hec D030 De, S214 Se
hedus → edus
henningus H121 Henning
°henricus (hinricus) H118 Henrich, H183 Hinse, H183 Hinse

herba C221 Crud
herbularius A004 Abeteker
herebus H100 Helle
hereditare E138 Eruen
hereditas E137 Erue
heremita C098 Clusener, E083 Ensedel
heremus W217 Wiltnisse, W311
Wostenynge
heres E139 Eruekynt
heresis (herisis) K044 Keterighe
hereticus K043 Ketser
heri G083 Ghisterne
herisis → heresis
°**hermannus** H138 Herman
herodius B231 Blauot
heroldus H139 Herolt
heros H130 Here
hesitare C218.13 Czyfeln, T191 Twiuellen, Z000.26 Zwiffelen
heu L056 Leder
hyare G014.01 Gapen, G025 Gheynen, I009 Ianen, I026 Ienen
¹**hic** D030 De, D239 Dusse, H070 He,
I055 Ionne. – *F:* → hec, hii, hoc, huic,
huius. – *S:* → hac die, hac disposicione,
hoc sensu, in hoc loco
²**hic** H182 Hyir
°**hyemalis** W241.02 Wynterlick
hyemare W241 Winteren
hyemps W240 Winter
hii D031 De, S215 Se
hilaris (illaris) F018.59 Froe, V393
Vrolich
hilaritas F018.62 Freid, V394 Vrogede
hilariter V395 Vroliken

hildigardis H170 Hille
hilla H169.01 Hilgardis
hillarescens V393 Vrolich
hynnire L001.02 Lachen, N078 Nyhan
hinnulus H174 Hint, H173.01 Hind
hinricus → henricus
hircus (ircus) B258 Boc. – *S:* → de
irco, B388.01 Buc
hispa (rispa) R131 Riste
hispanicus S: → viride hispanicum
hispidus R184 Rv
historia S133 Scichte
histrio B338 Boue
hoc D025 Dat. – *S:* → de hoc, post
hoc, propter hoc
°**hoc die** D010 Dalink, H193 Hodde
hoc sensu A071 Also
hodie D010 Dalink, H193 Hodde,
H294.02 Hvte
hodierna die D010 Dalink
hodiernus *S:* → hodierna die
hodiosus → odiosus
hoho W001 Wach
holandria H215 Hollant
holandrinus H216 Hollender
holocaustum O025 Opper
holsacia H213 Holstenlant
holsaticus H214 Holste
homagium H273.01 Hulde
homicida M180 Morder
homicidium M179 Moord. – *S:* →
homicidivm facere
homicidivm facere M181 Morden
homines L204 Lude
homo *F:* → homines
honestare T159 Tuchten

honestas H265 Houescheyt, T158 Tucht

honestus H264 Houesch, S226 Sedich, T160 Tuchtich

honor E107 Ere, E107.01 Ere

honorabilis E101 Erbar, E107.02 Erlick, E120 Erlik

honorabilitas E107.03 Erberlicheyt

honorare E108 Eren

honoratus E101 Erbar

honorificare E108 Eren

honorificencia E107 Ere

honorificus E101 Erbar, E107.02 Erlick

hora S638 Stunde, V385.01 Vre

horalogium (horologium) S234 Seyger, V385.02 Verweerck

horarium S234 Seyger

horena V297 Vorne

horologium → horalogium

horrere E144 Esen, G179 Gruwen, S182.02 Scrempen, S197 Scugen

horreum S208 Scvne

horribilis G180 Gruwelik

hortari A112 Anherden

hospes H126 Herbergerer, W134 Wert. – *S:* → hospes actiuus, hospes passiuus

hospes actiuus H288 Hvshere

hospes passiuus G022 Gast

hospicium H124 Herberghe

hospita W141 Werdinne. – *S:* → hospita actiua

hospita actiua H289 Husvrovwe

hospitale S462 Spettal

hospitare H125 Herberghen

hospitator H126 Herbergerer

hostia O025 Opper

hostilitas F018.09 Feynt, V095 Vigenschopp

hostis F018.20 Fint, V094 Vigent

hostium D126 Doer

hubo P086.01 Plotze

huc H122.01 Her, H131 Her, H153 Herwort

hvic O021 Ome

huius S299 Syn

huiusmodi S404 Soden

humectare N059 Netten, V418 Vuchten

humectatus S368 Smyde, S371 Smode

humerale A086.01 Amicte

humerus A176 Asle

humidare V418 Vuchten

humidus F018.70 Fucht, V417 Vucht

humilis O054 Otmodich

humuletum H239 Hoppenberch

humulus H238 Hoppe

humus E103 Erde

huso H290 Huse

I

¹**iacere** L123 Lighen

²**iacere** W160 Werpen

iacinctus B237 Bliant

iacobus I002 Iacob

iactancia B134.01 Berominghe, R161.01 Rominghe

¹**iactare** B134 Beromen, V294 Vormeten

²**iactare** W160 Werpen

iacticare (-ri) B008 Baghen, B134 Beromen, R161 Romen, V294 Vormeten
iacticator R160.02 Romer
iactura S048 Scade
iactus W302 Worp
iaculum P051 Pil
iam I060 Iotol, N106 Nu, R045 Rede
ianitor P099 Portener
ianua D126 Doer
ibex S561 Steynbok
ibi D017 Dare
ibis E016 Edebere, O022.01 Oygeuer, S595 Stork
icere W160 Werpen
°**yconoma** W141 Werdinne
iconomus S050 Scaffer, W134 Wert
ictericia G033.01 Gelesuke
ictus B392 Buf, W302 Worp. – *S:* →
ictus oculi, ictus tonitrui
°**jctus oculi** O004 Ogenblik
ictus tonitrui D119 Donnerslach
id D025 Dat
idcirco D022 Darvmme, V160 Vmme
idem S660ᵃ He suluen
ideo D022 Darvmme, V160 Vmme
ideoma S490 Sprake
idi H208.02 Hundeskrut
idolum A018 Afgod
idria C223 Cruke
idropicus W072 Watersuchtich
idropis W071.01 Watersuch
iecur L114 Leuere
ieiunare V028 Vasten
ieiuneum V027 Vaste
ieiunus N085 Nochteren, N106.02 Nuchteren
ierosolima I028 Iherusalem

ierusalem (iherusalem) I028 Iherusalem
iesus (ihesus) I029 Ihesus. – *S:* → partus ihesu
iga H079 Heyde
igitur D022 Darvmme, V160 Vmme
ignauia P132 Pvlerige
ignauus P131 Pvler
ignem accendere B335 Boten
ignimen B127.03 Bernepreyn
ignis V434 Vur. – *S:* → ignem accendere
°**jgnorancia** V209.48 Vnwettenicheyt
ignorare T191 Twiuellen
ignorosus C218.14 Czwyfelhaftig
iguenarius P046.01 Pfinnig
iherusalem → ierusalem
ihesus → iesus
¹**illa** B351.01 Bratworst
²*illa* D030 De, S214 Se
illaris → hilaris
ille D030 De, D239 Dusse, H070 He, I055 Ionne. – *F:* → illa, illi, illius, illud. – *S:* → ab illo, de illo, illo ingenio
illegitimus O024 Onechte, V188.01 Vnecht
illic D149 Dort
illicite V208 Vntemeliken
illicitus V207 Vntemelich, V207.01 Vntemelek
illico B283 Bolde, D159 Drade
illius S299 Syn
illo ingenio A071 Also
illuc H153 Herwort
illud D025 Dat
imaginari D056 Denken
imago B096 Belde, S510 Stalt, S542

Steltnisse
imber R058.01 Reghen
ymbescere R058 Regenen
imbuere A138 Anwisen, L095 Leren
imbutor A139 Anwiser, L097 Lerer
imbutus G037 Ghelert
yme S293 Side
imitari V231 Volghen, V232 Volgen
imitas D232 Dupe
immaculatus R071 Rene
°**jmmaturus** V206 Vntidich
immediate D159 Drade
immensus G169 Groot
immiscere V209.14 Vndermengen
immixtus A049 Al, C066 Claar, I019 Idel
immo I001 Ia, I052 Iodoch
immodestus V209.13 Vnmetich
immolacio O025 Opper, O026.01 Offeringhe
immolare O026 Opperen
immolatus O026.02 Offert
immotus V209.15 Vnbeweghet
immundicies V199 Vnreynechet
immunis V209.16 Vnschuldich
impaciens V209.17 Vnduldich
impar M137 Mis, O022 Oneuen, V186 Vneuen, V191.01 Vngelick, V209.18 Vngelick
impedimentum H178 Hindernisse, H178.01 Hinder, V190 Vnghemak, W132 Wer
impedire E007 Echelen, H177 Hinderen, K023 Keren, S089 Scelen, W142 Weren
impeditus V195 Vnledich, W139 Werde

impendere G078 Gheuen
impendibulum W115.01 Welle
impenetrabilis V024.02 Vast
imperare B053 Beden
imperator K040 Keyser
imperatrix K041 Keyserynne
imperium K042 Keyserryke
impermixtus C066 Claar, I019 Idel, P138 Pvr
impetere A091.02 Anclaghen, A126.01 Anspreken, A137 Anverdigen, R084 Reysen, S597 Stormen
impetigo C077.01 Clene Ius
impetuose S597.02 Stormelyken
impetuosus H060 Hastich, H158 Hestich, S597.03 Stormelick
impetus S596 Storm
impietas V209.12 Vnmildicheyt
impigware M105 Mesten
impius C028 Carch, V209.11 Vnmilde
implere F018.77 Fullen, V431 Vullen. – *S:* → implere promissum
implere promissum L104 Leesten
impletus V426 Vullenkomen
impolitus V209.03 Vngesiret
importunitas V209.05 Vnbestendicheyt
importunus V209.04 Vnsterckelick, V210 Vnwerlik, V267 Vordretlich. – *S:* → inportvne rogare
improperare V343 Vorwiten
improperium V344 Vorwit
improuidus R156 Rokelos, V209.06 Vnvorsichtich
improuisus V209.06 Vnvorsichtich
impudencia V209.10 Vnschemelicheyt

impudenda V209.07 Vnschemede
impudenter V209.08 Vnschemelick
impuderosus V209.09 Vnschemelick
impudicus V209.09 Vnschemelick
imputacio V344 Vorwit
imputare V285 Vorkeren, V343 Vorwiten, W257 Witen
imputari T063 Tigen
imus D063 Deep, N030 Neder, S290 Syit
in E085.01 Entbreden, I034 In
in alio loco A099 Anderswoyr
in bono foro N005 Na
in breui moriturus V048 Veghe
in extasi E085.01 Entbreden
in hoc loco H182 Hyir
inane T120 Tovorgheues, V169 Vmmesus
inania I020 Idelcheyt
inanis I018 Idel
inaniter T120 Tovorgheues, V169 Vmmesus
inantea H185 Hirnamals
incantacio C098.02 Czeyberniße, T115 Touer
incantare T116 Toueren
incantator C098.03 Czeyberer, T117 Touerer
incantatrix T118 Touersche
incassum T120 Tovorgheues, V169 Vmmesus
incausterium (inkausterium) B222 Blakhorn
incaustum (inkaustum) B221 Blak, I034.01 Inket, T073 Tinte
incenatus V209.19 Vngegetten
incencio N076 Nigemaan

incendere B335 Boten, E088 Entfengen
incendium B348 Brant
incepcio A082 Ambegyn
inceptum A082 Ambegyn, A114 Anheuent
inchoacio A082 Ambegyn
inchoamen A082 Ambegyn, A114 Anheuent
inchoare A081 Anbegynnen, A113 Anheuen, A136 Anuangen, B084 Beghynnen
incipere A081 Anbegynnen, A113 Anheuen, A136 Anuangen, B084 Beghynnen, B170 Betengen
incitare H184 Hissen
inclinabilis B273 Bôge
inclinare B272 Boghen, B388 Bucken, B394 Bughen, H094 Helden, L122.02 Liggen, N033 Neghen, N077 Nighen
inclitus E015 Edel
inclusus C098 Clusener
incolinus I041.01 Ingeboren
incolumis G074 Ghesunt, S677 Sunt
incommodum V190 Vnghemak
incompositus V177.02 Vnsedich, V194 Vngheuoge, W045 Wansedich
inconstans V178.01 Vnstede, V205 Vnstede
inconsultus V177.03 Vnberaden
°jncontinencia V177.01 Vnkvscheyt
incontinens V177 Vnkusch
incontinenti D159 Drade
incontrarium E089 Enthegen
incrementum W063.01 Wassinghe
increpare S087 Scelden, S610.01

Strafen
incubus M033 Mare
inculpare B145.01 Beschuldigen, S203 Sculdigen
°**jncuruare** C225 Crummen
incuruatus C224 Crum
incus A106 Aneboyt
incusacio C060 Clage
incusare C061 Clagen, V352.01 Vorclagen
incutere *S:* → timorem incutere
indagacio V105.01 Vyndinghe
indagare E136 Eruaren, V105 Vinden, V271 Vorschen
indagator V105.02 Vynder
indago H004.01 Hagen, V105.02ᵃ haghe
inde A015 Af, D020 Darna, D021 Daruan
indecens V207 Vntemelich, V207.01 Vntemelek
indecenter V208 Vntemeliken
indeclinabilis V209.23 Vnbogelick
indefessus V209.24 Vnvordrotten
indempnis V209.25 Vnschedelick
indempnositas V209.25 Vnschedelick
indicare W248 Wisen
indicibilis V209.26 Vnsprekelich
indigencia B091 Behoof, N098.01 Noet
indigens D135 Dorftech, D191.01 Droftich, I025 Iemerlik, N098.02 Noettroftich
indigere B064 Bederuen, B092 Behouen, D134.01 Dorven, H263 Houen, N098.03 Nodich
indignancia V209.21 Vnwerdicheyt

indignitas V209.21 Vnwerdicheyt
indignus V197 Vnneme, V209.20 Vnwerdich
indisciplinatus W045 Wansedich
indispositus E146 Eyslik, W044 Wanschapen
indiuiduus V209.22 Vndelsam
indomesticus W214 Wilt
°**jndomitus** W214 Wilt
induciari V076.03 Versten, V386.01 Vristen
induciarius V076.04 Verster
inducie D003 Dach, V076.02 Verste
induere A130 Antien, G055 Gheren, T045 Then
indulgencia A021 Aflat, V281.01 Vorgeuinghe
indulgere V281 Vorgheuen
indumentum C072 Clet. – *S:* → sacra indumenta
indurare B087 Beharden
indurescere B087 Beharden, H043 Harden
industreosus S134 Scide
indutus A088 An
inedia N098.01 Noet
ineffabilis V209.26 Vnsprekelich
inepte V200 Vnsachte
ineptus V209.27 Vnbequeme
°**jnequalis** O023 Oneuen, V185 Vneuen, V191 Vnghelik
inermis V209.28 Vngewapent
inermus V209.28 Vngewapent
ineternum E162 Eweliken
ineuum E162 Eweliken
inexpediens V422 Vul
inexpugnabilis V209.29 Vnvinnelick

infamare B129.03 Berochtigen in quaden

infamis A122.01 Anruchtich, B129.04 Berochtiget

infancia K056 Kintheyd

infans K055 Kint

infatigabilis V209.30 Vnvordreytlick

infatuari (-re) D132 Doren

infauorabilis (inuauorabilis) A019 Afgunstech, V209.31 Vngunstich

infauorabilitas H061 Haat

infectus V048 Veghe

infecundus G001.01 Galt, G191 Gûste

infelix S056 Scalk, S637 Stumpere

inferius D020.01 Daneder

infernus H100 Helle

infestare A137 Anverdigen, R084 Reysen

infidelis T156 Truweloys, V209.33 Vntrwe

infidia V209.32 Vngeloue

infidus V209.33 Vntrwe

infigere H077 Hechten

infinitas (infineitas) V209.34 Vnentlick *(!)*

infirmare C193 Crenken

infirmari C181 Cranken, S245 Seken, S652.01 Suken

infirmitas C181.01 Cranckheyt, S644 Sucht

infirmus C171 Côuesch, C179 Crank, C180 Crank. – *S:* → non infirmus

inflamare E088 Entfengen

inflatus B226 Blas

informacio L094 Lere

informare A122.02 Anrichten, A138

Anwisen, L095 Leren

informari L096 Lern

°**jnformator** A139 Anwiser, L097 Lerer

informatus G037 Ghelert

informis V209.35 Vngestalt

infrigescere C129 Côlen

infrigidare C129 Côlen

infula B210.01 Bischopeskrone

ingeniosus S297.01 Sinnich

ingenium S297 Syn. – *S:* → illo ingenio

ingens G169 Groot

°**jngerere** *S:* → verecundiam ingerere

inglucies V371 Vras

ingluuies V371 Vras

ingratitudo V197.01 Vnnemycheyt

ingratus V197 Vnneme

ingressus *S:* → viam vniuerse carnis ingressus

ingruus V209.36 Vnbequeme

ingwen H009 Hagedroys

inhabitare W292 Wonen

inhibere V239 Vorbeden, W142 Weren

inhibicio V239.01 Vorbot

inhoneste V208 Vntemeliken

inhonestus V207 Vntemelich

inhonorabilis E121 Erlos

inhumanus V209.37 Vnmenslick

iniciare A136 Anuangen

iniciari A081 Anbegynnen, A113 Anheuen, B084 Beghynnen

inicium A082 Ambegyn, A114 Anheuent

inimicari V094.01 Vyent werden

inimicicia F018.09 Feynt, V039 Vede,

instanter F018.41 Flißlichen, V148 Vlitliken
instaurare B171 Beteren
instigare R009 Raden, R084 Reysen, S207 Scvnden
instita C175 Cram
institor C191 Cremer
institrix C175.01 Cramersche
instructio L097.01 Leringhe
instructor A139 Anwiser, L097 Lerer
instructus G037 Ghelert
instruere A138 Anwisen, L095 Leren
instrumentum T018 Thauwe, T120.02 Towe. – *S:* → instrvmenta domus
instrvmenta domus G051 Gherascop, H287 Hvsrad
insuetus V209.51 Vngewont
insula B165.01 Bevloten lant, W140 Werder
insurgere A137 Anverdigen
integer G013 Gans, H089.01 Hel
integimentum → integumentum
integraliter G050 Gensliken
integumentum (integimentum) V209.52 Vnverdecknisse
intellectus V301 Vornumpft
intelligens V320 Vorstendich
intelligere M096 Merken, V270.01 Vorstaen, V305 Vornemen, V319 Vorstan
intemperies V209 Vnweder, V209.02 Vntidich *(!)*
intempestinus V209.01 Vnwedder
intempestum V209.02 Vntidich
intempestus (intemppestiuus) V206 Vntidich

intemppestiuus → intempestus
intencio A094 Andacht
intendere A093.01 Andencken
intentum V307 Vorsate
intentus A093 Andechtich
inter M028 Mank, T190 Twischen
intercessio B050 Bed
intercipere V183.04 Vndernemen
intercisse V183.03 Vndersneden
interdicere V183.08 Vndersagen, V239 Vorbeden
interdictum V183.09 Vndersag
interdum I069 Itteswanne, V182 Vnderwilen
interea A060 Alnhant, V183.02 Vnderdes, V183.10 Vnderß
interesse M057ª mede syn
interficere D100 Doden
interfluere V183.13 Vnderflissen
interieccio V183.01 Vnderwerpinghe
interim A060 Alnhant
interimere D100 Doden
interire M058 Medegan
interius B208 Bynnen
intermedius V183.05 Vnderscheyder
interminare V323 Vorstoren
internodium C110 Cnokel, K062.09 Knoken
internodius M030.01 Mark
interpellare B203 Bidden, V183.11 Vndernemen
°jnterpellere B203 Bidden
interpolatim N013 Naenander, V183.06 Vnderuellich
interpres B070.01 Beduder, T093 Tollek
interpretacio *S:* → mala interpretacio

interpretari D211 Duden, T093.01
Tolken. – *S:* → male interpretari
interrasilis V183.07 Vnderschorren
interrogare F018.48 Fregen, V370
Vragen
intersticium V005 Vak, V180 Vnderschet
interuallum F018.04 Fastloben, M200
Mote, V029 Vastelauent, V176 Vnderlat,
W205 Wile. – *S:* → sine interuallo
interuenire B203 Bidden
interuentor M124 Mideler
intestina I038 Ingewede, L206 Lv-
melen
intimacio V249.01 Vorkundinghe
intimare C243 Cundeghen, O031
Openbaren
intoxicacio V279 Vorghift
intoxicare V280 Vorgeuen
intraneus I041 Inlender
intrare I036 Ingan
intrepidus D147 Dorstech, D185
Dryste
intricare B048 Bekummeren, B191
Beweren
intricatus B190 Beworen
intrinsece B208 Bynnen
intrinsecus B208 Bynnen
°**jntroitus** I041.03 Inganck
intromittere L036 Laten, V183
Vnderwinden, V183.12 Vnderdun
intueri A126 Anseen
°**jntuitus** A127 Ansichte
intumescere S711 Swellen
intus B208 Bynnen
inuadere A091.03 Angaen, A137 Anverdigen, R084 Reysen

invanum T120 Tovorgheues
inuauorabilis → infauorabilis
inuenire V104 Vinden
inuerecundus V209.54 Vnschemel
investigare E136 Eruaren, F018.48
Fregen, V105 Vinden, V314 Vorsoken
inuicem M157 Mydenander, N013
Naenander, T108 Tosamen
inuictus V209.55 Vnuorwunnen
inuidere H062 Haten, N073 Niden
inuidia H061 Haat, N072 Nyit
inuidiosus G134 Gram, N074 Nidich
inuidus G134 Gram
inuitare I040 Inladen, L006 Laden,
T082 To hus laden
inuite V193 Vngherne, V209.53 Vn-
willichlike
inuitus N087 Node, V193 Vngherne
inundacio F018.45 Floeß, O019.02
Oueruleytinghe, V156 Vlot
inundare O019.01 Oueruleyten
invngere O019 Olghen
inuocare A091 Anbeyden, A125 Anropen, B055 Beden
involui B048 Bekummeren
inuolutus B046.01 Bekummert
inutilis I018 Idel
iocari O054.01 Ouen, S140 Scimpen,
S488 Spotten
iocator S140.01 Schimper
iocosus G046 Ghemelik
ioculare G114 Gokelen
ioculator G113 Gokeler
iocundari (-re) V401 Vrowen
iocunde V395 Vroliken
iocunditas F018.62 Freid, V394 Vrogede

LATEINISCH – MITTELNIEDERDEUTSCH

iocundus V393 Vrolich
iocus S139 Scimp, S487 Spot
iohanna H033 Hanne
iohannes H034 Hans
iopa I057 Iope
iopula I057 Iope
¹iordanus I058 Iordan
²iordanus I059 Iordan
iouis *S:* → dies iouis
ipocrita B009 Baghard, G098 Glisener
ipsa D030 De, S214 Se
ipse D030 De, D239 Dusse, H070 He, I055 Ionne, S660ᵃ He suluen. – *F:* →
ipsa, ¹ipsi, ²ipsi, ipsius, ipsum. – *S:* → de
ipso, ego perme ipsum, egomet ipse, ipse
perse, ipsum per se, perse met ipsum
ipse perse H159 Hesuluen
ipseidem H159 Hesuluen
ipsemet H159 Hesuluen
¹ipsi O021 Ome
²ipsi S215 Se
ipsius S299 Syn
ipsum D025 Dat
ipsum per se S243 Sek suluen
ira C098.01 Czorne, H048 Harm, T102 Toren
iracundia C098.01 Czorne, T102 Toren
iracundus T105 Tornich, V196.01 Vnmodich
irasci G135 Gransen, T104 Tornen
iratum facere V334 Vortornen
iratus E100 Er, T105 Tornich, V196.01 Vnmodich. – *S:* → iratum
facere
ircinus B389 Bŭcken

ircus → hircus
ire G010 Gan, T044 Then. – *S:* → ire
domi
ire domi I037 Ingan
iris R059 Regenboge
irridere L001.01 Lachen
irrigare D225 Dŭngen
irritare A137 Anverdigen, H184 Hissen, R084 Reysen, T052.01 Tergen
yrsucia R184.01 Rwuheyt
irsutus R184 Rv
irugo I027.01 Ile
irundo S694 Swale
is D030 De, D239 Dusse, H070 He, I055 Ionne. – *S:* → eo melius habere, de
eo, eo peius habere
isopus I063 Isope
ispergus W288.01 Wolkuse
ysrahelicus I050 Ioddesch
israhelita I049 Iodde
israhelitas I051 Iodescop
ista D030 De, S214 Se
ista via A071 Also
ista vice D060 Denne, D091 Do
iste D030 De, D239 Dusse, H070 He, I055 Ionne. – *F:* → ista, ¹isti, ²isti, istius,
istud. – *S:* → de isto, ista via, ista vice,
iste per se, isto tempore
iste per se S660ᵃ He suluen
¹isti D031 De, S215 Se
²isti O021 Ome
istic D017 Dare, D149 Dort
istius S299 Syn
isto tempore D060 Denne, D091 Do
istuc H153 Herwort
istud D025 Dat
ita A071 Also, I001 Ia, S399 So, S400

So
italia W018 Wallant
italicum W021 Walsch
italicus W020 Wale
item V333 Vortmer
iter W076 Wech
iterare A098.01 Anderuerue dőn
iterate (iterato) A098 Anderwarue,
A184 Auer, E011 Echt, N082 Noch ens
iterum A098 Anderwarue, A098.02
Auer, A184 Auer, E011 Echt, N082
Noch ens
iubere H163 Heten
iubilacio V394 Vrogede
iubilans V393 Vrolich
iubileus *S:* → annus iubileus
iubilus V394 Vrogede
iudaicum I051.02 Iodesche
iudaicus I050 Ioddesch
iudaismus I051 Iodescop
iudea I051.01 Iodesch land
iudeus I049 Iodde
iudex R097 Richter. – *S:* → iudex
secularis
iudex secularis W162.01 Wertlick
richte
iudicare R094 Richten
iudicium R092 Richte
iudith I081 Iutte
iuditta I081 Iutte
iuger M186 Morghen
iugulare W299 Worghen
iugulum C174 Craghe
iugum I047 Iok
iulius H067 Havman
iuncus R127 Risch, S051 Scafrisch
iuniperum W002 Wachhandelenbere

iuniperus W003 Wachandelenbom
iunius B347 Brakman
iuramentum A160.02 Ayd, E151 Eet,
M079 Mene ed. – *S:* → iuramentum de
non vindicando
iuramentum de non vindicando O044
Oruede
iurare S720 Sweren
iurgari S088 Scelden, S091.01 Schelden
ivrgia → iurgium
iurgia seminare P078 Plengen
iurgium (iurium, ivrgia) K049 Kyif,
S091 Sceltword. – *S:* → iurgia seminare
iuridicus R038.03 Rechtvervarer
iurisdiccio B051 Bede, G026 Ghebede
iurisperitus R038.03 Rechtvervarer
iurista R038.02 Rechtwetter
iurium → iurgium
ius canonicum R038.04 Recht, dat
geystlick is
ius patronatus R038.05 (*s.v.* Recht-
bewyser vel ~hebber)
¹ius R036 Recht. – *S:* → ius canonicum, ius patronatus
²ius S402 Sod, W309 Wos
iusquianus B206 Bilsen
iussus B327 Bot
iusticia R040 Rechtverdicheyt
iustificare R038.01 Rechtveyrdich
maken
iustus R038 Recht
iutta I081 Iutte
iuuamen H275 Hulpe
iuuare H103 Helpen
iuuenalis I078.01 Iunclich

iuuencula D065 Derne, M005.01 Me-
gedeken
iuvenescere I079 Iungen
iuuenilis I078.01 Iunclich
iuuenis I076 Ivnk, I077 Ivnghe. – *S:*
→ luceus ivuenis
iuuentus I054 Ioget
iuxta B192 By

K

kariophili → cariophalum
kastorium → castorium
kilis L059.01 Leberader

L

labere G096 Gliden, V007.01 Vallen
labescere V007.02 Vallen beginnen
labi S599.01 Storten
labilis W162 Wertlich
labium L147 Lippe
labor A171 Arueyt
laborare A172 Arueyden. – *S:* →
amplustris laborare
°laborator A173 Arueyder
laboriosum S681 Sur
lac M069 Melk
lacerare C101 Cluuen, R132 Riten
laceratura R086 Rette
lacerta E019 Egedisse
lacrima T129 Tran
lacrimari T132 Trenen, W127 Wenen
lacrimosus T134.01 Tranich
lactare S406 Soygen

lacteus (lactens) W255 Wit
lacticinia M174 Molken
lactuca L042 Lattek
lacus C233 Cule, C234 Cule, G172
Groue, P089 Pool, P144 Pŷtte, S668
Sump
laganum F018.31 Flade, S507.01
Stakelweghe
lagena L069 Leghelen, T169 Tunne
laycus L070 Leyge
lambere L116 Licken
lamella L076 Lemmelen
lamen B232 Blek
lamentacio S183.02 Scrigginghe
lamentari S183.01 Scrigen, W127
Wenen
lamentum S183.03 Scriginghe
lampas C227 Crusel
lampreda L019 Lamprede
lana W267 Wlle. – *S:* → de lana
lancea G095 Gleuige, S456 Sper
landgrauius → langrauius
laneus W268 Wllen
langor S245.01 Seyckheyt
langrauius (landgrauius) L024 Land-
greue
langwere C181 Cranken
langwescere C181 Cranken, S245 Seken, S652.01 Suken
langwidus C180 Crank, S244 Seec
langwor C181.01 Cranckheyt,
S245.01 Seyckheyt, S644 Sucht
laniare R132 Riten
lanifex W268.01 Wullenweuer
lanugo F018.43 Florg, V151 Vlo
lanx S175 Scotele
lapacium L009 Ladeke

lapicida S560 Steynwichte
lapicidina S552.01 Steynhutte
lapidare S555 Steynen
lapideus S554 Steynen. – *S:* → columna lapidea
lapidinus (lapidius) S555.02 Stenich
lapidiosus → lapidosus
lapidius → lapidinus
lapidosus (lapidiosus) S555.02 Stenich
lapifodina S556 Steyncule
lapillus S555.01 Stenekyn
lapis S552 Sten. – *S:* → de lapide, lapis arenosus, lapis funeris, lapis vla...
lapis arenosus S036 Sandsteyn
lapis funeris L131 Liksteyn
lapis vla... S130 Scheuersten
lappa C087 Cliue
lapsare S338 Slipen, W184 Wetten
lapsorium W185 Wettesten
lapsus V007 Vall
laquear B291 Bône, L184 Loue
laquiricium → liquericium
lar H127 Herd, R017.01 Rake
lardire S441.01 Specken
larditramus H216.01 Holtworm
lardo preparare S446.02 Specken
lardum S441 Spek. – *S:* → lardo preparare
largifluus M127 Milde
largiri G078 Gheuen
largitas M127.01 Mildicheyt
largus M127 Milde
larua L031.03 Larue
lascitudo → lassitudo
lasciue loqui T015 Tarten
lasciuire G034.01 Geylen, S710

Swelen
lasciuus G034 Gheyl. – *S:* → lasciue loqui
lassare M161.06 Mode maken
lassatus M161.07 Modet
lassitudo (lascitudo) M161.05 Modicheyt
lassus L031.04 Las, M161 Mode
latebra C234 Cule, G172 Groue
later T023 Teygell
laterifex T024 Teygeller
laterna L194 Lûchte
latinicum L040.02 Latinsche sprake
latinicus L040.03 Latines mensche
latinisare L040.01 Latien sprecken
latinum L040 Latyn
latitare S199 Sculen
latitator S199.02 Schuler
latitudo B353 Brede
lator B263 Bode, D170 Dregher
latrare B097 Bellen
latro M048.04 Morder, S625 Stroder, S629 Strukhon
latrocinari S624 Stroden
¹latus S291 Side
²latus B360 Breyt, R198 Rvm
lauacrum H023 Hantvat
lauare D245 Dwan, S161 Scolen, S481.01 Spolen, W064 Wasschen. – *S:* → faciem lauare
lauatorium H023 Hantvat. – *S:* → peluis lauatorigi
laudare L189 Louen, P120 Prisen
lauendula L044 Lauendele
laurum L171.01 Lorbere
laurus L171.01 Lorberenbom
laus L162 Loff, P119 Prys

laxus S321 Slap
leba P008 Pancoke
lebes D040 Degel, S064 Scape
lebeta H234 Honnichkoke
leccator L053 Lecker
lechitus O017.01 Oliuat
lectica (lectega) B057.01 Beddebur
lectisternia B059 Bedewant
lectisternium B058.01 Beddelaken
lectum preparare B058 Bedden
lectus B057 Bedde. – *S:* → lectum
preparare
leena L046 Lauwynne
legare S263 Senden
legere L099 Lesen, L100 Lesen
leges W162.02 Wertlick recht
legisperitus R038.03 Rechtvervarer
legittimacio E010 Echt
legittimare E009 Echten, E043.01
Echten
legittimus E008 Echte
leyna L081 Lene
lena B281 Bôle, E082 Enpeke, T121
Towiff
lenire S335 Slichten
lenis S002 Sachte
leniter S003 Sachte
leno B280 Bole
¹lens N062 Nette
²lens L151 Lise
lente L090 Lengesem, L152 Lise,
S003 Sachte
lentigo S498.01 Sprinckel
lentus F018.72 Fuel, L089 Lengesem,
S002 Sachte
leo L045 Lauwe
leopardus L047 Lebart

leprosus S463 Spetteylsch, V419 Vtsettisch
lepus H056 Hase
lere C075 Clemen
letabundus F018.59 Froe, V393 Vrolich
letalis D153 Dotlyk
letania minor C218 Cruceweken
letans V393 Vrolich
letanter V395 Vroliken
letari F018.67 Frawen, V401 Vrowen
lete V395 Vroliken
leticia F018.62 Freid, V394 Vrogede
letificari V401 Vrowen
letum (letus) D096 Doot, D150 Doot
letus F018.59 Froe, V390 Vro, V393
Vrolich
°leuamen H275 Hulpe
leuare B302 Boren, H164 Heuen,
V353 Vpboren
leuigal H261 Houel
leuigare H260.01 Houelen
leuipendere L058 Leden, V312 Vorsman, W315 Wraken
¹leuis G089 Glat, G093 Gled, S334
Slicht
²leuis L117 Licht, L118 Licht
°leuus L159 Lochter, L193 Luchter
lex E001 Ee
libens G061 Gherne
libenter G061 Gherne
¹liber B259 Booc, B260 Booc
²liber F018.55 Frey, L062 Ledich,
L176 Los, V379 Vrig, V383.03 Vrig
liberare L177.01 Losen, L178 Losen
liberare → librare
libertare V380 Vrigen

libertas F018.56 Fryheit, V383 Vrighet
libertus V383.02 Vrigget
libex T052.02 Terke
libidinosus V177 Vnkusch
libido V177.01 Vnkvscheyt
libisticum L115 Leuerstok
libitina B025 Bare
libra P137 Pvnt, W011 Waghe, W014.01 Waghe, W192 Wichte
librare (liberare) W107 Weghen
liburnus C120 Cogghe
licencia O039 Orlof
licenciare O039.01 Orleuen
licere T035 Themen, V220 Voghen. – *F:* → licet
licet C050.02 Czimmen, V221.01 Voghet
liciatorium W097.36 Weberbŏm
licium W198.01 Wiffel
licmen D004 Dacht, D032.01 Decht
lictor D100.01 Dodengreuer
lien P000.01 Pacdarm
liga H252 Hosfetel, N026 Natelreme, S266 Senkel
ligamen B103 Bend, B209.01 Byntseil
ligamentum B103 Bend
ligare B209 Bynden
ligatura B103 Bend, B398 Bund
lignarius Z000.11 Zimmerman
ligneum H221 Holten
lignum H219 Holt. – *S:* → de ligno
ligo H001 Hacke
ligurigitor N021.01 Nasscher
ligurrus N021.01 Nasscher
ligwagium S490 Sprake

lilium L133 Lillige
lima F011.04 Fyhel, V098 Vile
limare V099 Vilen
limax S386 Snige
limes S657 Sulle
limpha W068 Water. – *S:* → lympha sacrata
lympha sacrata W200 Wigwater
limpidus C065 Claar, C067 Claar, L216 Lutter
limus M161.01 Mode
¹**linea** B375 Bronige, G090.01 Gelkittel
²**linea** L144 Linie
lineus F018.34 Flessen, L140 Lynen, V126.01 Vlassen, V140 Vlessen. – *S:* → lineus pannus
lineus pannus (pannus lineus) L015 Laken, L087 Lennewant
lingere L116 Licken
lingua S490 Sprake, T168 Tunge
linguosus (lingwosus) V054 Velespreker
linifex W186.01 Weuer
linire S363 Smeren
linistema B055.01 Beydelwant
linquere V286 Vorlaten, V332 Vortigen
linteamen L003 Lachen, L015 Laken, L145 Linlaken
linter T141 Troch
linteum S169 Scorteldok
linum F018.33 Flaße, L139 Lyn, V126 Vlas
linx L174 Los
°**liquefacere** S361 Smelten
liquefactus S361.01 Smeltet

liquericium (laquiricium) L004 Lacricie, S673.02 Süßholcz
liquescere D029 Dauwen, S361 Smelten
¹**lira** L148 Lire
²**lira** V272 Vore
lirare V272.01 Voren
liricen L150 Lirer
liricinere L149 Liren
lirida W305.01 Worstbogell
liripipium Q018 Qverder
°**lis** V038 Vechtinge, K062.51 Kriche.
– *S:* → litem resvmere
litargium (litergium) S663 Suluerschume
litem resvmere R151 Rogen
litergium → litargium
litigare K061 Kiuen
litigiosus K061.03 Kyuende mensche
litigium K062.51 Kriche, V038 Vechtinge
littera B262 Bookstaf, B355 Bref, B355ª Sendebref
littus B317 Bort, O061 Ouer
liuonia L122 Liflant
lixiuium L164 Loghe
lobium L184 Loue
locacio S: → rei locacio
locare B149 Besetten, L071 Leghen, S278 Setten. – *S:* → ad ordinem locare
locucio R046 Rede
locupletare R110 Riken
locuplex R108 Rike
locus L011 Lagen, S504 Staet, S527 Stede. – *S:* → in alio loco, in hoc loco, locus natiuitatis, mouere de loco
locus natiuitatis H113 Hemode

locusta C134 Colsprinke, H068 Hauscreke
lodex C135 Colte, D037 Dekken
lolium H084 Hederik
longale L025.02 Lanckwaghen
longanimus L025.04 Lanckmodich
longare L025.03 Lenghen, L088 Lenghen
longe L027 Langhe, V062 Vere
longeuior E035 Elder
longinque V062 Vere
longinquus V061 Vere
longitudo L025.01 Lanckheyt
longus L025 Lank
lopetus H290 Huse
loquax C080 Cleps, V054 Velespreker
loquela S016 Sage, S489 Sprake
loqui C163 Cosen, R048 Reden, S233 Segen, S492 Spreken. – *S:* → lasciue loqui, mendacium loqui
loriare → loricare
loriatus G078.01 Gewapent
lorica P012 Panser
loricare (loriare) P012.01 Panser anteyn
loto L182 Loyt
°**lubeck** L191 Lubeke
lubricus G089 Glat, G093 Gled, S339 Slipper
lucere S142 Scinen
lucerna L194 Lûchte
luceus H088 Hecket, S390.01 Snock. – *S:* → luceus ivuenis
luceus ivuenis S392 Snok
lucidus L049 Lecht, L116.02 Lich
lucifer D244 Duuel, M188 Morgensterne

lucrari E142 Erweruen, W236 Winnen
lucrum W219 Win
luctari (-re) R021 Rangen, W313 Wrangen
luctus D190 Drofnisse
lucus W279 Wolt
ludere S448 Spelen. – *S:* → globis ludere, ludere cum taxillis
ludere cum taxillis D092 Dobbelen
ludibundus S447.01 Spelich
ludus S447 Spel. – *S:* → ludus cartarum, ludus scacorum
ludus cartarum C038 Cartenspel
ludus scacorum (ludus scacarum) S047 Scachtafele
lugebris → lugubris
lugens B066.01 Bedrovich, B067 Bedrouet, D200 Droue
lugere T151 Truren
lugubris (lugebris) T152 Trurech
lumbale L086 Lendener
lumbricus S483 Spolworm
lumbus L085 Lende
lumen C034 Carse, L048 Lecht, L050 Lecht, L116.01 Licht. – *S:* → lvmen conclobatum
lumen conclobatum (lumen conglobatum) S519 Stapel
luminans C065 Claar
luminare L195 Lůchten
luminosus C065 Claar, L049 Lecht, L116.02 Lich
luna M022 Maan. – *S:* → dies lvne
lunaticus L210 Lvnsch
lupa H242 Hore, W269.02 Wulfynne
lupanar H242.01 Hŏrhůs

lupeus W268.02 Wuluen
lupi pellicium W268.03 Wolfen
lupinus F002.02 Ficbone, F018.21 Fipon, V097 Vikbone
lupus W269 Wlff. – *S:* → lupi pellicium
luscus S086 Scel
lusor S450 Spelman. – *S:* → lusor cum taxillis, lusor taxillorum
lusor cum taxillis D093 Dobbeler
lusor taxillorum D093 Dobbeler
lustrare S078 Scavwen
luta L215 Lvte
luter O053 Otter
luteus *S:* → olla lutea
lutgardis L199 Lvtgard
lutifigulus G166 Gropenmeker, H257.01 Hafner
lutinista L215.01 Lutener
lutum D166 Drec, H240 Hoer
lux L050 Lecht. – *S:* → radius lucis
luxuria V177.01 Vnkvscheyt
luxuriatrix H242 Hore
luxuriosus V177 Vnkusch

M

maccellacio S315.01 Sclachtinghe
maccellum (macellum) S070 Scharne, S123 Scerne, V136.01 Vlescherne
macer M006 Mager
macerare M006.01 Mageren
maceries B224 Blanke
machina B238 Blide
machinis R208.01 Rŭste
macia M221 Mvsschatenblome

macianum H222 Holteke

mactare A002.02 Abdun, S315 Slachten

macula V130 Vlekke

maculare B155 Besolen, S329 Sleckeren, S369 Smyssen, S410 Sôlen

madefacere N022.01 Nat maken

madere N022.02 Nat wesen vel werden

madidare N022.01 Nat maken, N059 Netten, V418 Vuchten

madidus F018.70 Fucht, N022 Nad. – *S:* → madidvm facere

madidvm facere N059 Netten

madula M115.03 Michpot

magdeborch M062 Medeborch

magis M049 Mee, M085 Meer

magister A139 Anwiser, C245 Cunster, L097 Lerer, M106 Mester, M107 Mester. – *S:* → magister ciuium, magister fabrice, magister scole

magister ciuium B307.01 Borgermester, M108.05 Mester der borghe, R014 Raadmester

magister fabrice B040.02 Boumester, M108.06 Mester des bowes vel timers

magister scole S158 Scolemester

magisterium M108.01 Mesterschap

magistralis M108.04 Mesterlick

magistrare M108 Mesteren

magistrari M108.02 Mester werden

magistratus M106 Mester, M108.03 Mester gemaket

magnanimus M160 Modich

magnificare E108 Eren, L189 Louen

magnus G169 Groot. – *S:* → tam magnum

maguder S511.01 Stam

maguderis C131 Colstok, S562 Stengel

°**maguncia** M083 Mense

maior *S:* → maior pars, maiores natu, rafanus maior

maior pars M074 Meninge

°**maiorare** G171.01 Groyten, O008 Oken

°**maiores natu** G112 Goderhande lude

maius M061 Meyg

mala interpretacio V017 Vare

maldrum M173 Molder

male B321 Bosliken, O069 Ouele, W074 We, W075 We. – *S:* → male consulere, male interpretari

male consulere S207 Scvnden

male interpretari T112 To vare

malediccio F018.44 Fluch, M014 Maledeginge, V152 Vlok

maledicere M012 Maledighen, V153 Vloken

maledictus M013 Maledighet

maleficium M149 Missedat, O068 Oueldaat, Q001.01 Qvade daet, S058 Scande, V184 Vndat

maleficus → malificus

malicia B320 Bosheyt

maliciose B321 Bosliken

maliciosus A153 Arch, B319 Bose

malificus (maleficus) M140 Misdedich, Q001.02 Qvadeder, Q001.03 Qvadedich

malignari Q001.04 Quaet dôn

maligne B321 Bosliken

malignitas B320 Bosheyt, S057 Scalcheyt

malignus A153 Arch, B319 Bose, S056 Scalk, S391 Snode
maliuolus B319.01 Bosewillich, Q001.03 Qvadedich
malleus H019 Hamer
malmasia M012.01 Malmasie
malua P096 Popele
¹malus A152 Arch, B318 Bose, B319 Bose, Q001 Qvad, S390 Snode, S391 Snode. – S: → mala interpretacio
²malus M042 Mastboem
mamilla B384 Brůste, T074 Titte
mamma B384 Brůste, T074 Titte
manare F018.39 Fließen, V141 Vleten
mancor F018.24 Finecht, S682 Sure, V106 Vinne
mandare B053 Beden
mandatum B327 Bot
mandibula K019.01 Kenebacke
mandragora A066 Alrune
manducare E152 Eten
mane M184 Morghen, V389 Vro
manere B242 Bliuen, W123 Wenden
mango R174 Rostuscher
mania A195 Awise
maniacus A196 Awisich
manica M048 Mavwe
manifestare M068 Melden, O031 Openbaren
manifeste O032 Openbarliken
manifestus O030 Openbaer, O031.01 Oppenbart
maniplus S156 Scof
manipulus G020 Garue, S156 Scof
manisare T009 Talmen
mansio W294 Wonynge

mansionarius H262.01 Houener
mansuescere S006.02 Sachtmodigen
mansuetudo S006.03 Sachtmodigheyt
mansuetus S006 Sachtmodich, S212.03 Senfmuttig
mansus H262 Houe, M048.01 Morgen landes
manswetari S006.01 Sachtmodich werden
mantellus M029 Mantel
mantica W071 Watsak
manualis H027 Hantwerke
manubrium H074 Hechte, H105 Helue
manus H022 Hant. – S: → dextra manus, sinister manus
manutenere L057 Leden
manutergium H024 Handwele
mappa D248 Dwele, T189.01 Twele, Z000.30 Zwehel
maratrum F018.29 Fenckel
marca M035 Mark
marcere M006.01 Mageren
marcescere M006.02 Magher
marchia M036 Marke
marchio M031 Markgreue
marchionatus M048.02 Marckgreueschap
°marchionissa M032 Marchgrevinne
marciditas M036.01 Magerheyt
marcimonium → mercimonium
marcurius → mercurius
mardare → merdare
mare M087 Meer. – S: → mediterraneum mare, occeanum mare
margareta G146 Grete
margo (mergo) B316 Boort, B317

Bort, L155 Liste, S334.01 Sling
maria M034 Maria
°**marinus** *S:* → monstrum marinum
marmor M195 Mormelensteyn
marmoreus M195.01 Mormelenstenich
marrubium H041.01ᵃ rotnauell
mars *S:* → dies martis
marscalcus M040 Marscalk
marsubium B203.02 Bigordel
martir M039 Marteler, M099 Merteler
martireum P055 Pine, P065 Plage
martirisare M100 Merteren, P056 Pinegen
marturus M038 Maarte
mas M020 Man, V060 Vent
masculus M020 Man, V060 Vent
massa C099 Clute
massucutrix M167.01 Molkentouersche
masticare A009.01 Aderkauuen, C048 Cavwen
mater M163 Moder, M176 Mome. – *S:* → mater misericordie
mater misericordie M034 Maria
materfamilias H289 Husvrovwe, W141 Werdinne
materherbarum M113 Metre
matertera M133.04 Myner moder suster, M164 Moddere
°**matexta** C159 Corsene, K062.29 Kursene
matrona H289 Husvrovwe, W141 Werdinne
matta M044.01 Matte
mattare M044.02 Matte maken

maturescere R124 Ripen
maturus R122 Ripe
matutina M115 Mettene
matutinale M115.02 Mettenbock
matutinus M115.01 Mettentyd. – *S:* → crepusculum matutinum
maxilla B002 Backe, K050.01 Kynnebacken, W040 Wange
maxime S272 Sere, S737 Swinde
meare G010 Gan, R083.01 Reysen
meatus G012 Gank
mechanicus W151 Werkman
mechildis → michildis
mecum M155 Myt my
medela A168 Arsedie, B330 Bote, E133 Ersedye
mederi A169 Arsedyen
mediamnis A193 Auwe
mediare M123 Midelen
mediastinus C002.01 Cac
mediator M124 Mideler
medicamen A168 Arsedie, B330 Bote, E133 Ersedye
medicamentum A168 Arsedie, B330 Bote, E133 Ersedye
medicari A169 Arsedyen, B334 Boten
medicina A168 Arsedie, B330 Bote, E133 Ersedye
mediculium P031 Pedek
medicus A167 Arste, E132 Erste
mediocris M122 Midelmetich
mediolus N027.01 Naue
meditacio D034 Dechtnisse, T125 Trachtinge
meditari D056 Denken, T124 Trachten
mediterraneum mare M089 Mer

mediterraneus *S:* → mediterraneum mare

medium M123.01 Mydel

medius H013 Half, M124.01 Mydelwyngher

medo M056 Mede

medulla M030 March

mei M130 Myn

meipsum S: → ego per meipsum

mel H232 Honnech. – *S:* → fauus mellis

melioracio W036 Wandel

meliorare B171 Beteren, W037 Wandellen

melius B046.02 Bas, B049 Bed, W106 Weyger. – *S:* → eo melius habere

mellifluus S427.01 Sote

mellis H233 Honnechseym

mellitorta H234 Honnichkoke

melodia S037 Sank

membrum L105 Led

memor A092 Andechtich

memorari D055 Denken, V313 Vorsinnen

memoria D034 Dechtnisse

menda M010 Maal, V130 Vlekke

mendacium L165 Loghene, V196 Vnmere. – *S:* → mendacium loqui

mendacium loqui L068 Leghen

mendax L166 Loghener

mendicare B061 Bedelen, G081 Ghilen, N021 Naschen

mendicator B062 Bedeler

mendicus B062 Bedeler

mendosus L166 Loghener

menia C057.02 Czinne, T069 Tynne, Z000.12 Zinne

menius T069.01 Tynnen

mens D012.01 Danke, M073 Meninge, M158 Mood. – *S:* → mente instabilis

mensa D085 Disch, T005 Tafelle

mensale D086 Dischdwele, T005.01 Taffelaken

mensarium (mensalium) T005.01 Taffelaken

mensatim T084.51 To maeltiden

mensator T005.02 Taffelmeker

mensis M024.02 Maent

mensura M044 Mate

mensurare M112 Metten

menta M133 Mynte

mente instabilis L210 Lvnsch

mentiri L068 Leghen

mentum K054 Kin

mercancia C147 Copenscat, K062.21 Kopenschat

mercari C145 Copen

mercator C146 Copman, K062.20 Koepman

mercedem dare L171 Lonen

merces L170 Loen, V254 Vordenst. – *S:* → mercedem dare

mercimonium (marcimonium) C147 Copenscat, K062.21 Kopenschat

mercipotus W234 Wincop

mercurius (marcurius) Q012 Qvecsvluer. – *S:* → dies mercurii

merda P063.02 Pisse, S148.01 Schyte

merdare (mardare) P063.01 Pissen, S148 Schiten

merdester P063.03 Pissen~ vel schitendregher, S148.03 Schitendreger

merdifer P063.03 Pissen~ vel schitendregher, S148.02 Schytenleser

merere T151 Truren
meretricarius B320.02 Bosen wiues man
meretricium H241.01 Horengelt
meretricius B320.01 Bose wiff
meretrix H242 Hore
mergere D218 Duken, S267 Senken, S304 Synken
merges T157.02 Tuchuogel
mergo ⁃→ margo
mergulus D219 Duker
merica H079 Heyde
meridies M120 Mitdach, N092 None, S648 Suden
merillus M098 Merlink
merito B205 Bilken
merla M097 Merle
merops S442 Specht
meror D190 Drofnisse
merula D198 Drosele
merum W220 Win
merus A049 Al, C066 Claar, F006 Fyin, I019 Idel, L216 Lutter
messis A162.01 Arne, E123 Erne
messor M063.01 Meyer
messuere E124 Ernen
mesticia B017 Bange, B069 Bedrofnisse, D190 Drofnisse, I007 Iamer
mestus B066.01 Bedrovich, B067 Bedrouet, D200 Droue, T152 Trurech. – *S:* ⁃→ mestus esse
mestus esse D199 Drouen
met *S:* ⁃→ perse met ipsum
meta M009 Maal, T034.02 Tel
metadus (methadus) P000.02 Paat, S576 Stich
metallum M048.03 Metael, S478 Spise

metare M009.01 Mael setten, M094.01 Merken
metator M009.02 Mater
metellus B257 Bluel
metere A162.02 Arnen, M063 Meghen
methadus ⁃→ metadus
metiri M112 Metten
metreta G039 Ghelte, M114 Mette
metropolitanus A148 Arsebiscop, E094.04 Erczbeschoff
metuens B250 Bloyde
metuere V243 Vorchten, V392 Vrochten
metus V018 Vare, V244 Vorchte, V391 Vrochte
meus M131 Myn. – *F:* ⁃→ mei
mica C207 Crome
micans C065 Claar
micare S142 Scinen
michi M065 Mek
michildis (mechildis) M054 Mechtele
migalus H137 Hermelen
miles R101 Ridder
miliare M126 Myle
milicia R102 Ridderscop
militissa R101.01 Riterin, R102.01 Riddersche
milium H140 Heerse
mille D235 Dusent
°**millesies** D235.01 Dusentwerue
miluus W203 Wige
minari D164 Drauwen
°**minctura** N061 Nette, P063 Pisse
mine D200.01 Droword
mingere M125.01 Mighen, P064 Pis-

sen
minister C106 Cnecht, D057 Dener, K062.08 Knecht
ministerium D062 Denst
ministra D058 Denerynne
ministrare D059 Denen, H026 Hantreken
minium M076 Mennighe
minor M132 Myn. – *S:* → frater minor, letania minor, rafanus minor, vrsa minor
minorare M134 Mynneren
minuere A011.02 Adernlaten, L039 Laten, S633 Stugen
minus M132 Myn
minutare S124.01 Scerven
minutor A011.01 Aderlater, S633.02 Stugger
myocia T030.01 Teke
mirabilis G045 Ghemmelik, W329 Wunderlich
miraculosus W329 Wunderlich
miraculum T030 Teken, W330 Wunder
mirari V347 Vorwunderen
mirra M135 Mirre
mirum W330 Wunder
mirus W329 Wunderlich
miscere M081 Menghen, M152 Misschen
miser D136 Dorteghe, S637 Stumpere
miserabilis D136 Dorteghe, I025 Iemerlik
miseracio B028 Barmherticheyt, G102 Gnade
misereri E102 Erbarmen, G103 Gnaden, I008 Iameren

miseria I007 Iamer, S637.01 Stumpericheyt
misericordia B028 Barmherticheyt, G102 Gnade. – *S:* → mater misericordie
misericors B027 Barmhertich, I007.02 Iamert
¹**misna** M116 Misene
²**misna** M117 Mysen
misnensis M117.01 Misener
missa M146 Misse
missale M147 Misseboek
missile P051 Pil
missiua B355ª Sendebref
misterium V248.01 Vorborghenhey
mitis S006 Sachtmodich, S212.03 Senfmuttig
mitra H294 Huve, M218 Mvsse
mittere S263 Senden
mixstulare → mixtulare
mixtio M081.02 Menginghe
mixtulare (mixstulare) M081.03 Menghen
mixtura M081.02 Menginghe
mixtus M081.01 Menghet
mobilis S: → bona mobilia
mocio B188.01 Beweginghe
modestus S006 Sachtmodich, S212.03 Senfmuttig
modicum L218 Luttink, W128 Wenich
modicus C077 Clene, V217 Voghe
modius S114 Sceppel
modo W284 Wolhen
modulacio S037 Sank
modulari S302 Syngen
modus M045 Mate, W246 Wise. – *S:* → per quem modum, tali modo

mogenus M177 Mone

moguncia M083 Mense

mola M169 Molle, W024 Walkemole.
– *S:* → mola pannificum, mola textoris

mola pannificum M170.01 Mole,
W024 Walkemole

mola textoris (mola textorum) W024
Walkemole

molaris M171 Mollensteyn

molendinator M170 Molner

molendinum M169 Molle

molere M017 Malen

moles B297 Bôrde

molestia M170.02 Moycheyt

molestum L107 Leed

moletor M170 Molner

molicorium S254 Semes

moliri A172 Arueyden

mollicies W116.01 Weckheyt

mollificare W112 Weken

mollis M168 Mol, S368 Smyde, S371
Smode, W116 Welk

mollosus I005.01 Iagenthund

momentanie D159 Drade

momentum O004 Ogenblik, W205ª
Corteste wile de sin mach

monachus M178 Monyk

monasterium C091 Closter, M213
Mvnster

monedula D110 Dole

monere M024 Manen, V291 Vormanen

moneta M211 Mvnte

monetare M212.03 Munten

monetarius M212 Mvnter

monialis C092 Clostervrowe, N109
Nvnne

monicio M024.01 Maninghe

monile V315 Vorspan

monimentum M024.01 Maninghe

monocerus A129.01 Ainhùrn

monopolium → monopopolium

monopopolium (monopolium) G080
Ghilde

mons B119 Berch, B364.03 Brinck. –
S: → montes alpie

monstrare W248 Wisen

monstrum marinum M102 Mer-
wnder, W331 Wunder

monstruosus W329 Wunderlich

¹**montanus** B119.01 Berchman

²montanus *S:* → pomum montanum

°**montes alpie** D216 Dudesche berge

monumentum G131 Graff

mora M200 Mote, V176 Vnderlat,
W205 Wile. – *S:* → absque mora, mora
curtissima, moram facere, moram trahere

mora curtissima W205ª Corteste wile
de sin mach

moram facere W005 Wachten

moram trahere B056 Beden, B196.01
Beyden, E034 Eelden, E090 Entholden

morari H212 Holden, W292 Wonen

morbidus C171 Côuesch, C180
Crank, K062.34 Kogesk, S244 Seec

morbosus S244 Seec

morbus S644 Sucht, S654 Suke. – *S:*
→ morbus caducus

morbus caducus F018.02 Fallensucht,
V010 Vallent ouell

mordere B217 Byten

morella M183.01 Môre, N008.06
Nachtschede

mori S569 Steruen, S570 Steruen,

V309 Vorscheden

morieratus S226 Sedich, T160 Tuchtich

moriturus S: → in breui moriturus

morose L090 Lengesem, S004 Sachte

morosus L089 Lengesem, M055 Mekelik

mors D096 Doot, D150 Doot

morsellus B166 Bette

morsus B166 Bette

mortalis D099 Dotlik, D153 Dotlyk

mortarium M197.02 Mirselsten, M199 Moyser

morticinium A174 Aas

mortificare D100 Doden

mortuus D097 Dod, D151 Doot, D152 Doot

morum M178.02 Morbere, M208 Mvlbere

morus M178.01 Morberenbom, M209 Mvlberboem

mos S225 Sede, T158 Tucht, W293 Wonhed. – S: → grauis in moribus

motus B188.01 Beweginghe

mouere B188 Bewegen, B190.03 Beweghen, R060 Regen, W013 Waghen. – S: → mouere de loco

mouere de loco R190 Rvcken

mox B283 Bolde, D159 Drade, S118 Scere

mucidus M204 Muddech

mucor S096 Scelm

mucorare S104 Scemelen

mucro S716 Swert

mulcra M071.01 Melckvat

mulcrale M071.01 Melckvat

mulcrum M071.01 Melckvat

mulgere M071 Melken

muliebris V413.01 Vrowelick, W199 Wiflich

mulier V408 Vruwe, W198 Wiff

muliercula W258 Wiueken

multifarie (multivarie) M081.06 Mennichvoldichliken, M082 Mengerleye

multifarium (multivarium) A062 Allerleye, M082 Mengerleye

multifarius (multipharius) M082.01 Menigerleyewysich

multiforme V175 Vnderdan

multiformis M082 Mengerleye

multiloquus V054 Velespreker

multipharius → multifarius

multiplex M081.04 Menichvoldich

multiplicare M081.07 Mendichvoldich maken, M086 Meren, O008 Oken

multipliciter M081.06 Mennichvoldichliken

multitudo M074 Meninge

multivarie → multifarie

multivarium → multifarium

multociens D075 Dicke, V004 Vakene

multum V052 Vele

mulus M206 Mvvl

mundane T062 Tidelken

mundanus V276 Vorghenklik, W162 Wertlich

mundare R073 Renegen, W064 Wasschen, W253 Wisschen. – S: → mvndare nasum, vultum mundare

mvndare nasum S398 Snvven

mundator R073.02 Reynigher

mundialis W162 Wertlich

mundicia R072 Renecheyt

°**mundicies** R072 Renecheyt
mundificare R073 Renegen
mundus R071 Rene
municio V080 Veste, V084.01 Vestinghe
munimen V084.01 Vestinghe
munimentum V084.01 Vestinghe
munire V084 Vesten, W158 Wernen
munus G024 Gaue
murare M214.01 Muren
murilegus (murelegus) C045 Cas, C046 Catte, K003.02 Katte
murmur M215.01 Murringe, R202.01 Runinghe
murmurare M215 Mvrren, R202 Rvnen
murra F009.01 Flader
murus M214 Mvre
mus M216 Mvvs
musca V132 Vleghe
muscatum M220 Muschate. – *S:* → flores muschati
muscilago N053.01 Nesedropel
muscipula F018.01 Fale, M217 Mvseualle, V008ª Musvalle
muscus D062.01 Desem
mussitare S104 Scemelen
mustela W169 Wezelken
mustum M219 Mvst
mutare M224 Mvten, W037 Wandellen
mutilare (mutelare) L075 Lemen
mutilatus L075.01 Lemmet
mutuare B127.04 Borghen, B304 Borghen, L111.01 Lenen, L124 Lyen
mutus S635 Stum
mutuum B294 Borch

N

nacio B315 Bort, S328 Slechte
napa R051 Redek
nare S727 Sweuen
naris N055 Neshol
narrare C163 Cosen, R011 Raden, S492 Spreken
narstucium C033 Carse, K031 Kerse
nasus N053 Nese. – *S:* → mvndare nasum
nata D095 Dochter
natale B314 Bort. – *S:* → natale christi
natale christi W224 Winachten
natalicium B314 Bort
natare S713 Swemmen, S727 Sweuen
nates A166 Arsbille
natiuitas B314 Bort. – *S:* → locus natiuitatis, natiuitas domini
natiuitas domini W224 Winachten
natura A154 Art, N024 Nature. – *S:* → nature debitum persoluit
naturalis N025 Naturlik
naturare A155 Arden, B107 Bequinen
nature debitum persoluit D152 Doot, S570 Steruen
¹**natus** B301 Boren. – *S:* → maiores natu
²**natus** S420 Sonne
naualis S110.04 Schepereschup
nauclerus S111 Scepman
nauem ducere R145 Roderen
naufragium S110.05 Schepbreckinghe
naugium → nauigium

nauicula (nauiculum) S110.03 Schepekyn
nauigalis S110.04 Schepereschup
nauigare S110 Sceppen, S240 Segelen, S272.02 Seylen
navigator S111 Scepman
nauigium (naugium) S110.02 Schepinghe
nauis S108 Scep. – *S:* → nauem ducere, rector navium
naulum S110.01 Sceploen, V290.01 Vorlon
nausia W023.01 Walginghe
nausiare W023 Walgheren
nauta S111 Scepman
ne N046 Neen
nebula N064 Neuel
nebulare N065 Neuelen
nebulosus N065.01 Neuelich
nec N046 Neen
necare D100 Doden
necdum N088.03 Noch nicht
necessarie N088.02 Noet
necessarium N099 Noot
necessarius N088.01 Nodichlyken *(!)*
necesse N088.01 Nodichlyken
necessitare N088 Nodegen
necessitas N086 Nood
necis D096 Doot, D150 Doot
nectere C111.02 Cnopen, C113 Cnŭtten, K062.14 Knutten, S619 Strikken
nectura C108 Cnobbe
nefas → nephas
nefrendis B296.02 Borchswyn
nefrendus B296.02 Borchswyn
negare V310 Vorseken, W110 Weygeren

negligencia T123 Tracheyt
°**negligens** (negliens) T122 Trach, W260 Vul
negligere S665 Sumen, V324 Vorsumen
negociacio *S:* → domus negociacionis
negociari H030 Handelen, W148.01 Weruen, W164 Weruen
negociator W165 Weruer
negocium H031 Handelinghe, W148 Werff
nemo N044 Nemet
nemus W279 Wolt
nepharius B322 Bosewicht
nephas (nefas) O068 Oueldaat, S058 Scande, S670 Sunde
nepos M133.05 Myns sones sone, N067 Neue
neptis M133.06 Myner dochter dochter, N070 Nichtel
nequam A153 Arch, B319 Bose, B322 Bosewicht, M162 Modink, S056 Scalk
nequaquam N046 Neen, N047 Nenerleygewis
neque N046 Neen
nequicia B320 Bosheyt, S057 Scalcheyt
nequiciosus S057.01 Schalickaffich
nequiter B321 Bosliken, S057.02 Scheliken
nere S473 Spinnen
neruus S259 Senne
neuter N044 Nemet
neutralis N048 Nenerlege
neutrum N045 Neen
nichil N068 Nich. – *S:* → omnino

nichil
nichilum N069.01 Nycht
nicolaus C068 Clawes
nidificare N057 Nesten
nidus N056 Nest
niger S702 Swart. – *S:* → niger color
niger color S702.01 Swartte
nigredo S722 Swerte
nigromancia S723.01 Swarte kunst
nil N068 Nich
nilipendere N069.02 Nycht vorsmaen
nimie A068 Alto uele, T113 To vele
nimis A068 Alto uele, T113 To vele
nimium A068 Alto uele, T113 To vele
ningere S387 Snigen
¹nisus A171 Arueyt
²nisus S459 Sperwer
niti A172 Arueyden
nitidus S142.01 Schinende
niueus (nivens) W255 Wit
nix S378 Sne
nobilis E014 Edel, E015 Edel
nobilitas A013 Adel
nobiscum M156.01 Myt vns
nobulus N080 Nobele, N080 Nobele
nocere S049 Scaden, S089 Scelen, W143 Weren
nochus S652 Sudost
nociuus S082 Scedelek
noctescere N007.01 Nacht werden
nocticinium N008.01 Nachtsanck
nocticorax N008 Nachtrauen
noctifagus (noctivagus) N008.04 Nachtgenger
noctilia N008.03 Nachtworme, V435.01 Wurvorm
noctua N008.05 Nachtvogel, V127

Vle
nocturnus N006.01 Nachtlick
nocumentum S048 Scade
nocuus S082 Scedelek
nodale K062.11 Knophol
nodare C111.02 Cnopen
nodus C108 Cnobbe, C111 Cnop, K062.10 Knop
nola S093 Scelle
nomen N018 Name
nominare N091 Nomen
nominari H162 Heten
nominatus N091.01 Nomet
non N046 Neen, V171 Vn-. – *S:* → iuramentum de non vindicando, non fortis, non infirmus, non insanus, non sanus, non sic
non fortis C179 Crank, C180 Crank
non infirmus G074 Ghesunt, S677 Sunt
non insanus G074 Ghesunt, S677 Sunt
non sanus C180 Crank
non sic A097 Anders
˚**nona** N092 None
nonagenarius N041.05 Negentich
nonagenus N041.02 Negentigenste
˚**nonagesies** N041.03 Negentich werue
nonagesimus N041.02 Negentigenste
nonaginta N041 Negentich
noningenta N042 Negenhundert
nonyngesies (noningentesies) N041.04 Negentichhundert werue
noniplex N041.06 Negenwoldich
nonnullus I068 Itwelk
nonoculus L019 Lamprede, N043 Negenogede

nonus N041.07 Negenste
norma R063 Regele, W233 Winkelholt
norveya N098 Norwegen
noscere B095.04 Bekennen, K019
Kennen
noster V411 Vse
nota M010 Maal, V130 Vlekke
notabilis E063 Encket, E077 Enket,
M095.01 Merklik
notare M077 Menen, M096 Merken,
P124 Proven, R019 Ramen
notarius S190 Scriuer. – S: → notarius publicus
notarius publicus (publicus notarius)
O032.01 Oppenbår vel gemeyne scriuer,
S190 Scriuer
notatum M073 Meninge
notificare C243 Cundeghen, O031
Openbaren
notorie O032 Openbarliken
°notorius O030 Openbaer
notula B361 Bref
notus B041 Bekant, B095.05 Bekant
nouaculum S120 Scermes
nouellus N075 Nighe
nouem N039 Neghene. – S: → decem
et nouem
nouenarius N041.01 Negental
nouerca S533 Stefmoder
nouilunium N076 Nigemaan
nouissime N079ª Aldernilkest, T088
To lesten
nouissimus L103 Leste
°nouiter H152 Herwile, N079 Nileken, N106.01 Nueyns
nouus N075 Nighe

nox N006 Nacht
noxa S058 Scande
noxius S082 Scedelek
nubecula W285 Wolke
nubere G003 Gaden, H163.01
Hyleken
nubes W285 Wolke
nucleus C031.02 Carne, K029 Kerne
nucus N102 Notbom
nucha M030 March
nudare B249.01 Bloten, B256 Bloten
nuditas N016.01 Naketheyt
nudus B023 Baar, B249 Blod,
B255.01 Blôd, N016 Naket
nugax L166 Loghener
nuge L165 Loghene
nugigerulus L166 Loghener
nullatinus N046 Neen, N047 Nenerleygewis
nullibi N052 Nerne
nullomodo N046 Neen, N047 Nenerleygewis, N052.01 Nynermate
nullum N045 Neen
nullus N044 Nemet
numeracio T006 Tall
numerare T007 Talen, T034.01 Tel-
len
numerus T006 Tall
numisma P033 Pennyng, W149 Weringe
nummi G040 Ghelt
nummus P033 Pennyng. – F: →
nvmmi
numquam (nuncquam) N107 Nv,
N108 Nvmmer
nunc I060 Iotol, N106 Nu
nunciare E059 Enbeden, W148.01

Weruen
nuncium B266.01 Bodenbrot
nuncius B263 Bode
nuncquam → numquam
nuncupare N091 Nomen
nuncupari H162 Heten
nundine I013 Iarmarket, M037.01 Markedaghe
nupcie B377 Brutlacht, H190 Hochtyit
nuper H152 Herwile, N079 Nileken, N106.01 Nueyns
nuperrime N079ᵃ Aldernilkest, N106.03 Nu
nurus M133.10 Myns sons husvrowe
nusquam N052 Nerne
nutricio N051 Neringe, V216 Vodinge
nutrimentum N051 Neringe, V216 Vodinge
nutrire B121.01 Bergen, H280.01 Herneren, N050 Neren, T043 Then, V215 Voden
nutrix A084 Amme
nutus W125.04 Wenkinge, W206 Wille
¹nux N101 Not
²nux N102 Notbom

O

obba → offa
obedire H244 Horen, V174 Vnderdenich sin
oberrare E128 Eren
obesse S089 Scelen

obex G155 Grindel, R057 Regel
obire S570 Steruen
obitus D096 Doot, D150 Doot
oblacio O025 Opper
oblectabilis L212 Lustlik
oblectacio L211 Luste
oblectari L213 Lusten
obliculum W305.01 Worstbogell
obliquare S084.02 Scheyff maken
obliquitas S084.01 Scheyffheyt
obliquus S084 Scef
oblitus V278.01 Vorgetten
obliuio *S:* → obliuioni tradere
obliuioni tradere V278 Vorgheten
obliuiosus V278.02 Vorgettelich
obliuisci V278 Vorgheten
oblongitudo L029.01 Lanckafficheyt
oblongus L029 Langelechtich
obnixe V148 Vlitliken
obnubilare B190.02 Bewolken
obruere B175 Beuallen
obrutus B176 Beuallen
obscuritas D238 Dusternisse, F011.03 Finsternùß
obscurus D228 Duncker, D237 Duster, F011.02 Finster
obsecracio B050 Bed
obsecrare B202 Bidden
obsequi D059 Denen
obsequium D062 Denst
obseruancia B186 Bewaringe, H192 Hode
obseruare B184 Bewaren
obses G082 Ghisel, L104.01 Laistung
obsessus B148 Besetten
obsistere W142 Weren
obstaculum H178 Hindernisse, W132

Wer
obstagium I041.02 Inlegher
obstare H177 Hinderen, K023 Keren, W142 Weren
obstitrix B007.02 Bademoder
obstructorium (obstruatorium) P082 Plok, S501 Spvnt
obstruere S502 Spvnden, S592 Stoppen, T094 Tomaken
obtalmia S520.02 Starblint
obtinere B093 Beholden, H071 Hebben
obturare S502 Spvnden, S592 Stoppen, T094 Tomaken
obturatorium S501 Spvnt
obtusitas S636.01 Stumpheyt
obtusus S636 Stump
obuiare B094 Beiegenen, I022 Ieghenen, M202 Moten
obulus H105.01 Helvelink, S069 Scarf, S119 Scerf
occasio O043 Orsake
occasius → accasius
occasus W175 Westen
occeanum mare M088 Mer
occianum *S:* → occeanum mare
occidens W175 Westen
occidere D100 Doden
occies centum A007.06 Achtehundert, A044 Ahtehundert
occipud N009 Nacke
occultacio H110 Hemelicheyt
occultare B121 Bergen, H097 Heelen
occulte H109 Hemeliken
occultum H011 Hal, H110 Hemelicheyt
occultus H108 Hemelik

occumbere S570 Steruen
occupare B048 Bekummeren, B095.03 Bekumeren
occupatus B046.01 Bekummert, V195 Vnledich
occurrere B094 Beiegenen, M202 Moten
ocillum S155 Scokrede
°**ociosus** L063 Ledich
ocrea S523 Stafeyl
octingenta A007.06 Achtehundert, A044 Ahtehundert
octo A005.01 Achte, A036 Ahte. – *S:* → decem et octo, decem octo
octuaginta (octuginta, octoginta) A005.04 Achtentech, A007.05 Achtentich, A043 Achtentich
oculista O007 Oghenarste
oculus O002 Oghe. – *S:* → ictus oculi, oculus sponsi
oculus sponsi F002.03 Fridiwort
°**ocuus** C231 Cuken
odilis G134.02 Grimmich
odiosum reddere L058 Leden
odiosus (hodiosus) G134 Gram, N074 Nidich. – *S:* → odiosum reddere
odire H062 Haten, N073 Niden
odium H061 Haat, N072 Nyit
odor R157 Roke
odorare R195 Rvken
¹**odoratus** R157 Roke, R195.01 Rukinghe
²**odoratus** R195.01ᵃ gerocken
odoriferus R195.02 Rukende
offa (obba) S403.01 Soppe, W113 Wekebrot, W113 Wekebrot
offare M086.01 Meren, S403.02 Sop-

pen
offella S403.03 Soppelyn
offellula S403.03 Soppelyn
offerre O026 Opperen
offertorium O025 Opper, O027
Oppersank
officialis A086 Ammetman
officium A085 Ammeth
ogelingvm O006 Ogelink
ola S204.01 Sculderblat
oleaster O018ª Wilt oleybom
olere S582 Stinken
oleum O017 Oleye. – *S:* → olium
oliue
olim H150 Heruormales, I069 Itteswanne, O016 Oldinges
oliphetum → oliuetum
oliua O018 Oleybom
oliuetum (oliphetum) M197.01 Moesbedde
olium oliue B288.01 Bŏmolie
°**olla** G163 Grope, P089.01 Pot, T101 Top, T170 Tuppe. – *S:* → erea olla, olla fictilis, olla lutea
olla fictilis (olla victilis) E104.01 Erdengroppe vel ~pot, G164 Groppen
olla lutea G164 Groppen
ollifex G166.01 Groppengeyter
olor S697 Swane
olus C127 Col
omagium M022.02 Manschup. – *S:* → omagium prestare
omagium prestare H273 Huldeghen
omasium S658 Sulte
omasum C125.02 Coldune, K062.48 Kuttlen, P013 Panse
omentum K062.48 Kuttlen

omne A076 Altomale
omnimode A050 Al, A067 Altomale, D041 Degher
omnino A050 Al, A067 Altomale, D041 Degher, G050 Gensliken, T095 Tomale. – *S:* → omnino nichil
omnino nichil N069 Nichtes nicht
omnipotens A064 Almechtech, G106 God
omnis A047 Al. – *F:* → omne. – *S:* → omnis qui
omnis qui W082 We
°*omnitempore* A063 Alleweghe, A075 Althen
onager E145 Esel
onerare B159 Besweren, L008 Laden, S721 Sweren
onerosus S699 Swar
onocrotolus R166.01 Rodum
onus B297 Bŏrde, B397.01 Bund
onustare F018.06 Fassen, L008 Laden, V032 Vaten
onustatus L008.01 Ladet
onustus L008.01 Ladet
operacio D023 Dat
operari C084.01 Czymmern, C100 Cluteren, D113 Doon, W151.01 Werken
operarius A173 Arueyder, W151 Werkman
opes R109 Rikedom
opidum W186 Wikbelde
opifex W151 Werkman, W234.04 Werkmaister
opilio S059.01 Scaper
opinari W125.03 Weynen, W290 Wonen
opinio W032 Wan

oscedere S285.01 Seeveren
oscedo S285 Seuer
oscitare P130 Prusten
osculacio C247 Cus
osculari C248 Cussen
osculum C247 Cus
osse W213.01 Wilt
ostendere W248 Wisen
ostorium S619.01 Strikbret
ostricium G064.01 Ghersche
oue I053 Iodute, O078 Owy
ouicula L017 Lam
ouile S061 Scapstal
ovinus S109 Scepen
ouis H019.01 Hamel, S059 Scap. – S:
→ pastor ouium
ouum E024 Eyg
oxigalium S356 Smant
oxigalla S735.03 Suermilch

P

pabulare V211.01 Voder geuen
pabulator V211.02 Voderen *(!)*
pabulum G168 Grot, V211 Voder
pacacio V371.02 Vrede
pacare V371.01 Vrede maken
pacatus V371.03 Vredet
paciens *S:* → paciens eriodem, pacienter ferre
paciens eriodem H246.01 Hourouel
pacienter ferre D104 Doghen
pacificare S422 Sonen
pacificus B139 Besceden, F014.02 Fredesam, F018.51 Fridsam, V373 Vredesam

pactare D082 Dinghen
pactum D083 Dingnisse, L190 Louede
padua P001 Padavwe
pagamentum W149 Weringe
paganismus H082 Heydenscop
paganus H081 Heydene
pagella S294.01 Side eyns blades
pagina S188 Scrift
paginare B096.01 Belegen
pagus D142 Dorp
pala (palus) S195 Scuffele, W087.02 *(s.v.* Wedderhane). *– S:* → cum pala disponere
palantinus P007 Palantgreue
palare S196 Scuffelen
palea C002 Caff, C047 Caue, K001.01 Kaff
pallacium P005 Palas, S023 Saal
pallere V006.02 Vael vel bleyck syn
palliare B144 Besconen
pallidus B234 Blek, V006 Val
pallium H204 Hoyke, M029 Mantel
pallor V006.01 Vaelheyt
palma P006 Palme
palmes T192.07 Twoech
palmus S450.01 Spelhus, S453 Spenne
palpare G156 Gripen, T017 Tasten, V225.01 Volken, V228 Volen
palpitare V226.01 Volken, V228 Volen
palpo S361.02 Smeker
palumbus R119 Ringeldvve
¹palus B374 Brôk
²palus P003 Paal
palus → pala

palutellum W125.06 Weneke
pampinus W220.01 Wienblat
pandere O031 Openbaren
pangere S302 Syngen, S302.01 Singhen
panichium P034 Penyg
panis B369 Brot. – *S:* → panis ordeascius
panis ordeascius G064.02 Gerstenbroet
pannicida L016.01 Lakensnider
panniculus S538.01 Stel
pannifex *S:* → mola pannificum
pannirasor L016 Lakenscerer
pannus D107 Dook, L014 Laken, W034 Want. – *S:* → lineus pannus, scarlaticus pannus
pannus lineus → lineus pannus
panther P014 Panter
papa P029 Pawes
papauer M021 Maan
papirus P016 Papiir, S051 Scafrisch
¹par E155 Euen, E155 Euen, R005 Rade
²par P017 Paar
parabula B213 Byspel, S499 Sproke
paradigma T002.01 Tabelrunge
paradisus P021.01 Paradijs
paralisis G087 Ghicht
paraliticus G088 Ghichtich
paranimfus → paranymphus
paranympha B376 Brut
paranymphus (paranimfus) B372 Brodegamme
parapsis B045 Becken, C141 Cop, K062.18 Kop, N019 Nap, S055 Scale, S175 Scotele

parare B113 Bereden, M008 Maken, R047 Reden
paratus B111 Berede, B112 Berede, R044 Rede
parca B029 Bars
parcere S165 Sconen, S437 Sparen, V076.01 Versten, V281 Vorgheuen
parchanus P019 Parcham
parcus C028 Carch, K028.01 Kerch
parens M163 Moder, M176 Mome, V001 Uader. – *F:* → parentes
parentela S328 Slechte
parentes E037 Elderen, O015.01 Olderen
parere B126.02 Beren, T034.03 Telen
pargamenista → pergamenista
pariculum M111.01 Meysenkar
paries W033 Want
parilis G038 Ghelyik
parisius P018 Pariis
pariter M157 Mydenander, T108 Tosamen
parix M111 Meyse
paro S388.01 Snicke
parrochia P021 Parre
parrochialis *S:* → curia parrochialis, domus parrochialis
parrochianus P022 Parreman
pars D043 Deel, T130.04 Tail. – *S:* → maior pars, quarta pars
partica → pertica
partire D048 Delen
partus B314 Bort. – *S:* → partus ihesu
partus ihesu W224 Winachten
parum L218 Luttink, W128 Wenich
parumper L218 Luttink
paruus C077 Clene, V217 Voghe,

W128 Wenich
pascalis S: → agnus pascalis
pascere (passere) H280.01 Herneren,
N050 Neren, V215 Voden
pascha O051 Ostren, P024 Paschen
pascua W084 Weyde, W102 Weyde
passa S: → vva passa
passagium (pessagium) B050.01
Bedeuart, F018.03 Falck, V022 Vart
passer S458 Sperlink
passere → pascere
passio L120 Lident, P055 Pine, Q003
Qvale
passiuus S: → hospes passiuus
passus S615 Strede
pasta D033 Dech
pastenda P025 Pastede
pastilla P025 Pastede
pastinaca (postinaca) C196 Cretelmore, M182 More, P100.01 Postirnacke
pastor H128 Herde. – *S:* → pastor
ouium, pastor porcorum, virga pastoris
pastor ouium S059.01 Scaper
pastor porcorum S714 Sweyn
pastoralis S: → baculus pastoralis
pastus N051 Neringe
patella P014.01 Panne, S064 Scape
patena P026 Patene
pater V001 Uader. – *S:* → pater
patrum
pater patrum P029 Pawes
paterfamilias H288 Hvshere, W134
Wert
paternalis V001.02 Vaderlick
pati D104 Doghen, L119 Liden
patibulum G009 Galghe. – *S:* → patibulum crucis

patibulum crucis C216 Cruce
patria H113 Hemode
patrilogus V001.03 Vaderlick redde
patrimonium V001.04 Vaderlick erue
patrinus V003 Vaddere
patrisare V001.01 Vader nauolghen
patrocinari B143 Bescermen
patrocinium H275 Hulpe
patrona H289 Husvrovwe
patronatus S: → ius patronatus
patronus H288 Hvshere, W134 Wert
patruus V040 Veddere
pauere B177 Beuen, S278.01 Settern,
V243 Vorchten, V392 Vrochten
pauescere E025 Eysen
pauidus B250 Bloyde, S005 Sachheftich
pauimentum A178 Astrik, D044
Dele, E148.01 Esterich
paulatim S004 Sachte
paulisper L218 Luttink
paulo L218 Luttink
paulominus L218 Luttink
paululum L218 Luttink
paulus P028 Paul
pauo P027 Pawe
pauor F018.60 Forcht, V018 Vare,
V244 Vorchte, V391 Vrochte
pauper A159 Arm
pauperies A160 Armoyde
paupertas A160 Armoyde
pausa M200 Mote, V176 Vnderlat,
W205 Wile
pausacio W005.01 Wachtinghe
pausare B056 Beden, E034 Eelden,
E090 Entholden, H212 Holden, W005
Wachten

pensa (pensum) W011 Waghe, W192 Wichte
pensale I003.01 Iaertyns
pensio I003.02 Iarpacht
pensum D087 Disene
pensum → pensa
penthecoste P057 Pinkesten
penuria A160 Armoyde, C236 Cvmmer
penuriosus A159 Arm
penus K006 Kellershals
peplum D108 Dook
per B193 By, D128 Dor, O059 Ouer, S666 Sume
per quem modum W273 Wodanewijs, W323 Wudanewis
per semet ipsum S660 Suluen
pera T016 Tassche
peragere *S:* → exequias peragere
percipere V270 Voreschen, V270.01 Vorstaen, V304 Vornemen, V305 Vornemen, V319 Vorstan
percunctari (percuntari) I043 Inspechtich werden, V105 Vinden, V271 Vorschen
percussorium B328.02 Botel
percutere S319 Slaen, S370 Smyten
perdere V288 Vorlesen
perdix P017.01 Patrishoen, R024 Raphon
perdurare H129 Herden
peregrinari W022 Wallen
peregrinus P032 Pelgryme
peremptorie S671.01 Sunderurist
perfeccio V426.01 Vullenkomenheyt
perfecte G050 Gensliken
perfectus B112 Berede, F018.63 Fro-

me, V426 Vullenkomen
perficere B113 Bereden, B133 Bereden, F018.74 Foelpringen, V425 Vullenbringen, W263 Vullenbringen
perfidus T156 Truweloys
perforare B300 Boren, S546 Steken
perforatorium D148 Dorslach, N066 Neueger
perfrui B380 Bruken
perfusio W113 Wekebrot
pergamenista (pargamenista) P041 Permeterer
pergamenum P019.01 Pergament, P040 Permvnd
pergere G010 Gan, T044 Then, V019 Varen
perhennis E161 Ewych
perhenniter E162 Eweliken
perichelides S435 Spange
periculosus F018.14 Ferlich, V070 Verlich
periculum S048 Scade, V018 Vare
periens W162 Wertlich
peripsima S375.01 Snatel
perire V273 Vorgan
perisoma Q006 Qvast, Q019 Qvest
perisomare Q019.01 Questen
peritus E135 Eruaren, V067.01 Veruaren, W245 Wis
periurus M078 Menedich
perla P039 Perle
perlectum V289 Vorlesen
perlustrare B145 Bescovwen
°**permanere** W123 Wenden
perme S: → ego perme ipsum
°**permiscere** M081 Menghen, M152 Misschen

permittere L036 Laten, L038 Laten, S505 Staden, V283 Vorhengen

permutare B408 Buten, W173 Wessellen

perna B010 Bake, S306.01 Side spex

perpendere B150.01 Besinnen

perperum O069 Ouele

perpetrare D114 Doon

perpetue E162 Eweliken

perpetuus E161 Ewych

perplexus B190 Beworen, B190.04 Beworen

perscrutari (-re) E136 Eruaren, I043 Inspechtich werden, V105 Vinden, V271 Vorschen, V314 Vorsoken

perse S: → ipse perse

perse met ipsum H159 Hesuluen, S660ᵃ He suluen

perseuerancia B156.04 Bestendicheyt

perseuerans B156.05 Bestendich

perseuerare B156.03 Bestendich syn vel blyuen, H129 Herden

persicum P045 Persek

persicus P046 Persekbom

persistere S300 Syn

°persoluere B167 Betalen, G041 Ghelden. – *S:* → nature debitum persoluit

persona P047 Persone

personatus P047.01 Personelick

perspicacitas W249 Wisheit

perspicax W245 Wis

perspicere B145 Bescovwen

perspicuus C067 Claar

perstare B158.01 Bestan

persuadere R008 Raden

persuasio R001 Raad

perterrere S183 Screcken, V339 Vorveren

pertica (partica) R091 Ric, R107 Rik

pertinens E156 Euene

pertinere A116 Anhoren, B303 Boren, H245 Horen, T077 Tobehoren

pertingere W124 Wenden. – *S:* → fundum pertingere

peruerse B321 Bosliken. – *S:* → peruerse swadere

peruerse swadere S207 Scvnden

peruersitas B320 Bosheyt

peruersus A153 Arch, B319 Bose, V284.01 Vorkaert

peruertere V284 Vorkeren. – *S:* → peruertere vultum

peruertere vultum W317 Wrempen

°peruidere B145 Bescovwen

°peruti B380 Bruken

pes V351 Vot

pessagium → passagium

pestilencia S568.01 Sterue

pestis S644 Sucht, S654 Suke

petere B202 Bidden

peticio B050 Bed, B051.01 Bêde

petra S552 Sten

petrosilinum (petrocilinum) P050 Petercilie

petrus P049 Peter

phala S313.01 Slachbom

phalanga P102 Prange, R091 Ric, R107 Rik, S507 Stake, S516 Stange

pharetra C125 Cokker

phariseus B009 Baghard

phase P024 Paschen

philomena N007 Nachtegale

phiramis → piramis

phisicus (fisicus) A167 Arste, E132

Erste
phitonissa T118 Touersche, Z000.17
Zobrigerin
pica E023 Egester, S065.01 Schare
picmentum → pigmentum
pictillus R068 Rekelink
pictor M015 Maler
pictura V020.01 Varwe
picus S442 Specht
piger F018.72 Fuel, T122 Trach,
V422 Vul, W260 Vul
pigere T123.01 Trach syn
pigmentum (picmentum) S029 Salve
pignorare P010 Panden
pignus P009 Pant
pigrescere B083.01 Beginnen vuel to
werdene, T123.03 Traghen beginnen,
V429 Vulen
pigricia T123 Tracheyt
pigricitari T123.02 Traghen
pigritari T123.02 Traghen, V429
Vulen
pigwedo V086 Vettichet
¹pila P052 Piler
²pila B011 Bal
³pila S150 Schiue
pilare S151 Sciuen
piliolus H194 Hodeken
pilius H191 Hot
pillula P053 Pille
pilum P051 Pil
¹pilus H036 Haar, L167 Lok
²pilus S268.01 Senepmole
pingere M016 Malen
pingwis V085 Vet
pinium P057.03 Pynappel
¹pinna P057.03 Pynappel

²pinna P058 Pinne
pynnaculum P057.03 Pynappel, T070
Tynappel
pinsellus P059 Pinsel
pinsere B004 Backen
pinta P057.01 Pynt
pintilinum P057.01 Pynt
pinum P057.03 Pynappel
pinus K019.02 Keynbom, P030.01
Peckbôm
pipenella B183 Beuenelle
pyper P035 Peper
pipetrita P037.01 Peppermole
pir V434 Vur
piramis (phiramis) K002 Kegel
pirca A109.01 Amere
piretrum B125.01 Bertram, B137.01
Bertram, P048 Pertram
pireus B116 Berebomen
piropus C001 Cacheele
pirum B114 Bere
pirus B115 Bereboym. – *S:* → de piro
pisa (pisum) E140 Erwitte
piscari V115 Vischen
piscator V116 Visscher
piscina D078 Dyk
piscis V114 Visch. – *S:* → os piscium,
reseruaculum piscivm, rete piscium
pistare B004 Backen
pistillus S518 Stapel
pistor B043 Becker
pistorium B006 Bakhus
pistrina B006 Bakhus
pistrinum B006 Bakhus
°**pisum** → pisa
pius M128 Milde
pix P030 Pek

poledrus V227 Vole
polenta F018.31 Flade, V120 Vlade
poligranum R150 Rogen
polipedium → polipodium
polipodium (polipedium) H291 Hvslok
polipus B395 Bulk, C173.01 Crabbe, S336 Sly, S393 Snoppe
poliurus S642.01 Sudistel
pollere N089 Noghen
pollex D221 Dume
polliceri L188 Louen
pollitrudium S289.02 Sichtebudel
polluere B155 Besolen
polonia P091 Polenland
pomacium O053.01 Opfelmůs
pomerancium P093.01 Pomeranz
pomerium B289 Boemgarde, P069.02 Planthoff
pompa B003 Bach, H257 Houart. – *S:* → pompas exercere
pompas exercere B008 Baghen
pomposus H258 Houerdich
pomum A144 Appel. – *S:* → pomum montanum
pomum montanum V022.01 Varne
pomus A145 Appelboem
ponderare W107 Weghen
ponderosus L183.01 Lodich, S699 Swar
pondus B297 Bőrde, B397.01 Bund, W192 Wichte
ponere L071 Leghen, S278 Setten. – *S:* → ad rigam ponere, ad seriem ponere, ponere ad euentum
ponere ad euentum W012 Waghen
pons B379 Bruge

pontifex B210 Biscop. – *S:* → romanus pontifex, summus pontifex
pontificatus B211 Bischopdom
popisma S480 Spoel
poplex → poblex
populares V226 Volk
populeum P095.01 Poppelensalue
¹**populus** L204 Lude, V226 Volk
²**populus** P095 Popelbom
porcellus S733 Swin, V069 Verken
porcinus S734 Swinen
porcio A129 Antal
porcus S733 Swin, V069 Verken. – *S:* → de porco, pastor porcorum, stabulum porcorum
porrigere D115 Doon, L028 Langhen, R064 Reken, W237 Winnen
porrum L169 Loek, P097 Por
porta P098 Porte
portare B364 Bringen, D168 Dreghen
portatilis S: → sera portatilis
portator D170 Dregher
portentum T030 Teken, W330 Wunder
porticus L132 Likhus
portinarius (portenarius) P099 Portener
portulaca B305.01 Borghele
portulana B305.01 Borghele
portulanus P099 Portener
poruestus R091 Ric, R107 Rik
porus S725.02 Sweethol
poscere E147 Eschen
positus L051 Lecht
posse M166 Moghen
possessio B153 Besittinge, H064 Haue
possessor B152.01 Besitter

possessus B147 Besetten
possibilis M167 Mogelik
possibilitas M167.02 Mogelicheyt
possidere B146.01 Besitten, B152 Besitten, H071 Hebben
post A007.07 Achter, A041 Ahten, N002 Na, N013 Naenander. – *S:* → post hoc
post hoc D020 Darna
postcras O076 Ouermorne
postea D020 Darna, H185 Hirnamals
postela B274ª Hinderboghe
postinaca → pastinaca
postis P100 Post, S559 Stendel
postmodum D020 Darna, H185 Hirnamals
postremo N079ª Aldernilkest, T088 To lesten
postremus L103 Leste
postulare E147 Eschen
potare D173 Drenken, D184 Drynken
potator D175 Drenker
potencia C172 Craft, M001 Macht, M051 Mechte
potens M053 Mechtich, W113.01 Weldech, W282 Woldich
potentatus C172 Craft, M001 Macht, M051 Mechte
potentilla G102.01 Grensinck, G143 Grensink, S303 Singrone
°**potestas** C172 Craft, W280 Wolt
potiri B380 Bruken
potis M053.01 Mechtich
potus D160 Drank
praga P101 Praghe
prandere E152ª Morgeneten, N092.01 None ~ vel to middage etten

prandium I031 Immet
pratum A033 Ager, A110 Anger, W168 Weze, W252 Wissche
prauitas B320 Bosheyt, M149 Missedat
prauiter B321 Bosliken
prauus A153 Arch, B319 Bose, Q001 Qvad, S391 Snode
pre V235 Vore, V237 Vor
preambulum V306 Vorrede
prebenda P125 Provende
prebendarius P125.01 Prouenthere
prebere G078 Gheuen
precamen B050 Bed
precari B202 Bidden
precaria L139.01 Lipding
°**precauere** B185 Bewaren
°**precedere** V275 Vorgan
precella B382.02 Bretzele
preceptum B327 Bot
preces B050 Bed
preciari L171 Lonen
precinere V318.01 Vorsingnen
preciosus C167 Costlik, D233 Dur, K062.33 Kostlick
precipere B053 Beden
precipianter D159 Drade
precipitare S601 Stoten
precium L170 Loen, V254 Vordenst
preco B267 Bodele
preconsul B307.01 Borgermester, R014 Raadmester
precordium H142.01 Hertlepel
preculpa → presulca
predari R181 Roven, S143 Scinden
predecessor V338 Vorvarende
predestinacio B141.01 Bescheringhe

predestinare B142 Besceren
predestinatus B141 Besceret
predicacio P106 Predeginge
predicare P105 Predegen
°**predicator** P108 Predeger, P109 Predeger
predisponere B157 Bestellen
predium V342 Vorwerk
predo R182 Rover
preeminencia V349.04 Vorschininghe
preempcio V248 Vorcop
preemptor V247 Vorcoper
prefectura V225 Voghedie
prefectus V224 Voghet
pregnans S698 Swanger
preire V275 Vorgan
prelatus P110 Prelate
preliari (-re) F018.08 Fechten, S621 Striden, V036 Vechten
preliator V036.01 Vechter
prelium S620 Strid, V038 Vechtinge
prelocutor V317 Vorspreker
°**preloqui** V316 Vorspreken
preludium V317.01 Vorspil
premeditans W245 Wis
premere D182 Dryngen, D202 Drucken
premiare L171 Lonen
premium L170 Loen, V254 Vordenst
premonere W158 Wernen
premor D161 Drank
preordinare B157 Bestellen
preordinatus B141 Besceret
preparamentum G066 Gherwant, M148 Missewant
preparare B113 Bereden, B133 Bereden, G056 Gheren, M008 Maken,

R047 Reden. – *S:* → lardo preparare, lectum preparare
preparatus B111 Berede, B112 Berede, R044 Rede
prepedium V340.01 Vorvoute
prepes S381 Snel
prepolere V349.03 Vorschinen
prepositura P127 Prouestie
prepositus P126 Prouest
prepotens M053 Mechtich
prepugilium H073.01 Heke
prerogatiuum V259 Vordell
pres R108 Rike
presagax C098.03 Czeyberer
presagium C098.02 Czeyberniße, W189.01 Wickinghe
presagus P123 Prophete, W251 Wissaghe
°**presbiter** P112 Prester
presbiterari P015.01 Pape werden, P112.01 Prester werden
presbiterium P015.02 Papeschop, P113 Presterscop
presciencia V350.01 Vorwettenheyt
prescire V349.01 Vorwetten
prescius V349.02 Vorwettende
prescripcio A005.02 Achte
presens I023 Ieghenwordich
presepe C198 Crybbe
preseruancia B187 Bewaringe
presice R004.01 Rade
presidium H275 Hulpe
presignator W188 Wikker
presipue T085.01 Tovorren
pressura D161 Drank
prestare G078 Gheuen. – *S:* → omagium prestare

proaua M133.02 Myr moder moder
proauus M133.01 Myns vader vader
probare B189 Beweren, M096 Merken
probitas B132 Beyruecheyt, D106 Doghet
probleuma R006 Radelse
probus B063 Bederue, B131 Beyrue, V397 Vrom
proca V381.01 Vrigersch
procari V382 Vrigen
procax C080 Cleps
procella B397 Bulge
proceres E015 Edel, G112 Goderhande lude
proceritas A013 Adel
processio P122 Processie
prochpudor F004 Fyg
°proclamare C243 Cundeghen
procrastinare V329 Vorthen
procreatus B301 Boren
procul V062 Vere
procurare B153.02 Besorghen, C218.04 Czugen, S050.01 Schaffen, T164 Tughen
procurator S050 Scaffer, V296 Vormunde, V317 Vorspreker
procus F018.58 Frier, V381 Vriger
prodere M068 Melden, M129.03 Melden
prodesse (prodesce) B039 Baten, F018.64 Frommen, V258 Vorderen, V258.01 Vorderen, V398 Vromen
prodigalis M129.02 Mylde
prodigalitas M129.01 Myldicheyt, S471.01 Spilndicheit
prodigiosus W329 Wunderlich

prodigium T030 Teken, W330 Wunder
prodigus M129 Milde, S471 Spilde
proditor M129.04 Melder
produccio V302.03 Vortbringinghe
producere V302.04 Vortbrenghen
°productus L026 Lank
°profanari V338.01 Vorvloken
profanus V338.02 Vorulokelick
profeccio R082 Rese
profectus V396 Vrome
proferre D049 Delen
proficere B039 Baten, F018.64 Frommen, V398 Vromen
proficisci R083 Resen, W039 Wanderen
proficuus B131 Beyrue, N111 Nutte
profundere V302.01 Vorgeyten
profunditas D232 Dupe
profundus D063 Deep
profusus V302.02 Vorgotten
progenies S328 Slechte
prohemium V306 Vorrede
prohibere S640 Sturen, V239 Vorbeden, W142 Weren
proicere W160 Werpen. – *S:* → semen proicere
proles S420 Sonne
prolificare I080 Ivngen
prolixitas L026.01 Lanckheyt
prolixus L026 Lank
prologus V306 Vorrede
prolongale L091 Lengehake
prolongare (-ri) L088 Lenghen, V287 Vorlangen, V329 Vorthen
prolongus V287.01 Vorlenghet
promere S302 Syngen

promereri V253 Vordenen
prominere V349.03 Vorschinen
promissio L190 Louede
promissum *S:* → implere promissum, soluere promissum
promittere L188 Louen
promouere V258 Vorderen
prompte D159 Drade
promptificare B113 Bereden, B133 Bereden
promptuarium S060 Scap, S176.02 Spießkast, S500.02 Spint
promptus B111 Berede, R044 Rede
promulgare O031 Openbaren
prone D159 Drade
propago S511 Stam
propalare O031 Openbaren
propalatus O030 Openbaer
prope B104 Beneuen, B192 By, N001 Na
properanter B283 Bolde, D159 Drade
properare N017 Nalen
propere B283 Bolde, D159 Drade
propheta P123 Prophete, W251 Wissaghe
propiciacio B028 Barmherticheyt, G102 Gnade
propiciari E102 Erbarmen, G103 Gnaden
propicius B027 Barmhertich, G105 Gnedich
propinquare N001.01 Naen
propinque N001 Na
proporcio A129 Antal, T130.04 Tail
proporcionare T117.01 Touerdighen
propositum V307 Vorsate

proprie voluntatis S656 Sulffweldich
proprietas E022 Egenscop
proprius E021 Eghen. – *S:* → proprie voluntatis
propter D129 Dorch, V160 Vmme, V161 Vmme. – *S:* → propter hoc
propter hoc D022 Darvmme
propter quid W307 Worvmme
propterea D022 Darvmme, V160 Vmme
propugnaculum (propungnaculum) B120 Berchvrede, E119 Erkener
prorogare V307.01 Vorbidden, V330 Vorthen
prorsus G050 Gensliken, V333 Vortmer
prorumpere V307.02 Vorsturen
prosapia S328 Slechte
proscribere F018.16 Festen, V082 Vesten
proscripcio A007.01 Achte, A038 Ahte, V081 Veste
prosperare A155 Arden, B107 Bequinen, D077 Dighen, G011 Gan, L198 Lvkken, R010 Raden
prosperitas L197 Lucke
prostibulum H242.01 Hŏrhŭs
protegere B090 Behŏden, B143 Bescermen, B146 Bescutten, W147 Weren
protelacio V329.01 Vorteyninghe
protensus C062 Clam
proteruia S656.01 Sulleffweldicheyt
proteruire C200 Crygen
proteruitas S656.01 Sulleffweldicheyt
proteruus S656 Sulffweldich
protinus B283 Bolde, D159 Drade
protrahere V330 Vorthen

protraxcio V329.01 Vorteyninghe
protunc D091 Do
prouentus N111.04 Nut, R077 Rente, T071 Tins
prouerbium B214 Bysprake, S499 Sproke
prouidencia V308.02 Vorsichte, V311.01 Vorsichticheyt, W249 Wisheit
prouidere B150.01 Besinnen, V165.01 Vmme visen
providus C089 Clook, V166 Vmmesichtich, V302 Vornunftich, V311 Vorsichtich, W245 Wis
provincia L020 Land
provisio V311.01 Vorsichticheyt
prouisor V296 Vormunde
prouocare A137 Anverdigen, H184 Hissen, R084 Reysen
prout A069 Also
prucia P128 Prvcenlant
prudencia C111.01 Cunst, W249 Wisheit
prudens C089 Clook, W245 Wis
pruina (prvwina) R104 Rife, R123 Ripe
pruinare R104.01 Rifen
pruna G100 Gloet
prunellum S: → glaucum prunellum
prunum C189 Creke, P087 Plvme
prunus C190 Crekenboem, P088 Plvmbom
prurire I071 Iucken
pruritus I071.01 Iuckung, S167 Scorf
prutenus P129 Pruce
prvwina → pruina
psallere R180 Rotten, S302 Syngen
psalmista S025.01 Salmenmecker

psalmodia S025.02 Salmensanck
psalmus S025 Salm
psalterium S028 Salter
psilium A045.01 Akeleigensåt
psitacus P016.01 Papegoye, S229 Seddek
publicanus O032.02 Oppenbar sunder
publicare O031 Openbaren, V249 Vorkundegen
publice O032 Openbarliken
publicus (puplicus) O030 Openbaer. – S: → notarius publicus
publicus notarius S: → notarius publicus
pudere S100 Scemen, S173 Scoten
pudibunda M050 Mechte, S097 Scemede
pudicicia (pvdicia) S099 Scemede
pudicus S098 Scemende
pudor S098.01 Schemede
puella D065 Derne, I074 Ivnkvrowe
puer I077 Ivnghe, K055 Kint, L199.01 Lud
puericia K056 Kintheyd
puerilis I074.01 Iuncklick, K057 Kintlik
puerperium K058 Kindelbedde
pugil K017 Kemper, V035.01 Vechter
pugillare K018 Kempen
pugillator K017 Kemper
pugio S547 Stekemester, S602 Stoter
pugna S620 Strid, V037 Vechtinge
pugnare F018.08 Fechten, V036 Vechten
pugnus F018.80 Fust, V436 Vust
pulcher G076 Gheue, S163 Schone, S590 Stolt, S688 Suuerlich, V386

Q

quadragena C030 Caryn
quadragesima V027 Vaste
quadraginta V067 Vertich
quadriga W014 Waghen
quadringenta V068 Verhundert
quadrullus L030 Lappe
quale W115 Welk
qualis W114 Welk. – *F:* → quale
qualismodi W118 Welkerleyge
qualiter W271 Wo, W273 Wodanewijs, W310 Woso, W322 Wu, W323
Wudanewis
quam W307 Worvmme
quamobrem W307 Worvmme
quando A072.01 Alzowenne, W027
Wanne, W041 Wanne, W121 Wenne
quandocumque A072.01 Alzowenne
quandoque I069 Itteswanne
quare W307 Worvmme, W310 Woso
°**quarta pars** V073 Verdel
quartadecimus (quartodecimus)
V066.01 Veyrteyndeste
quartale Q008.01 Quarter, V073 Verdel
quartodecimus → quartadecimus
quartus *S:* → feria quarta, quarta pars
quasi C237 Cume, V101 Vilna
quassare M193 Morken, Q008 Quatren, Q020 Queteren
quatenus D024 Dat
quater V073.01 Veyruerue
quaternarius V073.02 Veyrtal
quaternitas V073.03 Veyruoldich
quaternum Q007 Qvaterne
quaternus Q007 Qvaterne
quatuor V064 Vere, V073.04 Veyr
quatuor tempora Q009 Qvater-

temper, V066.02 Veyrtide
quatuordecies V073.05 Veyrteyn-
werue
quatuordecim V066 Verteyne
que O009 Ok
quemadmodum A069 Also
quentinus → quintinus
queo M166 Moghen
quercinus E028 Eeken
quercus A086.03 Aich, E027 Eek,
E027.01 Eykenboem. – *S:* → de querco
querela C060 Clage
querere F018.47 Fregen, S407 Soken,
V370 Vragen
querimonia C060 Clage
queso B202 Bidden
qui W073 We. – *S:* → omnis qui, per
quem modum, qua de causa
quia W130 Wente
quicumque W082 We
quid W065 Wat. – *S:* → propter quid
quidam I068 Itwelk. – *S:* → quadam
vice, quodam tempore
quidem W130 Wente
quidquam W066 Wat
quies R027 Raste, R031 Ravwe
quiescere R028 Rasten, R032 Ravwen, R085 Resten, R181.01 Ruwen
quietus R028.01 Rastich
quilibet A048 Al, I061 Iowelek,
W082 We
quindecim M025 Mandel, V046 Vefteyne
quindecimus V045.01 Vefteynde
quindena M025 Mandel
quinquaginta V047 Veftich
quinque V118 Viue

quinterna Q012.01 Quinterne, Q025 Qvinterne, T148 Trumpe
quinternare T149 Trumpen
quinterneus Q012.02 Quintien
quinternisare T149 Trumpen
quinternista T149.01 Trumpemeker, T150 Trumper
quinternum Q024 Qvinterne
quinternus Q012.01 Quinterne, Q024 Qvinterne
quintinus (quentinus) Q016 Qventin
quintus V045 Vefte. – *S:* → feria quinta
quiris R101 Ridder
quis W073 We
quiscula W004 Wachtele
quisque W082 We
quisquilia D176 Drespe
quitancia Q021.01 Quitancie
quitare Q022 Qviten
quitus Q021 Qvyt
quo W295 Worher, W297 Wor, W298 Wor. – *S:* → de quo
quociens W274 Wo dikke, W324 Wudicke
quod D024 Dat, W115 Welk
quodam tempore W042 Wanner
quomodo W271 Wo, W273 Wodanewijs, W310 Woso, W322 Wu, W323 Wudanewis
quondam I069 Itteswanne, O016 Oldinges, W042 Wanner
quoniam I001 Ia, W130 Wente
°**quotuicibus** W274 Wo dikke, W324 Wudicke
quotus W114 Welk
quousque W129 Wente

R

rabidus canis D156 Douendich hunt, R027.03 Rasendich hunt
racemus R022 Ranke
rach T143 Tros
racio R050.03 Redde, V301 Vornumpft
raciocinacio R050.04 Redelyke werkinghe
racionabilis V302 Vornunftich
racionabilitas R050.01 Redelicheyt
racionalis R050 Redelik, V302 Vornunftich
racionari R050.02 Redelike sprecken
racionatiuus R050 Redelik
radere S116 Sceren
radiare S142 Scinen
radius S610.03 Strale. – *S:* → radius lucis
radius lucis L052 Lechtstrime
radix S551.01 Stemp, W306 Wortelle
rafanus maior S: → raphanus maior
rafanus minor S: → raphanus minor
ralla S120 Scermes
ramex A177 Ast
ramus S628 Struk, T034 Tellege, T185 Twich
rana H285 Hvpper, K062.50 Krott, V034 Vse, V412.02 Vtze
rancidus F018.24 Finecht, G021 Garst, G063 Gherst
rancor T102 Toren
rapa R183 Rove
rapere R023 Rapen, R148.01 Rouen
raphanus *S:* → raphanus maior, raphanus minor

raphanus maior (rafanus maior) R051 Redek

raphanus minor (rafanus minor) M136 Mirredek, P036 Pepere

rapina R148 Roof

raptor R148.02 Rouer, R182 Rover

rarefieri Q014 Quellen

raro S250 Seldene

rarus L175 Los, S249 Selden

rasor S117 Scerer

ratera R079 Repe

raterare R080 Repen

ratificare B182 Beuesten, V024.01 Vast maken, W144 Weren

ratificatus W137 Wert

ratus S528 Steyde, V024 Vast

raucus H154 Hees

reatum S058 Scande

rebellare W097 Wedderstreuen

rebellio W097.01 Wedderstreuer

rebellis W097.01 Wedderstreuer

recalcitrare W097 Wedderstreuen

recedere A017 Afgan, E096.01 Enwech gaen

recencia V074.01 Verschheyt

recens F011.06 Frisch, G161 Grone, V074 Vers, V387 Vrisch

recipere N090 Nommen, W097.28 Weddernemen

recipisci W097.28 Weddernemen

reciprocare W097.05 Wedderkeren in sick suluen

reciprocus W097.06 Weddergripelick

recistere → resistere

reclinare L122.02 Liggen, N033 Neghen

recludere W097.07 Wedderscluten

recolere D055 Denken

recommendare L189 Louen, W097.08 Wedderlouen

recompensa W097.10 Weddergeldinghe

reconpensare W097.09 Weddergelden

recordacio D034 Dechtnisse

recordari (-re) D055 Denken, V313 Vorsinnen

recordatus A092 Andechtich

°**recreare** V215 Voden

rectificare R095 Richten

rectitudo R040 Rechtverdicheyt, R095.01 Richticheyt

rector S: → rector navium, rector scolarium

rector navium S627.01 Sturman

°**rector scolarium** S158 Scolemester

rectus R037 Recht, R038 Recht, R095.02 Richt

recuperare E117 Erhalen, W097.11 Weddermaken vel ~halen

recuruare N032 Neden, N043.01 Neden

recuruatus S: → sagitta recurvata

recusare W110 Weygeren

recussum W097.12 Weddersclach

reda S330 Slede

redagium V020.03 Voerloen

reddere W100 Weddergheuen. *– S:* → aswetum reddere, carum reddere, odiosum reddere, tutum reddere

reddire T086 Tokeren, W093 Wedderkomen, W095 Wedderkeren

redditus C057.03 Czinß, G182 Gulde, R077 Rente, T071 Tins, Z000.13 Zins. –

Wedderkundighen

renus R113 Ryn

reparare V300 Vornigen, W097.23 Weddermaken

repatriare T084.52 To hus teyn

repedare W097.14 Wedderkomen, W097.15 Wedderkeren

repellere V266 Vordriuen

repente B283 Bolde, D159 Drade, R003 Rad

repentine D159 Drade

repentinus E067 Endelec

repentus S381 Snel

reperire V104 Vinden

reperitor V105.02 Vynder

replere F018.77 Fullen, V431 Vullen

repletus S045 Sat, V420 Vul, W261 Vull

replicare W097.25 Wedder vmmehalen

reportare W097.24 Wedderdreghen

repositus L051 Lecht

reprehendere B158.06 Bestraffen, S087 Scelden

reprimere W320 Wringen

reprobe B321 Bosliken

reprobus A153 Arch, B319 Bose, S056 Scalk

repulsa W097.26 Wedderstaet

reputare A007.03 Achten, A039 Ahten, A040 Ahten

requies R027 Raste, R031 Ravwe

requiescere R028 Rasten, R032 Ravwen, R085 Resten

requirere E147 Eschen

reri W290 Wonen

res D081 Dink. – *S:* → rei locacio, res

bona, res circularis, res gesta

res bona H064 Haue

res circularis T135 Tridele

res gesta S133 Scichte

resartire W097.27 Weddernegen

reserare V354 Vpdon, V364 Vpsluten

reseruaculum piscivm R206 Rvse

reseruare H195 Hoden, H211 Holden, S437 Sparen

residuum O062 Ouerulot, O066 Oueroke

residuus A101 Ander, O072 Ouerech

resina H040 Hard

resistencia W132 Wer

resistere (recistere) H177 Hinderen, K023 Keren, W097.29 Wedderstan, W142 Weren

resolidare W097.30 Wedder uast maken

resonancia W097.32 Wedderludinghe

resonare W097.31 Wedderluden

respice S643 Su

respicere A126 Anseen, S078 Scavwen, S256 Seen, W052 Warden. – *F:* → respice

respiracio A179 Atem

respirare A180 Atmen

°**resplendere** G097 Glinstern

respondere A134 Antworden

responsum A133 Antworde

respuere V312 Vorsman

restangnare W097.35 Weddervleten

restauracio W097.34 Weddermakinghe

restaurare B171 Beteren, S608 Stowen, W097.33 Weddermaken

restis W083 Wede

°restringere S608.01 Stawen
resumere *S:* → litem resvmere
rete piscium H018 Hame
retexere W100.01 Wedderweuen
rethe N060 Nette. – *S:* → rete piscium
retinaculum I044 Inworp, S538 Stel
°retinere B093 Beholden, H071 Hebben
retorquere W100.02 Wedderdrucken
retribuere W100 Weddergheuen
retro A005.06 Achtene, A007.07 Achter, A041 Ahten, H175 Hindene, N002 Na
retropendium K059 Kip
retrorsum A041.01 Achterwert, G050.01 Ghinderwert, H176 Hinderwort
reuehere W100.03 Wedderuoren
reuelare O031 Openbaren
°reuenire W093 Wedderkomen, W095 Wedderkeren
reuerencia E107 Ere
reuertere T086 Tokeren, V167 Vmmekeren, W095 Wedderkeren, W122 Wenden
reuerti W093 Wedderkomen
reuiuiscere W095.02 Wedderleuen
reuma S397 Snvve
reuocare W095.01 Weddereschen
reus M140 Misdedich
rex C140 Conyng
ribaldia B339 Bouerye
ribaldus B338 Boue
ricmisare R112 Rymen
ricmisator R112.01 Rymer
ricmus → rigmus
ricsari → rixari
ridere L001 Lachen

riga R104.02 Righe, R105 Rige. – *S:* → ad rigam ponere
rigare D225 Důngen, V404 Vruchten
rigmus (ricmus) R111 Rym
rigor D246 Dwanc, Z000.27 Zwang
rima C094 Cloue, R130 Risse, S622 Stryme
rimari V271 Vorschen
ringere N008.02 Narren
rinocerus A129.01 Ainhůrn
ripa B005.01 Bach, B317 Bort, O061 Ouer
rispa → hispa
rissura C094 Cloue, R086 Rette
risus L001.03 Lachen
ritus S225 Sede, W293 Wonhed
riuus B005.01 Bach, B046 Becke, F018.46 Floeß, V143.01 Vlet
rixa K049 Kyif, K062.51 Kriche
rixale H073 Heckele
rixari (ricsari) S088 Scelden
roba P000.03 Pack
robare P000.04 Packen
robor R162 Rone
roborare S564 Sterken
robur M052 Mechte, S563 Sterke
robustus S521 Stark
rodere G104 Gnaghen, N011.01 Nagen, S179 Scraden, T011.02 Tanen
rogaciones C218 Cruceweken. – *S:* → tempus rogacionis
rogare B202 Bidden. – *S:* → inportvne rogare
rogatus B050 Bed
rogitare B202 Bidden
roma R160 Rome
romania R160.03 Romesch land

romanus R160.01 Romer. – *S:* →
romanus pontifex
romanus pontifex P029 Pawes
rorare D027 Dauwen
ros D026 Dau, T130.03 Tow
rosa R172 Rose
rosacetum R172.02 Rosensalue
rosacius (rosaticus) R172.01 Rosen-
var
rosarium R172.02 Rosensalue
rosaticus → rosacius
roseus R172.03 Roet
rosina R173 Rosyn
rostra S383 Sneuele
rostrum S376 Snauel. – *F:* → rostra. –
S: → fodere rostro
rota A175.01 Asse, R002 Rad
rotatus G052.01 Geredert
rotulus R197 Rvlle
rotunda S149 Schiue
rotundus S262 Senewolt, T136 Trint
rox H047 Harl, H134 Herle
rubecula R147 Rodoge
rubedo R141 Rôde
rubere R138.03 Roet werden
rubescere R138.03 Roet werden
rubeta L153.01 Lôbfrosch
rubeus R138 Rood, R177 Rot. – *S:* →
creta rubea
°rubicoreum L180 Lôys
rubicunditas R138.02 Rodycheyt,
R141 Rôde
rubicundus R138 Rood, R177 Rot
rubificare R138.01 Royden
rubigenare (rubiginare) R208.02
Rusteren
rubigo R170.01 Rost, R208 Rvst

rubiligo R147 Rodoge
rubilinium R138.04 Roet linen laken
rubor R138.02 Rodycheyt
rubrica R185 Rvbrike
rubricare R138.05 Roet maken
rubricator R138.06 Roetmecker
ruburnus B390 Buckinc
rubus B406 Busch
ruccia → ruscia
ructuare R087 Revfen
rudens S219.01 Segelbôm
ruder G007.01 Gaismist
ruere (ruwere) S599.01 Storten, V009
Vallen, V009 Vallen
rufus R138 Rood, R177 Rot
ruga C206 Crokele, R112.02 Rimpe,
R204 Rvnse
rugare C206.01 Crokelen
rugire B381 Brummen
ruma R198.01 Rume
rumbus S024 Salme, S594 Stor
ruminare A009.01 Aderkauuen
rumor M091 Mere
rumpere B356 Breken
runcina N077.01 Nûgel
ruptura S: → ruttura glaciei
ruricola A007 Ackerman
rursum V333 Vortmer
rursus V333 Vortmer
rus V057 Velt
ruscia (ruccia) R186 Rvcenlant
rustica B402.01 Buerinne
rusticus B402 Buur, D143 Dorpman,
L022 Landman
ruta R192 Rvde
rutenus R187 Rvce
rutilabat S105.01 Sceen

rutilacio G090 Glans
rutilans C065 Claar
rutilare G097 Glinstern, S142 Scinen.
– *F:* → rutilabat
ruttura glaciei W016 Wake
ruwere → ruere

S

sabatum S424 Sonavent
sabulum S035 Sand
saccus S001 Sac
sacer H166 Hillich. – *S:* → sacra indumenta
sacerdocium P113 Presterscop
sacerdos P112 Prester
saciare S010 Sadegen
sacra indumenta G066 Gherwant
sacracio W202.01 Wyginghe
sacrare H168 Hilghen, W201 Wigen, W202 Wigen. – *S:* → lympha sacrata
sacrata H167 Hilgedom
sacrificare O026 Opperen
sacrificium O025 Opper
sacrista G060 Gherhus
sacristia G060 Gherhus
sagacia W249 Wisheit
sagax C089 Clook, S134 Scide, W245 Wis
sagena K021 Ker, R206 Rvse
sagimen S355 Smalt, S362 Smer
sagitta P051 Pil, S171 Scot. – *S:* → sagitta recurvata
sagitta recurvata S610 Strale
sagittare S127 Sceten
sagittarius S211 Scutte

sagittator S211 Scutte
sal S411 Soolt
sales S091 Sceltword, S610.02 Strafwort
salina L013 Lake, S409 Sole, S415.01 Solt
saliua S446 Spekele, S464 Spige
salix W195 Wide. – *S:* → de salice
salmo S024 Salme
salsa S027 Salse, S658 Sulte
salsatus S415 Soltech
salsorium (salserium) S412 Soltuat
salstucium W305 Worst
salsugo L013 Lake, S409 Sole
salsus S412.01 Soltet
saltare H284 Hvppen, L054 Lecken, S496 Springen
saltatrix S496.02 Springersche
saltus R067 Reke, S496.01 Sprunck, S500.01 Sprunck
saluare H095 Helen
saluator G106 God, H098 Heylant
saluea S031 Salueyge
°**saluia** S031 Salueyge
salum M087 Meer
salus H091 Heyl. – *S:* → salutem optare
salutacio G170 Groet
salutare G171 Grôten
salutem optare G171 Grôten
saluus H092 Heel. – *S:* → saluus conductus
saluus conductus G042 Gheleyde
sambucus A054.01 Alhorn, E044 Elhorn, V130.01 Vleder
sampnia S340 Slypsteyn
sanare (-ri) H095 Helen, N054 Nesen,

N057.01 Nesen
sanctificare H168 Hilghen
sanctimonialis C092 Clostervrowe, N109 Nvnne
sanctuarium (sanctuaria) H167 Hilgedom
sanctus H099 Heyleghe, H166 Hillich
sandalium (scandalium) B210.02 Bischopes hot
sandix W081 Wêt
sangwilentus (sangwinolentus) B251 Blodich
sangwinolentus → sangwilentus
sangwis B247 Blood. – *S:* → fluxus sanguinis
sangwissuga B217.01 Bite, I027.01 Ile
saniare S719 Sweren
sanus G074 Ghesunt, H092 Heel, S677 Sunt. – *S:* → non sanus
sapere M096 Merken, S358 Smecken
saphirus S014 Safyr
sapiencia W249 Wisheit
sapiens B066 Bedreplik, C089 Clook, W245 Wis
sapo S269 Seype
sapor S353 Smak
saporosus S357.01 Smackaftich
saramancia W071 Watsak
saratector D008.01 Dackdecker
saratectus D008.01 Dackdecker
sarbarium S451.01 Spelling
sarbarius S451.02 Spellingbom
sarcophagus S040 Sark
sarrare → serrare
sarrator → serrator
sarta S181 Scratele

sartago P011 Panne, V435 Vurepanne
sartor S178 Scrader
sartorium S178.01 Scrodeltafel
sata S007 Saad, S007.01 Saad, S032 Same
satanas D244 Duuel
satis N083 Nooch
satisfaccio B329 Bote
satisfacere N083.01 Noch doen
sator S232.01 Seger
satur S008 Sad, S045 Sat
saturare (satvrire) S010 Sadegen
saturitas (saturnitas) S008.01 Sadicheyt
saturus S008 Sad, S045 Sat
sauciare (-ri) V348 Vorwunden
sauinus S019.01 Saghenbom, S046 Sauenbom
saxifraga A108.01 Angherwort, A182.01 Auertwort
saxigenus S555.02 Stenich
saxina S289.03 Sichtekaste
saxo S041 Sasse
saxonia S043 Sassenlant
saxonicvm S042 Sassech
saxosus S555.02 Stenich
saxum S552 Sten
scabellum S075.01 Schaueyseren, S103 Scemel
scabere S076 Scaven
scabies S167 Scorf
scabilarius S135.01 Schiltknecht
scabinus S108.01 Scepe
scabiosus S167.02 Schorfftich, S271 Sere
scabrum S075 Scave
scaca (zaca) B011.01 Balstok, C219

Crukke, S548 Stelte
scacus (scaca) S047 Scachtafele. – *S:*
→ ludus scacorum
scala L059 Leddere
scalpere C070 Clavwen, C074 Clegen, C183 Crassen
scampnale B019 Banklaken
scampnum B018 Bank
scandalisare E114 Ergeren
scandalium → sandalium
scandalum L033 Laster, S058 Scande
scandea P102.01 Pram
scandere C083 Clymmen, S578 Stighen, V355 Vpgan, V366 Vpstigen
scansura S537.01 Steghele
scapula S204 Sculdere
scarlaticus S: → scarlaticus pannus
scarlaticus pannus S067 Scarlaken
scarleya S068 Scarleye
scarletum S067 Scarlaken
scarrabeus S125.01 Scharneweuel
scatula M043 Masch
scaturire S497 Springen
scaviola S061.01 Scharlach
sceleratrix S671 Sundersche
sceleratus S669 Sunder
scelus S058 Scande, S670 Sunde
sciencia C111.01 Cunst, W249 Wisheit
sciens W245 Wis
scindere K062.06 Knipen, S385 Sniden
scinus → cinus
scipio R099.01 Ritterstab
scire M096 Merken, W183 Weten
scisma T179 Tweydracht, Z000.25 Zwidrat

scissura (sissura) R086 Rette, R130 Risse, S379 Snede, S384 Snide
scistula → cistula
scitus → situs
scoba B151 Bessem
scola S157 Scole. – *S:* → magister scole
scolaris S159 Scoler. – *S:* → rector scolarivm
scolasticus S158.01 Scholehere
scoria S317 Slage
scorpio S168 Scorpie
scortum H242 Hore
scriba S190 Scriuer
scribere S189 Scriuen
scrinium A157 Arke, C043 Caste, L005 Lade, M043 Masch, S187 Scryn
scriptor S190 Scriuer. – *S:* → penna scriptoris
scriptorium S191.01 Scriuebret
scriptura S188 Scrift
scripturale S191 Scriuermesser
scropha S642 Su
scrutari E136 Eruaren, V271 Vorschen
sculpere B200.01 Bicken, G092 Glauen, G139.02 Grauen, S389 Snitten
scupharius → suffarius
scurra B338.02 Bouinne
scurrilis B338.01 Bouesch
scurrilitas B339 Bouerye
scurro B338 Boue
scutarius S135.01 Schiltknecht
scutella S055 Scale, S175 Scotele
scutifer S145 Scintfestel
scutor calciorum antiquorum R188 Rvtze

scutum B277 Bokeler

se S: → ipsum per se, iste per se

secare H069 Havwen

secatriolum → cecatribulum

secludere S209 Scvppen

secordia A083.01 Amechticheyt

secrete H109 Hemeliken

¹secretum I039 Ingesegel, S239 Segel

²*secretum* H110 Hemelicheyt

secretus H108 Hemelik

secularis V276 Vorghenklik, W162 Wertlich. – *S:* → iudex secularis

seculariter T062 Tidelken

secum M156 Myt ome

secum facere B236 Blenden

secundario A098 Anderwarue, A184 Auer, E011 Echt, N082 Noch ens

secundum N003 Na

secundus A095 Ander, A100 Ander. – *S:* → feria secunda

securare S221 Sekeren

securis E163 Exe

securitas S220.01 Sekerheyt

securum facere S221 Sekeren

securus S220 Seker, W244 Wis. – *S:* → securum facere

secus A096 Anders

secus → cecus

°**sed** S672 Sunder

sedacium S289.02 Sichtebudel

sedarium S227.01 Seydener

sedecim S275 Sesteyne

sedere B197.01 Bisitten, S311 Sitten

sedes S588 Stol

sedicio L012 Laghe

sedile S228 Sedele. – *F:* → sedilia

sedilia S591 Stolte

seduarium → ceduarium

seducere B065 Bedreghen, T053 Tergen, V340 Vorvoren

seductus B065.01 Bedroghen

sedule A063 Alleweghe

seges C157 Corn, S007 Saad, S007.01 Saad

segex C057 Cisek, S310 Sisek

segnis T122 Trach, V422 Vul

segregare A026 Afscheden, D050 Delen

°**seipsum** S243 Sek suluen

selcitudo → celcitudo

sella (cella) S011 Sadel

sellare S012 Sadelen

sellarius S012.01 Sadelmaker

sellator S012.01 Sadelmaker

semel E081 Eens. – *S:* → adhuc semel

semella S255 Semele, W109 Wegghe

semen S007 Saad, S032 Same, S044 Saad. – *S:* → semen aquilegie, semen proicere

semen aquilegie A045.01 Akeleigensåt

semen proicere S232 Seghen

sementolinire K009 Kelken

sementum S007 Saad, S007.01 Saad, S044 Saad

sementum → cementum

semestinus S: → corivm semescinvm

semetipsum S243 Sek suluen. – *S:* → per semet ipsum, perse met ipsum

semicecus S520.02 Starblint

semihostium H089 Heke

seminare S232 Seghen. – *S:* → iurgia seminare

seminator S232.01 Seger

seminescere S009 Saden

°**semiplenus** W030 Wan

semita P000.02 Paat, S576 Stich

semiuacuus W030 Wan

semper A063 Alleweghe, A075 Althen, E157 Euen, E162 Eweliken, I056 Io

semperviua H291 Hvslok

sempiterne E162 Eweliken

sempiternus E161 Ewych

senectus A053 Alder, O015 Oldinghe

senescere O013 Olden

senex O011 Olt

senilis O013.01 Oldelecht

senior E036 Elder

senium A053 Alder, O015 Oldinghe

sensacio A007.02 Achte, A037 Ahte

sensatus W245 Wis

sensere → censere

sensus S297 Syn. – *S:* → hoc sensu

sentencia O034 Ordel, S298 Syn, V437.01 Vrtail

sentenciare O035 Ordelen, R094 Richten

sentire R169 Roren, V225.01 Volken

separare A026 Afscheden, D050 Delen, S081 Sceden, V308 Vorscheden

sepe D075 Dicke, S529 Stedelken, V004 Vakene

sepelire (sepilire) B080.01 Begrauen, G139.01 Grauen

sephirus W177 Westnortwest

sepire C218.05 Czunen, T166 Tunen

sepissime A057 Allerdickest

sepius S529 Stedelken

seps T165 Tun, Z000.23 Zun

septem S280 Sevene. – *S:* → decem et septem

septemtrio N093 Norden

septimana W080 Weke

septimus S282.02 Seuende

septingenta S283 Sevenhvndert

septistellium S284 Sevensterne

septuagenarius S284.02 Seuental

septuagenus S284.01 Seuentegeste

septuagesies S282.01 Seuenhundertwerff

septuaginta S282 Seuentich

sepulchrum G131 Graff

sepum T008 Tallich, V201 Vnslet

sequestrare S081 Sceden

sequi V231 Volghen, V232 Volgen

sera S343 Slot. – *S:* → sera portatilis

sera portatilis M019 Malenslot

serare B154.01 Bescluten, S348 Slvten, T109 Tosluten

serenus C065 Claar, C067 Claar, F006 Fyin, L216 Lutter, P139 Pvr, S146 Scir

sericius S294 Siden

sericum S292 Side. – *S:* → de serico

series R105 Rige. – *S:* → ad seriem ponere

seriose E127.01 Erenstlyken

seriosus E127 Ernsthaftich

serium E125 Ernst

sermo M091 Mere, P106 Predeginge, R046 Rede, S016 Sage, S489 Sprake

sermocinari C163 Cosen, P105 Predegen, R048 Reden

sermocinator P108 Predeger

sero L035 Late, A185 Auent

serotine L035 Late, S429 Spade

serotinus *S:* → tempus serotinum

serpedo M041 Massele
serpens S320 Slange, S374 Snake
serpentina   N012   Naderwort,
W087.01 Wedewe
serpere S337 Slingen
serra S017 Sage
serrare (sarrare) S019 Sagen
serrator (sarrator) S017.01 Sagher
sertum (certum) C182 Crans, S039.01
Sappel
seruare B090 Behôden, B184 Bewaren, H086 Heghen, H195 Hoden, H211
Holden, W055 Waren
seruicium D062 Denst
seruipa M087.02 Meringhe
seruire D059 Denen
seruitor C106 Cnecht, D057 Dener
°**seruitrix**   D058   Denerynne, M005
Maget
serum W010 Wadeke
serusum dulce W254 Wisselbere
seruus   C106   Cnecht, D057 Dener,
K062.08 Knecht
sespes → cespis
seta B312 Borste
setare B313 Borsten
setistrum B312 Borste
seu A069 Also
seuerus G132 Gral, G134.02 Grimmich, G154 Grimmech, G154.02 Grimmelik
seuicia G134.01 Grimmicheit, T102
Toren
seuire G135 Gransen, T104 Tornen
seuus   G134.02   Grimmich, G154
Grimmech
sex S273 Sesse

sexagenarius   S154   Scok, S276.03
Sestichtal
sexagenus S154 Scok
sexagesimus S276.03 Sestichtal
sexaginta S154 Scok, S276 Sestich
sexies S276.02 Sexwerue
sexingenta S276.01 Seshundert
sexternus S276.06 Sexterne
sextuplex S276.05 Sesvoldich
sextus S276.04 Seste. – *S:* → feria
sexta
sexus C240 Cv̂nne
si E017 Eft
sya S738.01 Swinlus
sibeldingum S287 Sibeldink
sibi S242 Sek
sibilare S686 Susen
sibilla S286 Sibille
sic A071 Also, I001 Ia, S399 So. – *S:*
→ non sic
siccare D066 Děren, D205 Drugen
siccarium A176.01 Asen
siccus D127 Doyr, D191 Droge, D204
Drughe
sicedulus S385.01 Sippe
siciens D146 Dorstech
sictarinus B364.01 Brikkenstok
sictrum H266.01 Hauwelblock
sicud A069 Also
sicuti A069 Also
sidus S565 Stern
sigillacio B153.01 Besegelinge
sigillare B154 Besegelen, S239.01 Segelen
sigillator S240.01 Segeler
sigillum I039 Ingesegel, S239 Segel,
S272.01 Segel

signaculum C050.04 Czeichen, T029 Teken

signanter T031.01 Tecklyken

signare M018 Malen, M095 Merken, T031 Tekenen

signetum (singnetum) I039 Ingesegel, M009 Maal, M094 Merke, S272.01 Segel

significacio B071 Bedůtnisse

significare B070 Bedůden

signum C050.04 Czeichen, M009 Maal, M094 Merke, T029 Teken, T034.02 Tel. – *S:* → signum galee

signum galee H102 Helmteken

signus → cignus

silago B234.01 Bley

silencium S581 Stilnisse

silere S730 Swigen

silex K039 Keserlink

siligeneus (siligenus) R194 Rvgen

siligo R152 Roge. – *S:* → de siligine

siliqua (silique) D165.01 Dreff, S231 Sey

silua F011.05 Forst, H218 Holt, W279 Wolt

siluestris W215 Wilde

symea A140 Ape

simex → cimex

similare L127 Liken

similis G038 Ghelyik, L125 Lik

similitudo L128 Likenisse, S542 Stelt-nisse

simplex A080 Alwern, E097 Eenvol-dich

simul M157 Mydenander, T108 To-samen

simula S255 Semele

simulacrum A018 Afgod

simulare G036 Geliken

sinapi S268 Senp

sinapium S268 Senp

sinciber → zinciber

sinciput (cincipud) V299 Vorhouet

sincopare B164 Beswoghen

sincopis B165 Beswoginge

sindere S389 Snitten

sindo S301 Syndal

sine A089 An, A105 Ane, B086 Be-haluer, B162 Besunder, S672 Sunder

sine fine E162 Eweliken

sine interuallo A075 Althen, D159 Drade

sine termino E162 Eweliken

sinere L037 Laten, V283 Vorhengen

singere → cingere

singnetum → signetum

singularis B161 Besunder, S673 Sun-derich

singulariter B163 Besundern, S674 Sunderliken

singuli → singulus

singultare G087.01 Ghisscen, S193 Scucken

singultus S193.01 Schuk, S403 Sode-slucken

singulus (singuli) A048 Al, I061 Io-welek

sinister L159 Lochter, L193 Luchter. – *S:* → sinister manus

sinister manus L196.01 Luchter hant

sinobrium → cinobrium

sinodus S258 Sent. – *S:* → accusare in sinodo

sintilla V433 Vunke

sinus S172 Scoet
siren M101.01 Merwiff
siropus (sirupus) S309 Syrup
sissura → scissura
sistere S278 Setten, W166 Wesen
sistrum T002 Tabugere
sitibundus D146 Dorstech
sitire D145 Dorsten
sitis D144 Dorst
situs (scitus) L011 Lagen, S527 Stede
slauia W125.02 Wentlant
°slauus W125.01 Went
°slinipendria (slimberida) S144.02
Schůrcztůch
smigma S269 Seype
soboles K055 Kint
sobrius N085 Nochteren, N106.02
Nuchteren
socer M133.11 Myner hůsvrowen vader, S692 Swager
socius C238 Cumpan, G073 Gheselle
socrus S692 Swager
sodalis C238 Cumpan, G073 Gheselle
sol S676 Sunne. – *S:* → dies solis,
ortus solis
solacium T144 Trost
solamen T144 Trost
solarium B291 Bône
solea S248.01 Selle, S408 Sole
solempnis E120 Erlik
solempnitas E107.03 Erberlicheyt,
H189 Hochtit
solercia C090.01 Clockheyt, W249
Wisheit
solere P076 Plegen
solers W245 Wis
solicitare B153.02 Besorghen

solicitudo F018.40 Flisß, V145 Vlit
solicitus S427 Sorchvoldich, V145.01
Vlytich
solidus S137 Scillinc, T178ª schilling
solopendia H052.01 Hartestunge
°soluere B167 Betalen, L179 Losen. –
S: → soluere promissum
soluere promissum L104 Leesten
¹solum E103 Erde
²solum O001 Ocker
solummodo A059 Alleyne, O001
Ocker
solus A059 Alleyne
solutus L062 Ledich, L176 Los
sompniare D194 Dromen
sompnilencia S327.01 Slapericheyt
sompnium D193 Drom
sompnolentus S327 Slaperech
sompnus S322 Slap
sona → zona
sonare L201 Luden
sonative L203 Lude
sonorose L203 Lude
sonorosus (sonorosum) G032 Ghel,
H090 Hel, H145.01 Hel
sonorum H090 Hel
sonus D111 Dom, D116 Don, L200
Lud, S052 Scal
sophia S405 Sophele
sopor S322 Slap
soporare S326 Slaperen, S327.02
Slaprich maken, S342 Slommen
soporosus S327 Slaperech
sorbere S678 Supen
sorbicium S679 Supen
sorbilis S678.01 Suplick
sordere S582 Stinken

sordescere S582 Stinken

soror S684 Suster. – *S:* → soror uterina

°soror uterina (vterina soror) B279ᵃ Suster van der moder wegen

sororius M133.12 Myner suster man, S692 Swager

sors L181 Lot, L197 Lucke

sortiri L183 Lotten, L198 Lvkken

sospes G074 Ghesunt, S677 Sunt

sotular B328.01 Botzscho, B407.02 Butscho

spaciari S428 Spaceren, S438 Spasceren

spaciosus R198 Rvm

spacium B233 Blek, L072 Leyk, P067 Plan, P070 Plas

spacus D158 Drat

spargere (spergere) S493 Sprengen, S617 Stregen, V321 Vorstregen

spasmus C176 Crampe

spatula S479.01 Splittere

specialis B161 Besunder, S673 Sunderich

specialitas S673.01 Sunderlicheit

specialiter B163 Besundern, S674 Sunderliken

species C222 Crûde, W304.01 Worte

speciosus G076 Gheue, S164 Scone, S590 Stolt, S688 Suuerlich, V386 Vrisch, W088 Weddelich

spectare A116 Anhoren, A116.01 Anhoren, B303 Boren, H245 Horen, T077 Tobehoren

specula W051 Warde

speculare S445.01 Spegelen

speculatiuus B138.01 Beschouuelick

speculator W053.01 Warder

speculum S445 Speygel

¹specus G172 Groue

²specus S445.02 Speyke

spelta S451 Spelte

spelunca C234 Cule, G172 Groue

sperare H237 Hopen

spergere → spargere

spericus T138 Trint

spernere V312 Vorsman

spes H236 Hopene

spica A147 Aar, S474 Spir

spiculum P051 Pil

spillingum S469 Spillink

spillingus S472 Spillinkbom

spina D139 Dorn, R193.01 (*s.v.* Rukeknoke). – *S:* → de spina

spineus D140 Dornen

spinter S455.01 Spenele

spintrum S469.02 Spynde, S473.01 Spint

spirare R196 Rvken

spiritalis G071 Gheistlik

spiritualis G071 Gheistlik

spiritus G070 Gheist, S247 Sele

spirlingus S475 Spirlink

spissus D074 Dicke

splen M127.02 Milte

splendebat S105.01 Sceen

splendens C065 Claar, P140 Pvr

splendere G097 Glinstern, S142 Scinen. – *F:* → splendebat

splendidus B223 Blank, C065 Claar, P140 Pvr

splendor G090 Glans, S141 Scin

spoliare B136 Berouen, R148.01 Rouen, R181 Roven, S143 Scinden,

S607.01 Strôfen
spoliator R182 Rover
spolium R148 Roof
sponda (spondea) B164.01 Bethlade,
S434 Spanbedde
spondalium R193.01 Rukeknoke
spondea → sponda
spondere L188 Louen
spongia S695 Swam
sponsa B376 Brut
sponsio L190 Louede
sponsus B372 Brodegamme. – *S:* →
oculus sponsi
spontanee W209 Willichliken
spontaneus W208 Willich
sponte W209 Willichliken
sporta C154 Corf, K060 Kipe,
K062.41 Korff
spretus S351 Smaheyt
spuma S205 Scvme. – *S:* → spuma
auri
spuma auri G118 Goltschume
spumare S206 Scvmen
spumosus S206.01 Schumich
spurcicies V199 Vnreynechet
sputare S446.01 Spigen, S465 Spigen
sputum S446 Spekele, S464 Spige
squalor (svalor) S480 Spoel
squalus H238.01 Hoppsyge
squama S176.01 Schoue, V154.01
Vlome
stabilire S530 Stedegen
stabilis B158.02 Bestendech, S528
Steyde
stabilitus S530.01 Stedicheyt
stabulum S508 Stal. – *S:* → stabulum
porcorum

stabulum porcorum C168 Coue,
S153.01 Schot
stagnum M090 Meer, S216 See
stamen W059 Warpe
stanneus T048 Tenen, T070.02 Tynnen
stannum M046 Mataan, M048.03
Metael, T039 Then, T070.01 Tyn. – *S:*
→ de stanno
stare S514 Staen. – *S:* → bene stare
statera W011 Waghe
statim B283 Bolde, D159 Drade,
S118 Scere, T083 Tohant
statua P052 Piler, S655 Sule
statuere R039 Recht setten, S278 Setten
statutum S230.02 Sette, S277 Sette
stella S565 Stern
stellio M207 Mvl
stephanus S531 Steffen
sterilis G001.01 Galt, G191 Gûste
sterilitas G191.01 Gusticheyt
sternere B058 Bedden, S614 Strecken
sternutacio S395.01 Snorkinghe
sternutare N078.01 Nisen
stertere S395 Snorken
stilarium G153.01 Griffelcôker
stilla D195 Drope, T129ᵃ drape
stillare D207 Drupen, R120 Rynnen,
S305 Sipen, T132ᵃ drupen
stillicidium D208 Druppe, G124 Gote
stilus G153 Griffel, S574.01 Sticke,
S575 Stikke
stima B336.01 Bottervaat
stimulare C107 Cnypen, K062.06
Knipen, P104 Prekelen, P115 Prikken
stimulus P103 Prekele

sublimare H203 Hoghen, V353 Vpboren
sublimitas H202 Hoghe
sublimus H188 Ho, H203.01 Hoch
submentum C117.01 Coder
submergere D174 Drenken, V269.01
Vordrinken
submersus V269 Vordrunken
subridere B095.01 Belachen
subsanacio H230 Honheyt
subsanare B095.01 Belachen,
B146.03 Bespotten, G028 Ghecken,
H230.02 Honen
subsanatiuus H229 Hoenlik, H229.01
Honen, S440 Spey
subsanator G029 Ghek, H230.01
Honer
subsidium (subcidium) H275 Hulpe
subsistere W054 Waren, W123 Wenden
subsolanus O047 Ostenwind
substamen W198.01 Wiffel
subtalixis C092.01 Clotze
subter V173 Vnder
subtilis B088 Behende
subtilitas B089 Behendecheyt
subtrahere S540 Stelen
subtus D020.01 Daneder, V173 Vnder
subuencio H275 Hulpe
subuenire H103 Helpen
subuertere S599 Storten, S600 Storten
subula P111 Prene, S689 Suwele
subulcus S714 Sweyn, S735.01 Swin-
hirt
subuncula L030 Lappe, S645.02
Schùrlicz

subunculare B332 Bôten, L031
Lappen
subunculator L031.02 Lepper
suburbium V242 Vorborch, V318
Vorstat
sucarium (sukkarum) S646 Sukker
succarum de candia → succulcandi
succedere G011 Gan, N009.01 Na-
komen, V233 Volgen
succentor V318.02 Vorsengher
successiue L090 Lengesem, N013 Naenander
successiuus L089 Lengesem, N010.01
Naeynander
successor N010 Nacomelinc
succosus S039.02 Sapich
°**succrescere** (subcressere) V358 Vpgan, W063 Wassen
succulcandi (succarum de candia)
S647 Sukkercandi
succurrere H103 Helpen
succus S039 Sap
sudale S724.01 Swetdrope
sudare S725 Sweyten
sudarium S725.01 Swetdouck
sudes P003 Paal, T165.01 Tunstake. –
S: → sudibus firmare
sudibus firmare P004 Palen
sudor S724 Sweyt
sudorosus S724.02 Swetich
sudus S724.02 Swetich
suere N034 Neghen, S690 Suwen
sueuia S703 Swauenlant
sueuus S704 Swaue
suffarius (scupharius, supharius)
S469.01 Spillingbom
sufferre L119 Liden

sufficere G049 Ghenoghen, N082.01 Noch syen, N089 Noghen

sufficiencia N084.01 Noettroft

sufficienter N084 Noochliken, V437 Vuste

sufflare B228 Blasen, P142 Pvsten

suffocare D052 Dempen, L101 Leschen

suffocari V322 Vorstikken

suffragari H103 Helpen

suffragium H275 Hulpe

suffusus V268 Vordrunken

sugere S653 Sughen

sugestio S207.01 Schuldinghe

suggerere (suggere) R009 Raden, S207 Scvnden

sukkarum → sucarium

sulcus F011.08 Furch

sulfur S726 Sweuel

sulfurius S726.01 Sweuelich

sulsa S658 Sulte

sumere N090 Nommen

summa S667 Summe

summare O071.01 Ouersclån

summus O071 Ouerste. – *S:* → summus pontifex

summus pontifex P029 Pawes

sumnium D110.01 Dom

sumptuosus C050.06 Czerhaftig, T054 Teraftich, Z000.09 Zerhaft

sumptus C050.05 Czerunge, C165 Cost, K062.31 Kost, T052 Teringe, Z000.08 Zerung

suparus S634 Stuke

superare O070 Overwinnen, W235 Winnen

superatus V349 Vorwunnen

superbia H257 Houart

superbire H258.01 Houerdige driuen

superbus D109 Dol, H258 Houerdich

supercedere → supersedere

supercilium O005 Ogenbran, W223 Winbran

supereccedens O073 Ouerulodich

°**superesse** O065 Ouerlopen

superficialis O061.13 Ouerheuich

superficies O061.14 Ouerste del eyns dinghen

superfluere O065 Ouerlopen

superfluitas O061.16 Ouervlodicheyt, O074 Ouerulodicheyt

superfluum O062 Ouerulot, O066 Oueroke

superfluus O061.15 Ouervlodich, O072 Ouerech

superhabundancia O074 Ouerulodicheyt

superhabundans O073 Ouerulodich

superhabundare O065 Ouerlopen

superiorare H203 Hoghen

superioritas H202 Hoghe

superius O058 Ouen, O060 Ouer, V361 Vppe

supernitas H202 Hoghe

supernus H188 Ho, H203.01 Hoch

superpellicium (superplicium) R191 Rvchelen, R191 Rvchelen

superscripcio M211 Mvnte

supersedere (supercedere) V076.01 Versten

superstes O061.05 Ouerbliuen

supharius → suffarius

suplicacio B050 Bed

suppellectilia G051 Gherascop, H287

Hvsrad
supplicare B202 Bidden
supplicium P055 Pine
supra O058 Ouen, O060 Ouer, V361
Vppe
supremus O071 Ouerste
sura W008 Wade
surculus P100.05 Potte
surcus P100.05 Potte
surdescere D157 Douen
surdus D102 Dof
surgere V365 Vpstan
sursum trahere V367 Vpthen
sursumtractor V367.01 Vptogher
sus S642 Su
suscipe S216.02 Se
suscipere E086 Entfangen, N090
Nommen. – *F:* → suscipe
suscitare E141 Erwecken, V368 Vpwekken, W079 Wekken
suspeccio → suspicio
suspectus V251 Vordacht
suspendere H116 Henghen
suspensiua A176.01 Asen, W218
Wime
suspensor H117 Hengher
suspicari M139 Misdunken, T063
Tigen, V260 Vordenken
suspicio (suspeccio) B138.06 Bose
wån, T063.01 Tyginge, V250 Vordacht,
V253.02 Vordechtnisse, V260.01 Vor-
dechnisse
suspiciosus B138.07 Bosewanich
mensche
suspirare S645 Suchten
suspirium S645.01 Suchtighen
sustinencia L120 Lident

sustinere D104 Doghen, E090 Entholden, L119 Liden
susurrare B285 Bolderen, R202 Rvnen, R209 Rvschen, S396 Snvven, S685
Susen
sutor S162 Scomeker. – *S:* → scutor
calciorum antiquorum
suus S299 Syn
swadere R008 Raden. – *S:* → peruerse
swadere
swagera M133.14 Myn swegerinne
aller mageschap
swagerus M133.15 Myn swager
swecia S706 Swedenlant
sweda S706.01 Swede

T

tabella T004 Tafelle
tabellio S190 Scriuer
taberna T020 Tauerne
tabernarius T021 Tauerner
tabernator T021 Tauerner
tabula T004 Tafelle
tacere S730 Swigen
tacidus → tacitus
tacitum facere S580 Stillen
taciturnus (taciturus) S579 Stille
tacitus (tacidus) S579 Stille. – *S:* →
tacitum facere
talamus → thalamus
tale S404 Soden
talentum P137 Pvnt
talis *F:* → tale. – *S:* → talis modi
talis modi (tali modo) A071 Also,
S399 So, S404.01 So

taliter A071 Also, S399 So
talpa M168.01 Mol, M170.03 Multworp, W239 Wintworp
talus A091.01 Anclaw, E076 Enkel,
W304 Worpell
tam S400 So. – *S:* → tam grande, tam
magnum
tam grande H255 Hote
tam magnum H255 Hote
tamen I052 Iodoch
tamquam A069 Also
tangere G156 Gripen, R017 Raken,
R168 Roren, R169 Roren, T003 Tacken,
T017 Tasten, V228 Volen. – *S:* → basim
tangere
tantum A059 Alleyne, A074 Also
uele, O001 Ocker
tantummodo A059 Alleyne, O001
Ocker
tantundem A059 Alleyne
tapecium T050 Teppet
tarantara → taratantara
tarantula T013 Tarant
taratantara (taratantera, tarantara)
S289.02 Sichtebudel, S289.04 Sigdoeck
taratantarisabilis S289.05 Sichtlich
taratantarisare B408.01 Bùtlen,
S289 Sichten
taratantarisator S289.01 Sichter
taratantera → taratantara
tardare S665 Sumen
tarde L035 Late, S429 Spade
tarditas T123 Tracheyt
tardus F018.72 Fuel, M055 Mekelik,
T122 Trach, V422 Vul, W260 Vul
¹tartarus H100 Helle
²tartarus T014 Tateren

tartela T130.02 Trostel
taxare A005.05 Achten, A007.03
Achten, A039 Ahten, W146 Werdegen
taxillus W304 Worpell. – *S:* → ludere
cum taxillis, lusor cum taxillis, lusor taxillorum
taxus H276 Huls
teca S187 Scryn
tector D008.01 Dackdecker
tectorium D035 Dekkel
tectum D008 Dak
tectura D037 Dekken
tecum M154 Myt dy
teda B349 Brant
tedale B350 Brantysern
tedarium B350 Brantysern
tediosum S681 Sur
tediosus T122 Trach, V267 Vordretlich
tedium V190 Vnghemak, V265 Vordret
tegere D036 Dekken
tegimen B050.04 Bedeckinge
tegmen B050.04 Bedeckinge
tegmentum → tegumentum
tegula L041 Latte
tegumentum (tegmentum) B050.05
Bedeckinge
tela aranee S454 Spenneweuel
tellerium T033 Teller
tellus E103 Erde
telo B309.01 Bornroude
telum B287 Bolte, P051 Pil
temerarius C139 Cone, D186 Driste,
D222 Dumkone
temo D088 Disle
tempestas V209 Vnweder

tempestiue T062 Tidelken

tempestiuus T061 Tidech

templum G111 Godeshus, K025 Kerke, T037 Tempell

temporalis T060.01 Tidlick, T061 Tidech, V276 Vorghenklik, W162 Wertlich

temporaliter T062 Tidelken

temporanius T061 Tidech

temporinus T060.01 Tidlick

temptare B095 Bekoren, P077 Pleghen, V314 Vorsoken, W052 Warden

tempus T060 Tit, W205 Wile. – *S:* → aliquo tempore, fortunatum tempus, isto tempore, quodam tempore, tempus breuissimum, tempus rogacionis, tempus serotinum, tempus veris

tempus breuissimum W205ᵃ Corteste wile de sin mach

tempus rogacionis C218 Cruceweken

tempus serotinum A185 Auent

tempus veris M059.01 Meytijd

tenacitas T001.01 Taheyt

tenaculum C177 Crampe, H076 Hechteken, S538 Stel

tenax T001 Ta, T022 Teyge, Z000.04 Zåche

· *tene* S216.02 Se

tenea B102.01 Bendel

tenebre D238 Dusternisse, V110.01 Vinsternisse

tenebrositas D238 Dusternisse, F011.03 Finsternůß

tenebrosus D228 Duncker, D237 Duster

tenella C037.03 Czange, C095 Clucht, T011 Tange

tenellus L217 Luttek

tener L217 Luttek

tenere H210 Holden. – *F:* → tene

tentorium P026.01 Paulun, R068.01 Reme

tenuis D229 Dvnne

teolonarius → theolonarius

tepefactus W262.02 Wlack

tepidus W262 Wlak

tepor W262.01 Wlackheyt

ter D180 Dryghe

tercius D179 Dridde. – *S:* → feria tercia

terebellum B293 Boer, N066 Neueger, S729 Swik

terebrare B293.01 Boren

teredo H216.01 Holtworm

terere W321 Wriuen

teres S261 Senewolt, T137 Trint

tergere W253 Wisschen

tergum R193 Rv̊ge

terilis M183 Moyre

terma M002 Made

terminare E066 Enden, W124 Wenden

terminus E065 Ende. – *S:* → sine termino

ternus D179 Dridde

terpedica C030.01 Caruele

terra E103 Erde, E134 Ertrike

terrenus E104 Erdich, I024.03 Irdester

terrere G154.01 Grimmen, S183 Screcken, V339 Vorveren

terrestris deus P029 Pawes

terreus E105 Erden

terribilis G154 Grimmech, G154.02 Grimmelik, V339.01 Voruerlick

territorium B051 Bede, L080 Lendeken

territus V339.02 Vorscricket

terror V339.03 Vorscrickinghe

tessera W304 Worpell

testa D122 Dop, S085 Scelle, S094 Scelle, S126 Sceruen, T056 Test. – *S:* →
testa capitis

testa capitis B357.01 Bregenpanne

testamentum S248 Seleghereyde, T057 Testament

testari C218.03 Czugen, T163 Tughen, Z000.22 Zùgen

testicularium (testicularius) H256.01 Hotsaack

testiculus H196.01 Hode zeck

testificari C218.03 Czugen, T163 Tughen, Z000.22 Zùgen

testificator T163.01 Tugher

testimonium T162 Tuchnisse, Z000.21 Zùgnùst

testis T161 Tuch

testudinem facere W288 Woluen

testudo M222 Mvsschele, S388 Snigenhvs, W287 Wolue. – *S:* → testudinem facere

tetenda S432 Span

tetendere → detendere

teutonia → theutonia

teutonicum (teutunicum) D214 Dudisch

teutunicus → theutonicus

teutunisare → theutonisare

texere W186.02 Weuen

textor V089.01 Veuer, W186.01 Weuer. – *S:* → mola textoris

textus T058 Text

thalamus (talamus) S325 Slapcamere

thanius T096.01 Tombete

thaurus O049 Osse, S565.01 Stier

theatrum K062.22 Koufhuß

theloneum → theolonium

theodericus D076 Diderik, T064 Tile

theolonarius (teolonarius) C048.02 Czolner, T091 Tolner

theolonium (theloneum) C048.01 Czole, T089 Toll, Z000.14 Zol. – *S:* → theolonium dare

theolonium dare T090 Tollen

thesaurus S073 Scat

theutonia (teutonia) D212 Dudischlant

theutonicus (teutunicus) D213 Dudis

theutonisare (teutunisare) D215 Dudisch spreken

thorifex P074 Platemeker

thuribulum W243 Wirekvat

˚**thurificare** W243.01 Wyrroken

thus W242 Wyrok

tibia C104.01 Cnetridele, C106.02 Cneschiue, S735.02 Swegel

tibris T059 Tyber

tidericus D076 Diderik, T064 Tile

tigillus S316 Slage, S332 Slegel

tignus S436 Spare

tiguriare S211.02 Scuren

tilia L142 Linde. – *S:* → de tilia

tiliaceus L143 Linden

tymeania T065 Tymea

timere E025 Eysen, F018.61 Forchen, V243 Vorchten, V392 Vrochten

timidus B250 Bloyde, S005 Sachheftich, V437.04 Vnkůne

timor A109 Angest, F018.60 Forcht,

V018 Vare, V244 Vorchte, V391 Vrochte. – *S:* → timorem incutere

˚**timoratus** B250 Bloyde, S005 Sachheftich

timorem incutere S183 Screcken

timorosus V070 Verlich

tympanare B401 Bunghen, C078.01 Cleppen

timpanator S093.01 Schellen- vel eyn klockluder

timpanistria (timpanista) B400.01 Bungher

timpanum B400 Bunghen

timpus D230 Dunnink

tina C218.07 Czuber, S639 Stunse, T114 Touer

tinale T114.01 Touerbom

tinctura V087 Verwe

tinea M065.01 Mele, M225 Mvtte

tingere F018.19 Ferwen, V088 Verwen

tiria I048 Iokele

tiriaco (tiriaca) D183 Dryakel

tiro R101 Ridder

titan S676 Sunne

titillare K046 Kettelen

titubare S513 Stameren, S603 Stoteren

titubus S603.01 Stoterich

tociens A072 Also dicke

tofus → tophus

toga H243.01 Hoycke

tollerancia L120 Lident

tollerare D104 Doghen, L119 Liden

tollere V030.01 Vaten, V353 Vpboren

tonare D118 Donnern

tondere S116 Sceren

tonitruare D118 Donnern

tonitrus D117 Donner

tonitruum D117 Donner. – *S:* → ictus tonitrui

tonsor S117 Scerer

tonsura P075 Platte

tonus W247 Wise

tophus (tofus) D217.01 Dŏfstain, T157.01 Tŏfstain

torax P073 Plate

torcular P043 Perse

torculare P044 Persen

tormentare P056 Pinegen

tormentilla F002.01 Ficwrt

tormentum P055 Pine

tornamentum T107 Torney

¹**tornare** D171 Dreygen

²**tornare** (torneare) H066.01 Haueyren, T107.03 Torneren

tornarius T107.02 Torneyr

tornator D172 Dreyger, H066.02 Haueyrer, T107.02 Torneyr

tornatura T107.04 Torneyringhe

torneare → tornare

torquere P056 Pinegen

torques F018.07 Fassunge, V033 Vatinge

torrens B005.01 Bach, B046 Becke

torta C121 Coke. – *S:* → tortas facere

tortas facere C122 Coken

tortor H117 Hengher, P056.01 Pyneger

tot A073 Also mennich, A074 Also uele

totaliter G050 Gensliken, V149 Vlle bedulle

totidem A072 Also dicke

totum A050 Al, A067 Altomale, A076 Altomale, V149 Vlle bedulle, V362 Vppe

totus A047 Al, A049 Al, C066 Claar, G013 Gans, H089.01 Hel, I019 Idel. – *F:* → totum

trabale L209 Lvns

trabea B284 Boldeken

trabs B013 Balke

tractare H029 Handelen

tractim S004 Sachte

tractulare R016 Raken

tractus T080 Toghe

tradere G078 Gheuen. – *S:* → obliuioni tradere

traha C220 Crukke, C220.01 Crucke, H046 Harke

°**trahale** S253 Sele

trahere R042 Recken, S331.01 Slepen, T042 Then. – *S:* → moram trahere, sursum trahere

trames T126 Trame

trans D128 Dor, O059 Ouer

transactus V274 Vorgan

transcendere O061.01 Ouerstighen

°**transducere** O061.12 Ouervoren

transeas G001 Ga

transferre O061.02 Ouerdreghen

transfretare O059.01 Ouerscheppen

transgredi O061.03 Ouergaen, O075 Overtreden

transgressor O061.04 Ouertreder

transi G001 Ga

transieccio O061.06 Ouerwerpinghe

transire G010 Gan, O061.07 Ouergån. – *F:* → transeas, transi. – *S:* → transire domi

transire domi I037 Ingan

transitorius V276 Vorghenklik, W162 Wertlich

transitus G012 Gank, O061.08 Ouerganck, R082 Rese

°**translegare** S263 Senden

transmeare O061.07 Ouergån

transmigracio O061.08 Ouerganck

transmigrare O061.07 Ouergån

transmittere O061.09 Ouersenden

transparens C067 Claar

transpicuus C067 Claar

transsumere O061.10 Ouernemen

transsumpcio O061.11 Ouerneminghe

transversim D249 Dwers

°**transuersum** D249 Dwers

transswersus T181.01 Twersch, Z000.28 Zwerch

trapiseta Z000.03 Zalbrett

trapisetum (trapezetum) W174 Wesselbank

tremere B177 Beuen, S278.01 Settern

tremulus A176.02 Aspe, E150 Espe

trenus T134.01 Tranich

trepidus B177.01 Beuich

tres D165 Dre

treueris T134 Trere

treuge D002 Dach

tribuere G078 Gheuen

tribula F018.37 Flegel, V134 Vleghere

tribulacio N100 Noot, P055 Pine

tribulare (-ri) P056 Pinegen, S601.01 Stoten

tribulum S593.01 Stoter

tribulus D089 Distele, S593.01ª distel

tribunal R099 Richtestol

tribus S328 Slechte

tributum S170 Scot. – S: → tributum dare

tributum dare S174 Scoten

trica F018.35 Flechte, V128 Vlechte

tricare F011.07 Flechten har, V129 Vlechten

tricatura F018.35 Flechte

tridens G144 Grepe

trifolium C071 Cle, K010.01 Kle

triformis D181 Drygerleyge

triginta D187 Drittich

trimodus D181 Drygerleyge

trina vice D180 Dryghe

trinum D178 Dreuolt

trinus S: → trina vice

tripa K062.48 Kuttlen

tripes D177 Dreuet

triplex D178 Dreuolt

tripudians V393 Vrolich

tripudiare (-ri) V401 Vrowen

tripudium R060.01 Rege

tristari B068 Bedrouen, D199 Drouen, M165 Moghen

tristicia B069 Bedrofnisse, D190 Drofnisse, I007 Iamer

tristis B067 Bedrouet, D200 Droue, M164.01 Modelik, T152 Trurech

triterium (tritorium) F018.30 Fissel, R090 Ribiseren, V113 Visell

triticeus W182 Weten

triticum W181 Wete. – S: → de tritico

tritorium → triterium

tritula F018.37 Flegel, V134 Vleghere, V152.01 Vlogel

tritulare D068 Derschen

tritulator D067 Derscher

triuilinium D171.01 Dreil

triumphalis S241.02 Segeuechtlick

triumphare S241.01 Segeuechten, W235 Winnen

triumphus S241 Segevacht

trocus C250 Cůsel, T130.01 Topf

tronus dei H172 Himmel

tropa T144.01 Troute

tropheum S241 Segevacht

trucula H088.01 Hekele

trudere S545 Steken, S601 Stoten

trufare D167 Dreghen, G028 Ghecken, O056.03 Oůen, P079 Plenghen, T172 Tusschen

trufator D169 Dreegher, G029 Ghek, T173 Tusscher

truffa D189 Drochnisse

trulla B010.01 Balie, K010 Kelle

truncare B150.02 Besniden, S586.01 Stocken

truncus B254 Blok, R162 Rone, S512 Stam, S549.01 Stemme, S585 Stok

trusile S525.01 Steckemes, S547 Stekemester, S602 Stoter

trusorium R018 Ramme

truta V297 Vorne, V308.01 Voren

trutina W011 Waghe, W014.01 Waghe, W192 Wichte

trutinare W107 Weghen

tu D209 Du

tuba B033 Basune, B158.05 Besune

tuber K062.43 Kropf

tuber → tubor

tubicen B035 Basůner, B158.04 Besuner

tubicinare B034 Basunen, B158.03 Besunen

tubor (tuber) T167 Tunder
°tuchia (tucia) H293 Hutterok, T174 Tuteaan
tueri B143 Bescermen
tugurium B265 Bode, H014 Halle, H292 Hutte, S210 Scur
tuidem S660ª Du suluen
°tuinare T181 Twernen
tuinum → twinum
tuipse D240 Du suluen, S660ª Du suluen
tumba G131 Graff, S040 Sark
tumescere S711 Swellen
tumet S660 Suluen
tumetipse D240 Du suluen, S660ª Du suluen
tumidus B226 Blas, S711.01 Swollen
tumor S711.02 Swel
tumultus H123 Her, V360 Vplop
tumulus G131 Graff
tunc D060 Denne, D091 Do
tunda S150 Schiue
tundere S550 Stempen
tunica B375 Bronige, G090.01 Gelkittel, R137 Roc, R153 Rok
°tunna T169 Tunne
tuntorium S551 Stempel
tuperte D240 Du suluen
tuperteipsum D240 Du suluen, S660ª Du suluen
turba S066 Scare
turbacio B069 Bedrofnisse
turbare B068 Bedrouen, D199 Drouen, M165 Moghen, W269.03 Wlomen
turbatus B067 Bedrouet, D200 Droue
turbidus W270 Wlom
turbo D248.01 Dwer, S598 Stormwint

turbulencia B069 Bedrofnisse
turbulentus B067 Bedrouet, D200 Droue
turdus S491 Spre
turgere S711 Swellen
turingia D137 Doryngen
turingus D138 Dorink
turma S066 Scare
turonensis T106 Tornes
turones T014.01 Tateren
turonilla S526 Stekele
turris T103 Torren
turtur T015.01 Tartelduue, T055 Tertelduue, T107.01 Tortelduue
tussis H253 Hoost
tussitare H254 Hosten
tutemet D240 Du suluen
tutor V296 Vormunde
tutum reddere S221 Sekeren
tutus S220 Seker. – *S:* → tutum reddere
tuus D080 Dyn
twinum (tuinum) C218.08 Clongel, T180 Twerne

U, V

vaca C114 Co
vacans L063 Ledich
vacare L066 Ledighen, P077 Pleghen
vaccinium H083 Heydelberen
vacuare L065 Ledichen
vacuitas I020 Idelcheyt
vacuus I017 Idel, I018 Idel, L064 Ledich
vadare W009 Waden

vade G001 Ga
vadere *F:* → vade
vadiare W098 Wedden
vadum V252 Vorde, V327 Vort,
W296.02 Wort
vagari (-re) W250 Wispelen
vagina S080 Scede
valde G017 Gar, H037 Harde, S272
Sere, S737 Swinde. – *S:* → valde extensus
valde extensus C062 Clam
valediccio S: → valediccionem affari
valediccionem affari G171 Grôten
valere D103 Doghen, M166 Moghen
validus G074 Ghesunt, S521 Stark,
S677 Sunt
vallis D009 Daal
valua D125 Door
valuarius D148.01 Dorwarer
vane T120 Tovorgheues, V169 Vmmesus
vanga B200 Bicke
vanitas I020 Idelcheyt
vannus W031 Wanne
vapor B352 Bratme, B365 Britme,
S691 Swadem
vaporare S691.01 Swademen
vapulare S319 Slaen
variare W037 Wandellen
varium A062 Allerleye, B399 Bund,
V175 Vnderdan
vas V030 Vat
vasare F018.06ª Vassen, V032.01 Vaten
vastigium → fastigium
vastitas W194 Wide
vastus R198 Rvm, W193 Wit

vates P123 Prophete, W251 Wissaghe
vber (vbera) B384 Brûste, I018.01
Ieder, T074 Titte
vbi W297 Wor, W298 Wor
vbilibet A061 Alnenden, A073.01
Allenthaluen
vbique A061 Alnenden, A073.01 Allenthaluen
ve O078 Owy
vecors S015 Sage
vectigal V020.03 Voerloen, V286.01
Vorlon, V290.01 Vorlon
vectis G155 Grindel, R057 Regel
vector V020.02 Varman, V290 Vorman, W014.02 Waghendriver
vectus V020.04 Vôrt
vehemens H060 Hastich, H158 Hestich
vehere V020 Varen, V298 Voren
vehiculum S330 Slede
vel E013 Edder, E095 Entwer
velle W206 Wille, W212 Willen
vellere R165 Rôpen
vellus L167 Lok, V158 Vlus
velociter D159 Drade, S382 Snelliken
velox S381 Snel
velter W226 Wint
velum D093.01 Dober, S238 Segel,
S272.03 Seyl
velut A069 Also
veluti A069 Also
vena A010 Adere
venacio I007.01 Iacht
venaculum I007.01 Iacht
venalis F018.13 Feyle, V053 Vele
venari I005 Iaghen
venator I024 Iegher

versus W035 Want

versutus A156.01 Archlistich, L154 Listich, S380 Snedich

vertere K022 Keren, S599 Storten, S600 Storten, T041 Then, V167 Vmmekeren, W122 Wenden

vertex S128 Scetele

vertibulum S481.02 Spůlynsen, W234.03 Wirbel

vertiginari (-re) S732 Swimellen

vertigo S731 Swimel

°**vertilabrum** H057 Haspel, W234.01 Wyndelrat

vertinellum H155 Hespe

veru S460 Spet

veruex W090 Weder

verumptamen I052 Iodoch

verus W048 War

vesania A195 Awise

vesanus A196 Awisich, D130 Dore

vesica B227 Blase

vespa W165.02 Wespe

vesper A185 Auent

vespera V079 Vesper

vespertilio V131 Vledermus

vespetum W165.01 Wespennest

vestibulum G060 Gherhus

vestigium V352 Votspor

vestimentum C072 Clet

vestiplica Z000.32 Zwikerin

vestire C073 Cleden

vestis C072 Clet. – *S:* → vestis baptismalis

vestis baptismalis W178 Westerwant

vestitus C071.01 Cledinghe, C072 Clet

veterare O012 Olden

vetula Q015 Quene

vetus A054.02 Alt, O010 Olt

vetuscior E035 Elder

vetustas A052 Alder, O014 Oldinge

vetustus O010 Olt

vexare O056.03 Oůen

vexillifer B021.01 Bannervorer, V015.01 Vanenvorer, V015.02 Vantreger

vexillum B021 Banner, V015 Vane

via W076 Wech. – *S:* → ista via, viam vniuerse carnis ingressus

viale S524 Stech

viam vniuerse carnis (est) ingressus D152 Doot, S570 Steruen

vias B194 By, E096 Enwech, H114 Hen, W077 Wech

vibeus B123 Berken

vibex B122 Beyrke. – *S:* → de vibice

viccaria V091 Vikerie

vice M011 Male. – *S:* → altera vice, ista vice, quadam vice, trina vice, vna vice

vicia W187 Wikke

viciare (-ri) L034 Lasteren, S107 Scenden

vicinus N029 Neber

vicissim N013 Naenander

vicium L033 Laster, S058 Scande

victile → fictile

victima O025 Opper

victoria S241 Segevacht

victriolum → vitriolum

victuale N051 Neringe

victus N051 Neringe, V216 Vodinge

vicus G023 Gasse

vide S216.01 Sey, S643 Su

video S212.01 Seen
videre S078 Scavwen, S177 Scowen, S256 Seen, S642.02 Seyn. – *F:* → vide, video
vidua W086 Wedewe
vigella (figella) F018.10 Fedel, V043 Vedele
vigellarius V043.01 Vedelboge
vigenus (vigena) S577 Stighe
vigil W078 Wechter
vigilare W017 Waken
°**vigilator** W017.01 Wachter
vigilia W006 Wachte
viginti S577 Stighe
vigor C173 Craft, C187.01 Crafft, S563 Sterke
vigorositas C173 Craft
vigorosus C187 Creftich, R134 Rive, S522 Stark, T011.01 Tangher
vilescere E115 Ergeren
vilipendere L058 Leden, V312 Vorsman, W315 Wraken
vilis A152 Arch, B318 Bose, B319 Bose, S390 Snode
vilitas B320 Bosheyt
villa D142 Dorp
villanus B402 Buur, D143 Dorpman
villica M064.01 Meygersche
villicus M064 Megher
vinator W221.05 Wynman
vincere O070 Overwinnen, W235 Winnen
vinculum B022 Bant, H075 Hechte
vindemiare → vindeminare
vindemiator W221.03 Winsnider
vindeminare (vindemiare) W221.02 Wyn besniden

vindemium W221.01 Wynstock
vindicare A025.01 Affnômen, W316 Wreken. – *S:* → iuramentum de non vindicando
vindicta W314 Wrake
vinea W221.04 Wyngarde, W231 Wingarde
vinetum W221.04 Wyngarde, W231 Wingarde
vinum W220 Win. – *S:* → botrus vini, vinum ardens, vinum crematum
vinum ardens B129 Bernewyn, W221.07 Wyn, de brant is
vinum crematum B129 Bernewyn
violencia W281 Wolt
vipare M086.01 Meren
vipera A011 Adere
vippa M087.02 Meringhe, W221.06 Wyensoppe
vir M020 Man
virago W198 Wiff
virere G162 Gronen
virescere G162 Gronen
virga R126 Ris, R142 Rode, S628 Struk. – *S:* → virga pastoris
virga pastoris C037 Carte
virgo D065 Derne, I074 Ivnkvrowe. – *S:* → virgo claustralis
virgo claustralis N109 Nvnne
virgula R126 Ris
virgultum L161 Lode, R126.01 Risichstede, S418 Sommerlode
virguncula D065 Derne
viridarium G137 Grashof
viride hispanicum S485 Sponsgrone
viridis G160 Grone. – *S:* → viride hispanicum

virtuosus D105 Doghenthaftich
virtus D106 Doghet
virus V279 Vorghift
°vis M001 Macht, M051 Mechte, M052 Mechte, S563 Sterke
viscus D019 Darm
visere C023 Capen, K049.01 Kiken
visonomia A127 Ansichte
vispilio R182 Rover, S625 Stroder, S629 Strukhon
visu orbatus B241 Blynt
visus S257 Seent, S288 Sichte, S674.01 Sune. – *S:* → visu orbatus
vita L112 Leuent. – *S:* → vita contemplatiua
vita contemplatiua L111.02 Leuen, dat beschowelick is
vitabilis M119 Midelern
vitalicium L122.01 Lifgledinghe
vitalis L111.03 Leuentlick
vitare M118 Myden, S198 Scugen, V295 Vormiden
vitellum (vitellus) D101 Dodder, T130.05 Totter
vitis W238 Winstok
vitrica S533 Stefmoder
vitricus S532 Stefvader
vitriolum (victriolum) K062.24 Kopperrock
vitrius G094 Glesen
vitrum G091 Glas, S439 Spat. – *S:* → de vitro
vitta H294 Huve
vituli K013.01 Keluere
vitulinus K013 Kelueren
vitulus C004 Calf, K001.02 Kalf, K012.01 Kalleff. – *F:* → vituli

vituperare (-ri) L034 Lasteren, L058 Leden, S107 Scenden
vituperium L033 Laster
viuere L111 Leuen. – *S:* → delicate viuere
viuus L113 Levendich. – *S:* → argentum vivvm
vix C237 Cume, N028 Navwe, N105 Nowe, V101 Vilna
vla... *S:* → lapis vla...
vlandria → flandria
vlcerosus S718.01 Swerrich
vlcio W314 Wrake
vlcisci (vlscissi) W316 Wreken
vlcus S718 Swere
¹vllmus M198 Mos
²vllmus V424.02 Wlbomen
vlna E045 Elne
vlscissi → vlcisci
vlterius V257 Vorder, V328 Vort, V345 Vorwert
vltimo N079ᵃ Aldernilkest, T088 To lesten
vltimus L103 Leste
vltra V257 Vorder, V328 Vort, V333 Vortmer, V345 Vorwert
vlua S138 Scilp
vlulare H274 Hulen, W127 Wenen
vmbilicus N027 Nauel
vmbra S079 Scede, S101 Sceme
vmbrare S079.01 Scemeren, S102 Scemen
vna M157 Mydenander, T108 Tosamen
vna vice E081 Eens
vnanimiter M157 Mydenander, T108 Tosamen

vncus H010 Hake
vnda W068 Water, W069 Water. – *S:* → vnda consecrata
vnda consecrata W200 Wigwater
vnde W295 Worher, W308 Woruon
vndecim E053 Eluene
vndecimus E043 Elfte
vndiquaque (vndequaque) A060.01 Allenthaluen, A061 Alnenden, A073.01 Allenthaluen, V168 Vmme
vndique A060.01 Allenthaluen, A061 Alnenden, A073.01 Allenthaluen
vngaria V187 Vngerlant
vngarus V188 Vngere
vngentum S029 Salve
vngere C195 Cresemen, S030 Salven, S363 Smeren
vnguilles C069.01 Clauen
vngula C069 Clawe. – *F:* → vnguilles. – *S:* → vngula caballina
vngula caballina H201 Hoofladeke
vngwentarius S030.01 Saluenmeker
vngwis N014 Nagel, N036 Negel
vniciuium G080 Ghilde
vnicornus E075 Eenhorn
vniformis E069 Enerleye
vnire E074 Enegen
vniversus A047 Al, A048 Al. – *S:* → viam vniuerse carnis ingressus
vnquam V163 Vmmer
vnus E057 Een. – *S:* → vna vice
vnusquisque A048 Al, I061 Iowelek
vobis I046 Iok
vobiscum M156.02 Myt iv
vocabulum W296 Wort
vocare N091 Nomen, R163.01 Ropen
vocari H162 Heten, R163.01 Ropen

vociferare R164 Ropen
volare F018.36 Fligen, V133 Vleghen
°**volatile** V222 Vogell
volitare F018.36 Fligen, S712 Swemmen, V133 Vleghen
volucris V222 Vogell
voluere W013 Waghen, W119 Welkeren, W228 Winden. – *S:* → fila voluere ad pennulam
volumen B260 Booc
voluntarie G061 Gherne, W209 Willichliken
voluntarius W208 Willich
voluntas M073 Meninge, W206 Wille. – *S:* → proprie voluntatis
voluptas L211 Luste, W289 Wollust
voluptuosus L212 Lustlik
°**volutare** W119 Welkeren
vomere B357 Breken, C153 Coren, S466 Spigen
vomitare B357 Breken, C153 Coren, S466 Spigen
vorago C132 Colk
vos I046 Iok
votum L190 Louede
vouere L187 Louen
vouere → fouere
vox S549 Stemme
vppupa W087 Wedehoppe
vrbs S503 Stat
vrceus C223 Cruke, E056 Emmer
vrere B127 Bernen, S709 Swellen
vrgere C076 Clemmen, W320.01 Wringhen
vrina M125 Myghe, N061 Nette, P063 Pisse, S217 Seyge
vrinale M115.03 Michpot, O040 Or-

genal
vrinare M125.01 Mighen, P064 Pissen, S218 Seygen
vrinarium M115.03 Michpot
vrna E056 Emmer, S440.02 Span
°**vrsa** B025.01 Bare, B028.02 Barinne.
– *S:* → vrsa minor
vrsa minor S284 Sevensterne
vrsus B025.01 Bare, B028.01 Bår, B118 Bere
vrtica N063 Netele
vscio B348 Brant
vsitatum facere W126 Wenen
vsitatus S: → vsitatum facere
vsque W129 Wente
vstarulus O056.05 Ofenstain
vstilare B364.02 Brougen
vsura W275 Woker
vsurare W277 Wokeren
vsurarius W276 Wokerer
vsus W293 Wonhed
¹**vt** A069 Also
²**vt** D024 Dat
vtensile (vtensilia) G051 Gherascop, H287 Hvsrad
vterinus *S:* → frater uterinus, soror uterina
vterus B387 Buuk
¹**vti** B380 Bruken, G047 Gheneten, N058 Neten, N112 Nvtten
²**vti** A069 Also
vtilis E156 Euene, N111 Nutte
vtilitas F018.63 Frome, V396 Vrome
vtique I001 Ia, I045 Io, I052 Iodoch
°**vtpote** A069 Also
vtputa A069 Also
vtrobique B060 Beydenhaluen

vtrum E017 Eft
vulgus → wlgus
vulnerare → wlnerare
vulpis → wlpis
vultum mundare M223 Mvten
vva W221 Winbere. – *S:* → vva passa
vva passa R173 Rosyn
vxor V409 Vruwe

W

warandare W147.01 Weren
warandia W149 Weringe
°**wernherus** W159 Werner
wesera W170 Wesere
westfalia W179 Westphalenlant
westfalus W180 Westphall
wlgus (vulgus) L204 Lude, V226 Volk
wlnerare (vulnerare) V348 Vorwunden, W327 Wunden
wlnus W326 Wunde
wlpecula V350 Vos
wlpis (vulpis) V350 Vos
wltur G084 Ghir
wlturnus N095 Nordost
wltus A131 Antlat. – *S:* → peruertere
vultum, vultum bmundare
wlua C252.01 Cutte

X

xilicon S673.02 Sůßholcz

Z

zaca → scaca

zelus L109 Leue
zinciber (sinciber, cinciber) E073 Engevar, I044.01 Ingeber

zirrus → cirrus
zizania R004 Rade
zona (sona) L141 Line, S260 Senne

6. Korrigendum

Im Editionsartikel E117 steht versehentlich *eraruen* statt *erarnen*. Dieser Editionsartikel ist durch den folgenden zu ersetzen:

E117   **Erhalen** e*rkoue*ren, erarnen; recuperare

erarnen] *fehlt P*

erkoueren erarnen] nahalen *D*

Wa. fehlt b1 W (außer c1)

K   Wa. fehlt ms · erkoueren *b2*] extoboren *k2*; ertoberen *w2* · erarnen] *fehlt b2 w2*

P   erkoueren] *fehlt p1*; wederhalen *d1*; to ertboren *m1*

W   erkoueren erarnen] *fehlt c1*